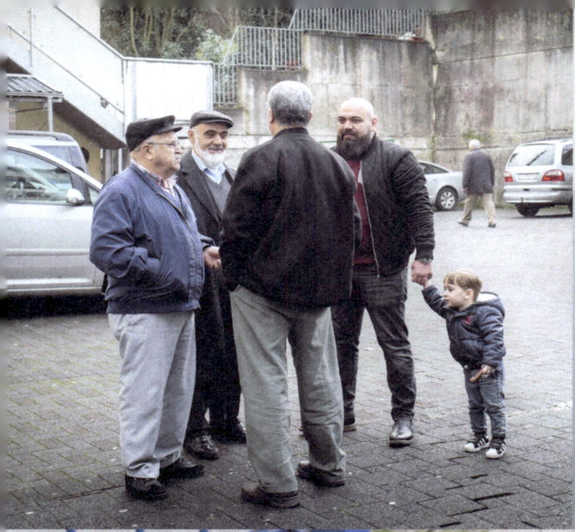
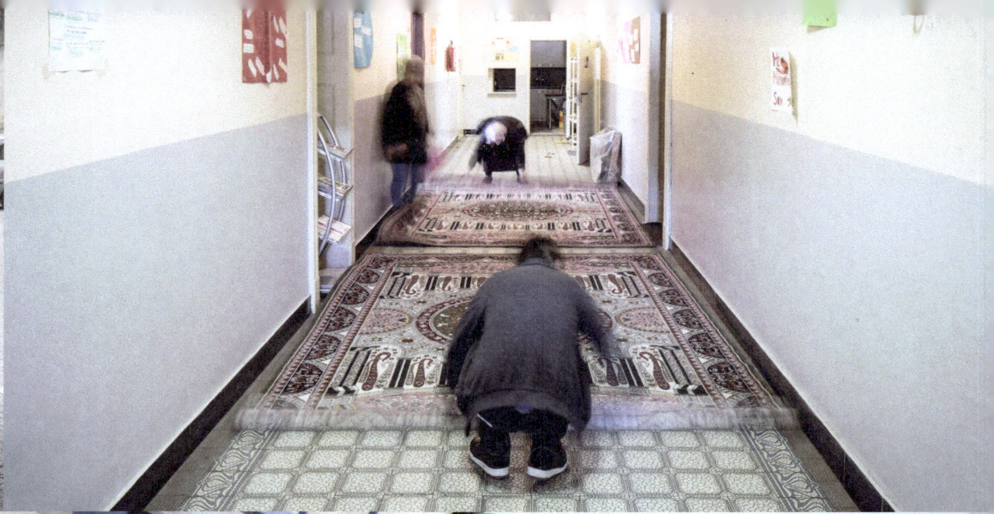
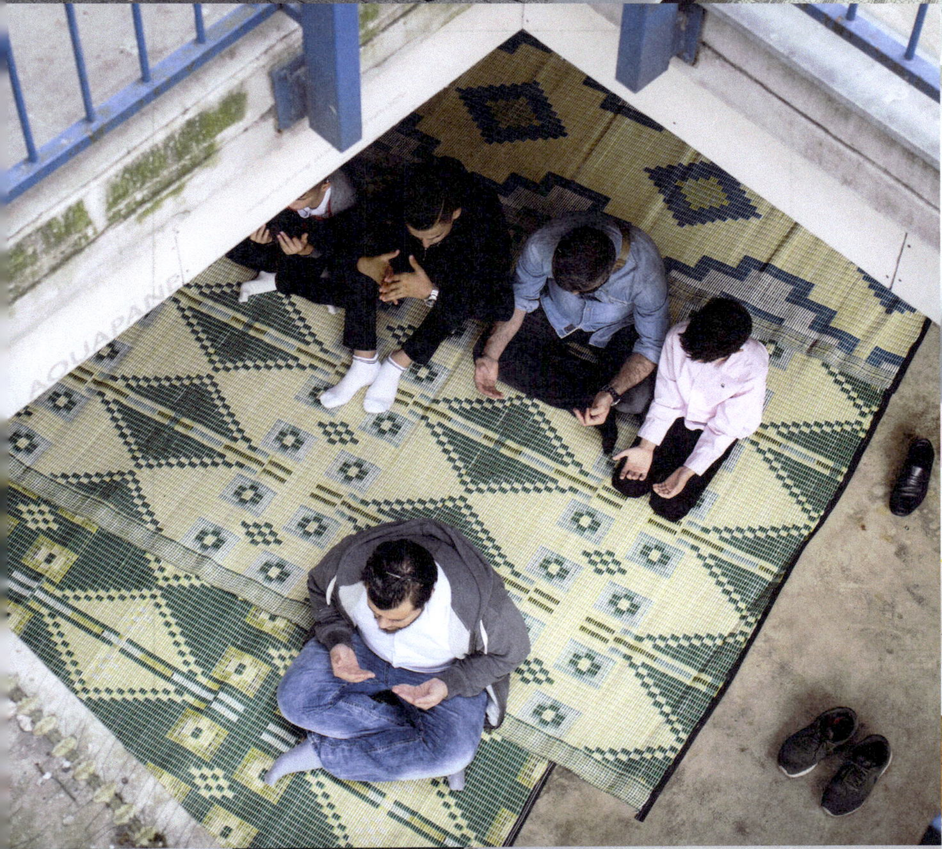
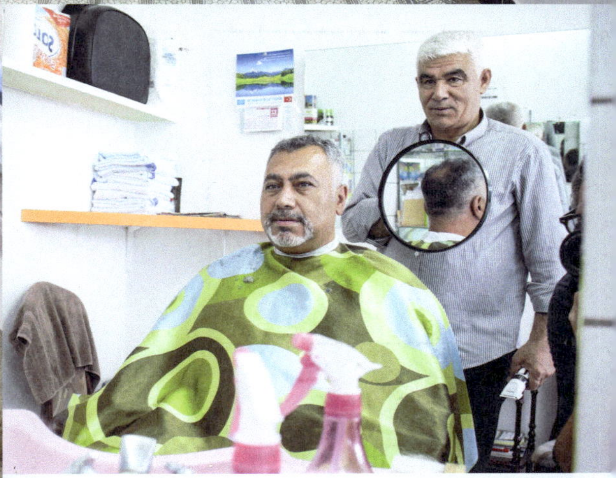
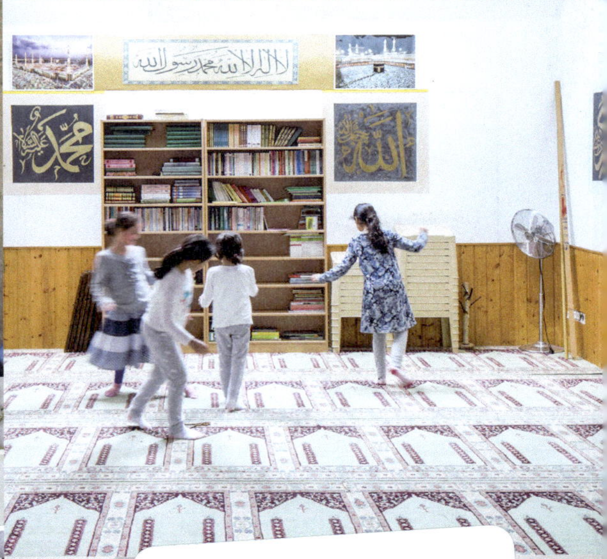
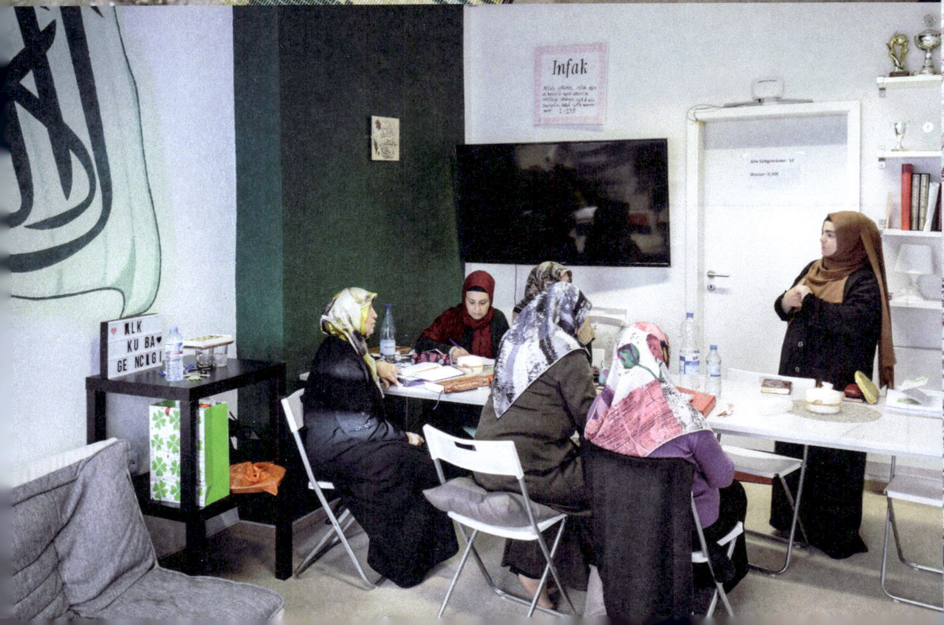
Infak

Gemeindezentren türkeistämmiger Muslime als baukulturelle Zeugnisse deutscher Migrationsgeschichte

Kathrin Herz
Chantal Munsch
Marko Perels

Wüstenrot Stiftung
(Hrsg.)

Vorwort
Stefan Krämer & Chantal Munsch — 4

Gemeindezentren türkeistämmiger Muslime wie erforschen?
Einleitung
Chantal Munsch & Kathrin Herz — 8

Alltag im Gemeindezentrum
Fotoessay — 26

Bauliche und soziale Entwicklungsdynamiken der Gemeindezentren
Übergreifende Analyse
Marko Perels — 50

Mehr als Orte zum Beten: Die Vielheit von Funktionen und Bedeutungen in Gemeindezentren
Übergreifende Analyse
Kathrin Herz & Chantal Munsch — 78

Prozesshafte Architektur: Moscheen in umgenutzten Gebäuden
Übergreifende Analyse
Kathrin Herz — 96

Kommen und Gehen
Fotoessay — 118

Abdesthane
Elemente der Moschee
Marko Perels — 122

Aushänge
Elemente der Moschee
Kathrin Herz — 126

Baustelle
Elemente der Moschee — 128

Berber
Elemente der Moschee
Marko Perels — 130

Faltwände, Garagentore, (Schiebe-)Türen & Vorhänge
Elemente der Moschee
Kathrin Herz — 138

Ensar Camii
Fallanalyse
Kathrin Herz — 146

Yeni Camii (Moschee)
Fallanalyse
Kathrin Herz — 160

Betzdorf Sultan Ahmet Camii
Fallanalyse
Kathrin Herz — 174

Perspektiven auf ein Minarett
Fotoessay — 188

Feste
Elemente der Moschee
Chantal Munsch — 192

Frauen
Elemente der Moschee
Marko Perels — 198

Gebetsraum
Elemente der Moschee
Marko Perels — 204

Gebetsteppich
Elemente der Moschee
Kathrin Herz — 214

Gebetszeitenanzeiger
Elemente der Moschee — 220

Fatih Camii
Fallanalyse
Kathrin Herz — 222

Eitorf Merkez Camii / Zentrale Moschee Eitorf
Fallanalyse
Kathrin Herz — 236

Eyüp Sultan Camii
Fallanalyse
Kathrin Herz — 250

Ein Flur wird zum Gebetsraum
Fotoessay — 264

Geschäfte
Elemente der Moschee — 266

Höfe
Elemente der Moschee
Kathrin Herz — 268

Imame
Elemente der Moschee
Marko Perels — 276

Inhaltsverzeichnis

Jugend
Elemente der Moschee
Marko Perels — 280

Kinder
Elemente der Moschee
Chantal Munsch — 286

Koran, Gebetsketten & Rahle
Elemente der Moschee — 290

Centrum Moschee
Fallanalyse
Kathrin Herz — 292

Mescid-i Aksa Camii / Moschee
Fallanalyse
Kathrin Herz — 306

Steilshoop Camii /
Steilshooper Moschee
Fallanalyse
Kathrin Herz — 320

Ramadanabend im
Gemeindezentrum
Fotoessay — 334

Minarett
Elemente der Moschee
Kathrin Herz — 342

Schilder
Elemente der Moschee
Kathrin Herz — 346

Schuhregal
Elemente der Moschee — 352

Sicherheit
Elemente der Moschee
Marko Perels — 354

Teemaschine
Elemente der Moschee
Kathrin Herz — 360

Ayasofya Camii
Fallanalyse
Kathrin Herz — 362

Kuba Camii / Moschee
Fallanalyse
Kathrin Herz — 376

Sultan Ahmet Camii (Moschee)
Fallanalyse
Kathrin Herz — 390

Ein temporärer Gebetsraum
Fotoessay — 402

Teestube
Elemente der Moschee
Kathrin Herz — 406

Unterricht
Elemente der Moschee — 418

Vorstand
Elemente der Moschee
Marko Perels — 420

Wandbilder
Elemente der Moschee
Kathrin Herz — 428

Wandverkleidung
Elemente der Moschee
Kathrin Herz — 432

Mevlana Camii –
Mevlana Moschee
Fallanalyse
Kathrin Herz — 436

Selimiye Moschee /
Selimiye Camii
Fallanalyse
Kathrin Herz — 452

Ulu Camii
Fallanalyse
Kathrin Herz — 468

Kermes im Stadtraum
Fotoessay — 482

Literatur — 490

Abbildungen — 494

Kurzporträt der Autor_innen — 495

Impressum — 496

Vorwort

Räume in unserer Stadt neu sehen. Das war das wichtigste Ziel in unserem Forschungsprojekt, dessen Ergebnisse diesem Buch zu Grunde liegen. Die dafür notwendige, geschärfte Aufmerksamkeit mussten wir erst lernen. Vor diesem Forschungsprojekt sind auch wir jahrelang auf unseren Wegen durch die Stadt an Moscheen vorbeigekommen, ohne sie als solche wahrzunehmen. Wir erkannten sie und ihre Angebote nicht, weil wir keinen Blick für diese spezifischen Orte hatten und weil wir auch aus keinem anderen Zusammenhang wussten, dass sie an diesen Stellen der Stadt existieren.

Den neu erlernten Blick möchten wir mit diesem Buch weitergeben. Es ist als Anregung und Ermunterung, vielleicht auch als Hilfestellung gedacht, den eigenen Horizont zu öffnen. Denn Moscheen werden von uns ja nicht nur deshalb nicht gesehen, weil wir sie persönlich nicht zum Gebet brauchen. Wir sehen und erkennen auf unseren Wegen schließlich eine Vielzahl von anderen Orten, deren Funktionen wir ebenfalls nicht nutzen: Wir erkennen Haute Couture Boutiquen, auch wenn wir in ihnen nicht einkaufen, nehmen Boxstudios wahr, auch wenn wir selbst nicht boxen, und wissen, wo es Autohäuser, Grillhähnchenbuden, Hebammenpraxen oder Piercingstudios gibt, auch wenn die Nutzung dieser Angebote nicht zu unserem eigenen Alltag gehören.

Moscheen in umgenutzten Gebäuden, also in der Form, die im Fokus dieses Buches steht, sehen wir aus anderen Gründen nicht, obwohl auch sie erkennbare Zeichen tragen. Es liegt eher daran, dass sie hybride Orte sind, ihre äußere Gestalt und innere Nutzung sind vielfältig. Dadurch entziehen sie sich unseren Sehgewohnheiten, die von wiederkehrenden Mustern beeinflusst werden. Auch nach vielen Jahren haben Moscheen oft noch den Charakter von flexiblen, teils provisorischen Orten; sie wirken auf uns dadurch unscheinbar. Nehmen wir sie wahr, so sind sie sehr praktische Zeugnisse für das Ankommen und Leben in Deutschland sowie für eine vielfältige Migrationsgesellschaft mit unterschiedlichen religiösen Gemeinschaften.

Wir sehen diese besonderen Orte in unserem Alltag und in der Forschung zu Architektur und Städtebau auch deshalb kaum oder gar nicht, weil wir so wenig über sie wissen. Die Konflikte in Verbindung mit einigen (wenigen) Neubauten sind uns eher präsent, wohingegen wir die Funktionen der wesentlich zahlreicheren Moscheen, die sich in umgenutzten Gebäuden befinden, so gut wie gar nicht kennen. Gleiches gilt für die Bedeutung, die die Angebote und die Räume in diesen Gebäuden für ihre Nutzer und Nutzerinnen haben. Wir kennen den komplexen, vielfältigen Alltag in diesen Moscheen in der Regel nicht und wissen wenig über die Prozesse ihres Entstehens und ihrer Anpassung an sich stetig wandelnde Bedürfnisse.

Dabei ist die Bedeutung dieser Orte in den letzten Jahren und Jahrzehnten nicht geringer geworden. Sie sind unverändert wichtig für das Ankommen und das Fußfassen in einer neuen Gesellschaft. Auch heute noch finden viele Migrierende und Geflüchtete dort den Raum für ihre ersten und viele weitere Schritte. Die Moscheen sind mit ihren vielfältigen, an wandelnde Bedürfnisse anpassbaren Angeboten nicht nur Gotteshäuser. Es sind ebenso Orte der Sozialisation, des Zusammenkommens und des Austausches.

Der Mangel an Wahrnehmung und Wissen über die Bedeutung, Vielfalt und Komplexität dieser Orte wiegt schwer in einer Gesellschaft, die aus eigenem Interesse die Chancen und Perspektiven für eine kulturelle und soziale Teilhabe aller Bevölkerungsgruppen verbessern muss. Voraussetzung dafür sind aber nicht nur eine Schärfung der Wahrnehmung und ein verbessertes Wissen, sondern auch ein wertschätzendes Interesse für die Leistungen, die von den Menschen erbracht werden, die hier leben. Erst auf dieser Grundlage kann der Beitrag gewürdigt werden, den die vielen Moscheegemeinden für ihre Mitglieder genauso wie für die Gesellschaft leisten.

Wir verstehen dieses Buch auch als eine Anerkennung der bislang zu wenig beachteten und bekannten Räume, die mit den umgenutzten Moscheen geschaffen werden. Ziel unserer wissenschaftlichen Analyse ist eine offene, differenzierte, zugleich auch sehr materialnahe Beschreibung möglichst vieler Facetten dieser Räume. Dieser Ansatz scheint vielleicht ungewöhnlich, denn vor allem im gesellschaftlichen Diskurs wird oft nach pauschalen Bewertungen gefragt. Typisch sind Fragen wie: Sind Moscheen offen und integrativ oder abschottend und dogmatisch? Unser Fokus liegt stattdessen darauf, mit genauen Beschreibungen eine ausgewogene Blickweise zu ermöglichen, um die Funktionen und Bedeutungen dieser Moscheen adäquat und differenziert wahrnehmen zu können.

Vergessen sollten wir außerdem auch nicht, dass es sich bei vielen dieser Moscheen um Gebäude handelt, die aus architekturwissenschaftlicher Sicht hochspannend sind. Aus ihrer Analyse können wir vielfältige, wichtige Anregungen gewinnen. Als umgenutzte Architektur stellen sie von den Nutzerinnen und Nutzern selbstinitiierte Strukturen dar. Zu ihren besonderen Merkmalen gehören eine große Flexibilität und kontinuierliche Prozesshaftigkeit – Eigenschaften, die wir auch für andere Gebäude- und Nutzungstypen benötigen. Sie regen uns an zu fragen: Wie kann man Baukultur definieren, damit diese Gebäude mit ihren spezifischen Merkmalen als deren Bestandteil anerkannt werden? Wie können diese Gebäude als sichtbare Zeugnisse einer Migrationsgesellschaft anerkannt werden, ohne sie dafür als bauliches Denkmal auf einen Zustand festzuschreiben, der ihrem flexiblen Wesen widerspricht? Einige der Gebäude, die wir untersucht haben, sind als Denkmale geschützt, allerdings begründet sich in diesen Fällen ihr Wert ausschließlich in der Funktion, die sie früher einmal hatten, und nicht darin, dass sie baukulturelle und damit im Alltag sichtbare Zeugnisse der Migrationsgeschichte Deutschlands sind. Dieses Zeugnis und das Besondere ihrer Funktion und Nutzung werden allzu leicht und oft übersehen.

Eine wesentliche Voraussetzung dafür, mit der vorliegenden Studie einen neuen, anderen Blick auf muslimische Gemeindezentren aufzeigen zu können, war die interdisziplinäre Zusammenarbeit zwischen Architektur, Sozialpädagogik und Soziologie in einem zweieinhalbjährigen Forschungsprojekt. Eine solche Zusammenarbeit ist eine Bereicherung in vielerlei Hinsicht, aber auch eine ernst zu nehmende Herausforderung. Jede Disziplin schaut zunächst einmal mit ihrer Blickweise, ihren theoretischen Perspektiven und ihren Begriffen auf den Gegenstand. Die Architektur fragt z. B. nach dem Zustandekommen materieller Strukturen, die Sozialpädagogik vor allem nach den Aneignungsleistungen von Subjekten und die Soziologie nach gesellschaftlichen Regelmäßigkeiten und nach den Grundlagen sozialen Handelns. Durch die Verbindung der drei Perspektiven und ihrer Reibung aneinander konnten wir unsere Blickweisen erweitern.

Bedanken möchten wir uns dafür vor allem bei Ulrich Exner, Dietrich Pressel und Gerrit Schwalbach. Sie haben das Projekt mit uns entwickelt und uns auf dem langen und kurvigen Weg bis zu dem vorliegenden Ergebnis begleitet. Dank gebührt ebenso vielen Kolleginnen und Kollegen, die uns mit ihren Sichtweisen aus den Sozialwissenschaften, den Religions- und Islamwissenschaften und der Architekturwissenschaft immer wieder beratend, motivierend und unterstützend zur Seite gestanden haben. Ayşem Akbaş, Daniel Benthaus und Jan Furche danken wir für ihre geduldige und leidenschaftliche Unterstützung, aus unzähligen Planständen, Skizzen und Fotos lesbare Zeichnungen zu machen. Naima Brüggenthies und Aleksandra Müller schließlich haben in präziser Kleinarbeit Fehler und Uneinheitlichkeiten aus dem Text getilgt – auch ihnen einen herzlichen Dank!

Wissen trägt auch zu Sichtbarkeit und Anerkennung bei. Vielleicht ist der Bedarf nach sichtbaren Neubauten und Veränderungen bestehender Gebäude in den Moscheegemeinden auch deswegen so groß, weil die Leistung und Besonderheit der Gemeinden in den umgenutzten Bauten so wenig öffentlich wahrgenommen werden. Wir freuen uns deswegen, dass wir Espen Eichhöfer als Fotografen für dieses Buch gewinnen konnten. Es ist ihm in hervorragender Weise gelungen, sowohl den Alltag als auch die besonderen Momente in den Gemeindezentren in ihren atmosphärischen, sozialen wie materiellen Dimensionen einzufangen. Seine Aufnahmen machen viele der verschiedenen Facetten von Moscheen „türkeistämmiger" Muslim_innen in Deutschland eindrucksvoll sichtbar.

Unser größter Dank jedoch gebührt den Moscheegemeinden: Ihre Vertreter und Vertreterinnen, die alle ehrenamtlich arbeiten, standen uns für unzählige und ausführliche Gespräche geduldig zur Verfügung. Sie haben sich viel Zeit für uns genommen und uns durch ihre Gebäude geführt. Sie haben uns erlaubt, ihre Räume zu fotografieren und zu zeichnen. Sie haben uns eintauchen lassen in den Alltag ihrer Gemeinden und haben uns dabei einen umfassenden Einblick gewährt. Das ist nicht selbstverständlich, weil viele von ihnen von schwierigen Erfahrungen berichten können, die sie mit medialen und öffentlichen Darstellungen gemacht haben, welche negative Klischees über Moscheen und ihre Gemeinden bedienen und verstärken.

Manche Gemeinden haben eine Teilnahme an dem vorliegenden Buch abgesagt aus der Befürchtung heraus, dass Aufmerksamkeit auch Anschläge nach sich ziehen würde, die nicht wenige von ihnen bereits erfahren haben, oder Ärger mit der Nachbarschaft. Viele andere haben mitgemacht, weil sie davon überzeugt waren, dass sich die Gemeinden öffentlich zeigen müssen, um das zu werden, was sie längst sein sollten: ganz selbstverständliche Orte unserer Städte und Gemeinden. Für ihr Mitmachen, ihre Gastfreundschaft und ihr Vertrauen danken wir den Menschen in den Moscheevereinen in besonderer Weise, denn ohne sie hätte das Buch in dieser Form und mit diesen Ergebnissen nicht entstehen können.

Ludwigsburg & Siegen
Stefan Krämer & Chantal Munsch

Gemeindezentren türkeistämmiger Muslime wie erforschen?

Gegenstand, theoretische Perspektiven und Forschungsdesign der Studie

Chantal Munsch & Kathrin Herz

[1] Die genaue Anzahl von Moscheen in Deutschland ist nicht bekannt. Alle Autor_innen geben Schätzungen an, diese beziehen sich entweder auf Moscheegebäude oder Moscheevereine. Allievi gibt die Zahl von 2.600 Moscheen an [Allievi, Stefano (2009): Conflicts over mosques in Europe: Policy issues and trends. London: Alliance Publishing Trust, S. 23]. Leggewie schreibt von „rund 2600 Moscheen" [Beinhauer-Köhler, Bärbel & Leggewie, Claus (2009): Moscheen in Deutschland. Religiöse Heimat und gesellschaftliche Herausforderung. München: C.H.Beck, S. 117]. Ceylan nennt „etwa 2.500 Moschee-Gemeinden" [Ceylan, Rauf (2008): Islam und Urbanität – Moscheen als multifunktionale Zentren in der Stadtgesellschaft. In: Alexander Häusler (Hrsg.): Rechtspopulismus als „Bürgerbewegung". Kampagnen gegen Islam und Moscheebau und kommunale Gegenstrategien. Wiesbaden: Springer VS: 183–197, S. 185]. Schmitt schätzt unter Bezugnahme auf das Zentral-Institut Islam Archiv Soest „2.200 Moscheen / Gebetsräume […]" im Jahr 1999 [Schmitt, Thomas (2003): Moscheen in Deutschland: Konflikte um ihre Errichtung und Nutzung. Flensburg: Deutsche Akademie für Landeskunde, S. 58].

Die Anzahl sogenannter „Hinterhofmoscheen" wird auf etwa 2.000 geschätzt. [Beinhauer-Köhler, Bärbel (2010): Von der unsichtbaren zur sichtbaren Religion. Räume muslimischer Glaubenspraxis in der Bundesrepublik. Zeithistorische Forschungen 7 (3): 408–430, S. 412; Kraft, Sabine (2002): Islamische Sakralarchitektur in Deutschland. Eine Untersuchung ausgewählter Moschee-Neubauten. Münster: LIT Verlag, S. 54]. Bezüglich der Anzahl von Moscheeneubauten zitiert Schoppengerd sowohl Keßner mit „mindestens 24 repräsentative[n] Moscheen" [Keßner, Iris (2004): Christen und Muslime – Nachbarn in Deutschland: ein Beitrag zu einer interkulturellen Hermeneutik. Gütersloh: Gütersloher Verlagshaus, S. 39] als auch Schmitt, der für das Jahr 2000 „59 repräsentative[n] Moscheebauten" verzeichnet [Schmitt (2003), S. 74–75] [Schoppengerd, Johanna (2008): Moscheebauten in Deutschland. Rahmenbedingungen, Fallbeispielanalyse, Handlungsempfehlungen für die kommunale Ebene. Dortmund: Institut für Raumplanung, S. 27]. Allievi nennt 66 Moscheeneubauten und 200 Moscheeneubauten, die in Planung sind [Allievi (2009), S. 23].

Wenn wir mit einem offenen Blick zu betrachten versuchen, was in Moscheen alles stattfindet, sehen wir Vieles und Verschiedenes: spielende Kinder im Gebetsraum, betagte Senioren, die bei einem Glas Tee die Ruhe des Ortes genießen, viele Bauarbeiten, ein neu geplantes Studierendenwohnheim oder die Spielkonsole im Jugendraum. Ziel dieses Buches ist es, Gemeindezentren „türkeistämmiger" Muslim_innen in ihrer vielschichtigen alltäglichen Lebendigkeit und Komplexität differenziert zu analysieren.

Im Folgenden beschreiben wir die Grundlagen unseres Forschungsprozesses: Mit welchen theoretischen Perspektiven haben wir auf den Forschungsgegenstand geschaut? Mit welchen Methoden haben wir geforscht? Wie hat sich unsere Stichprobe zusammengesetzt? Zunächst jedoch beschreiben wir den Gegenstand unserer Forschung. Worauf beziehen wir uns, wenn wir über Gemeindezentren „türkeistämmiger" Muslim_innen in Deutschland schreiben?

Was ist eine Moschee? Annäherungen an den Gegenstand der Forschung

Die Ergebnisse unserer Studie zeigen deutlich, wie facettenreich Moscheen als Forschungsgegenstand sind. Sie lassen sich nur schwer ‚greifen'. Die folgende Gegenstandsbeschreibung gibt einen ersten Überblick über die verschiedenen Aspekte der Komplexität dieser Zentren, welche in den verschiedenen Kapiteln des vorliegenden Buches weiter vertieft werden.

Umgenutzte Gebäude

Die meisten Moscheegemeinden in Deutschland befinden sich in Gebäuden, die ursprünglich nicht als Moschee gebaut wurden. Diese Moscheegemeinden haben sich in vorhandene bauliche Strukturen integriert. Sie haben Gebäude, die früher zu anderen Zwecken errichtet und/oder genutzt wurden, z. B. als Lokschuppen, Tischlerei, Fitnessstudio, Bäckerei oder Wohnhaus für sich umgestaltet. Ziel des vorliegenden Buches ist die Analyse dieser Moscheen. Dies ist nicht nur die in Deutschland am weitesten verbreitete Form;[1] ihre architektur- und sozialwissenschaftliche Analyse ist auch aufgrund der Vielheit und Wandelbarkeit dieser Gemeindezentren besonders ergiebig.

Unterschiedliche Bauformen

Die Annäherung von außen zeigt sehr verschiedene Gebäude. Im Umkreis von wenigen Kilometern im dichten Ballungsraum Stuttgart finden wir beispielsweise folgende Bauformen: zunächst den großen, kühnen Solitär aus dunkelroten Backsteinen einer einstigen Großbäckerei aus den 1930er Jahren. Ein bauliches Zeugnis der Neuen Sachlichkeit, in der gesellschaftspolitische und soziale Fortschrittlichkeit ihren architektonischen Ausdruck in betont moderner Architektursprache fand. Seit dem Jahr 1981 beheimatet das Bauwerk ein muslimisches Gemeindezentrum. In einem nicht weit entfernten, von Dienstleistung und Gewerbe geprägten Stadtteil, befindet sich eine Gemeinde in einer einstigen Fabrikhalle – die industrielle Produktion ist längst eingestellt. Entstanden ist hier im Laufe einer über Jahrzehnte andauernden Zeitspanne ein lebendiges Quartier, das als „Klein-Istanbul" bezeichnet weit über die Stadtgrenzen bekannt ist. Etwa zwei Kilometer weiter in einem kleinstädtisch, fast dörflich, anmutenden Stadtteil besuchen wir in zentraler Lage eine Moscheegemeinde. Ihr Gemeindezentrum war einst ein Wohnhaus, später das Haus einer Freikirche. Es gleicht allen anderen Wohnhäusern in der Straße, fast hätten wir es übersehen. Wir fahren in die Nachbarstadt. Am Stadtrand, im Übergang zwischen Landschaftsraum und Siedlung, steht ein eingeschossiger, schlichter Solitär. Die anonyme ‚Box' in Fertigbauweise, einst als Teppichladen errichtet, wird seit dem Umzug der Gemeinde vor ein

2
Der Religionswissenschaftler und Anthropologe Seán McLoughlin argumentiert beispielsweise, dass Moscheen schon immer multifunktional gewesen seien. Vgl. McLoughlin, Seán (1998): The mosque-centre, community-mosque: multi-functions, funding and the reconstruction of Islam in Bradford. Scottish Journal of Religious Studies, 19 (2), S. 211–227.

3
Vgl. Hegazy, Ossama (2013): Towards a Contemporary Mosque: Rethinking the Prophet-Mosque in Medina via Applying Socio-Semiotics. International Journal of Religion & Spirituality in Society, 4 (1), S. 17–24.

4
Vgl. Goodwin, Godfrey (1986): Külliyye. In: Clifford Edmund Bosworth, Emeri J. van Donzel, Bernard Lewis & Charles Pellat (Hrsg.): Encyclopaedia of Islam. Leiden: Brill, S. 366; Özaloğlu, Serpil & Gürel, Meltem Ö. (2011): Designing Mosques for Secular Congregations: Transformations of the Mosque as a Social Space in Turkey. Journal of Architectural and Planning Research, 28 (4), S. 336–358.

5
Der regelmäßig im Zusammenhang mit Moscheeneubauten verwendete Begriff „repräsentativ" wird von verschiedenen Autor_innen mit unterschiedlichen und oft nicht explizit erklärten Bedeutungen belegt, sodass ihm eine Unschärfe anhaftet. Wir setzen den Begriff daher in Anführungszeichen.

6
Vgl. Schoppengerd (2008), S. 26–27; Kraft (2002), S. 56–58; Beinhauer-Köhler (2010), S. 408–430; Welzbacher, Christian (2017): Europas Moscheen. Islamische Architektur im Aufbruch. Berlin, München: Deutscher Kunstverlag, S. 16.

7
Der Begriff „Cami" ist abgeleitet vom arabischen Begriff „Jāmi'", die „Versammelnde"; dies leitet sich vom selben Wortstamm ab wie Freitag „Jum'a". In Deutschland wird der Begriff „Cami" synonym mit dem Begriff „Moschee" verwendet.

paar Jahren als Gemeindezentrum genutzt. Bei der Übersicht über die ca. siebzig Gemeindezentren, die wir von außen analysiert haben, können wir kein gebäudetypologisches Verteilungsmuster feststellen: Es scheint, als könne sich die Moschee mit ihrem Programm in (fast) jede Bauform integrieren. → Vielfalt unterschiedlicher räumlicher Strukturen, S. 100

Zentren mit vielen verschiedenen Funktionen und Bedeutungen

Muslimische Gemeindezentren ‚sind' und bedeuten vieles Verschiedenes für die Menschen, die diese besuchen – dies wird deutlich, sobald wir die Zentren betreten: Oft ist das erste, was wir von außen sehen, ein Geschäft, z. B. ein Friseur, ein Lebensmittelmarkt, ein Restaurant oder ein Reisebüro. Treten wir in das Gebäude ein, so gelangen wir vielleicht zuerst in die Teestube. Der Gebetssaal ist meist der größte und der am aufwendigsten gestaltete Raum – er kann sich im Erdgeschoss oder auch ganz oben unter dem Dach befinden. Räume für die rituelle Waschung, Büros, Unterrichtsräume, eine (Groß-)Küche und ein Jugendraum ergänzen das Raumprogramm. Unsere Analysen zeigen: Eine Vielfalt unterschiedlicher Funktionen ist typisch für die Gemeindezentren „türkeistämmiger" Muslim_innen in Deutschland. Das spezifische Programm unterscheidet sich dabei von Gemeinde zu Gemeinde. → Multifunktionale Cluster, S. 83 Eine Übersicht über die internationale Forschungsliteratur macht deutlich, dass die Multifunktionalität von Moscheen kein neues Phänomen ist.[2] So wird die Moschee des Propheten Mohammed in Medina, die als Prototyp aller Moscheen gilt, oft als multifunktional dargestellt.[3] Ebenso waren die Moscheen der osmanischen Zeit häufig Teil größerer, vielfunktionaler Gebäudekomplexe.[4] → Stand der Forschung: Multifunktionalität – verschiedene Funktionen in Moscheen, S. 79

Wenn wir den Nutzer_innen der Gemeindezentren zuhören, dann wird deutlich, dass sie ganz unterschiedliche Bedeutungen mit dem Zentrum verbinden: Für manche Eltern ist das Gemeindezentrum besonders wichtig als ein Ort, in dem ihre Kinder einen guten Koranunterricht erhalten oder die Jugend vor den Gefahren der Straße geschützt ist. Für manche junge Erwachsene sind es Räume, in denen sie wichtige Fähigkeiten für ihre spätere Karriere als Lehrer_in, Architekt_in oder Funktionär_in im Dachverband erproben können. Betagte Männer schätzen sie als einen Ort der Ruhe, in der sie die Zeit ihrer Rente verbringen können. Manche Vorstandsvorsitzenden erzählen vom Gemeindezentrum als einer Baustelle, die sie managen müssen. Andere schildern es als einen bedrohten Raum, den es zu schützen gilt. Auch für ein und dieselbe Nutzer_in kann das Gemeindezentrum ganz Verschiedenes bedeuten.

Die Moschee ‚ist' nicht, sie ‚wird'!

Moscheegemeinden befinden sich immer wieder in Veränderung. In der Literatur über Moscheen in Deutschland wird dies typischerweise als eine Entwicklung im Sinne einer Integration dargestellt: In der Folge des Anwerbeabkommens mit der Türkei (1961) kam erstmals eine größere Gruppe von Muslim_innen nach Deutschland. Die ersten Gebetsräume initiierten und schufen die Arbeiter_innen selbst in den Arbeiterwohnheimen, in denen viele Arbeitsmigrant_innen damals untergebracht waren. So wie sich die Arbeiter_innen nach und nach in den Städten etablierten, Familien gründeten oder aus der Türkei nachholten, so entwickelten sich wohnortnahe Gemeindezentren. Sie befanden und befinden sich in Gebäuden, die zuvor anderen Zwecken dienten – oft werden sie als „Hinterhofmoscheen" bezeichnet. Nachdem sich die Nachkommen der ersten Arbeitsmigrant_innen etabliert haben, erscheinen nun als „repräsentativ"[5] bezeichnete Neubauten als angestrebtes Ziel dieser Entwicklung. In der Literatur wird die räumliche Entwicklung der Gemeinden somit oft als linearer Entwicklungsprozess beschrieben: Der Gebetsraum im Wohnheim wird abgelöst von der sogenannten „Hinterhofmoschee", die ihrerseits wiederum durch „repräsentative" Neubauten ersetzt wird.⁶

Die Ergebnisse unserer Studie machen deutlich, dass sich der Wandel der Gemeindezentren nicht auf solche Übergänge von einem Stadium zum nächsten beschränkt. Die Beobachtungen im Feld und die Schilderungen in den von uns geführten Interviews zeigen genauso wie die Auswertung der Bauakten aus den kommunalen Archiven, dass sich die meisten Gemeindezentren in einem fortwährenden Veränderungsprozess befinden. Sie können mithin nicht abgeschlossenen Entwicklungsstadien zugeordnet werden. In den frühen Zeiten werden oft nur Räumlichkeiten für Feierlichkeiten gemietet. Unter den Begriff des „Hinterhofs" fallen dann ganz unterschiedliche Räume: Dauerhaft gemietet werden zunächst meist kleinere Räumlichkeiten (Wohnungen, Kellerräume etc.), diese vergrößern sich oft im Laufe der Zeit. Ein wichtiger Moment ist dann der Kauf eines Gebäudes. Danach müssen die erworbenen Räume baulich angepasst werden – und die damit verbundenen Umbauarbeiten am Gebäude ziehen sich häufig über lange Jahre hin. → Einpassung eines spezifischen Programms in unterschiedliche Gebäudestrukturen, S. 106

Eine wichtige Aufgabe nach dem Kauf ist die Sanierung. Wände werden entfernt oder neu eingezogen, um den Grundriss an die neue Nutzung anzupassen. Zu einem späteren Zeitpunkt, wenn die Räume zu klein werden, werden die Gebäude oft durch Anbauten oder Zukäufe von Gebäuden erweitert. → Vom Mietobjekt zum Eigentum, S. 58 Schließlich bestätigen unsere Erhebungen in keiner Weise die flächendeckende Auflösung von Moscheen in umgenutzten Gebäuden, vielmehr werden diese meist angepasst. Bei unseren Feldbesuchen waren Baustellen kein ungewöhnlicher Anblick, sodass es scheint, als sei das Gemeindezentrum nie zu Ende gebaut.

Ein wesentlicher Grund für wiederkehrende Umbauten sind die sich verändernden Bedürfnisse an den Raum. Zum einen haben sich die Nutzer_innengruppen verändert: Längst sind es nicht mehr nur die arbeitenden Männer der ersten Stunde, sondern ebenso Rentner_innen, Frauen, Jugendliche und Kinder, die die Moschee besuchen. Drei bis vier verschiedene Generationen besuchen das Zentrum heute. Jede dieser Gruppen artikuliert neue Anforderungen an den Raum. Bedürfnisse verändern sich auch mit dem Wandel der Migrationsgesellschaft: Der Lebensmittelmarkt in den Gemeinderäumen, der z. B. Halal-Fleisch (das nach islamischem Glauben erlaubt ist) verkauft, wird heute kaum noch gebraucht – dafür nun aber z. B. verstärkt Klassenzimmer oder Wohnraum für Studierende.
→ Multifunktionale Cluster im Wandel, S. 85 So werden immer wieder vorhandene Räume umgebaut, geteilt, zusammengelegt und mit Anbauten erweitert, damit sich das Gebäude den immer wieder wandelnden Ansprüchen anpassen kann. → (Fortwährende) Anpassung räumlicher Gebäudestrukturen […], S. 109 Unwichtiger gewordene Funktionen ‚wandern' in kleine Räume oder verschwinden ganz, andere gewinnen an Bedeutung und erhalten mehr Raum. Diese Veränderungen begegneten uns im Forschungsprozess immer wieder: Es ist oft vorgekommen, dass wir Räume, die wir bereits fotografiert oder gezeichnet haben, bei einem erneuten Besuch in einem baulich veränderten Zustand vorgefunden haben. → Funktionen ‚wandern' im Gebäude, S. 87

Verschiedene Begriffe

Deutlich wird die Schwierigkeit, diese Gemeindezentren zu ‚greifen', schließlich auch bei ihrem Namen. Je nachdem, ob wir auf die Schilder über dem Eingang schauen, in den Bauakten recherchieren oder den Menschen im Feld zuhören: Wir entdecken unterschiedliche Begriffe. Auf den Schildern über dem Eingang steht auf Türkisch fast immer *Camii*.⁷ Häufig wird dies mit dem deutschen Wort *Moschee* kombiniert. Selten erscheint auch die ausschließliche Verwendung des Wortes *Moschee*. In vielen Fällen lesen wir auf den Schildern außerdem *türkisch islamische Gemeinde, islami-*

Zu den Begriffen „türkisch" und „türkeistämmig"

Sozialwissenschaftler_innen haben vielfältig auf die Schwierigkeit von Begriffen wie „türkisch" oder „türkeistämmig" hingewiesen: Die Menschen, die so bezeichnet werden, sind äußerst unterschiedlich und haben sehr verschiedene Bezüge zur Türkei. Viele sind in Deutschland aufgewachsen und fühlen sich hier zugehörig. Mit solchen Begriffen werden sie jedoch als eine Gruppe dargestellt, die besonders sei und nicht richtig dazugehöre. Auch in den Moscheegemeinden wird vielfach ein Türkeibezug hergestellt: Viele Vereine bezeichnen sich z. B. als „türkisch islamisch" – gleichzeitig betonen sie oft ihre Zugehörigkeit zu Deutschland. Sie begehen türkische Feste, es laufen türkische Programme auf dem japanischen Fernsehgerät, es wird neben Deutsch viel Türkisch gesprochen. Weil diese Begriffe einerseits immer wieder relevant gemacht werden, andererseits aber Heterogenität ausblenden und ausgrenzend wirken, nutzen wir sie, stellen sie jedoch in Anführungszeichen.

[8] Dieser Argumentation schließen wir uns an.

[9] Beinhauer-Köhler (2010).

[10] Schmitt (2003), S. 77–78.

[11] McGuire, Meredith B. (2008): Lived Religion. Faith and Practice in Everyday Life. Oxford: Oxford University Press.

sche Gemeinschaft oder *islamisches Kulturzentrum* – dies scheint u. a. abhängig von den Dachverbänden zu sein. In den Bauakten stehen verschiedene Bezeichnungen: *Gebetsräume, Kultur- und Sozialräume, Gebets-, Aufenthalts-, Lager- und Ladenräume, Gebets- und Versammlungsgebäude, Versammlungshaus zu religiösen Zwecken mit Jugendraum, Cafeteria und Lebensmittel-Verkaufsraum, Moschee, Moschee mit Sozialeinrichtungen, Moschee und Versammlungsraum für die Gläubigen, Islamisches Gemeindezentrum* oder *Kulturzentrum*. Teilweise wechseln die Bezeichnungen der Gebäude innerhalb einer Bauakte im Laufe der Zeit, z. B. von *Gebets- und Aufenthaltsraum* zu *Moschee*, von *türkische Moschee* zu *Centrum Moschee* oder von *Gebets- und Versammlungsgebäude* zu *Versammlungshaus zu religiösen Zwecken mit Jugendraum, Cafeteria und Lebensmittel-Verkaufsraum*, während sie in anderen Bauakten hingegen gleich bleiben. In der Umgangssprache, in vielen wissenschaftlichen Texten sowie zum Teil auch in Selbstbezeichnungen hat sich der Begriff der *Hinterhofmoschee* für diese Gebäude etabliert. Einige Autor_innen weisen auf die Schwierigkeit dieses Begriffes hin: Er ist nicht nur abwertend, sondern viele der so bezeichneten Gebäude befinden sich tatsächlich nicht in einem Hinterhof.[8] Sie benutzen daher alternative Begriffe wie *Moschee in umfunktionierten Räumen*[9] oder arbeiten sich kritisch an Begriffen wie *Ladenmoschee, Laden- und Hinterhofmoscheen* oder *Altbau-Moschee* ab.[10]

Einige wenige Gemeindemitglieder weisen uns schließlich darauf hin, dass die Gebäude, die wir beforschen, keine „richtigen" Moscheen seien.
→ (K)eine „richtige Moschee"?, S. 113
Unter einer solchen scheinen sie die wenigen Neubauten mit Kuppel und Minarett zu verstehen. Als Beispiele nennen sie uns Moscheen in der Türkei, die in der Tradition osmanischer Architektur erbaut wurden. Hört man ihnen jedoch zu, wenn sie sprechen – dann bezeichnen sie das umgenutzte Gebäude ganz selbstverständlich als „Moschee". Andere erklären uns immer wieder, der Ort sei mehr als nur eine Moschee. Aufgrund der vielen verschiedenen Funktionen, die diese Orte übernehmen, haben wir uns für das vorliegende Buch für den Begriff des Gemeindezentrums entschieden. Insgesamt scheint uns die begriffliche Unsicherheit daher zu rühren, dass die genannten Bezeichnungen aus anderen Zusammenhängen stammen und es keinen eigenen, angemessenen Begriff für das Spezifische dieser vielen Gemeindezentren in umgenutzten Gebäuden gibt, die im vorliegenden Buch beschrieben werden.

Theoretische Perspektiven

Die vorliegende Analyse von Gemeindezentren als vielfältig genutzte, wandelbare und entsprechend komplexe Räume ist wesentlich durch drei theoretische Perspektiven geprägt: Es sind die Perspektiven der Lived Religion, des relationalen Raumes und des Poststrukturalismus. Ihre Relevanz hat sich uns im Laufe des Forschungsprozesses, d. h. in der Auseinandersetzung mit dem erhobenen Datenmaterial gezeigt. Diese Perspektiven scheinen uns am besten geeignet, die empirisch vorgefundenen Phänomene zu fassen beziehungsweise zu theoretisieren. Im Folgenden werden diese drei Perspektiven in ihrer Bedeutung für die vorliegende Studie erläutert.

Lived Religion: Religion im Alltag

Der Ansatz der Lived Religion eröffnet eine spezifische Perspektive auf religiöses Leben: Erforscht wird, wie Menschen in ihrem Alltag Religion ausdrücken, praktizieren und erleben. Mit dem Blick auf das Alltägliche wird deutlich, wie komplex religiöses Leben ist. Menschen einer gleichen Religionsgemeinschaft leben Religion ganz unterschiedlich. Analysiert wird dies z. B. in den Fallanalysen der Soziologin und Anthropologin Meredith McGuire.[11] Sie beschreibt religiöse

Menschen, die ihren Glauben mit ihrem Engagement als Friedensaktivist_innen verbinden genauso wie solche, die Göttliches in ihrer Gartenarbeit sehen. Auf den Islam angewendet hat diesen Zugang u. a. die Religionswissenschaftlerin Nadia Jeldtoft. In ihrer Interviewstudie beschreibt sie z. B. eine Muslima, welche die Energie für ihre Tätigkeit als Reikiheilerin von Gott bezieht, und einen Vater, der Verse aus dem Koran in das Gutenacht-Ritual mit seinen Kindern integriert.[12,13]

Die Unterscheidung zwischen der alltäglich gelebten und der institutionell vorgeschriebenen Religion ist wesentlich für den Ansatz der Lived Religion. Ausgangspunkt der Analysen ist deswegen das empirisch Beobachtete – unabhängig davon, ob es einer bestimmten Doktrin zufolge „richtig" oder „falsch" ist, betont der Religionshistoriker Robert Orsi.[14] Der Religionshistoriker David Hall beschreibt diesen Ansatz in diesem Sinne als konsequent empirisch.[15]

Im Sinne eines solchen Ansatzes der Lived Religion analysieren wir in der vorliegenden Studie, wie Besucher_innen den Raum muslimisches Gemeindezentrum alltäglich nutzen und was er ihnen bedeutet. Wir fragen dabei nicht in besonderer Weise danach, ob bestimmte Praktiken, die wir beobachten oder von denen wir hören, einer spezifischen Interpretation des Koran entsprechen. Wir machen keine Studie über die Religion Islam, sondern über den Alltag in den Gemeindezentren. Ein wesentliches Ergebnis eines Blickes auf alltägliche soziale Praktiken ist, dass sichtbar wird, dass muslimische Gemeindezentren als Räume verschiedene Funktionen und Bedeutungen erhalten, die sich überlappen können. Während in anderen wissenschaftlichen Ansätzen die Eindeutigkeit eines Ergebnisses erstrebenswert ist, soll diesem Ansatz zufolge die „messiness", d.h. die Vielfalt beziehungsweise Komplexität des Alltags (der sich eben nicht in eine einfache Ordnung bringen lässt) in den Ergebnissen sichtbar bleiben, so Hall.[16] Auch Orsi betont, dass die Ergebnisse einer Studie im Sinne der Lived Religion aus den oben genannten Gründen kein kohärentes Bild einer Religion zeichnen können und auch nicht sollen.

Relationaler Raum: Vielfalt und Wandel

Eine zweite Perspektive, die für unsere Betrachtung von Moscheegemeinden wesentlich ist, ist der Ansatz des relationalen Raumes, wie ihn insbesondere die Soziologin Martina Löw entwickelt hat. Löw versteht „Raum als eine relationale (An)Ordnung von Körpern, welche unaufhörlich in Bewegung sind, wodurch sich die (An)Ordnung selbst ständig verändert".[17] Hieraus ergeben sich zwei wesentliche Aspekte: Zum einen wird die Prozesshaftigkeit und Dynamik von Raumherstellung deutlich. Räume sind keine starren Phänomene, sondern sind, da sie immer wieder neu hergestellt werden, in steter Bewegung und Veränderung. Zum anderen wird deutlich, dass sich die Analyse der Herstellung von Raum nicht auf materielle Dimensionen wie ein Gebäude mit seiner Fassade, seinen Wänden und all den Dingen darin beschränken kann. Gefragt werden muss ebenso, wie Menschen durch ihre Handlungen Raum herstellen: Was tun sie? Sitzen, stehen, liegen sie? Wie positionieren sie sich in Bezug zu anderen Menschen? Raumherstellung nach Löw geschieht jedoch nicht nur auf einer von außen beobachtbaren körperlich-materiellen Ebene, sondern genauso durch Vorstellungs-, Wahrnehmungs- und Erinnerungsprozesse. Welche Bedeutung verleihen Nutzer_innen einem bestimmten Raum? Was ist hier zu tun, was ist erlaubt, was ist zu unterlassen? Räume sind somit das Produkt eines Zusammenspiels von materiellen und sozialen Aspekten. So kann ein und derselbe Ort ganz Verschiedenes bedeuten, denn verschiedene Menschen verbinden verschiedene Vorstellungen und Bedeutungen mit einem Raum.

Diese Frage nach der Herstellung von Räumen ist für die vorliegende Studie wesentlich: In unserer interdisziplinären Analyse (von Sozialwissenschaf-

---

[12] Jeldtoft, Nadia (2011): Lived Islam: religious identity with "non-organized" Muslim minorities. Ethnic and Racial Studies, 34 (7): 1134–1151, S. 1142 f.

[13] Weitere Studien zu gelebtem Islam sind beispielsweise Beilschmidt, Theresa (2015): Gelebter Islam. Eine empirische Studie zu DITIB-Moscheegemeinden in Deutschland. Bielefeld: transcript und Aslan, Ednan; Kolb, Jonas & Yıldız, Erol (2017): Muslimische Diversität. Ein Kompass zur religiösen Alltagspraxis in Österreich. Wiesbaden: Springer VS.

[14] Orsi, Robert (1997): Everyday Miracles: the Study of Lived Religion. In: David D. Hall (Hrsg.): Lived Religion in America. Toward a history of practice. Princeton: Princeton University Press, S. 3–21.

[15] Hall, David D. (1997): Introduction. In: ders. (Hrsg.): Lived Religion in America. Toward a history of practice. Princeton: Princeton University Press, S. vii–xiii.

[16] Ebd., S. x.

[17] Löw, Martina (2001): Raumsoziologie. Frankfurt am Main: suhrkamp, S. 131.

18
Vgl. Deinet, Ulrich (2009): „Aneignung" und „Raum" – zentrale Begriffe des sozialräumlichen Konzepts. In: Ulrich Deinet (Hrsg.): Sozialräumliche Jugendarbeit. Wiesbaden: Springer VS, S. 27–57; Deinet, Ulrich (2010): Aneignungsraum. In: Christian Reutlinger, Caroline Fritsche & Eva Ling (Hrsg.): Raumwissenschaftliche Basics. Eine Einführung für die Soziale Arbeit. Wiesbaden: Springer VS, S. 35–43.

19
Eine zentrale Methode von Poststrukturalist_innen ist es, alles wie einen Text zu betrachten, den man unterschiedlich interpretieren beziehungsweise „lesen" könne.

20
Mit Moderne wird in diesem Zusammenhang nicht die heutige Zeit bezeichnet, sondern eine bestimmte Geistesepoche, welche durch einen Glauben an Werte wie Aufklärung, Säkularisierung, Rationalität oder Fortschritt gekennzeichnet war.

21
Vgl. Bauman, Zygmunt (1995): Moderne und Ambivalenz. Das Ende der Eindeutigkeit. Frankfurt am Main: Fischer; Frank, Manfred (1984): Was ist Neostrukturalismus? Frankfurt am Main: suhrkamp.

22
Wesentliche Referenztexte postmoderner Architektur und Architekturtheorie sind: Venturi, Robert (1966): Complexity and Contradiction in Architecture. New York: The Museum of Modern Art; Venturi, Robert; Scott Brown, Denise & Izenour, Steven (1977): Learning from Las Vegas: The Forgotten Symbolism of Architectural Form. Cambridge MA: MIT Press; Jencks, Charles A. (1977): The Language of Post-Modern Architecture. New York: Rizzoli.

ten und Architekturwissenschaft) wird deutlich, auf wie viele verschiedene Arten und Weisen sich Gemeindemitglieder ihren Raum zu eigen machen können – und müssen: Sie sammeln das Geld für Kauf und Unterhalt eines Gebäudes. Sie mauern, streichen und pflastern. Sie entwickeln Projektideen und führen Kurse durch. Sie nutzen Räume für Zwecke, für die sie nicht explizit angelegt worden sind. Sie schaffen spezifische Kulturen des Umgangs und kämpfen um eine positive Repräsentation ihrer Gemeinde in der Stadtgesellschaft. Und schließlich schafft jede_r von ihnen sich sein/ihr spezifisches inneres Bild des Gemeindezentrums. Dass die Herstellung von Raum immer auch eine Aneignung von Raum bedeutet, verdeutlicht der Pädagoge Ulrich Deinet in Anlehnung an Löws Konzept des relationalen Raumes.[18] Der Herstellungsprozess von Gemeindezentren wird in diesem Sinne im Folgenden auch als ein Aneignungsprozess verstanden und analysiert.

Eine solche Perspektive auf alltäglich hergestellte Räume mit unterschiedlichen, sich überlappenden Bedeutungen kontrastiert mit einer primär auf die Architektursprache oder Baugestalt fokussierenden Perspektive, wie diese beispielsweise in Architekturbesprechungen üblich zu sein scheint. Diese zielt in der Regel auf eine normative Beurteilung von Moscheearchitektur oder auf das Typologisieren der Gebäude ab – beides erscheint für eine Analyse der beschriebenen Herstellungsprozesse von Raum wenig relevant, weil es den Blick auf die Vielfalt von Herstellungsprozessen und ihre unterschiedlichen Ergebnisse verstellen würde.

Poststrukturalismus: Vielheit statt Einheit

Die Wahrnehmung von Komplexität und Vielfalt, wie sie die Ansätze der Lived Religion und des relationalen Raumes fordern, ist ein zentrales Anliegen poststrukturalistischer Theorien. Wesentlich ist hier der Begriff der Dezentrierung. Damit ist gemeint, dass ein bestimmter Forschungsgegenstand nicht nur einen zentralen Sinn habe – sondern viele verschiedene – je nachdem, aus welcher Perspektive man ihn betrachte beziehungsweise „lese".[19]

Poststrukturalistische Theoretiker_innen begründen diese Auffassung mit einer Zeitdiagnose: Die Zeit nach der Moderne[20] sei dadurch gekennzeichnet, dass zentrale Gewissheiten und Prinzipien nicht mehr unhinterfragt gelten. Es gebe keine eindeutigen Antworten auf große gesellschaftliche Fragen mehr. Der Verlust solcher Leitideen wird diesem Ansatz zufolge positiv bewertet, weil er neue Perspektiven eröffnet und die Möglichkeit verleiht, Dinge – wie die Gemeindezentren im Rahmen unserer Studie – auf verschiedene Art und Weise neu zu sehen.[21]

In der Architektur ermöglicht dieser theoretische Zugang beispielsweise die Verbindung verschiedener Elemente aus unterschiedlichen Epochen in einem Gebäude. Im Sinne der Postmoderne können etwa an einer Fassade unterschiedliche historische Versatzstücke kombiniert werden. Jedes von ihnen stellt eine Neuinterpretation eines historischen Zitates dar, sodass die Fassade als Bedeutungsträger multipel kodiert wird.[22] In ähnlicher Weise stellt jedes Gebäude eine komplexe Collage aus unterschiedlichen architektonischen Elementen wie Dächern, Fenstern oder Treppen dar. Da jedes dieser Elemente für sich wiederum ein architekturhistorisches Beziehungsgeflecht aufspannt, hat dies zur Folge, dass wir Gebäude anders wahrnehmen müssen: In ihrer Komplexität können wir Bauwerke (schon längst) nicht mehr als ein zusammenhängendes Ganzes „lesen". Wollen wir ein Gebäude verstehen, so müssen wir es zunächst in seine Elemente zerlegen, um danach deren jeweils spezifische Sinnzusammenhänge zu verstehen. Erst anschließend kann es wieder in einen übergeordneten Kontext gestellt werden.[23] Eine eindeutige Klassifizierung von Bauten wird durch die Verbindung unterschiedlicher Elemente und der Überlagerung vielfältiger Bedeutungen unmöglich – und genau dies beobachten wir bei den untersuchten Gemeindezentren. Anstatt die fehlende Eindeutigkeit zu beklagen, sehen wir in der vorliegenden Studie die Chance, die Komplexität der Gemeindezentren zu beschreiben. Um die Gebäude umfassend verstehen zu können, zerlegen wir sie zunächst in ihre einzelnen Elemente.

Komplexität wird ebenso deutlich, wenn wir beobachten, was die Menschen im Feld tun. Bedeutung, so erklärt Stuart Hall,[24] existiert nicht an und für sich, sie wird vielmehr in sozialen Praktiken[25] hergestellt – und so erscheint uns das Gemeindezentrum als ein Raum mit vielen Bedeutungen: Es gibt hier z. B. den Berber, der im Friseursalon (der typischerweise zum Gemeindezentrum gehört) konzentriert seine Schere ansetzt; der zentrale Sinn dieser Interaktion scheint im perfekten Haarschnitt zu liegen. Alles andere scheint in diesem Augenblick ausgeblendet. Die zwei Männer, die daneben auf der Bank warten, gehen demgegenüber ganz in einer angeregten Unterhaltung auf, die den Laden erfüllt – und auch der Berber muss über ihre Witze lachen. → Berber, S. 130 Zwei Räume weiter vertieft sich jemand in eine religiöse Lektüre. Im Nebenraum bereiten sich zwei Studentinnen auf ihre Prüfungen an der Universität vor und im Flur gehen ein paar Kinder ganz in ihrem Spiel auf. Zeitgleich sind sie alle in ihre so unterschiedlichen Tätigkeiten mit ihrem je spezifischen Sinn vertieft. Viele (aber nicht alle) Tätigkeiten werden unterbrochen, wenn der Ezan (Gebetsruf) ertönt – aber wenn wir uns dann zum Gebetsraum begeben, können wir auch dort Vielheit beobachten. Zwischen den Betenden flitzen Kinder umher. Nach dem Gebet finden in diesem Raum sehr verschiedene Dinge statt. Und für ein und dieselbe Person kann ein einziges Gebet Verschiedenes bedeuten: die Nähe zu Gott, das Erleben von Gemeinschaft, aber auch eine Wohltat für Rücken und Seele, die durch die viele Arbeit am Schreibtisch beziehungsweise unter der Hektik der Großstadt leiden. → Gebetsraum, S. 204

Wenn wir uns nun vorstellen, diese lebendige Vielheit, die wir in den Gemeindezentren beobachten, auf ein zentrales Prinzip, z. B. das Gebet, reduzieren zu müssen, dann verstehen wir, was die Poststrukturalist_innen meinen, wenn sie sagen, eine solche Reduktion würde dem Gegenstand „Gewalt antun".[26] Die starken Begriffe, die sie benutzen, wenn sie etwa Vereinheitlichungen als „totalitär"[27] beschreiben, scheinen uns angemessen, wenn wir uns vorstellen, wir müssten die Beobachtungen der spielenden Kinder oder die Erzählungen über Geldsorgen und die viele Arbeit am Bau aus unserer Studie heraustilgen. Zusammengefasst besteht ein wesentliches Ziel dieses Buches, mit dem Kultur- und Medienwissenschaftler Rainer Winter gesprochen, somit darin, „die Lebenswelten [der Moscheegemeinden] in ihrer Komplexität und ihren vielfältigen ‚Wahrheiten' darzustellen".[28]

Uneindeutigkeit und Einordnung in der Migrationsforschung

Der Verzicht auf eine zentrale Erklärung erhält gerade beim Reden und Schreiben über Zuwanderung und Ethnizität eine besondere Bedeutung; darauf verweist insbesondere der Soziologe und Philosoph Zygmunt Bauman.[29] Er beschreibt Wissenschaft in der Moderne als eine Suche nach „sauberen Klassifikationen",[30] die mit „einander überschneidenden Bedeutungen der Welt"[31] (Baumann spricht hier von Polysemie) konfrontiert wird. Und diese Wahrnehmung der Polysemie sei gerade in Bezug auf die Wahrnehmung des vermeintlich Fremden so wichtig – denn als „fremd" lässt sich etwas nur so lange betrachten, wie es sich eindeutig klassifizieren lässt. Wenn also Wissenschaft das „Fremde" durch klare Einordnung und Beschreibung auf seine Essenz, z. B. sein „türkisches" Wesen, versucht, erklärbar zu machen, dann schreibt sie es in diesen Grenzen fest. Es wird durch diese Beschreibung als „türkisch" immer als besonders, als anders erscheinen. Es gibt dann keine Vermischung zwischen dem so beschriebenen „Fremden" und einem in Gegensatz dazu gesehenen „uns". Postkoloniale Theoretiker_innen wie

---

[23] Einen ähnlichen Ansatz verfolgte die im Jahr 2014 von Rem Koolhaas kuratierte Architekturbiennale „Fundamentals", die sich den Grundfesten des Bauens widmete. Im zentralen Pavillon wurden, anstatt architektonische Werke zu präsentieren, fünfzehn wesentliche Architekturelemente dekonstruiert und damit grundlegende Beziehungslinien zwischen der Vergangenheit und der Gegenwart des architektonischen Schaffens hergestellt. Vgl. Koolhaas, Rem (2018): Elements of Architecture. Köln: Taschen.

[24] Hall, Stuart (1997/2013): The spectacle of the "other". In: Stuart Hall, Jessica Evans & Sean Nixon (Hrsg.): Representation. Los Angeles u. a.: The Open University, S. 215–271.

[25] Der soziologische Begriff der sozialen Praktiken lenkt den Blick auf routinierte körperliche Handlungen, welche unseren Alltag sehr stark prägen.

[26] Engelmann, Peter (1990): Einleitung. In: ders. (Hrsg.): Postmoderne und Dekonstruktion. Texte französischer Philosophie der Gegenwart. Stuttgart: Reclam, S. 30.

[27] Der Begriff des Totalitären ist in der poststrukturalistischen Argumentation, z. B. von Derrida oder Lyotard, wesentlich, um die ausschließende Macht von Vereinheitlichung zu beschreiben. Vgl. dazu Frank (1984).

[28] Winter, Rainer (2014): Ein Plädoyer für kritische Perspektiven in der qualitativen Forschung. In: Günter Mey & Katja Mruck (Hrsg.): Qualitative Forschung. Wiesbaden: Springer VS: 117–132, S. 122.

[29] Bauman (1995), S. 79.

[30] Ebd., S. 21.

[31] Ebd., S. 21.

32
Vgl. Hall, Stuart (1994): Rassismus und kulturelle Identität. Hamburg: Argument-Verlag und Said, Edward W. (1994): Culture and Imperialism. London: Vintage.

33
Welzbacher, Christian (2008): Euroislam-Architektur. Die neuen Moscheen des Abendlandes. Amsterdam: SUN Publishers, S. 43.

34
Mehmet Bayrak und Ömer Alkın zeichnen nach, unter welchen Zwang dies die Moscheegemeinden setzt, die einen Neubau planen. Vgl. Bayrak, Mehmet & Alkın, Ömer (2018): Kritik von Fortschrittsnarrativen im deutsch-türkischen Migrationskontext – Migrationskino und Diasporamoscheen im Integrationsdispositiv. Global Media Journal 8 (1), S. 1–21.

35
Welzbacher (2008), S. 38–43.

36
Vgl. auch Hüttermann, Jörg (2006): Das Minarett. Zur politischen Kultur des Konfliktes um islamische Symbole. Weinheim: Juventa und Schmitt (2003), z.B. S. 118–120.

der Soziologe und Kulturtheoretiker Stuart Hall oder der Literaturwissenschaftler Eduart Said haben sehr eindrücklich beschrieben, welche große Macht solche Repräsentationen (d. h. Darstellungen) haben, bestimmte Gruppen gesellschaftlich auszugrenzen.[32] Durch die Beschreibungen als Besondere werden sie als Andere, d. h. als nicht Gleiche festgeschrieben und abgewertet.

Migrationsforschung im Allgemeinen und Forschung über Moscheen im Besonderen beinhalten somit immer das Risiko, Differenzen herzustellen. Dies wird auch bei der Literatur über Moscheen in Deutschland deutlich. Ein Großteil der Publikationen über Neubauten beschreibt nicht nur deren bauliche Gestalt, sondern folgert aus dieser gleichzeitig auf eine Integration der Gemeinde: Moscheen mit Kuppel und Minarett werden als „sichtbare Symbole der Desintegration"[33] angesehen – Moscheen mit gläsernen Fassaden hingegen gelten als Integrationserfolg.[34] Muslim_innen werden damit implizit als eine Gruppe dargestellt, deren Integration unsicher sei. Die Unterscheidung zwischen einer „zeitgemäßen" und einer „romantischen"[35] Architektursprache reproduziert implizit Klischees über einen rückständigen Islam. Die Moscheegemeinden werden dargestellt als welche, die sich entscheiden müssten, ob sie im Stil der „Moderne" (die mit einem fortschrittlichen Westen assoziiert wird) bauen oder im Stil einer (im Orient verorteten, als rückständig dargestellten) „Tradition". Moderne und Tradition werden dabei implizit als zwei entgegengesetzte Lebensweisen verstanden. Dass sich Moderne und Tradition im Alltag der Gemeinden in vielfältiger Weise vermischen, wird bei dieser dichotomisierenden Betrachtungsweise ausgeblendet. Schließlich beobachten wir häufig eine Fokussierung auf bestimmte Gegenstände oder Gebäudeteile, die als besonders und fremd angesehen werden. Insbesondere das Minarett wird dargestellt als etwas, das nicht zu einer westlichen Baukultur gehöre – als Fremdkörper im Stadtraum.[36] Dass Moscheen gesellschaftlich als problematische Gebäude wahrgenommen werden, verdeutlicht schließlich eine Reihe von Handbüchern, welche die sozialen und rechtlichen Probleme behandeln, die mit dem Bau von Moscheen assoziiert werden.[37, 38]

Zusammenfassend wird deutlich, dass durch die Beschreibung der materiellen Dimensionen von Moscheen (d. h. von Baumaterialien, Gebäudeteilen oder Einrichtungsgegenständen) oft auch die Menschen und ihre Religion als anders und nicht zugehörig dargestellt werden. Dies geschieht auch dann, wenn das von den Autor_innen nicht intendiert wurde. Aus diesem Dilemma, mit der Beschreibung immer auch Fremdheit zu konstruieren, kommen auch wir nicht hinaus. Für die vorliegende Studie wird deutlich: Es macht einen wesentlichen Unterschied, ob die Zentren als Räume dargestellt werden, die eindeutig, besonders und damit anders sind (und immer bleiben werden) – oder als Räume, die sich eben nicht eindeutig einordnen lassen. Letzteres meint Räume, die sich einerseits durch spezifische religiöse Praktiken oder durch einen typischen Mix aus türkischer und deutscher Sprache auszeichnen, bei denen sich aber andererseits viele Praktiken und Bedeutungen finden, die auch andere Orte kennzeichnen. In unserer Betrachtung der muslimischen Gemeindezentren finden wir mit dem Gebet verbundene Rituale, die uns besonders erscheinen – aber sehr vieles scheint uns vertraut, so z.B. die Freude an einer Gemeinschaft, in der man sich zuhause fühlt oder die von vielen geteilte alltägliche Sorge um Strom- und Wasserkosten. Es ist ein Ziel dieses Buches, diese Alltäglichkeiten, welche sich in muslimischen Gemeindezentren genauso finden wie an vielen anderen Orten, gleichermaßen zu beschreiben wie das Spezifische.

Konsequenzen für wissenschaftliche Darstellungen

Aus den beschriebenen poststrukturalistischen Ansätzen ergeben sich gerade auch für Migrationsforschung zwei wesentliche Überlegungen, welche auch das vorliegende Buch tangieren. Diese betreffen zum einen die Autor_innenschaft: Wer darf über muslimische Gemeindezentren schreiben? Dürfen dies nur Muslim_innen? Nur besonders gläubige, praktizierende Muslim_innen? Nur Wissenschaftler_innen? Nur muslimische Wissenschaftler_innen? Die Frage, wer über wen schreiben und sprechen darf, ist zu einer zentralen Frage u. a. in der Ethnologie geworden. Begründet ist dies in der kolonialen Vergangenheit der Völkerkunde, deren Beschreibungen der Unterwerfung dienten. Im Zug der „Krise der Repräsentation"[39] wurde deutlich, dass Darstellungen immer aus einer bestimmten Perspektive geschrieben und im Zusammenhang mit Machtverhältnissen reflektiert werden müssen.

Wissenschaftliche Autor_innen üben immer auch Macht aus, wenn sie eine Sichtweise herausstellen. Relevant wird diese Frage nach der Autor_innenschaft vor dem Hintergrund der zweiten Überlegung: Postrukturalistische Ansätze weisen darauf hin, dass ein Gegenstand immer auf verschiedene Weise betrachtet werden kann. Der Fokus der vorliegenden Studie auf Vielheit ist ein Ergebnis unserer Analyse. Der Weg von der Datenauswahl bis zur Auswertung wird im Folgenden beschrieben. Im Feld hören wir verschiedene Stimmen zu Vielheit: Manchen liegt die Besonderheit der „türkischen" Gemeindezentren sehr am Herzen. Andere beschreiben (mal implizit, mal explizit) eine Vielfalt und Alltäglichkeit der Zentren. Nicht selten verbinden sich beide Positionen in einer Person.

Forschungsansatz

Die hier vorgestellte Studie orientiert sich am qualitativen Forschungsparadigma: Ziel ist es, den Gegenstand möglichst differenziert zu beschreiben und so zu seinem besseren Verständnis beizutragen. Um einen neuen Blick auf Gemeindezentren entwickeln zu können und um auch unerwartete Ergebnisse zu ermöglichen, wurde der Forschungsprozess möglichst offen gestaltet. Eine Verbindung verschiedener Forschungsmethoden trägt dazu bei, die Gemeindezentren in ihren vielfältigen materiellen und sozialen Dimensionen zu erfassen, ohne sie zu sehr in ihrer Komplexität zu reduzieren.

Grounded Theory Methodology: Offener Blick

Grundlegend für die vorliegende Studie ist der Ansatz der Grounded Theory Methodologie.[40] Ein erster, wesentlicher Grundsatz dieses Ansatzes ist, vom erhobenen Material (Interviews, Beobachtungen, Plänen, Bauakten und Fotos) auszugehen und auf dieser Grundlage die Ergebnisse der Studie zu entwickeln. Auch wenn bestimmte Perspektiven (z. B. auf den Raum oder Migration) unsere Forschung prägen, so versuchen wir gleichzeitig, mit einer entdeckenden Haltung ins Feld (in die Gemeindezentren) zu gehen. Die Forschungsfrage zu Beginn einer Forschung im Stil der Grounded Theory Methodologie soll deswegen sehr offen sein: Was passiert dort alles? Dieser Zugang über einen möglichst offenen Blick steht im Gegensatz zu einem Zugang mit einer vorformulierten Forschungsfrage oder einer Hypothese, die überprüft werden soll. Dieser offene Blick bleibt jedoch letztlich ein nie erreichtes Ideal, weil die gesellschaftlich geteilten Vorstellungen, z. B. über Muslim_innen, sehr wirksam sind und sich Forschende ihnen nie ganz entziehen können. So sind auch wir mit Vorstellungen ins Feld gegangen, die wir aus dem Forschungsstand über Moscheen und Migrationsforschung übernommen haben: Wir haben z. B. an Konflikte mit Moscheegegner_innen gedacht und nach einer Vermischung von Kulturen oder nach typischen Geschlechterrollen geschaut. In der Auseinandersetzung mit dem von uns erhobenen Material haben diese Fragen jedoch schnell an Relevanz eingebüßt.

Ein zweites Merkmal der Forschung mit der Grounded Theory Methodologie ist der Vergleich, z. B. von Interviewpassagen, Plänen, Fotografien oder Beobachtungsprotokollen. Mit dem Ziel einer sehr detaillierten Beschrei-

37
Als solche können beispielsweise folgende Titel verstanden werden: Leggewie, Claus; Joost, Angela & Rech, Stefan (2002): Der Weg zur Moschee – eine Handreichung für die Praxis. Herausgegeben von der Herbert-Quandt-Stiftung. Bad Homburg v. d. Höhe: Herbert-Quandt-Stiftung oder Schoppengerd (2008). Erstere wenden sich an Moscheevereine, letztere eher an Kommunen.

38
Vgl. Hohage, Christoph (2013): Moschee-Konflikte. Wie überzeugungsbasierte Koalitionen lokale Integrationspolitik bestimmen. Wiesbaden: Springer VS, S. 25.

39
Vgl. Berg, Eberhard & Fuchs, Martin (Hrsg.) (1999): Kultur, soziale Praxis, Text: die Krise der ethnographischen Repräsentation. Frankfurt am Main: suhrkamp.

40
Vgl. Strauss, Anselm L. (1994): Grundlagen qualitativer Sozialforschung. München: Wilhelm Fink.

41
Verschiedene Studien über das gleiche Feld können unterschiedliche Phänomene fokussieren.

42
Laut Ceylan sind 1.500 bis 1.800 der Moscheen in Deutschland „türkisch" geprägt. Ceylan, Rauf (2017): Islam und Muslime in Deutschland – Ein Überblick über die zweitgrößte Religionsgemeinschaft. Zeitschrift für Religion, Gesellschaft und Politik: 75–88, S. 82.

43
Die Cem-Häuser der alevitischen Gemeinden, von denen viele einen Türkeibezug haben, werden in unserer Studie nicht betrachtet. Die Cem-Häuser, die wir besucht haben, scheinen den von uns untersuchten Räumen in vielem nicht unähnlich. Sie haben eine eigene Beachtung und Erforschung verdient.

44
Darunter fünf Neubauten. Etwa fünfundzwanzig weitere Gebäude haben wir zudem vor Ort von außen betrachtet.

bung wird nach Ähnlichkeiten und Unterschieden gesucht. Ein drittes Merkmal ist die Fokussierung der Analyse auf eine bestimmte Schlüsselkategorie, die sich aufgrund der Analyse des erhobenen Materials als relevant erweisen muss. Eine Schlüsselkategorie muss im Material regelmäßig vorkommen und zum Verständnis des Geschehens beitragen.[41] Eine solche Kategorie, die sich durch all die unterschiedlichen Datensorten, die mit vorliegender Studie in den verschiedenen Gemeindezentren erfasst wurden, zieht und sich eher auf einer übergeordneten Ebene bewegt, ist Vielheit. Auf einer eher konkreten Ebene finden wir im Vergleich der Gemeinden außerdem eine große Anzahl wiederkehrender Phänomene, z. B. der Herrenfriseur. Im Vergleich verschiedener besuchter Herrenfriseure wurde z. B. deutlich, dass eine gute Unterhaltung hier wichtig ist, genauso wie ein präziser Haarschnitt. Ein viertes Argument für die Arbeit nach dem Ansatz der Grounded Theory ist schließlich, dass dieser besonders gut geeignet ist, um eine Vielfalt von heterogenem Forschungsmaterial zu strukturieren – wie wir es durch die Kombination architektur- und sozialwissenschaftlicher Methoden gewonnen haben.

Stichprobe

Die Stichprobe konzentriert sich auf Gemeindezentren „türkeistämmiger" Muslim_innen, da der Großteil der Moscheen in Deutschland einen Türkeibezug aufweist.[42, 43] Einwander_innen aus der Türkei sind für die Migrationsgeschichte Deutschlands besonders bedeutsam, zum einen quantitativ, zum anderen weil sie im öffentlichen, politischen und wissenschaftlichen Diskurs oft als besonders anders dargestellt werden. Da die Einwanderung „türkeistämmiger" Muslim_innen weitgehend auf das Anwerbeankommen von Arbeitsmigrant_innen Ende der 1960er, Anfang der 1970er Jahre zurückgeht, ist außerdem davon auszugehen, dass ihre Gemeindezentren durch ähnliche historische Rahmenbedingungen gekennzeichnet sind.

Der Fokus auf Gemeindezentren in umgenutzten Gebäuden wurde gewählt, weil diese in der Forschung als vernachlässigter Gegenstand erscheinen. Auffällig ist die primär negative Darstellung als sogenannte „Hinterhofmoscheen" im öffentlichen wie im wissenschaftlichen Diskurs. Die Gebäude werden dargestellt als baufällige Provisorien mit minderwertiger Ausstattung, die durch „repräsentative" Neubauten ersetzt werden. Sie gelten als nicht sichtbar und integrationshemmend und werden zum Gegenmodell der „repräsentativen" Moschee konstruiert. Diese Forschungslücke und die verengende negative Sichtweise waren der Anlass, mit unserer Studie Gemeindezentren in umgenutzten Gebäuden differenzierter zu erforschen.

Sechsundvierzig Gemeindezentren wurden von außen und innen begangen.[44] Bei diesen Besuchen wurden kürzere und längere Gespräche über die Geschichte und Entwicklung, die verschiedenen Funktionen und Besonderheiten der Gemeinden geführt. Dokumentiert wurden diese Besuche mit Beobachtungsprotokollen und mit Fotos, zum Teil auch mit Skizzen. Ziel dieser Besuche war es u. a., diejenigen Gemeinden zu finden, die im Buch mit einer baulichen Analyse und Dokumentation repräsentiert werden sollten. Fünfzehn Gemeindezentren wurden schließlich hierfür ausgewählt. Auswahlkriterien für die untersuchten Gemeindezentren waren ein möglichst breites Angebot an Funktionen und eine frühe Gründung durch die Generation der sogenannten „Gastarbeiter_innen" (Ende der 1970er/Anfang der 1980er Jahre). Da sich die Arbeitsmigration aus der Türkei auf Westdeutschland und Westberlin konzentrierte, befinden sich die untersuchten Moscheegemeinden dort. Gleichzeitig sollten die ausgewählten Gemeindezentren eine möglichst große Bandbreite repräsentieren: Die Stichprobe umfasst unterschiedliche städtebauliche und architektonische Typologien sowie verschiedene Baualtersklassen und Lagen im Stadtraum. Die Gemeinden sind über das Bundesgebiet verteilt. Aus ökonomischen Gründen wurden in einigen

Städten mehrere Moscheegemeinden erforscht. Auf eine Streuung der Verbände,[45] in denen die meisten Gemeinden organisiert sind, wurde ebenso geachtet.

Viele der von uns zunächst für die bauliche Dokumentation ausgewählten Gemeinden, die mit Fotografien und Plänen dargestellt werden sollten, hatten Bedenken und sind deswegen in diesem Buch nicht abgebildet. Sie wollten keine Aufmerksamkeit, hatten Angst vor Anschlägen oder waren sich unsicher, ob ihre Gebäude allen Baugesetzen entsprechen. Manchen fehlte auch die Zeit, uns zu begleiten oder für Interviews zur Verfügung zu stehen, denn alle Verantwortlichen betätigen sich ehrenamtlich in den Moscheegemeinden.

Ethnografie: Alltag im Feld

Bei der vorliegenden Studie handelt es sich um eine ethnografische Studie. Ethnografische Forschung versucht, mit einem offenen, entdeckenden Blick in ein Feld zu gehen und sich überraschen zu lassen. Ziel ist es, den Alltag in diesem Feld mit seiner impliziten sozialen Logik zu beschreiben:[46] Welche Regeln und Umgangsweisen bestimmen das alltägliche Handeln in den Moscheezentren? Was ist dort besonders wichtig? Der Weg zu diesem Ziel ist die Feldforschung, d. h. die Forscher_innen nehmen am Alltag im Forschungsfeld teil. Da die Auswertung der dort erhobenen Daten am universitären Arbeitsplatz stattfindet, ist ein solcher Forschungsprozess typischerweise durch eine Spannung zwischen Nähe und Distanz zum Feld gekennzeichnet. Das Ziel solcher Beobachtungen und Analysen ist es, sehr detailliert zu beschreiben was in bestimmten Situationen passiert – gerade dann, wenn diese selbstverständlich oder alltäglich scheinen. Auf diese Weise entstehen ethnografische Beschreibungen. Solche Beschreibungen prägen auch dieses Buch. Fotos und Zeichnungen ergänzen dabei die Verschriftlichungen. Aufgrund unseres Forschungsinteresses liegt ein besonderer Fokus auf dem Umgang mit dem Raum. Wie stellen die Menschen den Raum Moschee her? Wie eignen sie sich diesen z. B. im Handeln oder Sprechen an?

Zugang zum Feld

Den ersten Kontakt zu den Gemeinden versuchten wir am Telefon herzustellen.[47] War dies nicht möglich, so erfolgte die erste Kontaktaufnahme ohne Vorankündigung – wir schauten einfach vorbei. In beiden Fällen stellten wir uns als Forscher_innen vor. In der Regel umfasste der Erstbesuch das gegenseitige Kennenlernen sowie eine Begehung des Gemeindezentrums. In Gesprächen, mit einer Präsentation und einem zweisprachigen Flyer, den wir bei den Gemeinden hinterließen, stellten wir unser Forschungsvorhaben sowie den damit verbundenen Aufwand und mögliche Konsequenzen für die Gemeinden vor. Unsere Kontaktpersonen waren meist Vorsitzende des Vereins. Sie waren es, die unser Anliegen mit dem Vorstand, anderen Vereinsmitgliedern und zum Teil auch mit den Dachverbänden besprachen. Insbesondere bei älteren Personen waren die türkischen Sprachkenntnisse des Ethnografen sehr hilfreich, um eine gute Beziehung zum Feld aufzubauen. Erfolgte die Projektzusage – dies konnte rasch geschehen oder sich über Monate mit mehreren Telefonaten, E-Mails, SMS und Besuchen hinziehen –, so waren sie meist unsere Ansprechpartner für alle weiteren Belange. Sie vermittelten uns an verschiedene Interviewpartner_innen und standen uns gelegentlich selbst für Interviews zur Verfügung. Einige von ihnen machten uns auf spezifische Anlässe ihrer Gemeinden aufmerksam, an denen wir teilnehmen konnten. Fast immer waren sie es auch, die uns am Ende der Erhebungsphase beim Fotografieren begleiteten und den Gemeindemitgliedern und Besucher_innen, die uns nicht kannten, unsere Anwesenheit erklärten. Aus dem Feld verabschiedeten wir uns mit der Begründung, nun das vorliegende Buch schreiben zu müssen. Manche Gemeinden besuchten wir nur einmal, andere mehrmals, bis zu maximal siebenmal.

---

[45] Zur Verteilung der Moscheegemeinden auf die Dachverbände: „Allein 1500 bis 1800 Moscheegemeinden sind türkisch geprägt und verteilen sich auf die großen Dachverbände DITIB (ca. 900 Moscheegemeinden), VIKZ (ca. 300 Moscheegemeinden), Milli Görüs (ca. 320 Moscheegemeinden) sowie ATIB (ca. 150 Moscheegemeinden)." Ceylan, Rauf (2017): Islam und Muslime in Deutschland – Ein Überblick über die zweitgrößte Religionsgemeinschaft. Zeitschrift für Religion, Gemeinschaft und Politik, S. 75–88.

[46] Vgl. Breidenstein, Georg; Hirschauer, Stefan; Kalthoff, Herbert & Nieswand, Boris (2013): Ethnografie. Die Praxis der Feldforschung. Konstanz und München: UVK Verlagsgesellschaft mit UVK/Lucius.

[47] Den telefonischen Kontakt zum Feld stellte im Wesentlichen Marko Perels her.

48 Die Besuche führten Kathrin Herz und Marko Ferels durch, achtundfünfzig davon gemeinsam. Rund zwanzig der Besuche fanden gemeinsam mit dem Fotografen Espen Eichhöfer statt.

49 Die Interviews erhoben hat Marko Perels. An ihrer Auswertung waren alle Teammitglieder beteiligt.

Insgesamt wurden 145 kürzere und längere Besuche ins Feld unternommen.[48]

Perspektivenvielfalt unterschiedlicher Forschungsmethoden

Die interdisziplinäre Zusammenarbeit aus Sozialwissenschaften und Architekturwissenschaft ermöglicht es nicht nur, unterschiedliche Perspektiven zueinander in Bezug zu setzen. Sie gibt uns dazu auch unterschiedliche Forschungsmethoden an die Hand, deren Ergebnisse wir miteinander vergleichen.

(Teilnehmende) Beobachtungen

Über (teilnehmende) Beobachtungen erfassen wir soziale Praktiken in Räumen: Was tun die Menschen? Wie nutzen sie den Raum? Das, was Menschen alltäglich tun, ist oft etwas anderes als das, was sie in Gesprächen als bedeutsam erklären. Dies ist in der Alltäglichkeit und Routine vieler Handlungen begründet: Vieles erscheint gar nicht als erklärenswert. Auf der Grundlage der Aufenthalte im Feld, aber auch von Telefongesprächen sind etwa 240 Beobachtungsnotizen entstanden. Viele sind wenige Seiten, einige aber auch über zwanzig Seiten lang. Sie sind aus der Perspektive der Forscher_innen verfasst, die nicht Türkisch sprechende Frau beziehungsweise Türkisch sprechender Mann sind, an Universitäten arbeiten, keine Muslim_innen sind, deren Muttersprache Deutsch ist und die nicht über die Erfahrung verfügen, als „Migrant_innen" stigmatisiert zu werden. Sie betrachten die Gemeindezentren zu Beginn der Erhebungsphase aus der Perspektive feldfremder Forscher_innen, werden aber zunehmend vom Feld sozialisiert. Aus dieser Perspektive finden sie manches erstaunlich und anderes ganz vertraut und versuchen immer wieder, empathisch nachzuvollziehen, was das jeweilige Tun bedeutet. Mit den Besucher_innen der Gemeindezentren sprechen sie gelegentlich über das, was sie beobachten, und erhalten so unterschiedliche Erklärungen.

Beobachtungen fanden zum einen zu spezifischen Anlässen statt, z. B. einem Frauenfrühstück, mehreren Freitagsgebeten, diversen Festen und Feiern (z. B. Kermes, Hamsi Şöleni, Gemeindejubiläum), dem İftar (Fastenbrechen im Ramadan) mit anschließendem Teravi (Gebet) sowie dem Tag der offenen Moschee. Zum anderen wurden im Alltag der Gemeinde z. B. die Teestube, der Berber oder der Lebensmittelmarkt aufgesucht. Eher ‚zufällig' beobachten konnten wir dabei den Unterricht der Frauen, ein religiöses Sohbet (Lehrgespräch) und ein Elterncafé. Unsere Rolle als Beobachtende changierte je nach Situation: So haben wir uns beispielsweise an Abenden im Fastenmonat als teilnehmende Beobachtende in die Schlange an der Essensausgabe eingereiht, Tablette durchgereicht, mitgegessen und uns an den Unterhaltungen unserer Tischnachbar_innen beteiligt. Doch kurze Zeit später im Gebetsraum zum Nachtgebet waren wir Beobachtende – wir waren zwar im Raum anwesend und haben das religiöse Ritual verfolgt, nicht jedoch vollzogen. Nicht nur Glaube, sondern auch Alter, Sprache oder Geschlecht entscheiden, wie stark wir teilnehmen können. Der Türkisch sprechende Ethnograf konnte an der Bart- und Haarpflege und den Unterhaltungen beim Berber stärker teilnehmen, seine Kollegin an den Neckereien unter den Frauen. Das Spielen der Kinder konnten sie lediglich als Außenstehende beobachten.

Teilnarrative Interviews

Die Sichtweisen der Akteur_innen wurden mit teilnarrativen Interviews erforscht. Bei dieser Interviewform stellt der Interviewer[49] eher wenige Fragen. Diese werden in einer Weise formuliert, die die Befragten zu längeren Erzählungen anregen. Dadurch erhalten die Interviewten viel Raum, ihre Sichtweisen zu entfalten und bestimmte Themen oder Erfahrungen ausführlich zu beschreiben, die für sie von besonderer Bedeutung sind. Bei der Auswertung solcher Interviews geht es um ein Verständnis der Innenperspektive: Was ist den

Menschen im Feld wichtig? Welchen biografischen Bezug haben die Gesprächspartner_innen zum Gemeindezentrum? Was bedeutet es ihnen, diese aufzusuchen, zu entwickeln und mitzugestalten? Insgesamt wurden sechzehn Interviews mit einundzwanzig Personen geführt, die in den Gemeinden eine verantwortliche Rolle übernehmen und/oder an der baulichen Gestaltung wesentlich mitgewirkt haben. Die Interviewten waren zwischen Mitte zwanzig und Anfang siebzig. Viele von ihnen waren oder sind im Vorstand der Moscheevereine aktiv. Aus diesem Grund sind wesentlich mehr Männer als Frauen befragt worden: Insgesamt wurden elf Einzelinterviews mit Männern geführt und zwei Einzelinterviews mit Frauen sowie ein Interview mit zwei Frauen, eines mit zwei Männern sowie ein Gruppeninterview mit drei Frauen und drei Männern. Die Interviews dauerten zwischen einer und zwei Stunden. Sie wurden zumeist in deutscher, zum Teil auch türkischer Sprache erhoben, auf Tonband aufgenommen, transkribiert und ins Deutsche übersetzt. Die Perspektive, die wir in diesen Interviews versuchen zu rekonstruieren, ist diejenige von Menschen, die sich in die Gestaltung dieser Zentren einbringen (können). Nicht repräsentiert sind somit die Stimmen derjenigen, die diese Zentren aus verschiedenen Gründen nicht oder nur selten besuchen.

Feldgespräche

Neben den formellen, verabredeten Interviews wurde eine Vielzahl von kurzen und langen Gesprächen mit vielen verschiedenen Personen im Feld geführt.[50] Das Ziel dieser Feldgespräche war es immer (auch) zu verstehen, welche Bedeutungen die jeweiligen Zentren – beziehungsweise bestimmte Aspekte dieser Zentren – für unsere Gesprächspartner_innen haben. Bei diesen Gesprächen haben wir auch darauf geachtet, mit Menschen ins Gespräch zu kommen, die wenig in die Vorstandsarbeit involviert sind. Solche Gelegenheiten boten sich etwa bei spontanen Besuchen, beim gemeinsamen Fastenbrechen mit den Tischnachbar_innen oder beim Friseur. Insgesamt versammeln die Feldgespräche und Interviews unterschiedliche Stimmen: Ältere Mitglieder der ersten Stunde und jüngere Aktive, Frauen und Männer, Arbeiter_innen und Akademiker_innen, Vorstandsmitglieder, Teeköche, Friseure und weitere Gewerbetreibende sowie Architekt_innen der Gemeinden, aber auch ‚einfache' Besucher_innen in der Teestube erzählen aus unterschiedlichen Perspektiven über ihre Wahrnehmung der Gemeindezentren. Protokolliert wurden diese Gespräche ähnlich wie die Beobachtungen in Feldnotizen.

Hausführungen

Um die Gemeindezentren als Räume erfassen zu können, baten wir in den sechsundvierzig besuchten Gemeinden beim Erstbesuch um eine Führung durch alle Innenräume.[51] Hierbei überließen wir den Führenden die Route. Eine solche Tour entspricht weder einer gängigen Moscheeführung (bei der zumeist die allgemeinen religiösen Funktionen im Vordergrund stehen) noch der alltäglichen Routine der Personen, die uns führten. Ähnlich wie bei einem Go-Along oder Walking Interview[52] schauen Forschende und Interviewte dabei gleichzeitig auf den Raum, über den der Interviewte spricht.[53] In der Art und Weise, wie die Interviewten auf spezifische Dinge verweisen, wird ihre „persönliche Beziehung und emotionale Verbundenheit"[54] zu ihnen deutlich: Gesprochen wird oft mit Stolz, so beobachten wir z. B. das liebevolle Sprechen und Streicheln eines Seniors über das selbstgeschweißte Kästchen für Spenden, das wir vielleicht übersehen hätten. Deutlich wird auch oft Sorge vorgetragen, z. B. vom Vorstandsvorsitzenden, der im Gebetsraum über die fehlerhaft eingebauten Fenster spricht, deren Austausch nun koordiniert und finanziert werden muss. Ebenso können wir nachvollziehen, wie geschlechtersegregierte Räume hergestellt werden: Eine junge Frau führt die Ethnografin sichtlich unwohl in den Gebetsraum der Männer. Obwohl sich zum Zeit-

---

[50] Zum Vergleich zwischen Interviews und Feldgesprächen vgl. Helfferich, Cornelia (2011): Die Qualität qualitativer Daten. Manual für die Durchführung qualitativer Interviews. Wiesbaden: Springer VS, S. 41 ff.

[51] Diesen Gang machten wir in den sechsundvierzig Gemeindezentren mindestens einmal, in den fünfzehn baulich dokumentierten Zentren mindestens zweimal: bei der Erstbegehung zu Beginn der Datenerhebung und am Ende der Erhebungsphase beim Fotografieren mit Espen Eichhöfer. In einigen Fällen sind wir allein, ohne begleitendes Gemeindemitglied durch die Räumlichkeiten gegangen.

[52] Das „Mitgehen" als Methode wurde insbesondere von Kusenbach etabliert. Hierzu Kusenbach, Margarethe (2008): Mitgehen als Methode. Der «Go-Along» in der phänomenologischen Forschungspraxis. In: Jürgen Raab, Michaela Pfadenhauer, Peter Stegmaier, Jochen Dreher & Bernt Schnettler (Hrsg.): Phänomenologie und Soziologie. Theoretische Positionen, aktuelle Problemfelder und empirische Umsetzungen. Wiesbaden: Springer VS, S. 349–358.

[53] Vgl. Müller, Andreas & Müller, Anna-Lisa (2018): Raumbezogene Handlungen und die Wahrnehmung der städtischen Umwelt. Der Virtual Urban Walk 3D. In: Jeannine Wintzer (Hrsg.): Sozialraum erforschen: Qualitative Methoden in der Geographie. Berlin: Springer VS Spektrum: 135–150, S. 140.

[54] Kühl, Jana (2016): Walking Interviews als Methode zur Erhebung alltäglicher Raumproduktionen. Europa Regional, 23.2015 (2): 35–48, S. 38.

55
Die Erhebungen und Auswertungen der Daten für die bauliche Analyse führte Kathrin Herz durch. Hierfür besuchte sie auch insgesamt neun Bauaktenarchive (für die restlichen sechs in den Fallanalysen beschriebenen Gebäude war ein Archivbesuch entweder nicht notwendig oder nicht möglich).

56
Den Gepflogenheiten entsprechend sind auch in diesem Buch alle Zeichnungen genordet. Zur Darstellung der Gebetsrichtung haben wir den typischen Nordpfeil zu einem Nord-Mekka-Pfeil erweitert und in den Gebetsräumen in den Grundrissen zeichnerisch Teppich verlegt.

punkt der Begehung niemand dort aufhält, ist zu spüren, dass ihr die Anwesenheit in diesem Raum nicht behagt. Als ein Mann den Raum betrit, entschuldigt sie sich beim ihm für die Anwesenheit. Sofort verlassen die junge Frau und die Ethnografin den Raum. Ähnlich wie bei den Beobachtungen wurden diese Rundgänge im Anschluss in Form von Feldnotizen verschriftlicht.

Skizzen, Bauakten, Pläne

Die Grundlage für die Analyse der Gemeindezentren auf einer materiellen Ebene bilden Skizzen, Bauakten sowie Pläne.[55] Mit Skizzen wurden bei den Begehungen spezifische Arrangements von Artefakten in Räumen oder bauliche Veränderungen von Räumen festgehalten. Dies war insbesondere dann der Fall, wenn es während der Erhebung nicht möglich war zu fotografieren. Kommunale Bauarchive wurden aufgesucht, um Einsicht in die Bauakten zu nehmen. Hiermit wurden ursprüngliche Errichtungszwecke und Bauzustände sowie spätere Nutzungsänderungen und bauliche Veränderungen der Gebäude erfasst und zeitlich eingeordnet.

Durch die zeichnerische Analyse einzelner Vorgänge der Akten werden Veränderungen an den Bauwerken wie Anbauten oder Aufstockungen erkennbar. Pläne, wie Grundrisse, Lagepläne und Schwarzpläne,[56] ermöglichen die Analyse auf verschiedenen räumlichen Abstraktionsebenen: Grundrisse etwa zeigen das Gebäude und die Anordnung einzelner Räume zueinander. Die vergleichende Betrachtung der Grundrisse macht Unterschiede zwischen den Moscheezentren, z. B. hinsichtlich Größe, Anzahl der Geschosse oder Grundrissorganisation, sichtbar. Viele der Grundrisszeichnungen entstanden in einer Syntheseleistung aus eigenen Skizzen, Fotografien, Plänen aus Bauakten sowie Plangrundlagen, die uns von den Moscheegemeinden zur Verfügung gestellt wurden. In Lageplänen werden insbesondere Situierungen zwischen Gebäuden und ihren Grundstücken sowie dem öffentlichen Raum verdeutlicht. So konnten wir beispielsweise die Beziehung der Gemeindezentren zu einem (Hinter-)Hof oder zum angrenzenden Stadtraum vergleichen. Durch Schwarzpläne werden z. B. Lagebeziehungen von Gebäuden innerhalb des Stadtkörpers und (Größen- oder Form-)Verhältnisse in Bezug zu den umgebenden Baukörpern analysiert. Mit diesen Plänen können wir u. a. die Lage der Gemeindezentren im stadträumlichen Kontext untersuchen und nach typischen räumlichen Verteilungsmustern von Moscheegebäuden fragen.

Fotodokumentation

Die Fotodokumentation umfasst sowohl Außen- als auch Innenräume. Das Fotoset, das insbesondere für die fünfzehn baulich dokumentierten Gemeindezentren erstellt wurde, beinhaltet in der Regel Aufnahmen von jedem Raum. Erfasst wurden außerdem bestimmte typischerweise wiederkehrende Dinge und Situationen, z. B. die Schilder mit den Moscheenamen, die Teppiche im Gebetsraum oder das Frisieren beim Berber. Die Aufnahmen ermöglichen einen visuellen Überblick über die Räume eines Gemeindezentrums und deren Nutzung. Die vergleichende Analyse von Fotografien ähnlicher Räume, Dingen oder Situationen macht Wiederholungen und Ausnahmen im vermeintlich Gleichen sichtbar. Zudem zeigen einige der Aufnahmen sehr deutlich, wie sich Spuren vorangegangener Nutzungen und Nutzer_innen mit denen der aktuellen Nutzung und Nutzer_innen im materiellen Raum überlagern. In ähnlicher Weise verweisen historische Fotoaufnahmen, recherchiert z. B. in Bauarchiven, Stadtteilarchiven oder Bibliotheken, auf vorherige Nutzungen der Gebäude. Durch die vergleichende Betrachtung mit den aktuellen Fotografien werden Überformungen der Baukörper sichtbar. Während der gesamten Bearbeitungszeit wurde fotografiert. Viele dieser Aufnahmen erlangten während des dreißigmonatigen Forschungsprozesses relativ rasch ‚historischen' Charakter: Mit ihnen konnten wir vielfach den Wandel und die Umbauarbeiten an den Gebäuden analysieren.

Dilemma der Anonymisierung – Schutz der Gemeinden

Die Anonymisierung von Interviewpartner_innen genauso wie von den Orten, an denen teilnehmende Beobachtungen stattfinden, ist ein wichtiger Standard in der Sozialforschung. Um etwa soziale Beziehungen in Familien, Schulen oder am Arbeitsplatz analysieren zu können, muss man sie genau nachzeichnen – gleichzeitig müssen die Personen, die Einsicht in ihr Leben gewähren, geschützt werden. Anders in der Architektur- und Bauforschung: Architekt_innen, Denkmalpfleger_innen oder Kunsthistoriker_innen beschreiben, analysieren und dokumentieren Gebäude mit Zeichnungen und Fotografien. Diese sind sowohl Datengrundlage als auch Bestandsanalyse und damit Ergebnis ihrer Untersuchung. Pläne und Fotoaufnahmen lassen sich nicht auf eine Weise anonymisieren, die eine Verortung der Gebäude unmöglich machen würde, ohne ihre Aussage in gravierender Weise zu reduzieren.

Darstellungen mit Plänen und Fotoaufnahmen in architekturwissenschaftlichen Publikationen und in Ausstellungen bedeuten außerdem eine wichtige Anerkennung der abgebildeten Gebäude. So finden sich vielfältige Darstellungen von Moscheeneubauten wie z. B. von der Kölner Zentralmoschee oder dem Islamischen Forum in Penzberg. Eine bauliche Bestandsaufnahme und Dokumentation von Moscheen in umgenutzten Gebäuden fehlt demgegenüber. In dieser Lücke sehen wir einen Grund für ihre negative Repräsentation. Um zur Anerkennung der baulichen Leistungen der Moscheegemeinden beitragen zu können, veröffentlichen wir ihre Gebäude in diesem Buch mit Fotos und Zeichnungen. Gleichzeitig ist uns die Anonymisierung von Personen und Moscheegemeinden in allen allgemeinen Beschreibungen ein wichtiges Anliegen. Die Beobachtungen und Interviews, die in die Analysen eingeflossen sind, haben in den sechsundvierzig besuchten, größtenteils hier nicht genannten Gemeinden stattgefunden. Somit ist das Buch durch ein Spannungsfeld zwischen Anonymisierung und Konkretheit geprägt.

Gebrauchsanweisung für dieses Buch

Dieses Buch hat Löcher im Cover, ist schwer und bunt. Es besteht aus unterschiedlichen Textsorten und lässt sich auf verschiedene Weise lesen. Damit Sie Freude daran haben, geben wir Ihnen einige Hinweise zum Gebrauch. Die übergreifenden Phänomene, die sich durch alle Teile des Buches ziehen, sind Vielheit und Wandel. Diese finden sich mehr oder weniger implizit in allen Kapitelarten: in den übergreifenden Analysen, den Elementen, den Fallanalysen und den Fotoessays.

Die ersten drei Kapitel widmen sich einer → übergreifenden Analyse der Phänomene Vielheit und Wandel: Das erste Kapitel fragt nach der Entwicklung der Moscheezentren von den ersten Gebetsräumen über angemietete Provisorien, den Erwerb, die Sanierung bis zu den Plänen für Neubauten. Verschiedene Arten der Finanzierung spielen dabei eine wesentliche Rolle. Das zweite Kapitel analysiert die Vielheit der Funktionen und Bedeutungen der Gemeindezentren. Deutlich wird dabei nicht nur die Multifunktionalität der Zentren, sondern auch, dass in den einzelnen Räumen ganz Verschiedenes getan wird, dass die Menschen mit den Gebäuden Unterschiedliches verbinden – und dass sich das alles auch immer wieder verändert. Das dritte Kapitel schließlich beschreibt, was es bedeutet, wenn das spezifische Programm des Gemeindezentrums in ganz unterschiedliche Gebäudetypologien integriert werden muss. Es stellen sich Fragen nach der Neuordnung der Grundrisse genauso wie nach der Sichtbarkeit des Nutzungszweckes Moschee im umgenutzten Gebäude.

Nach den übergreifenden Kapiteln mischen sich die Kapitelarten.

In sechsundzwanzig Kapiteln fokussieren wir immer wiederkehrende → Elemente der Moschee. Diese Elemente sind Phänomene, die uns in den verschiedenen Moscheezentren begegnen. Bei ihrer Darstellung bedienen wir uns verschiedener Stilmittel: zumeist ethnografischer Beschreibungen, aber auch der Fotografie oder einer Kombination von Text und Bild. Sie sind von A wie Abdesthane, bis W wie Wandverkleidung, geordnet. Dazwischen befinden sich z. B. der Berber, die spielenden Kinder oder die Teemaschine. Diese Kapitelart ist mit hellblau unterlegten Seiten kenntlich gemacht.

Die → Fallanalysen stellen fünfzehn Moscheen vor. Sie beschreiben die spezifischen Moscheegebäude mit Texten, Zeichnungen und Fotografien und zeigen im Vergleich die räumliche Vielfalt auf, die den Gegenstand kennzeichnet. In ihrem Aufbau sind diese Kapitel alle gleich. Geordnet sind sie in alphabetischer Reihenfolge nach den Namen der Städte, in denen sie sich befinden.

Die → Fotoessays geben Einblicke in bestimmte Aktivitäten und Momente. Sie zeigen beispielsweise einen Abend im Fastenmonat Ramadan und vermitteln dessen besondere Stimmung.

Jedes dieser verschiedenen Kapitel ist für sich verständlich. Sie können dieses Buch von vorn nach hinten oder von hinten nach vorne lesen, ganz oder nur einzelne Teile – genauso wie einzelne Moscheebesucher_innen das gesamte Angebot an Funktionen oder aber auch nur eine einzelne Funktion eines Moscheezentrums nutzen können. Verweise (→) stellen Bezüge zwischen Kapiteln her, mit denen wir Sie quer durchs Buch schicken.

24-25

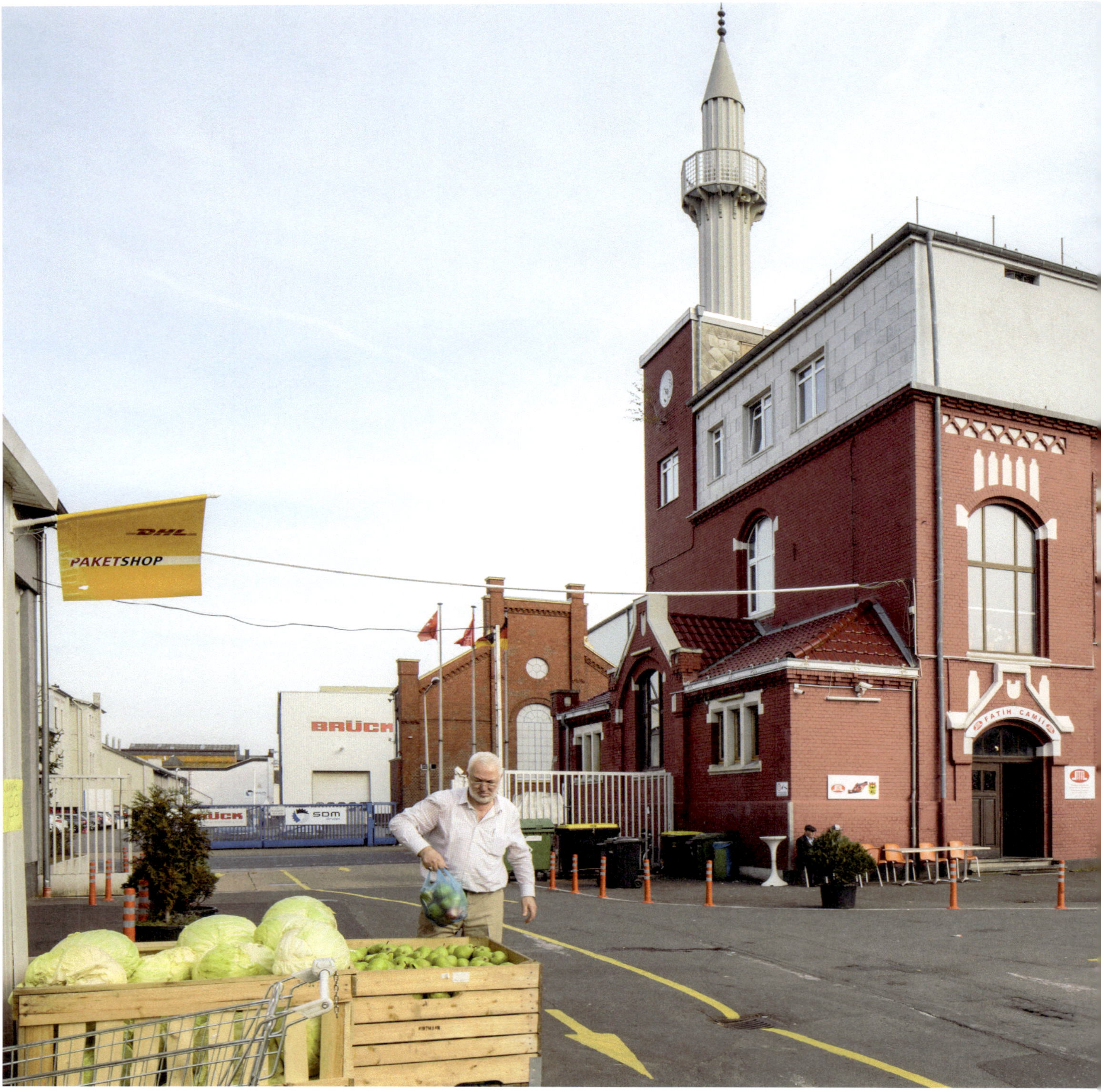
DHL
PAKETSHOP
BRÜCK
FATIH CAMII

Dieser Fotoessay ist inspiriert von: Barendsen, Dick: everyday. The mosque and the people who use it, in: Erkoçu, Ergün; Bugdací, Cihan (2009): The Mosque. Political, Architectural and Social Transformations. Rotterdam: NAi Publishers, S. 88–105.

Fotoessay
Alltag im Gemeindezentrum

26–27

Fotoessay
Alltag im
Gemeindezentrum

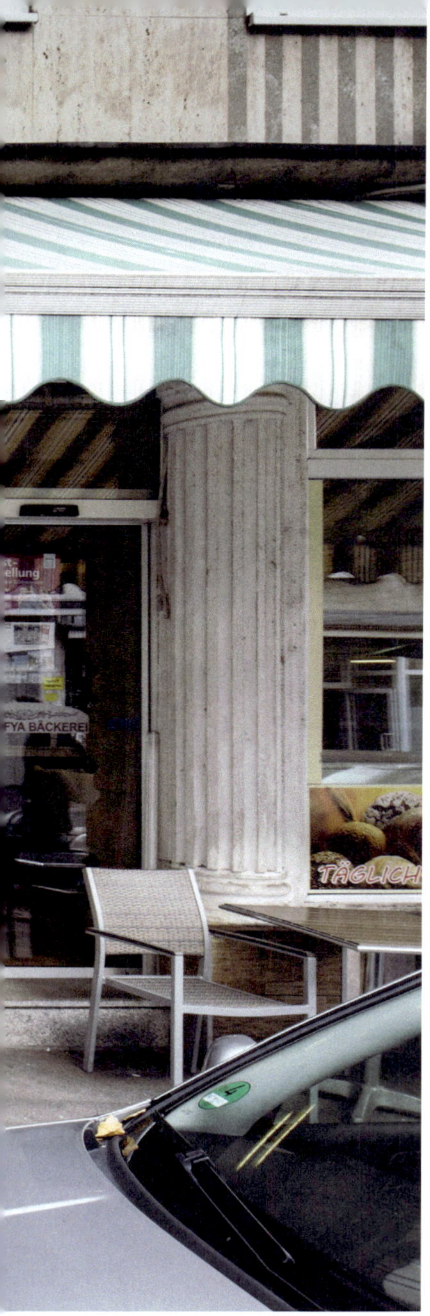
TÄGLICH

Fotoessay
Alltag im
Gemeindezentrum

30–31

Fotoessay
Alltag im
Gemeindezentrum

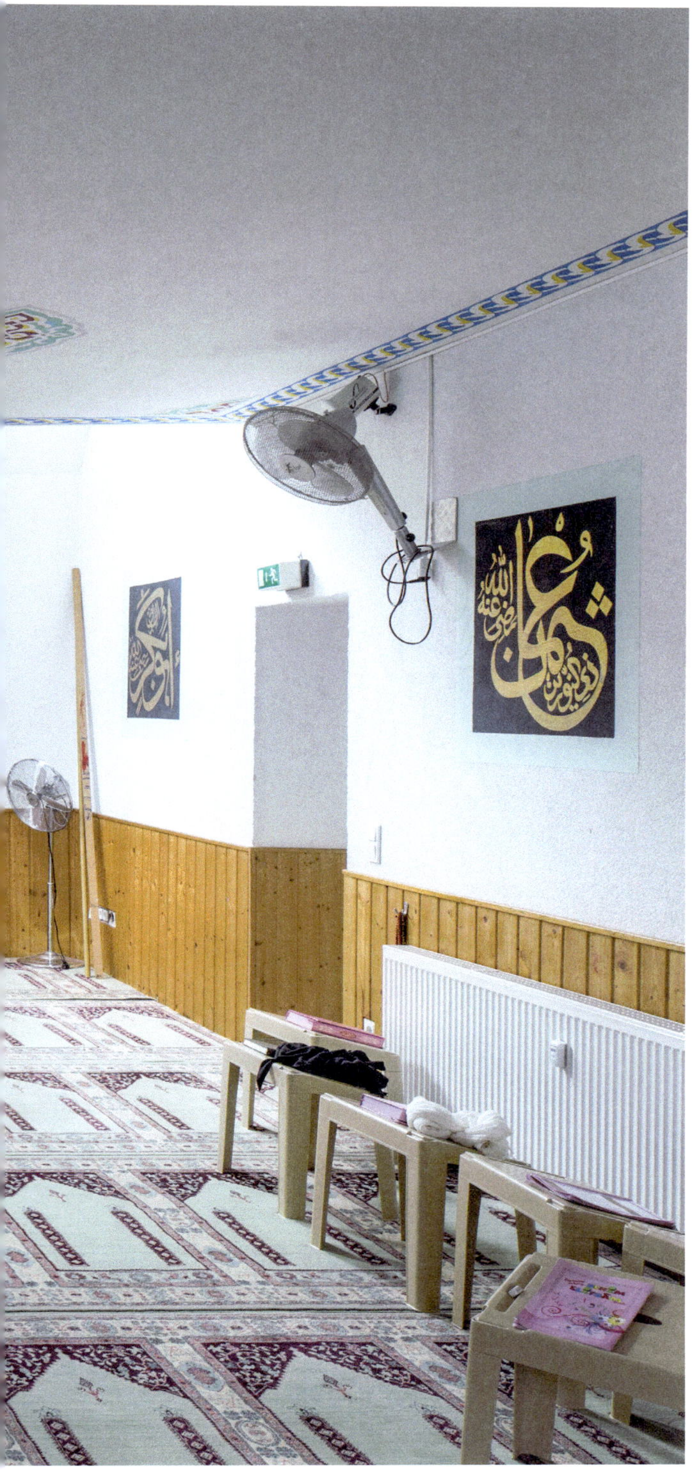

Fotoessay
Alltag im
Gemeindezentrum

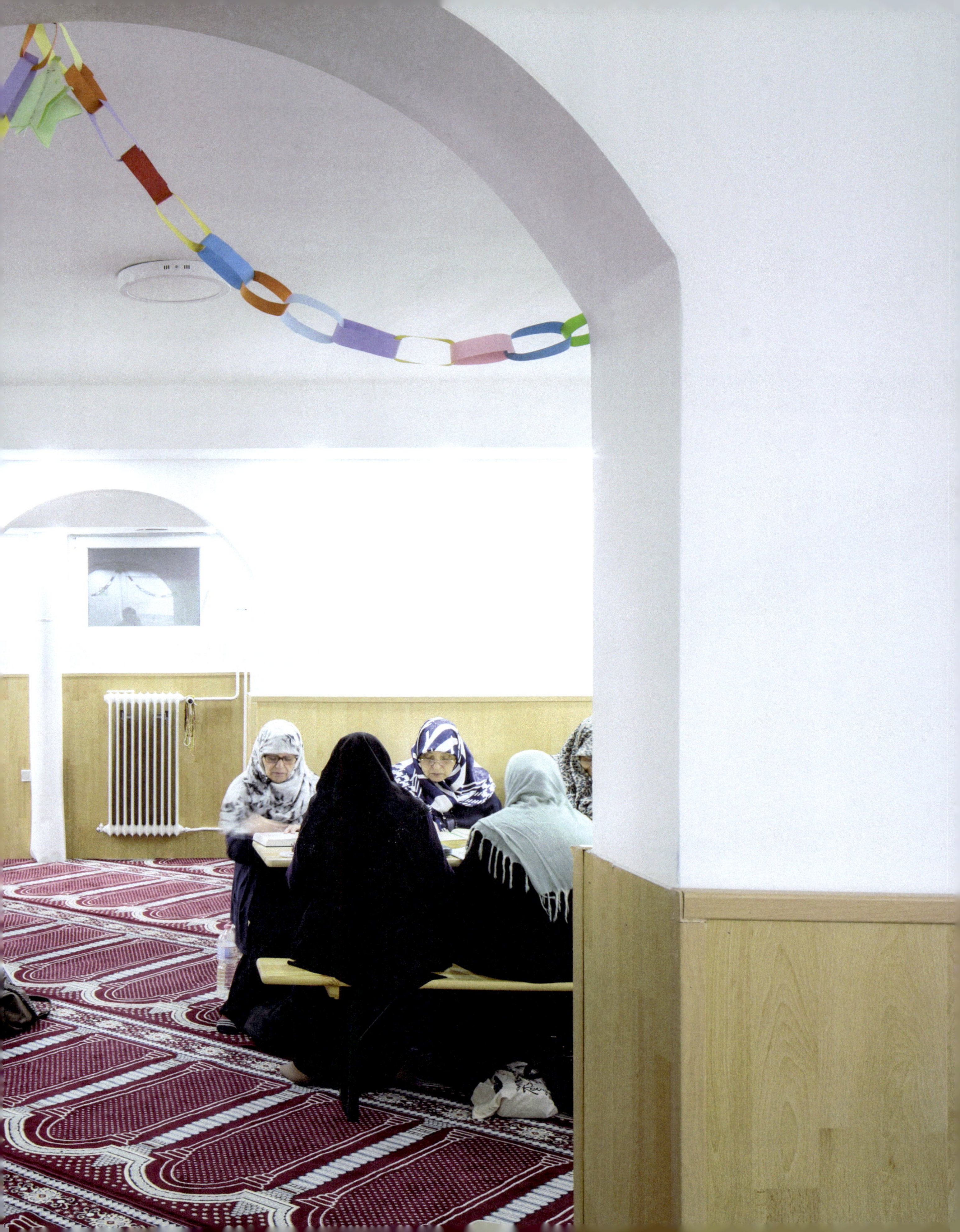

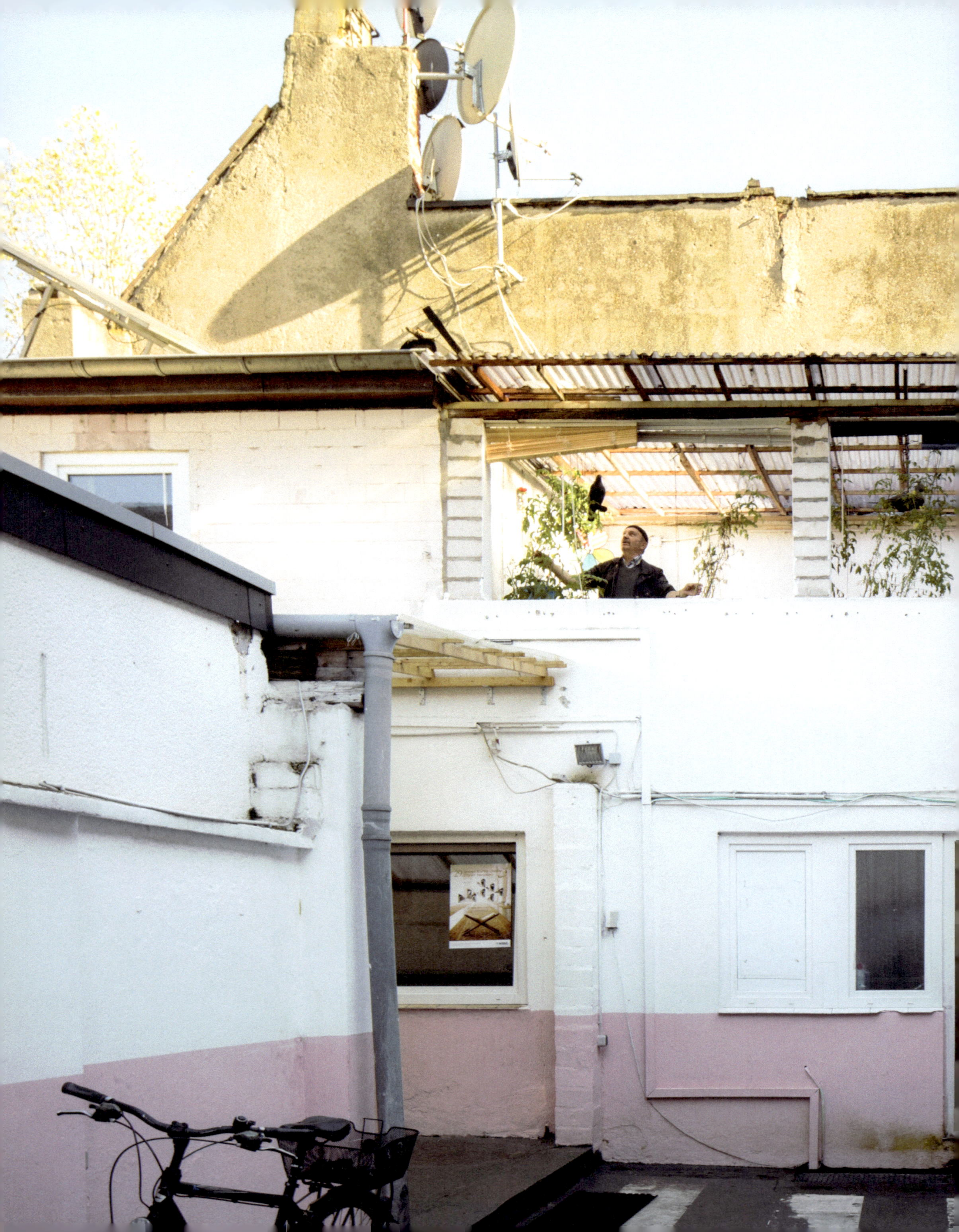

36–37

Fotoessay
Alltag im
Gemeindezentrum

TURKISH AIRLINES
TÜRKİYE SİYASİ HARİTASI
PEGASUS
SunExpress
Lufthansa
SunExpress
germanwings
GÜNSTIG-FLÜGE
IN DIE TÜRKEI!
Mit Germanwings nach Antalya, Istanbul, Izmir und Ankara fliegen.

Fotoessay
Alltag im
Gemeindezentrum

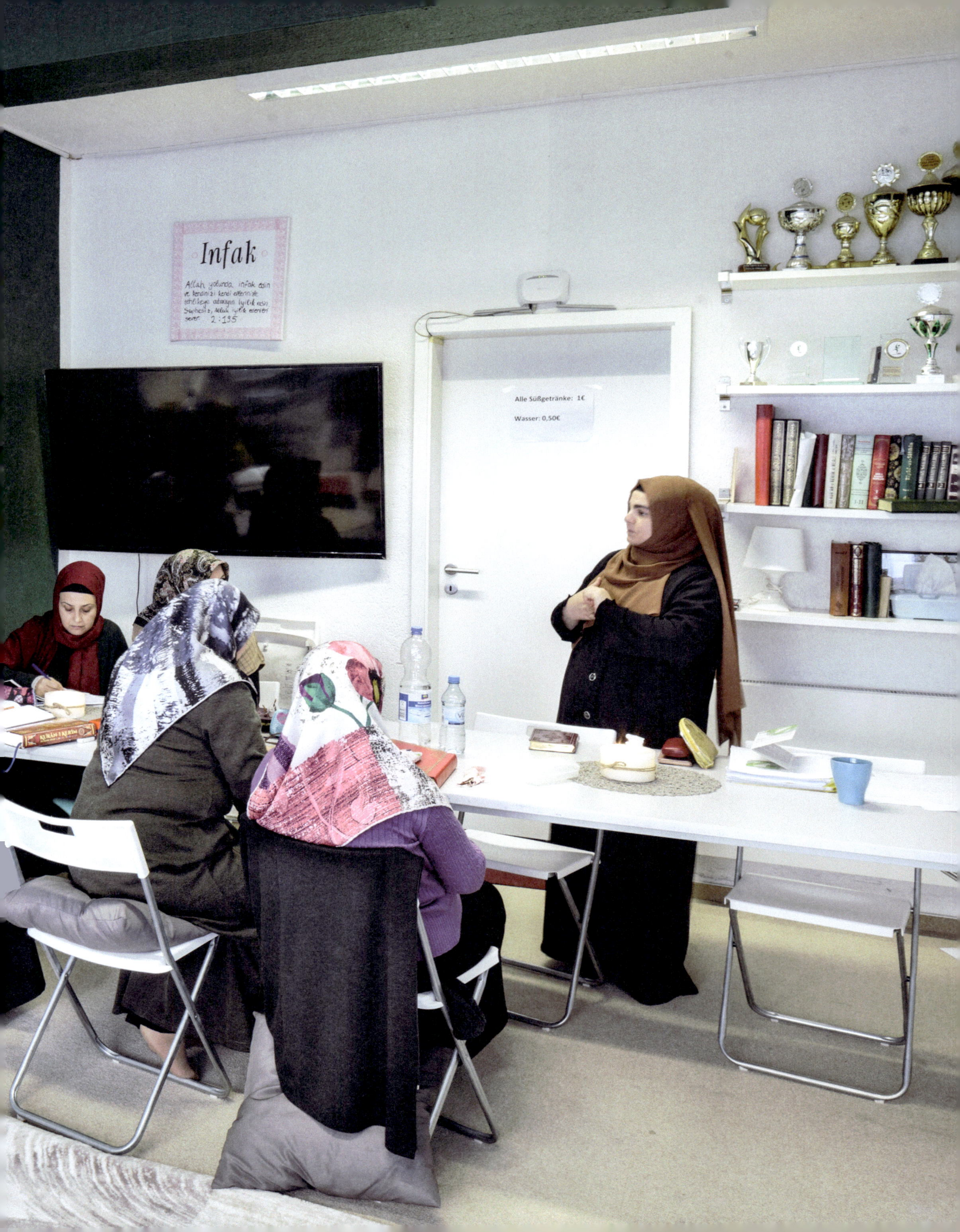

Fotoessay
Alltag im
Gemeindezentrum

42–43

Fotoessay
Alltag im
Gemeindezentrum

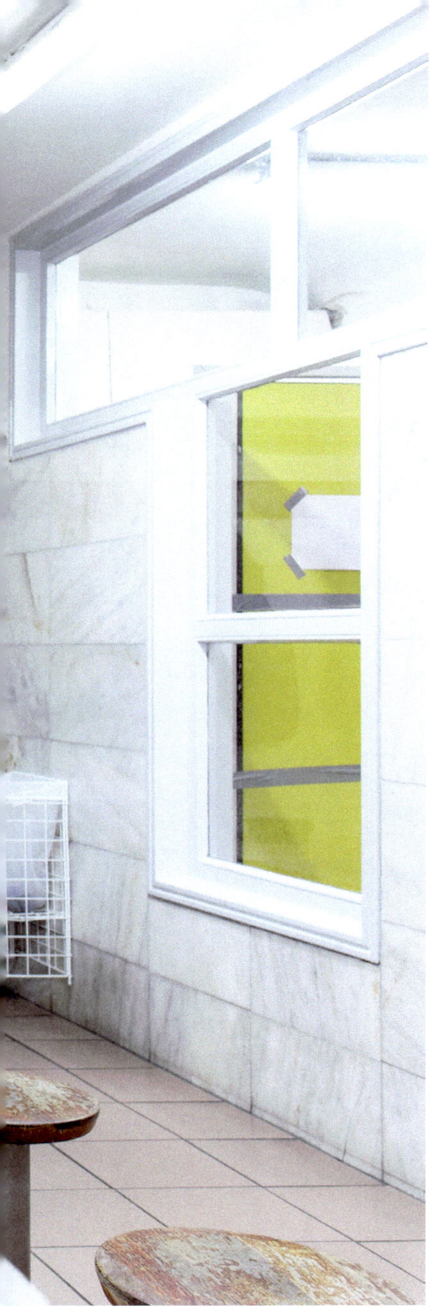

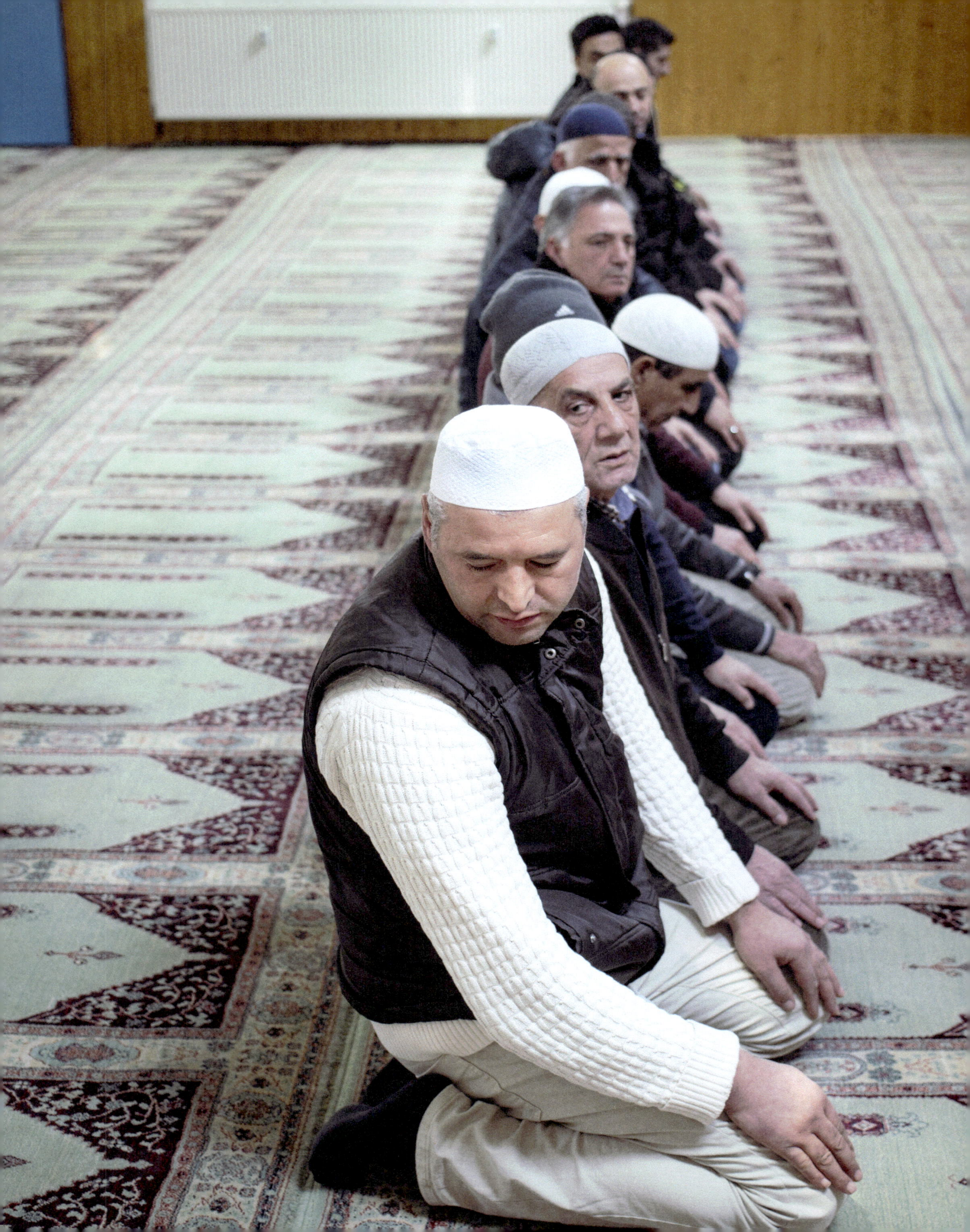

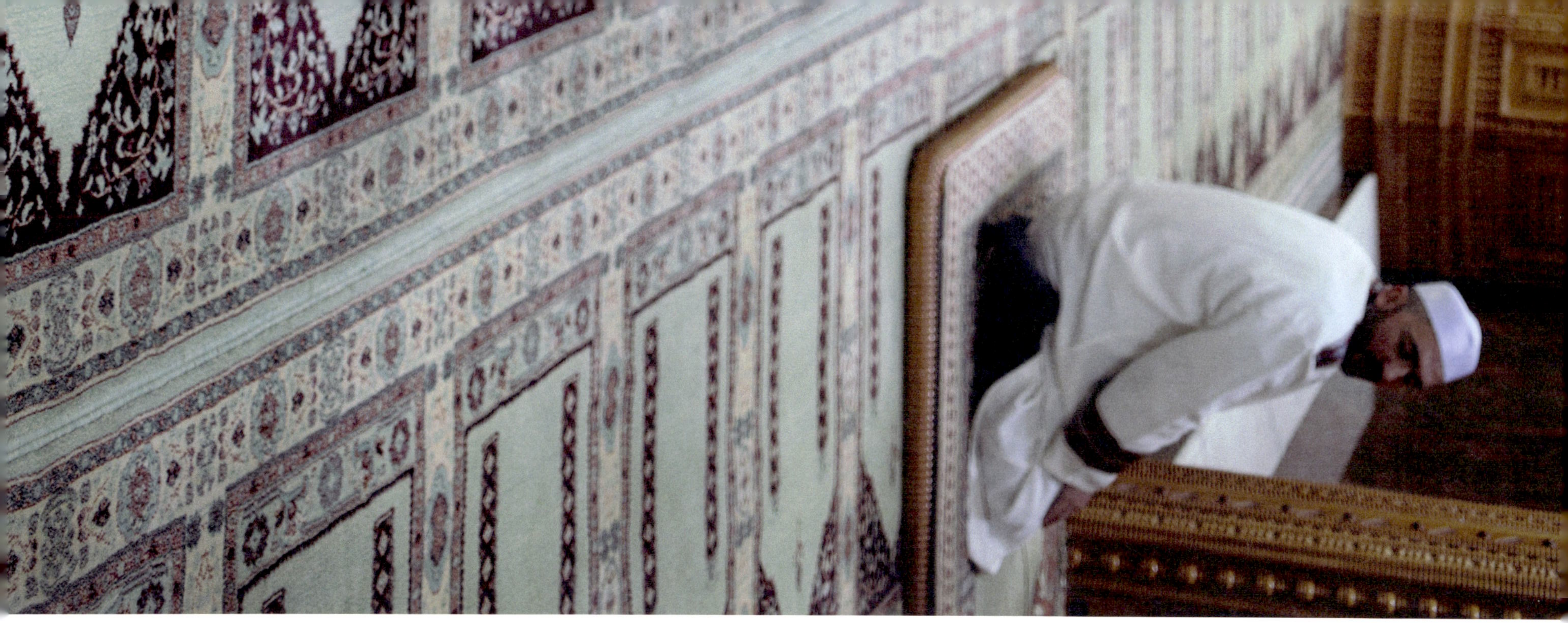

46–47

Fotoessay
Alltag im
Gemeindezentrum

48-49

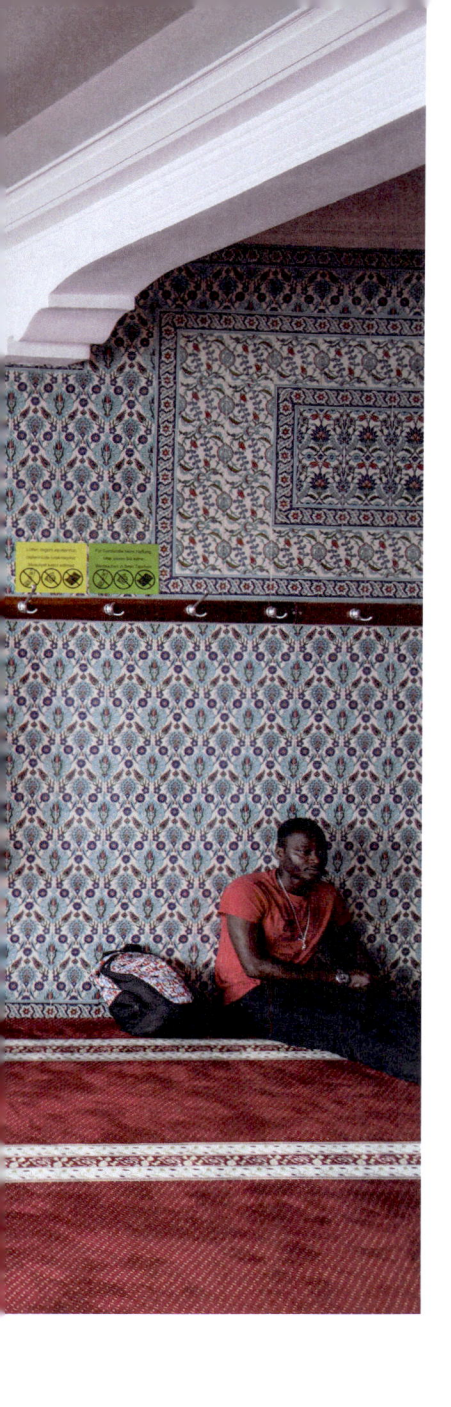

Bauliche und soziale Entwicklungsdynamiken der Gemeindezentren

Marko Perels[1]

[1]
Mit Zuarbeit von Chantal Munsch und Kathrin Herz.

[2]
Zum Zeitpunkt des Anwerbestopps 1973 lebten etwa 910.500 Menschen aus der Türkei in der Bundesrepublik. Vgl. Goldberg, Andreas; Halm, Dirk & Şen, Faruk (2004): Die deutschen Türken. Münster: LIT-Verlag, S. 14 und 10.

[3]
Vgl. z. B. Ceylan, Rauf (2006): Ethnische Kolonien. Entstehung, Funktion und Wandel am Beispiel türkischer Moscheen und Cafés. Wiesbaden: VS Verlag für Sozialwissenschaften, S. 130; Kraft, Sabine (2002): Islamische Sakralarchitektur in Deutschland. Eine Untersuchung ausgewählter Moschee-Neubauten. Münster: LIT Verlag, S. 56.

[4]
Dieses Zitat und folgende entstammen den geführten Interviews und sind aus Gründen der Lesbarkeit für diese Publikation leicht geglättet worden. Passagen aus auf türkischer Sprache geführten Interviews sind übersetzt und werden nicht weiter kenntlich gemacht.

Der folgende Text beschreibt typische Entwicklungen in der bis zu fünfzigjährigen Geschichte der Gemeindezentren türkeistämmiger Muslim_innen in Deutschland sowie die Bedingungen, unter denen sie stattgefunden haben. Im Vergleich der sechsundvierzig besuchten Gemeindezentren ist deutlich geworden, dass etliche Themen gemeindeübergreifend in ähnlicher Weise geschildert werden. Ziel ist es, Entwicklungen nachvollziehbar zu machen, um den gegenwärtigen Stand der Gemeinden zu verstehen, aber auch einen Ausblick in die sich abzeichnende Zukunft zu geben.

Der erste Abschnitt widmet sich der Frühgeschichte der Moscheegemeinden. Aufgrund des Fokus auf deutsch-türkische Gemeinden spielt hier der Kontext der Arbeitsmigration eine besondere Rolle. Wichtige Akteur_innen aus dieser ersten Zeit erzählen uns über die Anfänge von Stätten muslimischer Gebetspraxis. Im zweiten Teil wird ein Übergang beschrieben: der entscheidende Schritt von gemieteten Räumlichkeiten zum Erwerb von Eigentum. Der Eigentumserwerb steht für einen Wandel der Einstellung zum Aufenthalt in Deutschland, für eine dauerhaftere Niederlassung in diesem Land. Kauf und Unterhalt der Gebäude müssen finanziert werden. Die verschiedenen Möglichkeiten einer solchen Finanzierung werden dargestellt. Im dritten Teil gilt der Blick den praktischen Notwendigkeiten der Unterhaltung, Pflege und des Ausbaus des eigenen Gebäudes. Die bauliche Umnutzung von Gebäuden, die für andere Zwecke errichtet wurden, stellt dabei große Herausforderungen an die Beteiligten, die oft mit wenig Geld bauen müssen. Aber sie bietet und fördert auch besondere Möglichkeiten der Beteiligung. Der abschließende Teil widmet sich Positionen zu Neubauvorhaben. Auch wenn wir primär zu Moscheegemeinden in umgenutzten Gebäuden geforscht haben, ist die Frage des Neubaus in unserem Forschungsfeld auf vielfache Art und Weise präsent.

Anfangszeit

In der Folge des Anwerbeabkommens zwischen Deutschland und der Türkei im Jahr 1961 kommen türkische Staatsbürger_innen als Arbeitsmigrant_innen nach Deutschland.[2] Unter ihnen sind viele muslimische Gläubige. Bald entwickelt sich in Teilen dieser Gruppe ein kollektives Bedürfnis, gerade zu hohen Feiertagen und im Ramadan (islamische Fastenzeit) gemeinschaftlich den Islam zu praktizieren. Doch zunächst gibt es für diese Praxis keine Orte. Wie diese in Arbeiterwohnheimen entstehen und wie die Grundsteine für die heutigen Moscheevereine und ihre Gemeindezentren gelegt werden, ist Thema dieses Abschnitts.

Räume für Festtage und erste Vereinsgründungen

Ein Gründungsmitglied erzählt uns von den Anfängen der Gebetspraxis im Arbeiterwohnheim.[3] Er meint: „Aber unser Glaube ist der Islam. Egal, wo wir in der Welt auch hingehen, wir müssen diesen Glauben leben."[4] Nach Absprache mit den Verantwortlichen des Unternehmens wird den Gläubigen temporär das Fernsehzimmer zur Verfügung gestellt. Teppiche werden ausgelegt. Aber die Lösung ist problematisch – schließlich ist der Fernsehraum dadurch für seine eigentliche Nutzung und andere Interessierte blockiert. Der Zeitzeuge berichtet von einer Phase, in der muslimische Arbeiter auf diese Weise einen Monat lang das Abendgebet im Ramadan nach dem Fastenbrechen gehalten haben. Diese gemeinsame Erfahrung erzählt er als Ausgangspunkt für eine Initiative der Muslim_innen vor Ort, sich eigene Räumlichkeiten zu suchen. Die nächste Moscheegemeinde, die bereits über einen eigenen Raum verfügt, befindet sich zu dieser Zeit in vierzig Kilometer Entfernung und damit in einer Distanz, die im Alltag nicht zu überbrücken ist.

Ein typischer nächster Schritt ist die temporäre Anmietung von Räumlichkeiten, wiederum teilweise nur, um den Fastenmonat Ramadan festlich begehen zu können. Mehrfach wird uns von in Rathäusern oder Mehrzweckhallen gemieteten Sälen berichtet. Teilweise werden einfache Wohnungen gemietet. Wir erfahren auch von Raumangeboten christlicher Kirchen an muslimische Gläubige vor Ort, die auf der Suche nach einem Raum wenigstens für die Feiertage sind. Aufgrund der notwendigen Umräumarbeiten, wie Bänke entfernen, Teppich verlegen oder auch Bilder abhängen, sind diese Lösungen nicht immer praktikabel.

Auf diese Weise beginnt jedoch ein Weg der ersten Vereine und Gemeinden über diverse Standorte hinweg, vom Nebenraum der Tankstelle über Fabriketagen und immer wieder in Kellerräumlichkeiten. In wenigen Fällen finden wir die Moscheegemeinden heutzutage noch an den Orten vor, wo sie ihren Ausgangspunkt genommen haben. Für diese Standorte hat sich eine Möglichkeit zur Expansion im gleichen Gebäude ergeben: Nach langer Mietzeit, z. B. im Keller, und sukzessiver Erweiterung der Mietfläche im Gebäudekomplex kann die Gemeinde schließlich die Option zum Kauf nutzen und ist noch heute vor Ort.

Die Akteure in dieser Zeit sind bereits als Vereine organisiert. Ein Vorstandsmitglied beschreibt ihre Gründung als notwendig für die temporäre Anmietung städtischer Räumlichkeiten. Er erzählt von der zufälligen Begegnung und dem Gespräch mit einem in die Türkei zurückgekehrten Gründungsmitglied seiner heutigen Gemeinde:

„Meine erste Frage war: ‚Wie kam das überhaupt, die Idee, einen Verein zu gründen?' Und er hat gesagt, dass sie zum Ramadanfest und Opferfest Räumlichkeiten wollten. Da sind sie zur Stadtverwaltung gegangen und haben gesagt, sie wollen eine Halle mieten, für die Muslime. Und die haben gesagt, sie können nicht an Personen eine Halle vermieten, sondern nur an Vereine. Und dann hat er gesagt – er war Student, hat Bauingenieurwesen oder so was studiert – dann hat er sich informiert, wie man einen Verein gründet. Und dann gab es natürlich Wohnheime, wo Arbeiter in diesen Wohnheimen gewohnt haben. Eines war in der [Straßenname], da war ein großes Wohnheim, wo sehr viele bei [zwei Firmennamen] gearbeitet haben. Dann ist er dort hingegangen. Die haben in dem Wohnheim ein Zimmer gehabt, wo sie dann halt ihr Gebet gemacht haben und so. Und da hat er ein paar Leute kennengelernt und hat denen gesagt: ‚Leute, wir müssen einen Verein gründen.'"

Der genannte Verein ist Ausgangspunkt der heutigen Moscheegemeinde und besteht heute noch. Der Schritt zu seiner Gründung ist aus dem Arbeiterwohnheim heraus erfolgt, wenngleich aus der Initiative eines Studierenden. Dass Studierende und ihr Wissen als Ressource für frühe Gemeinden eine Rolle gespielt haben, hören wir mehrfach. Bisweilen wird anerkennend von ihrer Expertise und ihren Fähigkeiten im Umgang mit der deutschen Verwaltung berichtet. Ebenso gibt es viele Arbeiter unter den Gründern, die Verantwortung übernehmen und den auch aufgrund sprachlicher Herausforderungen nicht einfachen Weg ohne große Unterstützung beschreiten. Die Gemeinde, von der im Zitat die Rede ist, befindet sich längst nicht mehr an dem Ort, den der Gründer noch kennt. Während sich die äußerliche Gestalt über diverse Standorte hinweg verändert hat, so erfährt der Gründer dennoch Anerkennung vom amtierenden Vorstand. Er ist jemand, der die Saat für die heutige Moscheegemeinde gelegt hat.

Mobile Gemeindemitglieder und Standortsuche

Die ersten Gebetsstätten außerhalb von Arbeiterwohnheimen sind üblicherweise gut frequentiert, weil es wenige bis keine Alternativen gibt. Die räumliche Distanz zu diesen wenigen ersten Gebetsstätten wird jedoch zunehmend zu einem Problem. Ein Gründungsmitglied beschreibt diese Distanz als Motivation zur Gründung eines eigenen Moscheevereins.

„Als wir in diese Gegend kamen, gab es nur einen kleinen Gebetsraum und der war noch in [einer fünfzehn Kilometer entfernten Großstadt]. Immer dorthin und zurück, um zu beten, war uns nicht immer möglich. Wir konnten nur zu den Feiertagen gehen. [...] Das war ein Problem. Du gehst auf den Ramadan zu im Jahr 1976, aber hast keinen Platz, um zu beten. Wir haben in einem Zimmer angefangen, ein Freund hat es gemietet, einen Raum zum Schlafen. Als wir dann dort zusammensaßen, kam die Idee auf, dass wir für unsere Leute einen richtigen Ort brauchen, in diesem Jahr im Ramadan haben wir den Verein gegründet."

Der Mann gehört zu einer Gruppe, der es wichtig ist, regelmäßig zu beten und die Feiertage zu begehen. Das ist aufgrund des langen Weges zu der vorhandenen Moschee nur schwer zu realisieren. Temporär gibt es in der eigenen Stadt lediglich eine zur Gebetsstätte umfunktionierte Wohnung.

War schon damals die Entfernung zu den wenigen vorhandenen Gebetsstätten ein Problem für die hauptsächlich als Arbeiter tätigen Männer[5], so spitzt sich diese Frage mit den Familienzusammenführungen und -gründungen zu. Frauen und Kinder werden zunehmend zu wichtigen Gruppen bei der Entwicklung der Gemeindezentren. Ziel ist es, den Kindern den eigenen Glauben zu vermitteln, und dafür werden große Anstrengungen unternommen. Ein Zeitzeuge berichtet von Schulbussen, die man organisiert habe, um die Kinder von Gemeindemitgliedern aus einem Radius von etwa zwanzig Kilometer für den Unterricht am Wochenende einzusammeln. Der Mitgründer einer relativ neuen Moscheegemeinde, die etwa zwanzig Jahre nach den ersten Moscheezentren initiiert wurde, beschreibt das ebenso als eine der Hauptmotivationen. Immer die Kinder zu bringen und zu holen, sei einfach zu beschwerlich und oft unmöglich gewesen, sodass man sich für die Neugründung einer Moschee im eigenen Stadtteil entschied.

„Wir haben unsere Kinder immer in die Stadt gefahren. Am Wochenende, zum Koranlernen und für kulturelle Sachen. Wir haben sie in die Stadt gefahren und immer Probleme erlebt. Entweder können wir sie nicht abholen oder wir können sie nicht hinfahren. Und jeden Sonntag haben wir hinten auf dem Fußballplatz als Hobbymannschaft Fußball gespielt. Und da habe ich mit meinen Kollegen gesprochen: ‚Warum haben wir hier keine Moschee, keinen kulturellen Treffpunkt, dass unsere Kinder hier sein können?' Und dann waren wir zwei Kollegen, dritter Kollege- sind wir hingegangen – vierter, fünfter und sechster Kollege – und dann haben wir eben eine Räumlichkeit gesucht."

Während in Erzählungen über die ersten Gemeindestandorte die Nähe zu den Arbeitsstätten der Männer als Auswahlkriterium erwähnt wird, wird für die Familien die Nähe zur Wohnung wichtiger. An Feiertagen und im Ramadan muss die Moscheegemeinde zusehends familiären Ansprüchen genügen. Im hier zitierten Fall ist die Gemeindegründung eine Initiative von Familienvätern, die für die Weitergabe eines religiösen und kulturellen Erbes Sorge tragen. Dies im Alltag für die eigenen Kinder mit beständigem Hol- und Bringdienst in die nächstgelegene Moscheegemeinde zu realisieren, ist zu beschwerlich. Nicht im Arbeiterwohnheim, sondern in der Hobbyfußballmannschaft im Stadtteil finden sich jetzt die Entrepreneure zur Gründung einer neuen Gemeinde.

Von der Zentrumsmoschee zur Ausgründung

Die eben beschriebene Nähe zum Wohnort der Familie ist ein wichtiger Grund für die Vervielfältigung von Moscheevereinen. Daneben gibt es noch andere, beispielsweise die ethnische Separierung nicht türkeistämmiger Gruppen, aber auch Differenzierungsprozesse zwischen türkeistämmigen Muslim_innen.

5
Entgegen der herrschenden Erzählung ist gerade auch die Arbeitsmigration aus der Türkei insbesondere in der Zeit kurz vor dem Anwerbestopp 1973 zunehmend weiblich geprägt. Vgl. Jamin, Mathilde (1999): Fremde Heimat. Zur Geschichte der Arbeitsmigration aus der Türkei. In: Jan Motte, Rainer Ohliger & Anne von Oswald (Hrsg.): 50 Jahre Bundesrepublik – 50 Jahre Einwanderung. Nachkriegsgeschichte als Migrationsgeschichte Frankfurt am Main, New York: Campus, 145–164, S. 152; Herbert, Ulrich (2003): Geschichte der Ausländerpolitik in Deutschland. München: C.H. Beck, S. 212 und 342 ff.; Straßburger, Gabriele; Unbehaun, Horst & Yalçın-Heckmann, Lale (2005): Die türkischen Kolonien in Bamberg und Colmar – Ein deutsch-französischer Vergleich sozialer Netzwerke von Migranten im interkulturellen Kontext https://www.researchgate.net/publication/283057549_Die_turkischen_Kolonien_in_Bamberg_und_Colmar_-_Ein_deutsch-franzosischer_Vergleich_sozialer_Netzwerke_von_Migranten_im_interkulturellen_Kontext [abgerufen am 07.03.2019].
In den Moscheevereinen waren diese Frauen in den ersten Jahren aber kaum präsent.

6 Die Gründe für diese Entscheidungen können verschiedener Natur sein. Sicher wirkt die Lage in der Türkei nach dem Militärputsch vom September 1980 unter einigen Arbeitsmigrant_innen abschreckend. Zum anderen wurde 1983 das Gesetz zur Förderung der Rückkehrbereitschaft von Ausländern verabschiedet. Dieses zielte darauf ab, insbesondere den Anteil der türkischen Bevölkerung in Deutschland zu reduzieren, hatte aber gleichfalls den Effekt entschiedenere Niederlassung zu forcieren. Vgl. Ceylan (2006), S. 135 und 193.

Wir haben Gemeinden besucht, die sich als „Mutter der Moscheen" in der näheren Umgebung bezeichnen. Sie sind Ausgangspunkt von vielfältigen Gemeindegründungen, die entlang ethnischer, religiöser, aber auch türkeibezogener politischer Unterscheidungen verlaufen. Diese Gemeinden lassen das mitunter in ihrer Namensgebung noch erkennen, wenn sie heute noch Merkez- beziehungsweise Zentrumsmoschee heißen. Es gibt sie in jeder größeren Stadt.

Ein Vorstandsmitglied beschreibt die ethnische Dimension der Aufteilung, die nicht zuletzt mit Sprachpraxen zu tun hat, die dann in den Moscheegemeinden gepflegt werden können:

> „Das hier ist ja die Zentrumsmoschee, die Mutter der Moscheen – es ist ja die Mutter der Moscheen. Hier auf diesem Quadratkilometer gab es sechzehn Moscheen. Also in der besten Zeit. Und die meisten Moscheen, die in [Großstadtname] existieren, in [Großstadtname] und Umgebung, haben hier ihren Ausgangspunkt, sind hier entstanden. Die Pakistaner haben sich hier erstmal gesammelt, und dann eine pakistanische- die Afghanen haben sich hier gesammelt, und dann eine afghanische Moschee gegründet."

Dieses Zitat beschreibt den Charakter der frühen Moscheegemeinden, die Muslim_innen aus verschiedenen Nationen versammeln. Ein Grund für die Vervielfältigung von Gemeinden ist der Umstand, dass sich die verschiedenen ethnischen Gruppen ihre eigenen Räumlichkeiten suchen.

Auch innerhalb der deutsch-türkischen Gemeinden gibt es Dynamiken des Wachsens und des Schrumpfens, die verschiedene Ursachen haben. Eine davon sieht ein langjähriger Gemeindevorstand in einem Mentalitätswandel. Als „Zäsur" beschreibt er die Erkenntnis der Gemeindemitglieder, nicht nur temporär in Deutschland zu sein, sondern hier einen Lebensmittelpunkt zu haben. Damit entstehen neue Bedürfnisse nach eigenen Gemeinden und eine neue Bereitschaft, sich für diese einzusetzen.

> „Also die Struktur der Mitgliedsgemeinden hat sich ja auch verändert. Sie dürfen nicht vergessen, am Anfang kamen die Leute hierher und wollte nach ein, zwei Jahren zurückkehren. Und dann hat man gemerkt, das wird nichts mit ein, zwei Jahren, Mitte der 80er Jahre. Also das ist- das war schon eine Zäsur für das Gemeindeleben, es war ein Meilenstein. Die, die sich entschieden haben, nicht zurückzukehren, für die war klar hierzubleiben. Und entsprechend dieser Änderungen im Kopf sind natürlich die Handlungen: entsprechend fingen die Leute an, Wohnungen zu kaufen, Häuser zu kaufen, sie fingen an, neue Möbel zu kaufen – und nicht mehr nur alte Sachen aus dem Sperrmüll zu holen. Eben weil sie sich dann mehr hier gesehen haben – und dann musste natürlich entsprechend die Gemeinde auch umgestaltet werden, umstrukturiert werden."

In dieser Passage wird eine Veränderung der Einstellung der Moscheegänger_innen vor Ort beschrieben: die Entscheidung, entweder dauerhaft in Deutschland zu bleiben oder in die Türkei zurückzukehren.[6] Obwohl die Gemeinden teilweise durch Rückkehrende temporär kleiner geworden sind, wird diese Bewegung auch positiv als „Meilenstein" bewertet. Diejenigen, die zurückbleiben, sind entschiedener und damit auch stärker zu Investitionen bereit, die zuvor in der nur temporär gedachten Nutzung keinen Sinn ergeben haben. Der Kauf von Gebäuden ist in diesem Zusammenhang zu sehen. Und ebenso bringt dieser Einstellungswandel eine neue Motivation für die Gründung neuer, wohnortnaher Gemeinden. Dies ist ein weiterer Grund für die Vervielfältigung von Gemeinden. Während in den Anfangszeiten der 1970er Jahre Moscheen einen großen Einzugsbereich abdeckten (ein Umstand, der für Ostdeutschland noch heute gilt), konnten mittlerweile erfolgreich wohnortnahe Gemeinden gegründet werden. Erst durch diese Nähe bekommen sie für Familien mit Frauen und Kindern einen praktischen Nutzen im Alltag. Mit der Vielzahl neuer Moscheen sind allerdings neue Kosten verbunden, denn die ehemals aus der Distanz kommenden Mitglieder haben nun ihren eigenen Verein. Die frühere Ausgangsmoschee wird bedeutungsloser. Das hat Auswirkungen auf die finanzielle Lage der Gemeinden genauso wie auf ihre Auslastung. In dieser Richtung argumentiert ein Vorstandsmitglied, der die Zeit seiner Kindheit in der Moschee als „lebendiger" beschreibt. Die Menschen hätten im Gegensatz zu heute „richtig viel Geld" gespendet. Die Moschee sei immer voll gewesen. So vorteilhaft die Vervielfältigung der Moscheegemeinden aufgrund der geringeren Distanzen für die Einzelnen in ihrem Alltag ist, so bedeutet diese Entwicklung aus der Sichtweise dieses Mannes ebenso eine Schwächung des Zusammenhalts. Neue solidarische Beziehungen innerhalb des Netzes von Gemeinden können dies jedoch zum Teil kompensieren.

Dachverbände und Differenzierung von Gemeinden

Ein weiterer wichtiger Umstand, der zu einer Vervielfältigung von Moscheegemeinden und damit verbunden zu einer Relativierung ehemaliger Ausgangs- beziehungsweise Zentrumsmoscheen geführt hat, ist die Entwicklung unterschiedlicher Dachverbände für deutsch-türkische Moscheegemeinden[7]. Diese sind vor allem in den 1980er Jahren unter dem Eindruck des Militärputsches entstanden, der im September 1980 in der Türkei stattfand. Die zu diesem Zeitpunkt herrschende Polarisierung in der türkischen Gesellschaft hat sich auch in den deutsch-türkischen Gemeinden niedergeschlagen. Es werden Dachverbände gegründet, teils in Absprache auf hoher politischer Ebene, sowohl in Deutschland als auch in der Türkei.[8] Ziel ist die Kontrolle der Entwicklungen in den Moscheegemeinden. Teilweise werden diese Verbände als oppositionelle Strömungen durchgesetzt. Ein Vorstandsmitglied beschreibt die Gründung eines Vereins gegen Interventionen aus der Türkei:

„Und dann musste der ganze Vorstand beim damaligen Konsulat vortreten. Und der Konsul hat gedroht, die sollen sofort diesen Verein wieder rückgängig machen. ‚Ohne eine Genehmigung der türkischen Regierung wird hier kein Verein gegründet', hat er ihm gedroht. Und dann haben die gesagt: ‚Ha, nein, das geht nicht. Wir brauchen- sonst können wir nicht-.' Und er hat gesagt, das ist denen völlig egal, was der hier für einen Druck macht. Die lassen sich das nicht gefallen und die haben das nicht rückgängig gemacht."

In diesem Falle haben sich die Vereinsgründer und Vorstandsmitglieder von dieser Intervention nicht beeindrucken lassen. Gleichwohl ist leicht vorstellbar, dass sie zu missachten, ein Risiko für transnationale Lebensweisen zwischen Deutschland und der Türkei bedeuten konnte.

Wenn wir in den Gemeinden über die Vergangenheit sprechen, werden uns seitens der älteren Gemeindemitglieder Erfahrungen von Spaltungen und Übernahmeversuchen berichtet. Die aufgeheizte Stimmung in der Türkei brachte die deutsch-türkischen Moscheevereine somit in Bewegung. Die Gesprächspartner argumentieren unterschiedlich. Die einen Gemeindemitglieder betonen die Nähe ihres Verbandes zum türkischen Staat als Vorteil und positives Argument einer staatlichen Kontrolliertheit, auch was die Qualifikation des religiösen Fachpersonals angehe. Im Gegensatz dazu stehen andere Verbände und Mitglieder, die damals und heute betont ihre Unabhängigkeit von staatlichen und politischen Konjunkturen herausstellen. Die staatsnäher Organisierten kritisieren diese Gruppen wiederum als „privat" und damit tendenziell unkontrolliert. In der Perspektive der ‚Unabhängigen' ist die im Zitat erzählte Episode damit ein Akt des Widerstandes, während sie in den Augen der staatsnäher Verfassten den Organisationsschritt einer fragwürdigen und potenziell islamis-

---

[7] Die 1.500 bis 1.800 türkisch geprägten Moscheegemeinden verteilen sich auf die großen Dachverbände DITIB (ca. 900 Moscheegemeinden), VIKZ (ca. 300 Moscheegemeinden), Milli Görüş (ca. 323 Moscheegemeinden) sowie ATIB (ca. 100 Moscheegemeinden). Vgl. Lemmen, Thomas (2017): Muslimische Organisationen in Deutschland. Entstehung, Entwicklungen und Herausforderungen. In: Peter Antes & Rauf Ceylan (Hrsg.): Muslime in Deutschland. Historische Bestandsaufnahme, aktuelle Entwicklungen und zukünftige Forschungsfragen. Wiesbaden: Springer VS: 309–325, S. 317.

[8] Vgl. Wunn, Ina (2007): Muslimische Gruppierungen in Deutschland. Stuttgart: Kohlhammer; Rohe, Mathias (2018): Der Islam in Deutschland. Eine Bestandsaufnahme. München: C.H.Beck, S. 117 ff.

[9] Vgl. auch Schmitt, Thomas (2003): Moscheen in Deutschland: Konflikte um ihre Errichtung und Nutzung. Flensburg: Deutsche Akademie für Landeskunde, S. 54 f.

tischen Gruppe bedeutet. Aus der damaligen Zeit wird von harten Übernahmekämpfen berichtet. Im leichteren Fall geht es dabei um die Übernahme eines Vereins durch massenhaften Eintritt neuer Mitglieder und die Beeinflussung von Vorstandswahlen im Sinne der eigenen Gruppe. In härteren Fällen werden für die 1980er Jahre Geschichten von Bedrohung erzählt – oft um sie sogleich im Hinblick auf eine im Vergleich entspannte Lage in der Gegenwart zu relativieren. Die Erzählungen sowohl über Kooperation als auch Distinktion zwischen den Verbänden heute sind ambivalent.

Vor dem Hintergrund dieser Entwicklungen wird eine Funktion von Dachverbänden für die einzelnen, als Verein organisierten Moscheevereine verständlicher. Ihnen kommt die Rolle zu, Auseinandersetzungen um das Gemeindeeigentum zu regulieren und allzu spontanen Eigentums- und Verantwortungsübertragungen einen Riegel vorzuschieben.[9] Die Dachverbände werden regelmäßig im jeweiligen Grundbuch als Eigentümerin eingesetzt und bieten dadurch eine größere Sicherheit vor ungewünschten Eigentumsübertragungen. Die Attraktivität von Gebäudeeigentum als Streitobjekt ist mit den Mitgliedschaften in den Dachverbänden immens gesunken. Die folgende Passage beschreibt idealtypisch die Funktion der Dachverbände bei potentiell instabilen Eigentumsverhältnissen. Im Gegensatz zu den Vereinsvorständen, die alle paar Jahre wechseln können, stehen die Dachverbände für größere Kontinuität.

> „In vielen Gemeinden gab es sehr viel Streit darüber, wenn das Gebäude der Gemeinde selbst gehört hat. Das fing mit dieser Moschee an, in den 80er Jahren. Weil die Leute glaubten, ihnen gehört das dann auch, wenn sie das Sagen haben."

Der Gesprächspartner beschreibt weiterhin die Schwierigkeit bei Vorstandswechseln und nötiger Schlüsselübergabe, um dann die Lösung für seinen Verband zu erklären. Sie haben eine Generalversammlung eingerichtet, in der jede Verbandsgemeinde zur Miteigentümerin der anderen wird. Durch diese Konstruktion könne nun niemand mehr alleine etwas verkaufen und den Moscheeverein so einfach vor vollendete Tatsachen stellen.

Lira, D-Mark, Euro – Finanzkraft im Wandel der Zeiten

Im Rahmen der Forschung lernen wir genauso über die Vergangenheit der Moscheegemeinden, wie wir von der Gegenwart und Zukunftsplänen erzählt bekommen. Typischerweise werden verschiedene Zeiten miteinander verglichen, bisweilen als Kontrastierung einer ‚DM-Zeit' und einer ‚Euro-Zeit'. Manchmal werden Kosten auch, wohl eher irrtümlich, noch in Lira angegeben. Es gibt keine einstimmige Geschichtserzählung, z. B. im Sinne eines ‚Früher-war-alles-besser'. Positionen unterscheiden sich vielmehr je nach Alter und Sozialisation der Gesprächspartner_innen sowie nach deren Erfahrungen und Bindung an eine Gemeinde. Dennoch scheinen bestimmte Umstände übergreifend relevant. So wird in Ballungsräumen mehrfach die veränderte Lage der Gemeindezentren am Immobilienmarkt angesprochen.

Ein älterer Zeitzeuge einer frühen Gründung bilanziert, dass die Gemeinde heutzutage eine solche Leistung von Kauf und Gemeindeentwicklung nicht mehr schaffen könnte. „Also wer es in der Deutsche-Mark-Zeit geschafft hat, der hat es gut geschafft." Der Kauf und die Gestaltung eines Gebäudes für die Gemeinde seien damals finanzier- und realisierbar gewesen – bei den immensen Kosten, die heute für eine Immobilie vergleichbarer Art und Lage aufzubringen seien, sei das kaum noch vorstellbar.

Die schlechtere finanzielle Ausgangslage heutzutage wird im Forschungsfeld vielfach thematisiert. Immer wieder heißt es, dass die Spendeneinnahmen früher beträchtlich besser gewesen seien. Aus diesem Grund wird bisweilen ausgebliebener Eigentumserwerb betrauert. Es sei schade gewesen, dass Kaufentscheidungen erst so spät fielen und „vieles einfach in gemietete Räume investiert wurde".

Andauernde Mietverhältnisse werden aufgrund der steigenden Miet- und Kaufpreise insbesondere in Ballungsräumen zunehmend als problematisch wahrgenommen. Ein Gemeindemitglied resümiert, dass die Entscheidung zum Kauf „das Wichtigste überhaupt" gewesen sei. Er sagt im Gespräch: „Und ich kann es mir nicht vorstellen, dass [wenn] eine Gemeinde [aus ihrer angemieteten Immobilie] rausgeschmissen wird [...], für sich hier in der Ecke noch etwas finden kann." Die damalige Kaufentscheidung enthebt in gewisser Weise von den Dynamiken am Immobilienmarkt. An anderen Orten hören wir, dass eine Moscheegemeinde zwar gerne ihr langjährig genutztes Gebäude kaufen wolle, der Eigentümer aber aufgrund der guten Aussicht auf Rendite nicht verkaufen möchte.

Dass der gelungene Erwerb von Gemeindeeigentum nicht zwangsläufig alle Probleme löst, wird in Bezug auf die Wohnverhältnisse der Gemeindemitglieder deutlich. Dann mag die Gemeinde zwar einen festen Ort und Eigentum gefunden haben, die langjährigen Mitglieder jedoch müssen ihren Stadtteil wegen gestiegener Mieten verlassen. So berichtet ein Mitglied der Frauenabteilung:

> „Die ersten Gastarbeiter hatten ja alle eine Arbeit. Das heißt, sie hatten günstigere Wohnungen. Jetzt sind da noch die Existenzängste der Menschen. Keine Arbeit. Die Wohnungen werden immer teurer, man bekommt keine Wohnungen. Sogar unsere älteren Frauen haben Existenzängste. Dadurch dass sie eben niedrig bezahlte Arbeiten getätigt haben, sind ihre Renten niedrig. Aber die Mieten steigen, explodieren, sie haben Angst, ihre Wohnung zu verlieren."

In dieser Passage wird eine Wahrnehmung prekärer Lebensumstände deutlich, die viele Ältere, aber auch Jüngere uns gegenüber beschreiben. Unsichere Erwerbsverhältnisse und niedrige Renten stimmen pessimistisch. Bei jüngeren Mitgliedern hören wir auch von erfolgreichen Lebenswegen. Es ist dann das Bedürfnis nach einem Eigenheim, das aus dem Stadtteil im Zentrum in die Peripherie führen kann. In beiden Fällen, dem erzwungenen wie dem gewählten Wegzug, kann die Bindung an die langjährige Moscheegemeinde fortbestehen. So betont ein Mann, dass er trotz nun wieder weiterer Wege regelmäßig zur Moscheegemeinde seiner Jugend komme, weil er hier sehr viele Bekannte beim Freitagsgebet wiedertreffe. Er sieht die Gemeinde als seine „Heimat".

Zusammenfassend wird deutlich, wie sich die Bedingungen für die Entwicklung und Etablierung von Gemeindezentren im Zeitverlauf verändern. In unseren Gesprächen wird klar, welche Auswirkung die Beschäftigungssituation und die ökonomischen Voraussetzungen der Gemeindemitglieder im Zusammenspiel mit den steigenden Miet- und Kaufpreisen haben. Insbesondere Moscheegemeinden im Mietverhältnis und zur Miete wohnende Gemeindemitglieder sind diesen Dynamiken ausgesetzt. Diese können die ehemals angestrebte und realisierte Wohnortnähe wieder konterkarieren und zur neuerlichen Distanz zwischen Moscheegänger_innen und ihrer Heimatgemeinde führen.

Erwerb von Eigentum

Ein großer Schritt für die Moscheegemeinden ist in vielen Erzählungen der Erwerb von Eigentum und damit die meist dauerhafte Niederlassung am Ort. Mit dieser Entwicklung gehen neue Möglichkeiten baulicher Veränderung einher, aber ebenso gibt es neue Verantwortlichkeiten angesichts der zu stemmenden Finanzierung. Der folgende Abschnitt zeigt exemplarisch den Weg von Moscheegemeinden, die ihr Gebäude mieten, zu solchen in Eigentum sowie die verschiedenen Möglichkeiten der Finanzierung.

Vom Mietobjekt zum Eigentum

Die Wege zum Gemeindeeigentum führen oft über vorherige Mietverhältnisse. Häufig ist die Gemeinde bereits in dem Gebäude ansässig gewesen und dann hat sich die Gelegenheit zum Kauf ergeben. Insofern ist der Standort der Gemeinde oft nicht das Ergebnis einer besonderen Auswahl, sondern ergibt sich eher aus einer Gelegenheit zum Kauf und etappenweisen Erweiterungsmöglichkeiten.

Ein Gründungsmitglied einer Gemeinde beschreibt die frühe Anmietung eines Raumes in einem gewerblich genutzten Gebäudekomplex zu einem Zeitpunkt, wo noch ganz unklar war, dass das ansässige Unternehmen das gesamte Areal verlassen und verkaufen würde.

> „In diesen [frühen] Tagen hatten wir nicht die Möglichkeit zu kaufen. Ob wir wollten oder nicht, wir mussten mieten. Ein leerer Raum zur Miete wurde gesucht, und wir haben gesehen, dass das hier zur Miete stand. Der Bereich, in dem wir uns hier befinden […] haben wir als Gemeinde gemietet. Wir haben es so verändert, dass es den Bedürfnissen der Gemeinde entspricht und das Innere derart verändert."

Der Standort der Moscheegemeinde beginnt in diesem Fall als Mietverhältnis. Kauf stand nicht zur Debatte, weil die finanziellen Mittel nicht zur Verfügung standen. Der gemietete kleine Raum wird den Bedürfnissen der Gemeinde angepasst. Die Möglichkeiten dazu sind allerdings ziemlich beschränkt. Was dann folgt, ist eine recht typische Erzählung für die Expansion einer Gemeinde aus dem ersten Mietverhältnis heraus.

> „In der ersten Etappe hatten wir […] diesen Bürobereich gemietet, in dem wir uns jetzt befinden. Als dann die Person das hier verkaufen wollte, war es uns ohnehin schon zu klein geworden. Weil, wir hatten das Bedürfnis für Raum gerade am Wochenende, für den religiösen Unterricht und die Kulturvermittlung der Kinder. Na, und weil der Ort dafür nicht reichte, konnten die alle nicht unterkommen. Der Bereich unten, den wir jetzt als Mescit nutzen […] gehörte früher der [Firmenname]. Als dann die Firma hier rausging, wollte der Eigentümer das dort auch verkaufen. Dann haben wir das dort genommen, in dieser Absicht. Diesen heutigen Teil dort haben wir damals gekauft und die Moschee ist nach unten umgezogen. Wo wir jetzt sind, die Teile, planten wir dann für soziale Arbeiten zu nutzen. So hatte es dann zunächst seine Funktion bekommen. Später dann, an der Seite, hatten wir einen deutschen Nachbarn. Als die dann verstarben, wollte ihre Tochter das Gebäude verkaufen. Das Gebäude haben wir dann auch genommen. Die Seite haben wir dann so gestaltet, dass sie für die Frauen nutzbar wird."[10]

Es bieten sich immer wieder Gelegenheiten, direkt angrenzende Räumlichkeiten hinzu zu mieten beziehungsweise in diesem Falle zu kaufen. Die Gemeinde ist schon so lange Jahre vor Ort, dass sie selbst in Verkaufsverhandlungen über Immobilien verstorbener Nachbar_innen einbezogen wird. Diese Zukäufe schaffen Raum für neue Funktionen im Moscheegemeindebau, z. B. für einen Frauenbereich. Dass es einen eigenen Bereich für die Frauen gibt, wird uns mehrfach als nachgelagerte Entwicklung erzählt. In einer Gruppendiskussion mit älteren Frauen erzählen diese, dass die frühen Standorte der Moscheegemeinde auch aufgrund der beschränkten Größe eher Orte für die Männer gewesen seien.

In vielen Fällen hören wir von einer langen und schwierigen Suche nach Räumen. Während im zitierten Beispiel die Gründer des Moscheevereins ohne Unterstützung nach einem Gebäude für die Gemeinde gesucht haben, haben einzelne Moscheegemeinden ihr Gebäude mit der Unterstützung vor Ort ansässiger christlicher Kirchengemeinden gefunden. Es fällt auf, dass bisweilen schon in der Frühphase der Niederlassung muslimischer Gemeinden ein interreligiöser Dialog, und sei es als Vermittlungsarbeit mit der Nachbarschaft, eine Rolle gespielt hat. Ein Zeitzeuge berichtet von kirchlichen Beratungsangeboten für Arbeitsmigrant_innen, die zunächst einem der Moscheegründer zu seiner Wohnung verhelfen. Später bekommt die im Entstehen begriffene muslimische Gemeinde dort auch einen Tipp für eine geeignete Immobilie. Die christliche Kirchengemeinde hatte das Gebäude selbst schon sondiert und einen Ankauf erwogen, der aber am Kaufpreis scheiterte. Den Gründern des muslimischen Vereins wird geraten, da nochmals nachzuhaken, nachdem ihnen die Recherchen der Kirche präsentiert werden. Das Gebäude steht nun schon eine längere Zeit leer, nachdem das zuvor dort befindliche Unternehmen sein Geschäft aufgeben musste. In den Verhandlungen über den Kaufpreis erhalten sie einen besseren Preis. Allerdings können sie nur einen Teil der Räumlichkeit erwerben, die die Gemeinde nutzen will. Den Rest müssen sie mieten. Diesbezüglich treffen sich die Interessen von Vermieter und Mieter nach einem längerfristigen Mietverhältnis.

> „Wir haben eine Unterschrift gegeben für zehn Jahre Miete. Weil für ein oder zwei Jahre wollten sie es nicht geben. Und wir wollen die Moschee umbauen und so weiter, und wollen auch nicht ein, zwei Jahre bleiben, sondern ewig da bleiben."

Auch in diesem Fall ergeben sich spätere Kaufoptionen auf die gesamte Räumlichkeit. Mit dem Zukauf der Nachbargrundstücke werden die Möglichkeiten der Gemeinde sukzessive erweitert. Der Wunsch, „ewig" zu bleiben, scheint bislang aufgegangen zu sein: Die Gemeinde befindet sich immer noch an diesem Ort und mittlerweile gefestigter und ausdifferenzierter denn je.

Ausschlaggebend für den Erwerb einer Immobilie scheint für die meisten Moscheegemeinden neben dem Kaufpreis ganz grundlegend die Gelegenheit einer verfügbaren Immobilie zu sein. Sie sind froh, überhaupt ein Gebäude gefunden zu haben, das dann den eigenen Bedürfnissen angepasst werden kann. Bei einigen Gemeinden gelingt es sogar, ein grundlegendes Bedürfnis mit dem Gebäude zu verbinden: Es geht um seine Ausrichtung nach Mekka. Ist das Gebäude hier günstig ausgerichtet, ist die Gestaltung des Gebetsraumes und die Verlegung des Teppichs wesentlich einfacher. Mal hören wir, dass man Glück gehabt habe, und sich „98 % Richtung Mekka" ergeben hätten. Ein anderes Mal wird noch in Erinnerung der Erstbesichtigung erwähnt, dass die Gründungsmitglieder die Ausrichtung extra geprüft hätten.

Finanzierung 1 – Kauf mit Anleihen, Spenden, Solidarität im Verband

Ist bereits die Finanzierung eines gemieteten Gemeindezentrums für viele Gemeinden aufwendig, so stellen der Erwerb und die damit einhergehenden Baumaßnahmen eine ganz andere Herausforderung dar. Es müssen große Beträge aufgebracht werden durch Gemeinden, die als einzelne Vereine meist nicht kreditfähig sind. Hinzu kommt der Umstand, dass relativ viele von uns im Forschungsfeld gesprochene Gemeindemitglieder aus religiösen Gründen Wert darauf legen, keine verzinsten Bankkredite für den Immobilienerwerb zu nutzen beziehungsweise genutzt zu haben. Das Gründungsmitglied schildert die Umstände und den Aushandlungsprozess des Kaufes für die Gemeinde:

> „Das hat hier alles in allem etwa eine Million Mark gekostet, doch als wir das für eine Million übernommen haben, hatten wir natürlich nicht diese große Summe Geld zur Verfügung. Ja, wir hatten ein paar Ersparnisse, wenig, ein paar Einnahmen über den Supermarkt, aber wir hätten zur Bank gehen müssen, um einen Kredit aufzunehmen. Dieser Kredit hätte jede Menge Zinsen gehabt. Aus unserer Überzeugung sind Zinsen haram [aus religiösen Gründen verboten]."

Die Gemeinde selbst verfügt also gar nicht über die nötigen Mittel, den in diesem Falle historisch recht frühen Kauf zu tätigen. Der erwähnte Supermarkt ist bereits eine auch aus Finanzierungsgründen im Mietobjekt eingerichtete Funktion, die aber keine ausreichenden Einnahmen generieren kann. Die im Folgenden geschilderte Lösung haben wir vielfach berichtet bekommen. Sie steht insbesondere für den Erwerb von Immobilien in den frühen Tagen der Gemeindegeschichte.

„Wir haben mit den Mitgliedern eine Versammlung gemacht und gesagt, dass wir hier kaufen wollen, aber ohne zur Bank zu gehen. Wir haben uns mit ihnen beraten und beinahe 80 % haben gesagt: ‚Lasst uns das ohne Bank machen.' Ja?! ‚Ich habe 50.000 Lira und werde die 50.000 Lira an die Moschee als Anleihe geben. Und dann, wenn ich es zurückbekomme, werde ich 10.000 Lira spenden und 40.000 Lira zurücknehmen. Also die Moschee soll mir 40.000 Lira zahlen.', haben sie gesagt. Na gut. Wir haben eine Liste gemacht und ungefähr die Million so eingesammelt. Du hast 40.000 gebracht, der andere hat 15.000 gebracht, noch ein anderer hat 50.000 [...] schließlich hatten wir die Million, haben sie dem Mann gegeben und hatten unseren Grundbuchauszug. [...] Außerdem haben wir eine weitere Liste dazu gemacht. Zum Beispiel hast du mir gesagt: ‚Ich brauche für mich mein Geld in einem Jahr zurück, zahlt es dann.' Wir haben das in eine Liste eingetragen und dann mit den Einkünften aus dem Markt, mit weiteren Überlegungen hier und da, haben wir das ganze Geld problemlos zurückgezahlt. Alle Schulden waren restlos beglichen, nichts ist mehr übrig geblieben."

Das hier beschriebene Vorgehen erscheint idealtypisch für eine Reihe von Schilderungen, in denen der Gebäudekauf letztlich über Direktkredite beziehungsweise Anleihen der Mitglieder finanziert wird. Einige unserer Gesprächspartner_innen verorten dieses Wirtschaftsmodell allerdings stärker in der Vergangenheit und beschreiben die Gegenwart als von niedrigen Rentenzahlungen und prekärer Erwerbsarbeit geprägt. Gemeinden, die heute eine Immobilie kaufen, müssen diesen Kauf deswegen oft über einen Kredit finanzieren.

Die Problematik kleinerer Moscheegemeinden, die auf Bankkredite zurückgreifen wollen oder müssen, liegt in ihrer mangelnden Kreditwürdigkeit. Kreditwürdig werden die Gemeinden erst über die Mitgliedschaft in einem Dachverband oder einer mit diesem verbundenen Immobiliengesellschaft, die mit entsprechenden Werten bürgen kann. Neben der Sicherung von Eigentum, wie sie vor allem für die bewegten Zeiten der Auseinandersetzungen um deutsch-türkische Moscheevereine in den 1980er Jahren beschrieben wurde, haben die Dachverbände also auch hier eine wichtige Funktion.

Die Frage der solcherart gestifteten Beziehungen zwischen Verbänden und einzelnen Gemeinden verweist auf das Spannungsverhältnis von Autonomie, Kontrolle und Solidarität. In den vielen Gesprächen über Finanzierung im Feld bekommen wir nicht den Eindruck, dass den Moscheegemeinden substantielle finanzielle Unterstützung gewährt würde. Vielmehr müssen die Ausgaben für den Alltag wie für die Abzahlung von Krediten durch die Moscheevereine selbst erwirtschaftet werden. Das ist ein Umstand, der uns gegenüber immer wieder betont wird. In Notfällen allerdings kann der Verband solidarisch einspringen. Dazu zwei exemplarische Perspektiven:

Ein Vorstandsmitglied beschreibt die innergemeindliche Debatte über die Finanzierung. Er selbst habe früher auch gedacht, dass der türkische Staat die Moscheegebäude finanziere. Mittlerweile in verantwortlicher Position muss er Gemeindemitgliedern entgegentreten, die angesichts maroder Bausubstanz einen Neubau fordern und sich wundern, wieso der türkische Staat kein Geld gebe.

„'Das ist doch so leicht hier eine Moschee zu bauen.', höre ich immer wieder von den Leuten. Und dann sage ich zu den Leuten: ‚Passt mal auf. Das ist nicht so. Wir kriegen nichts vom türkischen Staat.' – also wir kriegen nur die Imame vom türkischen Staat, das war es dann auch."

Durch die Einbindung in solidarische Netzwerke fließt die Finanzierung oft auch in die andere Richtung: Kleinere Gemeinden partizipieren an einem Solidarverbund, von dem sie im Notfall profitieren können. In der Regel jedoch helfen sie anderen Moscheegemeinden aus, deren Finanzierungskonzept gescheitert ist.

Ein Gesprächspartner berichtet von einer Moscheegemeinde, die sich finanziell übernommen habe und für die im Verband mehrfach Spenden gesammelt wurden. Er selbst sei nie bei dieser Gemeinde vor Ort gewesen, weiß aber über die Umstände zu berichten. Dort sei ein kreditfinanzierter Neubau realisiert worden. Die monatlichen Fälligkeiten hätten sich auf eine hohe Summe belaufen. Der Gesprächspartner sieht die Unmöglichkeit, das zu finanzieren, Mitgliedsbeiträge seien dazu völlig unzureichend.

„14.000 DM, wie schaffe ich das dann? Das geht nicht. Selbst wenn in diesem Ort jede Familie Mitglied ist, also alle Mitglieder, Kinder, Vater, Mutter, wäre. Und wenn jeder, ich weiß nicht, zehn, zwanzig, dreißig bezahlen würde. Das schaffst du nicht. Und diese Vorstandsmitglieder damals, ein Jahr später konnten die schon nicht mehr. Da haben sie die Gemeinde schon verlassen. Und jetzt kommt der Neue. Ja, okay. Aber wie- was soll der neue Vorstand da machen?"

Dass Mitgliedsbeiträge in den meisten Fällen die Gemeinden nicht finanzieren können, hören wir sehr oft. In diesem Zitat wird außerdem die Diskontinuität der Verantwortung deutlich. Die Vorstände können wechseln, aber die finanziellen Belastungen bleiben. Für Unterstützung sorgen hier die regionalen Nachbargemeinden des gleichen Verbandes[11]. Es gab mehrfach Spendensammlungen und auch Verhandlungen mit der Stadt. In einem anderen Fall hören wir von einer ähnlichen Spendensammlung innerhalb von Verbandsgemeinden während des Ramadans. Schließlich wird die Ablösung des Bankkredites gefeiert. Diese Tilgung der Schulden wäre ohne die solidarische Aktion nicht möglich gewesen.

Auf eine andere Möglichkeit der Finanzierung weist ein junges Gemeindemitglied einer Großstadtgemeinde hin. Er beschreibt, wie mit steigenden Grundstückswerten zu spekulieren ist – vorausgesetzt, die Gemeinde hat genug Weitsicht und finanziell gesehen den nötigen langen Atem. Seine eigene Moscheegemeinde hatte ein großes Gebäudeensemble gekauft, von dem sie jedoch nur einen kleinen Teil selbst nutzt. Zur Finanzierung des Erwerbs wurden schon damals von der Moscheegemeinde einzelne Wohnungen verkauft. Mittlerweile sind diese stark im Wert gestiegen. Der Mann bedauert daher aus heutiger Perspektive diese frühen Verkäufe: Bei späterem Verkauf durch die Gemeinde hätten sich angesichts der Wertsteigerung sämtliche Schuldenproblematiken lösen lassen.

Finanzierung 2 – Unterhaltungskosten, Mitgliedsbeiträge, Spenden und Sparen

Die Kosten für die Unterhaltung der für diese Studie untersuchten Gemeindezentren sind teilweise beträchtlich. Die Umnutzung von Gebäuden, die gar nicht für diese Lebensdauer und den Nutzungszweck ‚Moschee' konzipiert wurden, ist zum Teil sehr aufwendig. Zudem sind die Gebäude, insbesondere in innenstadtnahen Bereichen, stark frequentiert und damit unterliegen sie einer erhöhten Abnutzung. Von Gebetsteppichen bis hin zu Toilettenanlagen ist der Ersatz von Ausstattung und einzelner Gegenstände immer wieder auf der Tagesordnung. Wasser, Heizung, Stromverbrauch, aber auch die Reinigung von Waschräumen und Toilettenanlagen können

[11] Je nach Größe sind Verbandsstrukturen von Moscheegemeinden unterschiedlich organisiert. Es gibt bundesweite Organisationen mit Untergliederungen nach Bundesländern, aber auch kleinere regionale Vereinigungen.

hohe Kosten verursachen → Abdesthane, S. 122 Daraus folgen mindestens drei Aspekte: Zum Ersten geht es beständig darum, die nötigen finanziellen Mittel aufzubringen, um diese Kosten zu decken. Zweitens wird über bauliche Optimierung nachgedacht, um die Kosten zu senken. Eine dritte Option ist der Versuch, beim Verbrauch zu sparen. Der folgende Teil versucht, einen Eindruck zu vermitteln, wie eine Moscheegemeinde im Alltag wirtschaften muss. In der Bilanz wird klar, warum sich in einigen Fällen hartnäckige Initiativen zu Neubauten entwickeln. Jenseits der Fragen nach angemessener Repräsentation und Sichtbarkeit geht es dabei auch um ausufernde Kosten angesichts der maroden Bausubstanz einiger Gebäude. Sie zu unterhalten, stößt bisweilen an die Grenzen ökonomischer Vernunft.

Um die laufenden Betriebskosten bezahlen zu können, stehen den meisten Gemeinden vier Einnahmequellen zur Verfügung: Mitgliedsbeiträge, Spenden sowie der Gewinn aus selbstbetriebenen Geschäften und die Einnahmen aus Vermietungen. Ein zunehmend wichtiger Aspekt ist das Sparen. Ein Vorstandsmitglied meint knapp: „Mitgliedsbeiträge spielen kaum eine Rolle." Davon könnten nicht einmal die monatlichen Ausgaben gedeckt werden. Das hören wir häufiger. Mitgliedsbeiträge werden in den Gemeinden in der Regel pro Familie erhoben, die Gemeinden umfassen also mehr Personen als Mitglieder. Oft wird der Stand der Mitgliederzahlen und der monatlichen Zahlungen mit öffentlichen Aushängen dokumentiert. Die untersuchten Gemeinden haben unterschiedlich viele Mitglieder. Einige umfassen bis zu fünfhundert Mitgliedern, aber der Großteil ist mit hundert bis zweihundert Mitgliedern eher klein. Uns wird von Monatsbeiträgen von zehn bis fünfzehn Euro berichtet und damit wird klar, dass diese Mitgliedsbeiträge für die Finanzierung des laufenden Gemeindebetriebes nur eine geringe Rolle spielen können. Gleichwohl hat die Mitgliedschaft eine Bedeutung. Denn nur über sie besteht das Recht mitzustimmen, sich an Vorstandswahlen zu beteiligen und auf Entscheidungen des Moscheevereins einzuwirken. In einer Gemeinde hören wir, dass Rabatte für Studierende eingeführt wurden, um sie zur Mitgliedschaft zu motivieren.

Eine zweite wichtige Einnahmequelle sind Spenden. Bedeutsam ist zunächst die Kollekte nach dem Freitagsgebet, bei der sich auch Nicht-Mitglieder erkenntlich zeigen für die Möglichkeit, am Gebet teilnehmen zu können. Da keine ‚Moscheesteuern' für die Gemeinden erhoben werden, scheint uns, dass die einzelnen Besucher_innen hier generöser sind, als wir es vom Kirchenbesuch her kennen. Mehrere hundert Euro in der Kollekte des Freitagsgebets sind, so hören und beobachten wir in manchen Gemeinden, keine Ausnahmeerscheinung, sondern die Regel. Feiertage können ein Vielfaches einbringen. Diese eher informelle Art der Finanzierung kann das Misstrauen von Behörden wecken. Ein Vorstandsmitglied berichtet davon, dass bei ihnen einmal ein Finanzbeamter neben der Freitagskollekte saß, da das Amt nicht glauben wollte, dass ein wichtiger Teil der Gemeindefinanzierung über die Kollekte zustande kommt. Die Arbeit des Vorstandes ist es, diese Gelder transparent zu verwalten und Rechenschaft abzulegen.

Die Frauen der Gemeinde spielen bei der Generierung von Spenden eine wichtige Rolle, wie Vorstände mehrfach anerkennend feststellen. In vielen Gemeinden werden nach dem Freitagsgebet öfter Speisen wie selbstgemachte Lahmacun (gewürzter Teigfladen) an die Gebetsgänger_innen verkauft. Die Frauen selbst berichten von dem organisatorischen Aufwand, der über das Jahr hinweg mit dieser kulinarischen Spendenakquise anfällt. An dieser Stelle sind auch Gemeindefeste zu nennen, sogenannte Kermes, die in eigentlich allen Moscheegemeinden ausgerichtet werden. → Feste, S. 192 → Fotoessay Kermes im Stadtraum, S. 482 Einnahmen werden hier zumeist über eine Tombola, Essensstände, aber auch eine direkte Sammlung von Spenden über Versteigerungen und Verkauf zum Wohle der Gemeinde generiert. Einen wichtigen

Spendenbeitrag leisten diejenigen Gemeindemitglieder, die erfolgreich Geschäfte oder Firmen gegründet haben. Sie sind es, die oft einspringen, wenn in der Gemeinde größere Ausgaben anstehen. Wir hören von Arrangements, in denen Baumaterial gespendet wird oder Arbeitsleistungen durch Firmen geschenkt werden. Jubiläumsfeiern, aber auch die Frühlingsfeste sind Anlässe, diese Personen in besonderer Weise zu ehren. Es werden Auszeichnungen verliehen, verdiente Mitglieder vor versammeltem Publikum auf einer Bühne gewürdigt – während u. U. gleichzeitig Werbung gemacht wird für deren erfolgreiche Geschäfte. Mit ihrer Spende kommen diese erfolgreichen Gemeindemitglieder einer Verpflichtung nach, die sich auch religiös als besondere Verantwortung der Gutsituierten für den Erhalt ihrer Gemeinde erklären lässt. Die Pflege der Beziehung zu diesen Spender_innen muss, so berichten uns Vorstandsmitglieder, feinfühlig reguliert werden. → Vorstand, S. 420 Manche Muslim_innen würden die persönliche Ehrung als Zurschaustellung radikal ablehnen, weil es ihnen weniger um die Außendarstellung gehe als um das Verhältnis zu sich selbst und das Ansehen vor Gott. In einigen Gemeinden ist jedoch klar zu erkennen, wer hier gespendet hat, da die Einrichtung ganzer Räume oder einzelne Ausstattungsgegenstände jeweils mit Plaketten der Wohltäter_innen gekennzeichnet sind. Gemeindevorsitzende beschreiben es als feine Aushandlung, die Spende eine_r Wohltäter_in anzunehmen, ohne ihr/ihn dabei zu überfordern oder zu beschämen. Es sei z. B. wichtig, dass die ganze Gemeinde einen Beitrag in der entsprechenden Angelegenheit leiste, damit sich die Spender_innen nicht ausgenutzt fühlen. Mehrfach taucht in Gesprächen über solche Spenden das Konzept des Allah Rızası (Wunsches oder Willens Gottes) auf. Es wird auf sehr unterschiedliche Weise ausgelegt. Einmal kann es bedeuten, dass die eigene Leistung eben gar nicht so besonders ist, weil man in seinen Handlungen und Möglichkeiten eben nur ein Ausdruck des göttlichen Willens sei. Andererseits wird das Konzept, ähnlich wie das des Kader (Schicksals), in der Erinnerung manches Vorsitzenden auch als fadenscheinige Entschuldigung und Ausrede gebraucht, wenn etwas nicht ganz gelungen ist.

Einige größere Spendenkampagnen, die es jedes Jahr gibt, kommen schließlich überhaupt nicht der Gemeinde zugute, sondern werden über islamische Spendenorganisationen, z. B. für eine Opfertierkampagne für arme Muslim_innen, weltweit zum Opferfest eingesetzt. In den Gemeinden werden, in der Regel organisiert über den jeweiligen Dachverband, Anteile an Opfertieren verkauft.

Weil auch mit Spenden die finanzielle Grundlage oft nicht ausreicht, werden in vielen Moscheegemeinden anstehende bauliche Aufgaben als „Notlösungen" ausgeführt. Diese funktionieren für eine gewisse Zeit, bringen bauliche Problematiken unter Umständen aber schnell wieder auf die Agenda. Ein junges Vorstandsmitglied beschreibt das für seine sich noch stark entwickelnde Gemeinde folgendermaßen:

> „Immer Notlösungen. Step by step. Wir können erstmal nur fünftausend investieren vielleicht. Dann ist es für die nächsten paar Monate, für ein zwei Jahre okay. Und dann reicht das nicht mehr. Und dann haben wir bestimmt finanziell wieder ein Polster. Und dann wieder abreißen und wieder was bauen. Und das ist es, ne. Alle Moscheen haben dasselbe Problem."

Die Moscheegemeinden befinden sich finanziell und baulich in unterschiedlichen Ausgangslagen. So drastisch, wie es hier beschrieben wird, stellt sich die Problematik nicht (mehr) überall dar. Allerdings spielt für alle Gemeinden das Weiterbauen aufgrund von Abnutzungen der Substanz oder neuer Bedürfnisse an den Raum eine mehr oder weniger andauernde Rolle. → Multifunktionale Cluster im Wandel, S. 85

Vor diesem Hintergrund bekommen Investitionen in zeitlose und robuste Materialien eine besondere Bedeutung. Stolz verweisen manche unserer Gesprächspartner_innen auf Industrieparkett oder Glasfasertapete, die Zeit der „Notlösungen" ist für sie vorbei. Einer von ihnen formuliert es folgendermaßen:

> „Tische, Stühle und so weiter haben wir auch nach und nach erneuert. Das heißt, das Teuerste gekauft. Damals war das einfach Plastik."

Das hier beschriebene Möbel ist ein massiver geschweißter Metallstuhl mit gepolsterter Sitz- und Rückenfläche. Diese massive und wertige Bestuhlung ist uns in einigen Gemeinden aufgrund des gleichen Modells aufgefallen. Es kontrastiert mit Gartenstühlen aus Plastik, die in ähnlicher Uniformität in einer ganzen Reihe anderer Gemeinden zu finden sind. Die neuen Stühle scheinen für die Ewigkeit gebaut und werden so schnell nicht kaputtgehen. Zunächst in ihrer Anschaffung hochpreisige, dafür jedoch langlebige Produkte sollen auf Dauer die Kosten, die durch Provisorien und deren Erneuerung anfallen, senken. Langfristig tragen sie daher zum Sparen bei. Und nicht zuletzt verändern sie die Atmosphäre der Räume.

Das Sparen ist schließlich auch ein wesentlicher Aspekt der Finanzierung von Nebenkosten. Wenn von den laufenden Kosten gesprochen wird, dann werden zuerst die Wasser-, Strom- und Energiekosten aufgezählt, die beträchtliche Summen verschlingen. Ziel ist es, möglichst sparsam zu wirtschaften, um so die Ausgaben der Gemeinde zu verringern. Während in den Anfangszeiten der Ersatz für die kostspielige elektrische Raumheizung ein wichtiger Schritt gewesen ist, so ist Sparen im Alltag stärker auf das Verhalten der einzelnen Gemeindenutzer_in orientiert. Sämtliche Nutzer_innen sind zum Sparen aufgefordert. Das wird ihnen seitens des Vorstands meist mehrsprachig über diverse Aushänge immer wieder verdeutlicht. → Aushänge, S. 126 Es geht um Aufforderungen, z. B. die Türen zu schließen, damit die Wärme beheizter Räume nicht entweicht, oder die Beleuchtung nach dem Verlassen der Räumlichkeiten wieder zu löschen. Ein humorvoller Aushang fragt die Lesenden in vier Sprachen rhetorisch: „Lasst ihr auch zu Hause das Licht brennen und die Tür offen, wenn ihr das Haus verlasst?!" Regelmäßig geht es auch darum, bei der rituellen Waschung nicht allzu verschwenderisch mit den Papierhandtüchern umzugehen → Abdesthane, S. 122 Ein Vorstandsmitglied beziffert den Betrag für Hygieneartikel und Reinigung in einer kleinen Moscheegemeinde auf mehrere hundert Euro pro Monat. Und so ist auch zu erklären, wie ein junges Gemeindemitglied das Verhalten eines Seniors der Gemeinde beschreibt:

> „Der flippt dann halt wieder so aus: ‚Was mache die?! Ziehen die da fünfmal an dem Kasten, wo das ganze Papier drinne ist?' – Du kannst zwei- oder dreimal ziehen. Aber fünf- sechs Mal? […] Wir sind doch keine Wohlfahrt hier."

Im Zitat wird die soziale Kontrolle beschrieben, die gerade zum Freitagsgebet relevant wird, das mit einem hohen Verbrauch verbunden ist. Überhaupt ist der Raum für rituelle Waschungen anhand der mahnenden Aushänge im Großteil der von uns besuchten Gemeinden unschwer als Kostenfaktor zu erkennen.

Je nach Zustand der Gemeindeimmobilie können schließlich bauliche Maßnahmen eine wichtige Rolle bei der Reduktion von Nebenkosten spielen. Die Erneuerung von Außenwanddämmung, Fenstern, Gebäudeheizung etc. – es gibt viele Visionen der energetischen Gebäudesanierung, die allerdings finanziert werden wollen. In einer Gemeinde mit sehr hohen Nebenkosten wird auf den Dachflächen des Gemeindezentrums die Installation einer Photovoltaikanlage zur Stromgewinnung erwogen: „dass man vielleicht auch die Energiekosten von dem Hauptgebäude bisschen runterkriegt". In anderen Gemeinden leisten solche Solarpanels schon ihren Beitrag.

Das Management der geschilderten Finanzierung ist eine Aufgabe der

ehrenamtlichen Vorstandsmitglieder. Bei ihnen laufen alle Fäden zusammen. Sie müssen alle unterschiedlichen Entwicklungsdimensionen der Gemeinde im Auge behalten – von religionsbezogenen, sozialen bis hin zu den ökonomischen und baulichen.
→ Vorstand, S. 420

Finanzierung 3 – Geschäfte und Vermietungen

Ab einer bestimmten Gebäudegröße spielen regelmäßige Einnahmen aus Geschäften und Vermietungen eine wichtige Rolle. → Geschäfte, S. 266 Bisweilen wird bereits bei der Entscheidung zum Kauf mit ihnen kalkuliert. Die Gemeinde kann einzelne Räume aus ihrem Gebäude als Privatwohnungen oder zum gewerblichen Nutzen vermieten. Eine andere Möglichkeit besteht darin, Geschäfte selber zu betreiben und Angestellte zu bezahlen. Allerdings kann die Gemeinnützigkeit des Moscheevereins durch die kommerziellen Funktionen in Frage gestellt werden. Ein erfahrenes Vorstands- und Verbandsmitglied bilanziert dazu notwendige Konstruktionen der Finanzierung:

> „Eine Zeit lang hat man ein Reisebüro selbst betrieben, dann hat man es verkauft. Die Leute haben es dann irgendwie in den Sand gesetzt. Jetzt mit dem Laden ist es auch immer so ein Hin und Her. […] Damals gab es ja auch kein Verständnis über die Strukturen. Wie man eine Gemeinde- wie man den ideellen Bereich vom wirtschaftlichen Bereich trennt und so weiter. […] Also da haben viele Gemeinden über das Finanzamt viel Lehrgeld bezahlt."

Das langjährige Gemeinde- und Gründungsmitglied spricht über die unterschiedlichen Ökonomien, die im Rahmen der Moscheegemeinde betrieben wurden. Teils selbstbetrieben, teils untervermietet unterliegen diese Geschäfte Konjunkturen und können scheitern. An vielen Standorten wird uns von kommerziellen Nutzungen berichtet, die in ihrer Geschichte sowohl ihre Lage im Gebäude als auch ihre Ausrichtung mehrfach geändert haben.

Gerade in den Anfangszeiten ist der selbstbetriebene Supermarkt keine Seltenheit. Bisweilen gab es ihn schon in dem gemieteten Gebäude. Ein älteres Gemeindemitglied beschreibt die Gründung eines solchen Supermarktes aus der Initiative einiger Mitglieder in einer finanziellen Notsituation. Der Mann erzählt, dass die Gemeinde einige Monate lang die Miete nicht aufbringen konnte. Erst sind einige Mitglieder finanziell eingesprungen, das konnten sie aber nicht längerfristig leisten. Schließlich kommt es zu der Entscheidung, die Anschubfinanzierung für einen Markt aufzubringen. Sieben Personen geben der Gemeinde eine Anleihe. Der so installierte Supermarkt generiert über lange Jahre ein verlässliches Einkommen und stellt sicher, dass die Miete regelmäßig gezahlt werden kann. In dieser Zeit steht der Raum allerdings auch nicht für andere Bedürfnisse der Gemeinde zur Verfügung.

> „Von diesen sieben Personen aus haben wir 15.000 Lira Kapital gesammelt, Grundkapital. Damit haben wir dann unten ein Lokal eröffnet. […] Es wurde eine Investition getätigt dieses Mal. Und dann hat unsere Gemeinde die Einkäufe, die sie sonst woanders gemacht hat, angefangen hier zu machen. Und dadurch, dass sie das hier machten, hatten wir Einkünfte. Mit diesen Einnahmen haben wir die 15.000 Lira zurückgezahlt, aber hier wurde ein Grundkapital gelegt. Wir hatten hier- also der Ort, den wir jetzt als Lokal nutzen, war bis vor zwei Jahren der Supermarkt, aber es wurde schwierig. Vorher mussten wir zum Beispiel für die Kantine keine Steuern zahlen. Mit dem Wachstum des Einkaufsladens haben wir die nötigen Steuern eingenommen, die wir zahlen mussten. Zu dieser Zeit gab es nicht so viele Läden hier, unsere Einnahmen waren gut, wir konnten unsere Steuern zahlen und so wurde das eine Stütze für hier. Als so viele andere Läden aufgemacht haben, haben

wir gesehen, dass es nicht mehr läuft, und dann haben wir den Einkaufsladen geschlossen."

Die beschriebene Initiative war zunächst sehr erfolgreich. Schließlich haben sich jedoch im Stadtraum so viele attraktive Alternativen ergeben, dass das Geschäftsmodell nicht mehr trug. Im Idealfall ist die Schuldenlast einer Gemeinde dann schon abgetragen. Oft jedoch muss sich die Moscheegemeinde dann nach anderen Finanzierungsmodellen und aussichtsreicheren Geschäften umsehen.

In den meisten Gemeinden erfahren wir über solcherart Raumnutzungen zu Finanzierungszwecken, die im Gemeindeleben einem steten Wandel unterliegen. Einflussfaktoren sind, wie im Beispiel zuletzt erwähnt, sich verändernde Marktbedingungen. Was lohnt sich noch? Welche Art von Bedürfnissen gerade auch der eigenen Mitglieder werden an anderer Stelle nicht bedient und stellen eine Marktlücke dar? Die erzählten und präsenten Nutzungen decken einen breiten Bereich ab: von gastronomischen Betrieben über Lebensmittelmärkte in diversen Größenordnungen, Reisebüros, Herrenfriseure bis hin zu Buchläden. In diesen Geschäften wird oft ein Türkeibezug deutlich. Buchläden sind spezialisiert auf religiöse und meist türkischsprachige Publikationen. Regelmäßig ist die Sicherstellung eines in religiösem Sinne einwandfreien Fleischkonsums wichtig für Gemeinden. Zeitweilig gab es kein Angebot für Fleisch, das als halal galt, beziehungsweise bot dessen Verkauf im Rahmen der Gemeinde ein besonderes Gütesiegel und Vertrauen. Mehrfach hören wir vom Fleischverkauf in Moscheegemeinden als einem wichtigen Startkapital.

„Ja es war viel- hundert Kilo jede Woche, ich habe das selber gemacht damals. Die Leute rufen an und sagen: ‚Ich brauche fünf Kilo, zehn Kilo, Rindfleisch oder Lammfleisch.', und dann haben wir das eingetragen. Jeden Freitag holen wir das und verteilen mittags. [...] Und für jedes Kilo, ein Euro- äh eine Deutsche Mark, bleibt bei der Moschee. Das waren fast sechshundert Deutsche Mark jeden Monat und so ist das für die Moschee auch gut. Sie verdient, wir verdienen, und die Leute essen das gerne. Also da sind keine Fragezeichen."

Der Fleischverkauf generiert beträchtliche Einnahmen für die Gemeinde. Die Moschee wird zu einem Garanten dafür, dass das Fleisch den religiösen Vorschriften genügt. Ein anderer Vorstand betont, dass es gerade in der Anfangszeit der Gemeinden in der Großstadt viele Geschäfte gegeben habe, die ihre Kund_innen über den Tisch gezogen hätten. Zum Kapital der Moscheegemeinde wird in diesem Zusammenhang das ihr entgegengebrachte Vertrauen. Heutzutage scheint sie diese Monopolstellung etwas verloren zu haben.

In einer Migrationsgesellschaft mit einem vielfältigen transkulturellen Warenangebot geraten viele kommerzielle Funktionen im Moscheekomplex unter Druck. Exklusive Türkeireisen gibt es längst anderswo günstig zu erwerben und große Supermärkte mit Waren der türkischen Küche sind am Markt etabliert und ziehen weite Kundengruppen an. Auch dem Moscheefriseur als klassischem Herrenbarbier ist längst eine Konkurrenz erwachsen – die auch schon mal in der Gemeinde vorspricht und sich über den vermeintlich protegierten Kollegen beschwert, der seine Räume innerhalb des Moscheegebäudes hat. Um in dieser Konkurrenzsituation erfolgreich am Markt bestehen zu können, müssen sich die Geschäfte professionalisieren. Der Erfolg der Geschäfte ist jedoch nicht nur eine Frage mit finanziellen Konsequenzen. Er betrifft ebenso die Moscheegemeinde als sozialen und religiösen Zusammenhang: Ihre direkten oder angrenzenden Räumlichkeiten werden bei großem Erfolg der Geschäfte auch von nicht-muslimischen Kundengruppen und Gemeindefremden frequentiert. So wirken sich das Angebot und die Ausrichtung der Geschäfte auch auf das Gemeindezentrum aus. Wir hören dazu Stimmen, die ein Spannungsverhältnis zwischen religiösen und kommerziellen Funktionen ausmachen, und dieses

Verhältnis auf eine Art reguliert sehen wollen, die der religiösen Gemeinde – auch vor dem Hintergrund von Finanzierungsnotwendigkeiten – ihren Raum lässt.

Beteiligungsmöglichkeiten in der Moscheegemeinde Marke Eigenbau

Die Einnahmen durch Mitgliedsbeiträge, Spenden sowie Geschäfte und Vermietung reichen oft nicht aus, um die anfallenden umfangreichen Sanierungsarbeiten an den Gemeindezentren zu finanzieren. Die allermeisten Moscheegemeinden sind deswegen auf ehrenamtliche Unterstützung angewiesen. Möglich sind unterschiedliche Formen der Beteiligung, durch welche die Gemeindemitglieder, sowohl am Gebäude als auch sozial, in der Gemeinde Spuren hinterlassen. Einige dieser Spuren sind sichtbar, andere werden in den Geschichten der Gemeinde lebendig gehalten. Oft hören wir, dass Gemeindemitglieder über die für diese Arbeiten notwendigen handwerklichen Kompetenzen verfügen. Insbesondere in der Anfangszeit wurden viele grundlegende Sanierungs- und Umbauarbeiten am Bauwerk selbst ausgeführt. Je nach finanzieller Ausstattung der Gemeinden ziehen sich diese Bauprojekte über Jahre, wenn nicht Jahrzehnte, hin. In diesem Abschnitt sollen exemplarisch einige grundlegende Aspekte des Selbstbaus in den Moscheegemeinden aufgezeigt werden, die uns erzählt wurden, wenn wir nach der (Bau-) Geschichte gefragt haben.

Spuren hinterlassen mit Do-it-yourself

Die Mitgliederstruktur der frühen Moscheevereine ist von Arbeitsmigration geprägt; es gibt viele handwerklich tätige Personen. Ein Senior einer Gemeinde erzählt im Gespräch mit halb zwinkerndem Auge, dass hier alle Älteren mindestens zehn Jahre ihres Lebens auf der Gemeindebaustelle gelassen hätten. Es wird versucht, möglichst viel selbst zu machen.

Die Moscheegemeinde im Eigenbau voranzubringen, kostet Zeit. Die Bauten entwickeln sich langsam. Bauvorhaben müssen finanziert und es müssen Unterstützer_innen gefunden werden, die die notwendige Zeit und Kompetenz mitbringen. Bei vielen Gemeinden, die wir besuchen, haben wir den Eindruck, dass das Bauen auf diese Weise zu einem andauernden Prozess wird. So kann es Jahre dauern, bis der Gebetsraum an seinem endgültigen Ort fertiggestellt ist. Ein Vorstand erzählt, dass umfangreichere Baumaßnahmen dazu geführt haben, dass der Gebetsraum erst nach sechs Jahren Bautätigkeit an seinem heutigen Platz eingerichtet war. Zuvor wurde in anderen, einfacher herzurichtenden provisorischen Räumen gebetet. Für eine von uns besuchte, noch junge Gemeinde beschreibt ein Vorstandsmitglied einen seit zwanzig Jahren andauernden Bauprozess:

> „Bei den Änderungen oder Umbaumaßnahmen haben unsere Mitglieder sehr, sehr viel geholfen. Wir haben das fast mit eigener Leistung erbracht. Deswegen hat das auch sehr lange gedauert. Zwanzig Jahre, das ist viel Zeit. Aber wie gesagt, vom Finanziellen her, haben wir nicht so viel ausgegeben. Weil- unsere Mitglieder haben das fast alles selber am Wochenende, nach der Arbeit oder eben im Urlaub gemacht."

Die Moscheegemeinde tritt für einen Zeitraum an die Stelle anderer Beschäftigungen der Mitglieder und ist sozusagen ein einnehmendes Hobby nach Feierabend, am Wochenende und in der Urlaubszeit. Durch die Spuren, die derart Beteiligte an dem Gebäude hinterlassen, können sie sich in besonderer Weise mit diesem identifizieren. Gerade ältere Herren und Gründungsmitglieder zeigen bei unseren Besuchen mit Stolz auf Räume oder Dinge, die für sie mit bestimmten Erfahrungen verbunden sind und in denen ihrer Hände Arbeit steckt. Grundlegende Arbeiten wie

Mauern und Pflastern bleiben dabei besonders lange sichtbar, sie werden weniger schnell überschrieben als beispielsweise Malerarbeiten und können daher auch noch Jahrzehnte später vorgezeigt werden.

Auch wenn sie nicht direkt in die Bautätigkeit eingebunden sind, so sind Frauen dennoch auf vielfache Weise in die Arbeit am Bau involviert. → Frauen, S. 198 Dies erfahren wir in vielen Erzählungen. Gerade die Anschaffung von qualitativ hochwertigem Gebetsteppich für die entsprechenden oft großen Flächen ist ein immenser Kostenfaktor. → Gebetsteppich, S. 214 Zudem muss bei den Teppichen eine Abnutzung einkalkuliert werden, die regelmäßiger Reinigung zum Trotz alle zehn bis zwölf Jahre einen Austausch nötig macht. Wie in dieser Angelegenheit die Frauen einer Gemeinde mitgewirtschaftet haben, berichtet ein weibliches Vorstandsmitglied:

> „Dieser Teppich, der im Frauentrakt ist- das haben unsere älteren Frauen- Sie haben Lahmacun gemacht, verkauft und haben von diesem Geld den Teppich gekauft. Und sie sind stolz auf ihren Teppich, weil sie das mit ihren eigenen Händen gemacht haben und weil sie etwas dazu beigetragen haben."

Auch die älteren Frauen sind in diesem Sinne an der materiellen Ausgestaltung der Gemeinde beteiligt und sie hinterlassen bleibende Spuren, die sie mit Stolz erfüllen. In ähnlicher Weise können auch ganze Räume mit solchen Beiträgen verbunden werden. Im Gespräch mit Frauen verschiedener Generationen einer Gemeinde wird insbesondere an ein Gemeindefest erinnert. → Feste, S. 192 → Fotoessay Kermes im Stadtraum, S. 482 Mit den guten Einnahmen, für welche die Frauen sich zentral verantwortlich sehen, konnte dort ein Raum für Totenwaschungen realisiert werden. In ihrer Erinnerung ist das heutige Gasilhane direkt mit ihrer eigenen Anstrengung verbunden.

Spuren hinterlassen zu können, trägt schließlich auch zur Attraktivität der Räumlichkeiten für die Jugend bei. → Jugend, S. 280 Die Jugendlichen sollen, so hören wir in vielen Moscheegemeinden, die Räume nach ihrem Gusto gestalten können. Teilweise bauen diese aktiv mit an den Räumen, streichen oder organisieren Inneneinrichtung. Teilweise werden Ressourcen der ganzen Gemeinde mobilisiert, um im Sinne der Jugend den Raum zu entwickeln.

Was in den Erzählungen sowohl der Gründungsmitglieder als auch der Frauen und Jugendlichen deutlich wird, ist die Möglichkeit für Gemeindeangehörige, sich in der baulichen Ausgestaltung der Gemeindezentren zu verwirklichen. Vom Rohbau und grundlegenden Ausbauarbeiten bis hin zur Innenarchitektur und den nötigen Reparaturen im laufenden Betrieb gibt es dazu viele Gelegenheiten. Längst nicht bei allen Gemeinden, aber doch bei einer großen Zahl der sich stark im Prozess befindlichen Räumlichkeiten bekommt man den Eindruck, dass diese Art von Bau- und Unterhaltsbeteiligung ein konstitutives Element von sozialer Gemeinde ist.

Bauen mit wenig Geld: Nutzen von Materialien und Gelegenheiten

Aufgrund der beschränkten finanziellen Ressourcen sind die Gemeinden nicht nur auf ehrenamtliche Beteiligung am Gebäude angewiesen, sondern ebenso darauf, kostengünstig an Baumaterialien zu kommen. In einer der von uns besuchten Moscheegemeinden spielt die Geschichte des Treppengeländers eine wichtige Rolle. Sie kann dies gut illustrieren. Der Vorstand erzählt, der Kostenvoranschlag hätte die Kosten für ein notwendiges Treppengeländer im weiträumigen Gebäude mit 30.000 DM ausgewiesen. Dann zeigt er auf den Stahl des Geländers und meint, das habe ein im Metallbau tätiges Mitglied auf dem Schrottplatz gefunden und zusammengeschweißt. Man habe das Geländer auf diese Weise für weniger als ein Drittel des angebotenen Preises montieren können. Der Stolz des Handwerkers über diese Leistung, die dieser bei jeder Gelegenheit erwähne, ist deutlich aus der Erzählung des Vorstands rauszuhören. Hier wird die Kostenersparnis für die Gemeinde am Wert der Baumaterialien bilanziert, während die ehrenamtlichen Arbeitsleistungen oft gar nicht so genau zu beziffern sind.

Das folgende längere Beispiel reiht sich ein in Erzählungen über Versuche, gewitzte und kostengünstige Lösungen für anstehende Bauaufgaben zu finden. Die exemplarische Episode wirft einen Blick auf die Umgestaltung der Pflasterung eines Innenhofes, der im Laufe der Jahre gleich dreifach überarbeitet wird. Einer der Gemeindemitgründer kann dabei seine einschlägige Berufsqualifikation als Mitarbeiter eines Landschafts- und Gartenbauunternehmens einsetzen. Im ersten Schritt wurde ein Gebäude auf dem Grundstück der Gemeinde abgerissen, um so die nötigen Stellplätze für parkende Autos zu schaffen. Die fachgerechte Entsorgung des Abbruchmaterials hätte Geld gekostet.

> „Wir haben damals gedacht: ‚Warum wegschmeißen?' Lassen wir einfach im Boden liegen. Wir haben damals aus den Ziegelsteinen Pflaster gemacht."

Nach dieser ersten Lösung, die mutmaßlich einige Jahre im Hof der Gemeinde gelegen hat, ergibt sich eine neue Möglichkeit. Ein in der gleichen Branche tätiger „Kollege" pflastert einen großen Parkplatz – das alte Pflaster soll entsorgt werden. Der „Kollege" bringt das Pflaster jedoch zur Moschee. Der „Ziegelstein [wird] rausgemacht und dieses alte Pflaster – aber Pflaster – gelegt". Mittlerweile ist die Gemeinde also auf den Stand gelangt, dass ‚richtige' Pflastersteine im Hof liegen, anstelle der zweckentfremdeten Ziegel zuvor. Damit sind die Arbeiten am Bodenbelag des Hofes jedoch noch nicht abgeschlossen. Mutmaßlich wieder einige Jahre später ergibt sich eine noch bessere Lösung. Da der Hof des Gemeindezentrums auch öffentliche Wegflächen miteinschließt, habe die Stadtverwaltung einen Anteil der Kosten für die Verlegung des neuen Pflasters übernommen. Aufgrund dieser finanziellen Unterstützung und aus Gründen der „Schönheit" entscheiden sich die Verantwortlichen in der Gemeinde für diese dritte Überarbeitung. Lachend erzählt der Mann, dass man das alte Pflaster wieder komplett rausgenommen und im ganzen Hof „Ökopflaster" verlegt habe.

Die Erzählung beschreibt gut die Nutzung sich bietender Gelegenheiten und wie sie der baulichen Entwicklung der Gemeinde zugutekommen. Dabei wird die aufwendige Arbeitsleistung ehrenamtlich erbracht. In der Rede schwingt Stolz mit über das Geleistete und die getroffenen Entscheidungen. Das die Erzählung begleitende Lachen gilt dabei zum einen einer erfolgreichen Aushandlung – das Übereinkommen mit der Stadtverwaltung läuft demnach sehr zum Vorteil der Moscheegemeinde. Gleichzeitig wird das Lachen verständlich als ein etwas zweifelnder und nun historisch gelassener Rückblick auf den eigenen Aktivismus. ‚Ja, hätten wir das mal vorher gewusst.', ist ein wiederkehrendes Fazit so mancher Umzugs- und Renovierungsaktivität. Bei unserem Gesprächspartner ist die gesundheitliche Belastung aus der Arbeit am Bau jetzt im Alter sehr stark – ob es wirklich nötig war, das Pflaster gleich dreimal zu wechseln? Dennoch ist damit eine starke materielle Spur gelegt, die die Gemeinde heute noch schmückt, und auf die bei einer Begehung mit Stolz hingewiesen wird.

Eine Gelegenheit, die in den früheren Jahren der Gemeinden gelegentlich genutzt werden kann – für uns aus heutiger Perspektive unerwartet – ist die Unterstützung durch Arbeitgeber. Ein Zeitzeuge erzählt uns von der Unterstützung durch deutsche Arbeitgeber vor über vierzig Jahren. Eine der drängendsten Fragen in den umgenutzten Gebäuden, insbesondere in der ersten Zeit, ist ihre möglichst ökonomische Beheizbarkeit.

> „Aber, wenn du kein Bargeld hast, das ist auch ein bisschen ein Problem. Nur der Bau der Heizung und

Heizkessel damals wären 22.000 Deutsche Mark gewesen. In [einer Stadt im Umland] bei [Firmenname] arbeiteten unsere Kollegen. Sie haben mit der Firma gesprochen, mit ihrem Chef: ‚Wir wollen so viel Heizkessel haben.', und so weiter, haben die gesagt. ‚Ja, warum nicht.' Aber sie haben gesagt: ‚Wir wollen nicht bezahlen. Sie sollen die geben.', sagten sie zum Arbeitgeber. (lachen). ‚Ja, ich habe- da muss ich erstmal überlegen.' […] Und dann hat er nochmal den Arbeitgeber gefragt: ‚Nein, wir haben hier so viele Jahre bei euch gearbeitet, und wir müssen auch in unsere Moschee in [unserer Stadt] gehen. Dort nicht frieren und uns erkälten. In der Moschee sind viele Kinder', und so weiter, hat er erzählt."

Ergebnis dieser Verhandlung war demnach, dass die Gemeinde die Bestandteile der Heizungsanlage samt Transport von diesem Arbeitgeber als Spende bekommen hat. Diese schmunzelnd erzählte Geschichte lässt die Gemeindemitglieder als geschätzte Werktätige erscheinen, die in Verhandlungen ihr Gewicht erfolgreich in die Waagschale warfen. Die Verhandlung war erfolgreich und mit der Beheizbarkeit ist ein zentrales und kostenintensives Problem gelöst worden. Es ging dabei vorrangig um die Beheizbarkeit des Gebetsraumes als große Fläche, die zunächst zwei Jahre elektrisch beheizt wurde. Zusammenfassend scheint uns die in diesem Abschnitt beschriebene Mischung aus Selbstbau, Gemeindeaktivitäten zur Spendensammlung sowie die Beteiligung mit privaten finanziellen und ehrenamtlichen praktischen Beiträgen als die Regel. Ein Gründungsmitglied bilanziert aus seiner Perspektive auf derartige Gemeinden:

> „Ich denke, wir können sagen, dass in Europa diese Art von Investitionen türkischer Menschen zu 80 % so gelaufen sind, also mit einer deutlichen Aufopferungsbereitschaft. Sonst geht das nicht, ich meine, läuft das nicht."

Professionalisierung und die Zusammenarbeit mit Ämtern

Im historischen Vergleich wird ein Prozess der Professionalisierung in den Moscheegemeinden deutlich. Aus den frühen Jahren hören wir oft, dass Bauarbeiten ohne genauere Planung oder Einreichung eines Bauantrages ‚einfach gemacht' wurden. In der Gegenwart finden wir mehr Geschäftsleute, selbstständige Handwerker_innen und auch Akademiker_innen in der Mitgliederschaft. Sie können mit ihren Unternehmen nicht nur eine professionelle Arbeitsleistung und Material spenden, sondern auch wichtiges Know-how in den Bauprozess einbringen. In manchen Vorständen finden wir heute Personen aus der Bau- und Immobilienbranche. Auch die Dachverbände bieten heute Bauberatung an. Die professionelle Ausführung der Arbeiten am Bau wird nicht zuletzt vor dem Hintergrund von Bauvorschriften bedeutsam. Auf die Leistung von professionell ausgebildeten beziehungsweise akademisch qualifizierten Mitgliedern verweist folgendes Zitat eines amtierenden Vorstandsvorsitzenden:

> „Wir müssen auch beim Bauamt einen Antrag stellen. Das muss auch über den Architekten sein. Aber der ist auch einer von unseren Bekannten, also der hat kein Geld verlangt. Hier war zum Beispiel auch eine Elektrofirma, da musste der Installateur kommen, um bei uns die Zähler zu montieren. Und der war auch als Firma da, offiziell, aber hat von uns kein Geld verlangt. Er hat das auch als Spende gemacht."

Hier wird zum einen deutlich, dass Fachfirmen notwendig sind, damit bestimmte Leistungen entsprechend geltender Vorschriften erbracht werden. Zum anderen zeigt sich, wie sich diese Fachleistung mit einer Spende verbinden lässt, wenn Fachkräfte unter den Mitgliedern oder in den Netzwerken der Moscheegemeinde vertreten sind.

Die Nachweispflichten gegenüber Behörden spielen in Erzählungen über die Vergangenheit von älteren Gemeinden eine wichtige Rolle. Wiederkehrende Themen sind, auch infolge der Nutzungsänderung der Gebäude, Stellplätze und Rettungswege. Oft fehlte die Erfahrung im Umgang mit Bauämtern. Manchmal wird – in der retrospektiven Erzählung augenzwinkernd – mit einer gewissen Dreistigkeit kalkuliert, die jedoch nicht immer aufgehen muss. Eine gewisse Hemdsärmeligkeit in der Realisation von Baubegehren ruft dann Bauaufsichtsbehörden auf den Plan und die Gemeinde erfährt kostspielige Sanktionen, wo sie eigentlich zu sparen gehofft hatte. Die Behörden werden jedoch nicht nur als lästige Kontrolle empfunden. In manchen Fällen wird gerade die gute Zusammenarbeit betont und dass eine wichtige einvernehmliche Lösung gefunden werden konnte für Maßnahmen, die sonst ein Gefahrenpotenzial entfaltet hätten. So hören wir von hilfreicher Beratung genauso wie von teuren Sanktionen, die die Gemeinde kaum bezahlen kann.

Auf dem Weg zum Neubau?

Im Rahmen unserer Besuche der Moscheegemeinden ist das Thema Neubau erstaunlich präsent. In einigen Gebäuden findet unser erster Eindruck über nötige Sanierungsmaßnahmen eine überraschende Entsprechung in den Aushängen im Schaukasten oder dem schwarzen Brett der Gemeinde. Dort ist unter Umständen bereits die Zukunft zu sehen: eine Bauzeichnung oder ein farbiges Rendering der vorgestellten Zukunftsmoschee, wie sie auf diesem Grundstück entstehen soll. Diese Pläne können mehrere Jahre dort hängen. Aushänge über Abstimmungsergebnisse machen einen Diskussionsprozess über die Planung sichtbar. In einigen Fällen wirkt es auf uns, als sei die Initiative zum Stillstand gekommen. Finanzielle Grundlagen können nicht geklärt werden, und oft hören wir von ungewissen Genehmigungen. Im Folgenden werden die Wünsche an einen Neubau sowie Möglichkeiten seiner Finanzierung vorgestellt.

Erwartungen an Neubauten: Sichtbarkeit, Haltbarkeit, Barrierefreiheit und Flächengewinn

Im Wunsch nach einem Neubau für die Gemeinde verbinden sich unterschiedliche Vorstellungen. Es mischen sich grundlegende Bedürfnisse nach mehr Anerkennung und Sichtbarkeit mit solchen nach weniger Sanierungsarbeit sowie nach Barrierefreiheit und mehr nutzbarer Fläche. Der Wunsch nach einem Neubau wird dabei nicht zwangsweise von allen Vereinsmitgliedern geteilt. Bei einigen herrscht Unzufriedenheit über das Bestehende: Das, was man vor vielen Jahren mit wenig Geld kaufen konnte, genügt heute den Ansprüchen nicht mehr. Andere sind mit dem Erreichten und den gebotenen Möglichkeiten zufrieden. Bei einigen älteren Gründungsmitgliedern begegnet uns ein gewisser Stolz auf die Gemeindezentren in umgenutzen Gebäuden. Heute könnte die Gemeinde diese Gebäude aus Gründen der Finanzierung gar nicht mehr realisieren, sagen sie.

Zur Frage der Sichtbarkeit gibt es kontroverse Positionen, was denn eigentlich eine „richtige" Moschee sei. Ein Imam, der uns in einer Gemeinde gastfreundlich empfängt, meint vor dem Hintergrund des umgebauten Warenhauses hinter ihm auf Türkisch: Das seien streng genommen alles keine Camiler (Moscheen) hier in Deutschland. In der arabischen Welt würde man so etwas Mescit (Gebetsraum) nennen, aber hier hätten die Leute sich eben daran gewöhnt. Zu einer Cami gehöre ein Minarett, das sei hier aber nicht vorhanden. Die große Mehrzahl der Gemeindeangehörigen sieht das offenbar anders. Ihre langjährige Gebetsstätte bezeichnen sie ganz selbstverständlich als Moschee oder Cami. Ob zu dieser nun ein Minarett gehöre, ist dabei umstritten. → (K)eine „richtige Moschee"?, S. 113 Mit den Fragen nach Kuppel und Minarett ist auch die Frage nach

[12] Heute verläuft die Suche nach einer Moschee üblicherweise über soziale Medien und Mundpropaganda. In Internetverzeichnissen sind sehr viele Moscheegemeinden erfasst und als Service werden gleich die Wegedistanzen vom Standort aus mit angegeben.

[13] Türkisch-Islamische Union der Anstalt für Religion e.V. (2017): Zentralmoschee Köln. Die Innenraumgestaltung. Broschüre zu einer Ausstellung https://www.zentralmoschee-koeln.de/wp-content/uploads/2017/04/Ausstellungsbroschuere_zur_Innenraumgestaltung.pdf [abgerufen am 09.03.2019].

der Auffindbarkeit angesprochen. Denn wie sollen Ortsunkundige von außen erkennen, dass sie hier eine Gebetsstätte gefunden haben?
→ die ‚dekorierte Moschee', S. 111 [12]

In der Broschüre eines Dachverbandes wird der Anspruch auf Neubauten deutlich markiert:

> „Viele Moscheen in Deutschland sind provisorische Hinterhofmoscheen, die in alten Lagerhallen, Industriearealen, Autohäusern und anderen industriellen Strukturen gelegen sind. Von außen als Moschee nicht erkennbar, sind diese provisorisch umgenutzten und baufälligen Gebäudekomplexe inzwischen den Bedürfnisse[n] der Gemeinden entwachsen. Sie sind unzureichend für die Vielzahl religiöser, sozialer und kultureller Angebote und machen damit oft einen Neubau erforderlich. Die Hinterhofmoscheen sind durch den Bauzustand, aber auch die Lage und gegebene Baustruktur, wenig einladen[d], sodass man sich innerhalb des Gebäudekomplexes eingeschlossen und außerhalb ausgeschlossen fühlt." [13]

In dieser Passage wird zum einen mit dem äußeren Erscheinungsbild der vorhandenen Gebäude argumentiert, die Moschee sei als solche von außen nicht erkennbar. Anzumerken gilt: Eine bessere Sichtbarkeit nimmt hier nicht explizit Bezug auf Kuppel oder Minarett, während die städtebauliche Lage der Gebäude („industrielle[...] Strukturen") angesprochen wird. Zum anderen wird die innere Struktur der Gebäude bemängelt, welche „den Bedürfnissen der Gemeinden entwachsen" sei. Offenbar werden die Flächen für die „Vielzahl religiöser, sozialer und kultureller Angebote" als „unzureichend" angesehen. Eine weitere Argumentationslinie dieses Zitates für den Neubau ist die marode bauliche Substanz der vorhandenen Gebäude, die als „baufällig" beziehungsweise „wenig einladen[d]" beschrieben wird. Es geht also gleichermaßen um das äußere Erscheinungsbild, die innere Struktur sowie die bauliche Substanz der vorhandenen Gebäude. In der Diktion des Zitates werden diese baulichen Umstände zu einem Integrationshindernis, wenn die Gruppe der Muslim_innen in diesen Gebäuden „eingeschlossen" wird und andere „ausgeschlossen" werden.

Unabhängig von Fragen nach dem äußeren Erscheinungsbild ist insbesondere der bauliche Zustand ein wichtiges Argument für den Neubau. Wir hören von undichten Dächern, kalten Wänden und manch schimmligen Stellen in den Altbauten. Die Instandhaltungskosten der Bausubstanz und die Betriebskosten für Heizung sind hoch, die Räume nicht behaglich. Von einem Neubau versprechen sich seine Befürworter_innen Einsparungen bei den laufenden Kosten und weniger Sanierungsarbeiten.

Ein drittes Argument für den Neubau ist Barrierefreiheit. Sie ist ein Dauerthema bei vielen Neubauvorhaben, aber auch bei sanierten älteren Gebäuden. Senior_innen stellen eine wachsende Gruppe in den Gemeinden dar. Viele der besuchten Gemeindezentren sind für sie problematisch, weil zentrale Gemeindefunktionen sich nicht im Erdgeschoss befinden: Kaum ein Wasch- oder Gebetsraum ist ohne Treppensteigen zu erreichen. Mehrfach haben wir Gemeinden besucht, in denen vor diesem Hintergrund die Stilllegung eines Aufzugsschachtes bedauert wird – eine Maßnahme, die in der Gründungszeit, als die Gemeindemitglieder noch jung waren, keine weiteren Bedenken mit sich brachte. Der Wunsch nach einer neuen Moschee wird in einer Gruppendiskussion mit hauptsächlich älteren Frauen einer Gemeinde explizit damit begründet, dass es „schwierig [geworden sei], nach oben zu gehen". Sie seien alt geworden und „die Knie sind kaputt". Es gibt in diesem Gemeindezentrum keinen Aufzug. In manchen Gemeinden gibt es gerade für das Gebet der Älteren einen Ausweichraum im unteren Geschossbereich, damit sie als regelmäßige Gebetsgänger_innen nicht die Treppen steigen müssen. Ein Vorstand meint auch in Bezug auf den ungünstig gelegenen Waschraum, dass eine solche Missachtung der Alten gerade für eine muslimische Gemeinde ein Unding sei.

In manchen Moscheegemeinden ist das Thema Barrierefreiheit offenbar nicht ganz oben auf der Prioritätenliste. Ein langjähriger Moscheegemeindevorstand und Verbandsaktiver schildert jedoch, wie der Verband eine Moscheegemeinde diesbezüglich zur Räson gebracht habe, die eine umfassende Sanierung in einem gerade erworbenen Bau realisiert hat.

> „Also in [Stadtteilname] haben wir zum Beispiel lange mit dem damaligen Vorstand gekämpft, um die zu überzeugen, dass man eine Moschee nicht ins erste Obergeschoss macht, sondern in das Erdgeschoss. Das war ein echter Kampf. Die wollten die Moschee nach oben. Da habe ich gesagt: ‚Das geht nicht, Leute!' (lachend) Da haben wir echt gekämpft."

Wir hören Diskussionen über Kompromisse. Bisweilen wird Barrierefreiheit ausgehandelt gegen maximale Flächenausbeute, z. B. dann, wenn ein Souterrain ein zusätzliches Stockwerk verspricht und dann der Gebetsraum doch ins nicht barrierefrei zugängliche Hochparterre rutscht.

Ein wichtiges Argument für einen Neubau ist in manchen Fällen schließlich das Bedürfnis nach mehr Fläche. Immer wieder hören wir, dass mehr Unterrichtsräume gebraucht werden. Auch Gemeindesäle werden gewünscht, damit für große Feiern oder Versammlungen der Gemeinde nicht extra ein Raum angemietet werden muss.

Mit wohlfahrtsbezogenen Ambitionen und Bedürfnissen ergeben sich neue Aufgabenfelder, derer sich manche Moscheegemeinde annehmen möchte und für die ebenfalls Räume benötigt werden. In vielen Gemeinden wird bereits soziale Arbeit geleistet. Fast immer wird diese Arbeit ehrenamtlich geleistet oder eher in Einzelfällen über temporäre Förderprogramme wie das Städtebauförderungsprogramm „Soziale Stadt" des Bundes finanziert. Gleichwohl besteht vor dem Hintergrund muslimischer Ethik der Anspruch, ähnliche Angebote zu entwickeln, wie sie von säkularen und konfessionellen Wohlfahrtsverbänden in Deutschland erbracht werden. Die Ressourcen, um die dazu notwendigen Fachkräfte und Räume finanzieren zu können, stehen zurzeit jedoch noch nicht in Aussicht. Dennoch ist das Thema deutlich am Horizont. Ein langjähriger Vorstand beschreibt die historische Entwicklung zusammenfassend:

> „Und wahrscheinlich, vermute ich, wird in den nächsten dreißig Jahren die Notwendigkeit sein, dass man neben Moscheen auch Altenheime, Hospize anbringen muss. [...] Wir haben ja im Moment das Bedürfnis von Kindergarten bis zur Jugendbetreuung bis zur Altenbetreuung. Das muss einmal durchgehend abgedeckt werden. Und dieser Zyklus ist ja abnorm gewachsen. Weil die Leute, die nach Deutschland kamen, das waren ja Männer, im mittleren Alter. Und mit deren Bedürfnisbefriedigung fing diese ganze Bewegung an. Und das ändert sich jetzt. Änderte sich Mitte der 80er Jahre, wo die Kinder und die Frauen dazu gekommen sind. Und jetzt wird sich das nochmal ändern, wenn die Menschen hier altern."

Die Anerkennung solcher muslimischen Angebote steht noch am Anfang. Sie tangiert die Entwicklung der Gemeindezentren, die auch hinsichtlich neuer Raumbedürfnisse noch nicht abgeschlossen ist.

Finanzierung 4 – Neubau

Bei der Finanzierung von Neubauten werden zum einen ähnliche Aspekte relevant wie bei der Finanzierung von Moscheen in umgenutzen Gebäuden: Spenden, Anleihen und die Einnahmen aus Geschäften und Vermietungen spielen nach wie vor eine wichtige Rolle. Gleichzeitig beobachten wir bei Neubauvorhaben einige neue Wege der Finanzierung, diese werden im Folgenden vorgestellt. Große Moscheebauprojekte strahlen in ihrer Bedeutung über die Grenzen des eigenen Dachverbands hinaus. In den besuchten Moscheegemeinden sehen wir vielfach Aufrufe und Handzettel, doch dieses oder jenes Neubauprojekt zu unterstützen. Dabei können die sonst manchmal härter diskutierten Grenzen zwischen den Dachverbänden überschritten werden. In der Teestube oder beim Berber der einen Gemeinde liegen die Handzettel zum Spendenaufruf für die Großmoschee eines ganz anderen Verbandes aus. Per SMS kann einfach eine entsprechende Summe übertragen werden. Ähnlich berichtet ein junges Vorstandsmitglied, dass ihn seine Mutter als Jugendlichen mit einer Spende zur Gemeinde des Nachbarverbandes geschickt hat. Diese realisierte die regional einzige Neubaumoschee mit Kuppel und Minarett. Demnach wecken solche größeren Neubauinitiativen weitergehende Unterstützung und wären ohne diese Solidarität wohl gar nicht zu realisieren. Ein Merchandisingartikel, den wir in Gemeinden verschiedener Dachverbände sehen, ist eine Gebetsuhr mit elektronischem Gebetsruf in Form des Neubaus der Kölner Zentralmoschee. Ein Teil des Erlöses fließt in die Finanzierung des Neubaus. Längst nicht alle Neubauten sind jedoch große und prestigeträchtige Objekte. Kleinere Neubauten können von solch einer überregionalen Unterstützung wenig profitieren.

Eine Ressource, die beim Umbau eine wichtige Rolle gespielt hat, scheint beim Neubau an Relevanz zu verlieren: der Selbstbau. So resümiert ein Gründungsmitglied und ehemaliger Bauarbeiter den eigenen handwerklichen Beitrag zur Entstehung seiner Gemeinde als Standard, um dann anzufügen:

> „Aber das neue Projekt wird ganz, ganz sicher eine Firma leiten, die die Verantwortung dafür übernimmt. Weil- es soll ein sehr modernes Gebäude werden, wir wissen, dass hier nichts Gewöhnliches gemacht werden wird."

Bei einer Gemeinde, die sich in einer besonders guten städtischen Lage befindet und gleichzeitig über ein großes Grundstück verfügt, erfahren wir, dass ein angedachter Neubau durch den Verkauf eines Teils des Grundstücks finanziert werden soll. Der Neubau soll nur die Hälfte der jetzigen Grundfläche einnehmen. Zudem soll das neue Gebäude stärker verdichtet werden, sodass es eine größere Funktionsvielfalt ermöglichen kann. Der Vorstandsvorsitzende erläutert den langen Prozess mit unsicherem Ausgang:

> „Es kann sein, dass hier alles abgerissen wird. Es kann auch sein, dass das so weitergeht. Aber eher nicht. Wir haben jetzt schon Interessenten, die dieses Gebiet hier kaufen wollen. […] Zumindest eine Hälfte. Aber auf der anderen Hälfte wollen sie für uns eine Moschee bauen. Fünfstöckig. Aber das ist alles noch frisch. […] Bis das Okay dazu kommt, dauert es Jahre."

Durch die Grundstücksteilung und den Verkauf einer Hälfte des Grundstückes könnte die Finanzierung eines Neubaus für diese Gemeinde ermöglicht werden. Ob es allerdings so kommt, hängt von vielen Beteiligten ab. Eine solche Finanzierung über einen Profit aus stark gestiegenen Grundstückspreisen ist für Gemeinden in weniger zentralen Lagen oder mit kleinen Grundstücken nicht realistisch.

Schließlich spielen im Zusammenhang mit der Baufinanzierung auch die Förderinstrumente von Bund, Ländern und Kommunen eine Rolle, die sich nicht speziell an Moscheebauten richten. Dies sehen wir exemplarisch an einem Aktenordner einer Gemeinde, die in der noch ungewissen Zukunft einen Neubau plant. Im Ordner sind Unterlagen zu unterschiedlichen Förderprogrammen gesammelt, die z. B. besondere Unterstützung im Falle der Einrichtung von Studierendenwohnplätzen versprechen. In einer anderen Moscheegemeinde hören wir von einer Förderung, welche an die Errichtung und Bereitstellung sanitärer Einrichtungen und eines Geschäftes zugunsten der Öffentlichkeit gebunden ist.

Zusammenfassend sehen wir zum einen Moscheebauten mit weiter Strahlkraft, die von einer (über-)regionalen Solidarität profitieren können. Zum anderen gibt es viele kleinere Moscheegemeinden, die vor großen Herausforderungen stehen. Neubauvorhaben müssen mit spitzer Feder kalkuliert werden. Vor dem Hintergrund einer dominanten Erzählung über schwindende finanzielle Ressourcen der Mitglieder einerseits und aufgrund der Vervielfältigung von Schwestergemeinden des gleichen Dachverbandes vor Ort andererseits, ist in vielen Fällen fraglich, ob gewünschte Neubauvorhaben realisiert werden können.

Ausblick: Neue Raumbedürfnisse muslimischer Studierender

Die Schaffung von Räumen für muslimische Gebetspraxis ist ein aktuelles Thema für junge Studierende. Evangelische Studierendengemeinden (ESG) und Katholische Hochschulgruppen (KHG) sind an vielen Universitäten präsent. Vergleichsweise jüngeren Datums sind Muslimische Hochschulgruppen (MHG). Öffentlich in Erscheinung treten sie über Veranstaltungen, Diskussionsrunden, aber auch öffentliches Fastenbrechen, das sie in der Hochschule zelebrieren. In der Einrichtung von spirituellen Räumen, die von verschiedenen Konfessionen genutzt und oft ‚Raum der Stille' genannt werden, werden muslimische Studierende und christliche Gruppen bisweilen zu Verbündeten. Bemerkenswert ist die Brücke, die Studierende in manchem Gespräch von diesen neuen Entwicklungen hin zu den Anfängen der Moscheegemeinden in Deutschland schlagen. Sie verbinden die Umstände, unter denen sie ihr Gebet an der Universität praktizieren, mit den Erfahrungen, die sie von ihren Vorfahren gehört haben. Ein junger Mann berichtet von den Erzählungen seines Großvaters.

> „Mein Großvater war ja einer der Ersten. Er hat mir die Umstände erzählt, also wie er versucht hat seine- also die Religion hier auszuleben und so weiter. Er hat mir Geschichten erzählt, von: ‚Ich bete unter der Treppe, im Staub.' und so weiter. Mit Kartons statt mit Gebetsteppichen."

Der Großvater konnte seinen religiösen Bedürfnissen demnach nur unter prekären Umständen nachgehen. Diese beeindrucken den Studenten auch heute noch. Betroffenheit über diese Vergangenheit zeigt auch ein anderes junges Vorstandsmitglied:

> „Zum Beispiel habe ich letztens ein Video gesehen. Die erste Generation hatte keine Räume gefunden, die haben- so einen alten Waggon, haben sie in die Moschee umgebaut. Da haben sie gebetet, in so einem alten Waggon. [...] Das hat mich auch richtig mitgenommen. Was die Leute schon damals versucht haben, für so einen Gebetsraum."

Wenn es an der Universität keinen Raum zum Beten gibt, werden die Umstände ganz ähnlich beschrieben. Eine Studierende berichtet:

> „Wir beten hier auch, aber es gibt halt keinen Raum. Es ist irgendwo unter der Treppe, sage ich mal, wo es eben so einen kleinen Ort gibt, wo man beten kann. Wie gesagt, das ist halt nicht raumgebunden. Aber es wäre schön- Ich meine, wenn ich manchmal Leuten erzähle, ich muss mal kurz beten und die dann fragen: ‚Ach, wo betest du denn?', dann gibt es schon Unverständnis, dass es keinen Raum gibt."

Der jungen Frau ist es wichtig, ihr Gebet zu bestimmten Zeiten zu verrichten. Die Umstände erscheinen wenig feierlich und werden leicht schamhaft geschildert. In ihrer Erzählung geht es auch darum, für den eigenen Glauben einzustehen und ihn sichtbarer zu machen. Diese Frau wünscht sich, wie andere auch, einen Gebetsraum an der Universität. Es müsse kein muslimischer Gebetsraum sein, sondern er könne auch ‚Raum der Stille' genannt werden. Ein anderer junger Studierender erzählt von der Einrichtung eines solchen Raumes, in dem Muslim_innen beten, aber auch christliche Gruppen wöchentlich eine Andacht veranstalten. Er betont jedoch, dass aus seiner Perspektive das Freitagsgebet in der Moscheegemeinde bleiben müsse. Die Gespräche verweisen auf sensible Aushandlungen um öffentliche Räume, bei denen manche Universitätsvertreter_innen auf Säkularität pochen. Diese Argumentation wird beispielsweise von der jungen Muslimin als vorgeschoben kritisiert, die etwas in Rage, aber schmunzelnd anfügt: „Also über die Scheinneutralität in öffentlichen Gebäuden könnte ich eineinhalb Stunden lang reden, glaube ich." In einigen Fällen haben sich Lösungen gefunden. Dann hat die Universität sogar Räume für die rituelle Waschung bereitgestellt. In anderen Fällen empfinden die Studierenden eine Kontinuität zu den Erfahrungen der Großeltern. Der eingangs zitierte Studierende stellt eine solche Verbindung her, nachdem er die Auseinandersetzungen an der Universität um einen solchen Raum als gescheitert beschreibt: „Deswegen haben wir keinen offiziellen Gebetsraum. Stattdessen beten wir unter der Treppe. Genau wie mein Opa, glaube ich."

Zusammenschau

In der Zusammenschau über diese fast fünfzigjährige Geschichte wird die enorme Leistung deutlich, die zur Entwicklung der Gemeindezentren türkeistämmiger Muslim_innen in Deutschland erbracht wurde. Es wurden erhebliche Summen generiert, um Gebäude erwerben, in Stand setzen und erhalten zu können. Viele Stunden, Feierabende, Wochenenden und Urlaube wurden auf den Baustellen der Moscheen verbracht. Lösungen wurden gesucht und gefunden, um die Gebäude auch mit geringen finanziellen Mitteln an die Bedürfnisse der Gemeinde anzupassen.

In den Erzählungen, die wir hören, wird dieses Engagement für die Moschee oft in einen Zusammenhang mit einem Engagement für die deutsche Gesellschaft gesetzt. Ein älterer Mann bewertet das vor dem Hintergrund seiner Migrationserfahrung:

„Das heißt, ich konnte nicht nützlich sein für mein eigenes Land. Aber für dieses Land bin ich Stockwerk für Stockwerk mehr als nützlich geworden. Als ich nach Deutschland in die Stadt […] gekommen bin, gab es ein einziges hohes Gebäude […], doch danach, in jedem einzelnen der sämtlichen Banken und riesigen Gebäuden hier, steckt etwas von meiner Arbeit. Ich habe an allen diesen Gebäuden mitgearbeitet."

Der Mann hat sein Berufsleben auf den Baustellen der Stadt verbracht und schaut jetzt von seinem Gemeindezentrum auf die umliegenden hohen Gebäude. So wie er seine Baubeteiligung an der Moscheegemeinde beschreibt, so hat er auch im Rahmen seiner Arbeitsmigration Spuren in der ganzen Stadt hinterlassen. Andere Engagierte beschreiben eher ihre Mitarbeit an Bildungsangeboten, in der sozialen Arbeit oder zur Vernetzung der Gemeinde – und setzen diese ebenso in einen gesamtgesellschaftlichen Zusammenhang.

Zusammenfassend sehen wir Gemeindezentren türkeistämmiger Muslim_innen als dynamische Elemente der deutschen Migrationsgesellschaft. Einige Neubauinitiativen zeichnen sich seit den 1980er Jahren ab, die Mehrzahl der Gemeinden hingegen ist mit dem Erhalt der umgebauten Gebäude beschäftigt. Je nach Standort und Perspektive wird das Geleistete mit Stolz betrachtet – oder kritisch über die Herausforderungen nachgedacht: Der Umgang mit der unsicheren Finanzierung, der mangelnden Haltbarkeit von günstigen, aber kurzfristig zu realisierenden Lösungen und die kritischen Blicke mancher Nachbarn in der Stadt kosten viel Kraft. Die Schilderungen der Studierenden, aber auch vieler unserer anderen Gesprächspartner_innen machen deutlich, wie wichtig es ihnen ist, dass sie und ihre Räume in der Stadtgesellschaft anerkannt werden.

Mehr als Orte zum Beten: Die Vielheit von Funktionen und Bedeutungen in Gemeindezentren

Kathrin Herz & Chantal Munsch

1
Vgl. auch Hegazy, Ossama (2013): Towards a Contemporary Mosque: Rethinking the Prophet-Mosque in Medina via Applying Socio-Semiotics. International Journal of Religion & Spirituality in Society, 4 (1), S. 17–24.

2
Watt, Montgomery W. & Welch, Alford T. (1980): Der Islam, 1.: Mohammed und die Frühzeit – Islamisches Recht – religiöses Leben. Stuttgart: Kohlhammer, S. 291.

3
McLoughlin, Seán (1998): The mosque-centre, community-mosque: multi-functions, funding and the reconstruction of Islam in Bradford. Scottish Journal of Religious Studies, 19 (2), S. 211–227.

4
Vgl. Welzbacher, Christian (2017): Europas Moscheen. Islamische Architektur im Aufbruch. Berlin, München: Deutscher Kunstverlag, S. 14–16; Goodwin, Godfrey (1986): Külliyye. In: Clifford Edmund Bosworth, Emeri J. van Donzel, Bernard Lewis & Charles Pellat (Hrsg.): Encyclopaedia of Islam. Leiden: Brill, S. 366; Kraft, Sabine (2002): Islamische Sakralarchitektur in Deutschland. Eine Untersuchung ausgewählter Moschee-Neubauten. Münster: LIT Verlag, S. 22; Özaloğlu, Serpil & Gürel, Meltem Ö. (2011): Designing Mosques for Secular Congregations: Transformations of the Mosque as a Social Space in Turkey. Journal of Architectural and Planning Research, 28 (4): 336–358, S. 338.

5
Goodwin (1986), S. 366 (eigene Übersetzung).

6
Vgl. Kraft (2002), S. 22.

Immer wieder hören wir von unseren Gesprächspartner_innen in den Gemeindezentren, diese seien „viel mehr als [Orte zum] Beten". Schon bei unseren ersten Feldbesuchen wurde deutlich, wie viele verschiedene Funktionen diese Zentren umfassen. Ursprünglich machten wir dies an den unterschiedlich eingerichteten und genutzten Räumen wie dem Gebetsraum, der Teestube oder den Unterrichtsräumen fest. Mit fortschreitender Analyse wurde jedoch deutlich, dass sich die Vielheit von Funktionen und Bedeutungen der Gemeindezentren nicht darauf reduzieren lässt, dass einzelnen Räumen verschiedene Funktionen zugewiesen werden. Deutlich wurde ebenso, dass sich viele dieser Funktionen immer wieder verändern – im Laufe einer Situation genauso wie im Laufe vieler Jahre. Schließlich zeigt unsere Analyse, dass sowohl ein einzelner Raum als auch das Gemeindezentrum als Ganzes für unterschiedliche Nutzer_innen ganz unterschiedliche Bedeutungen haben kann.

In unserer Studie nutzen wir verschiedene Forschungsmethoden und Blickwinkel, um die materiellen und sozialen Dimensionen von Vielheit in Gemeindezentren zu erfassen. Durch die Auswertung von unterschiedlichen Daten (Interviews, informellen Feldgesprächen, Beobachtungen, Begehungen, Bauakten, Zeichnungen und Fotoaufnahmen) betrachten wir die Vielheit sowohl von Funktionen (dem Raumprogramm) als auch von sozialen Praktiken (dem, was die Menschen tun) und von Bedeutungen (die sie mit dem Zentrum verbinden). In der Zusammenschau erhalten wir somit eine sehr differenzierte und vielschichtige Analyse der vielfältigen Funktionen und Bedeutungen von Gemeindezentren. Diese wird im Folgenden dargestellt.

Bevor wir die Forschungsergebnisse zu den verschiedenen Dimensionen von Vielheit vorstellen, fassen wir zunächst den Stand der Forschung zur Multifunktionalität von Moscheen zusammen und erklären im Anschluss, wie wir Funktionen, soziale Praktiken und Bedeutungen in Räumen „lesen".

Stand der Forschung: Multifunktionalität – verschiedene Funktionen in Moscheen

Die Multifunktionalität von Moscheen wird in der Literatur in diversen Kontexten erwähnt, kaum jedoch länger expliziert. Insbesondere wird die Bündelung vielfältiger Funktionen in historischer Hinsicht, in Bezug auf Migration und auf Stadtraum thematisiert.

Wesentlich ist zunächst die historische Perspektive. Zentral erscheint die Narration über den Hof des Propheten Mohammed in Medina, der als Prototyp für alle Moscheen betrachtet wird, als ein multifunktionaler Ort.[1] Dieser wird „nicht nur als Platz für die Gottesdienste, sondern auch als allgemeiner Versammlungsplatz, wo man sich miteinander unterhielt, plauderte, klatschte, politische und militärische Reden hielt usw."[2] beschrieben. Daher argumentiert der Religionswissenschaftler und Anthropologe Seán McLoughlin, dass Moscheen schon immer „multi-functional" gewesen seien.[3]

Die großen Moscheen im Osmanischen Reich waren oftmals Teil einer Külliye.[4] Eine Külliye ist ein räumlicher Komplex mit unterschiedlichen Einrichtungen, die soziale und kulturelle Funktionen übernehmen. Die früheste Form der Külliye wird als „ein Gebäude, das sowohl den Ort des Gebets und des Unterrichts als auch eine Unterkunftsmöglichkeit beherbergte"[5] beschrieben. Spätere Formen waren meist um einen Hof gruppiert und umfassten beispielsweise eine Armenküche, ein Hospital, eine Bibliothek, einen Hamam (Bad), eine Hochschule oder ein Gästehaus und eben auch die Moschee. Manchmal war auch ein Markt angegliedert.[6] Ein solcher Komplex ist die Nuruosmaniye Külliye in Istanbul aus dem Jahr 1757. Geschäfte waren von Anbeginn Teil dieser Külliye. Sie sollten die Finanzierung der Moschee über den Tod des Stifters hinaus garantieren. (s. Abbildung Nuruosmaniye Külliye)

Nuruosmaniye Külliye

7
Vgl. Özaloğlu & Gürel (2011), S. 341.

8
Vgl. Ceylan, Rauf (2008): Islam und Urbanität – Moscheen als multifunktionale Zentren in der Stadtgesellschaft. In: Alexander Häusler (Hrsg.): Rechtspopulismus als „Bürgerbewegung". Kampagnen gegen Islam und Moscheebau und kommunale Gegenstrategien. Wiesbaden: Springer VS: 183–197, S. 188.

9
Ceylan, Rauf (2012): Islam und Stadtgesellschaft. In: Frank Eckardt (Hrsg.): Handbuch Stadtsoziologie. Wiesbaden: Springer VS: 711–719, S. 716.

10
Yükleyen, Ahmet (2012): Localizing Islam in Europe. Turkish Islamic Communities in Germany and the Netherlands. Syracuse, New York: Syracuse University Press, S. 9. (eigene Übersetzung)

11
Leggewie, Claus; Joost, Angela & Rech, Stefan (2002): Der Weg zur Moschee: Eine Handreichung für die Praxis. Herausgegeben von der Herbert-Quandt Stiftung. Bad Homburg v. d. Höhe: Herbert-Quandt-Stiftung, S. 24.

12
Ebd., S. 24–25

13
Vgl. Ceylan (2008), S. 194.

14
Kelek, Necla (2007): Kölner Moscheenstreit. Das Minarett ist ein Herrschaftssymbol. Frankfurter Allgemeine Zeitung, 05.06., Nr. 128, S. 33.

15
Welzbacher (2017), S. 16.

16
Vgl. ebd., S. 107.

Für die Gegenwart werden unterschiedliche Entwicklungen der Külliye beschrieben: Nach der Gründung der Republik Türkei im Jahr 1923 übernahmen staatliche Institutionen die sozialen Funktionen, welche Moscheen zuvor erfüllt hatten – Moscheen wurden zu Orten, die ausschließlich religiöse Funktionen bereitstellen, so beschreiben es die Architektinnen Serpil Özaloğlu und Meltem Gürel.[7] Erst Jahrhunderte später, unter den spezifischen Bedingungen der Migration habe die Idee der Külliye eine Renaissance erfahren, so der Sozial- und Religionswissenschaftler Rauf Ceylan.[8] Im historischen Rückblick betont er, die ersten Moscheen in Deutschland hätten, jenseits ihres religiös-kulturellen Gründungsmotivs, wichtige Unterstützung beim Ankommen und Leben in Deutschland geboten. Hier konnten Halal-Produkte (die nach islamischem Glauben erlaubt sind) bezogen oder Hilfe beim Ausfüllen von amtlichen Unterlagen, z. B. für die Familienzusammenführung, gefunden werden; Ceylan sieht hierin erkennbare „Ansätze einer Multifunktionalität".[9] Migrierte Muslim_innen schafften sich mit den Moscheen einen Raum, in dem sie Religion und Kultur gleichermaßen pflegen konnten, so analysiert es der Anthropologe Ahmet Yükleyen. Somit übernahmen „Moscheen […] eine Rolle bei der Sozialisierung, Vernetzung und Pflege ethnischer Bindungen […] und [wurden] zu Orten für Rituale im Lebenszyklus wie Beschneidungen, Hochzeiten und Begräbnisse".[10] Die Sozialwissenschaftler_innen Claus Leggewie, Angela Joost und Stefan Rech verweisen auf „Läden, Teestuben, Kaffeehäuser, Büchereien"[11] in Moscheen und beschreiben diese als „polyfunktionale Gemeinde- und Bürgerhäuser, die sich zunehmend auf die gesamte Lebenswelt und alle Lebensphasen der Muslime in der Nachbarschaft einstellen; sie dienen als Jugendtreff, zur Pflege sozialer Kontakte und zur Hilfe in sozialen Notlagen".[12]

Die Vielfunktionalität dieser Zentren wird unterschiedlich bewertet – entweder wird sie ignoriert, als Integrationshindernis abgewertet[13] oder durch die Herstellung des historischen Bezuges, z. B. zur Külliye, aufgewertet. Die Journalistin und Soziologin Necla Kelek kritisiert ihre Abschottung: Es fände sich dort „alles, was ein Muslim außerhalb seiner Wohnung braucht, wenn er nicht nur beten, sondern auch nichts mit der deutschen Gesellschaft zu tun haben will."[14] Der Kunsthistoriker Christian Welzbacher hingegen betont die integrative Leistung, wenn er viele der europäischen Moscheen als „Külliye im Miniaturformat" bezeichnet.[15] Als Kulturzentren böten sie eine Chance für den sozialen Zusammenhalt in den Quartieren, da manche ihrer Funktionen von Muslim_innen und Nichtmuslim_innen genutzt werden.[16]

Die Multifunktionalität von Moscheen hört jedoch nicht an deren Gebäudegrenze auf, ganz im Gegenteil: In osmanischen Städten wurden Moscheen zum Teil bewusst als Motoren der Stadtentwicklung platziert, um verödete Gebiete aufzuwerten.[17] Eine ganz ähnliche, wenn auch informell generierte Wirkung wird den muslimischen Gemeindezentren in Deutschland zugeschrieben, so z. B. die Kurator_innen und Architekt_innen Peter Cachola Schmal, Anna Scheuermann und Oliver Elser. An den Geschäften, die sich um eine Moschee ansiedelten, machen sie fest, dass Migrant_innen „als «wirtschaftliche Pioniere» [wirken], die das Viertel ohne Zutun der offiziellen Stadtplanung neu beleben".[18] In ihrer Langzeitbeobachtung zeichnet die Anthropologin Petra Kuppinger nach, wie sich ein Industriegebiet mit der Ansiedlung einer Moschee im Laufe von zwei Jahrzehnten ungeplant zu einer „lebendigen, sozialen, kulturellen, wirtschaftlichen und spirituellen Landschaft"[19] entwickelt. Verändert sich die Community, so verändern sich auch die Anforderungen an die Geschäfte und gastronomischen Einrichtungen rund um die Moschee, die Kuppinger als Anker dieser urbanen Transformation bezeichnet.[20]

Was findet hier statt? Die Überlagerung von Funktionen, Praktiken und Bedeutungen in Räumen

Je nachdem, mit welchem Fokus wir die Räume der Gemeindezentren betrachten, sehen wir ganz Verschiedenes. Fokussieren wir uns auf die Materialität, erkennen wir etwa Gebetsräume. Fokussieren wir auf die sozialen Praktiken in diesen Räumen, so sehen wir insbesondere zu den Gebetszeiten Betende, gelegentlich tobende Kinder, zu den anderen Zeiten manchmal Dösende, Lesende, Lernende und häufig sich angeregt Unterhaltende. Fragen wir nach den Bedeutungen, wird deutlich, dass derselbe Gebetsraum (oder dasselbe Gemeindezentrum) für Einzelne ganz Unterschiedliches sein kann. Im Folgenden beschreiben wir, wie sich Funktionen, soziale Praktiken und Bedeutungen von Räumen überlagern und wie man diese „lesen" kann.

Ein erster Zugang, um Rückschlüsse auf die Funktion eines Raumes zu erhalten, ist die Fokussierung auf ihre materielle Dimension. Wir betrachten zunächst Räume, die als institutionalisiert gelten, weil sie durch eine bestimmte, immer gleiche beziehungsweise typische Anordnung von Dingen gekennzeichnet sind.[21] Folglich kann der Nutzungszweck eines solchen Raumes ohne langes Nachdenken erkannt werden.[22] Ein Beispiel für eine institutionalisierte Anordnung ist der Gebetsraum, der zu jedem Gemeindezentrum gehört: Gebetsnische, Kanzel, Gebetsteppich, Gebetsuhr, Korane im Regal, niedrige Lesepulte und Gebetsketten machen den Gebetsraum über alle Gemeindezentren gewissermaßen gleich. → Gebetsraum, S. 204 Sie verweisen darauf, dass dieser Raum dem Beten dient. Wir erkennen einen solchen Gebetsraum auch, wenn wir nicht beobachten, dass darin gerade jemand betet. Auf diese Weise können wir bei unseren Besuchen der Gemeindezentren anhand typischer Anordnungen Räume „lesen" und Rückschlüsse auf die dem Raum zugeordnete Funktion ziehen. Mit dieser Perspektive auf Raum finden wir u. a. Friseursalons, Unterrichtsräume oder Buchgeschäfte in den Moscheezentren.

Die Zuweisung einer spezifischen Funktion zu einem bestimmten Raum wird in den meisten Gemeindezentren zusätzlich mit Schildern verdeutlicht: Auf Tafeln vor oder über Räumen lesen wir Aufschriften wie „Gebetsraum", „Gebetsraum für Damen", „Friseure", „Kindermoschee" oder „i-Phone-Doc". → Schilder, S. 346 Bei unseren Begehungen werden uns diese Funktionen erklärt. Dabei wird nicht nur expliziert, für welche Nutzer_innengruppe ein Raum vorgesehen ist, sondern auch, was diese in „ihren" Räumen zu tun haben: „Hier sollen die Kleinen spielen und toben", sagt ein Vorstand vor dem Schild „Kindermoschee", das vor einem Raum angebracht ist, welcher der Betreuung von Kleinkindern am Wochenende dient. Vor dem Jugendraum sagt er: „Die Jugendlichen dürfen hier jederzeit rein. Die dürfen sogar hier schlafen."

In ähnlicher Weise, wie Dinge in institutionalisierten Räumen nahezu gleichartig arrangiert sind, beobachten wir auch bei dem, was in Räumen (und mit Dingen) getan wird, Regelmäßigkeiten.[23] Das einleitend eingeführte Beispiel des Gebetsraumes eignet sich in besonderer Weise zur Veranschaulichung: Das Ritual des gemeinsamen Gebets – das in diesem Raum vollzogen wird – setzt sich aus einem Kanon festgelegter Bewegungsabfolgen zusammen. Folglich können die Handlungen der Einzelnen während des Gebets als genormt

---

[17] Vgl. Kara, Şenda (2006): Leitbilder und Handlungsgrundlagen des modernen Städtebaus in der Türkei. Von der osmanischen zur türkischen Stadt. Schriften der Habitat Unit Fakultät VII Architektur Umwelt Gesellschaft Technische Universität Berlin. Herausgegeben von Peter Herrle. Band 6. Berlin: LIT Verlag, S. 45.

[18] Cachola Schmal, Peter; Scheuermann, Anna & Elser, Oliver (Hrsg.) (2016): Making Heimat. Germany, Arrival Country. Berlin: Hatje Cantz, S. 213.

[19] Kuppinger, Petra (2018): Informal Place-Making: Mosques, Muslims, and Urban Innovation in Germany. In: Mahyar Arefi & Conrad Kickert (Hrsg.): The Palgrave Handbook of Bottom-Up Urbanism. Cham: Palgrave Macmillan: 149–162, S. 150. (eigene Übersetzung)

[20] Vgl. ebd.

[21] Vgl. hierzu beispielsweise die Soziologin Martina Löw: „Von institutionalisierten Räumen ist dann die Rede, wenn (An)Ordnungen über individuelles Handeln hinaus wirksam bleiben und genormte Syntheseleistungen und Spacings nach sich ziehen." Löw, Martina (2001): Raumsoziologie. Frankfurt am Main: suhrkamp, S. 226.

[22] Institutionalisierte Räume haben wir durch unsere Sozialisierung gewissermaßen in ihrer allgemein anerkannten Bedeutung verinnerlicht. Dazu schreibt die Soziologin Silke Steets: „Ohne dass wir einen architektonisch gestalteten Raum körperlich-leiblich immer wieder neu erleben müssen, sind wir in der Lage, ihn zu »lesen«." Steets, Silke (2015): Der sinnhafte Aufbau der gebauten Welt: Eine Architektursoziologie. Berlin: suhrkamp, S. 184 f.

[23] Steets spricht in diesem Kontext auch von „typischen Funktionen" beziehungsweise „typischen] Handlungsprogrammen", welche an „typischen Gebäuden" hängen. Vgl. ebd., S. 185.

24
Vgl. z. B. Reckwitz, Andreas (2003): Grundelemente einer Theorie sozialer Praktiken. Eine sozialtheoretische Perspektive. Zeitschrift für Soziologie, 32 (4), S. 282–301.

25
Löws Beispiel aus dem Gerichtssaal macht ebenfalls sehr deutlich: „Es ist klar geregelt, wie sich Richter, Anwälte, Staatsanwälte, Angeklagte(r) und Publikum zu platzieren haben, und zwar nicht nur für ein bestimmtes Gericht, sondern die relationale (An) Ordnung findet sich in gleicher Weise oder ähnlicher Weise in allen vergleichbaren Gerichten Deutschlands. Die einzelnen Personengruppen synthetisieren den Raum des Gerichts in Routinen und nehmen die jeweils akzeptierte Position an." Löw (2001), S. 165

oder vorstrukturiert bezeichnet werden. Der Begriff der sozialen Praktiken verweist auf die Routiniertheit von Handlungen, die eng an die Materialität von Räumen gebunden ist.²⁴ So zeigt beispielsweise der Gebetsteppich im Gebetsraum die Richtung an, in welche die Gläubigen ihre Körper beim Beten positionieren sollen. → Gebetsteppich, S. 214 Auch erkennbar anhand von Kanzel und Nische ist der besondere Platz im Raum, welcher dem Imam (Gebetsleiter) zugedacht ist.²⁵ → Imame, S. 276 Praktiken haben ihre eigene soziale Logik, die es auch Ortsfremden entweder erlaubt, sich in ein Geschehen einzuklinken oder sich bewusst aus diesem herauszuziehen, da sie die entsprechende Praxis rasch identifizieren und ihr eine spezifische Bedeutung beimessen, welche wiederum eine gewisse Relevanz für das eigene Handeln erhält. Dementsprechend wird die Gläubige eher routiniert in das Gebet einsteigen, die Nichtgläubige hingegen wird vermutlich den Raum verlassen (wenn sie ihn nicht gerade in der Rolle der Touristin oder Forscherin besichtigt).

Unsere Analyse von sozialen Praktiken macht deutlich, dass diese nur teilweise dem entsprechen, wofür die Räume geplant und angelegt worden sind. Dies zeigen auch unsere Beobachtungen im Gebetsraum. Deutlich wird, dass dieser für sehr viel mehr als nur für das beschriebene Ritual des Gebets genutzt wird: Schon während der Gebetszeit sehen wir immer wieder spielende Kinder zwischen den Reihen der Betenden und auch mal Jugendliche, die eher auf das Handy fixiert scheinen. Zwischen den Gebetszeiten ruhen sich manche Moscheebesucher_innen dort aus, während einige dösen, unterhalten sich andere oder studieren an niedrigen Pulten sitzend den Koran. Gelegentlich beobachten wir tobende Kinder. Die Größe und verhältnismäßige Leere eignet sich besonders gut, um z. B. Fangen zu spielen oder einen Parcours aufzubauen. → Kinder, S. 286 Der Raum ist also mal Ruhestätte, mal Spielplatz, mal Studierzimmer – obwohl auf dem Schild vor der Tür „Gebetsraum" steht, obwohl auf dem Fußboden der Gebetsteppich liegt, obwohl es eine Gebetsnische und eine Kanzel für die Predigt gibt.

Darüber, welches Verhalten in welchen Räumen als angemessen gilt und welches nicht, scheint es ein geteiltes implizites Wissen zu geben. Erstaunte uns als Feldfremde bei den ersten Besuchen der Anblick der spielenden Kinder im Gebet, so verwiesen die Reaktionen der Betenden darauf, dass ein solches Verhalten als selbstverständlich wahrgenommen wird. In Interviews und Feldgesprächen haben Erwachsene betont, wie wichtig es sei, dass Kinder frei spielen könnten, ohne ständig ermahnt zu werden. Zudem scheint es über den Gebetsraum als einen Raum, in dem man toben, studieren, sich unterhalten, sich ausruhen oder gar schlafen kann, ein ebenso geteiltes Wissen zu geben. Dieses geteilte Wissen kann gleichzeitig durch (neue) soziale Praktiken verändert werden. Eine relativ neue Praxis, die wir mehrfach beobachten konnten, ist das Aufladen von Mobiltelefonen im Gebetsraum. Hierdurch wird der Gebetsort gewissermaßen in eine Handyladestation transformiert. Im Feld wird diese Praxis kontrovers verhandelt: Manche nennen es Diebstahl von Strom und nehmen es damit als Bestehlen der Gemeinschaft wahr, andere verorten es im Rahmen einer barmherzigen Tat des Gebens und bringen es in Einklang mit dem übergeordneten Zweck des Gotteshauses. Deutlich wird somit, dass ein und derselben Praxis (hier: dem Aufladen von Mobiltelefonen) ganz unterschiedliche Bedeutungen zugewiesen werden können. In ähnlicher Weise können auch mit einem Raum unterschiedliche Bedeutungen verbunden werden. Bedeutet der Gebetsraum z. B. für Geflüchtete einen Ort, an dem sie gut Zeit verbringen können, so ist er für manche Vorstandsvorsitzenden ein Ort, in dessen bauliche Ausgestaltung sie viel Zeit investiert haben und auf den sie sehr stolz sind.

Zusammenfassend wird deutlich: Während das Schild vor dem Raum oder die Dinge im Raum in ihrer Relation zueinander auf eine Funktion verweisen, welche dem spezifischen

Raum zugewiesen wurde, verleihen die Handelnden ihm durch ihre spezifische soziale Praxis auch ganz andere Bedeutungen. Aus den verschiedenen Perspektiven auf materialisierte, institutionalisierte Arrangements von Dingen, auf soziale Praktiken oder auf implizite oder explizierte Bedeutungen können Räume somit sehr verschieden wahrgenommen werden.

Multifunktionale Cluster

Betrachten wir die Gemeindezentren zunächst aus einer Perspektive, die sich auf institutionalisierte Anordnungen in Räumen konzentriert, sehen wir viele Räume, denen unterschiedliche Funktionen zugeordnet sind. Die Gemeindezentren erscheinen als multifunktionale Cluster mit Räumen für viele verschiedene – religiöse, kulturelle, soziale und kommerzielle – Funktionen, wobei diese oft nicht trennscharf voneinander zu unterscheiden sind.

Das folgende Beispiel aus unserer Studie ist dafür typisch: Von der Straße kommend fällt zunächst der Lebensmittelmarkt ins Auge. Daneben, etwas zurückgesetzt, befindet sich ein Reisebüro. Dahinter, im gleichen Gebäude, liegen die Teestube mit einer angegliederten Kantine, die auf „türkische" Speisen spezialisiert ist, sowie ein Raum für Frauen, dessen Möblierung an einen Seminarraum erinnert. Dieses langgestreckte Gebäude wird zu drei Seiten von einem U-förmigen Gebäudekomplex flankiert, einem Konglomerat, das sich aus mehreren ein- und zweigeschossigen größeren und kleineren Baukörpern zusammensetzt. Dieser bauliche Komplex beheimatet eine Wohnung für den Imam und dessen Familie, ein Büro für den Vorstand, einen Friseursalon, ein Geschäft für Mobiltelefone, einen Jugendraum, einen Raum zur Betreuung von Kleinkindern, einen Mehrzwecksaal mit Bühne, Räume für die rituelle Waschung, einen Gebetsraum, den sich beide Geschlechter getrennt durch einen Vorhang teilen, sowie mehrere Klassenzimmer und Büros des Dachverbandes. Die meisten Räume dieses Gemeindezentrums sind direkt vom Hof erschlossen. Im Hof, vor der Teestube, steht meistens ein zeltartiger Pavillon, der zum Sitzen einlädt. Auch der Lebensmittelhändler nutzt den Hof, um sein frisches Obst und Gemüse zu präsentieren.

Die Betrachtung zeigt, dass das funktionale Programm in den von uns erforschten Gemeindezentren mehr umfasst als die Räume für das Gebet und die rituelle Waschung (Abdesthane). → Gebetsraum, S. 204 → Abdesthane, S. 122 Darüber hinaus gibt es mindestens einen Raum, der als Büro genutzt wird. In kleineren Häusern teilen sich der Imam und der Vorstand dieses; an anderen Orten gibt es mehrere solcher Räume – insbesondere dann, wenn sich zentrale Einrichtungen des Dachverbandes im Gemeindezentrum befinden. In den meisten Moscheekomplexen gibt es eine Teestube. Ist eine solche nicht vorhanden, so fehlt es entweder an Raum oder diese ist aus Gründen der Religionsauslegung nicht gewünscht. → Teestube, S. 406 Auf jeden Fall gibt es immer einen Raum, in dem Unterricht stattfinden kann – in kleinen Gemeinden kann dieser auch im Gebetsraum abgehalten werden, typisch erscheinen allerdings Klassenzimmer. → Unterricht, S. 418 Gebetsraum, Abdesthane, Büro, Teestube und Unterrichtsräume erscheinen in unserem Material als Mindestraumprogramm eines „deutsch-türkischen" muslimischen Gemeindezentrums. Dieses funktionale Basisprogramm wird von den Moscheegemeinden individuell nach ihren spezifischen Bedürfnissen erweitert. Ergänzend zu den oben genannten haben wir noch weitere institutionalisierte Räume in den Zentren gefunden, so etwa Räume zur Beratung oder Besprechung, Räume zur rituellen Totenwaschung, Buchhandlungen, Bäckereien, Cafés und Restaurants, (Groß-)Küchen oder Internate für Schüler und angehende Imame sowie ein Wohnheim für Studierende.

Die Mischung verschiedener Funktionen in räumlicher Nähe zum Gebetsort erinnert an die historische Külliye (s. o.). In ihrer baulichen Gestalt

26
Vgl. auch Goodwin (1986), S. 366; Özaloğlu & Gürel (2011), S. 338.

27
Diese Vielfunktionalität kann nicht nur in den Gemeindezentren in umgenutzten Gebäuden, sondern auch in den Moscheeneubauten gefunden werden. Ein Verantwortlicher des Dachverbandes DITIB schildert uns die Kölner Zentralmoschee, errichtet nach dem Entwurf des Architekten Paul Böhm, als „vollkommene Külliye". Der Gebetsraum entwickelt sich umflossen von einem Sockelgeschoss, das eine Art Bazar mit vielen kleineren und größeren Ladenlokalen vorbehalten ist. Daneben gibt es diverse Funktionsräume wie z. B. eine Bibliothek, Seminar- und Veranstaltungsräume oder Büros. Die räumliche Konzentration der vielfältigen Funktionen zeigt sich auch in der Baugestalt dieses Neubaus: Die einzelnen funktionalen Einrichtungen sind – mal mehr, mal weniger ablesbar – zu einem plastischen Ensemble verschmolzen.

sehen wir jedoch Unterschiede zwischen den historischen Külliyen und den von uns untersuchten Zentren: Die historischen Baukomplexe weisen für jede funktionale Einrichtung ein eigenständiges Gebäude auf.²⁶ Die Moschee ist dabei stets freistehend, als Solitär ablesbar. In den erforschten Gemeindezentren bilden sich aufgrund der architektonischen Umnutzung demgegenüber komplexere Räume und clusterartige Raumstrukturen ab, in welche eben auch der Gebetsraum eingebettet ist.²⁷
→ Einpassung eines spezifischen Programms in unterschiedliche Gebäudestrukturen, S. 106

Der jeweils gegebene Baukörper setzt der Realisierung von Funktionen dabei mehr oder weniger enge räumliche Grenzen: Kleine Räumlichkeiten schränken das Angebot an Funktionen ein, denn es fehlen die Flächen für all die Funktionen, die man sich wünscht und gut vorstellen kann. Ein großes Gebäude bietet viel Raum, um die verschiedenen Funktionen, die es dann meist auch gibt, zu beherbergen. Während es an vielen Orten so erscheint, als gäbe es nie genug Raum für all die Ideen, die man gerne realisieren würde, und einige Moscheevereine daher zusätzlich Flächen im Umfeld, z. B. für den Unterricht, anmieten, haben wir dennoch, wenn auch sehr wenige, Gemeinden besucht, die durchaus Leerstand verzeichnen. Der Leerstand kann einzelne Räume, Etagen oder sogar ganze Hallen betreffen. Diese Raumkapazitäten regen die Moscheevereine zu Planungen an – vielerorts werden Ideen entwickelt oder sind Konzepte in Umsetzung, wie man diese Fläche sinnvoll bespielen könnte.

Die Zusammensetzung des Funktionskanons an den einzelnen Orten ist somit immer eine andere. Die Anzahl und Art der Funktionen und Kursangebote hängt auch davon ab, ob es sich bei dem jeweiligen Gemeindezentrum um eine zentrale Anlaufstelle eines Dachverbands handelt oder ob das Zentrum eher eine lokale Bedeutung als Stadtteilmoschee für Anwohner_innen hat. Eine Mischung religiöser, kultureller, sozialer und kommerzieller Funktionen ist jedoch typisch für alle Gemeindezentren – sie macht diese zu multifunktionalen Clustern.

Von vielen (aber nicht allen) Nutzer_innen der Gemeindezentren wird die beschriebene Funktionsvielfalt explizit positiv erwähnt. Eine Moschee sei nicht nur ein Ort zum Beten, hören wir immer wieder. Vorstände präsentieren uns stolz die vielen verschieden bespielten Räume ihres Gemeindezentrums. Von den Besucher_innen der Gemeindezentren wird diese Mischung von Funktionen als „praktisch" beschrieben – etwa, wenn das Gebet mit dem Einkauf von Lebensmitteln oder mit einem Haarschnitt verbunden werden kann. Deutlich wird dies am Beispiel von zwei Studenten: Statt in der überfüllten Bibliothek ihrer Universität arbeiten sie im Jugendraum des Gemeindezentrums an ihren Abschlussarbeiten. Einen Gebetsraum gibt es an ihrer Hochschule nicht und Halal-Restaurants im nahen Umfeld fehlen auch. So bietet dieses Gemeindezentrum den beiden Studenten gute Bedingungen, um ihren Alltag zu organisieren, indem es eine spezifische Kombination aus Studieren, Beten und Essen ermöglicht.

Das Beispiel der beiden Studenten illustriert ebenfalls, wie Gemeindezentren eine Versorgungslücke im Alltag von Gläubigen schließen können. Das funktionale Programm, das in Teilen religiös geprägt ist, befriedigt Bedarfe einer religiösen Gruppe, z. B. nach einem Gebetsraum, nach Restaurants ohne Alkoholausschank und mit Halal-Speisen, nach Buchgeschäften mit religiöser Literatur oder nach Klassenzimmern für Religionsunterricht. Indem sie diese Räume und Angebote bereitstellen, reagieren die Moscheevereine auf das Fehlen solcher im Stadtteil.

Die Integration von Geschäften, gastronomischen Einrichtungen, aber auch von Wohnungen ist zudem für die Finanzierung der Zentren notwendig: Auf solche Funktionen kann nicht verzichtet werden, denn sie generieren Einkünfte, die dem Zentrum dienen.

Spenden und monatliche Mitgliedsbeiträge decken weder die Kosten für den Erhalt und Betrieb des Gebäudes noch für die Kursleiter_innen.
→ Finanzierung 3 – Geschäfte und Vermietungen, S. 65 → Geschäfte, S. 266
Auf den ersten Blick dienen kommerzielle Funktionen somit auch der Finanzierung von religiösen oder sozialen Aufgaben des Moscheekomplexes. Letztlich zeigt sich gerade in dieser Frage nach der Finanzierung, wie verwoben (oft als getrennt gedachte) gesellschaftliche Sphären sind.

Insbesondere durch die Geschäfte sowie die gastronomischen Angebote entsteht – ergänzend zu lokalen Dialogveranstaltungen, welche die Moscheevereine initiieren oder an denen sie partizipieren – auch eine Art von Öffnung der Gemeinden, die in den Stadtteil hineinwirkt. Diese wird insbesondere dadurch deutlich, dass Nichtgläubige spezifische Funktionen der Gemeindezentren nutzen, etwa wenn die Angestellten des nahe gelegenen Unternehmens in ihrer Mittagspause regelmäßig das Restaurant im Gemeindezentrum aufsuchen, um dort anstatt in der betriebseigenen Kantine zu speisen, wenn Schüler_innen sich einen Imbiss im Gemeindezentrum holen, wenn der Friseur besucht wird oder wenn das Gemeindezentrum von weit her angefahren wird, weil es im dortigen Supermarkt den besten Fisch der Stadt gibt. Ebenso zeigt sich das Hineinwirken in den Stadtteil, wenn die Besucher_innen des Gemeindezentrums regelmäßig spezifische Angebote der umliegenden Gebäude aufsuchen und auf diese Weise funktionale Netzwerke aufspannen. Aus unseren Feldnotizen geht hervor, wie Menschen zwischen Räumen des Gemeindezentrums und Räumen außerhalb hin und her wechseln: Uns begegnen Koranschüler_innen, die sich in der Unterrichtspause Pommes im Imbiss gegenüber holen und diese dann im Hof des Gemeindezentrums verzehren, oder der Betreiber des Moscheerestaurants mit einer Kiste Petersilie, die er im angrenzenden Supermarkt gekauft hat, auf seinem Rückweg ins Gemeindezentrum. Wir beobachteten, wie Vorstände uns im Gemeindezentrum mit Tee vom Kiosk schräg gegenüber bewirten. Deutlich wird zweierlei: Erstens erscheint uns die Ansiedlung von Geschäften und gastronomischen Einrichtungen mit Türkeibezug im Umfeld des Gemeindezentrums als typisch. Die quantitative Ausprägung und Spezifizierung dieser Geschäfte ist jedoch unterschiedlich stark – sie reicht von einem Imbiss vis-à-vis des Gemeindezentrums bis hin zu Juwelieren, Brautmoden- und Haushaltsgeschäften, die sich über die umgebenden Straßen ziehen können. Zweitens spannen sich funktionale Netzwerke über die baulichen Grenzen der Moschee hinaus zu den umliegenden Geschäften und gastronomischen Einrichtungen auf.

Zusammenfassend wird deutlich: Die von uns erforschten Gemeindezentren sind multifunktionale Orte, die vieles auf dichtem Raum konzentrieren. Einige der Funktionen, insbesondere die Geschäfte und gastronomischen Einrichtungen, sind aus wirtschaftlichen Gründen notwendig. Gleichzeitig decken sie fehlende Bedarfe ab und werden als „praktisch" wahrgenommen. Darüber hinaus sind es vor allem diese Räume des Gemeindezentrums, die auch für Nichtmuslim_innen im Alltag niederschwellig zugänglich sind und von ihnen aufgesucht werden.

Multifunktionale Cluster im Wandel

Die von uns besuchten Moscheevereine blicken auf eine fast 50-jährige Geschichte zurück. Ihre Gebäude haben sie größtenteils Ende der 1970er, Anfang der 1980er Jahre bezogen. Aus einer zeitlichen Perspektive wird deutlich, dass sich die Funktionen der einzelnen Räume immer wieder verändert haben. Dies wird auch in Zukunft der Fall sein, denn in fast allen besuchten Gemeindezentren sind Änderungen am Raumprogramm in Planung. Gegenwärtig versammeln sich im Gemeindezentrum drei, meist schon vier Generationen: die einstigen Arbeitsmigrant_innen, die längst das Rentenalter erreicht haben, deren Kinder und Enkelkinder, die heute

28 Im Unterschied zu Internaten für Schüler_innen und angehende Imame gibt es in solchen Wohnheimen keine spezifischen Betreuungsangebote.

als Erwachsene und Jugendliche gestaltende Positionen besetzen, sowie die Schüler_innen und Kleinkinder. Die verschiedenen Räume des Zentrums wurden im Laufe der Zeit, teilweise mehrfach, geänderten Bedarfen angepasst. Nicht alle Moscheevereine vergrößerten ihre Räumlichkeiten z. B. mit einem Anbau oder einer Aufstockung – sehr häufig beschränken sich die Veränderungen auf den Innenraum, der nahezu fortwährend in seiner Nutzung und Gestalt verändert wird: Manche Funktionen erhalten mehr oder weniger Raum, neue Funktionen kommen hinzu, andere Funktionen verschwinden ganz. Hierzu wird das Gemeindezentrum immer wieder umgebaut. → (Fortwährende) Anpassung räumlicher Gebäudestrukturen [...], S. 109

Die Integration neuer Funktionen geht zunächst auf neue Nutzer_innengruppen zurück. Bestand der Moscheeverein in Anfangszeiten fast ausschließlich aus Männern, erweiterte sich dieser um Frauen, Jugendliche und Kinder – zuletzt um die Gruppe der Älteren. Neue Funktionen werden entweder von den jeweiligen Nutzer_innengruppen selbst eingefordert oder von anderen, die die Moschee für sie attraktiv gestalten möchten. So entstanden Unterrichtsräume aus dem Bedürfnis der Eltern nach Religions- und Sprachunterricht für ihre Kinder. Später erkämpften sich diese – mittlerweile im Teenageralter – Billardtische. Als Wunsch der heutigen Jugend wird uns die Spielkonsole geschildert. Ob es damals die Heranwachsenden selbst waren, die Jugendräume einforderten? Frauen forderten eigene Gebets- und Sozialräume. Eingerichtet wurden in den letzten Jahren außerdem Räume für die Betreuung von Kleinkindern am Wochenende, oft „Kindermoscheen" genannt. Mit dem Älterwerden der Community werden heute mehrfach Pläne für Pflege- und Altenheime in Gemeindezentren entwickelt. Ein anhaltender Trend scheint die steigende Anzahl von Unterrichtsräumen zu sein. Vergrößert eine Moscheegemeinde ihre Räumlichkeiten z. B. durch einen Anbau, werden sehr häufig weitere Klassenzimmer etabliert genauso wie nutzungsneutrale Mehrzweckräume, in denen die gesamte Moscheegemeinde zusammenkommen kann.

Neue Funktionen sind jedoch nicht nur neuen Nutzer_innengruppen geschuldet, sondern auch einem Wandel der Migrationsgesellschaft. Typisch hierfür ist der Bedeutungsverlust des Lebensmittelgeschäftes im Gemeindezentrum, das zunächst vielerorts vom Moscheeverein selbst betrieben wurde. In den Anfangszeiten der Arbeitsmigration aus der Türkei war dieses oft der einzige Garant für Fleischprodukte, die traditionellen religiösen Schächtungsvorschriften entsprechen. In den letzten Jahren haben sich zahlreiche Konkurrenten im Umfeld der Moscheen entwickelt, sodass viele der eher kleineren Lebensmittelläden die Gemeindezentren verlassen haben. Eine neuere Entwicklung, die wir zwar nur einmal realisiert sahen, aber von deren Wunsch wir an weiteren Orten hörten, scheint das vom Moscheeverein verwaltete Studierendenwohnheim zu sein.[28] Dieses erwirtschaftet nicht nur Mieteinnahmen, sondern reagiert auch auf den zu knappen und teuren Wohnraum in städtischen Ballungsräumen. Zudem erhoffen sich die Verantwortlichen von den Studierenden eine Vorbildrolle für die Kinder und Jugendlichen der Moscheegemeinde. Ein weiterer Wunsch besteht in der Etablierung von Wohn- und Pflegeheimen, die in räumlichem Bezug zum Gemeindezentrum stehen. Konzipiert werden diese für die noch recht neue Gruppe der Älteren, die ihren Lebensabend in Deutschland verbringen möchte. Gleichzeitig sind damit gesellschaftliche Themen wie Überalterung, Pflegenotstand und kultursensible Pflege angesprochen.

Innerhalb der Gemeinde gibt es nicht immer Einigkeit darüber, welche Funktionen wichtig sind. Nicht alle Gemeindemitglieder sind z. B. davon überzeugt, dass eine Spielkonsole, ein Friseur oder eine Teestube in der Moschee notwendig oder am richtigen Ort sind. So hören wir (wenn auch selten) von Meinungsverschiedenheiten zur Nutzungsweise von

Räumen. Eine typische Erzählung ist hierbei, dass Frauen sich mehr Raum zu erkämpfen suchen – wobei auch Männer darauf Wert legen, ihnen eigene Räume zuzugestehen. Die Art und Weise, wie uns von solchen Verhandlungsprozessen berichtet wird, erscheint dabei sehr solidarisch. Betont wird zumeist die Gemeinde als Ganze, in der verschiedenen Gruppen ihr Platz zugestanden wird.
→ Jugend, S. 280 → Frauen, S. 198
→ Kinder, S. 286

Funktionen ,wandern'
im Gebäude

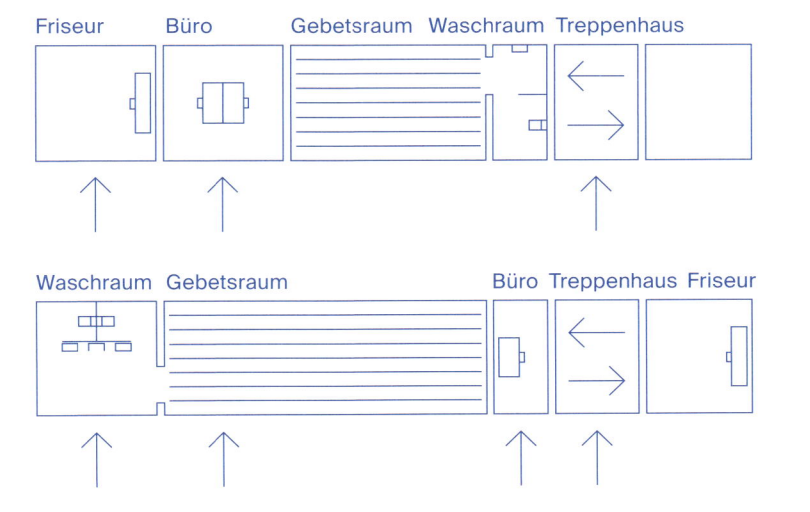

Wenn neue Funktionen hinzukommen und andere verschwinden, wenn vorhandenen Funktionen mehr oder weniger Raum gegeben wird, so geht dies meist mit Bauarbeiten einher: mit dem Durchbrechen und Entfernen von Wänden zum Schaffen größerer Räume oder mit dem Errichten von Wänden, um anstelle eines großen Raumes mehrere kleinere Räume herzustellen. Bei dieser Neuordnung von Räumen ,wandern' die Funktionen innerhalb des Gebäudes.

Exemplarisch für solche Wanderbewegungen von Funktionen ist folgendes Beispiel, das wir beobachten konnten: Die von der Moscheegemeinde realisierte Vergrößerung des Frauengebetsraumes führte zur Neuordnung sämtlicher angrenzender Räume. Die Skizzen, die wir bei unseren Begehungen vor und nach dem Umbau anfertigten, illustrieren den Vorgang: Zur Vergrößerung wird dem existierenden Gebetsraum der Frauen die benachbarte Fläche des einstigen Büros zugeschlagen – hierzu wird eine vorhandene Wand entfernt. Die Funktion Büro ,wandert' an die Stelle des einstigen Waschraums, der ebenfalls seine Position ändert: Der neue Waschraum ist dem Gebetsraum vorgelagert. An dieser Stelle im Grundriss befand sich zuvor der Raum des Friseurs. Um den Waschraum mit dem Gebetsraum zu verbinden, wird eine vorhandene Wand teilweise durchbrochen. Der Friseur ,wandert' nun in einen Raum in der Nähe des Treppenhauses und verliert seinen Zugang in den Hof. Die Baustelle dauert mehrere Monate. Keine der Funktionen verlässt das Haus – Büro, Friseursalon, Waschraum und Gebetsraum bleiben erhalten. Bis auf den Frauengebetssaal ändern jedoch alle Funktionen ihre Position im Grundriss. Damit ändern sich auch die Zugänge von außen in die jeweiligen Räume sowie die Raumgrößen und -zuschnitte. (s. Abbildung Funktionen ,wandern')

Obwohl solche Baustellen bei unseren Besuchen zum Alltag der Gemeindezentren gehörten, hinterlassen sie nach ihrem Abschluss kaum Spuren: Nach den Umbauarbeiten werden zumeist die Wände neu gestrichen, neue Bodenbeläge werden verlegt und die Räume werden neu eingerichtet. Mehrheitlich war es uns kaum möglich, weiter zurückliegende Wanderbewegungen von Funktionen und damit einhergehende Veränderungen am Grundriss zu rekonstruieren. Zum einen fehlen hierzu oft Personen, die darüber Auskunft geben könnten – sie sind verstorben oder in die Türkei remigriert. Zum anderen sind vor allem frühe Umbauarbeiten selten in Plänen dokumentiert. Manchmal jedoch erlauben Spuren am materiellen Raum in Kombination mit Erzählungen Rückschlüsse auf die vorherige Nutzung: (s. Abbildung Funktionen ,wandern') In einem Gebäude finden wir Fliesen an der Stirnseite eines Raumes, der als Teestube genutzt wird. Vor dem Einzug der Teestube diente dieser Raum als Lebensmittelmarkt. Dort,

Funktionen ,wandern'

Friseur	Tee-küche	
	Kiosk	
Billard-tisch		

Süßigkeiten

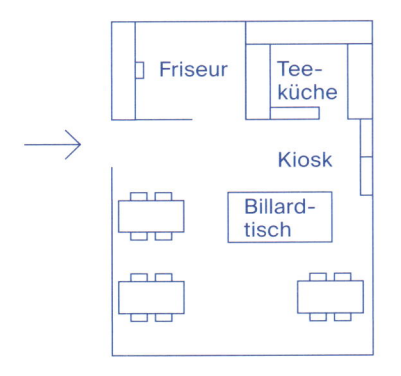

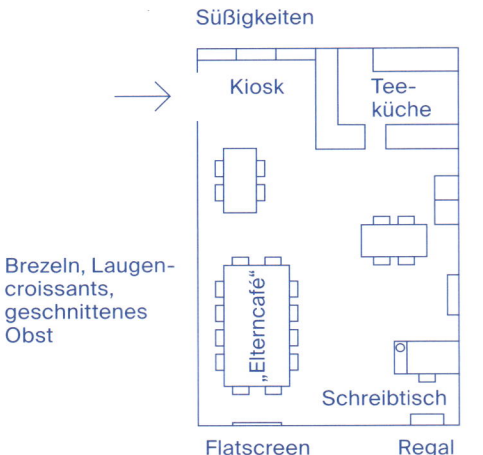

Kiosk	Tee-küche
"Elterncafé"	
Schreibtisch	
Flatscreen	Regal

Brezeln, Laugen-croissants, geschnittenes Obst

Kühlschrank (Hackfleisch in Tüten)
Kühlschrank (Getränke)

Südseeposter an der Wand

Regal mit Büchern

zweistufiger Schreibtisch, Pflanze vorne auf Kante

Multifunktionale Teestuben

wo die Wandfliesen sind, war früher die Fleischtheke. Der Lebensmittelmarkt hat längst das Zentrum verlassen, doch seine Spuren sind wie Zeitschichten in den Raum eingeschrieben – zumindest solange, bis die Fliesen entfernt werden.

Ein Raum – verschiedene Funktionen

Da der zur Verfügung stehende Raum innerhalb des Gemeindezentrums meist begrenzt und vielfach beengt ist, können oft nicht alle Funktionen einen eigenen Raum bekommen. Unsere Untersuchung zeigt, dass Gemeinden auf diesen Raummangel mit zwei Raumtypen reagieren, die sich in ihren materiellen Eigenschaften grundsätzlich voneinander unterscheiden: mit multifunktionalen Räumen und nutzungsneutralen Räumen.

Multifunktionale Räume

Nicht nur das Gemeindezentrum als räumliche Einheit erscheint multifunktional, sondern auch einzelne Räume werden multifunktional genutzt. Unter multifunktionalen Räumen verstehen wir Räume, denen explizit mehrere Funktionen zugewiesen sind. Im Folgenden werden nun diese für Gemeindezentren typischen multifunktionalen Räume analysiert. Zwei Kategorien multifunktionaler Räume lassen sich ausmachen: Räume mit mehreren Funktionszonen, die zeitgleich genutzt werden können, und Räume, in denen jeweils nur eine Funktion zu einer Zeit möglich ist.

Typische multifunktionale Räume, die in mehrere Funktionszonen gegliedert sind, sind Teestuben. → Teestube, S. 406 (s. Abbildung Multifunktionale Teestuben) Betrachten wir zunächst die materiellen Dimensionen eines solchen Raumes, insbesondere die Dinge und ihre Anordnung zueinander, dann bekommen wir Hinweise darauf, dass Vieles und Unterschiedliches zeitgleich in diesem Raum passieren kann. Deutlich wird ebenso, dass für verschiedene Funktionen bestimmte Bereiche im Raum vorgesehen sind: Während hinter einem Raumteiler in vermutlich séparéeartiger Atmosphäre ein Friseur einen Kunden frisieren kann, kann vorne eine Partie Billard ausgetragen werden. Vielleicht muss das Spiel manchmal unterbrochen werden, wenn jemand Süßigkeiten kaufen will, denn die Regale des Kioskes, der sich vor der Theke der Teeküche befindet, scheinen sehr nah am Billardtisch zu stehen. Wir wissen es nicht, denn als wir den Raum besuchen, halten sich dort keine Menschen auf.

Was es bedeutet, wenn in einem Raum unterschiedliche Funktionszonen gleichzeitig von verschiedenen Nutzer_innen beziehungsweise Nutzer_innengruppen aktiviert werden, zeigt die folgende Beobachtung in einer multifunktional programmierten Teestube: Anlässlich eines moderierten Gesprächskreises für Mütter sind mehrere kleine Tische zu einer großen Tafel zusammengeschoben, an der alle Teilnehmerinnen bequem Platz finden. Auf der Tafel stehen Teller mit Gebäck und Obst.

Das Gespräch startet. Hinter der Theke hantiert der Teekoch. Er versorgt die Teilnehmerinnen mit Tee. Nach einiger Zeit betreten zwei Damen mit einem Kleinkind den Raum. Sie setzen sich an einen Nachbartisch. Am Gesprächskreis beteiligen sie sich zunächst nicht. Plötzlich wird es laut im Raum. Kinder, immer mehr und mehr, kommen in den Raum. Sie haben Unterrichtspause. Das Ziel vieler Schüler_innen ist der Kiosk im Bereich der Theke, wo sie Getränke und Snacks kaufen. Einige Kinder kommen zur Tafel, um die ihre Mütter sitzen. Sie naschen vom Obst und erklimmen die Schöße ihrer Mütter. Für die Fortführung des Gesprächskreises erscheint die Situation zu unruhig, so entscheidet sich die Runde für eine Unterbrechung, die genauso lange dauern soll wie die Pause der Kinder.

Ein Nebeneinander der Nutzungen ist in dieser Situation nicht möglich. Der Raum kann in diesem Moment seine Multifunktionalität nicht einhalten. Aus der Perspektive der Architektur könnte man einen Nutzungskonflikt diagnostizieren. Gleichwohl wird die Situation weder von den Müttern noch von den Kindern als Konflikt wahrgenommen. Gemeinsam machen sie die Teestube, die eben noch ein Seminarraum war, zum Pausenraum.

Die zweite Kategorie multifunktionaler Räume sind Räume, in denen eine Funktion eine andere jeweils ausschließt. Beide vorgesehenen Nutzungen sind nur zeitlich versetzt möglich. Solche Konstellationen finden wir typischerweise in Räumen, die sowohl als Gebetsräume für Frauen als auch als Unterrichtsräume vorgesehen sind. Eine Regulierung je nach Tageszeit stellt sicher, dass es nicht zur Überschneidung der Nutzerinnen_gruppen beziehungsweise der Nutzungen kommt. Unterrichtet wird an den Vormittagen des Wochenendes. Während dieser Zeit gibt es keinen Frauengebetsraum – dieser ist quasi deaktiviert und steht den Frauen als solcher nicht zur Verfügung.

Fokussierend auf die Dinge im Raum wird deutlich: Beide Funktionen – Gebetsraum und Unterrichtsraum – sind, ob aktiviert oder deaktiviert, gewissermaßen stets im Raum präsent. Die Ausstattung dieser Räume ist demgemäß nicht nutzungsneutral. Die Fußböden solcher Räume sind mit Gebetsteppich ausgelegt. Für den Unterricht finden wir hier meist schwere Pulte und Stühle, wie wir sie aus Schulen kennen. An den Wänden überlagern sich Ausstattungsgegenstände beider Funktionen: So können die Tafel, die Alphabetgirlande und die selbstgemalten Kinderbilder der Funktion Unterricht zugeordnet werden, während der Lautsprecher (zum Übertragen des Gebets aus dem Gebetsraum der Männer), diverse Gebetsketten und eine Uhr, die die Gebetszeiten anzeigt, der Funktion Gebetsraum zuzuweisen sind.

Obwohl sich die Benutzung nicht überschneidet, der Raum also nie zeitgleich als Unterrichtsraum und Gebetsraum fungieren muss, ergeben sich Konfliktpotenziale, wie unsere teilnehmende Beobachtung während des Fastenmonats Ramadan zeigt: Langsam füllt sich der Raum, dreißig Frauen sind bereits da. Lautsprecher übertragen die Worte des Imams. Die Frauen reihen sich auf. Dann startet das Gebet. Gleichzeitig herrscht noch Unruhe im Raum. Obgleich in Gebetshaltung tuscheln manche Frauen noch mit ihrer Nachbarin. Tische, die verteilt im Raum stehen und im Vorfeld des Gebets nicht platzsparend zur Seite geräumt worden sind, werden geschoben und gerückt, während einige Frauen bereits ins Gebet vertieft sind. Mehr Frauen kommen. Sie möchten ebenfalls in diesem Raum beten, was aber aufgrund der noch im Raum stehenden Tische nicht möglich ist. Sie quetschen sich zwischen den Betenden und den Tischen in das angrenzende Zimmer – ein Raum von ähnlicher Ausstattung wie oben beschrieben. Die Beschreibung zeigt, dass das Gebet aufgrund der Möblierung für den Unterricht nur eingeschränkt ausführbar ist, selbst wenn der Raum explizit eine Gebetsfunktion hat. Solche Nutzungskonflikte können das Bestreben der Moscheevereine erklären, allen Funktionen einen eigenen Raum zu geben. Dies jedoch ist aus Gründen der Raumnot nicht in allen Zentren möglich.

Nutzungsneutrale Räume

Nutzungsneutrale Räume stellen einen weiteren Raumtypus dar, mit dem die Moscheegemeinden auf beengte räumliche Situationen reagieren. Diese Räume sind in besonderer Weise für verschiedene Nutzungen durch verschiedene Nutzerinnen_gruppen offengehalten. Seminarräume sind typische nutzungsneutrale Räume und zeigen dies schon durch ihre Möblierung: Sie sind gleichmäßig ausgeleuchtet, es gibt funktionale Möbel, die gestapelt werden können, um möglichst platzsparend sortiert und leicht umgestellt werden zu können. Schilder im Raum geben Hinweise, wie der Raum zu verlassen ist, damit die Nächsten ihn für ihre Nutzung vorbereitet finden. Durch die nutzungsneutrale Ausstattung kann der Raum von den jeweiligen Nutzerinnen_gruppen für diverse Zwecke angeeignet werden. In einem solchen Raum findet nacheinander Unterschiedliches statt: mal das Frauencafé, mal die Nachhilfe, mal der Sprach- oder Kaligrafiekurs und an den Vormittagen des Wochenendes der Unterricht der Schüler_innen.

Eine weitere Kategorie des nutzungsneutralen Raumes ist der „Mehrzweckraum", der explizit als solcher benannt wird – im Forschungsfeld jedoch aufgrund beengter Verhältnisse relativ selten vorkommt. Er wird auch als „Konferenzraum" oder „Gemeindesaal" bezeichnet. Hierbei handelt es sich um einen großen Raum mit nutzungsneutralem Zuschnitt, der immer mit direktem Zugang aus dem Außenraum erschlossen werden kann. Meistens gibt es eine direkte räumliche Verbindung zu einer (Groß-)Küche und eine Bühne oder ein bühnenähnliches Podest im Raum. Die Stühle sind stapelbar und die Tische faltbar. Wenn Dekorationselemente vorhanden sind, dann sind diese dezent und neutral. Solch einen Raum zu haben, sei „sehr gut", hören wir, denn dann müssten beispielsweise für Festivitäten keine Räume außerhalb des Gemeindezentrums angemietet werden. Flexibel bespielbar scheint dieser Raum eine Art Alleskönner zu sein: Bei Raumnot kann er kurzerhand als Gebetsraum fungieren, vermietet, z. B. für Hennaabende, wird er zum Partyraum, bei Vorträgen wird er zum Veranstaltungsraum.

Weist ein Gemeindezentrum einen Freiraum wie etwa einen Hof auf, so ist dieser nicht selten ebenfalls als eine Art nutzungsneutraler Mehrzweckraum zu verstehen, wie unsere Beobachtungen zeigen. Als Außenraum, der zudem in vielen Fällen der Gebäudeerschließung dient, erscheint dieser im Vergleich zu den innenliegenden Mehrzweckräumen weniger reglementiert und meist offen zugänglich zu sein. Der Hof wird von sämtlichen Nutzer_innengruppen für diverse Nutzungen frequentiert. Diese können spontan oder geplant sein, zeitgleich oder zeitlich versetzt erfolgen und erfordern mal mehr, mal weniger Möblierung. So wird im Hof nach dem Gebet geplaudert und in den Unterrichtspausen getobt. Feiert die Gemeinde ihre Kermes (Frühlingsfest), bespielt sie ihn mit Zelten und Verkaufsständen. → Höfe, S. 268 → Feste, S. 192

Eine Sonderstellung hat schließlich der Gebetsraum, denn einerseits wird ihm ganz eindeutig die Funktion Gebetsraum zugewiesen, andererseits erscheint dieser Raum jedoch zwischen den Gebetszeiten ebenfalls in gewisser Weise nutzungsneutral. Neben dem Gebet wird der Raum vormittags an den Wochenenden für den Unterricht der Kinder genutzt. Gesprächskreise (Sohbetler) finden ebenfalls im Gebetsraum statt. Ansonsten scheint der Gebetsraum vielfältige Möglichkeiten der Aneignung zu bieten: Manchmal dösen Menschen darin, während einige an kleinen falt-, klapp- oder stapelbaren Pulten sitzend den Koran studieren und wiederum andere ein verpasstes Gebet nachholen. → Gebetsraum, S. 204

Ein Raum im Wandel – temporäre Umcodierung zum Gebetsraum

Als typische soziale Praxis beobachten wir, wie Räume, denen eine bestimmte Funktion zugewiesen ist, kurzzeitig zu Gebetsräumen umfunktioniert werden. Diese Räume werden mit wenigen Handgriffen umgebaut, vorübergehend zum Beten genutzt, anschließend rückgebaut und wieder in ihrer ursprünglich zugewiesenen Funktion gebraucht.

Auslöser für die Herstellung von temporären Gebetsorten ist ein erhöhter Raumbedarf. Daher werden diese Räume vornehmlich anlässlich des wöchentlichen Freitagsgebets oder an religiösen Feiertagen notwendig. Dann suchen auch viele nicht täglich praktizierende Muslim_innen die Moschee zum Gebet auf und der vorhandene eigentliche Gebetsraum wird zu klein. Der erhöhte Raumbedarf kann durch bestimmte städtebauliche Lagen verschärft werden, insbesondere, wenn Gemeindezentren günstig zu Arbeitsplätzen, Universitäten oder Einkaufsgelegenheiten liegen.

Aus unseren Feldnotizen geht hervor, wie routiniert die Gemeindemitglieder temporäre Gebetsräume herstellen. Folgende Beobachtung haben wir zum Freitagsgebet in einer Teestube gemacht: Kurz vor der Gebetszeit füllt sich der Raum. Der Teestubenbetrieb wird eingestellt. Teegläser werden eingesammelt. Tische und Stühle werden zur Seite geschoben. Mehrere Teppiche werden auf dem Boden ausgerollt. Jemand hatte sie aus dem Keller gebracht – sie standen in Rollen schon in der Ecke des Raumes. Fest installierte Lautsprecher übertragen die Worte des Imams aus dem Gebetsraum, der über der Teestube liegt. Im Anschluss an das Gebet wird der Raum rückgebaut. Kurz darauf wird auch schon wieder Tee ausgeschenkt.

Der Schlüssel für diese Umcodierung sind soziale Praktiken wie z. B. das Beten sowie Artefakte, d. h. Dinge wie Teppiche, die Reinheit herstellen, oder Lautsprecher, die das Gebet übertragen. In der Regel werden zur Herstellung temporärer Gebetsräume immer dieselben Räumlichkeiten eines Gemeindezentrums aktiviert – vielerorts sind es Flure, Teestuben oder Höfe. Die Teppiche werden unweit der betreffenden Räume für diesen Einsatzzweck aufgerollt vorgehalten. Mit Lautsprechern sind die betreffenden Räume ausgestattet, wenn sie nicht in räumlicher Nähe zum Gebetsraum liegen. Grenzen die umzucodierenden Flächen jedoch unmittelbar an den Gebetsraum an, so wird das Gebet durch offene Türen oder Fenster übertragen. Lautsprecher sind dann nicht notwendig. → Fotoessay Ein Flur wird zum Gebetsraum, S. 264 → Fotoessay Ein temporärer Gebetsraum, S. 402

Diese Beobachtung zeigt den Anspruch der Gemeinden, allen Gläubigen einen Platz vorzuhalten: Niemand wird weggeschickt. Für unsere Untersuchung bedeutsamer ist jedoch, dass sich in diesem Vorgang die Routine zeigt, mit der Nutzer_innen einen spezifischen Raum herstellen. Der Akt der Herstellung temporärer Gebetsräume verweist auf die Differenz zwischen der Funktion, die dem Raum zugewiesen wurde, und der tatsächlichen Nutzung des Raumes. Die Funktionen lösen sich zeitlich versetzt ab. Die Männer, die zuvor Tee tranken, bleiben auch zum Gebet. Auch im Anschluss an das Gebet trinken die meisten noch einen Tee, bevor sie das Gemeindezentrum verlassen. Beobachtungen wie diese verdeutlichen die Dynamik, welcher die einzelnen Räume innerhalb des Zentrums unterliegen und zeigen, wie rasch sich die Bedeutung von Räumen verändern kann.

[29] Wir danken Naima Brüggenthies, die als studentische Hilfskraft wesentlich an der Auswertung der Interviews für diesen Teil mitgearbeitet hat.

Relevantsetzungen in Narrationen: Was Akteur_innen mit dem Gemeindezentrum verbinden

In einer letzten Perspektive auf Vielheit in Gemeindezentren liegt der Schwerpunkt der Analyse im Folgenden auf den von uns erhobenen teilnarrativen Interviews über persönliche Erfahrungen in den Gemeindezentren.[29] Nicht mehr die Untersuchung von materiellen Dimensionen des Raumes oder von sozialen Praktiken der Raumherstellung und Raumaneignung stehen nun im Fokus, sondern das, was Gemeindemitglieder in teilnarrativen Interviews, aber auch in vielen Gesprächen bei Besuchen berichten: Was wird wie über diese Räume erzählt? Deutlich wird auch aus dieser Perspektive zunächst, dass die Moschee viel mehr ist als ein Ort zum Beten – das betonen viele der Interviewten ganz ausdrücklich. Die Auswertungen zeigen darüber hinaus, dass die Befragten in ihren Erzählungen jeweils bestimmte Aspekte der Gemeindezentren besonders ausführlich und/oder mit viel Nachdruck erzählen. In den verschiedenen Interviews unterscheiden sich diese Aspekte, die als besonders relevant hervorgehoben werden: Die einen betonen das Gemeindezentrum als Ort der Bildung oder der Sozialen Arbeit, die anderen stellen es vor allem dar als einen Ort, an dem das Zusammenleben von „Deutschen" und „Türken" verhandelt wird. Wieder andere schwärmen von einer Oase der Ruhe oder einem Ort der Gemeinschaft. Manche erzählen von der Moschee als Baustelle oder als Ort, an dem man Pläne realisieren und sich engagieren kann. Wieder andere schildern sie aber auch als einen bedrohten Ort. Deutlich wird somit, dass die Interviewten jeweils unterschiedliche Relevanzen setzen. Die Moschee bedeutet für jede und jeden etwas Spezifisches – und oft hat sie für ein- und dieselbe Person verschiedene Bedeutungen. Diese Bedeutungen werden im Folgenden ausführlicher dargestellt.

Bildung betonen mehrere unserer Interviewpartner_innen als zentrale Aufgabe der Gemeindezentren. Bildung bezieht sich dabei auf sehr verschiedene Aspekte: Der von vielen erwähnte Koranunterricht richtet sich insbesondere (aber nicht nur) an Kinder und Jugendliche. Betont wird immer wieder die Vermittlung eines „richtigen" Islams, damit die Jugendlichen nicht an „falsche" (radikalisierte) Gruppen geraten. Manche unserer Gesprächspartner_innen berichten mit einer intellektuellen Freude von Sohbetler, Gesprächs- und Lesekreisen, in denen Fragen des alltäglichen Lebens, von Partnerschaft, Familie und Erziehung in Bezug zum Islam diskutiert werden. Andere erzählen von Erfolgen bei Wettbewerben, in denen Koranverse auswendig rezitiert werden. Bildung bezieht sich auch auf Sprachkurse: Eltern legen großen Wert darauf, dass ihre Kinder die türkische Sprache lernen, um einen Anschluss an die Türkei behalten zu können. Gelehrt werden ebenso die arabische und die deutsche Sprache. Auch formeller schulischer Bildung wird eine wichtige Rolle zugeschrieben: Angeboten wird in vielen Gemeinden Unterstützung bei Hausaufgaben und Nachhilfeunterricht. Studierende schätzen einen ruhigen Platz zum Lernen, u. a. um sich auf Prüfungen vorzubereiten. Junge Menschen schildern die Moschee schließlich als einen wichtigen Ort, an dem sie ihre akademisch erworbenen Kompetenzen, z. B. als Kursleiter_innen oder als Bauleiter_innen, praktisch erproben und ausbauen können.

Andere Interviewpartner_innen betonen das Gemeindezentrum als einen Ort der Sozialen Arbeit. Es sei eine wichtige Aufgabe der Moschee, Jugendliche davon abzuhalten, in Drogen, Diebstahl und Gewalt – aber auch in radikalisierte islamistische Gruppen – abzurutschen. Da sie solche Probleme in ihrem Umfeld beobachten und diese eine hohe Betroffenheit bei ihnen auslösen, fühlen sie hierfür eine hohe Verantwortung. Im Unterschied zu „deutschen" Einrichtungen kämen sie auch besser an diese Jugendlichen heran. Auch die Unterstützung für Frauen, die z. B. noch nie aus ihrem Stadtteil herausgekommen oder aus anderen Gründen unsicher seien, die Beratung von Eltern in Erziehungsfragen sowie psychologische Unterstützung seien wichtige Aufgaben, für die sie sich selber in der Moschee engagieren oder für die bestimmte Expert_innen eingeladen werden. Für Menschen, die nicht oder nicht gut Deutsch sprechen, sei es wichtig, sich über diese persönlichen Themen auch in türkischer Sprache austauschen zu können. Die Interviewten betonen den hohen gesellschaftlichen Wert dieser Sozialen Arbeit und beklagen, dass sie trotz Kooperationspartner_innen wie der Polizei wenig gesellschaftliche Anerkennung erhalten. Im Gegensatz zu den christlichen Wohlfahrtsverbänden, mit denen sie sich vergleichen, würden sie kaum finanzielle Mittel für ihre Arbeit bekommen. Eine finanzielle Förderung sei jedoch wichtig für die angestrebte Professionalisierung dieser Angebote, die bislang weitestgehend ehrenamtlich durchgeführt werden.

In mehreren Interviews wird die Moschee zu einem Ort, an dem die Frage nach dem Zusammenleben von „Deutschen" und „Türken" verhandelt wird. Dieses Thema beschäftigt fast alle Interviewten und manche machen es zu einem zentralen Thema ihrer Erzählung über die Moschee. Dabei werden ganz unterschiedliche Aspekte betont: Die Moschee wird zunächst als ein Ort dargestellt, der bauliche Zugehörigkeit zur Stadt ausdrückt. Einige schwärmen, dass die Moschee mit ihrem Minarett neben anderen Gebäuden und den Kirchtürmen in der Stadtsilhouette sichtbar ist. Andere betonen voller Stolz, dass die Moschee sich durch ihren lokalen Baustil und z. B. durch Graffiti in die städtische Ästhetik so gut einpasse, dass sie kaum auffalle. Die Moschee wird außerdem erzählt als ein Ort, von dem aus die Öffnung der Moscheegemeinde in die Stadt betrieben wird und werden muss. Eine wesentliche Aufgabe seien Netzwerkarbeit und interreligiöser Austausch. Besuche von Politiker_innen werden mit viel Stolz hervorgehoben. Öffentlichkeitsarbeit richtet sich an die nicht-muslimische Stadtgesellschaft: Die Nachbarschaft solle kommen und sehen, dass wir hier nichts Geheimes machen, so argumentieren einige Interviewte gegen den Terrorismusvorwurf, den sie oft spüren. → Feste, S. 192

Fragen von Zugehörigkeit werden dabei auch unabhängig vom Ort des Gemeindezentrums verhandelt: Betont wird, dass viele Gemeindemitglieder in Deutschland Häuser gekauft oder Betriebe gegründet haben, dass ihre Kinder an Universitäten studiert haben, sie mit ihren Enkelkindern hier leben und dass sie sich insgesamt zugehörig zu ihren Stadtteilen und zu Deutschland fühlen – und auch so wahrgenommen werden möchten. Hervorgehoben wird auch der Beitrag, den die Einwander_innen aus der Türkei, z. B. als Bauarbeiter zum Aufbau des Landes, beigetragen haben. Gleichzeitig werden immer wieder Fragen von Misstrauen und Diskriminierung gegenüber Muslim_innen beklagt. Hier wird sehr deutlich, dass sich die Bedeutung der Moschee auch stark aus der Art und Weise ergibt, wie Muslim_innen und „türkeistämmige" Menschen gesellschaftlich gesehen werden. Dieses gesellschaftliche Bild bleibt in den Erzählungen zumeist eher implizit. Es fungiert als Gegenfolie, gegen die mit Verve Bilder von guter Nachbarschaft und Freundschaft gesetzt werden. Einige Interviewte betonen schließlich, dass die Moschee ein wichtiger Ort sei, wo Menschen ihre „Wurzeln" pflegen könnten. Das sei notwendig, damit sie sich nicht „verlieren" und dann z. B. in Drogen abrutschen.

Wertgeschätzt wird die Moschee auch als ein Ort, an dem sich die Interviewten besonders wohlfühlen, an dem sie gerne und viel Zeit verbringen. Sowohl Rentner_innen als auch junge Menschen schildern sie als einen „Ort der Ruhe" abseits vom Trubel, Lärm und Stress der Stadt. Dies ist oft an besondere Räume geknüpft, so z. B. an die Etage der Frauen oder den Jugendraum, die als „eigenes Reich" oder „zweites Zuhause" wahrgenommen werden. In manchen Erzählungen spielt dabei das Gebet eine Rolle – denn es gebe Ruhe, Kraft und inneren Frieden.

In einem ähnlichen Sinne beschreiben manche die Moschee als einen Ort der Begegnung und der Gemeinschaft. Oft wird die Moschee als familiär bezeichnet. Auch hier werden wiederum unterschiedliche Aspekte hervorgehoben. Der Eine, der aufgrund eines Wohnortwechsels neu in die Gemeinde kam, hat sich über sein Engagement als Vorstandsmitglied in der Moschee eine Art neuen Familienzusammenhang geschaffen. Die Andere, die verschiedene Gemeinden besucht, schätzt es, dass sie in Moscheen immer wieder neue Leute kennenlernt. Der Dritte fährt längere Strecken von seinem Wohnort zum Freitagsgebet, weil er in einer bestimmten Moschee, die er schon seit seiner Kindheit besucht, besonders viele Menschen kennt, die er gerne wiedersieht. Als besondere Momente und Höhepunkte des Jahres werden die Feste hervorgehoben, weil dann die Moschee richtig voll sei. → Feste, S. 192

In manchen Interviews erscheint die Moschee schließlich vor allem als Ort des Bauens und Organisierens. Viel handwerkliche Arbeit sei notwendig, um den Bau zu erhalten und immer wieder an neue Bedürfnisse anzupassen. Bauarbeiten müssen koordiniert und von Ämtern in mühseligen Antragsverfahren genehmigt werden. Bau und Unterhalt kosten viel Geld, sodass bei den Mitgliedern immer wieder um Spenden geworben werden muss. Der Unterhalt der Moschee erhält eine besondere Bedeutung für die jüngeren Interviewten, weil sie ein Ort ist, den sie von den Eltern oder Großeltern geerbt haben und an ihre Kinder weitergeben wollen. All diese Arbeiten werden nicht als lästige Pflicht dargestellt – vielmehr zeigen unsere Gesprächspartner_innen ihren Stolz auf das Geleistete. Mehr oder weniger dezent weisen sie uns auf besondere Ergebnisse ihrer Arbeit hin, die sie im Vergleich zu anderen Moscheegemeinden oder früheren Vorständen auszeichnen, wobei sie stets anerkennend von jenen reden, mit denen sie sich vergleichen. Stolz sind sie auch auf das Gebäude als ein Eigentum, das sie als Gemeinschaft erwerben konnten und das durch die Aufwertung der Lage vielerorts erheblich an Wert gewonnen hat. Die Moschee wird schließlich insbesondere für Vorstandsmitglieder auch zu einem Ort, an dem sie Pläne und Konzepte entwickeln und verwirklichen können – das erfüllt sie mit Freude und einer Art Schaffenslust. Es scheint kein Ort zu sein, der irgendwann fertig wäre, sondern es gibt immer wieder Ideen, was man alles noch machen könnte. Die Moschee wird damit zu einer Erfolgsgeschichte mit einer verheißungsvollen Zukunft. → Bauliche und soziale Entwicklungsdynamiken der Gemeindezentren, S. 50

Dargestellt wird das Gemeindezentrum schließlich auch als ein bedrohter Ort, den unsere Gesprächspartner_innen schützen wollen und müssen. Gefährdet ist die Moschee zum einen durch Anschläge, zum anderen durch Vorurteile über Islamismus und Terrorismus. Besonders gefährlich seien islamistische Gruppen, denn diese könnten die Moschee in Verruf bringen und den Verfassungsschutz auf den Plan rufen. Durch die Gemeinschaft erscheint die Moschee aber auch gut geschützt: Weil hier quasi jeder jeden kennt, fallen Fremde sofort auf, hören wir. → Sicherheit, S. 354

Dies sind die Themen, welche mehrere der Interviewten in ihren Erzählungen besonders betonen – wie dargestellt mit jeweils unterschiedlichen Facetten. Es sind aber nicht die einzigen Bedeutungen, die unsere Interviewpartner_innen der Moschee verleihen. Die Moschee wird ebenso dargestellt als ein Ort, mit dem Kindheitserinnerungen verbunden werden und an dem auch heute Kinder frei spielen können → Kinder, S. 286; als ein Ort, an dem Jugendliche oft das Interesse verlieren → Jugend, S. 280; als ein Ort, an dem Geschlechterverhältnisse verhandelt werden → Frauen, S. 198; als ein Ort, der einem bestimmten Dachverband angegliedert ist → Dachverbände und Differenzierung von Gemeinden, S. 55; oder als Ort, der den wöchentlichen Terminkalender strukturiert mit verschiedenen Sitzungen und Treffen. → Vorstand, S. 420

Fazit

Auf jeder einzelnen Betrachtungsebene, die auf einzelnen Räumen oder dem gesamten Gebäude liegen kann, und je nach methodischem Fokus auf Interviews, informelle Feldgespräche, Begehungen, Zeichnungen oder Fotoaufnahmen wird deutlich: Die Gemeindezentren erfüllen eine Vielheit unterschiedlicher Funktionen und erhalten unterschiedliche Bedeutungen. Die vorliegende Untersuchung zeigt darüber hinaus: Die Funktionen und Bedeutungen des Gemeindezentrums sind nicht starr, sondern wandeln sich nahezu fortwährend.

Wir beobachten, wie Nutzer_innen die räumliche Situation verändern – z.B. wenn sie materielle Arrangements umräumen oder umbauen. Zum einen, und das zeigt die Herstellung temporärer Gebetsräume, können solche Veränderungen durch Tages- und Wochenrhythmen, wie sie maßgeblich der religiöse Kalender vorgibt, bedingt sein. Zum anderen sind diese Veränderungen Ausdruck einer sich wandelnden Migrationsgesellschaft, wie es am Beispiel des Bedeutungsverlustes von Lebensmittelläden oder im Wunsch nach Wohn- und Pflegeheimen für Ältere anschaulich wird. Insbesondere in der Auswertung von Interviews und informellen Gesprächen werden die vielfältigen und sich überlagernden Bedeutungen, die die Nutzer_innen mit dem Gemeindezentrum verbinden, deutlich. Diese Vielheit verweist letztlich darauf, dass sich die unterschiedlichen Nutzer_innen, sowohl als Einzelpersonen als auch in der Gruppe, diese Räume auf vielfältige Art und Weise zu eigen machen. Insbesondere die Analyse der Funktionen und Bedeutungen zeigt, dass es „die" Moschee aus Perspektive der Nutzer_innen nicht gibt. Die mit der Moschee verbundenen Bedeutungen überlagern sich genauso wie die vielfältigen religiösen, kulturellen, sozialen und kommerziellen Funktionen, die nicht trennscharf voneinander unterschieden werden können.

Prozesshafte Architektur: Moscheen in umgenutzten Gebäuden

Kathrin Herz

[1] Ruby, Andreas (2010): Wir Diskursingenieure. In: HORIZONTE. Zeitschrift für Architekturdiskurs 2: 9–18, S. 17.

[2] Unter dem Begriff „Architektur" versteht der vorliegende Beitrag sowohl einzelne Gebäude als Teil von Architektur als auch das Bauen im allerweitesten Sinne.

[3] Ein berühmtes historisches Beispiel der Umnutzung ist die Hagia Sophia in Istanbul. Die ehemalige byzantinische Kirche, die später Moschee wurde, dient gegenwärtig als Museum. Gegenwärtig viel diskutierte Beispiele sind die christlichen Kirchen in Mitteleuropa. Die in ihrer Funktion als Beträume obsolet gewordenen christlichen Kirchenräume werden beispielsweise als Hotel, Buchhandlung, Hörsaal, Kolumbarium, Indoor-Spielplatz usw. weitergenutzt. Zur Umnutzung von Kirchen siehe auch Wüstenrot Stiftung (Hrsg.) (2017): Kirchengebäude und ihre Zukunft. Sanierung – Umbau – Umnutzung. Ludwigsburg: Wüstenrot Stiftung. Weitverbreitende Beispiele sind die Industrie- und Speichergebäude. Diese werden meist zu Wohn- oder Bürolofts umgenutzt; auch viele Museen haben ihre Räumlichkeiten in einstigen Industrie- und Speichergebäuden.

[4] Wir danken Ayşem Akbaş, Daniel Benthaus und Jan Furche, die als studentische Hilfskräfte wesentlich an der Erstellung der Zeichnungen mitgearbeitet haben.

„Die Auffassung, Architektur müsse auf ewig der ursprünglichen Intention ihres Entwerfers verhaftet bleiben, verrät ein zutiefst gestörtes Verhältnis zu deren langlebiger Natur. [...] Ein Architekt baut keine solitären Inseln im Strom der Geschichte, sondern fügt der existierenden materiellen Geschichte nur eine weitere Schicht hinzu, die ihrerseits später wieder zum Gegenstand weiterer Transformationen werden wird."[1]

Prozesshaftigkeit und Wandel sind der Architektur eingeschrieben.[2] Anknüpfen an Vorhandenes, an welches später wieder angeknüpft werden wird, bestimmt das Wesen der Architektur seit jeher. Dass Gebäude nicht so bleiben müssen beziehungsweise können, wie sie einst entworfen und errichtet wurden, verdeutlicht insbesondere die architektonische Praxis der Umnutzung vorhandener Bauwerke. Sie zeigt: Die Errichtungszwecke von Bauwerken können obsolet werden – die Nutzung eines Gebäudes ist folglich keine Konstante, sondern kann sich ändern. Infolge der Nutzungsänderung überdauern Bauwerke ihre Errichtungszwecke und ihre Bausubstanz wird erhalten.[3]

Auch die von uns untersuchten Moscheen befinden sich in baulichen Strukturen, deren einstige Nutzungszwecke überflüssig wurden. Errichtet wurden die Gebäude beispielsweise als Garagenanlage mit angegliederten Werkstätten, als Kur- und Badeanstalt, Großbäckerei, Schreinerei, Wohn- und Geschäftshaus, als Tanzsaal oder Verwaltungsgebäude – nicht jedoch mit dem Zweck, Moschee zu sein. Zu solchen wurden sie von ihren neuen Nutzer_innen umfunktioniert.

Anstatt eines normativen auf die Formensprache von Moscheearchitektur gelenkten Blickes betrachten wir im vorliegenden Beitrag die Überlagerung, wie sie aus der Verbindung eines vorhandenen Gebäudes mit der neuen Nutzung als Moschee resultiert. Damit verändern wir die Perspektive auf diesen Gegenstand. Architektonisch ist das hochspannend: Auf der einen Seite gelingt es den Nutzer_innen, ein spezifisches Programm Moschee in eine Vielzahl ganz unterschiedlicher vorhandener Gebäude(-komplexe) einzupassen. Auf der anderen Seite fordert die Umnutzung sowohl die Lesbarkeit von Architektur als auch das gängige Konzept der Gebäudeklassifizierung heraus. Dies wird im Folgenden aufgezeigt.

Um verschiedene Dimensionen der Umnutzung in Bezug auf Moscheegebäude zu erfassen, kombiniert der vorliegende Text unterschiedliche Daten. Mit der Auswertung von Bauakten aus den kommunalen Archiven wird die bauliche Historie der Gebäude rekonstruiert und bauliche Veränderungen analysiert. Hausbegehungen zeigen die räumliche und strukturelle Vielfalt des Gegenstandes auf, die u. a. mit Schwarzplänen, Lageplänen und Grundrissen ausgewertet wird.[4] Fotografien visualisieren die Einrichtung und Ausstattung einzelner Räume. Teilnehmende Beobachtungen zeigen, was die Menschen in den Gebäuden und ihren Räumen tun. In Gesprächen und teilnarrativen Interviews wird deutlich, welche Bedeutungen die Nutzer_innen mit den Gebäuden oder einzelnen Gebäudebestandteilen verbinden.

Ziel dieses Kapitels ist es, den Aspekt der Umnutzung in seinen verschiedenen Facetten differenziert und materialnah zu beleuchten. Betrachtet werden dabei insbesondere die Vielfalt unterschiedlicher Raumstrukturen, die Einpassung eines spezifischen (Moschee-)Programmes in diese Baukörper sowie mögliche Lesarten auf die entstandene Architektur. Bevor sich vorliegende Text den Ergebnissen der Untersuchung zuwendet, widmet er sich zunächst der Forschung über Moscheen in umgenutzten Gebäuden und betrachtet die Umnutzung der Gebäude in ihrem historischen Kontext.

Moscheen in umgenutzten Gebäuden: ein vernachlässigter Forschungsgegenstand

Betrachten wir den Stand der Forschung zu Moscheen, so erscheint das muslimische Gemeindezentrum im umgenutzten Baukörper trotz seines hohen Aufkommens als vernachlässigter Gegenstand.[5] Viele Autor_innen setzen die bauliche Entwicklung der muslimischen Gemeindezentren in eine lineare Erzählung, die mit dem Gebetsraum im Arbeiterwohnheim startet und im Neubau einer Moschee endet.[6] Die Moschee im umgenutzten Gebäude wird in diesen Darstellungen als Zwischenstadium und (baufälliges, nach Motoröl riechendes) Provisorium abgewertet.

In der deutschsprachigen Literatur und im gesellschaftlichen Diskurs hat sich der Begriff der sogenannten „Hinterhofmoschee" etabliert, um Moscheen in umgenutzten Gebäuden zu bezeichnen.[7] Dabei lassen sich zwei Positionen ausmachen: die erste benutzt den Begriff unhinterfragt; die zweite arbeitet sich kritisch am Begriff ab. Vor dem Hintergrund der organisatorischen und finanziellen Leistung der Gemeinden sei er abfällig und würde als „ehrverletzend empfunden".[8] Auch hinsichtlich unterschiedlicher architektonischer Ausprägungen sei er unscharf, denn nicht alle Moscheen seien „echte Hinterhofmoscheen".[9] Trotz der kritischen Auseinandersetzung mit dem Begriff halten manche Autor_innen die Bezeichnung aufgrund ihres „symbolischen Gehalt[es]" für die von außen „wenig ansprechenden Gebäude" angemessen.[10] Mehrfach wird die mangelnde Sichtbarkeit von Moscheen erwähnt, die etwa aus dem Fehlen „bauliche[r] Erkennungsmerkmale zur eindeutigen Identifizierung des sakralen Gebäudes"[11] oder in Zusammenhang mit ihrer städtebaulichen Lage, z. B. in „versteckten Örtlichkeiten in Industriegebieten"[12], thematisiert werden. Als irritierend beschreiben einige Autor_innen Kontraste, so den Kontrast zwischen unauffälligem Äußerem und einer sich im Inneren entfaltenden „Welt mit Bezügen zur Heimat ihrer Betreiber"[13] oder den Kontrast zwischen „schäbiger Umgebung und der selbstverständlichen Präsenz der Religion".[14] Insgesamt wird der Begriff „Hinterhofmoschee" als Gegenbegriff zur „repräsentativen"[15] Moschee verwendet.[16] Auf diesen Neubauten, die seit den 1980er Jahren entstehen und nach wie vor die Minderheit darstellen, liegt der Fokus der Literatur und Architekturbesprechungen.

Zusammenfassend wird deutlich: Zum einen werden die Moscheen in umgenutzten Gebäuden fast ausschließlich negativ beschrieben. Zum anderen beschäftigen sich die vorhandenen Studien, der Diskurs oder die Besprechungen in Architekturzeitschriften kaum mit der spezifischen Architektur des Nutzungswandels, den damit verbundenen typologischen Herausforderung und den Potenzialen für die Architektur.[17] Hier wollen wir ansetzen.

Umnutzung: Aufwertung und Erhalt von Gebäuden im historischen Kontext

Die Analyse der Bau- und Nutzungsgeschichte anhand von Bauakten macht deutlich, dass sich die Funktion der meisten von uns untersuchten Gebäude schon vor dem Einzug der Moscheegemeinde gewandelt hat: So entwickelte sich beispielsweise ein Gebäude, das heute eine Moscheegemeinde beheimatet, als Hofbebauung einer Berliner Mietskaserne im Laufe der Zeit vom eingeschossigen Pferdestall zu einer mehrgeschossigen Manufaktur, die immer wieder vergrößert wurde, bis das Gebäude zuletzt Bürolofts beheimatete. → Yeni Camii (Moschee), S. 160 Ändert ein Gebäude seine Nutzung, so zeigt sich darin oft die enge Kopplung von räumlicher und gesellschaftlicher Entwicklung. Diese Entwicklung offenbart sich etwa, wenn wir in den Bauakten aus dem Jahr 1933 vom

---

[5] Etwa 2.000 der Moscheen in Deutschland befinden sich in umgenutzten Räumlichkeiten. Vgl. Beinhauer-Köhler, Bärbel (2010): Von der unsichtbaren zur sichtbaren Religion. Räume muslimischer Glaubenspraxis in der Bundesrepublik. In: Zeithistorische Forschungen 7 (3): 408–430, S. 412; Kraft, Sabine (2002): Islamische Sakralarchitektur in Deutschland. Eine Untersuchung ausgewählter Moschee-Neubauten. Münster: LIT Verlag, S. 54.

[6] Schoppengerd, Johanna (2008): Moscheebauten in Deutschland. Rahmenbedingungen, Fallbeispielanalyse, Handlungsempfehlungen für die kommunale Ebene. Dortmund: Institut für Raumplanung, S. 26–27; Kraft (2002), S. 56–58; Beinhauer-Köhler (2010).

[7] Andere Begriffsmodelle sind „Laden- und Hinterhofmoschee", „Altbaumoschee" oder „Moscheen in umfunktionierten Räumen". Zu den Begriffen „Laden- und Hinterhofmoschee" und „Altbaumoschee" siehe Schmitt, Thomas (2003): Moscheen in Deutschland. Konflikte um ihre Errichtung und Nutzung. Flensburg: Deutsche Akademie für Landeskunde, S. 77–78. Zum Begriff „Moscheen in umfunktionierten Räumen" siehe Beinhauer-Köhler (2010).

[8] Beinhauer-Köhler (2010), S. 411.

[9] Schmitt (2003), S. 77.

[10] Ebd.

[11] Kraft (2002), S. 57.

[12] Beinhauer-Köhler (2010), S. 411.

[13] Ebd., S. 420.

Umbau eines Stallgebäudes für Pferde zu einer Garage für Automobile lesen. Daraus geht hervor, dass der Bauherr, ein Fuhrunternehmer, vom Pferdefuhrwerk auf den motorisierten Transport umgestellt hat. → Selimiye Moschee / Selimiye Camii, S. 452 Oder wenn wir unter den Aktenvorgängen der damaligen Essig- und Senfmanufaktur Aufstellpläne aus dem Jahr 1963 für eine Abfüllanlage nach damals modernstem Stand finden, das Gebäude jedoch wenige Jahre später anderweitig genutzt wurde. → Yeni Camii (Moschee), S. 160 Dann können wir darüber spekulieren, dass sich die Produktionsbedingungen geändert haben und das bisher genutzte Gebäude dafür nicht mehr geeignet schien. In ähnlicher Weise wurde mit dem Einzug von Baderäumen in Privatwohnungen die Funktion der öffentlichen Badeanstalt im Stadtteil obsolet. Das einstige Stadtbad beheimatet seit mehreren Jahrzehnten eine Moschee. → Centrum Moschee, S. 292

Als erstes Ergebnis von Umnutzung nehmen wir vorweg: Entfallen Nutzungszwecke und werden die Funktionen von Gebäuden obsolet, so führt dies – sofern sich keine nachhaltige Nach- oder Zwischennutzung findet – in vielen Fällen zu Sanierungstau. Das heißt, Investitionen in die bestehende Bausubstanz werden nicht mehr getätigt und der Zustand des Gebäudes verschlechtert sich zusehends. Oftmals sind ganze Straßenzüge und Quartiere von solch negativen Entwicklungen betroffen. Nicht selten droht der Abriss.

Ein Großteil der von uns untersuchten Gebäude wurde Ende der 1970er/ Anfang der 1980er Jahre von den Moscheegemeinden bezogen. Ihre Gebäude galten oft als schlecht oder unattraktiv und schienen damit aus der immobilienwirtschaftlichen Verwertungskette der Mehrheitsgesellschaft herausgefallen zu sein. Durch die Umnutzung der Gebäude zu Gemeindezentren und die Anstrengungen der Moscheevereine (deren meist gesamtes Kapital in diesen Bauwerken eingelagert ist), diese Häuser fortwährend über Jahrzehnte zu ertüchtigen, trugen sie zum Erhalt vieler Bauwerke bei: Einige der baulichen Strukturen wären sicherlich längst abgerissen worden. So ist es fraglich, ob Gebäude wie das Hamburger Ensemble des einstigen Werkstatt- und Garagenkomplexes → Mescid-i Aksa Camii / Moschee, S. 306 oder die ehemalige Autowerkstatt in Köln, → Sultan Ahmet Camii (Moschee), S. 390 die wir in unserer Studie erforscht haben, noch stünden, denn beide Gebäude wurden in sehr niedrigen Ausführungsstandards und nicht mit hochwertigen Materialien errichtet. Nicht nur den Gebäuden, auch manchen Stadträumen, in denen sich die Moscheegemeinden ansiedelten, widerfuhr im Laufe der Zeit ein Bedeutungswandel. Viele Standorte in den urbanen Ballungsräumen erlebten eine Aufwertung der Lage und des Images.[18] → Bauliche und soziale Entwicklungsdynamiken der Gemeindezentren, S. 50

Pragmatismus prägte die bauliche Umnutzung zur Moschee wesentlich; das zeigen die im Feld geführten Gespräche, die Begehungen der Gebäude, aber auch Vermerke in den Bauakten: So kann das Gemeindezentrum insbesondere in den Anfangstagen als Schauplatz einer ausgeprägten Kultur des Selbstbaus verstanden werden. Hierin zeigt sich das Verhältnis des Gemeindezentrums zum alltäglichen Bauen. Anstatt einer Architektur, die von Architekt_innen gemacht ist, finden wir in den Moscheezentren eine Architektur, die die Nutzer_innen für sich selbst produziert haben und die durch und durch von Eigenleistung geprägt ist. So sind die von uns erforschten Moscheen Teil der sogenannten vernakularen Architektur oder anonymen Architektur, die keine Verfasser_in benennen kann.[19] Vergessen wird allzu häufig, dass nur ein kleiner Teil der gebauten Umwelt von Architekt_innen konzipiert wird. Die Analyse der Moscheezentren zeigt, wie Nutzer_innen den gebauten Raum fortwährend an ihre Bedürfnisse anpassen.

Einige, der von Moscheevereinen instandgesetzten Gebäude, wie die Großbäckerei in Stuttgart, → Ulu Camii, S. 468 die Kur- und Badeanstalt in

14
Welzbacher, Christian (2008): Euroislam-Architektur. Die neuen Moscheen des Abendlandes. Amsterdam: SUN Publishers, S. 51.

15
Der regelmäßig im Zusammenhang mit Moscheeneubauten verwendete Begriff „repräsentativ" wird von verschiedenen Autor_innen mit unterschiedlichen und oft nicht explizit erklärten Bedeutungen belegt, sodass ihm eine Unschärfe anhaftet. Wir setzen den Begriff daher in Anführungszeichen.

16
Vgl. Schmitt (2003), S. 77.

17
Vgl. Guggenheim, Michael (2013): Unifying and Decomposing Building Types: How to Analyze the Change of Use of Sacred Buildings. Qualitative Sociology 36: 445–464, S. 456.

18
Befindet sich ein Gemeindezentrum in solch einem aufgewerteten Quartier, dann wird es für die Gemeindemitglieder immer schwieriger, im Umfeld ihrer Moschee zu wohnen, da nicht nur der Verkehrswert der Moscheeimmobilie, sondern auch die Mietpreise für Wohnungen angestiegen sind.

19
Der Architekt und Kulturtheoretiker Bernard Rudofsky prägte den Begriff der anonymen Architektur maßgeblich. Im Jahr 1964 kuratierte er im Museum of Modern Art (MoMA) in New York die Ausstellung "Architecture Without Architects", die von vielen Funktionalist_innen als Affront aufgefasst wurde.

[20] Zum schwierigen Zugang zu Gebäuden vgl. auch Guggenheim (2013), S. 458–459 oder Leggewie, Claus; Joost, Angela & Rech, Stefan (2002): Der Weg zur Moschee: Eine Handreichung für die Praxis. Herausgegeben von der Herbert-Quandt-Stiftung. Bad Homburg v.d. Höhe: Herbert-Quandt-Stiftung, S. 28.

[21] Alle Gemeindezentren werden in diesem Kapitel aus Gründen der Einfachheit, ggf. abweichend von ihrer Selbstbezeichnung als Moschee bezeichnet. Die Anonymisierung der Zentren wird insofern obsolet, da die Beschreibung der Räume aufgrund ihrer spezifischen Merkmale eindeutig den jeweiligen Orten zugeordnet werden kann.

Hamburg → Centrum Moschee, S. 292 und das Verwaltungsgebäude eines Industriebetriebes in Düren, → Fatih Camii, S. 222 die wir in unserer Studie untersucht haben, stehen heute unter Denkmalschutz. Der Denkmalwert dieser Gebäude ergibt sich aus ihrer vorherigen Nutzung. So sind die Bauwerke etwa als wichtige Zeugnisse der genossenschaftlichen oder gründerzeitlichen Industriekultur anerkannt und nicht etwa als baukulturelle Zeugnisse der Migrationsgeschichte ihrer jeweiligen Stadt. Dabei trug und trägt insbesondere die Umnutzung durch die Moscheevereine zum Erhalt der Gebäude bei und stellt somit eine bedeutende zeitliche wie gleichermaßen materielle Schicht dieser Bauwerke dar.

Dimensionen der Umnutzung deutsch-türkischer Gemeindezentren

Um die Zeit der Provisorien und angemieteten Räumlichkeiten zu beenden und um endlich geeignete Räumlichkeiten zu haben, entstand unter den Mitgliedern der Moscheevereine der Wunsch, eine eigene Immobilie zu kaufen. → Bauliche und soziale Entwicklungsdynamiken der Gemeindezentren, S. 50 Der Erwerb eines Bauwerkes ist überdies ein wesentliches Kriterium, um bauliche Veränderung und Anpassungen vornehmen zu können – und dieses Umbauen war notwendig, um den neuen Nutzungszweck Moschee im vorhandenen Baukörper herzustellen. In den von uns geführten Gesprächen wird deutlich, dass aufgrund begrenzter Ressourcen (Geld, Wissen, Sprache etc.) und Diskriminierung der Kauf eines Gebäudes nicht einfach war – auch Anmietungen waren teilweise sehr schwierig.[20] An den Neubau einer Moschee war gar nicht erst zu denken. So nahmen die Moscheevereine, insbesondere in den früheren Jahren, die Gebäude, die überhaupt zu bekommen waren. Große Auswahl hatten sie nicht. Der einstige Errichtungszweck und die vorherige Funktion der Gebäude spielten im Auswahlprozess kaum eine Rolle.

Die Bedingungen, unter denen der Kauf erfolgte, führten zu einem breiten Spektrum sehr unterschiedlicher Gebäude(-typologien), die von den Moscheevereinen sukzessive zu Moscheen umgenutzt wurden. Im Folgenden betrachten wir die mit der Umnutzung verbundenen Dimensionen. Hierzu wollen wir uns folgenden Fragen annähern: Was unterscheidet die umgenutzten Gebäude voneinander? Wie gelingt es den Moscheegemeinden, ein typisches Raumprogramm in diese unterschiedlichen Strukturen einzupassen? Wie passen die Nutzer_innen die Gebäude im Gebrauch den geänderten Bedürfnissen an? Wie wird die Moschee am Baukörper sichtbar gemacht? Mit welchem Bild der Moschee konkurrieren die Gebäude? Welche Assoziationen wecken die Bauwerke bei den Nutzer_innen und wie sprechen sie über ihre Gebäude?

Vielfalt unterschiedlicher räumlicher Strukturen

Eine wesentliche Konsequenz, sowohl der Umnutzung als auch der eingeschränkten Gebäudeauswahl, ist die räumliche Vielfalt, die den Gegenstand „deutsch-türkisches" Gemeindezentrum kennzeichnet. Diese Vielfalt wird nun differenziert, auf den verschiedenen räumlichen Ebenen Stadt, Quartier und Gebäude dargestellt. Der Fokus der Auswertung liegt hierbei primär auf den materiellen Dimensionen des Raumes. Zur vergleichenden Untersuchung wurden Schwarzpläne, Lagepläne und Grundrisse der fünfzehn von uns baulich dokumentierten Gemeindezentren erstellt und zu einem Tableau montiert. Alle Zeichnungen sind genordet und im jeweils gleichen Maßstab angelegt.[21] (s. Abbildung Plantableau)

Moscheen befinden sich in unterschiedlichen Räumen der Stadt

Die Schwarzpläne zeigen die Einbettung der Gemeindezentren in den spezifischen Stadtraum: Lagebeziehungen innerhalb des Stadtkörpers, Gebietskategorien, besondere Baukörper und Größenverhältnisse der Moscheekomplexe zu den umgebenden Baukörpern werden ablesbar. Sichtbar werden ganz unterschiedliche stadträumliche Situationen und Kontexte, in denen Moscheen situiert sind, wie exemplarisch an nachfolgenden Beispielen aufgezeigt werden soll: Die Bebauung um die Ensar Moschee in Berlin ist im Wesentlichen geprägt durch Blockrandstrukturen. Von diesem Prinzip weicht der Baukörper des Schlosses Charlottenburg mit seiner besonderen Form ab. Eine städtebauliche Achse ist dem Schloss vorgelagert, dahinter befindet sich der Schlossgarten. Die Moschee, die sich in der Ecke eines Baublocks befindet, grenzt unmittelbar an diese besondere Situation an. → Ensar Camii, S. 146 Der Betzdorfer Schwarzplan zeigt die Lage des Gemeindezentrums als langgestreckter Solitär zwischen Fluss und Bahnschienen innerhalb eines von der Tallage gezeichneten, zweigeteilten Stadtkörpers. → Betzdorf Sultan Ahmet Camii, S. 174 Der Baukörper der Fatih Moschee in Düren ist eingebettet in großvolumige, clusterartige Baustrukturen, die auf die gewerbliche beziehungsweise industrielle Art der Nutzung des Umfelds verweisen, und liegt abseits des Zentrums. → Fatih Camii, S. 222 Der Schwarzplan von Eitorf zeigt freistehende Volumen, in lockerer Stellung gereiht und von kleinstädtisch anmutender Dichte. Ein solcher Baukörper in zentraler Lage beheimatet auch die Merkez Moschee. → Eitorf Merkez Camii / Zentrale Moschee Eitorf, S. 236 Wie Kubaturen unterschiedlicher Größe aufeinander treffen können, wird am Beispiel der Steilshooper Moschee ablesbar. Das kleine Volumen der Moscheegemeinde liegt in einer Magistrale, beidseitig flankiert von großen, gleichförmigen Baukörpern, die auf die restriktive Planung der Siedlung in peripherer Lage verweisen. → Steilshoop Camii / Steilshooper Moschee, S. 320

Deutlich wird, die Gemeindezentren verteilen sich aufgrund der Umnutzung über ganz unterschiedliche Räume der Stadt: Sie können zentral oder peripher, in gemischten gründerzeitlichen Gebieten, in Gewerbegebieten oder in Siedlungen der Nachkriegszeit liegen. Sie können sich unweit von besonderen Orten der Stadt, wie etwa des Marktplatzes, des Schlosses oder des Bahnhofes, befinden genauso wie auf brachliegenden, abgehängten Flächen. Wir entdecken sie eingewoben in dichte Strukturen wie auch in Gebieten lockerer Bebauung. In Entsprechung dazu finden wir Moscheen in nahezu allen städtebaulichen Typologien.

Anders als christliche Kirchen, die wir aufgrund ihres besonderen (meist kreuzförmigen) ‚Fußabdruckes' und Größenverhältnisses zur umgebenden Bebauung, ihres Freistehens und ihrer Orientierung nach Osten identifizieren können, gelingt uns dies bei den Baukörpern der untersuchten Moscheen nicht. Ohne ihre postalischen Adressen zu kennen, hätten wir sie nicht im Schwarzplan ausfindig machen können. Auch die Lagen innerhalb des Stadtkörpers zeigen kein Verteilungsmuster – anders als bei den christlichen Kirchengebäuden, die wir typischerweise u. a. auch immer unweit des Marktplatzes mitteleuropäischer Städte lokalisieren können.

Moscheen befinden sich in unterschiedlichen Quartieren

Mit den Lageplänen zoomen wir auf die Quartiere, in denen sich die jeweiligen Moscheen befinden.[22] Deutlich werden neben den spezifischen Eigenheiten der Baustruktur des Quartiers nun auch die unterschiedlichen Lagebeziehungen zwischen dem Gemeindezentrum und seinem Grundstück und damit die vielfältigen Lagebeziehungen zwischen den Gemeindezentren und dem öffentlichen Raum.

22
Wir haben die Lagepläne mit den Erdgeschossgrundrissen kombiniert, um Übergänge vom öffentlichen Raum über das private Grundstück ins Gebäudeinnere sichtbar zu machen. Gibt es Schwellen, Abstufungen oder sogenannte Filter wie Treppen, Parterregeschosse, vorgelagerte Entrées? In den Lageplänen mit Erdgeschossgrundrissen zeigt sich auch die Adressbildung: Wie viele Zugänge hat das Gebäude; gibt es einen zentralen Eingang oder mehrere; wo auf dem Grundstück liegt der Zugang / liegen die Zugänge etc.?

	Ensar Camii, Berlin	Yeni Camii (Moschee) Berlin	Sultan Ahmet Camii, Betzdorf	Fatih Camii, Düren	Merkez Camii / Zentrale Moschee, Eitorf	Eyüp Sultan Camii, Frankfurt am Main	Centrum Moschee, Hamburg
Schwarzpläne							
Lageplane mit Erdgeschoss-Grundriss							
Grundrisse Ebene 4							
Ebene 3							
Ebene 2							
Ebene 1							
Ebene 0							
Ebene -1							

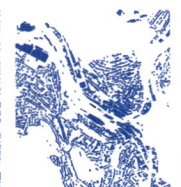

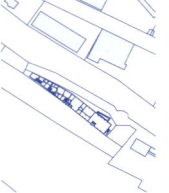

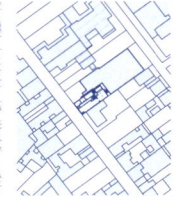

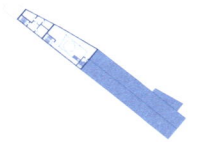

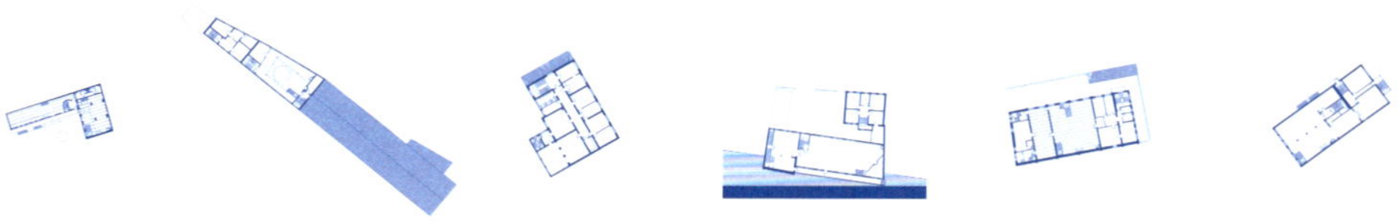

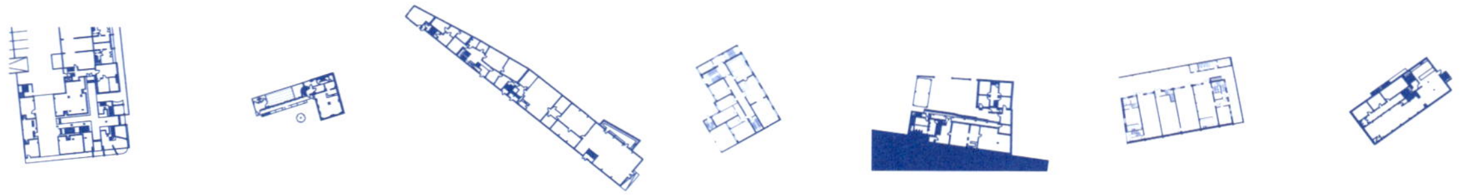

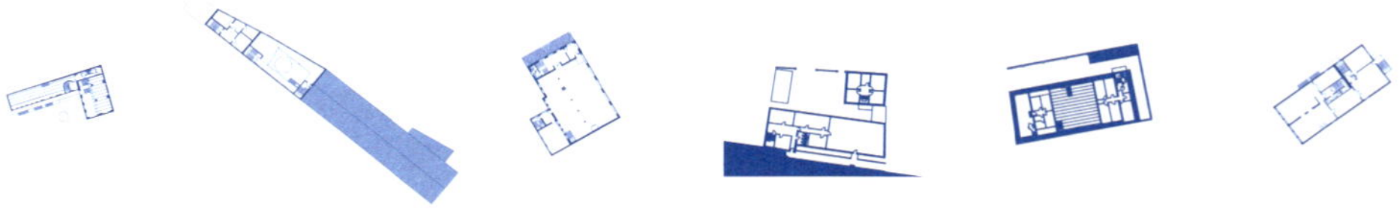

Mescid-i Aksa Camii / Moschee, Hamburg	Steilshoop Camii / Steilshooper Moschee, Hamburg	Ayasofya Camii, Kassel	Kuba Camii / Moschee, Köln	Sultan Ahmet Camii (Moschee), Köln	Mevlana Camii – Mevlana Moschee Offenbach	Selimiye Moschee / Selimiye Camii, Siegen	Ulu Camii, Stuttgart

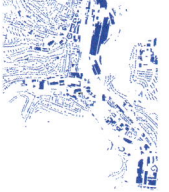

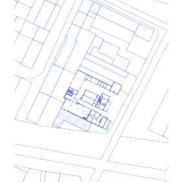

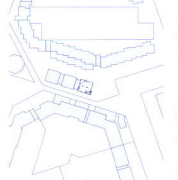

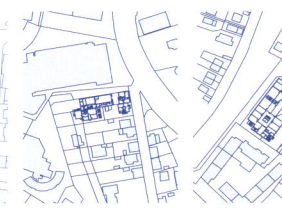

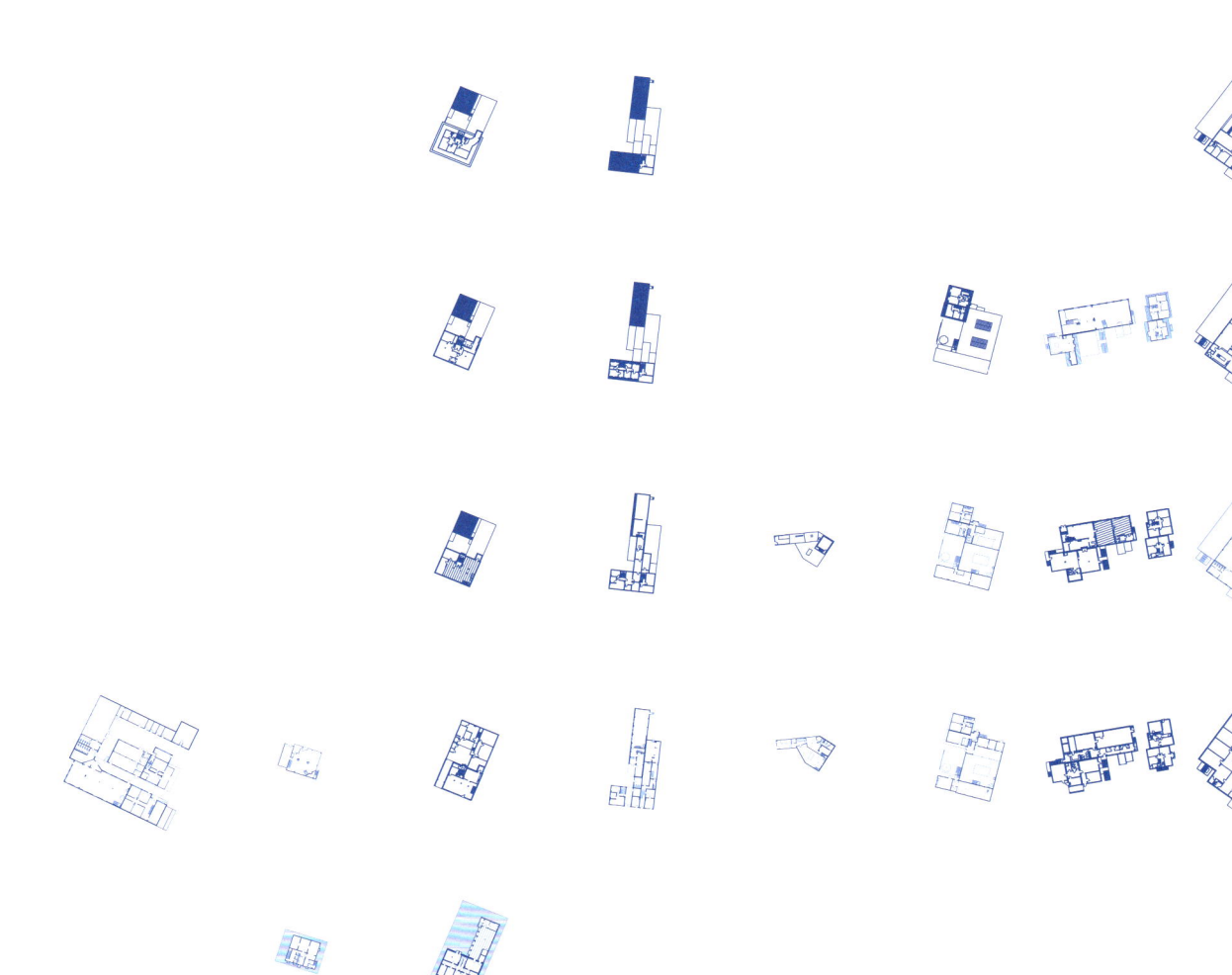

23
Vgl. hierzu auch Beinhauer-Köhler (2010), S. 411–412 oder Schmitt (2003), S. 77.

24
Die Berliner Mietskaserne kann als Folge des Hobrecht-Plans, der 1862 in Kraft trat, verstanden werden. Der von James Hobrecht verfasste Plan sah vor, die hygienische und infrastrukturelle Situation Berlins zu verbessern. Es handelte sich um einen reinen Fluchtlinienplan – Vorgaben zur Bebauung einzelner Grundstücke wie beispielsweise zur Art und / oder zum Maß der baulichen Nutzung fehlten. Infolgedessen setzte eine Bodenspekulation ein. Investoren bebauten die Grundstücke so dicht wie möglich, woraus sich die die Gebäudetypologie der „Berliner Mietskaserne" entwickelte. Vgl. hierzu auch Schröteler-von Brandt, Hildegard (2008): Stadtbau- und Stadtplanungsgeschichte. Eine Einführung. Stuttgart: Kohlhammer, S. 103–110.

Unterschiedliche Lagebeziehungen zum öffentlichen Raum

Moscheen befinden sich in Quartieren unterschiedlichster städtebaulicher Strukturen. Einige dieser Quartiere sind von Hofstrukturen geprägt, andere bilden geschlossene oder aufgelockerte Blockrandstrukturen aus oder sind durch eine Art Clusterbebauung gekennzeichnet.

Unsere Untersuchung verweist darauf, dass die strukturelle Logik der umgebenden Bebauung in der Regel auch die der Moscheegebäude kennzeichnet: So zeigt sich in der Betrachtung der Lagepläne, dass der Begriff der sogenannten „Hinterhofmoschee" auch deshalb unzutreffend ist, weil die wenigsten Gemeindezentren in Hinterhöfen liegen.[23] In dieser Bezeichnung wird die enge Beziehung zwischen Gebäudetypologien und Stadtraum beziehungsweise Kontext ihrer Entstehung ausgeblendet. So sind große Teile Berlins typologisch von der Mietskaserne, einer Bauform, die den Hof bedingt, geprägt.[24] Vor diesem Hintergrund dürfte es nicht verwundern, dass sich Berliner Moscheen eben auch in dieser Art von Architektur befinden, während sich die Typologie der (Hinter-)Höfe in manch anderen Städten Deutschlands überhaupt nicht findet. Ein Beispiel aus unserer Studie für die Lage im Hof ist die Berliner Yeni Moschee, die im zweiten Hinterhof einer Berliner Mietskaserne situiert ist. → Yeni Camii (Moschee), S. 160

In der exemplarischen Betrachtung der Lagepläne sehen wir eine Vielfalt unterschiedlicher Beziehungen zwischen den Gebäuden und dem öffentlichen Raum: Während das o. g. Beispiel der Yeni Moschee durch die vorgeschalteten Höfe und Baustrukturen keine direkte Verbindung zum öffentlichen Straßenraum hat, grenzt der Baukörper der Steilshooper Moschee unmittelbar an den öffentlichen Raum an; die Moscheegemeinde hat quasi keine private Außenfläche und liegt im öffentlichen Raum. Darin materialisiert sich die Konzeption des einstigen Ladenpavillons zur Bespielung der Fußgängerzone. Verbunden mit diesem Errichtungszweck ist seine niederschwellige Zugänglichkeit. → Steilshoop Camii / Steilshooper Moschee, S. 320

Auch andere Gemeindezentren, wie etwa die Ayasofya Moschee in Kassel, → Ayasofya Camii, S. 362 die Kuba Moschee in Köln → Kuba Camii / Moschee, S. 376 oder die Siegener Selimiye Moschee → Selimiye Moschee / Selimiye Camii, S. 452 grenzen direkt an den öffentlichen Raum. Anders als die Steilshooper Moschee bestehen sie jedoch aus mehreren Baukörpern – mindestens einem Vorderen, der einst als Wohn- und Geschäftshaus diente, und den rückwärtigen Baustrukturen, die ursprünglich zum Zweck der Produktion oder Lagerung errichtet wurden. Dazwischen, abgewandt von der Straße, bilden sich Höfe aus, die als Erschließungsfläche zwischen den Gebäuden fungierten.

Andere der untersuchten Baukörper stehen nicht direkt vorne an der Straße, sondern springen vom öffentlichen Raum zurück, womit sich den Moscheen vorgelagerte Höfe ausbilden. Beispiele solcher Moscheekomplexe sind die Merkez Moschee in Eitorf → Eitorf Merkez Camii / Zentrale Moschee Eitorf, S. 236 oder die Mevlana Moschee in Offenbach → Mevlana Camii – Mevlana Moschee, S. 436 – deren Gebäude im ursprünglichen Errichtungszweck der Produktion beziehungsweise der Lagerung dienten; der vorgeschaltete Hof gewährleistete die Erschließung. → Höfe, S. 268

Deutlich wird die unterschiedliche Lage der Moscheegebäude im, am oder zurückgesetzt vom öffentlichen Raum. Auch sie ergibt sich aus der Umnutzung, d. h. aus der unterschiedlichen strukturellen Logik der Gebäude(-ensembles) im Zusammenspiel mit dem vorherigen Nutzungszweck und dem Kontext ihrer Entstehung.

Zugänglichkeit und Adressbildung

Aus dem früheren Nutzungszweck und den somit unterschiedlichen Gebäudestrukturen ergeben sich ebenso Konsequenzen für die Zugänglichkeit und die Auffindbarkeit der Moscheegemeinden. Die Anordnung der Baumassen im Verhältnis zum öffentlichen Raum bestimmt wesentlich über die Intensität der Schwellen und damit über die Zugänglichkeit eines Gebäudes: So sind Gebäude wie die Steilshooper Moschee, die direkt im öffentlichen Raum steht, sehr niederschwellig zugänglich. Auch Moscheen, deren Baustrukturen halboffene oder gestreckte Höfe formen, sind in der Regel sehr niederschwellig zugänglich und bilden eindeutige, am öffentlichen Raum liegende Adressen aus. Gebäude wie die Yeni Moschee, die umschlossen von Baustrukturen abseits der Straße liegen, sind hingegen höherschwellig zugänglich. Schilder lösen die Problematik der Adressbildung, die z. B. dann entsteht, wenn das Gebäude nicht an der Straße präsent ist, und verweisen auf die dahinterliegende Moschee. → Schilder, S. 346

Bei den Gemeindezentren unserer Studie handelt es sich häufig um Ensembles oder Konglomerate, bestehend aus mehreren Baukörpern. Infolgedessen gibt es anstatt eines zentralen Einganges viele Zugänge, sodass die Adressbildung nicht immer eindeutig ist. Bei der Mescid-i Aksa Moschee in Hamburg haben wir beispielsweise über zwanzig Türen gezählt, die vom Außenraum in das Gebäudeinnere führen. → Mescid-i Aksa Camii/Moschee, S. 306 Welche Tür führt wohin? Auch in diesem Fall arbeiten die Gemeinden mit Schildern, die anzeigen, welche Nutzung sich hinter der entsprechenden Eingangstür befindet.

Hinzu kommt der Aspekt, dass Moscheegemeinden infolge der Umnutzung in der Regel auch jene Bereiche der Gebäude aktivieren, die in der Vornutzung nur einem eingeschränkten Personenkreis zugänglich waren. Im ursprünglichen Errichtungszweck und in der vorherigen Nutzungsphase mussten (Neben-)Gebäude, z. B. die Werkstätten, Garagen oder Lagerschuppen, die sich im rückwärtigen Bereich befinden, nicht sichtbar sein.

Mit der neuen Funktion als Gemeindezentrum werden diese Räume durch ihre Bespielung, z. B. als Gebetsraum, Unterrichtsraum oder Büro, gewissermaßen öffentlich. Dadurch müssen sie nun gut zugänglich und auffindbar sein. Verbunden mit diesem Aspekt der architektonischen Umnutzung erfahren auch die Höfe einen Bedeutungswandel: In den meisten der mit Plänen untersuchten Moscheezentren übernehmen die Höfe die Funktion eines außenliegenden Entrées. Über den Hofraum erfolgt in vielen Gemeindezentren die Erschließung einzelner Gebäudeteile. → Höfe, S. 268

Moscheen befinden sich in unterschiedlichen Gebäudestrukturen

Auch die Analyse der Grundrisse zeigt die Vielfalt, die sich aufgrund der Umnutzung ergibt. Mit den Grundrissen fokussieren wir zunächst auf die unterschiedlichen Gebäudegrößen, anschließend auf die innere Struktur der Gebäude(-komplexe). Ablesbar werden nicht nur einzelne Räume, sondern vor allem das Verhältnis und die Anordnung der Räume zueinander. Grundrisse geben damit Einblick in die räumliche Organisation der Abläufe im Haus, die von Gebäude zu Gebäude sehr unterschiedlich ist. In unserem spezifischen Fall der Umnutzung zeigen die Grundrisse sowohl Spuren des ursprünglichen Bauzustandes als auch spätere Schichten des Um- und Anbauens.

Gebäudegröße und Geschossigkeit

Durch das Arrangieren der Zeichnungen zum Tableau werden die Unterschiede rasch ablesbar, wie sie sich etwa in den Grundrissgrößen oder in der Anzahl an Geschossen zeigen: Auf den ersten Blick erkennen wir die Sultan Ahmet Moschee in Köln als das kleinste, die Ulu Moschee in Stuttgart als das größte Gemeindezentrum. Wenn wir grob messen, ergibt sich ein Spannungsfeld in der Brutto-Grundfläche[25] der oberirdi-

25
Als Brutto-Grundfläche (BGF) wird die Summe der Grundflächen aller Grundrissebenen eines Bauwerkes bezeichnet.

26
Im Plantableau sind nicht alle unterirdischen Geschosse dargestellt. Wir haben nur die Geschosse gezeichnet und dargestellt, die als Gemeindezentrum in Nutzung sind.

schen Geschosse von ca. 200 bis zu ca. 8.400 Quadratmetern. So groß ist der Unterschied zwischen dem kleinsten und dem größten der von uns untersuchten Gebäude. Würden wir bei dieser Messung alle Flächen einbeziehen, die sich im Eigentum der Fatih Moschee in Düren befinden – auch die leerstehenden, gegenwärtig von der Gemeinde nicht genutzten Hallen – so wäre dieser Moscheekomplex der größte der vorliegenden Studie. Die von uns untersuchten Gemeindezentren sind auf zwischen einem und fünf Geschossen organisiert.[26] Die Auswertung zeigt somit, dass zwischen einzelnen Gemeindezentren immense Größenunterschiede liegen.

Baukörperfügung und -organisation

Ebenfalls ersichtlich macht die Betrachtung, dass viele Gemeindezentren nicht nur aus einem Gebäude bestehen, sondern oft ein Konglomerat aus mehreren verschiedenen Baukörpern bilden. So lassen sich in den baulichen Ensembles mancher Gemeindezentren teils mehrere einzelne Baukörper identifizieren, aus denen die Gebäude im Laufe der Zeit zusammengewachsen sind. Die Grundrisse solcher Gemeindezentren sind dann entsprechend komplex, wie am Siegener Beispiel der Selimiye Moschee deutlich wird, in dem man sieben Baukörper ablesen kann, wovon fünf miteinander verbunden wurden. Als Folge davon sehen wir hier beispielsweise Höhenunterschiede innerhalb der Geschosse, unmittelbare Raumfolgen, nicht-belichtete (Rest-)Räume etc., die sich durch die additive Fügung der verschiedenen Gebäude ergeben. → Selimiye Moschee / Selimiye Camii, S. 452 Auch in der Mescid-i Aksa Moschee in Hamburg sind die ebenfalls sieben einzelnen Baukörper, aus denen sich das Ensemble addiert, ablesbar. Die Räume wirken jedoch deutlich weniger komplex. Zum einen liegt dies daran, dass die innere Struktur der einzelnen Gebäude weitestgehend erhalten ist, und zum anderen daran, dass es keine Durchbrüche zwischen den einzelnen Bauvolumen gibt. Anstatt einer internen Erschließung, die von einem in den nächsten Baukörper führt, wie im Siegener Beispiel, wird ein Großteil der Räume dieses Hamburger Gemeindezentrums von außen über den Hof erschlossen. → Mescid-i Aksa Camii / Moschee, S. 306

Ganz klar in ihrer räumlichen Organisation wirken hingegen die Gemeindezentren, die in einem kompakten Baukörper, in welchen kaum eingegriffen wurde, beheimatet sind. Solch ein Beispiel ist die Fatih Moschee in Düren. Über zwei Geschosse ist das Gebäude durch einen Mittelflur geprägt, von dem Räume unterschiedlicher Größe, teils auch verknüpft zu Raumfolgen abgehen. Alle Etagen sind über ein Treppenhaus verbunden. Die Zonierung des Grundrisses ändert sich im Obergeschoss, das von einem großem Raum, dem Gebetsraum, der nahezu die gesamte Fläche des Grundrisses einnimmt, gekennzeichnet ist. → Fatih Camii, S. 222 Zusammenfassend wird ersichtlich, dass die Gebäude – bei allen zuvor beschriebenen Differenzen – auch von höchst unterschiedlicher räumlicher Komplexität sind.

Einpassung eines spezifischen Programms in unterschiedliche Gebäudestrukturen

In diesem Abschnitt fragen wir danach, wie es den Nutzer_innen gelingt, ein spezifisches Programm Moschee in ganz unterschiedliche Gebäudestrukturen einzupassen. Das Programm der untersuchten Moscheen ist gekennzeichnet von religiösen, kulturellen, sozialen und kommerziellen Funktionen: Neben Gebets- und Waschräumen haben wir Unterrichtsräume vorgefunden, meist auch ein Büro und eine Teestube. Das ist quasi das Mindestraumprogramm eines Gemeindezentrums. Diese funktionale Grundausstattung wird von den Moscheegemeinden individuell erweitert, z. B. um Geschäfte, gastronomische Einrichtungen, Frauen- und Jugendräume, Studierendenwohnheime oder Mehrzweckräume. Während die Multifunktionalität für alle untersuchten Häuser typisch ist, unterscheidet sich die Zusammensetzung der Funktionen von Moscheegemeinde zu Moscheegemeinde. Je nach Raumangebot setzt das Gebäude(-ensemble) dem Programm Grenzen beziehungsweise eröffnet Möglichkeiten. → Multifunktionale Cluster, S. 83

In der Untersuchung, wie die Gemeinden das spezifische Programm in den Baukörper integrieren, wird deutlich, dass der ursprüngliche Errichtungszweck die Gebäude trotz geänderter Nutzung in gewisser Weise auch weiterhin prägt. Die verschiedenen Ursprungstypologien und die darin eingespeicherten Logiken des Gebrauchs ergeben ganz unterschiedliche räumliche Bedingungen, in welche die Gemeinden ihr Programm integrieren. Der ehemalige Tanzsaal, den wir erforscht haben, bietet z. B. einen großen leeren Innenraum, der nach Belieben und mit maximaler konstruktiver Freiheit neu eingeteilt werden kann. → Eyüp Sultan Camii, S. 250 Der untersuchte Verwaltungsbau ist demgegenüber über alle Etagen durch einen langen Flur geprägt, von dem rechts und links Räume abgehen. → Fatih Camii, S. 222 Das Ensemble des eingeschossigen Garagenkomplexes mit angegliederten Werkstattgebäuden addiert sich im Wesentlichen aus vielen kleinen Räumen. Sie sind in etwa so groß wie ein parkendes Auto und werden jeweils mit eigener Tür vom U-förmigen Hof erschlossen. → Mescid-i Aksa Camii / Moschee, S. 306 Deutlich wird: Diese Prinzipien sind in den materiellen Raum eingelagert. Ihre strukturellen und konstruktiven Vorgaben prägen die Gebäude und die neuen Nutzer_innen müssten sich ihnen anpassen.

Nicht nur konstruktiv-strukturelle Gebäudeeigenschaften beeinflussen die Anordnung und Verteilung einzelner Funktionen der Moschee im Gebäude, sondern auch bestehende Mietverhältnisse, wie die folgenden Beschreibungen verdeutlichen: Als eine Moscheegemeinde ihr Gebäude erwarb, war das Erdgeschoss durch die Voreigentümerin an einen Gewerbebetrieb vermietet. Die Planung und der Umbau für die religiösen und sozialen Räume des Moscheezentrums starteten daher ab dem 1. Obergeschoss. Das Erdgeschoss will die Gemeinde auch künftig, sollte die Mieterin den Standort einmal verlassen, für eine ähnliche gewerbliche Funktion freihalten. In einem anderen Fall kalkulierte die Moscheegemeinde den Auszug einer Mieterin mit altem Mietvertrag in die Zonierung des Grundrisses ein. Sobald die Mieterin das Gebäude verließ, erfolgte der geplante Wanddurchbruch in die einstigen Büroräume, in denen sich heute der Gebetsraum befindet. Damit erreichte dieser nach vielen Jahren seine angestrebte Größe und die Zeit temporärer Gebetsflächen als Satelliten des eigentlichen Gebetsraumes scheint zu Ende zu sein.

Funktionen anordnen:
Geschäfte nach vorne

Unsere empirischen Befunde zeigen: Geschäfte wie das Reisebüro, der Imbiss oder der Lebensmittelladen gehören zur Moschee.[27] Meist sind es die niederschwellig zugänglichen Räume von Gebäuden, die kommerzielle Funktionen beheimaten: Diese Räume befinden sich typischerweise im Erdgeschoss sind mit großen Fensteröffnungen nach vorne zur Straße orientiert, von wo sie meist direkt mit eigenem Zugang erschlossen werden. Zur Unterbringung der Geschäfte nutzen die Gemeinden entweder die Räume, die auch zuvor schon eine ähnliche Nutzung hatten, oder stellen diese her. Im ersten Fall werden Geschäfte und gastronomische Einrichtungen nach dem Einzug der Moscheegemeinde oftmals in den Räumen eingerichtet, die im vorherigen Nutzungszweck der Gebäude schon eine vergleichbare Nutzung hatten: An die Stelle des Verkaufsraumes der Möbelschreinerei kommt nun ein Reisebüro, → Selimiye Moschee / Selimiye Camii, S. 452 der Ausstellungsraum im ehemaligen Handelshaus wird nun eine Bäckerei, → Ayasofya Camii, S. 362 der ehemalige Verkaufsraum der einstigen Tankstelle beherbergt nun einen Lebensmittelmarkt. → Mescid-i Aksa Camii / Moschee, S. 306 Deutlich wird,

27
Die Einnahmen, die durch Geschäfte, aber auch durch die Vermietung von Wohnungen generiert werden, sind notwendig, um das Gemeindezentrum zu finanzieren. Sie dienen beispielsweise der Instandhaltung der Bausubstanz genauso wie der Aufrechterhaltung von Kursangeboten.

In einigen Gemeindezentren kann die Größe des Gebetsraumes zusätzlich flexibel reguliert werden: Mit mobilen Elementen schalten die Gemeinden bestimmte Räume, die in einer Folge zum Gebetsraum liegen, zusammen beziehungsweise trennen diese voneinander ab, sodass die Raumgröße an die wechselnden Bedürfnisse des Gemeindealltags angepasst werden kann. → Faltwände, Garagentore, (Schiebe-)Türen & Vorhänge, S. 138

die Art der Nutzung einzelner Räume wird auch nach dem Einzug der Moscheegemeinden teilweise beibehalten. Im zweiten Fall stellen Moscheegemeinden Flächen für Geschäfte her. Die Gebäude hatten zuvor keine solchen Räume. In beiden Fällen unterscheiden sich die materiellen Arrangements wie beispielsweise die Art der Präsentation von Waren oder die Position der Kasse nicht von den Geschäften außerhalb von Moscheen.

Durch die Etablierung von Geschäften und die Art der Anordnung dieser im Gebäude tragen die Gemeindezentren zur (Weiter-)Belebung der Erdgeschosszonen bei. Im Umkehrschluss führt die Bespielung der Erdgeschosse mit Einrichtungen des Handels und der Gastronomie dazu, dass die Gebetsräume in vielen Fällen nicht barrierefrei zugänglich im Erdgeschoss situiert sein können, sondern in den oberen Etagen oder in rückwärtigen Bereichen liegen. Auch sind die religiösen, religionspädagogischen oder sozialen Funktionen der Moschee weniger im Stadtraum sichtbar. Eine Konsequenz davon ist, dass der Nutzungszweck des Hauses als Gemeindezentrum häufig erst auf den zweiten Blick, wenn überhaupt, erkennbar ist. Die Geschäfte hingegen sind gut sichtbar.

Funktionen anordnen:
Priorität liegt auf der
Herstellung des Gebetsraums

Die Bauprozesse aller Gemeindezentren eint, dass der erste Raum, der beim Bezug einer Immobilie eingerichtet wird, der Gebetsraum ist. Auf diesem liegt nicht nur die bauliche Priorität, sondern auch ein besonderes Augenmerk hinsichtlich Ausstattung und Gestaltung – in der Regel ist der Gebetsraum der am aufwendigsten gestaltete Raum des gesamten Gemeindezentrums. → Gebetsraum, S. 204
Die Herstellung des Gebetsraums kann mitunter lange Zeit in Anspruch nehmen. Während noch rege an diesem Raum gebaut wird, finden die Gebete in einem provisorisch als Betsaal hergerichteten Raum statt. Dieser Raum wird quasi sofort mit dem Bezug des Gebäudes hergestellt. Später, wenn der eigentliche Gebetsraum fertig ist, bekommt der provisorische Gebetsraum, der dann als solcher nicht mehr gebraucht wird, einen anderen Nutzungszweck. Dies verursacht Umzüge innerhalb des Gebäudes: Sobald der Raum installiert ist, zieht das Beten in den Gebetsraum. Der freigewordene Raum wird dann für seine ursprünglich angedachte Nutzung, z. B. als Wohnung, die vermietet werden kann, umgebaut.
→ Funktionen ‚wandern' im Gebäude, S. 87

Funktionen anordnen:
Gebetsraum ist der größte Raum

Die vergleichende Betrachtung der Räume aller Gemeindezentren zeigt, dass in der Regel dem größten Raum des Zentrums die Funktion des Gebets zugeordnet ist. Abgesehen von Gemeindesälen oder größeren Mehrzweckräumen ist der Gebetsraum der Raum, in dem sich die meisten Nutzer_innen gleichzeitig versammeln. Die Räume, denen die Gebetsfunktion zugewiesen wird, werden – ähnlich wie die oben beschriebenen Flächen für die Geschäfte – in ihrem Zuschnitt entweder vorgefunden oder durch das Errichten oder das Durchbrechen von Wänden und das Einziehen von Geschossdecken im vorhandenen Baukörper hergestellt. Bedingt durch die unterschiedlichen räumlichen Situationen infolge der Umnutzung bilden sich ganz unterschiedliche Konfigurationen an Gebetsräumen aus, sodass keiner der analysierten Räume dem anderen gleicht: Da das einstige Saalgebäude mit den tragenden Außenwänden kaum konstruktive oder statische Einschränkungen mit sich brachte, konnte der Gebetsraum nach Belieben durch das Einziehen von Wänden hergestellt werden. Unter dem nach oben offenen Dachstuhl ist ein großer, heller Raum entstanden.
→ Eyüp Sultan Camii, S. 250 Beim ehemaligen Verwaltungsgebäude mit seinen rechts und links vom Mittelflur abgehenden Räumen wählte die Moscheegemeinde das oberste Geschoss als Gebetsfläche, da dieses den größten Raum des Gebäudes darstellt.

→ Fatih Camii, S. 222 Keinerlei Eingriffe in die bauliche Struktur waren auch im Ensemble des einstigen Garagenkomplexes mit den angegliederten Werkstatthallen erforderlich; hier wurde die größte Halle zum Gebetsraum ausgewählt. → Mescid-i Aksa Camii/Moschee, S. 306 Im Falle der einstigen Essig- und Senfmanufaktur schien der Moscheegemeinde der über mehrere Geschosse hohe Raum, in dem einst riesige Essigtanks standen, als besonders geeignet für die Nutzung als Gebetsraum.[28] → Yeni Camii (Moschee), S. 160

Deutlich wird nicht nur, wie sehr sich die Gebetsräume in ihrer Größe und ihrer Raumhöhe unterscheiden – auch ihre Lage innerhalb des Gebäude(-komplexes) ist verschieden: In mehrgeschossigen Bauwerken können die Beträume sowohl im Erdgeschoss als auch im Dachgeschoss oder in jedem Geschoss dazwischen situiert sein. Sie können als letzter Raum am Ende eines Korridors liegen, genauso können sie sich ganz vorne befinden und in einigen Fällen sind sie auch der erste Raum des Gemeindezentrums, den man betritt. Ein typisches Verteilungsmuster für die Lage der Gebetsräume über alle Gemeindezentren hinweg gibt es nicht. So leiten vielerorts Schilder Ortsunkundige durch das Gebäude zum Gebetsraum, um das Auffinden dieses Raumes zu erleichtern. → Schilder, S. 346 Da der Baukörper nicht mit dem Zweck, eine Moschee zu sein, konzipiert wurde, stimmen die Außenwände des Betsaals nur sehr selten mit der Ausrichtung nach Mekka überein. Den Gebetsteppich verlegen die Moscheegemeinden in Gebetsrichtung – und nicht etwa parallel zu den Wänden im Raum. → Gebetsteppich, S. 214 Als Kriterium der absoluten Eignung eines bestehenden Gebäudes zur Umnutzung als Moschee gilt, wenn die Gebäudewände mit der Gebetsrichtung übereinstimmen, hören wir in Gesprächen. Bei einigen wenigen der sechsundvierzig für dieses Buch besuchten Gebäude war dies der Fall.

In der Zusammenfassung zeigt sich: Aus dem Zusammenspiel der vorgefundenen räumlichen Situation und den mehr oder weniger starken baulichen Eingriffen der Moscheegemeinden entstehen in jedem Gemeindezentrum individuell jeweils besondere atmosphärische Qualitäten in den Gebetsräumen. In vielen Fällen sind es die strukturellen Gegebenheiten der Vornutzung, die über die Position des Betsaales bestimmen, sodass deren Lage innerhalb der einzelnen Moscheen jeweils unterschiedlich ist. Auch die Materialien und Farbigkeit der Ausstattungsgegenstände wie Gebetsnische, Kanzel und Koranständer sind an den einzelnen Gebetsorten verschieden. Dennoch erscheinen diese Räume gewissermaßen institutionalisiert. Nicht nur, indem die untersuchten Räume in gleicher Weise genutzt werden, sondern auch, indem sie die gleichen oben genannten Artefakte vorweisen. Über diese Gegenstände werden die unterschiedlichen Räume – trotz ihrer spezifischen, unterschiedlichen Eigenschaften – gemeindeübergreifend in gewisser Weise gleich gemacht. Diese Vereinheitlichung von Unterschiedlichem wird beispielsweise bei den Hausführungen deutlich: Der Gebetsraum wird in immer ähnlicher Weise über die Artefakte Teppich, Gebetsnische und Kanzel erklärt. Nicht vorgestellt wird dieser Raum über seine spezifischen vorgefundenen Eigenheiten wie den besonderen Zuschnitt, die großen Spannweiten der Decke, die kathedralenartige Raumwirkung durch die besondere Geschosshöhe und die schmalen, hohen Fensteröffnungen oder die kontemplative Lichtstimmung, die durch die Belichtung mit Oberlichtern entsteht.

(Fortwährende) Anpassung räumlicher Gebäudestrukturen an Programmänderungen

Die empirischen Befunde zeigen, dass das Um- und Weiterbauen am Gebäude auch nach Inbetriebnahme des bestehenden Baukörpers als Gemeindezentrum nicht endet: Das Gemeindezentrum scheint in gewisser Weise nie fertig zu sein. Aus dem erhobenen Material wird ersichtlich, dass die Nutzer_innen die vorhandenen baulichen Strukturen immer wieder an sich ändernde Bedürfnisse und Wünsche anpassen. → Multifunktionale Cluster im Wandel, S. 85 Im folgenden Abschnitt wird dargestellt, wie es den Moscheegemeinden gelingt, neue Bedürfnisse, wie sie aus der sich ändernden Migrationsgesellschaft, der Ausdifferenzierung der Moscheegemeinde oder sich verändernden lokalen Gegebenheiten resultieren, räumlich und baulich umzusetzen. Um Bedarfe der Nutzer_innen an den gebauten Raum, etwa nach neuen Nutzungen oder größeren Flächen für vorhandene Nutzungen, zu realisieren, zeigen sich in der Aufarbeitung der Baugeschichte zwei grundsätzliche Möglichkeiten: das Anbauen nach außen und das Umbauen des Innenraums.

Verändern der Kubaturen

Ein erhöhter Raumbedarf kann durch Anbauten aufgefangen werden. So zeigt beispielsweise die zeichnerische Analyse der Baugeschichte, dass die Hamburger Centrum Moschee ihre Nutzfläche durch zwei Erweiterungen, im Jahr 1990 und im Jahr 1999, vergrößern konnte. → Centrum Moschee, S. 292 An wiederum anderen Orten waren die angrenzenden Grundstücke, die die Moscheegemeinden erwerben konnten, bereits bebaut. So vergrößerte sich die Selimiye Moschee in Siegen durch zwei Zukäufe von Wohnhäusern in den Jahren 1998 und vermutlich 2014. → Selimiye Moschee/ Selimiye Camii, S. 452 Dass angrenzende überbaubare oder bereits bebaute Grundstücke frei werden und man diese kaufen kann, ist jedoch nicht planbar. Dazu gehört sicherlich viel Glück. Etwa die Hälfte der von uns untersuchten Moscheevereine hatte dieses Glück und konnte ihr existierendes Gemeindezentrum im Laufe der Zeit vergrößern. Wächst das vorhandene Haus nach außen, so werden neue Nutzungen aufgenommen oder die Flächen bereits vorhandener Nutzungen vergrößert.

Im Fall der Centrum Moschee, die beispielhaft das Anbauen von Gebäuden verkörpert, sehen wir, wie Durchbrüche den Altbau mit dem angebauten Neubau verbinden. Im 2. und 3. Stockwerk entstehen durch die Erweiterung große zusammenhängende Flächen auf einer Ebene, sodass viele Menschen gemeinsam in einem Raum beten können. Der zweite, spätere Anbau, zu dem es keinen Durchgang vom Altbau gibt, ermöglicht die Vergrößerung des Lebensmittelmarktes, der aus dem Gründungsgebäude auszieht. An dessen Stelle erfolgt, anstatt der Etablierung einer neuen Funktion, die Vergrößerung des bestehenden Restaurants.

Das Beispiel der Selimiye Moschee steht exemplarisch für die Etablierung von neuen Funktionen, ermöglicht durch den Zukauf überbauter Flächen. Die zugekauften Gebäude wurden saniert, zum Teil umgebaut und baulich ergänzt. Mit dem Zukauf des ersten Gebäudes realisiert der Moscheeverein eine neue Funktion im Raumprogramm seiner Moschee: den Konferenzsaal. Dieser Raum wird mit einem Wanddurchbruch an das bestehende Gemeindezentrum angebunden. Die weiteren neu eingerichteten Funktionen im Erdgeschoss des zugekauften Bauwerkes, wie etwa der Raum zur rituellen Waschung Verstorbener, erhalten keine physische Verbindung an den Gründungsbau und haben ihren Zugang von außen. Auch der zweite später erworbene Baukörper ist gewissermaßen autark vom Haupthaus – er liegt vorne an der Straße und dient der Vermietung von Wohnungen.

Agieren innerhalb vorhandener Kubaturen

Während die Hälfte der von uns mit ihren Plänen untersuchten Moscheegemeinden nach außen wachsen konnte, agieren die anderen innerhalb der Grenzen ihrer vorhandenen Bauvolumen. Dies ist insofern typisch, als dass es baurechtlich nur selten möglich ist, Erweiterungen an bestehenden Gebäuden vorzunehmen. Ein solches Beispiel für die Interaktion innerhalb der Gebäudehülle ist die Mescid-i Aksa Moschee in Hamburg. Zu Beginn der 1970er Jahre erhielt die Kubatur des baulichen Ensembles das heutige Erscheinungsbild. Im Jahr 1986 bezog die Gemeinde die Räume und nahm seither keine gravierenden Veränderungen an der Außenhülle vor. → Mescid-i Aksa Camii / Moschee, S. 306 Im Falle eines Abrisses eines oder mehrerer Gebäude des baulichen Konglomerates wäre die vorhandene Anzahl an Quadratmetern auf einer Fläche nicht mehr herstellbar. Ein Bebauungsplan verhindert das und führt gewissermaßen zum Zwangserhalt der Baustruktur. Im Falle des Neubaus müsste ein Baukörper von deutlich kleinerer Grundfläche, der dann mehrere Stockwerke hätte, errichtet werden. Mit der Anordnung der Nutzungen bereinander und nicht mehr – wie jetzt – auf einer Ebene, ginge vermutlich der kommunikative Charakter des Hauses verloren und damit auch die Niederschwelligkeit und barrierefreie Zugänglichkeit des Ensembles.

Ändern einzelne Räume eines bestehenden Baukörpers ihre Funktion, so geht dies meist mit Bauarbeiten im Innenraum einher: mit dem Durchbrechen oder Entfernen von Wänden zum Schaffen größerer Räume gleichermaßen wie mit dem Errichten von Wänden, um anstelle eines großen Raumes mehrere kleinere Räume zu schaffen. Nicht selten ‚wandern' bei dieser Neuordnung von Räumen weitere Funktionen innerhalb des Hauses: Das heißt, auch bestehende Funktionen und Räume werden im Zuge einer solchen Maßnahme innerhalb des Gemeindezentrums neu sortiert. → Funktionen ‚wandern' im Gebäude, S. 87

Verlassen Funktionen wie z. B. der Lebensmittelmarkt das Gemeindezentrum, dann kann entweder eine bestehende Funktion vergrößert werden oder es ist Platz für Neues, z. B. für ein Studierendenwohnheim. Während unserer Feldaufenthalte konnten wir beobachten, wie ein großer Raum, der zuvor an eine Nachhilfeschule vermietet war, mit Wänden in viele kleine Räume unterteilt wurde. Heute wohnen hier Studierende. Mit dieser Einrichtung reagiert die Moscheegemeinde u. a. auf den knapper und teurer werdenden Wohnraum in einer Großstadt.

→ Multifunktionale Cluster im Wandel, S. 85

Zu den sich ändernden funktionalen oder räumlichen Anforderungen an das Programm der Moschee kommt auch ein Bedürfnis nach Repräsentation, die sich ebenfalls im Baukörper ausdrücken soll. Dies materialisiert sich beispielsweise in der nachträglichen Errichtung von Minaretten oder einer Kuppel. Nur wenige der mit Plänen vertieft untersuchten Gebäude verfügen über solche Elemente, doch hören und sehen wir, dass diese an vielen Orten in Planung sind. Weitere Bedürfnisse, die zu Veränderungen der Gestalt des Baukörpers führen, sind Belange der Ästhetik, der Barrierefreiheit, des Brandschutzes oder energetische Gebäudestandards und nicht zuletzt die Ausbesserungsarbeiten an der bestehenden, zum Teil maroden Bausubstanz.

Sichtbarmachen des Programms an unterschiedlichen Gebäudehüllen – die ‚dekorierte Moschee'

Von außen ist der Austausch der Funktion den von uns besuchten Gebäuden in der Regel nicht anzusehen. Nicht immer werden Anbauten oder bauliche Überformungen vorgenommen, sodass meist die Ursprungstypologie im Stadtraum präsent bleibt. Dass eine Moscheegemeinde in die einstige Werkshalle gezogen ist, sieht man dem Gebäude nicht an. Zentrale Frage ist nun: Wie wird der Einzug einer Moscheegemeinde in die vorherige Werkshalle sichtbar gemacht?

Symbolische Formen und stereotype Merkmale wie Kuppel und Minarett, mit denen die Bautypologie der Moschee assoziiert wird, fehlen häufig, sodass die neue Nutzung in der Baukörpergestalt nicht sichtbar ist. Anstatt baulicher Stereotype gibt es jedoch Artefakte wie Schilder mit dem Namen der Moschee und dem des Dachverbandes. Diese sind neben oder über den Eingangstüren, die in die Gemeindezentren führen, angebracht. Liegen die Gebäude zurückgesetzt, z. B. in einem Hof, dann gibt es in der Regel auch Schilder vorne an

29
Nur zwei der fünfzehn von uns detailliert mit Plänen untersuchten Gebäude haben keine Schilder.

30
Dieses Zitat und folgende entstammen den geführten Interviews oder Gesprächen und sind aus Gründen der Lesbarkeit für diese Publikation leicht geglättet worden.

31
In "Learning from Las Vegas" beschreiben Robert Venturi, Denise Scott Brown und Steven Izenour die Vorherrschaft symbolischer Kommunikation vor traditionellen Formen der Architektur als eine Konsequenz veränderter Wahrnehmungsbedingungen. Letztere beziehen sie in erster Linie aus der Autoperspektive, aus der die Architektur erlebt wird. Aus der Betrachtung von trivialästhetischer, anonymer Alltagsarchitektur entlang des Strips in Las Vegas entwickeln sie das Konzept von „Enten" und „dekorierten Schuppen", in welche sie alle Gebäude differenzieren. Gebäude wie einfache Boxen, Schuppen, Industriearchitektur werden mit Schildern und Symbolen ‚dekoriert' und als Fast-Food-Restaurant, Hotel oder Ähnliches zum „dekorierten Schuppen". „Enten" müssen nicht dekoriert werden. Sie sind in ihrem Abbild bereits Symbol von Inhalt wie z. B. ein auf gebratene Enten spezialisiertes Restaurant in Entenform. Vgl. Venturi, Robert; Scott Brown, Denise & Izenour, Steven (1972): Learning from Las Vegas: The Forgotten Symbolism of Architectural Form. Cambridge MA: MIT Press.

Prozesshafte Architektur: Moscheen in umgenutzten Gebäuden

der Straße, die auf das „deutsch-türkische" Gemeindezentrum verweisen.²⁹ → Schilder, S. 346 Weitere Artefakte sind beispielsweise Fahnen, die vor den Gebäuden hängen, oder Wandgemälde, deren Vorlagen meist berühmte Moscheen aus der Zeit des Osmanischen Reiches sind. Ein Wandbild wird von einem Gemeindemitglied als Notwendigkeit geschildert, „um den Leuten zu zeigen, dass hier eine Moschee ist".³⁰ → Wandbilder, S. 428

Die neuen Nutzer_innen begründen ‚ihre Dekorationen' mit Auffindbarkeit, Sichtbarkeit und Repräsentation. Artefakte kompensieren die nicht vorhandene symbolische Form und dienen dazu, die Moschee sichtbar zu machen. Der Baukörper der Moschee wird von seinen Nutzer_innen quasi ‚dekoriert'. Dies erinnert an die Beobachtungen der Architekt_innen Robert Venturi, Denise Scott Brown und Steven Izenour in Las Vegas, in welchen sie zwei grundsätzliche Typen von Gebäuden unterscheiden: „Enten" und „dekorierte Schuppen".³¹ Gebäude wie einfache Boxen, Schuppen oder Industriearchitektur werden mit Schildern und Symbolen versehen und als Fastfood-Restaurant, Hotel oder Ähnliches zum „dekorierten Schuppen". In Analogie dazu sprechen wir von den ‚dekorierten Moscheen'.

Doch, anders als in Las Vegas, dürfen die Dekorationen und Schilder der ‚Moscheeschuppen' in den deutschen Städten nicht zu groß sein – manchmal dürfen sie auch gar nicht errichtet werden und Geräusche machen sollen sie auch nicht. Während die „dekorierten Schuppen" in Las Vegas aufgrund ihrer Größe und Höhe aus Autoperspektive funktionieren, d. h. schnell zu erkennen sind, sind die ‚dekorierten Moscheen' – wenn überhaupt – meist nur nach längerem Verweilen am Ort und mit Wissen identifizierbar. Das ist der Grund, weshalb sie häufig übersehen werden, wie folgender Stadtspaziergang mit einem Architekten beschreibt: So sprach die Ethnografin ganz selbstverständlich über das Moscheegebäude, vor dem sie stand, als ihr Begleiter, ein ortskundiger Architekt, meinte: „Ich sehe keine Moschee." Die Ethnografin hatte sich bei Erstbesuchen von Moscheegemeinden zunächst an postalischen Adressen orientiert, dann jedoch rasch gelernt, die Schilder und räumlichen Verweise auf die Präsenz von Moscheegemeinden zu lesen. Dem Architekten fehlt dieses Wissen, das notwendig ist, um ein Gemeindezentrum als solches erkennen zu können. Hilfreich erweist sich die Kenntnis des türkischen Wortes Cami für Moschee oder der Logos der Dachverbände: Mit diesem Wissen werden Schilder mit dem Moscheenamen lesbar. Doch die Auffindbarkeit dieser Schilder ist häufig eine weitere Hürde: Vielerorts ist das Schild der Moschee nur eines unter vielen. Meist gleichwertig steht es in einem Schilderwald neben den Hinweisen auf gastronomische Einrichtungen und Geschäfte, die ebenfalls Bestandteil des baulichen Ensembles sind (s. o.).

An dieser Stelle sei, wenn auch nur kurz, auf die Präsenz der Moscheegemeinden im digitalen Raum verwiesen: Plattformen wie moscheesuche.de helfen Ortsfremden gezielt, Gebetsorte zu finden. Die postalischen Adressen der Moscheen finden sich in der Regel ebenfalls in den Internetauftritten der jeweiligen Dachverbände. Viele Moscheegemeinden haben zudem eigene Homepages und Facebook-Seiten. Einige davon wirken äußerst akribisch gepflegt. Sie informieren beispielsweise im Vorfeld über Veranstaltungen und Aktionen und/oder dokumentieren diese im Anschluss mit reichlich Fotos.

Unsere Befunde lassen sich einordnen in die Lehre der Zeichen (Semiologie oder Semiotik), die davon ausgeht, „dass Dinge und Architekturen [...] sowohl dem Gebrauch wie der Kommunikation dienen":³² Wenn Architektur durch ihre spezifische Formensprache beziehungsweise Baugestalt als Zeichen wirksam ist, so scheint sie hinsichtlich ihres Nutzungszweckes eindeutig klassifizierbar zu sein. Fehlt das Zeichenhafte, so benötigt das Bauwerk offenbar ein Hinweisschild oder Symbol, das erklärt, welche Funktion das Gebäude hat – wie die vorliegende Untersuchung zeigt. Eine christliche Kirche ohne

Turm wäre vermutlich auch nicht als solche zu erkennen. Es ist letztlich der Kirchturm, der den gebauten Raum der christlichen Basilika wesentlich von dem der Markthalle unterscheidet. Beide folgen ähnlichen Strukturmerkmalen, sind Hallen, worin sich die typologische Verwandtschaft, in der die beiden Bauaufgaben zueinanderstehen, zeigt.

(K)eine „richtige Moschee"?

Vor dem Hintergrund unserer Beobachtungen und Gespräche im Feld wird deutlich, dass es eine Vorstellung einer „richtigen Moschee" gibt, die mit einer gewissen materiellen Form assoziiert wird: Ein Baukörper mit Kuppel und einem oder mehreren Minaretten wird zum Zeichen für ein Gebäude mit dem Nutzungszweck Moschee. Dieses von vielen geteilte Bild reibt sich – infolge der Umnutzung – an den Gebäuden, auf die es nicht anwendbar ist, und wird somit in gewisser Weise unwirksam: Wie die Betrachtung der untersuchten Moscheekomplexe aufzeigt, funktionieren tradierte Sehgewohnheiten auf Gebäude nun nicht mehr.

In der Regel bezeichnen die Nutzer_innen die Gemeindezentren in Gesprächen, bei Moscheeführungen und Dialogveranstaltungen, auf Schildern oder Internetplattformen ganz selbstverständlich als „Moscheen". Sie haben sich ihre Gebäude über Jahrzehnte angeeignet.[33] Nicht nur durch ihr Sprechen machen sie das Gebäude zur Moschee – auch durch ihre Praktiken und Handlungen, z. B. das Beten, stellen sie den Raum Moschee fortwährend her. Materielle Raumdimensionen fokussierend finden wir in der Ausstattung und den Artefakten wie dem Gebetsteppich ebenso vielfältige Verweise auf die routinierte Nutzung des Gebäudes als Moschee. Umso mehr irritierten uns Begegnungen, in denen unsere Gesprächspartner_innen über einen solchen Ort sagten, das sei keine „richtige Moschee". Solche Situationen ereigneten sich recht selten, meist in Städten, in denen erst vor kurzer Zeit ein Moscheeneubau eröffnet wurde beziehungsweise unmittelbar vor der Fertigstellung stand. Zu diesem Neubau mit Kuppel und Minarett(en) wurden wir dann geschickt, den sollten wir uns anschauen.

In unserem Material finden sich vielfältige Hinweise darauf, dass es ein Bild von Moscheen gibt, an dem sich Gläubige und Nicht-Gläubige, Architekt_innen und bauliche Laien gleichermaßen orientieren: In diesem wird das Gebäude einer Moschee mit Kuppel und Minarett(en) assoziiert. Wir entdecken dieses Bild z. B. in den Wandbildern oder Ausmalschablonen, die wir in vielen Moscheegemeinden unserer Studie finden, aber auch auf

32
Kamleithner, Christa (2011): Lesbarkeit. Zur Einführung. In: Susanne Hauser, Christa Kamleithner & Roland Meyer (Hrsg.): Architekturwissen. Grundlagentexte aus den Kulturwissenschaften. Zur Ästhetik des sozialen Raumes. Bielefeld: transcript: 248–257, S. 248.

33
Zur Raumaneignung siehe auch: Herz, Kathrin & Munsch, Chantal (2019): Ebenen der Raumaneignung: Die Herstellung von Gemeindezentren türkeistämmiger Muslime in Deutschland. In: Sabine Meier & Kathrin Schlenker (Hrsg.): Raum und Teilhabe. Interdisziplinäre Perspektiven und Annäherungen an Dimensionen der Teilhabe. Opladen, Farmington Hills: Barbara Budrich.

Zeichnen Sie eine Moschee!

34
Schneekloth, Lynda H.; Bruce, Ellen Marie (1989): Building Typologies: An Inquiry. In: Graeme Hardie, Robin Moore & Henry Sanoff (Hrsg.): Changing Paradigms. Washington D.C.: Environmental Design Research Association: 124–131, S. 128.

35
Steets, Silke (2015): Der sinnhafte Aufbau der gebauten Welt: Eine Architektursoziologie. Berlin: suhrkamp, S. 184.

36
Ebd., S. 185.

37
Vgl. Hahn, Achim (2017): Architektur und Lebenspraxis. Für eine phänomenologisch-hermeneutische Architekturtheorie. Bielefeld: transcript, S. 22.

38
Verglich man Bauwerke, wie die von uns untersuchten, – ganz im poststrukturalistischen Sinne – mit Texten, so ließen sich diese nicht abschließend interpretieren beziehungsweise man käme nicht zu einer geschlossenen Aussage.

---

den Transparenten von Moscheegegner_innen genauso wie in den Skizzen von Architekturstudierenden, die wir baten, eine Moschee zu zeichnen – alle Darstellungen zeigen Baukörper mit Kuppel und Minarett(en). → Wandbilder, S. 428 (s. Abbildung Zeichnen Sie eine Moschee!) Doch die wenigsten der für die vorliegende Studie von außen untersuchten ca. siebzig Moscheen sehen so aus beziehungsweise lassen sich auf dieses stereotype Bild reduzieren (s. o.).

Doch für die Herstellung einer „richtigen Moschee" scheint es noch längst nicht auszureichen, wenn Kuppel und Minarett lediglich an einem Gebäude angebracht werden. Das folgende Gespräch macht dies deutlich: Ein langjähriges Gemeindemitglied resümiert, das Gebäude habe nun zwar Minarette, sähe aber nicht aus wie eine Moschee, sondern wie ein „Haus mit zwei Minaretten". In der Unterhaltung kritisiert er, dass die Minarette nicht im Zusammenspiel mit dem Gebäude konzipiert wurden, sondern erst nachträglich auf dem Anbau errichtet wurden. Entsprechend der Zeitlichkeit des Bauprozesses, ‚zerlegt' unser Gesprächspartner das Gebäude (wieder) in den Baukörper („Haus") und die Minarette. Mit seiner Kritik verdeutlicht er, dass das bloße Anbringen stereotyper, zeichenhafter Formen das Gebäude für ihn nicht zu einer Moschee macht. Notwendig scheint vielmehr eine Bauform, in der sich alle Teile zu einem als stimmig empfundenen Gesamtbild fügen.

In diesen Gesprächssituationen wird deutlich, dass bestimmte Gebäudeformen mit bestimmten Nutzungen und Bedeutungen assoziiert werden. So erklären die Architekturtheoretikerinnen Lynda Schneekloth und Ellen Marie Bruce, dass die Einteilung von Gebäuden für Laien darauf basiere, "what the building is »for« and what it »looks like«;[34] folglich auf einer konzeptionellen Einheit von Form und Nutzung beruhe. Das heißt, Menschen sehen ein Gebäude und ziehen anhand seiner Form Rückschlüsse auf den Nutzungszweck als Supermarkt, Kirche, Moschee, Gefängnis oder Bank. Die Soziologin Silke Steets spricht in diesem Zusammenhang davon, dass Menschen in der Lage sind, Gebäude zu »lesen«.[35]

Steets expliziert, weshalb Menschen Unterscheidungen zwischen Bauwerken vornehmen: „Die Tatsache, dass wir gelernt haben, Gebäudetypen zu unterscheiden, liegt daran, dass es in unserer Gesellschaft einen Unterschied macht, ob wir auf den Friedhof oder in den Supermarkt gehen, um unserer Toten zu gedenken, oder ob wir in einer Moschee oder zu Hause die Schuhe ausziehen. Kurzum: Wir typisieren diejenigen Facetten unserer (gebauten) Umwelt, die gesellschaftlich relevant sind, und ähnlich wie an Institutionen und Rollen hängen auch an typischen Gebäuden typische Funktionen und typische Handlungsprogramme."[36]

So ist die typologische Unterscheidung von Gebäuden ein wichtiges Ordnungsinstrument und eine Orientierungshilfe im Alltag. Mit der Klassifizierung von Gebäuden erschließen sich Menschen ihre gebaute Umwelt und – wie jede Form der Klassifizierung – stellt auch die Bauklassifizierung eine Vereinfachung beziehungsweise Reduktion auf bestimmte Merkmale dar. Im Fall der Gebäudeklassifizierung werden Bauwerke als geschlossene Einheit von Form, Funktion und Zweck begriffen.[37] Dass auch die neuen Nutzer_innen Bauwerke als eine solche Einheit denken, zeigt nachfolgende Situation, die sich bei einer Hausbegehung zutrug: In einem der aufwendigsten Gebetsräume, den wir im gesamten Forschungsprozess besucht haben, sagt der Vorstandsvorsitzende, der uns führt, stolz: „Ja, das erwartet man von außen nicht! Von außen sieht das Gebäude aus wie ein Gefängnis." Unser Gesprächspartner ‚liest' folglich das Gebäude von außen als „Gefängnis", während es von innen „Moschee" kommuniziert – diese Kombination von Form und Funktion scheint ihm besonders. Das Beispiel zeigt auch: Verändert sich – als unmittelbare Folge der Umnutzung – die Funktion eines Bauwerkes, so löst sich die (gedachte) Einheit von Form, Funktion und Zweck auf. Damit fällt die herkömmliche

Bauklassifizierung gewissermaßen auseinander und die Lesbarkeit von Architektur wird herausgefordert.[38]

Wenn auch das Bild der typischen Moschee mit Kuppel und Minarett(en) für viele Menschen dasselbe ist, so werden gleichzeitig mit Gebäuden, welche mit Kuppel und Minarett(en) geplant und gebaut wurden, unterschiedliche Bedeutungen verbunden. Dies zeigen nachfolgende Beschreibungen: In einem Gebetsraum treffen wir eine Frau. Sie ist voll des Lobes für den Betsaal und erklärt, nur in Räumen wie diesem beten zu können. Uns erstaunt dies, denn der Raum wirkt auf uns, im Vergleich aller von uns besuchten Gebetsräume, recht gewöhnlich. Ein Unterschied liegt jedoch darin, dass dieser Raum in einem als Moschee errichteten Neubau liegt und das Gebäude von außen ganz die Formensprache klassischer osmanischer Moscheearchitektur zitiert. Hierin scheint sich die emotionale Aufladung zu begründen: Unsere Gesprächspartnerin betont, dass das Gebäude sie an die Türkei erinnere. Diese Wahrnehmung scheint so stark, dass es sich sogar auf diesen recht gewöhnlichen Innenraum überträgt und diesen damit zum Besonderen macht. Für wiederum andere ist die Gebäudeform ihrer Moschee, insbesondere deren Minarette, ein Symbol für die Zugehörigkeit zur Stadtgesellschaft – sie geraten ins Schwärmen, wenn sie beschreiben, wie der Moscheekomplex die Stadtsilhouette durch seine Minarette im Zusammenspiel mit den Kirchtürmen sichtbar präge. → Minarett, S. 342 → Fotoessay Perspektiven auf ein Minarett, S. 188 Andere unserer Gesprächspartner_innen betonen hingegen, dass der materielle Raum insofern bedeutungslos sei, weil man überall beten könne. Der besondere Raum entstehe durch das Gebet.

Vor dem Hintergrund weniger formaler Anforderungen, die an die Architektur muslimischer Gebetshäuser gestellt werden, und der entsprechenden großen Vielfalt an unterschiedlichen Formen weltweit, erscheint es bemerkenswert, wie stark die Bauform der Moschee hierzulande mit der Typologie des von Minaretten flankierten Zentralkuppelraumes assoziiert wird.[39]

Die emotionale Aufladung und die vielfältigen Bedeutungen von Architektur, die damit zum Symbol wird, zeigen sich besonders deutlich in den Diskussionen, die sich um den Neubau von Moscheen entspinnen: Die gleiche, zeichenhafte Gebäudeform kann von unterschiedlichen Personen(-gruppen) mit verschiedenen – positiven wie negativen – Bedeutungen belegt werden.

Die erzählte Verbindung

Alter Zweck und neue Nutzung werden nicht nur auf baulicher Ebene verbunden. Vielmehr scheint es ein Bedürfnis zu geben, die einstige und gegenwärtige Funktion des Gebäudes auch in Vorstellungen beziehungsweise in Erzählungen über das Gebäude in eine Traditionslinie zu setzen. An vielen Orten hören wir ähnliche Narrationen: Die einzelnen verschiedenen Bauzustände werden in einer logischen Erzählung, vergleichbar dem Konstrukt einer Biografie, zueinander in Bezug gesetzt beziehungsweise in eine für die Erzähler_in logische Ordnung gebracht. Abseits des Wahrheitsgehaltes, der nebensächlich ist, geht es darum, dass eine geteilte, sinnstiftende Erzählung für die entstandene Architektur gefunden wurde.

Der Gründungsmythos eines Gemeindezentrums unserer Studie handelt von einem Arbeiter, der früher mangels einer Alternative sein Gebet zwischen den Maschinen verrichten musste. Immer habe er auch dafür gebetet, einen „wirklichen Gebetsort" in der Nähe seines Arbeitsplatzes zu finden. Das Gebet des Mannes wurde erhört: Seit einigen Jahrzehnten ist genau diese Werkhalle, wo einst die Maschinen standen, zwischen denen der Mann beten musste, einer der größten Betsäle Deutschlands. Ob es wirklich so gewesen sei, das wisse er nicht, sagt unser Gesprächspartner, doch so habe es ihm immerhin sein Vater erzählt.

39
Bei den Sozialwissenschaftler_innen Claus Leggewie, Angela Joost und Stefan Rech (2002, S. 22) lesen wir: „Das westliche Bild [von Moscheen] ist geprägt (und verzerrt) vom Vorbild christlicher Sakralbauten und vom imposanten Erscheinungsbild mancher Großgebäude in den islamischen Kernländern. [...] Als typisch für Moscheen gilt der Kuppelbau mit Minarett. Der turmartige Aufsatz ist aber erst spät fester Bestandteil großer Moscheen geworden, und er ist ebensowenig vorgeschrieben wie Kuppeln." Zu den formalen Anforderungen schreibt der Kunsthistoriker und Archäologe Lorenz Korn: „Im Prinzip genügt es, wenn drei Kriterien erfüllt sind: Abgrenzung nach außen, Ausrichtung nach Mekka und kultische Reinheit. Heute wie zur Zeit des Propheten sind dies die drei entscheidenden praktischen Gesichtspunkte für die Gestaltung und Nutzung einer Moschee [...]. Diese muss als Raum klar gegenüber ihrer Umgebung abgegrenzt sein; die Gemeinde muss sich in ihr in der qibla – Richtung Mekka – orientieren; und die Moschee muss frei von ritueller Unreinheit gehalten werden, was auch eine Waschmöglichkeit für die Betenden einschließt." Siehe Korn, Lorenz (2012): Die Moschee. Architektur und religiöses Leben. München: C.H.Beck, S. 8–9.

40
Ruby (2010), S. 13.

Diese Narration erinnert an den Hamburger Gag, den man Besucher_innen von Moscheeführungen regelmäßig und mit viel Augenzwinkern erzählt. Dieser lautet, dass man das Gebäude der Badeanstalt im Grunde ja so belassen habe, wie man es vorfand. Die einzige Änderung sei, dass man dort, wo man früher den Körper reinigte, jetzt Geist und Seele reinigt. In dieser Abstraktion wird das Reinigen, unter dem beide Gebäudenutzungen subsummiert werden, zum verbindenden Element des Narrativs. Die viele Arbeit, die notwendig war, um die Kur- und Badeanstalt sukzessive zum muslimischen Gemeindezentrum umzubauen, wird heruntergespielt.

Auch Ämter bringen frühere und spätere Nutzungen in Bezug zueinander: Im Zusammenhang mit der Genehmigung des Minaretts auf dem einstigen Uhrenturm eines Verwaltungsgebäudes, das zur Moschee umgenutzt wurde, entstand im Jahr 1992 folgende Stellungnahme des Rheinischen Amtes für Denkmalpflege: „Der grazile Baukörper [das Minarett] beeinträchtigt in keiner Weise das Erscheinungsbild der Anlage, sondern er akzentuiert vielmehr den um 1930 reduzierten Turmaufsatz [...]. Überdies verrät der zeitgemäße Turmaufsatz die tatsächliche Nutzung der ehemaligen Fabrikanlage, er dokumentiert die soziale und kulturelle Situation der Stadt Düren in dieser Epoche und wird in der Zukunft ein baugeschichtliches Zeugnis sein für den Umgang einer westdeutschen Industriestadt mit den Mitbürgern aus anderen fremden Kulturkreisen." Ein Turmaufsatz wird als eine Art Indikator definiert, der beide Nutzungen des Gebäudes – die einstige und die gegenwärtige – anzeigt. Zudem wird das Artefakt zum baugeschichtlichem Zeugnis der Migration erklärt, sodass seine Bedeutung weit über die materielle und zeichenhafte Dimension hinausgeht.

Fazit

Nach dieser Analyse verschiedener Dimensionen der Umnutzung wird klar: Den Moscheegemeinden gelingt es nicht nur, ein spezifisches Programm Moschee zu entwickeln, sondern sie können dieses zudem in eine Vielfalt unterschiedlicher Gebäude einpassen. Hat das umgenutzte Gebäude im Laufe seiner Nutzungsgeschichte nicht selten (mehrere) Änderungen der Funktion und/oder Baugestalt erfahren, so endet dieser Wandel mit dem Einzug der Moscheegemeinde nicht: Im Laufe der Zeit ändern sich die Bedürfnisse der Nutzer_innen an das Gebäude insbesondere hinsichtlich seiner Funktion, Repräsentation, Barrierefreiheit, Ästhetik oder energetischer Gebäudestandards. Mit großer Kreativität setzen die Nutzer_innen ihre Bedürfnisse, Anforderungen und Wünsche um, sodass die Gebäude nie ganz zu Ende gebaut wirken. Die Architektur der Gemeindezentren scheint immer im Prozess und in keiner Weise starr zu sein.
Gerade diese Prozesshaftigkeit, so erklärt uns ein Denkmalpfleger in einem Schriftverkehr, führe dazu, dass die Umnutzung zu Moscheen aus denkmalpflegerischer Sicht schwer erfassbar sei, „weil die materiellen Umnutzungen oft jüngeren bis jüngsten Datums sind und ihrerseits häufiger mit neueren Schichten, je nach Wachstum der Gemeinde oder finanziellen Möglichkeiten, überlagert werden". Es ist in gewisser Weise eine Art tragische Ironie, dass ausgerechnet das, was die Gemeindezentren auszeichnet – nämlich ihre Flexibilität –, einer der Gründe ist, weshalb sie, zumindest aus denkmalpflegerischer Sicht, so schwierig zu greifen und damit einhergehend anzuerkennen sind.

Ein weiterer Grund, weshalb die untersuchten Gebäude vielfach übersehen, als Provisorien oder sogenannte „Hinterhofmoscheen" abgetan werden, ist, dass sie – wie viele Umnutzungen – Teil jener anonymen Architektur sind, die einen Großteil der gebauten Umwelt einnimmt. Eine solche Alltagsarchitektur wird häufig, insbesondere von Architekt_innen, von der Betrachtung ausgeschlossen. Damit wird die Kluft zwischen Hocharchitektur und Populärarchitektur, zwischen Architekt_innen und baulichen Laien immer größer oder wie der Architekturtheoretiker und Kurator Andreas Ruby schreibt, die „Architektur baut sich selbst ein Gefängnis, wenn sie sich von diesem alltäglichen Bauen über Gebühr abkoppelt [...]".[40]

Durch die Umnutzung bestehender Gebäude zu Moscheen kommt es, wie aufgezeigt, zu Überlagerungen in den Ebenen von Funktion, Struktur und Bedeutung und im Zusammenspiel entsteht ein breites Spektrum an Formen, räumlicher Komplexität und erfrischender Lösungen. Zwei Dinge werden in der vorliegenden Untersuchung besonders deutlich: Erstens, die Moscheegemeinden haben eine langjährige Expertise mit dem brandaktuellen Thema der Umnutzung. Zweitens, die Bauaufgabe Moschee scheint nicht fixiert zu sein, sondern in weiten Teilen flexibel interpretierbar.

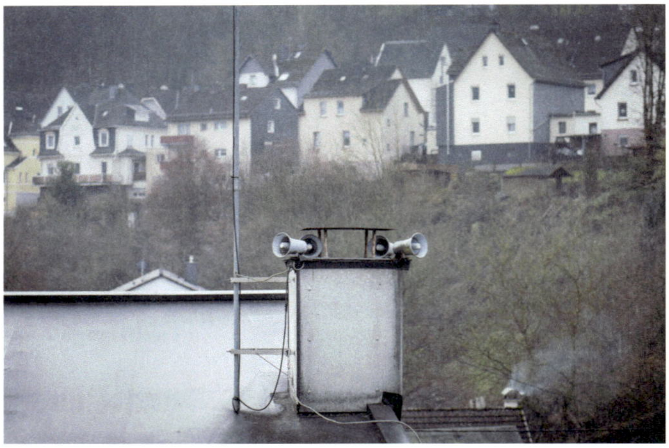

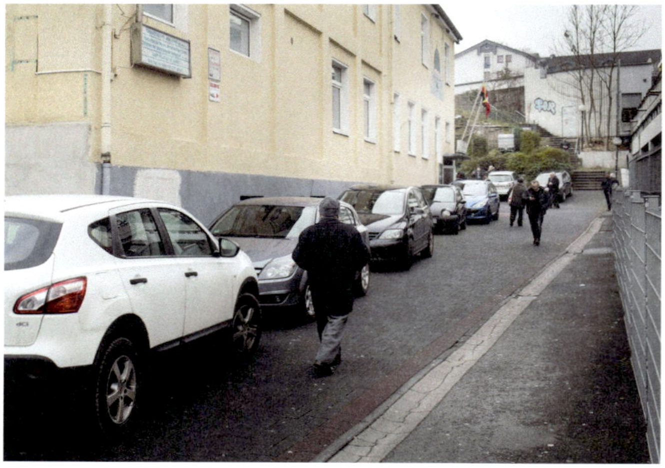

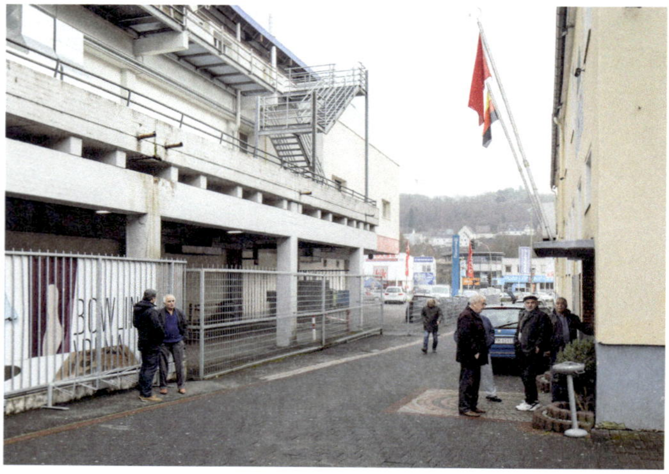

Fotoessay
Kommen und Gehen

Fotoessay
Kommen und Gehen

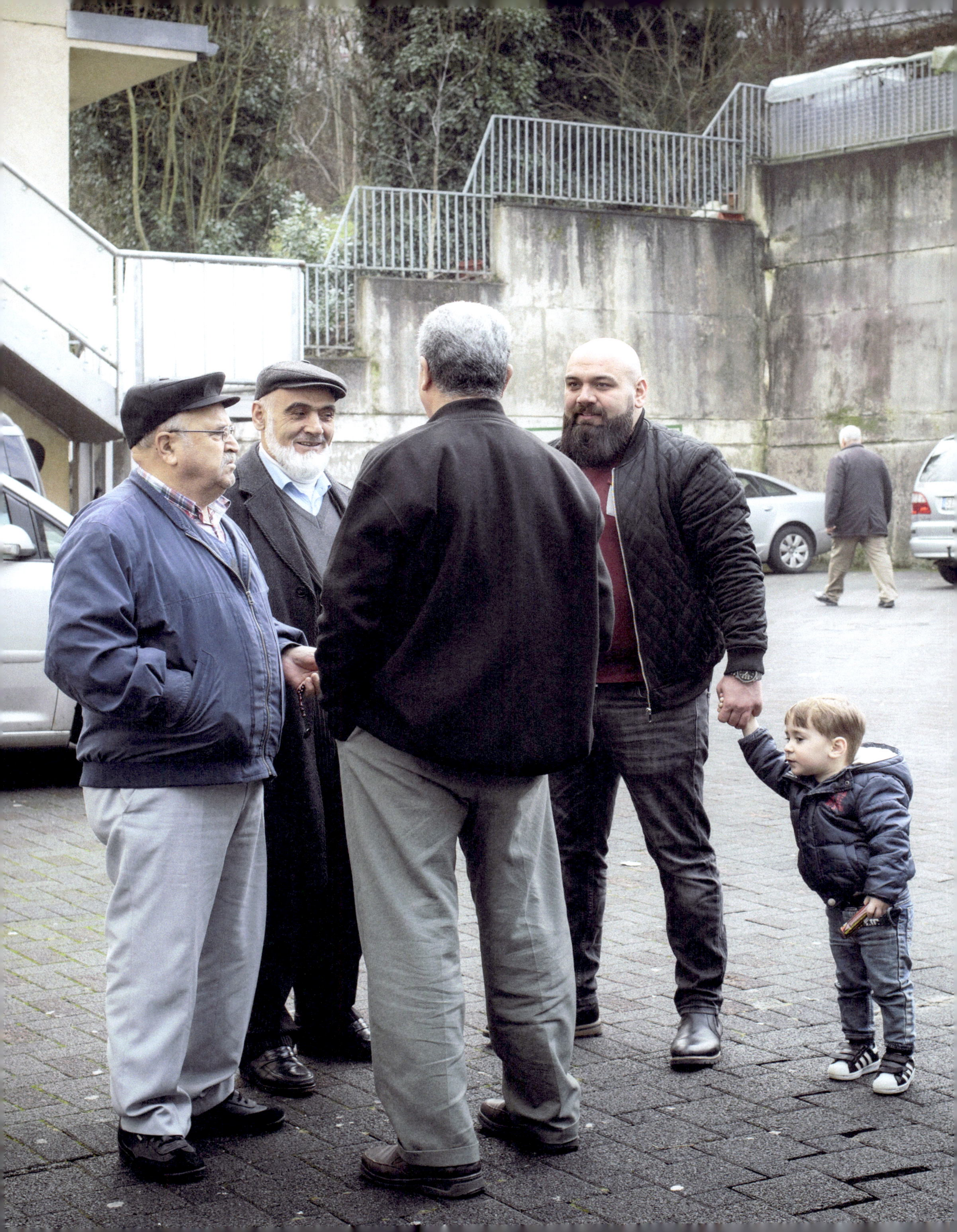

Abdesthane

Marko Perels

1
Reinheitskonzeptionen spielen in vielen Religionen und Kulturen eine Rolle und sind keine Besonderheit des Islams. Reinheit bezieht sich dabei längst nicht nur auf die Abwesenheit von Verschmutzung, sondern hat ethische und geistige Dimensionen, die im praktischen Ritual zur Reinigung gleichermaßen adressiert werden können (Vgl. Bley, Matthias; Jaspert, Nikolas & Köck, Stefan (Hrsg.) (2015): Discourses of Purity in Transcultural Perspective (300–1600). Leiden: Koninklijke Brill NV; Burschel, Peter & Marx, Christoph (Hrsg.) (2011): Reinheit. Wien: Böhlau; Douglas, Mary (1985): Reinheit und Gefährdung. Eine Studie zu Vorstellungen von Verunreinigung und Tabu. Berlin: Reimer). Rituelle oder kultische Reinheit hat damit materielle und immaterielle Aspekte, bezieht sich u. a. auf erwünschtes Wohlverhalten genauso wie auf Speisevorschriften und körperliche Reinheit (Vgl. Schrode, Paula (2012): Practices and Meanings of Purity and Worship among Young Sunni Muslims in Germany. In: Petra Rösch & Udo Simon (Hrsg.): How Purity Is Made. Wiesbaden: Harrassowitz, S. 309–332). Für einen Vergleich christlicher und muslimischer Vorstellungen siehe Hock, Klaus & Tosun, Cemal (2014): Regeln der Glaubenspraxis: Riten. In: Susanne Heine, Ömer Özsoy, Christoph Schwöbel & Abdullah Takim (Hrsg.): Christen und Muslime im Gespräch. Eine Verständigung über Kernthemen der Theologie. Gütersloh: Gütersloher Verlagshaus, S. 289–311. Für eine genauere Betrachtung ritueller Reinheitsvorstellungen im Islam und ihrer Begründung vgl. Conermann, Stephan (2011): Reinheitsvorstellungen im Islam. In: Peter Burschel & Christoph Marx (Hrsg.): Reinheit. Wien: Böhlau, S. 75–96.

2
Vgl. Conermann (2011), S. 86.

3
Dieses Kapitel beruht auf den teilnehmenden Beobachtungen im Waschbereich für Männer und beschränkt sich auf diese. Bereiche für Frauen haben ebenso Waschgelegenheiten, die allerdings im Verhältnis zu den für das Freitagsgebet ausgerichteten Kapazitäten der Männer eher klein sind.

4
Für eine genauere Beschreibung des Rituals der großen und kleinen Waschung vgl. Conermann (2011).

Muslimische Gemeinden verfügen über besondere Sanitärbereiche, da im Rahmen der religiösen Praxis rituelle Reinheit[1] gefordert ist. Aufgrund der baulichen Gegebenheiten finden sich die Becken zum Abdest (rituelle Waschung) oft in räumlicher Nähe zu den Toilettenbereichen der Gemeinden. Die rituelle Waschung trägt einerseits bereits Elemente des Gottesdienstes in sich.[2] Andererseits machen unsere Beobachtungen deutlich, dass diese Räume ebenso in ökonomischen Zusammenhängen von Verbrauch und Kosten verstanden werden müssen. Hier müssen sich viele Menschen in kurzer Zeit auf knappem Raum waschen können und in innerstädtisch gelegenen Moscheegemeinden werden die Abdesthane als kostenlose Toiletten auch von Nichtbetenden genutzt.

Abdesthane im Gemeindebetrieb

Das Gebet am Freitag zur Mittagszeit bringt regelmäßig den größten Andrang an Personen in das Gemeindezentrum. Während die Gewerbetreibenden und Angestellten aus den Geschäften, die mit der Moschee in Verbindung stehen, ihre eigenen Sanitärräume für die Waschung nutzen können, ist das den meisten anderen Gebetsteilnehmer_innen nicht möglich. Während die Waschräume der Moscheegemeinde zu anderen Zeiten oft leer sind, können wir zum Freitagsgebet Warteschlangen beobachten. Männer[3] warten auf ihre Gelegenheit, einen der Waschplätze einzunehmen. Oft warten sie im Vorraum, in dem schon die Schuhe und Socken auszogen werden und in dem kollektiv genutzte Badeschlappen bereitstehen. Hosenbeine und Ärmel werden hochgekrempelt. Die Warteschlange bietet Gelegenheit für kurze Grüße und Blickkommunikation. Hier finden erste Begegnungen zwischen Gästen und regelmäßig hier Betenden statt. Sobald ein Platz an einem der Waschbecken frei wird, geht der Nächste aus der Reihe hin. Nach der Waschung[4] gehen die Männer dann zurück zum Papierspender, um sich abzutrocknen. Die Badeschlappen werden wieder zurückgestellt, um sich auf Socken auf den Weg zum Gebetsraum zu machen. Die Ansammlung von Männern im Abdesthane trägt in ihrer Körperlichkeit und Nähe, mit den entblößten Armen, Unterschenkeln und Füßen, schon Aspekte des folgenden Gemeinschaftsgebets in sich.

Die Ausstattung

Die Becken für die Waschung sehen wir in unterschiedlichen Formen und Materialien. Eine praktische und preiswerte Lösung sind durchgehende Edelstahlwannen, die entlang der Wand montiert sind. Aufwendiger gestaltet sind in die Räume eingepasste, gemauerte und gefliese Bassins. Die seltenere und vom Material hochwertigste Lösung sind Marmorbecken. Auch die Papierspender im Vorraum sehen wir in diversen Varianten. Papiertücher sind entweder in einem Regal gestapelt oder in speziellen, fest montierten Papierspendern. In anderen Gemeindezentren erinnern überdimensionierte Papiertuchrollen mit langer Abreißkante eher an industrielle Nutzungen. Die Schuhe können vor der Waschung entweder in einem Regal verstaut oder unter einer speziellen Sitzbank deponiert werden. Diese Sitzbänke erleichtern das Waschen an den Waschbecken, die auf niedriger Höhe angebracht sind.

     In einigen Gemeindezentren erleben wir die Überarbeitung der Waschräume im Forschungszeitraum. Die schnell improvisierten gefliesten Becken stellen sich im Alltagsbetrieb als zu niedrig heraus, sie spritzen zu sehr und der Ablauf des Wassers funktioniert nicht richtig. Der Handlungsdruck ist dann hoch und eine prompte Überarbeitung erfolgt. Ein weiterer Grund für die Umgestaltung der Räume ist eine bessere Trennung zwischen den Wasch- und den Toilettenbereichen, um die Sauberkeit zu gewährleisten. Mit pragmatischen Gründen für einen Umbau mischen sich unter Umständen auch ästhetische. Zuweilen haben wir den Eindruck, zwischen den Moschee-

5
Der Band von Rem Koolhaas (2014) verdeutlicht die Konjunkturen und Politiken der Durchsetzung verschiedener Toilettenkulturen weltweit aus der Perspektive der Architektur. Die Unterscheidung in Sitz- und Hocktoiletten ist dabei auch jenseits der Türkei ein Ordnungsprinzip, vgl. Koolhaas, Rem (2014): Toilets. Band 11 der Serie Elements. Venedig: Marsilio.

6
Vgl. ebd., S. 118 und 122.

7
Vgl. Conermann (2011), S. 84 ff.

8
In türkischer Sprache heißt dieser Wasserspender in der Sitzschüssel, der als Bidet funktioniert, „Taharet Musluğu". Tahaara (arab.) ist der Begriff für die islamische Konzeption von Reinheit.

gemeinden einen gewissen Wettbewerb um den schönsten Waschbereich zu beobachten oder um die beste Lösung. So stößt, als wir unser Forschungsvorhaben in den Moscheegemeinden vorstellen, mehrfach ein kleines Foto unserer Präsentation auf großes Interesse. Dieses Foto zeigt ein Abdesthane und gilt unseren Gegenübern als vorbildhafte und anregende bauliche Lösung. Selbst in einem Neubau hören wir von ambitionierten Plänen, erneut grundlegende Veränderungen vorzunehmen – denn die bisherige Ausführung führt bei Freitagsgebeten zu Reibungen. Geplant ist in diesem Fall anstelle der vorherrschenden linearen Anordnung der Becken entlang einer Wand die kreisförmige Anordnung aller Waschschüsseln mittig im Raum, ähnlich eines Brunnens. Zudem besteht die Hoffnung, dass sich dadurch mehr Betende gleichzeitig reinigen können und weniger in die Quere kommen. Der Planende betont ebenso den ästhetischen Aspekt seiner mit Stolz vorgetragenen Absichten.

Immer wieder wird Barrierefreiheit im Zusammenhang mit dem Abdesthane thematisiert. Sehr oft finden sich die Waschräume im Untergeschoss: Ebenerdige, barrierefreie Zugänge werden gewünscht. Eine andere Frage betrifft Sitzgelegenheiten vor den Waschbecken. Bisweilen gibt es sie gar nicht, was schon eine gewisse Standfestigkeit und Übung beim Reinigen der Füße voraussetzt. Andererseits werden auf diese Weise enge Raumverhältnisse nicht zusätzlich eingeschränkt, indem auch noch Hocker im Weg stehen. An anderen Orten gibt es am Boden fest montierte Sitzgelegenheiten oder mobile Hocker, die als Hilfsmittel dienen.

Toilettenbereiche schließen meist unmittelbar an die Räume zur rituellen Waschung an. Mal ist beides nebeneinander in einem Raum untergebracht, mal durch einen Durchgang getrennt. Das kann Nutzungskonflikte bedeuten, wenn Aushänge für den Bereich der rituellen Waschbassins die Nutzung der Badeschlappen fordern, während reine Toilettennutzer ansonsten in Straßenschuhen durchgehen. Auch verschiedene Typen der verwendeten Toilettenschüsseln können im Zusammenhang mit Vorstellungen von Reinheit und Barrierefreiheit verstanden werden und sich dahingehend unterscheiden. Sehr oft gibt es in den Boden eingelassene Hocktoiletten, die aus hygienischen Gründen bevorzugt werden. Bei diesen auch als „türkische Toilette" bezeichneten Einbauten gibt es im Gegensatz zur Sitzschüssel keine Berührung mit einer von verschiedenen Nutzer_innen geteilten Sitzfläche.[5] Der Nachteil dieses Toilettentyps liegt in der Anstrengung des Hockens, die bei körperlichen Beeinträchtigungen problematisch wird.[6] Und so finden wir in einigen besuchten Gemeinden beide Toilettentypen. In allen Gemeindezentren wird, z. B. durch einen in der Sitzschüssel befindlichen Wasserspender, für die Möglichkeit gesorgt, sich nach dem Toilettengang zu waschen. Die bloße Reinigung des Intimbereichs mit Toilettenpapier genügt nicht den Hygienevorstellungen, die sich auch aus Imperativen der rituellen Reinheit ergeben.[7,8]

Sparsamkeit

In den Vorräumen der Sanitärbereiche, in den Waschräumen, Toilettenanlagen und bisweilen selbst in einzelnen Kabinen sehen wir regelmäßig Aushänge, die – meist mehrsprachig – zur Sparsamkeit aufrufen. → Finanzierung 2 – Unterhaltungskosten, Mitgliedsbeiträge, Spenden und Sparen, S. 61 → Aushänge, S. 126 Gelegentlich verweisen diese Aufrufe auf religiöse Quellen, wenn sie die Verschwendung von Wasser, Elektrizität oder Papiertüchern anprangern. In den Gesprächen mit Vorstandsmitgliedern hören wir immer wieder von den hohen Kosten, die mit dem Verbrauch dieser Güter einhergehen. Einer von ihnen bilanziert allein die Kosten für die Papiertücher auf mehrere hundert Euro pro Monat, als er bei der gemeinsamen Begehung feststellt, dass im Frauenbereich die Abtrockentücher schon wieder aufgebraucht seien. Es wird Toilettenpapier zum Abtrocknen von Händen und Füßen genutzt. Für die Kosten macht es einen großen Unterschied, ob das Wasser bei der rituellen Waschung permanent laufen gelassen oder zwischendurch abgedreht wird. In etlichen Gemeindezentren bemerken wir Automatisierungen in den Armaturen, die, z. B. über eine Lichtschranke oder einen Druckknopf, Intervalle für die Wasserspende vorgeben. Ebenso deutlich ist allerdings, dass diese Steuerungen in vielen Gemeinden defekt sind. Sie zu ersetzen, bedeutet Kosten und scheinbar deshalb sind nicht selten improvisierte Lösungen der Defekte realisiert, die den Spareffekt allerdings wieder konterkarieren. Neben den Aushängen und den technischen Steuerungssystemen bietet die direkte Ansprache eine dritte Art des Versuchs, den Ressourcenverbrauch zu begrenzen. Laut und lebhaft beklagt sich ein älterer Hausmeister, der Verantwortung für die Ordnung im Waschbereich übernimmt, dass schon wieder Badelatschen verschwunden sind. Er gehört zu den engagierten Gemeindemitgliedern, die anderen schon mal den Hinweis geben, dass man nicht fünfmal am Papierspender ziehen müsse.

Offene Gemeinden – öffentliche Toilettenanlagen

In innenstadtnahen muslimischen Gemeindezentren kann die öffentliche Nutzung der Toilettenbereiche durch verschiedene Gruppen zu Unzufriedenheit führen. Zum einen erzählen uns Gemeindegänger_innen selbst von der praktischen Möglichkeit, die Toiletten von Moscheen z. B. auch beim Einkaufen in der Stadt benutzen zu können. Aber auch von Nichtmuslim_innen werden die Sanitärräume bisweilen als öffentliche Toilette genutzt, da sie meist rund um die Uhr geöffnet und kostenlos sind. Diese Nutzung erfordert dann zusätzliche Reinigungsmaßnahmen. In einer Gemeinde hören wir, dass eine Reinigungskraft extra nur für den Wasch- und Toilettenbereich angestellt wurde. Durch die intensive öffentliche Benutzung können die Waschräume zu Schamräumen werden, um die wir als Forschende von Gemeindemitgliedern doch lieber herumgeführt werden. Problematische Nutzungen der Toilettenanlagen ergeben sich für die Gemeinden mit aktiver Drogenszene im unmittelbaren Umfeld. Hier hören wir von teils mit behördlicher Unterstützung durchgeführten Interventionen, die nötig wurden, um die Szene vom Missbrauch der ständig geöffneten Sanitärräume abzuhalten. Mitglieder berichten dann von der sozialen Kontrolle, die sie zum Schutz ihrer Gemeinde ausüben müssen. Deutlich wird somit, in welchem Spannungsfeld von Offenheit und Kontrolle, Reinheit und Verschmutzung die Waschbereiche der Gemeindezentren zu verstehen sind und welchen Aufwand ihr Unterhalt erfordert.

Aushänge

Kathrin Herz

Fokussieren wir ausschließlich auf die unzähligen Aushänge in den Gemeindezentren, so eröffnet sich in den Moscheen ein visueller Kosmos, in dem es vieles zu entdecken gibt: Ankündigungen, Verbote, Informationen, Werbung, Zukunftsvisionen, Berichte etc. – ganz Unterschiedliches finden wir. Mal sind es professionell gestaltete, in Serie produzierte Printerzeugnisse, die wir an vielen Orten vorfinden, dann wieder handschriftliche Notizen, ausgeschnittene Artikel aus Zeitungen, Pläne, z. B. für die neue Küche oder gar den Neubau der Gemeinde. Sie hängen hinter Glas in Schaukästen, sind an Pinnwände gesteckt, kleben an Handtuchspendern oder auch schon mal auf dem Fußboden.

  Machen wir einen Spaziergang durch ein typisches Gebäude: Auf der linken Seite des langen Flurs hängen Vitrinen, auf der gegenüberliegenden Poster. In den Schaukästen reihen sich die aktuelle Mitgliederliste, eine Spendenliste, die Planung für die neue Teeküche, Zeitungsausschnitte etc. aneinander. Die aufwendig gestalteten Poster kündigen die diesjährige Kampagne zum Opferfest an, andere wiederum bewerben die Wallfahrt nach Mekka. Seitlich der Türen, die in die Räume von Friseur oder Buchhandlung führen, hängen weitere Aushänge – diese listen insbesondere Öffnungszeiten der jeweiligen Geschäfte. Zur Gebetszeit werden sie manchmal überklebt mit in Folie laminierten Texten. Darauf ist dann beispielsweise Folgendes zu lesen: „Ich bin gleich da bin im Gebet Namazdayım." Auf halber Treppe hängt eine riesige Pinnwand aus Kork. Eine Schneiderin wirbt für ihr Geschäft: „Jede Frau ist einzigartig, für Sie in unserem speziellen Stil". Eine Nachbargemeinde lädt zur Kermes, dem Frühlingsfest der Gemeinde, ein. Jemand wirbt für eine Reise. Die Pinnwand ist voll. Eine Etage weiter oben gibt es keine Pinnwand, aber trotzdem viele Aushänge. Sie sind mit Klebestreifen an den Fliesen befestigt. Mit den Fliesen im Hintergrund verbinden sich die Aushänge mit all den unterschiedlichen Designs, Formaten und Inhalten zu einer bunten Collage. Eine halbe Treppe weiter klebt auf dem Fußboden ein Sticker „Ayakkabı ile halıya basmayınız! Nicht mit den Schuhen auf den Teppich treten!". Schon viele Füße stiegen über ihn und hinterließen Spuren der Abnutzung. Der Sticker mit dem Herrenschuh und demselben Text, der ein Stockwerk tiefer an gleicher Stelle klebt, ist kaum noch lesbar. Einen Schritt weiter klebt am Regal dieser Zettel, der in einer Klarsichtfolie steckt: „Ayakkabılarımızı raflara koyalım lütfen!! Bitte die Schuhe ins Regal stellen!!" Wir stellen die Schuhe ins Regal, betreten den Gebetsraum und finden direkt auf die Wände geschriebene Kalligrafie in bunten Farben, deren Inhalt wir nicht lesen können. Anders die Poster, die auf den Säulen kleben – die kennen wir schon von anderen Orten. Sie sollen nicht-muslimischen Besucher_innen wesentliche Bestandteile einer Moschee erklären. So gibt es ein Plakat für den Teppich, die Gebetsnische, das Minarett usw. Aus dem Augenwinkel sehen wir eine Tafel der Flucht- und Rettungswege, die Auskunft über das Verhalten im Brandfall gibt, wie wir sie beispielsweise auch aus Hotels oder öffentlichen Bauten kennen. Beim Verlassen des Raumes ermahnt uns ein Schild „Licht aus!". Warum das notwendig erscheint, zeigt die auf dem DIN-A4-Blatt ausgedruckte Auflistung der jährlichen Nebenkosten des Gebäudes, die daneben gehängt wurde.

  Insgesamt erscheinen uns die besuchten Moscheen als Orte, an denen viel gelesen werden kann – ganz zu schweigen von den vielen Büchern im Gebetsraum oder im Buchgeschäft oder von den Aushängen in den Teestuben, Restaurants und Lebensmittelmärkten, den Hausaufgabenlisten auf den Tafeln oder den Buchstaben des arabischen oder türkischen Alphabetes darüber, die wir in Unterrichtsräumen finden. Und natürlich gibt es Schilder …
→ Schilder, S. 346

  Für alle, die noch mehr lesen möchten: Am Ausgang des Gebäudes gibt es in der Regel einen Aufsteller mit Faltblättern zum Mitnehmen – meist sind es Informationen des jeweiligen Dachverbandes, die beispielsweise „Die Moschee. Mein zweites Zuhause" oder „Der Islam. Eine Weltreligion" heißen.

Baustelle

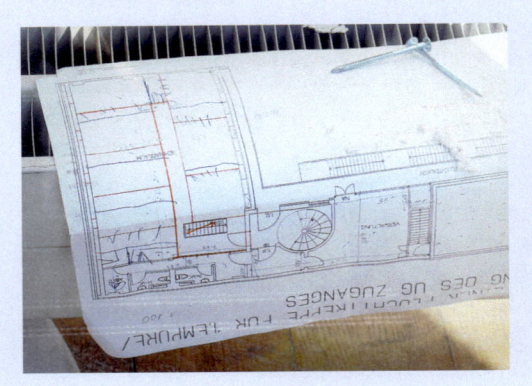

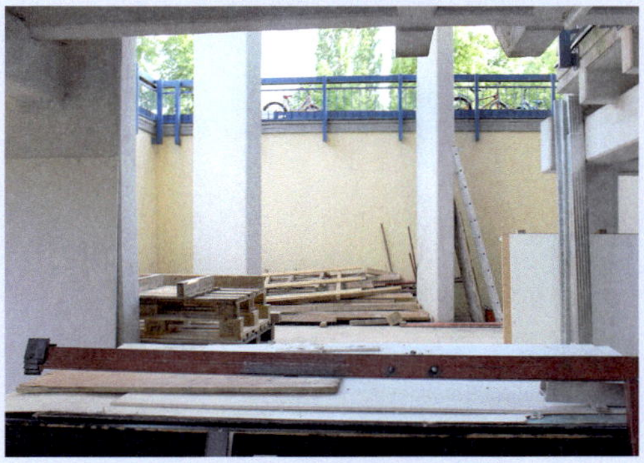

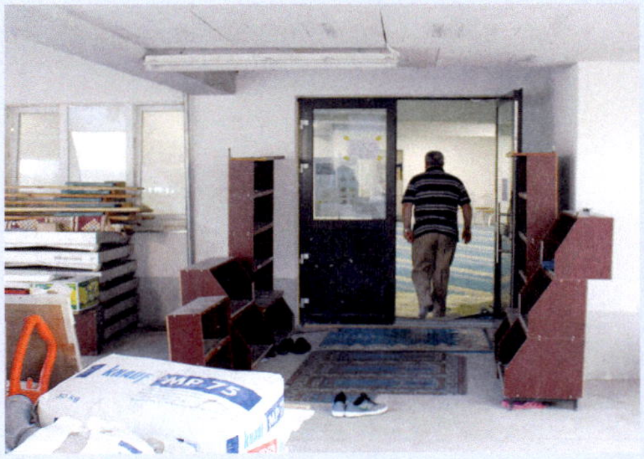
MP 75

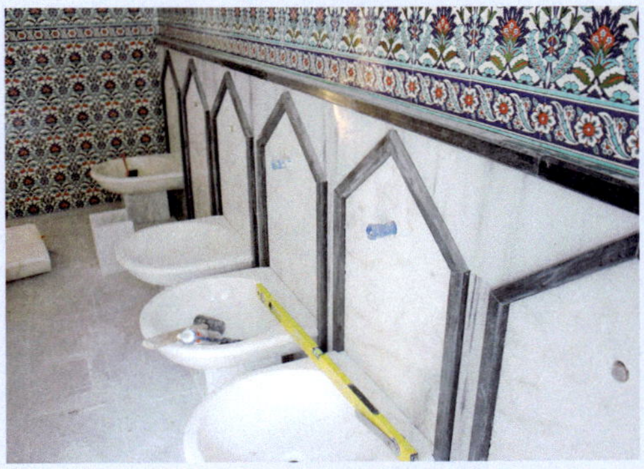

[1] Das Wort „Meister" bezieht sich in diesem Fall weniger auf eine verbriefte Ausbildung als auf die Übersetzung der türkischen Bezeichnung für den Meister seines Fachs. Respektvoll wird dann von dem Friseur bzw. Berber als „Usta" gesprochen. Die Meisterschaft zeigt sich in der praktisch erlebten Professionalität von Bart- und Haarpflege.

Berber

Marko Perels

„Ein Berber gehört immer zu einer Moschee", fasst es einer unserer Interviewpartner zusammen. Für Außenstehende ungewöhnlich, ist bei der Recherche zu diesem Buch in sechsundvierzig Gemeindezentren deutlich geworden, dass ein Großteil von ihnen über einen Herrenfriseur verfügt. Und selbst wenn er nicht mehr vorzufinden ist, so erfahren wir im Gespräch doch regelmäßig, dass es ihn lange Jahre gegeben habe. Im Folgenden werden einige standortübergreifende Aspekte zur Relevanz und raumbezogenen Entwicklung der Berber in den Moscheegemeinden zusammengefasst, wie sie sich aus unseren Gesprächen und Beobachtungen vor Ort ergeben haben.

Von der Frisierecke hin zum exklusiven Raum

In der Kommunikation über die Friseure in den Gemeindezentren türkeistämmiger Muslim_innen wird meist das türkische Wort Berber als Entsprechung für Herrenfriseur verwendet. Unschwer ist das Wort Barbier zu assoziieren, das sich in seiner lateinischen Wurzel auf den Bart bezieht. Beim Berber werden Haare geschnitten, während ebenso eine elaborierte Bart- und Schnurrbartpflege angeboten wird. Herrenfriseure haben in den Gemeinden eine lange Geschichte. Auf die Frage nach den Ursachen wurden uns im Rahmen der Forschung immer wieder ähnliche Begründungen erzählt. Zunächst habe es in Deutschland ein passendes Angebot an Herrenfriseuren einfach nicht gegeben. Die Friseure außerhalb seien zu teuer gewesen und man habe andere Vorstellungen von Haar- und Bartpflege. Dabei wird mit der Kürze des Schnitts argumentiert, während es ebenso um bestimmte Techniken und Prozeduren geht. Mit dem Friseur in der Moschee kämen die Einnahmen aus Bart- und Haarschnitt außerdem der Gemeinde zugute.

Hinsichtlich der räumlichen Ausgestaltung, der Größe und der Ausrichtung des Herrenfriseurs auf eine eher interne oder externe Kundschaft gibt es in den Gemeinden unterschiedliche Varianten. Noch heute aufzufinden ist der Berber, der sich nur an die Mitglieder der Gemeinde richtet und der keine auf weitere Kundschaft gerichtete kommerzielle Funktion darstellt. Er hat oft nur einen Arbeitsbereich in der Ecke eines Aufenthaltsraumes, abgetrennt mit einer Konstruktion aus Holzwänden, meist mit einem Sichtfenster, das einen Blick auf das Innere ermöglicht. Neben einem solchen Betrieb mit nur einem Frisierstuhl und in räumlicher Enge, der nicht regelmäßig, sondern eher auf Zuruf und in kleinen Zeitfenstern läuft, finden wir aber auch andere Ausprägungen. Am repräsentativsten erscheinen Geschäfte mit eigenen abgeschlossenen Räumlichkeiten in exklusiver Lage und mit mehreren Frisierstühlen.

Der etablierte Berber hat einen eigenen Raum. Oft ist der aktuelle Raum ein Endpunkt diverser Umzugsbewegungen im Gebäude der Gemeinde. Wir haben Gemeinden besucht, in denen uns berichtet wurde, dass der Herrenfriseur an mindestens drei verschiedenen Standorten untergebracht war. Er wanderte z. B. vom Keller in eine Ecke des Gebetsraumes und im Fall der Etablierung dann in eine Außenlage am Gebäude mit eigenem Zugang von der Straße aus. Dieser Zugang scheint Bedingung für einen kommerziell erfolgreichen Frisierbetrieb, von denen wir diverse vorgefunden haben. Während bei den kleinen Betrieben nur ein älterer Meister[1] arbeitet, oft ein Rentner, der nebenbei als Friseur für die Moschee tätig ist, bieten die größeren

Einen spannenden Einblick in die Institution des Berbers, leider nur in türkischer Sprache, liefert der Sammelband von Bora, Tanıl & Erkoçak, Adem (Hrsg.) (2015): Bir Berber Bir Berbere. İstanbul: İletişim Yayınları. Diverse Beiträge betonen den Charakter der Initiation, die ein väterlich begleiteter Besuch beim Berber hat. Ebenso wird der Stolz dieses Berufsstandes herausgearbeitet, der im Zweifelsfall in Interaktionen mit der Kundschaft steuert, wer sich hier wirklich zur dauerhafteren Kundschaft zählen und wohlfühlen darf. Vgl. Erkoçak, Adem (2015): Berber Dükkanları: İki kuru lavabo, iki ayna, iki de koltuk. In: Tanıl Bora & Adem Erkoçak (Hrsg.): Bir Berber Bir Berbere. İstanbul: İletişim Yayınları: 158–176, S. 168. Universale Aspekte einer körperbezogenen Sozialisation über Haartracht beschreibt in ähnlicher Weise der Sammelband von Janecke, Christian (Hrsg.) (2004): Haar tragen. Eine kulturwissenschaftliche Annäherung. Wien: Böhlau.

Arbeitsplätze für mehrere Friseure und sind unter Umständen florierende Betriebe. Nicht nur in der Lage, auch in der Inneneinrichtung sehen wir deutliche Unterschiede. Von der detailreich geschmückten Frisierstube mit augenscheinlich gewachsener Historie, die über vergilbte Fotografien und Dekoration Hinweise auf die Herkunft des Meisters und seine Vorlieben liefert, bis hin zu nüchtern und funktional eingerichteten Varianten konnten wir viele Kontraste beobachten. Immer jedoch duftet es nach Frisierwassern und Shampoo – der Raum ist fast schon der Nase nach zu finden.

Insbesondere größere Betriebe sind über den Haar- und Bartschnitt hinaus wichtige Anlaufpunkte im Gemeindeleben. Gebets- und Aufenthaltsraum sind in den Randzeiten wenig frequentiert und werden teilweise zwischen den Gebeten verschlossen. Aber der Herrenfriseur ist durchgehend geöffnet und eine Adresse, bei der auch mal einen Schlüssel hinterlegt werden kann oder die der Gemeindekommunikation dient. Damit kann auch ein Sicherheitsaspekt verbunden sein. Denn der Berber und andere Geschäfte beleben die Moscheegemeinde. Es ist immer jemand da, der ein Auge auf die Kommenden und Gehenden werfen kann, was insbesondere bei einer verbreiteten Politik der offenen Tür relevant wird. → Sicherheit, S. 354 Einige der Frisierstuben bieten durch ihre Lage, mit in Eingangsbereiche oder Innenhöfe gerichteten Fenstern, für diese Funktion einen sehr guten Blick. Bei manchen erstreckt sich der Aufenthaltsraum der Kundschaft oder der Friseure selbst auch in angrenzende Außenbereiche, die zum Gemeinsam-in-der-Sonne-Sitzen einladen, bis der nächste Kunde kommt.

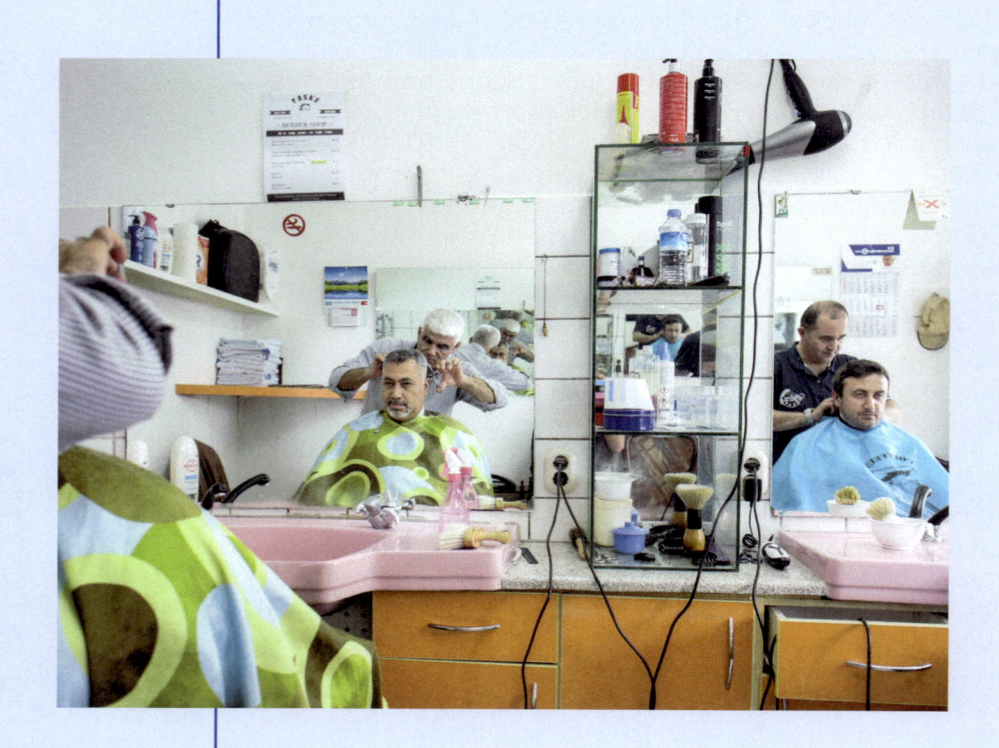

Zur Geschichte der Herrenfriseure gehört ebenso, dass sie keine ungebrochene Konstante mehr sind. In der Türkei seien Berber in der Moschee ohnehin nicht üblich, meint ein Vorstandsmitglied, weil es im eigenen Viertel den typischen Herrenfriseur immer zuhauf gegeben habe. Mittlerweile gibt es auch in Deutschland genügend einschlägige Angebote im direkten Umfeld, sodass sich ein Betrieb im Gemeindezentrum manchmal nicht mehr lohnt. Die anderen Friseure seien ebenso günstig und gut. Ein Gesprächspartner und Vorstandsaktiver berichtet, er würde den Berber am liebsten abschaffen. Es gebe doch etliche Gute in direkter Umgebung. Ein anderer erzählt von Vorwürfen anderer Herrenfriseure, die ihren Kollegen in der Moscheegemeinde unlauter bevorzugt sehen, weil er gewissermaßen subventioniert sei. Außerdem ist Raumnot ein Kennzeichen der meisten von uns besuchten Gemeindezentren. Der Berber benötigt einen Platz – und dieser kann aus hygienischen Gründen und wegen nötiger Infrastruktur nicht umstandslos mit anderen Funktionen geteilt werden. Insofern sind räumliche Bedingungen oft entscheidend dafür, ob der Frisierbetrieb regulär und nach außen gerichtet expandieren kann oder ob ihm gar kleinere Räumlichkeiten schon streitig gemacht werden. Trotz einer Tendenz, die Herrenfriseure in den Gemeinden nicht mehr als ganz selbstverständlich anzusehen – ähnlich wie die Supermärkte mit ethnisch codierten Nischenprodukten der ersten Stunde – gibt es auch gegenläufige Bewegungen. Diese argumentieren in der Gemeindepolitik mit dem Wunsch nach einem Friseur als sozialem Zentrum und Angebot für die Gemeinde. Während der Berber üblicherweise auf männliche Kundschaft ausgerichtet ist, hören wir in einem Fall von dezidierten Planungen, auch für die weiblichen Gemeindemitglieder ein attraktives Frisierangebot zu schaffen.

Wertgeschätzte Handwerkskunst

Was zur Popularität eines Berbers in der Moscheegemeinde führt, lässt sich am besten über Selbstversuche herausfinden. Beim Rundgang durch Gemeindezentren folgten wir bisweilen Empfehlungen, doch unbedingt den Friseur zu besuchen, der ein richtiger Usta, ein Meister seines Fachs wäre. Folgende Beschreibung einer Rasur gibt Eindrücke aus dem ethnografischen Selbstversuch wieder:

> „Ich werde nach fast allen Regeln der Barbierkunst rasiert. Alles wird mit warmem Schaum aufmassiert und dann wird mit einem Rasiermesser mit Einklick-einmal-Klinge, peu à peu aller Bart sehr gründlich abgeschabt. Das dauert ganz schön lange. Hinterher gibt es noch einmal Abreiben mit Kolonya (Kölnisch Wasser), was mich über das Brennen auf der Haut wieder richtig wachmacht. Anschließend wird eine Hautcreme ins Gesicht massiert. Meine Brille behalte ich auf, lediglich als am Ende mithilfe eines Fadens die unter den Augen auf den Wangen liegenden Haare epiliert werden, nehme ich sie ab. Der Friseur benutzt dazu einen Bindfaden, den er mit einer besonderen Technik zwischen den Händen in drei oder vier Fäden gezogen hält und über meine Haut zieht und die Haare ausreißt. Am Ende zahle ich für diese doch recht aufwendige Prozedur fünf Euro."

Die Rasur bekommt einen fast rituellen Charakter. Mit der sorgsamen Entfernung aller Haare unter Anwendung besonderer Techniken hat sie Aspekte eines Wellnessangebotes. Hier wird mit Fadentechnik epiliert, dort wird mit offener Flamme flaumiges Haar versengt. Der Preis ist dabei ausgesprochen günstig, worauf in Gesprächen mehrfach hingewiesen wird. Ein Herrenfriseur mit florierendem Laden berichtet stolz von seiner Kundschaft, die selbst aus dem Umland noch mit dem Auto angefahren komme.
    Wir erleben recht unterschiedliche Friseure in den Gemeinden. Zum einen finden wir alterfahrene türkischen Barbiere mit Handwerkskleidung und stolzem Auftreten[2]:

> „Der Friseur ist eine stattliche Person in höherem Alter mit gepflegtem und voluminösem schwarzen Oberlippenbart. Er trägt einen weißen Kittel, der fast schon nach Arzt aussieht und allerlei Kämme und Scheren verbirgt, die ebenso in großer Zahl und sortiert auf dem Fensterbrett und vor dem Spiegel liegen."

Zum anderen beobachten wir jüngere Friseure, die sich entsprechend der neusten Mode inszenieren und, z. B. mit ihren aktuell angesagten knallroten Turnschuhen, ganz ihrer Kundschaft ähneln. Beide Typen werden in ihrer Handwerkskunst jedoch gleichermaßen geschätzt.

In der Beobachtung fallen uns immer wieder die Sorgfalt und der Zeitaufwand der gründlichen Bearbeitung auf:

> „Der Mann zuvor wurde sehr eindrucksvoll frisiert. Immer wieder fragte ich mich: Aber jetzt muss es doch fertig sein? Pustekuchen. Es wird eine andere Schere genommen, ein anderer Rasierer, nochmal die Haare weggebürstet oder mit der Sprühflasche das Haar nass gemacht. Es ist alles sehr, sehr, sehr akkurat. In Feinsttuning werden die Ränder geschnitten, nicht einmal, sondern vielleicht dreimal. Dabei rotiert der Friseur mit beeindruckenden Handgriffen, die alle perfekt sitzen. Hier Kamm raus, da Schere hin. Für mich ist das schon eine Kunst. Es wirkt fast wie Choreografie."

Der Ethnograf ist beeindruckt von dieser Arbeitsweise, die so offenbar nicht zu seinem Alltagserleben gehört. Im Unterschied zu der Kundschaft beim Berber scheint er keinen sonderlichen Wert auf die Akkuratesse zu legen, die ihm im Feld auffällt.

> „Was an ihm [einem Kunden] frisiert wird, ist mir etwas schleierhaft. Er hat schon eine sehr kurze Rasur, die aber nochmal nachgearbeitet wird. Vorne trägt er eine Minitolle, von der vielleicht noch ein Millimeter nachgekürzt wird am Ende. Ich denke mir, wenn er auf solche Details Wert legt, dann geht er einmal die Woche zum Haareschneiden."

Im Blick auf manche Kunden fragt sich der Ethnograf, was die Männer denn überhaupt hier wollen, weil für seine Begriffe die Frisuren schon sehr akkurat und fertig aussehen. Offensichtlich steckt hier ein Hinweis auf die Nutzungsweise der Herrenfriseure durch die Kundschaft. Von einigen wird sehr großer

Wert auf eine saubere Frisur gelegt, die im Zweifel im Wochentakt nachgeschnitten wird. Die günstigen Preise ermöglichen das. Ein Gesprächspartner betont gerade die Auslastung des Ladens zum Wochenende hin, wenn die jungen Männer anschließend ausgehen würden. Da werde noch der letzte Schliff verpasst.

Der Berber als soziales Zentrum der Moscheegemeinde

Der Herrenfriseur ist nicht nur ein Ort der Handwerkskunst, sondern auch der Kommunikation und Vergemeinschaftung, des ‚Sehen und Gesehenwerden'. So wie sich die Beschäftigten beim Berber in ihrem Alter unterscheiden, gilt das ebenso für die Kundschaft. Das führt zu Kontrasten im sozialen Geschehen der Frisiergeschäfte. Zu beobachten sind Väter, die mit ihren Söhnen zum Berber kommen. Diese werden je nach Alter auf den üblichen Sitzerhöhungen auf dem Frisierstuhl platziert und erhalten einen Haarschnitt, ganz nach Maßgabe der väterlichen Wünsche. Oder es ist der ältere Bruder, der den kleineren zum eher jugendlichen Herrenfriseur mitnimmt.

> „Der Begleiter des Kindes redet mit dem Friseur auf Deutsch. Er fragt das Kind: ‚Hey, willst du das auch so haben?!', zeigt an seinen Kopf. Sie fachsimpeln über Frisierstyle. Dann deutet er auf seinen Kumpel-Friseur und sagt mehrfach: ‚Der macht dir das. Der macht dir das.'"

In der hier beschriebenen Szene zeigt sich eine Vertrautheit zwischen Friseur und Kunde, der eine ist für den anderen in der gesamten Interaktion eher ein ‚Kumpel' als ein schlichter Dienstleister. Mit der Begleitung durch den älteren mutmaßlichen Bruder und der Offerte, dessen jugendtypische Frisur zu kopieren, ist auch ein Integrationsangebot für den kleinen Jungen verbunden. Er wird sozusagen eingeführt in die Gruppe der Älteren und darf das sichtbar an seinem Körper markieren, wenn er will. Gleichzeitig hat er teil an jugendtypischen Gesprächen, die in diesem Fall unter Abwesenheit von älteren Männern der Gemeinde sehr offen geführt werden.

> „Es geht um Autos. Er [der Kunde] ist auf der Suche nach einem Cabrio, ob der eine nicht eins hätte. Nee. Hat er schon verkauft. ‚Für zwei neun.' Ob er nicht wen anderes kenne und was die für Cabrios hätten. Ja er kenne da den Mesut, und noch wen, die hätten alle ‚M3'. Hintergrund ist ein Rap-Video, das der Kunde auf dem Frisierstuhl drehen will. Er hat die Gelegenheit, bei einem Internetkanal ein Video zu posten, weil denen sein Stück gefallen hat. Und dazu braucht er jetzt repräsentative Fahrzeuge. Im Hintergrund wird mit Textnachrichten gearbeitet und die Antworten sind sofort da. Ob der was gesagt habe, fragt er einen der Sitzenden. ‚Ja, er will nicht, hat keinen Bock, dass jemand anders sein Auto fährt.'"

Die jungen Männer tauschen sich gut informiert über Autos aus. Es geht um Preise, Tuningtypen und bisweilen fährt, deutlich am Geräusch eines Auspuffs zu vernehmen, ein solches Modell auf den naheliegenden Parkplatz. Der Ankommende wird durch das Fenster gesehen, gegrüßt oder mit einem Spruch bedacht. In dieser Szene wird eine andere Funktion des Moschee-Herrenfriseurs deutlich: Der etablierte Kunde konnte sehr schnell die Möglichkeiten für sein Anliegen klären, weil er hier die richtigen Personen getroffen hat, die sofort in seinem Sinne kommunizierend tätig geworden sind. Praktische Hilfestellungen, Verkaufs- oder Vermittlungsgespräche oder auch Ratschläge in verschiedensten Angelegenheiten beobachten wir in den Interaktionen beim Berber immer wieder.

Dass es oft um Späße und Unterhaltung geht und die Kunden sich amüsieren, zeigt eine andere Szene exemplarisch: Die Sprache im gut gefüllten und beengten Herrenfriseur switcht munter zwischen Deutsch und Türkisch. Fürsorglich wird dem Ethnografen noch ein rares Plätzchen für sein Gepäck organisiert, sodass es nicht auf dem doch recht haarigen Boden stehen muss („Nee, pack mal da vorne auf den Stuhl, das ist besser.") – der Laden brummt. Damit wird ein Stuhl belegt, der eigentlich wartender Kundschaft dienen könnte, die den Laden bis auf den letzten Warteplatz ausfüllt. Ein Vater hat seinen Sohn schon auf den Schoß genommen, weil kein Platz mehr übrig ist, und immer wieder drängen sich Herren vor den Wartenden hindurch, die ihre Jacken hinter die Sitzgelegenheiten an die Wandhaken hängen oder sie von dort zurückholen. In dieser räumlichen Nähe entwickelt sich ein gemeinsames Gespräch unter den Anwesenden:

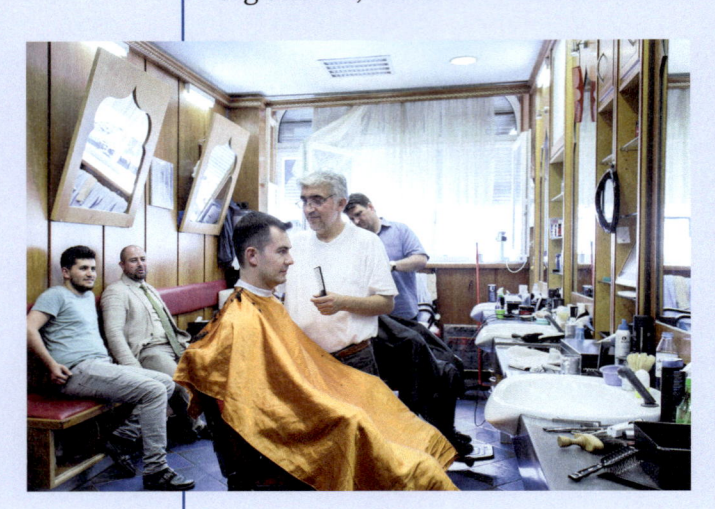

„Es wird sich sehr lebhaft unterhalten und viel gelacht. Ein längeres Thema ist der Besuch von Angela Merkel bei Donald Trump. Die Männer meinen, er habe sie völlig erniedrigt. Thema ist ein verweigerter Handschlag, der aufregt. Was das überhaupt für ein Typ sei. Dann fährt ein Auto in den Gang des Innenhofs, der eine Friseur meint: ‚Ah! Hier kommt unser Präsident.' Die Anwesenden brechen in Gelächter aus und ich muss auch lachen. Dabei begegnen sich unsere Blicke; wir scheinen uns gerade gemeinsam vorzustellen, dass hier Donald Trump vorgefahren sei und jetzt diese proppenvolle kleine Frisierstube betreten könne. Die sind schon lustig."

Hier zeigt sich, dass die Männer über das aktuelle tagespolitische Geschehen sprechen, sie ergreifen Partei für die deutsche Bundeskanzlerin Merkel. Dabei beziehen sie in ihrer Unterhaltung und in ihrer Witzelei auch Fremde wie den Ethnografen mit ein. Eine andere, ähnlich amüsante Szene zeigt das Spannungsverhältnis bei der Integration des Fremden in die gemeinsamen Gespräche. Sehr mitreißend erzählt einer der Anwesenden eine Geschichte über einige ältere türkische Herren, denen ein Malheur passiert, das gerade für diese Senioren eine anrüchige Konnotation hat. Angesichts der vorgestellten Pein in der sehr bildhaft geschilderten Szene bricht wiederum der ganze Frisiersalon in schallendes Gelächter aus. Auch der Ethnograf wird von dem Lachen angesteckt – aber er ist ein Fremder, was in diesem Moment registriert wird:

„Wobei der eine Friseur mit lachendem Auge auf mich bezogen zu dem Erzähler meint: ‚Hey, pass mal auf, wir haben doch auch Kundschaft hier. Und die versteht auch noch Türkisch.'"

Das „lachend[e] Auge" im Blick auf den beteiligten Ethnografen zeigt, dass es mit der Sorge nicht ganz so weit her sein kann. Allerdings wird leicht vorstellbar, dass Hemmungen in der Gesprächsführung eintreten, wenn Ältere oder auch Fremde anwesend sind, wo sonst unbedarfter gesprochen wird – so wie in dieser Szene. Und so betont ein Gesprächspartner, wie locker es im Frisierbetrieb der Gemeinde unter den jungen Männer zugehe – bis die Älteren kämen und zur Räson riefen. Je nach Lage des Berbers im Gebäude, in Abhängigkeit von der Anwesenheit von betont religiösem Publikum, aber auch vom Personal und den Besuchern insgesamt, lassen sich somit sehr unterschiedliche Interaktionen, Themen und Gesprächskulturen beim Berber beobachten.

Der Berber ermöglicht einerseits eine akkurate Körperpflege, die auf gewisse Weise mit Geboten ritueller Reinheit und entsprechenden Waschungen korrespondiert. Andererseits erweitert der Frisierbereich die religiöse Gemeinde um eine weltlichere Sphäre, was besonders bei junger Kundschaft und Mitarbeitenden deutlich wird. Sie entsprechen in ihren Gesprächsformen und -themen den Vorstellungen mancher Älterer nicht. Der Berber kann in diesem Sinne ein Scharnier sein; ein Ort, wo sich (junge) Männer in der Nähe der Moschee aufhalten, die womöglich nicht so häufig den Weg zum Gebet finden wie zum Friseur. Gleichzeitig besteht das Angebot religiöser Praxis direkt um die Ecke. Und so manch frommer älterer Gesprächs- und Interviewpartner, der über die eigene religiöse Latenz in einer wilden und religiös desinteressierten Jugendphase reflektiert, hofft möglicherweise, dass die Jugend diese kurzen Wege irgendwann auch nutzt. Eine Hoffnung, die (wie auch bei anderen jugendbezogenen Aktivitäten der Gemeinden) dann Toleranz begünstigen kann – auch für etwas ‚wildere' Orte.

1
In kleineren Gemeinden ist es üblich, dass der Gebetsraum auch zum Unterrichten herangezogen wird.

2
Vgl. ARCH+ (2009): Schwellenatlas 191/192. Aachen: ARCH+.

Faltwände, Garagentore, (Schiebe-)Türen & Vorhänge

Kathrin Herz

Faltwände, Garagentore, (Schiebe-)Türen und Vorhänge sind Elemente, die wir in mehreren Gebetsräumen vorfinden. Sie wurden dort von den Moscheegemeinden installiert und nicht, etwa als Bestandteil der vorigen Nutzung, im Gebäude vorgefunden. Zum Einsatz in den Moscheen kommen diese Elemente, um Räume zu teilen oder zu erweitern. Mit diesen Raumteilern reagieren die Gemeinden flexibel auf mehrerlei: das Dilemma zu kleiner Räumlichkeiten, die Rhythmen der Schwankung von Besucher_innenzahlen zum Gebet und den Wunsch nach räumlicher Trennung der Geschlechter während des Gebetes.

Mehrfachnutzung durch Raumteiler

Aufgrund begrenzter räumlicher Möglichkeiten gibt es in den Gemeindezentren nicht immer für jede Nutzung einen eigenen Raum. Viele Räume, so zeigt unsere Untersuchung, werden mehrfach genutzt. → Ein Raum – verschiedene Funktionen, S. 88 Auch der Gebetsraum ist kein monofunktionaler Raum – hier findet mehr als das Gebet statt. → Was findet hier statt? Die Überlagerung von Funktionen, Praktiken und Bedeutungen in Räumen, S. 81 → Gebetsraum, S. 204 Wird der Gebetsraum mit einer mobilen Wand temporär getrennt, so entstehen anstelle eines Raumes zwei Räume und es erscheint möglich, diese für verschiedene Zwecke zu nutzen, ohne dass es zu gegenseitigen Beeinträchtigungen kommt: Durch den Einsatz der Raumteiler im Gebetsraum können dort z. B. zwei Klassen zeitgleich unterrichtet werden,[1] ein Gesprächskreis kann parallel zum Koranunterricht der Kinder stattfinden oder es ist möglich, dass Frauen und Männer in getrennten Bereichen und trotzdem in räumlicher Nähe beten.

In ähnlicher Weise können Räume durch das Öffnen von beispielsweise Schiebetüren zum Gebetsraum addiert werden. Solche zuschlagbaren Räume können ähnlich ausgestattet sein wie der Gebetsraum – in Ausnahmefällen kann es sich hierbei aber auch um Teestuben oder Höfe handeln. Im Alltag sind die addierbaren Räume für die ihnen zugewiesene Nutzung freigehalten. Durch den Einbau der hier beschriebenen Elemente bieten sie jedoch eine gewisse Flexibilität zur Mehrfachnutzung.

(Zweckentfremdete) Elemente des Öffnens und Schließens

Auf die Materialität fokussierend entfaltet sich eine Vielfalt von Dingen, die von den Moscheegemeinden eingesetzt werden, um Gebetsräume zu teilen beziehungsweise zu erweitern: Wir sehen Faltwände, Garagentore, (Schiebe-)Türen und Vorhänge. Diese stellen gewissermaßen „Mikroarchitekturen des Öffnens und Schließens" dar und als solche auch immer Schwellenräume.[2] Wie die Türen und Fenster eines Bauwerkes bilden sie ganz grundlegend Übergänge zwischen unterschiedlichen Bereichen aus. So markiert beispielsweise die Haustür des Wohngebäudes einer Familie den Bereich zwischen innen – außen, privat – öffentlich, beheizt – unbeheizt, rein – unrein usw. Die Faltwände, Garagentore, (Schiebe-)Türen und Vorhänge in den Innenräumen der von uns untersuchten Gemeindezentren markieren Schwellen zwischen unterschiedlichen Nutzungen und Nutzer_innengruppen.

Der Einsatz einiger dieser Elemente im Gebetsraum stellt gewissermaßen eine Zweckentfremdung dar: So ist das Garagentor mit der Idee eines eigenen Raumes für das Auto, der Garage, verbunden. Als solches trennt es den eingehausten Autostellplatz vom Außenraum ab. Garagentore im Innenraum beziehungsweise als räumliche Trennung zwischen zwei Innenräumen zu sehen, irritiert uns zunächst. Dabei handelt es sich um ein kostengünstiges Element der Abtrennung – während beispielsweise Schiebewände oftmals kostspielige Maßanfertigungen darstellen, sind Garagentore industriell produzierte Massenware. Weniger irritieren die Faltwände und Schiebetüren, deren Anblick im Innenraum typisch ist. Stellen Faltwände höherpreisige Maßanferti-

Faltwände, Garagentore,
(Schiebe-)Türen & Vorhänge

140–141

gungen dar, die passgenau angefertigt sind, so sind Schiebetüren platzsparende Lösungen, um punktuelle Unterbrechungen von Wänden zu öffnen beziehungsweise zu schließen, da sie nicht in den Raum hineingreifen. Auch die im Gebetsraum von Wand zu Wand gespannten Vorhänge erscheinen zunächst ungewöhnlich; sie sind doch primär mit der Idee der Fensterscheibe verbunden (die hier fehlt). In ihrem eigentlichen Einsatzzweck, vor oder hinter der Glasscheibe von z. B. Wohngebäuden, filtern sie den Blick nach außen beziehungsweise verhindern Einblicke in den Innenraum. Ferner erinnern sie an Theatervorhänge, die das Publikum vom Geschehen auf der Bühne trennen.

Bauliche Ausgangslagen und räumliche Szenarien

Mit Blick auf die baulichen Ausgangslagen, in welchen diese Elemente zum Einsatz kommen, zeigen sich zwei grundliegende räumliche Szenarien: die Unterteilung eines großen Raumes in mehrere kleinere und die Zusammenschaltung einzelner Räume zu einem großen.

Im ersten Szenario wird ein großer Raum mit Faltwänden, Garagentoren, (Schiebe-)Türen oder Vorhängen in zwei Bereiche unterteilt. Neben einer großen zusammenhängenden Fläche ist eine weitere Bedingung für diese Ausprägung, dass es mindestens zwei getrennte Zugänge in den zu teilenden Raum gibt. Denn müsste ein Raum durchquert werden, um in den dahinterliegenden zu gelangen, wäre der Vorteil dieser Lösung aufgehoben. In Abhängigkeit von den materiellen Eigenschaften des eingesetzten Raumteilers bleibt der Eindruck eines großzügigen Raumes entweder erhalten oder löst sich auf. So haben beispielsweise ein Garagentor, das von der Decke nach unten zum Fußboden gerollt wird, und ein textiler Vorhang, der von einer Wand zur anderen gezogen wird, ganz unterschiedliche Eigenschaften, die maßgeblich darüber bestimmen, ob Geräusche, Gerüche, Lichtstimmungen und damit einhergehende atmosphärische Qualitäten zwischen den unterteilten Räumen durchlässig sind oder unterbunden werden.

Wird ein solcher unterteilter Raum als Gebetsraum beider Geschlechter genutzt, dann sind je nach eingesetztem Element Lautsprecher und/oder Anlagen zur Videoübertragung notwendig, um das Gebet zu synchronisieren und die Worte des Imams in den Frauengebetsraum zu transportieren, der bei geschlossenen Türen oder heruntergerolltem Garagentor völlig vom Männergebetsraum entkoppelt ist.

Im zweiten Szenario werden mehrere einzelne Räume mittels Schiebetüren zusammengeschaltet. Durch das Öffnen der Raumteiler entsteht eine große zusammenhängende Fläche. (Schiebe-)Türen, mit denen der Gebetsraum um angrenzende Räume erweitert werden kann, vergrößern rasch eine vorhandene Gebetsfläche in Entsprechung der Anzahl von Besucher_innen. Oft wird der dann entstandene Raum jedoch als verwinkelt oder verschachtelt wahrgenommen. Eine Untervariante dieses Szenarios stellt ein Fenster anstelle einer (Schiebe-)Tür dar, das bei Bedarf geöffnet werden kann. Es kann sowohl zwischen dem Gebetsraum und einem angrenzenden Raum in einer Innenwand als auch in der Außenwand zum Hof sitzen. Als solches ermöglicht es den Gemeinden die zeitweilige Erweiterung des Gebetsraumes, z. B. um die Teestube oder in den Sommermonaten gar um den Hof ohne großen Aufwand. Aufgrund der physischen Verbindung müssen diese Räume nicht eigens mit Lautsprechern oder Anlagen der Bildübertragung ausgestattet werden.
→ Fotoessay Ein temporärer Gebetsraum, S. 402

Auch die Kombination beider Szenarien ist möglich: An einem Ort unserer Studie grenzen die Gebetsräume der Geschlechter direkt aneinander. Durch das Öffnen der Türen in der massiven Trennwand können beide Räume miteinander verbunden werden. Sind die Türen geschlossen, so sind die zwei Gebetsräume vollständig voneinander entkoppelt. Eine weitere Konfigurationsmöglichkeit ergibt sich durch den Vorhang, mit dem der Frauengebetsraum in zwei Bereiche unterteilt werden kann: Ist eine Tür zwischen den Gebetsräumen geöffnet, die andere geschlossen und ist der Vorhang zugezogen, so kann ein Teil dieses Raumes dem anderen Raum zugeschlagen werden.

Bespielung als Frauen- und Männerräume:
Grenzziehungen und das Wissen um Grenzziehungen

Dass Frauen und Männer in einem Raum beten, wird uns als Ideal geschildert. Am liebsten hätten viele unserer Gesprächspartner_innen einen Gebetsraum mit einer Empore. Eine solche sei dann den Frauen vorbehalten, während die Männer unten beten. So wäre es ideal für die Konzentration auf das Gebet, hören wir.[3] Doch die Möglichkeit eines zweigeschossigen Gebetsraums mit vertikaler Trennung für die Geschlechter bieten die vorgefundenen Räume infolge der Umnutzung nur sehr selten. In den von uns besuchten Moscheen beten Frauen und Männer daher meist in getrennten Räumen, die vielfach in ganz anderen Etagen oder Gebäudebereichen innerhalb des Gemeindezentrums liegen. Gibt es jedoch eine große, zusammenhängende Fläche auf einem Geschoss, so besteht eine Annäherung an das o. g. Ideal, das viele unserer Gesprächspartner_innen beschreiben, darin, diesen Raum durch Faltwände, Garagentore, (Schiebe-)Türen oder Vorhänge zu unterteilen und damit eine horizontale Separierung herzustellen.

    Beten Frauen und Männer im gleichen Raum, markiert sich die Trennung der Geschlechter in den Elementen des Öffnens und Schließens. Sind die mobilen Wände ausgefahren, so stellt der entstandene Raum in der Regel den Bereich der Frauen dar. Sind sie geöffnet, so wird dieser in der Regel damit zum Bereich der Männer, der sich entsprechend um den Raum der Frauen vergrößert. An einem Ort unserer Studie beobachten wir, wenn wir diesen unter der Woche besuchen, regelmäßig die geschlossene Situation. Das heißt, unter der Woche gibt es in diesem Gemeindezentrum zwei Räume – einen für Frauen, einen für Männer. Kommen wir jedoch am Freitag zur Zeit des Mittagsgebets, finden wir den geöffneten Zustand vor – dann gibt es nur noch einen großen Raum. Kämen nun Frauen zum Gebet hinzu, hätten sie keinen Raum – damit sind sie gewissermaßen vom Gemeinschaftsgebet ausgegrenzt. Wird eine Frau kommen, fragen wir uns? Nicht an diesen Ort und an diesem Tag. Der große Gebetsraum ist bis zum letzten Platz mit Männern gefüllt. Dass die Gebetsräume der Frauen anlässlich des Freitagsgebetes regelmäßig von den Männern genutzt werden, beobachten wir an vielen der besuchten Orte. Frauen wissen von dieser Praxis, hinter der die Raumnot steht, und überlassen den Männern den Raum, denn für diese sei das gemeinschaftliche Gebet in der Moschee – anders als für Frauen – verpflichtend, betonen uns gegenüber beide Geschlechter.

    Die Faltwände, Garagentore, (Schiebe-)Türen und Vorhänge markieren schließlich in mehrfacher Hinsicht Grenzen, die je nach Materialität mal mehr, mal weniger stark wirksam sind. Da die Spuren der raumteilenden Elemente selbst im geöffneten Zustand sichtbar sind, so etwa an Boden und Decke in Form von Führungsschienen oder an den Wänden als seitliche Parktaschen wie auch als zur Seite gezogene Vorhänge, lösen sich diese Grenzen nie zur Gänze auf und sind, wenn auch deutlich abgeschwächt, nach wie vor wahrnehmbar.

---

[3] Lorenz Korn schreibt in Bezug auf Geschlechtertrennung und Architektur von Moscheen: „In der Moscheearchitektur hat die Trennung der Geschlechter beim Gemeindegebet bemerkenswert wenig Niederschlag gefunden. Sie wurde in früheren Zeiten anscheinend wie auch heutzutage über Stricke zwischen den Pfeilern des Betsaals, durch aufgespannte Tücher oder durch hölzerne Absperrungen erreicht. Es mag sein, dass Emporen für Frauen einzurichten schon in früheren Zeiten dazu benutzt wurden, Frauen aus dem Betsaal fernzuhalten; nachgewiesen ist es nur für wenige Bauten. Mit der Re-Islamisierungsbewegung des späten 20. Jahrhunderts jedoch hat sich die Praxis, eine Empore für Frauen einzurichten, weit verbreitet." Siehe Korn, Lorenz (2012): Die Moschee. Architektur und religiöses Leben. München: C.H.Beck, S. 17.

Faltwände, Garagentore, (Schiebe-)Türen & Vorhänge

144–145

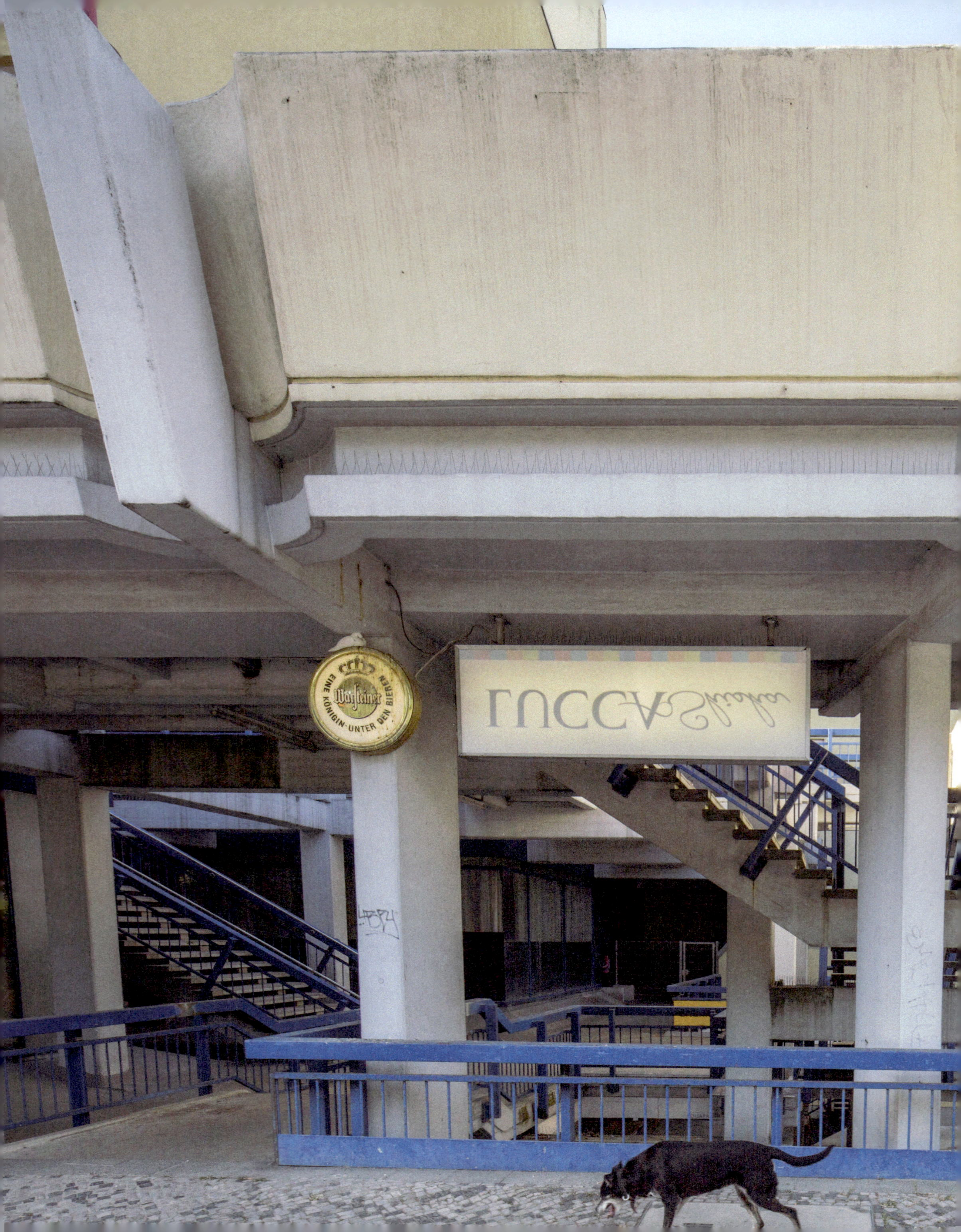
Warsteiner
EINE KÖNIGIN UNTER DEN BIEREN

Fallanalyse
Ensar Camii, Berlin

146–147

Kathrin Herz

Kontext

Im Jahr 1991 verließ die Gemeinde der Ensar Moschee, die als Gründungsmitglied dem Dachverband „Islamische Föderation in Berlin e.V." (IFB) angehört, ihre 1984 angemietete Räumlichkeit im Berliner Stadtteil Charlottenburg und bezog den jetzigen Standort, der nur unweit entfernt liegt. Die ca. 100 Quadratmeter großen Räume, ursprünglich als Ladenlokal genutzt, waren zu klein geworden. Den Mitgliedern des Moscheevereins „Ensar Camii e.V." war es wichtig, im Stadtteil zu bleiben, in dem die meisten von ihnen wohnen. Am Spandauer Damm gelang die Anmietung von Ladenlokalen in einer unterirdischen Passage. Bei dem Gebäude handelt es sich um einen Stadtbaustein aus den 1970er Jahren – das sicherlich durch die japanischen Metabolisten geprägt ist: Das Gebäude kann als Stadt im Haus begriffen werden und wirkt in der Gestaltung des Baukörpers sehr transparent und technisch. Unter einem Dach versammelt es diverse Einrichtungen: Die ersten beiden Obergeschosse sollen als Cafés und gastronomische Einrichtungen dienen und das Untergeschoss als Ladenpassage genutzt werden – so die Vision der Erbauer. Die offene, pavillonartige Architektur mit viel Freifläche dazwischen lädt zum Flanieren ein. Darüber (und dahinter) plastisch abgesetzt entwickelt sich kompakt Wohnraum. Neben dem Gebäude befindet sich das Schloss Charlottenburg mit dem dazugehörigen Park, dahinter ein Pflegeheim und eine Klinik. Der vierspurige Spandauer Damm trennt die gestapelte Stadtstruktur, in der sich die Räumlichkeiten der Gemeinde befinden vom sogenannten Danckelmannkiez. Dessen gründerzeitliche Blockrandstrukturen weisen kaum Zerstörung durch den Krieg auf und waren in den 1960er Jahren aufgrund der damals geringen Wohnungsmieten bei den sogenannten „Gastarbeiter_innen", die hauptsächlich bei Siemens oder AEG arbeiteten, und Studierenden gleichermaßen beliebt. In den 1970er Jahren wurde der Kiez zum Sanierungsgebiet (in diesem Zusammenhang muss auch das Gebäude entstanden sein, das die Moscheegemeinde beherbergt). Noch heute ist der ruhige Kiez, trotz gestiegener Mietpreise, ein beliebtes Wohnquartier. Nahezu vis-à-vis des Gemeindezentrums liegt der Klausener Platz. Einst Reitplatz der Garde du Corps ist dieser heute ein öffentlicher Stadtteilplatz, auf dem u. a. der Wochenmarkt stattfindet. Hier feiert die Gemeinde einmal jährlich ihre Kermesveranstaltung (Frühlingsfest).

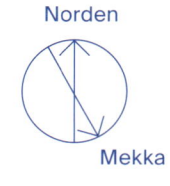

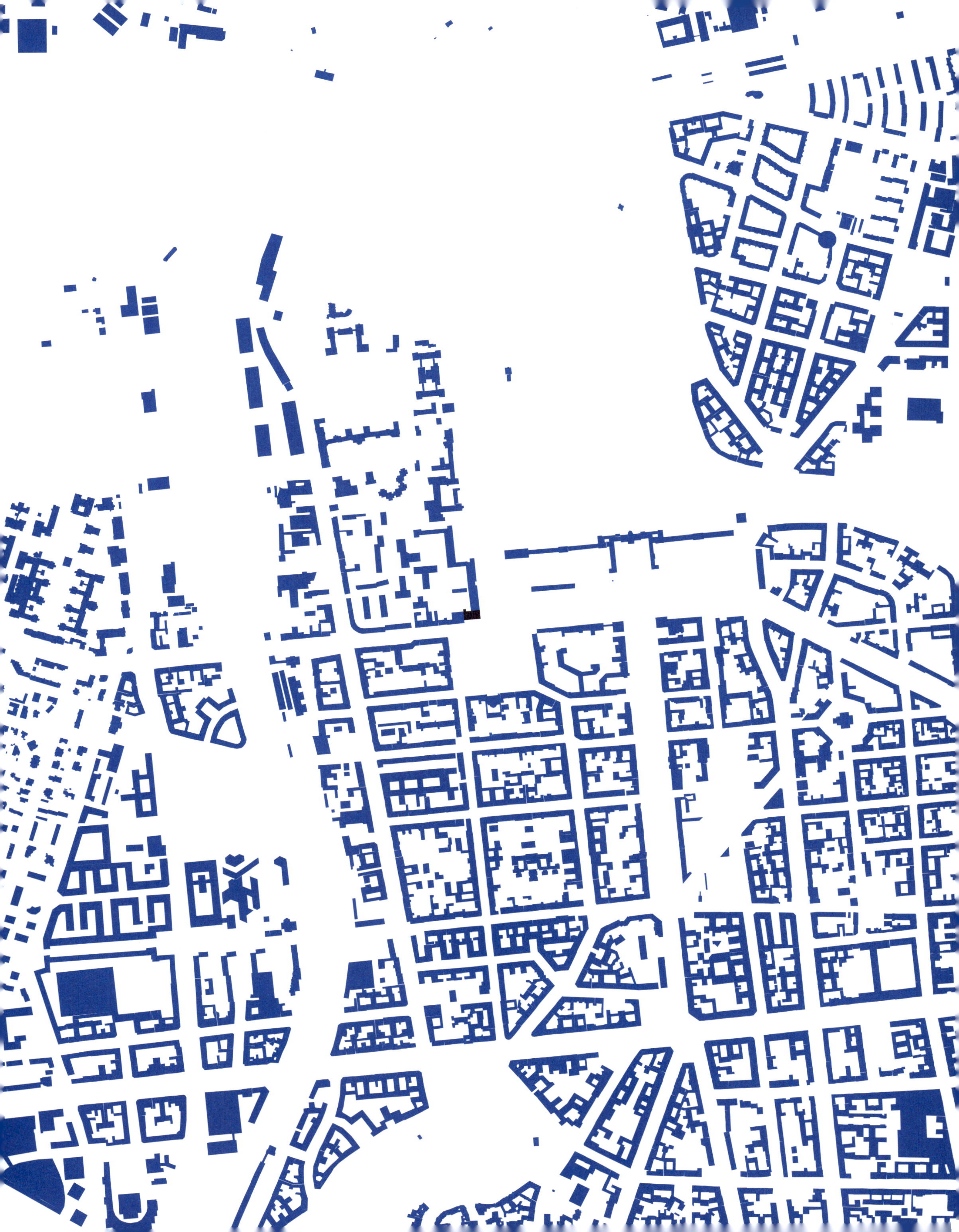

Das Besondere:
Belebung einer Passage

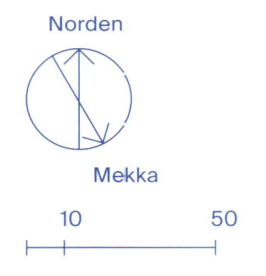

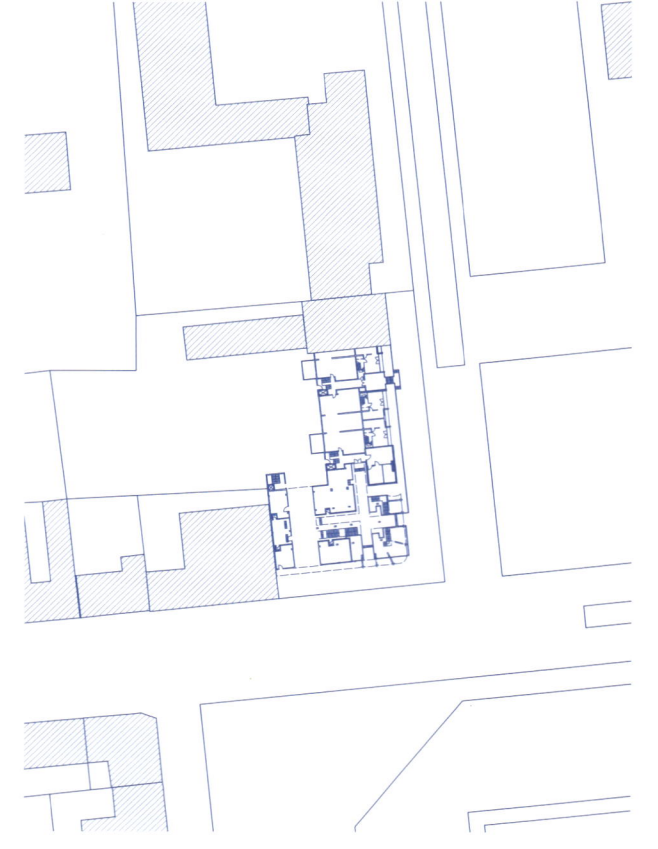

Norden

Mekka

10 50

Fallanalyse
Ensar Camii,
Berlin

Mit der Einrichtung der Ensar Camii Anfang der 1990er Jahre in der unterirdischen Ladenpassage gelang deren Neubelebung. Zunächst mietete der Moscheeverein die drei Ladenlokale, die sich im Untergeschoss befinden. Im Jahr 1999 konnte der Moscheeverein die Räume erwerben und ist seitdem einer von 120 Eigentümer_innen des Stadtbausteines. Mit der Teilschließung des Luftraumes über dem Tiefhof konnte die Gemeinde ihre Räumlichkeiten bedeutend vergrößern und erhielt eine große zusammenhängende Fläche, die als Gebetsraum dient. Dieser Teil der vorherigen Passage, wie auch der Hof vor dem Gebetsraum, befindet sich nach wie vor im Eigentum der Hausgemeinschaft und wird von der Moscheegemeinde gemietet. Seit dem Umbau kommen mehr Gläubige zum Gebet – nun ist meistens ausreichend Fläche vorhanden.

Baugeschichte

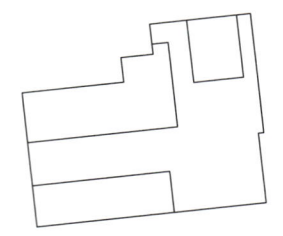

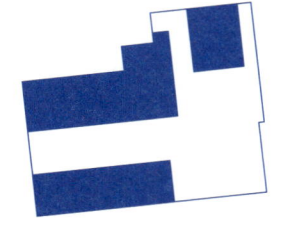

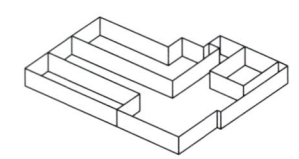

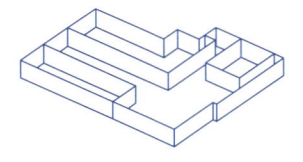

ca. 1970er Jahre

Nutzung:
Ladenlokale

Maßnahme:
Errichtung eines Wohn- und Geschäftshauses mit unterirdischer Ladenpassage

1990

Nutzung:
Gemeindezentrum

Maßnahme:
Nutzungsänderung und Umbau der Ladenlokale zum Gemeindezentrum

Fallanalyse
Ensar Camii,
Berlin

152–153

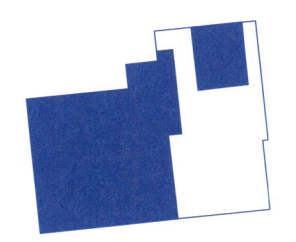

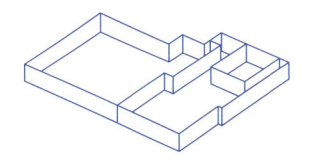

2013

Nutzung:
Gemeindezentrum

Maßnahme:
Kauf (1999),
Teilüberdachung der
Passage und Umbau

Baugeschichte: Vor dem Einzug der Moscheegemeinde

Vermutlich wurde das Gebäude im Rahmen eines Stadterneuerungsprogramms in den 1970er Jahren errichtet. Das junge Baualter des Gebäudes und dessen äußeres Erscheinungsbild deuten auf keine gravierenden Veränderungen am Baukörper und an den Räumlichkeiten, die heute von dem Moscheeverein genutzt werden, hin. Daher wurde auf einen Besuch des Bauaktenarchivs verzichtet.

Baugeschichte: Bauliche Veränderungen durch die Moscheegemeinde

Im Zeitraum von 2013 bis 2017 nahm die Gemeinde gravierende Umbauarbeiten an ihren Räumlichkeiten vor. Durchgeführt wurden diese in drei Phasen beziehungsweise Bauabschnitten, sodass auch während der Bauarbeiten der Gebetsbetrieb zu keiner Zeit eingestellt werden musste. Die Umbauarbeiten griffen stark in die vorhandene bauliche Substanz ein: Die Glasfassaden der pavillonartigen Ladenlokale wurden durch massive Mauerwände mit Fensteröffnungen ausgetauscht. Zwei der Ladenlokale wurden verbunden und die einstige Passage (Außenraum) wurde eingehaust, so konnten Männer- und Frauenraum räumlich zusammenwachsen. Mit diesem Eingriff erhielt die Gemeinde mehr Fläche, verringerte die Heizkosten und Feuchtigkeit in den Räumen sowie den von oben in den Hof fallenden Schmutz. Auch die Heizungsanlage wurde ausgetauscht Eine Fußbodenheizung beheizt seitdem das Gemeindezentrum. In diesem Zusammenhang wurde der komplette Innenausbau erneuert.

Funktionen:
Kompakt organisiert

Mit ca. 160 Mitgliedern handelt es sich bei der Ensar Camii um eine vergleichsweise kleine Gemeinde, die keine kommerziellen Funktionen vorhält und gerne mehr Unterrichtsräume hätte. Zentraler Raum ist der Gebetsraum, der mittels einer mobilen Wand kurzerhand in einen Damen- und Herrenbereich untergliedert werden kann. Daneben gibt es Unterrichtsräume, ein Büro, eine Küche, einen Jugendraum, einen Beratungsraum und eine Teestube. Der Hof erweitert die Nutz- und Aufenthaltsfläche der Gemeinde nach außen. Einmal im Jahr, wenn die Gemeinde ihre Kermes feiert, bespielt sie den gegenüberliegenden Stadtteilplatz: Mit einer Bühne, vielen Zelten und Sitzgelegenheiten möbliert sie diesen dann für ihr Fest.

Funktionen und Nutzungen

Gebetsräum(e)
(Herren und Damen)

Unterrichtsräume

Hof

Fallanalyse
Ensar Camii,
Berlin

156–157

Küche

Jugendräume (= Unterrichtsräume)

Waschbereich

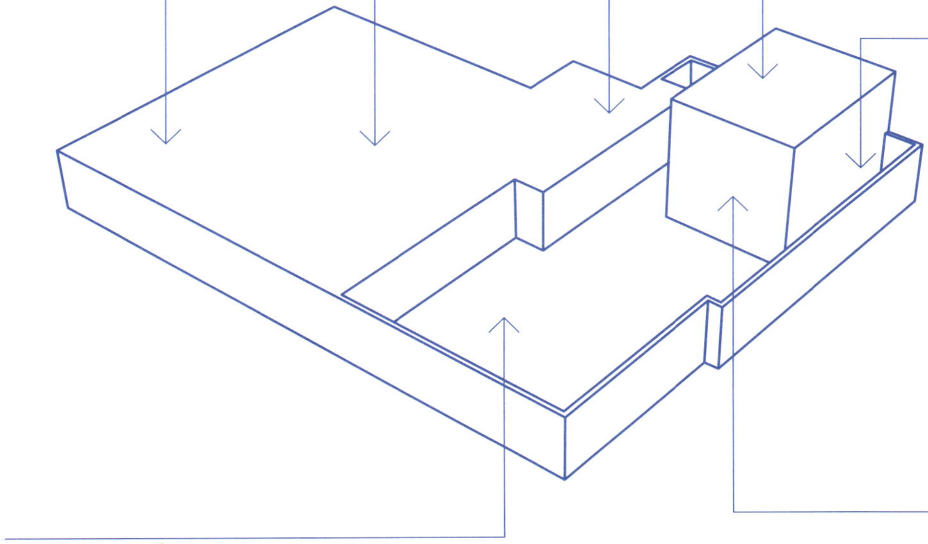

Teestube

Grundrisse:
Ein großer flexibler Raum

Die Ensar Moschee befindet sich in einer unterirdischen Passage, in der sich einst drei Läden befanden. Diese wurden vom Frauen-, Männer- und Jugendtrakt bezogen. Während der zweigeschossige Jugendtrakt nach wie vor räumlich getrennt ist, wurden Frauen- und Männertrakt durch die Einhausung eines Teils der zuvor offenen Passage verbunden. Alle drei Bereiche haben eigene Eingänge und sind somit autark voneinander zugänglich. Mittels einer mobilen, maßgefertigten Faltwand lassen sich Frauen- und Männertrakt räumlich entkoppeln oder zusammenschalten.

Durch die Zusammenschaltung hält die Gemeinde einen großen Raum für die vielen Gläubigen, die zum Freitagsgebet kommen, vor. Man erreicht das Gemeindezentrum über eine offene Treppe im Außenraum, die das Straßenniveau mit dem nur teilweise überdeckten Tiefhof verbindet. Vom Hof erfolgt die Verteilung in die einzelnen Bereiche des Gemeindezentrums. Gleichzeitig nutzt die Gemeinde den Hof in den warmen Monaten als erweiterte Teestube und während des Ramadans findet hier jeden Abend das gemeinsame Fastenbrechen statt.

Ebene 0

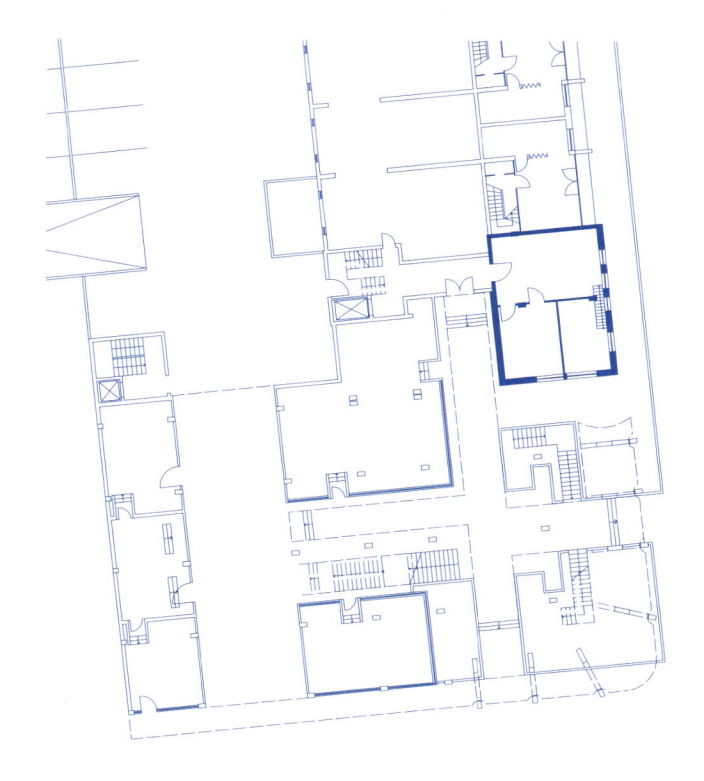

Ebene -1

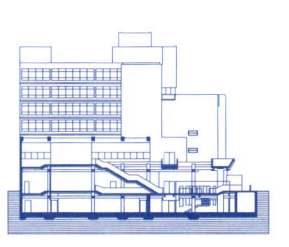

158–159

Norden

Mekka

5 10

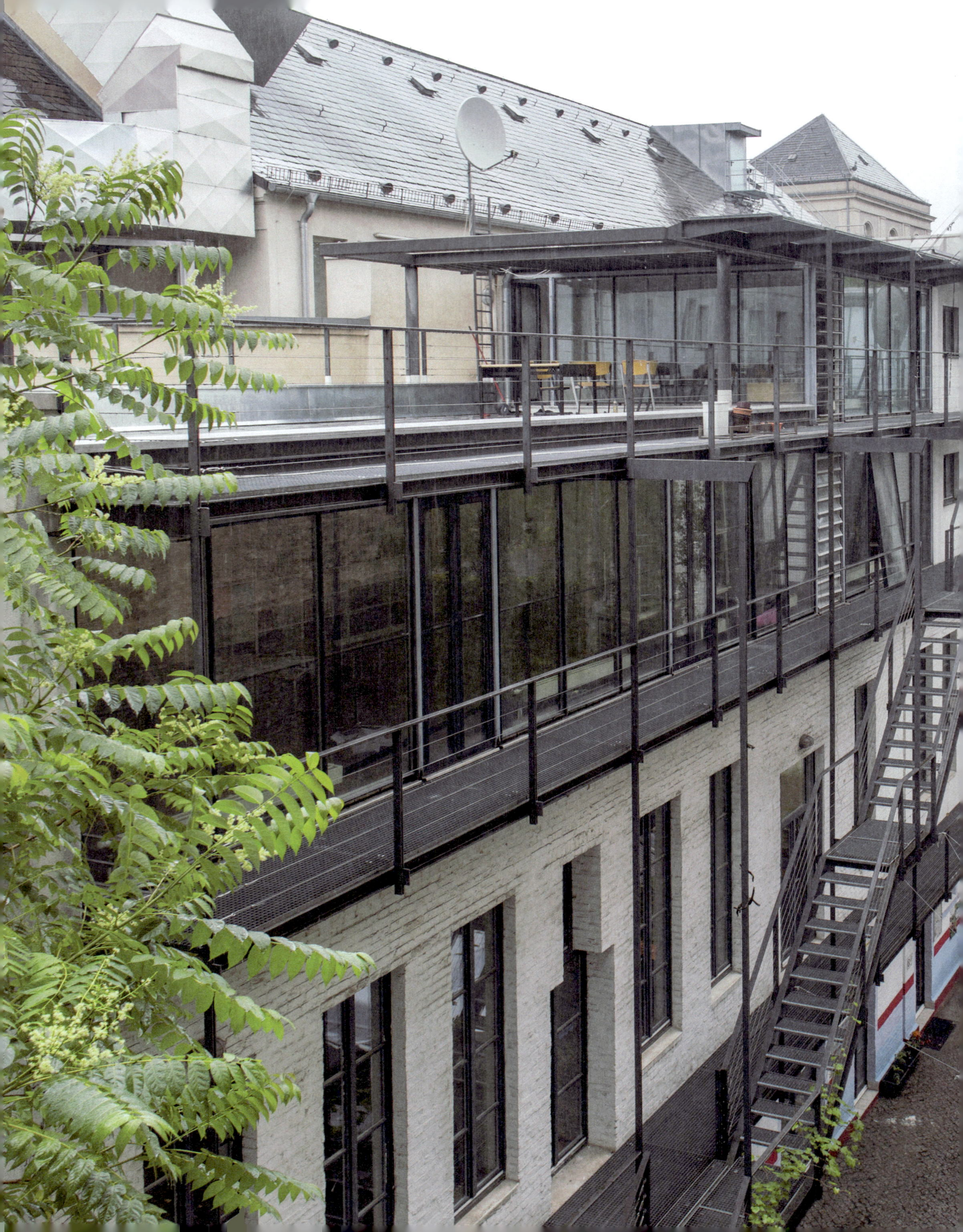

Fallanalyse
Yeni Camii (Moschee), Berlin

160–161

Kathrin Herz

Kontext

Die Gemeinde der Yeni Camii mit dem Vereinsnamen „Türkisch Islamische Gemeinde zu Neukölln e.V." entstand im Jahr 2005 aus dem Zusammenschluss zweier Gemeinden. Beide Gemeinden des Dachverbands „Türkisch-Islamische Union der Anstalt für Religion e.V." (DITIB) befanden sich unweit des gegenwärtigen Standorts ebenfalls im Berliner Bezirk Neukölln. Anstatt zweimal Miete zu zahlen, lagen der Zusammenschluss der beiden Gemeinden und der Erwerb einer gemeinsamen Immobilie nahe. So erwarb der neu gegründete Verein im Jahr 2005 eine typische Berliner Mietskaserne bestehend aus Vorder-, Mittel- und Hinterhaus. Das Ensemble liegt in einer ruhigeren Seitenstraße, der Richardstraße zentral im Stadtteil – unweit der Karl-Marx-Straße, an der u. a. das Rathaus und viele Geschäfte liegen. Die Anbindung an den ÖPNV ist hervorragend. Um den Kauf teilweise zu finanzieren, wurde ein Großteil der Räumlichkeiten im Vorder- und Mittelhaus von der Gemeinde verkauft. Zum Eigentum des Vereins zählen gegenwärtig mehrere Wohnungen im Mittelhaus sowie das komplette Hinterhaus, in dem das Gemeindezentrum situiert ist.

Der Bezirk Neukölln entstand im Jahr 1912 aus dem Zusammenschluss der Dörfer Britz, Buckow, Rudow und Rixdorf und wurde als ländlich geprägte Vorortgemeinde 1920 an Groß-Berlin angegliedert. Die Yeni Camii befindet sich im Bereich des einstigen Dorfes Rixdorf. Hier spielten Glaube und Ankommen seit jeher eine Rolle: Im späten Mittelalter gegründet von 14 Familien, die dem Johanniterorden zugehörig waren, wurde es zu Beginn des 18. Jahrhunderts mit der Erweiterung um das Böhmische Dorf Heimat für protestantische Glaubensflüchtlinge. Die Spuren des Böhmischen Dorfs um den markanten Dorfanger sind nach wie vor im ansonsten gründerzeitlich geprägten Stadtbild präsent. Mit der Industrialisierung entwickelte sich das heutige Neukölln zum Arbeiterviertel. Durch den Mauerbau im Jahr 1961 geriet das Stadtgebiet in eine isolierte Lage. Infolgedessen sanken die Mietpreise, weshalb auch Neukölln einen beliebten Wohnort für die einstigen sogenannten „Gastarbeiter_innen" aus der Türkei darstellte, die sich dort etabliert haben. Noch heute ist der Anteil an migrantischer Bevölkerung hoch, und sowohl der Bezirk als auch das Umfeld der Yeni Camii sind multikulturell geprägt. Zu beobachten sind gegenwärtig steigende Mieten und Verdrängungsprozesse infolge zunehmender Gentrifizierung.

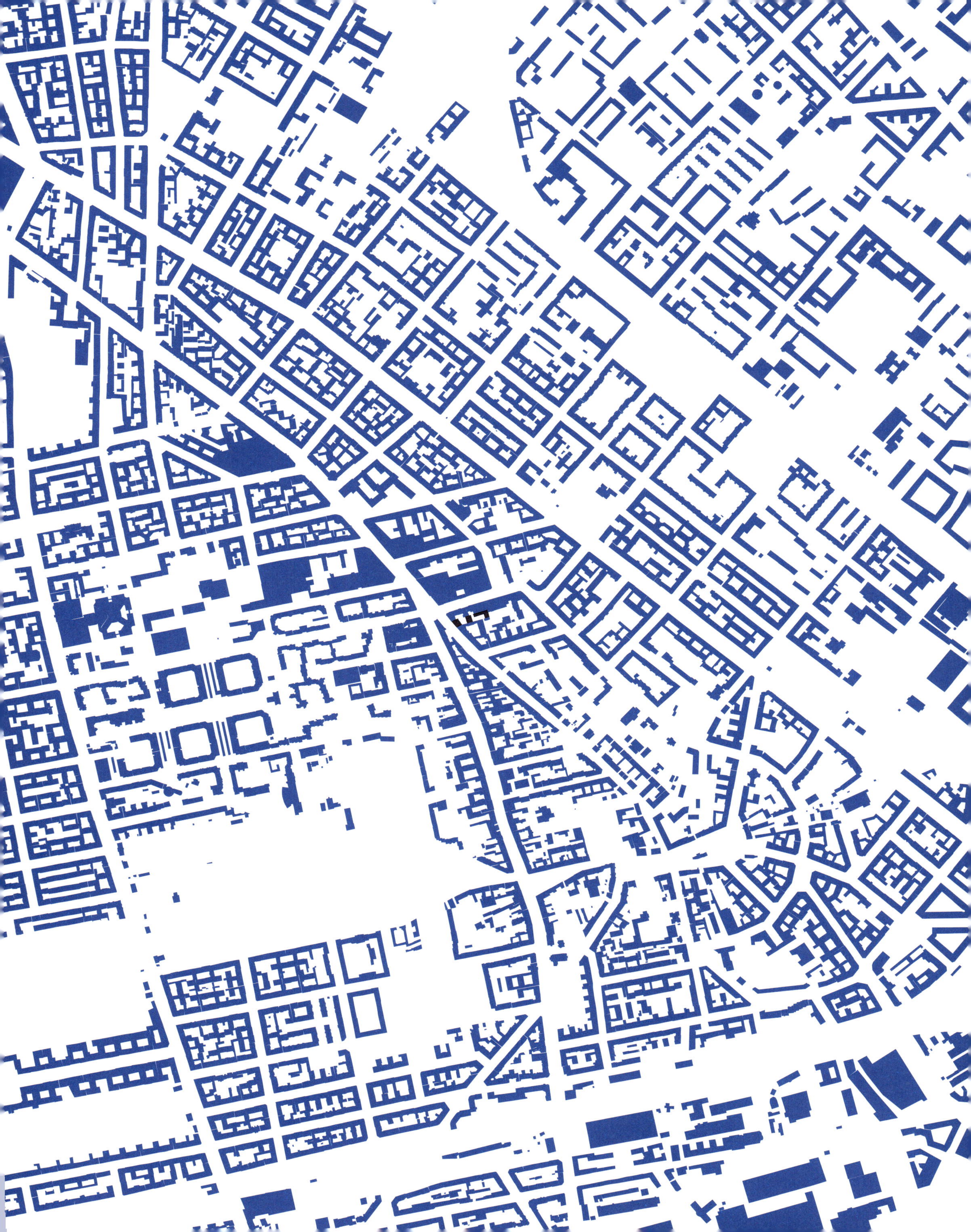

Das Besondere:
„Die Perle im Hinterhof"

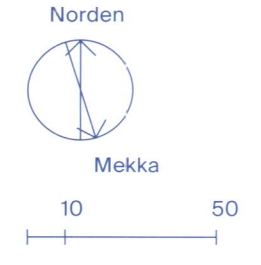

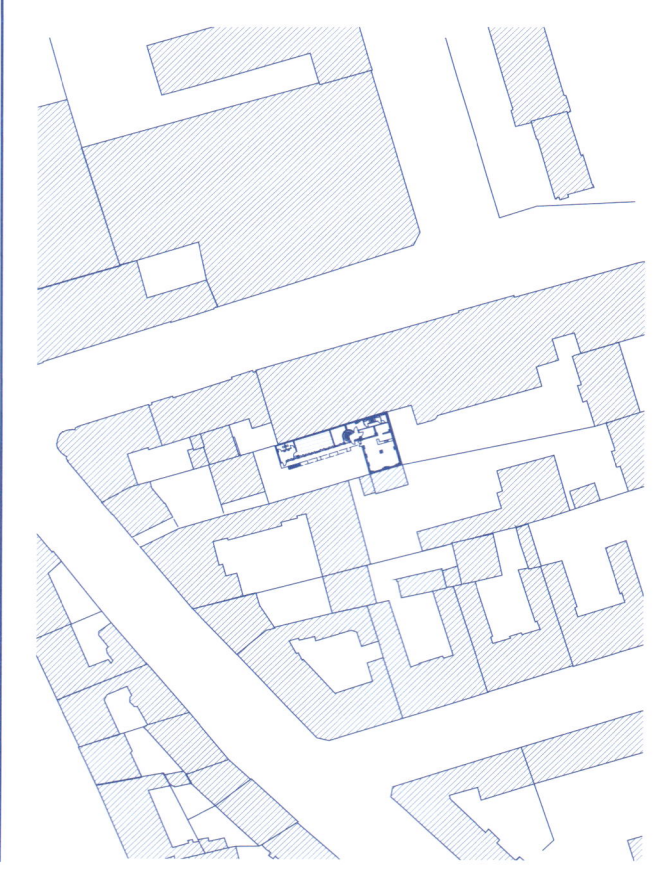

Norden

Mekka

10 50

Fallanalyse
Yeni Camii (Moschee),
Berlin

Lediglich ein Schild am Vorderhaus verweist im öffentlichen Straßenraum auf die Anwesenheit der Gemeinde. Nach dem Durchqueren des Durchgangs unter dem Vorderhaus, dem Passieren des ersten Hofes und dem Durchwegen des Durchgangs unter dem Mittelhaus erreicht man den zweiten Hof – hier befinden sich die Räumlichkeiten der Gemeinde, die von einem jungen Mitglied treffend als „Perle im Hinterhof" bezeichnet werden, denn das Vorgefundene überrascht in mehrfacher Hinsicht. Zum einen stellt die Architektur einen Kontrast zur konventionellen Architektur der Umgebung dar: Während die Lochfassade der unteren Geschosse mit weißgetünchten Backsteinen und großen stehenden Fenstern auf die einstige gründerzeitliche Manufaktur verweist, hebt sich die Architektursprache der Dachaufbauten mit ihrer umlaufenden Glasfassade ab – sie gibt sich in Formen- und Materialsprache eindeutig modern. Auch der Hof bildet einen Kontrast. Ist der erste Hof notwendige Abstandsfläche und in seiner Nutzung als Abstellplatz für Räder und Mülltonnen reduziert, vom Charakter eher unwirtlich und schnell passiert, so wirkt der zweite Hof mit Details wie einer Lichterkette und einem Vogelhäuschen liebevoll gestaltet und einladend. Der gepflasterte Außenraum ist Adresse und Ort des Ankommens und Verteilens – von hier gehen diverse Türen in einzelne Funktionsbereiche des Gemeindezentrums ab. Doch er ist nicht nur Transitraum, sondern vor allem Ort des Aufenthalts und Verweilens. Er erweitert die Teestube in den Außenraum, wird an religiösen Feier- und Festtagen mit Zelten bespielt und ist je nach Wochentag und Tageszeit Treffpunkt oder Spielplatz.

Baugeschichte

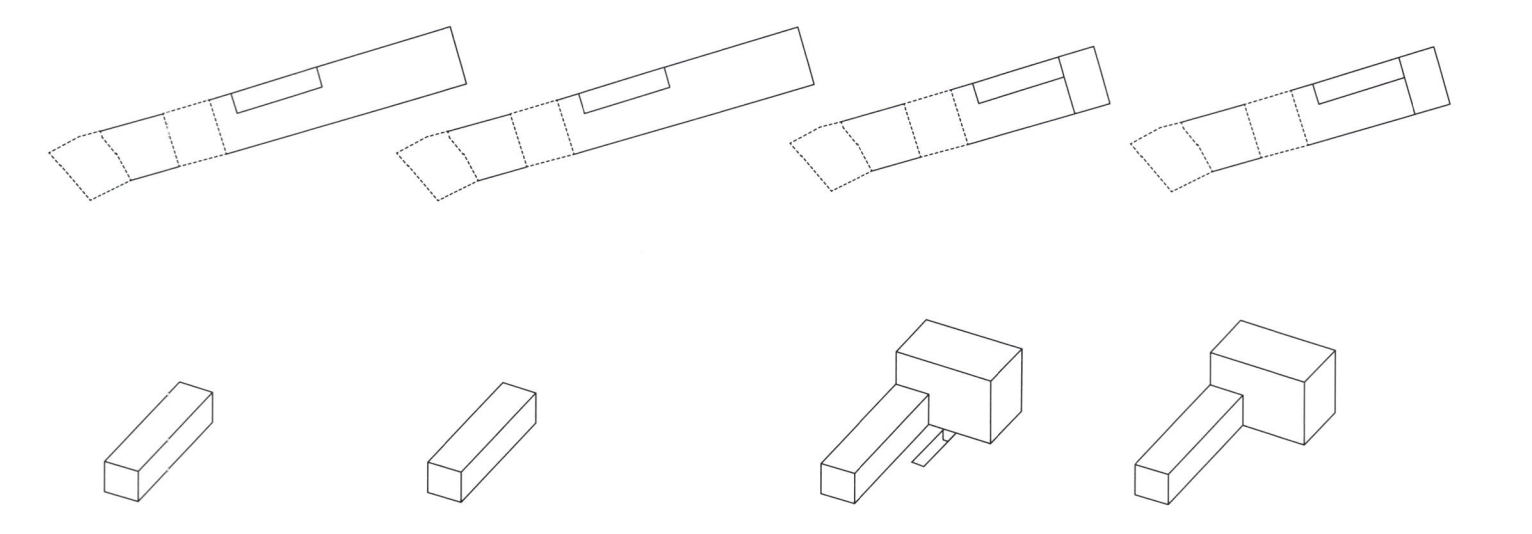

1891

Nutzung:
Pferdestall

Maßnahme:
Errichtung eines Pferdestalls mit Futterboden

1900

Nutzung:
Essig- und Senfmanufaktur

Maßnahme:
Nutzungsänderung und Umbau des Pferdestalls zu einer Essig- und Senfmanufaktur

1934

Nutzung:
Essig- und Senfmanufaktur

Maßnahme:
Errichtung eines Lagergebäudes

zwischenzeitlich

Nutzung:
Essig- und Senfmanufaktur

Maßnahme:
Aufstockung des Manufakturgebäudes

Fallanalyse
Yeni Camii (Moschee),
Berlin

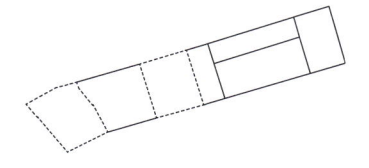

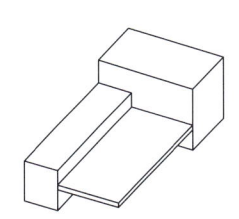

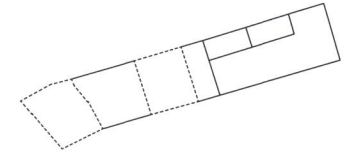

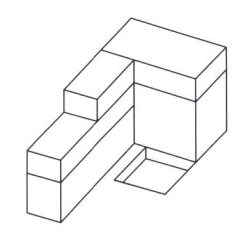

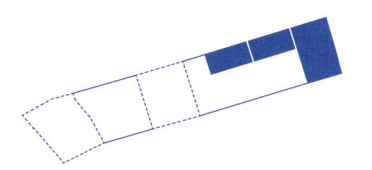

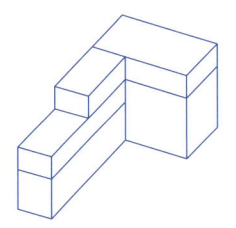

1977

Nutzung:
vermutlich Möbellager

Maßnahme:
Teilüberdachung
des Hofes

1994–1996

Nutzung:
Bürolofts

Maßnahme:
Nutzungsänderung und
Umbau des Manufaktur-
gebäudes zu Bürolofts

2005

Nutzung:
Gemeindezentrum

Maßnahme:
Kauf,
Nutzungsänderung
und Umbau der
Bürolofts zum Ge-
meindezentrum

Baugeschichte: Vor dem Einzug der Moscheegemeinde

Das Ensemble, ursprünglich bestehend aus Vorder- und Mittelhaus sowie einem dahinterliegenden Pferdestall mit gegenüberliegender Wagenremise, wurde im Jahr 1891 errichtet. Die Parzelle wurde später verkleinert – hinter dem Pferdestall befand sich ein Garten. Diese unbebaute Fläche wurde an die damalige Stadt Neukölln zur Erbauung des heute denkmalgeschützten Stadtbads Neukölln, eines Gebäudekomplexes bestehend aus Stadtbad und Volksbibliothek, abgetreten (Bauzeit: 1912 bis 1914).

Während sich die Bebauung im letzten Hof im Laufe der Jahrzehnte stark wandelte, unterlagen Vorder- und Mittelhaus lediglich kleineren baulichen Veränderungen, die sich bis auf die Aufstockung der Dächer in den 1990er Jahren im Wesentlichen innerhalb der bestehenden Gebäudehüllen abspielten. Die Nutzungsbiografie der Verkaufsflächen im Erdgeschoss des Vorderhauses erscheint mit Verweisen auf die einstigen Nutzungen als Schank- und Speisewirtschaft, Möbelhaus und Geschäft für Hörgeräte bewegt – gegenwärtig hat sich dort ein Fachhandel für Fahrräder eingerichtet, während in den oberen Geschossen des Vorder- und Mittelhauses immerzu gewohnt wurde. Interessant ist die Verfestigung der Baustruktur im zweiten Hof: dort befindet sich heute das Gemeindezentrum. Das Gebäude wurde unterschiedlich genutzt – zunächst als Pferdestall und Wagenremise, nach mehrmaligem Umbauen als Essigmanufaktur und Essiglager, dann als Möbellager etc. Mit nahezu jeder Nutzungsänderung wuchs die Hinterhofbebauung sukzessive an. Die größte bauliche Veränderung widerfuhr dieser Baustruktur in den 1990er Jahren mit der Dachaufstockung und dem Ausbau zu Bürolofts. In diesem Bauzustand übernahm die Moscheegemeinde das Gebäude. Die Bauakte zeigt eine Durchdringung von Wohnen und Arbeiten seit jeher, aber auch das Potenzial der Nachverdichtung, das die Mietskaserne bietet.

Baugeschichte: Bauliche Veränderungen durch die Moscheegemeinde

Im Jahr 2005 bezog die Moscheegemeinde die Räumlichkeiten, die seit den 1990er Jahren als Büroräume genutzt wurden. An den Konturen der Gebäude gab es seitdem keine baulichen Veränderungen mehr, sodass sich die Eingriffe im Wesentlichen auf den Innenraum konzentrierten. Während der Nutzungsphase als Gemeindezentrum erfolgte im Laufe der Zeit eine Vielheit an Umbauarbeiten, die aufgrund lückenhafter Dokumentation von Bauvorgängen nicht vollständig rekonstruiert werden konnten. Relativ kurz nach dem Einzug des Moscheevereins muss das Einziehen einer Betonplatte im Hof geschehen sein, dies erfolgte, um einen tiefergelegenen Hof zu schließen. Im Jahr 2016 nutzte die Gemeinde die Vergrößerung des barrierefrei zugänglichen Frauengebetsraums im Erdgeschoss zur Neuordnung angrenzender Räume: So wurde der Bereich der rituellen Waschung dem Gebetsraum vorgeschaltet. Den Nutzungen Büro und Friseursalon, die dafür weichen mussten, wurden andere Räume zugewiesen. Ebenfalls im Jahr 2016 wurde das Dachgeschoss zum Studierendenwohnheim umgebaut – hierfür wurde ein großer Raum, der zuvor als Unterrichtsraum fungierte, in mehrere kleine Schlafräume unterteilt. Im Jahr 2017 wurde die Fläche des Männergebetsraums erweitert: Durch den Auszug eines Mieters wurden im 1. Obergeschoss Raumkapazitäten ausgelöst – mit einem Wanddurchbruch ist dieser zweigeschossige Bereich nun an den bestehenden Betsaal angeschlossen. Mit dieser Maßnahme hat die Gemeinde ihr Angebot an Gebetsfläche mehr als verdoppelt.

Funktionen: Das Studierendenwohnheim in der Moschee

Der Hof kann durchaus als außenliegendes Entrée begriffen werden, denn von ihm gehen barrierefrei zugänglich eine Reihe von Räumen ab. So haben der Frauengebetsraum, das Büro, das sich der Vorstandsvorsitzende und der Imam teilen, und die Teestube einen separaten Eingang und grenzen unmittelbar an den Hof an. Über das innenliegende Treppenhaus erreichbar liegt im 1. Obergeschoss der L-förmige Gebetsraum der Männer mit seinen Galerien. Im 2. Obergeschoss befindet sich eine Lernlandschaft – ein offener Grundriss mit zwei Bereichen für Unterricht und einer Leseecke. Darüber ist das Studierendenwohnheim, das mit einem Gemeinschaftsraum an den Dachgarten angrenzt. Das Studierendenheim stellt eine funktionale Besonderheit der Gemeinde dar: Hiermit reagiert die Gemeinde auch auf den fehlenden Wohnraum für Studierende in Berlin.

Funktionen und Nutzungen

Unterrichtsräume

Studierendenwohnheim

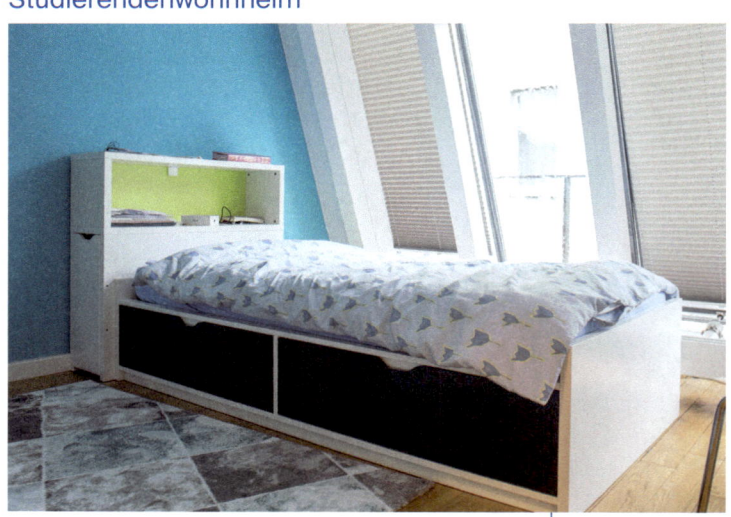

Büro

Friseur

Gebetsraum (Damen)

Erweiterung Gebetsraum Herren

Fallanalyse
Yeni Camii (Moschee), Berlin

170–171

Dachterrasse

Gebetsraum (Herren)

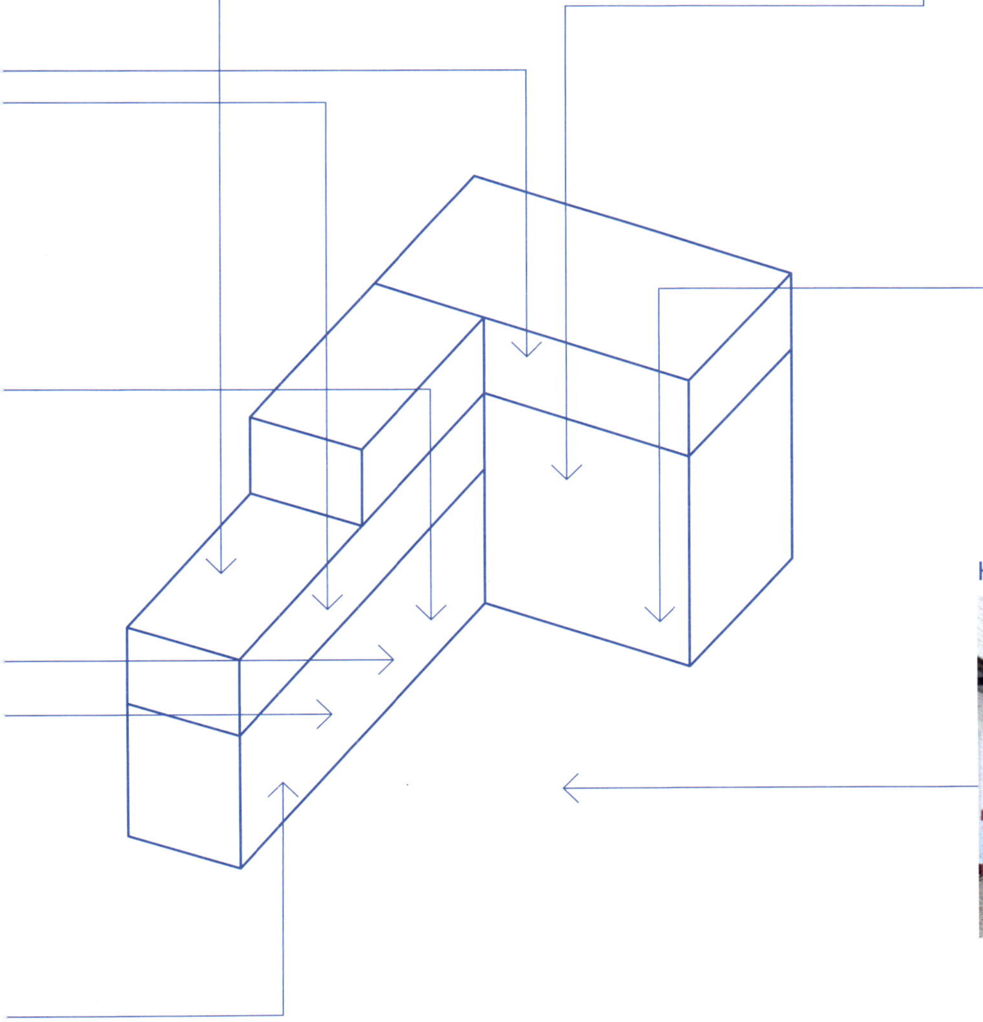

Teestube

Hof

Grundrisse:
Loftartige Räume und Raumlandschaften prägen den Grundriss

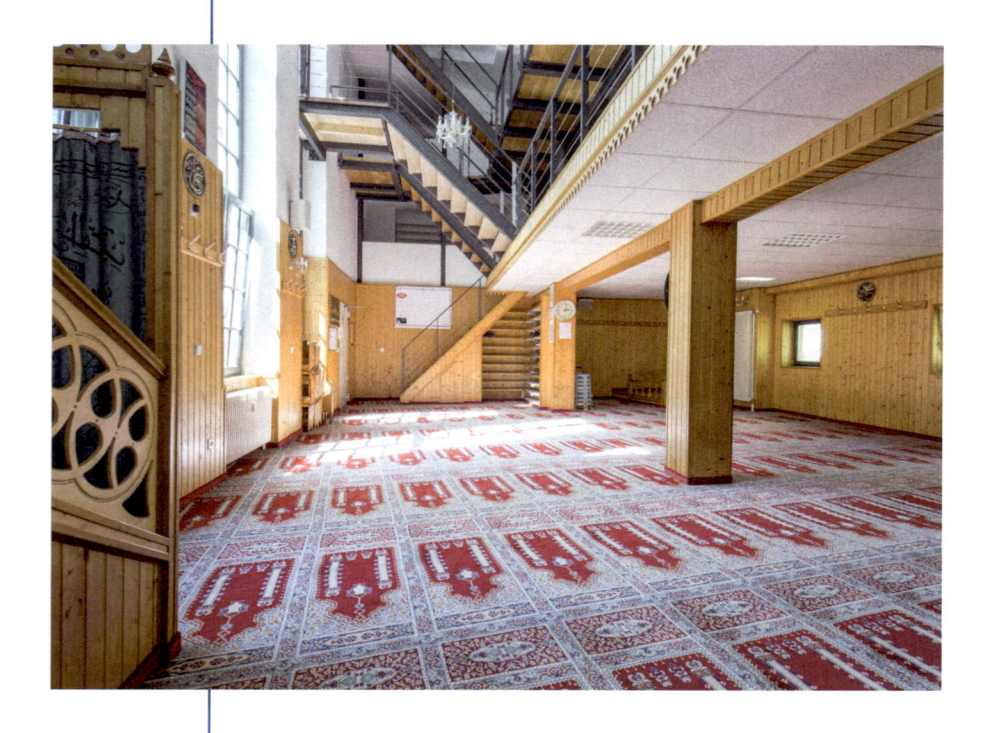

Das Hinterhaus, einst zur Manufaktur umgebaut, besteht aus zwei Gebäudeteilen, die der Produktion beziehungsweise der Lagerung dienten. Verbunden sind beide Gebäudeflanken im Inneren durch eine gewaltige Spindeltreppe, die eine Scharnierfunktion hat. Von außen sind die Gebäudeteile baulich durch eine vorgelagerte Kaskadentreppe aus Metallgittern verbunden, die den zweiten Rettungsweg darstellt.

Während sich Erdgeschoss und Dachgeschoss, bedingt durch die Art der Nutzung und infolge mehrerer Umbauten, durch Räume kleineren Zuschnitts auszeichnen, charakterisieren die mittleren Etagen loftartige Grundrisse und offene Raumlandschaften. Insbesondere der im rückwärtigen Gebäudeteil liegende Gebetsraum der Männer verweist auf den Errichtungszweck des Bauwerks: Da im einstigen Lagergebäude hohe Tanks standen und die Moscheegemeinde die Geometrie des Raumes nicht veränderte, ist die Geschosshöhe mit der dreifachen Höhe eines Vollgeschosses immens. So erweitern zwei Galerien die Nutzfläche des Betsaals nach oben. Die hohen, schmalen Fenster geben dem Raum von außen und innen eine fast kathedralenartige Wirkung. Durch die großen Öffnungen kann man vom Hof bereits die Kanzel erahnen und damit auf den dahinterliegenden Gebetsraum rückschließen. Bei Nacht, wenn die Kronleuchter brennen, macht der Baukörper seine Nutzung und Nutzer_innen nach außen völlig transparent.

Ebene 4

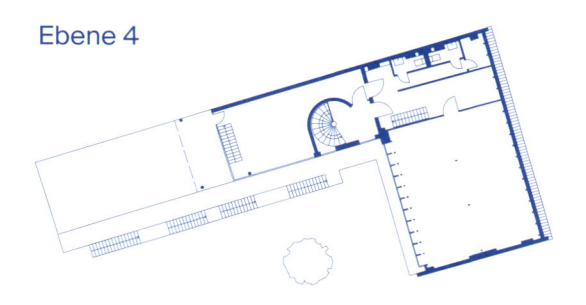

Ebene 3

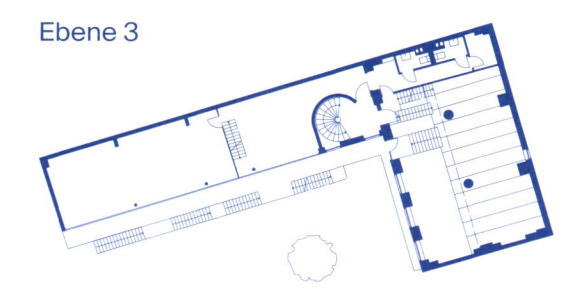

Ebene 2

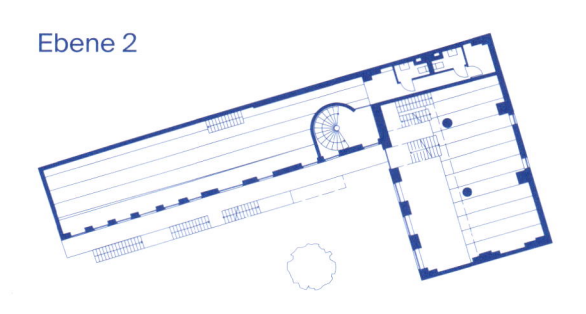

Ebene 1

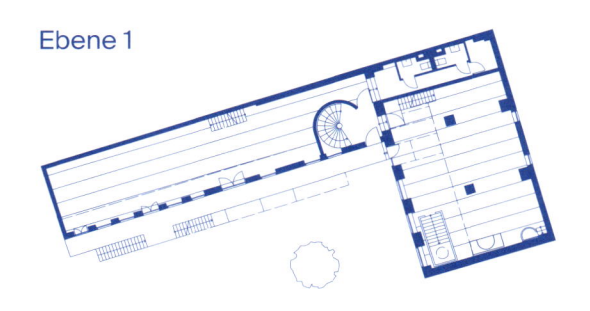

Ebene 0

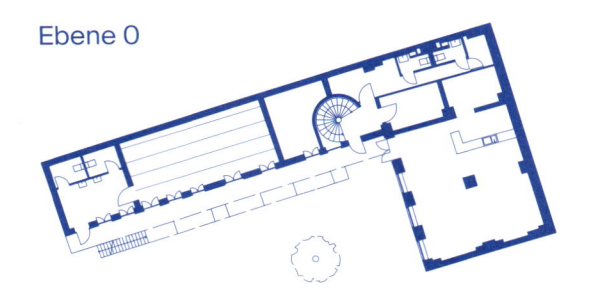

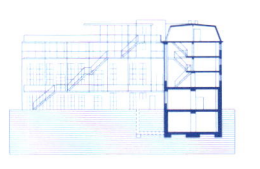

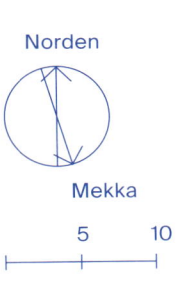

172–173

Norden

Mekka

5 10

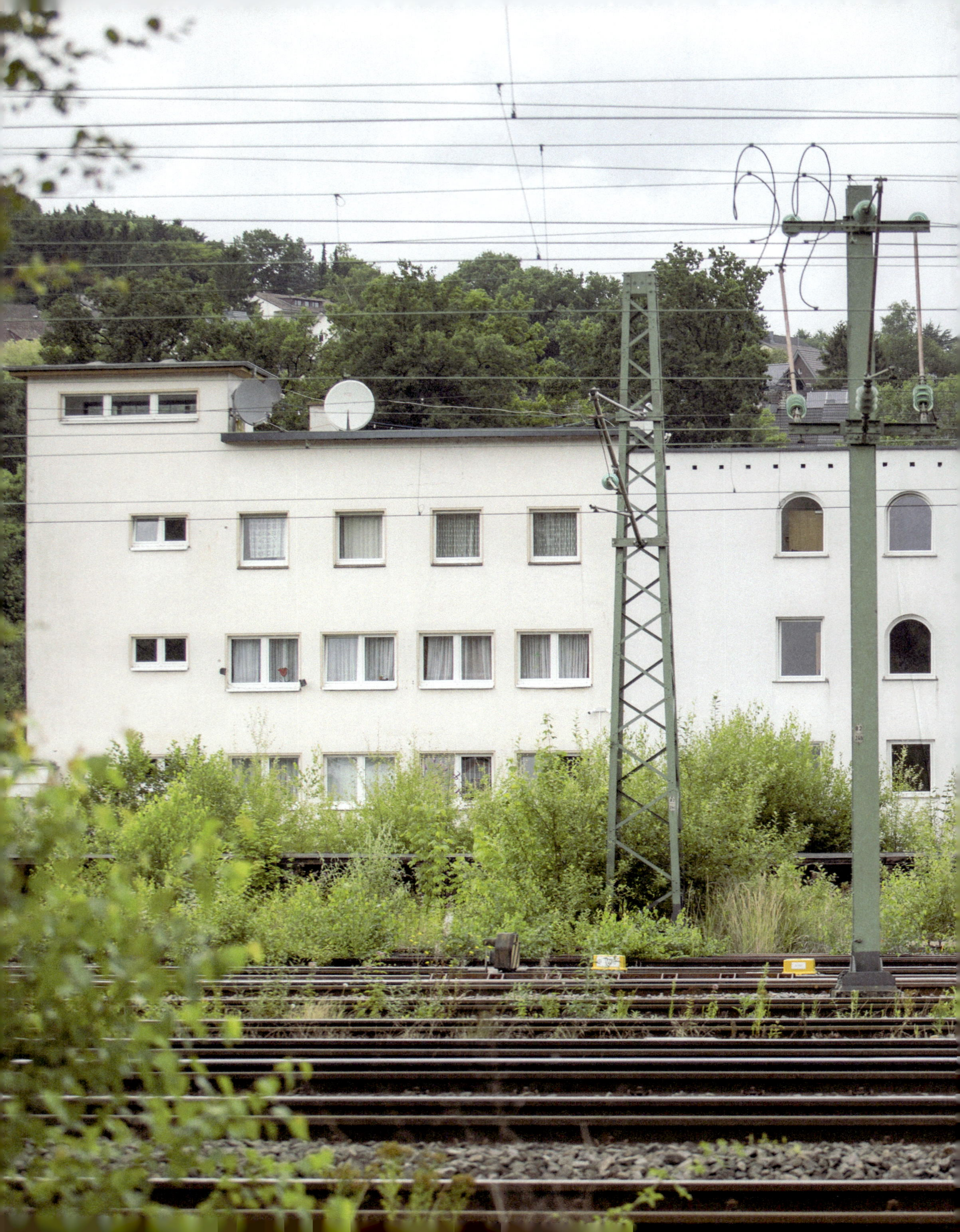

Fallanalyse
Betzdorf Sultan Ahmet Camii

174–175

Kathrin Herz

Kontext

Die Sultan Ahmet Moschee des Moscheevereins „Türkisch Islamische Gemeinde zu Betzdorf e.V." befindet sich in Betzdorf im Landkreis Altenkirchen. Die rheinland-pfälzische Kleinstadt liegt in einem Talkessel zwischen Siegerland und Westerwald und hat knapp 10.000 Einwohner_innen. Ursächlich für den Aufschwung des einstigen Dorfes, das im Jahr 1850 nur 250 Bewohner_innen, die primär von Landwirtschaft lebten, verzeichnete, war in der Mitte des 19. Jahrhunderts die Eröffnung der Eisenbahnstecke Deutz-Gießen mit einer Zweiglinie von Betzdorf nach Siegen. Hierdurch, und mit Einrichtungen wie dem Ausbesserungswerk, dem Rangierbahnhof, der Güterabfertigung usw., wurde Betzdorf zur Eisenbahnerstadt und Drehscheibe für die umliegenden Eisenerzbergwerke. Bahn und Bergbau waren fortan die Arbeitgeber_innen. Knapp 100 Jahre später, in den 1950er Jahren musste sich das Mittelzentrum neu orientieren, denn fast alle Betzdorfer Bahnbetriebe wurden stillgelegt. Die Ansiedlung von Industrie- und Gewerbebetrieben gelang und Betzdorf hat sich von der „Eisenbahnerstadt" zum Industrie- und Dienstleistungsstandort entwickelt. Gegenwärtig ist der Bahnhof nur noch ein kleiner Knotenpunkt im Streckennetz des Personennahverkehrs und zurückgeblieben sind stillgelegte Gleisanlagen und leerstehende Bausubstanz. Auf solch einer Bahnbrache in der Ladestraße Nr. 27 befindet sich seit 1984 die Sultan Ahmet Moschee, die aus einer Vereinsspaltung hervorgegangen ist und dem Dachverband „Türkisch-Islamische Union der Anstalt für Religion e.V." (DITIB) angehört. Die andere Gemeinde ist nach wie vor am alten Standort in der Siegstraße und hat sich dem „Verband der Islamischen Kulturzentren e.V." (VIKZ) angeschlossen. Die Nachbarbebauung der Sultan Ahmet Moschee ist weit entfernt: Es sind der alte, halb zerfallene Lokschuppen, die leerstehenden Hallen des einstigen Eisenbahn-Ausbesserungswerkes, der Bahnhof, das Parkhaus, das von vielen Passant_innen zu Fuß durchquert wird, um von einem Teil der Stadt in den anderen zu kommen. Das Gemeindezentrum ist eines der ersten beziehungsweise letzten Gebäude Betzdorfs, die bei der Einbeziehungsweise Ausfahrt mit der Bahn ins Blickfeld geraten: An der Kuppel als Moschee erkannt, umgeben von Schotterflächen und Spontanvegetation, die sich auf den stillgelegten Gleisen zum Dickicht entwickelt, wirkt die Situation auch absurd. In der Tat fühlt sich die Gemeinde seit Jahrzehnten am Standort wohl, hat sich sukzessive baulich immens entwickelt und profitiert etwa beim Feiern des Frühlingsfestes, anlässlich dessen der Moscheeverein die komplette Ladestraße für ein ganzes Wochenende aktiviert und mit Zelten bespielt, von der Lage.

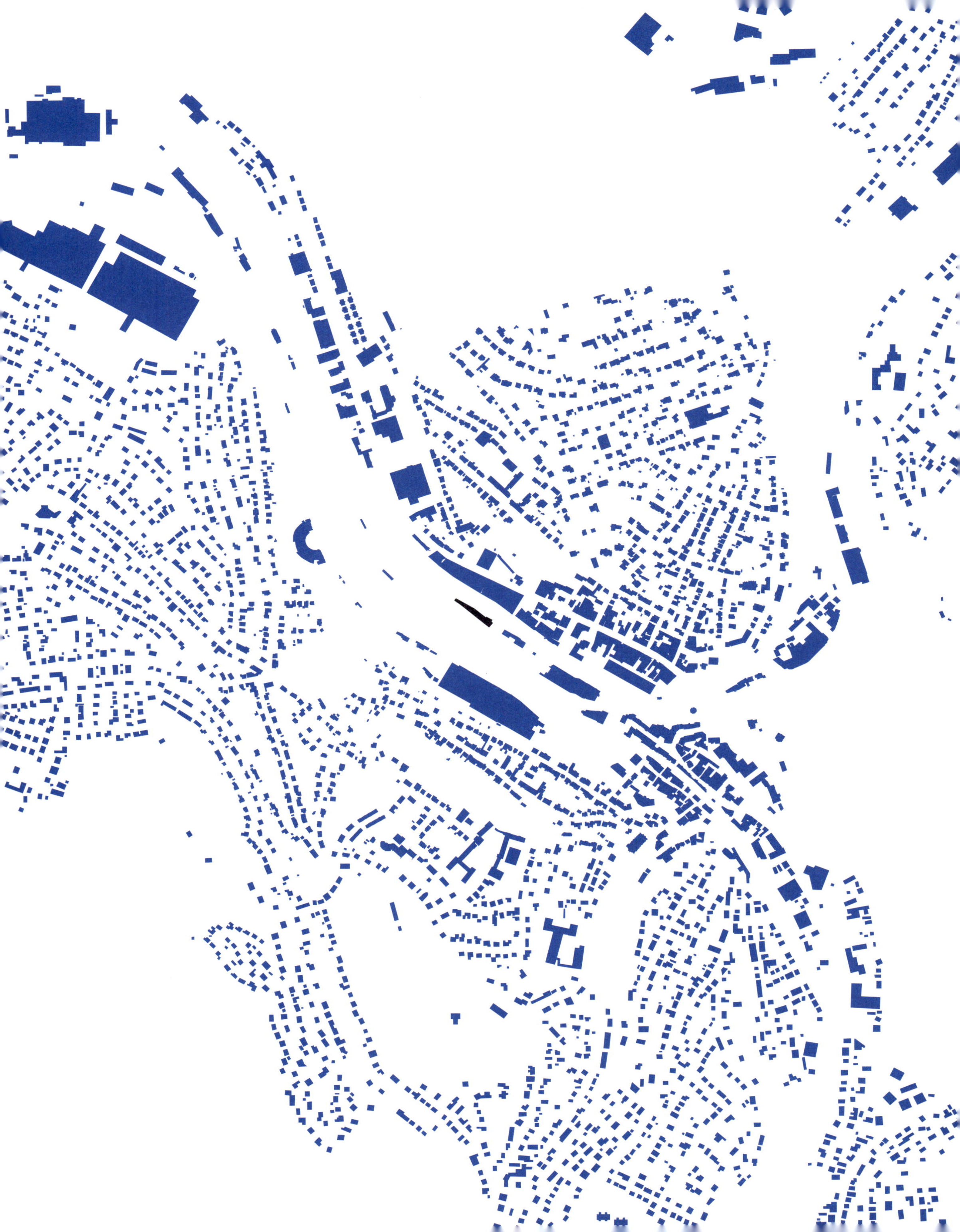

Das Besondere:
Aktivierung einer Stadtbrache

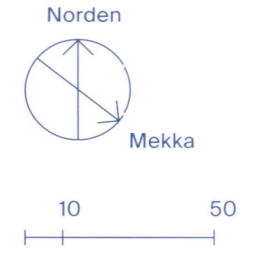

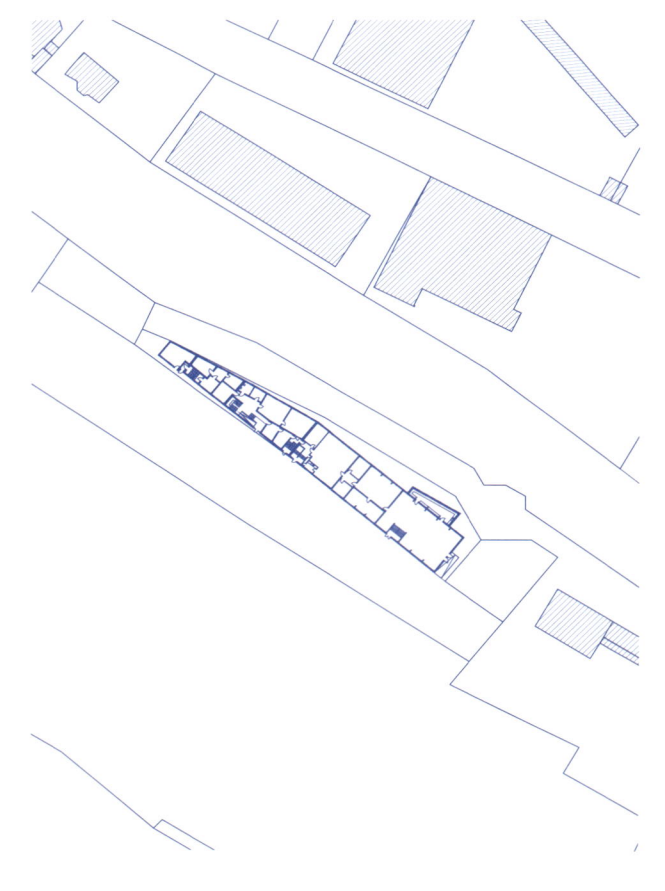

Norden
Mekka

10 50

Fallanalyse
Betzdorf Sultan Ahmet Camii

Die Baustruktur Betzdorfs ist von der Lage im Talkessel beeinflusst: Während die kleinvolumige Baustruktur die Hanglagen besetzt, sind unten im Tal die großvolumigen Bauten und Infrastrukturlinien. Die Bahnanlagen, die Mitte des 19. Jahrhunderts etabliert wurden, teilen die Innenstadt Betzdorfs in zwei Bereiche. Heute liegen sie größtenteils still, so sind Stadtbrachen in absolut zentraler Lage entstanden, die gleichzeitig im Abseits liegen, da sie nicht mit dem umgebenden Stadtraum vernetzt sind. Die zukünftige Entwicklung der Kleinstadt könnte maßgeblich von diesen innerstädtischen Brachflächen ausgehen, mit deren Hilfe die ‚geteilte' Stadt verwebt werden könnte. Impulsgeber mit großem Potenzial könnte hierbei die Sultan Ahmet Moschee sein, denn ihr ist gelungen, eine solche Fläche dauerhaft zu beleben und damit zu reaktivieren. Doch die Situation ist planungsrechtlich nicht einfach: Das Grundstück, auf dem sich das Gemeindezentrum befindet, wurde als Bahnfläche entlassen. Als sich die Moscheegemeinde auf dem Gelände niederließ, befanden sich gegenüber auf der anderen Straßenseite Lagerhallen und -schuppen, die vor wenigen Jahren aufgrund ihres baufälligen Zustandes abgerissen worden sind. Diese standen zwischen Gleis und Straße und dienten der Speicherung und Umladung von Gütern vom Schienen- auf den Straßenverkehr – daher der Name der (Lade-)Straße. Dieses Gelände ist inzwischen im Besitz der Stadt und wird von den Moscheebesucher_innen als Verkehrsfläche und Aufstellfläche für PKWs genutzt. Die Ladestraße als solche ist nicht befestigt, sondern in Teilen eine Schotterpiste ohne Straßenbeleuchtung, die sich wie viele der umliegenden Flächen im Besitz der Deutschen Bahn AG befindet. Ein Gestattungsvertrag erlaubt den Besucher_innen der Sultan Ahmet Moschee die Durchwegung des Bahneigentums und sichert die Erschließung. Die Stadt Betzdorf beabsichtigt den Kauf beziehungsweise die städtebauliche Entwicklung der Flächen. Der Zugriff hierauf ist allerdings schwierig, da sich die Flächen noch in der Entbehrlichkeitsprüfung befinden und somit nach wie vor Areale darstellen, die als Bahnfläche ausgewiesen sind.

Baugeschichte

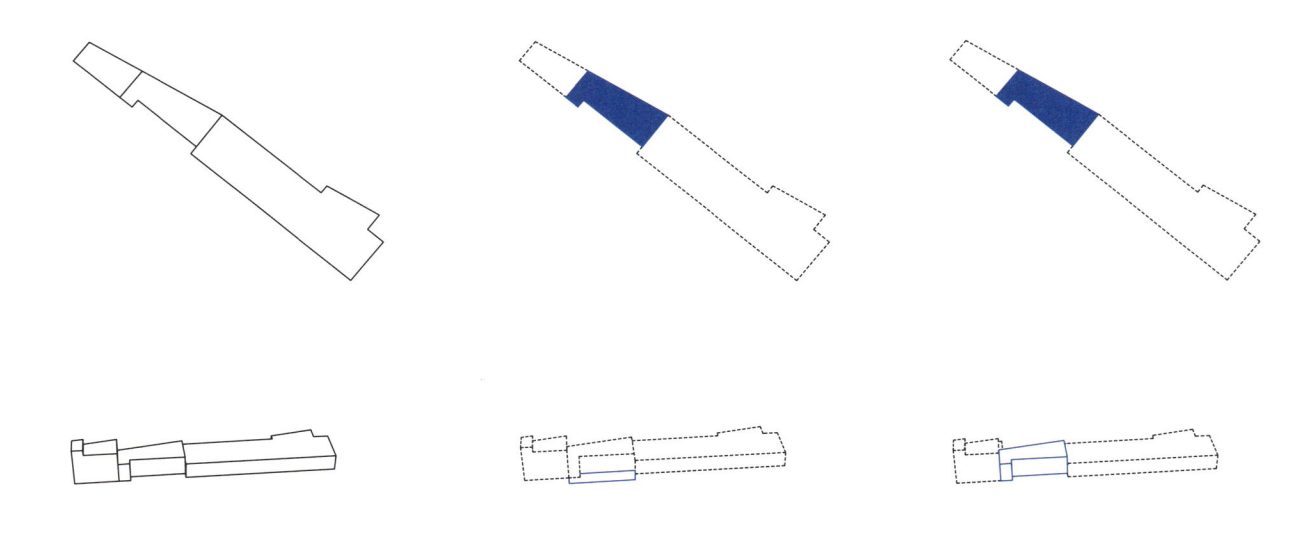

ca. 1940er Jahre

Nutzung:
Großhandlung für Nahrungs- und Genussmittel

Maßnahme:
Errichtung einer Großhandlung für Nahrungs- und Genussmittel

1984

Nutzung:
unbekannte Nutzungen und Gemeindezentrum

Maßnahme:
Einzug Moscheegemeinde in das Untergeschoss

1985

Nutzung:
Gemeindezentrum

Maßnahme:
Kauf, Nutzungsänderung und Umbau der Großhandlung zum Gemeindezentrum

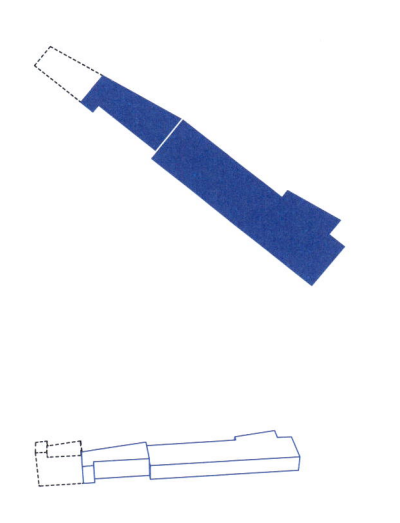

1995

Nutzung:
Gemeindezentrum

Maßnahme:
Zukauf,
Nutzungsänderung
und Umbau

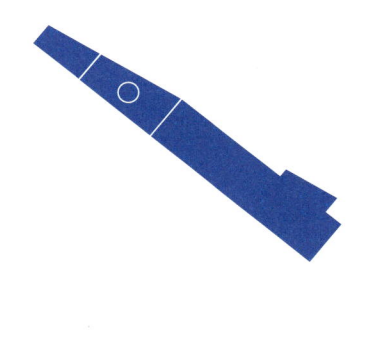

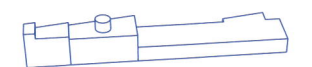

2006

Nutzung:
Gemeindezentrum

Maßnahme:
Zukauf,
Nutzungsänderung
und Umbau

Baugeschichte: Vor dem Einzug der Moscheegemeinde

Die heute von der Moscheegemeinde genutzten Gebäude wurden u. a. als Großhandlung für Nahrungs- und Genussmittel errichtet. Eine Aufarbeitung der Bauakte(n) war seitens des Bauarchivs nicht möglich, so kann die Baugeschichte nicht rekonstruiert werden beziehungsweise bleibt in großen Teilen lückenhaft.

Baugeschichte: Bauliche Veränderungen durch die Moscheegemeinde

Der Moscheeverein mietete im Jahr 1984 ein Untergeschoss in der Ladestraße als Gebetsstätte an. Das Gebäude wurde nach dem Krieg als Großhandlung für Nahrungs- und Genussmittel der Firma Muhl & CO. K.G. errichtet. Eine alte Ansichtskarte, die von der Firma zu Werbezwecken eingesetzt wurde, zeigt das Gebäude deutlich imposanter, als es war. Bereits im Jahr 1985 konnte die

Moscheegemeinde das Gebäude von einem Investor erwerben. Später erfolgten die Zukäufe der angrenzenden Bauten (1995 und 2006). So ist das Gebäude(-ensemble) beständig mit der Gemeinde und ihren Bedürfnissen mitgewachsen. Damit gingen umfassende Umbauarbeiten einher, so wurde etwa der Gründungsbau abgetragen und komplett neuerrichtet. Krönender Abschluss dieser Maßnahme ist der durch die Kuppel nach außen sichtbare zweigeschossige Gebetsraum.

Funktionen: Vielfältige Orte

Die Baustruktur setzt sich aus drei Gebäuden zusammen. Diesen teilte die Moscheegemeinde unterschiedliche Nutzungszwecke und Funktionen zu. Der Fokus des nördlichen Gebäudes liegt auf dem Wohnen, das mittlere Haus kann als Ort der Bildung und des Gebets verstanden werden. Der südliche Teil des Gemeindezentrums dient dem Treffen und Versammeln – dies kann beim Einkaufen im Supermarkt, beim Unterhalten in der Teestube, am Billardtisch im Freizeitraum oder beim gemeinsamen Feiern im Gemeindesaal usw. erfolgen. Das Gemeindezentrum verfügt über einige spezifische Räume wie den Hobbyraum, die andere Gemeinden nicht haben, und bietet in seiner Weitläufigkeit gleichermaßen Orte für den Einzelnen und für die Gemeinschaft. Für ihr alljährliches Moscheefest nutzt die Gemeinde den Außenraum vor dem Gebäude; damit erweitert sie temporär ihr Funktionsprogramm und ihre Fläche.

Funktionen und Nutzungen

Büro

Unterrichtsräume

Supermarkt

Teestube

Fallanalyse
Betzdorf Sultan Ahmet Camii

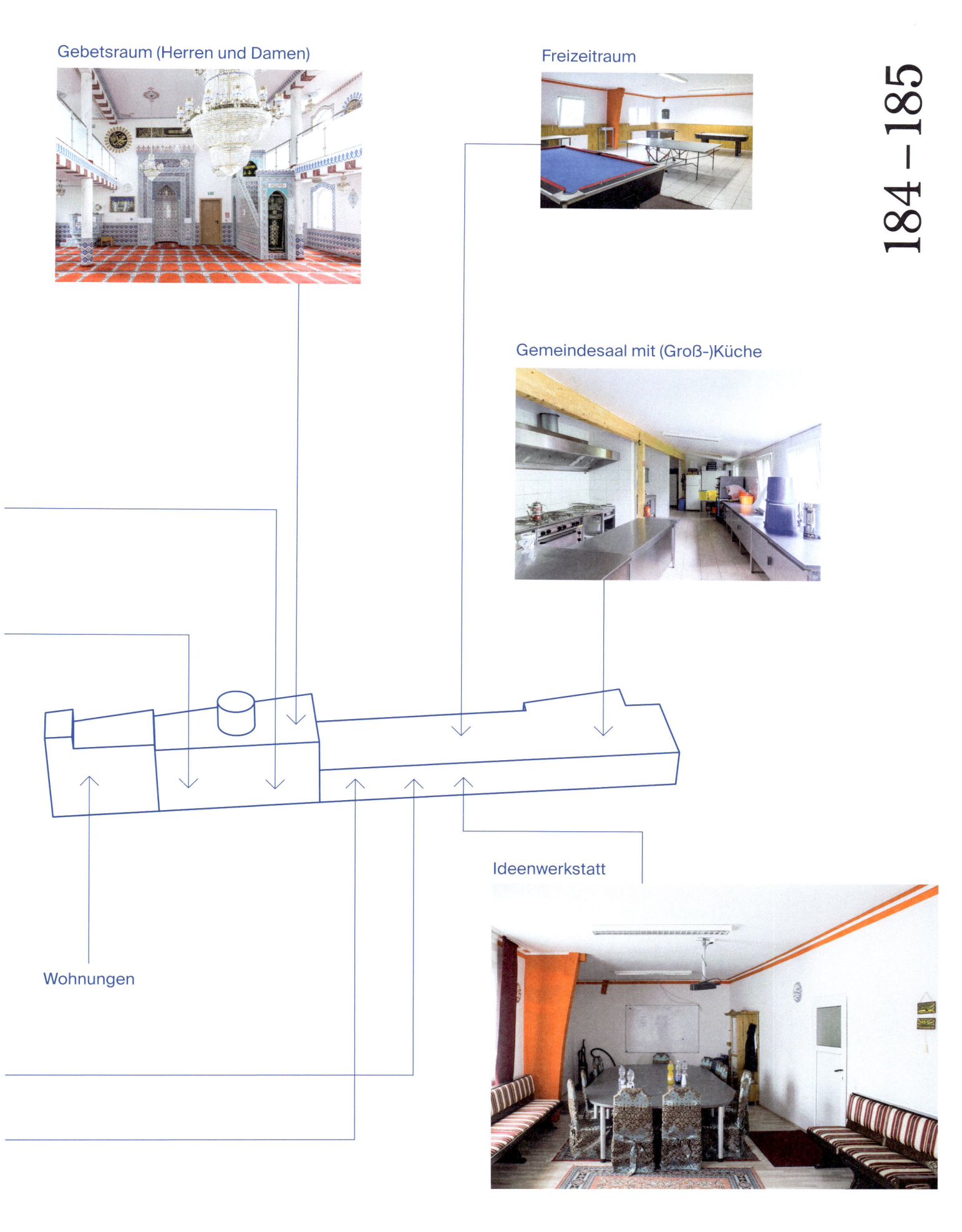

Gebetsraum (Herren und Damen)

Freizeitraum

Gemeindesaal mit (Groß-)Küche

Ideenwerkstatt

Wohnungen

184–185

Grundrisse: Addition dreier Baukörper

Das bauliche Konglomerat addiert sich aus drei einst voneinander autark funktionierenden Baukörpern, die ohne seitlichen Grenzabstand zueinander errichtet worden sind. Der nördliche, dreigeschossige Gebäudeteil fasst über alle drei Geschosse Wohnraum und wird separat – ohne Verbindung zum Gründungsbau der Moschee – erschlossen. Dieser mittlere Bereich ist ebenfalls dreigeschossig und beheimatet in der unteren Etage Unterrichtsräume sowie Büros. Darüber entwickelt sich der zweigeschossige Gebetsraum mit dem Galeriegeschoss, das den Damen vorbehalten ist. Funktional am komplexesten ist der südliche Bauabschnitt – dieser ist auf einer Ebene organisiert und kann mit dem mittleren Gebäude verbunden, gleichwohl aber auch separat erschlossen werden. Gegenüber dem Treppenhaus befindet sich in diesem Teil des Gemeindezentrums ein kleiner Lebensmittelmarkt, davor geht es in eine große, die gesamte Hausbreite nutzende Teestube, ein Flur führt von dort zu weiteren Unterrichtsräumen. Durch einen Freizeitraum gelangt man in einen Hobbyraum und schließlich in den großen Gemeindesaal, der sich am südlichen Ende befindet. Diesem angegliedert ist eine moderne Großküche, in der, z. B. während des Ramadanmonates, alle Speisen für das gemeinsame Fastenbrechen zubereitet werden. Die Erschließung des Gemeindesaales kann über einen der beiden Zugänge direkt von außen oder durchs Haus erfolgen.

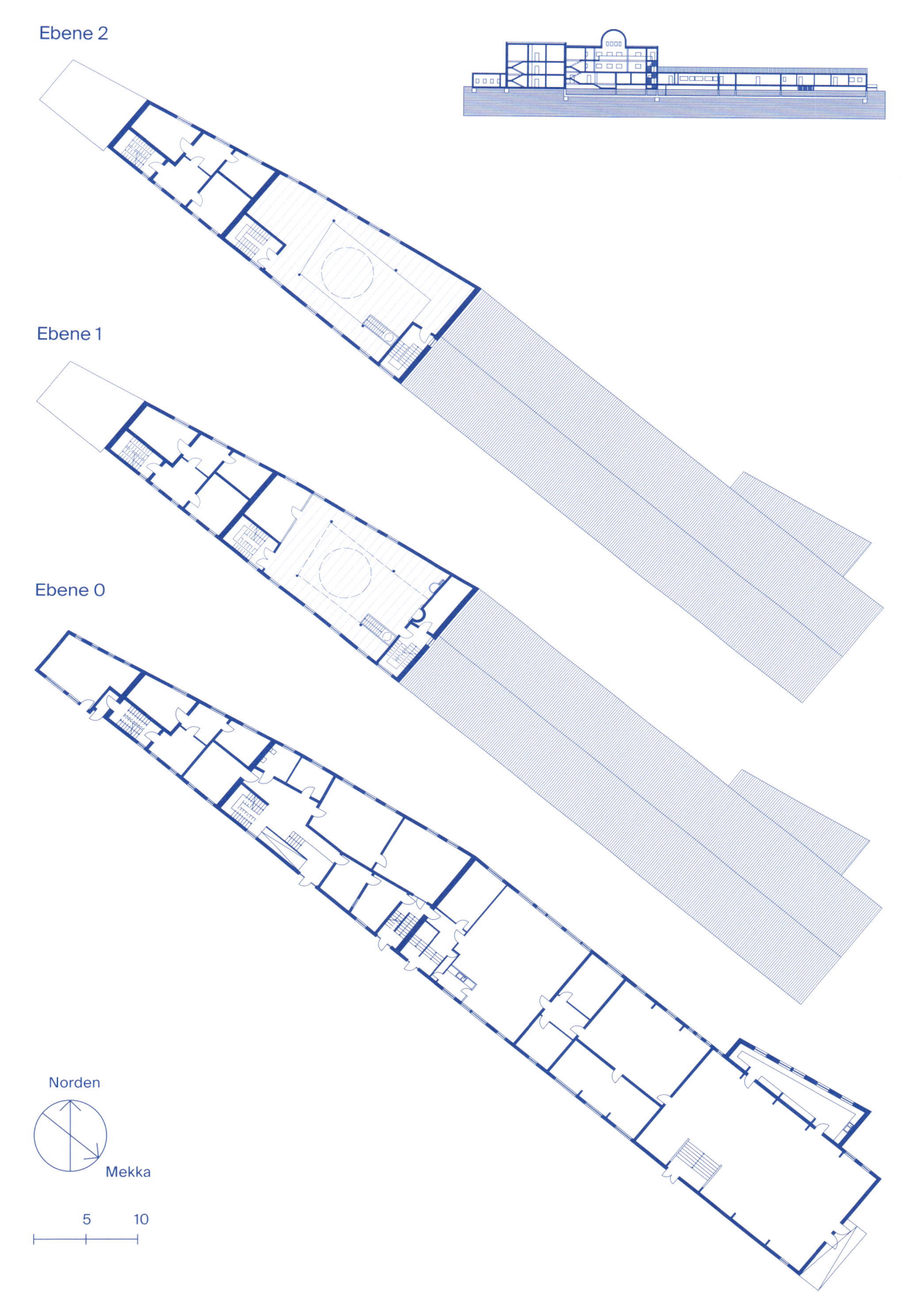

Ebene 2

Ebene 1

Ebene 0

186–187

Norden
Mekka

5   10

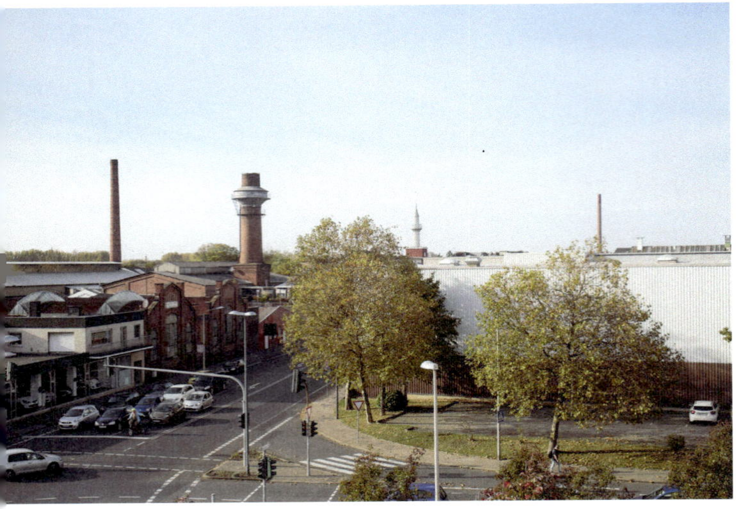

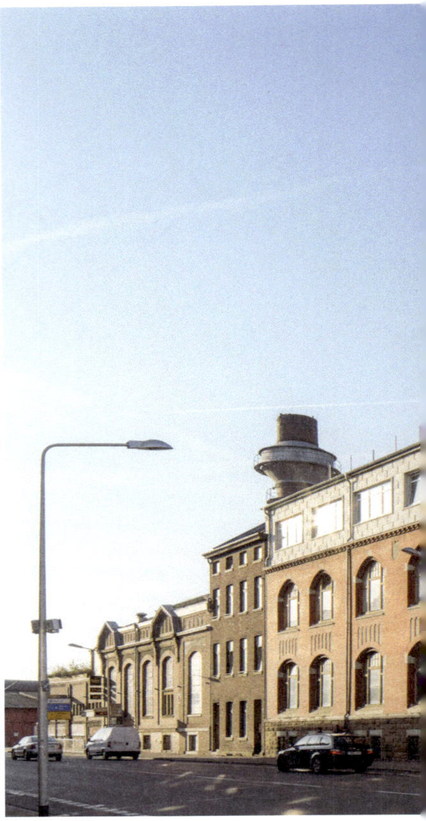

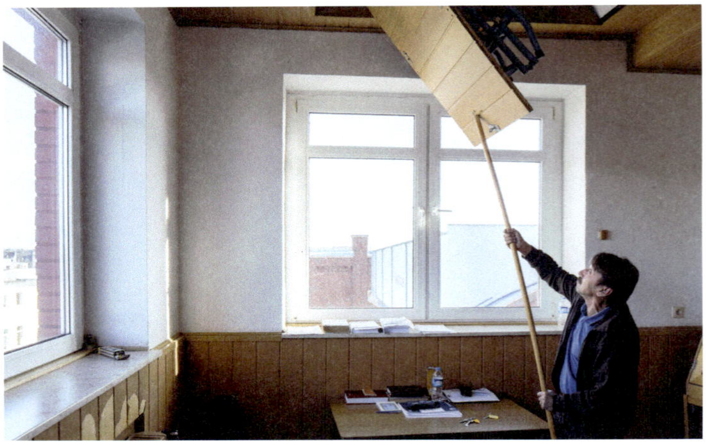

Fotoessay
Perspektiven
auf ein Minarett

188–189

Fotoessay
Perspektiven
auf ein Minarett

190–191

Feste

Chantal Munsch[1]

[1] Ich danke Kathrin Herz und Marko Perels für ihre umfangreichen und genauen Beobachtungsprotokolle. Auf deren Auswertung beruht der folgende Text.

Wie in vielen anderen Vereinen spielen auch in den Moscheegemeinden Feste eine wichtige Rolle im Jahresprogramm. Neben den religiösen Festen, bei denen insbesondere das Fastenbrechen im Ramadan eine zentrale Rolle einnimmt, gehört eine jährliche Kermes, oft Frühlingsfest, manchmal auch Familien- oder interkulturelles Fest genannt, zum Programm. Neben diesen großen Festen gibt es kleinere Feierlichkeiten, an denen insbesondere die Moscheegemeinde und umliegende Gemeinden teilnehmen, so z. B. Wettbewerbe zur Koranrezitation, Gedenkveranstaltungen für Verstorbene, gemeinsame Frühstücksveranstaltungen – und natürlich der Tag der offenen Moschee. Außerdem können an manchen Orten Räumlichkeiten der Gemeinde für private Feiern gemietet werden – so wird uns z. B. von einer Beschneidungsfeier und einem Hennaabend berichtet, zu denen jeweils viele Gäste gekommen seien.

In den Beobachtungsprotokollen erscheinen Feste, insbesondere die Kermes, als Veranstaltungen, die sich gut besuchen lassen. Das hat wesentlich damit zu tun, dass das Arrangement eines solchen Festes den Ethnograf_innen bekannt vorkommt. Es erlaubt ihnen, sich relativ leicht ‚unters Volk zu mischen' und ‚eine gute Zeit zu haben'. Angekündigt werden die Feste meist über Plakate, die im umliegenden Stadtraum aufgehängt werden. Auch auf den Webseiten der Gemeinden werden sie angekündigt. Weiß man Bescheid, kann man die Feste an Wochenenden im Frühsommer auch zufällig entdecken: Ein Indikator ist Grillrauch dort, wo ein Gemeindezentrum steht.

 Die Feste finden in der Regel draußen statt. Gefeiert wird zumeist im Hof des Gemeindezentrums, gelegentlich auch auf einem angrenzenden Gelände oder auf der an diesem Tag für den Verkehr gesperrten Straße vor dem Gemeindezentrum. Einige Moscheevereine mieten für diesen Zweck auch eine als geeignet erscheinende Immobilie oder richten das Fest auf einem öffentlichen Platz im Stadtteil unweit des Gemeindezentrums aus. → Fotoessay Kermes im Stadtraum, S. 482

 Ein Banner über dem Eingang macht oft auf die Feste aufmerksam. Der Aufbau erscheint immer ähnlich: Es gibt Zelte mit verschiedenen Ständen, oft eine Bühne und Festzeltgarnituren. Das Arrangement lädt die Besucher_innen ein: Sie schlendern an den Ständen vorbei und schauen sich an, was geboten wird. Einige wenige Stände verkaufen Gegenstände: Bücher, Kleider, Wasserfilter oder Wellnessgeräte sehen die Ethnograf_innen. Manchmal gibt es eine Hüpfburg oder ein Karussell für die Kinder. Von Interesse sind für die Ethnograf_innen jedoch vor allem die Stände mit Speisen, die in der Regel von den einzelnen Abteilungen des Moscheevereins organisiert und betrieben werden. Ein leckerer Geruch hängt über dem Platz. Angeboten werden etwa Manti (Teigtaschen), Lahmacun (gewürzter Teigfladen), Kebabsandwiches, gegrillte Fische im Fladenbrot mit Salat, Kuchen und Süßigkeiten. Fast immer gibt es einen Grill oder ein offenes Feuer, die den Platz in dichten Rauch hüllen. Nicht fehlen darf außerdem der Stand mit dem Tee, serviert aus der Teemaschine.
→ Teemaschine, S. 360

 Bevor jedoch gegessen werden kann, muss zunächst ein Bon oder Jeton erworben werden. Dazu gibt es einen separaten Stand, bei dem Bargeld in solche Bons getauscht wird. Mit diesen können dann unterschiedliche Speisen und Getränke erworben werden, nicht ohne sich vorher in eine – oft längere – Schlange einzureihen und zu warten. Beim gemeinsamen Essen an den langen Festzeltgarnituren ist es nicht schwer, mit anderen ins Gespräch zu kommen. Auch wenn auf den Festen viel Türkisch gesprochen wird, verstehen doch die allermeisten Menschen Deutsch.

 Die Vorbereitung eines solchen Festes und insbesondere all dieser Speisen ist für die Gemeindemitglieder mit einem erheblichen Aufwand verbunden. Ein räumlicher Indikator für diesen Aufwand sind die Großküchen, die wir in fast jeder Gemeinde sehen. Vor den Festen stapeln sich dort Kisten mit Lebensmitteln, die auf ihre Zubereitung warten. Gelegentlich sind Frauen oder Männer zu beobachten, die dort oder in einem der Zelte mit der Zubereitung der Speisen beschäftigt sind und z. B. Gemüse schneiden oder Fleischbällchen rollen.

In vielen Gesprächen hören wir, wie während der Vorbereitung Aufgaben verteilt werden. Bei einem Besuch wird deutlich, wie wichtig eine gute Vorbereitung ist, damit die Zubereitung auch einen guten Eindruck auf die Besucher_innen macht. Der Ethnograf ist von der Zubereitung einer Fischspezialität besonders beeindruckt:

> Ich stehe vor dem Zelt und ich bin beeindruckt. Acht bis neun Männer in blauen Overalls stehen hinter der Festzeltgarnitur, auf der die Bratstraße aufgebaut ist. Rechts werden die Fische auf die Pfannen gelegt, dann geht es rechts außen auf dem Kocher los. Die Pfannen wandern vier Stationen weiter, bis sie fertig sind. Faszinierend ist auch das Wenden. Es wird eine Art flacher Kochdeckel auf die drapierten und unten gebratenen Fische gelegt, die Pfanne gestürzt, das Fett über einer benachbarten Pfanne abtropfen gelassen, und dann von dem flachen Deckel die fein sortierten und immer noch in guter Ordnung befindlichen Fische auf die Pfanne zurückgleiten gelassen. Geölt wird mit hellem Öl aus einer Plastikflasche mit einem gestochenen Loch im Deckel. Feine Spritzer, nicht zu viel. Es sieht von außen richtig gut aus und für meine Begriffe professionell. Die türkische Beschriftung verspricht „Hamsi Ekmek Arasi" und „Hamsi Tava". Also ein Baguette belegt mit Hamsi [Sardellen], und einmal eine ganze Pfanne. 4 Euro und 10 Euro. In der Pfanne ist wirklich eine ganze Menge. Das Brot kommt mit Zwiebeln und Salat, super lecker. Nur hatte bei mir die Zitrone gefehlt.

Am nächsten Morgen besprechen die Männer die Zubereitung dieser Speise. Es wird deutlich, dass der Verantwortliche nicht ganz zufrieden ist:

> Im Wesentlichen geht es um die Beratung, wie man das ganze heute über die Bühne bringen könnte, und möglichst besser als gestern. Vor allem gibt es ein längeres Gespräch von dem Fisch-Meister. Er bittet zunächst darum, dass das niemand persönlich nehmen solle, aber er habe doch einige Anmerkungen zu gestern und hätte es gerne besser organisiert. Es geht ihm um den Eindruck, den das Ganze nach außen hinterlässt. Zu chaotisch. Die Leute hätten einfach nicht ihren Job gemacht, nicht ordentlich gearbeitet, bei der Arbeit mit den Fischen auch noch geraucht und sich nicht um den Müll gekümmert. So gehe das doch nicht. Er redet mit Bedacht. Dann wird eingeteilt. Wer schneidet das Brot? Wer schneidet den Salat? Der müsse auch nochmal mittig geteilt werden. Wer schneidet Zwiebeln? Die müssten schön dünn sein. Die anderen, vorwiegend jungen Männer, sind auch beteiligt. Manche sind ganz einsichtig oder äußern auch Ideen, wie man was besser machen könnte. Wir haben alle verständig zugehört. Er ist hier der Fischboss und an seiner Autorität zweifelt keiner. Ich habe den Eindruck, er könnte auch Gastronom sein.

Während für uns als ‚fremde' Besucher_innen das leckere Essen im Vordergrund stehen mag, so machen die Gespräche mit den Gemeindemitgliedern wie auch unsere Beobachtungen deutlich, dass es bei den Festen längst nicht nur ums Essen geht. Die Feste erfüllen vielmehr sehr viele verschiedene Funktionen.
    Offensichtlich sind die Feste ein Anlass, bei dem sehr viele Menschen zusammenkommen. Es wird viel gegrüßt und gelächelt. Nicht nur die Mitgliederfamilien der eigenen Gemeinde sind anwesend, sondern insbesondere die umliegenden Moscheegemeinden sind eingeladen. Je mehr Besucher_innen, desto gelungener erscheint ein Fest. In den Gesprächen wird immer wieder mit Stolz erwähnt, dass besonders viele Menschen ein bestimmtes Fest besucht hätten. Hier scheint es in gewisser Weise auch um Anerkennung zu gehen. In einer Gemeinde sehen wir ein extra ‚VIP-Zelt' und in einer anderen eine festlich eingedeckte Tafel in einem Raum abseits des Geschehens für besondere Gäste, sowohl von anderen Verbänden als auch von Repräsentant_innen diverser Stadt-

teilgremien. Dass diese kommen, wird uns gegenüber besonders hervorgehoben. Wir sehen Vorstandsmitglieder, die sehr damit beschäftigt sind, Politiker_innen und Dialogpartner_innen in Empfang zu nehmen. In einer anderen Gemeinde hören wir, dass eigens eine Kermes geplant worden sei, um mit den Nachbarn ins Gespräch zu kommen. Dass die Kermes, wie übrigens so manches Fastenbrechen auch, auf öffentlichen Plätzen stattfindet, ist in manchen Gemeindezentren einem Mangel an Platz geschuldet – andere intendieren damit jedoch, besser mit den Bewohner_innen der Stadt in Kontakt zu kommen. „Präsenz zeigen" nennt das einer unserer Interviewpartner. Die meisten Besucher_innen scheinen jedoch „türkeistämmig" zu sein. In einem unserer Beobachtungsprotokolle wird deutlich, welche Unsicherheiten dazu führen können, dass so wenig Nicht-Muslim_innen auf den Festen zu beobachten sind. Die Ethnografin besucht ein Fest mit einem Bekannten:

> „Kann man da jetzt einfach so reingehen?" will Johannes wissen, als wir vor dem Gemeindezentrum stehen. „Ja, klar, die freuen sich", sage ich optimistischer, als ich bin. Das Fest hat sich schon merklich geleert. Es scheint, als würden die letzten Speisen ausgegeben werden. Über dem Gelände hängt ein leckerer Essensgeruch. Überall auf den Freiflächen sind Zelte aufgebaut. Leider werden die Stände schon abgebaut. Noch sehe ich die Schilder: Manti [Teigtaschen], Lahmacun … wurden feilgeboten. Essensgeruch hängt noch in der Luft. Schade, denke ich. Als wir zu Fuß zurückgehen, haben sich die Autos entlang der Straße deutlich gelichtet. Wann das nächste Fest sei, will Johannes wissen. „Schade, dass wir es verpasst haben", sagt er noch.

Deutlich wird die Unsicherheit des Mannes, der noch nie eine Moschee betreten hat. Er weiß nicht recht, ob er „einfach so" teilnehmen kann. Wäre er nicht mit der Ethnografin unterwegs gewesen, er wäre wohl nie auf die Idee gekommen, hier hineinzugehen. Nun ist er hier und die Stände, der Essensgeruch, die ganze Atmosphäre scheinen seine Meinung zu ändern, die Unsicherheit scheint bald verflogen. Über Besuche würden sich Gemeindebesucher_innen freuen, sagen sie uns oft. Zwei von ihnen begründen dies nach einem İftar (Fastenbrechen): Wenn die Deutschen kommen würden, so sagen sie, dann würden sie sehen, dass wir keine Terroristen sind.

Feste tragen außerdem zur Finanzierung der Gemeindezentren bei. In einer Gemeinde erfahren wir, dass der Raum für die rituelle Totenwaschung aus dem Erlös eines Festes finanziert wurde. Neben dem Verkauf von Speisen und Getränken verweist insbesondere die Tombola auf diesen Zweck. Die aufwendig verpackten Gewinne für eine solche Tombola sehen wir bisweilen in einem separaten Raum, sich über mehrere Tische erstreckend, aufgebaut. Auf einem Fest erlebt der Ethnograf die Versteigerung einer für ihn besonderen Speise: In der Feuerstelle stehen umgestülpte Oliven- und Olivenölkanister. Die Inhalte werden scheinbar meistbietend von der Bühne weg verkauft beziehungsweise versteigert. In den Kanistern, so erfährt er, ist auf einen Stock gespießt jeweils ein Hühnchen. Es soll sich um ein besonders schmackhaftes und zartes Gericht handeln und heißt Teneke Tavuk – was so viel wie Blechhühnchen bedeutet. Die aufgerufenen Preise sind eher hoch, es sind Spenden. Die Sammlung von Spenden scheint zu vielen dieser Feste dazuzugehören.

Indirekt zur Finanzierung trägt auch die öffentliche Ehrung von Spender_innen bei. Mehrmals beobachtet der Ethnograf solche Auszeichnungen: Nacheinander werden Personen auf die Bühne gebeten, denen öffentlich für ihre Unterstützung der Moschee gedankt wird. Medaillen oder andere Auszeichnungen werden überreicht, Hände geschüttelt, Fotos geschossen.

Eine solche Bühne gehört somit fast immer zu einem Fest dazu. Nicht immer jedoch handelt es sich um eine erhöhte Fläche, manchmal dient auch eine ebenerdige Fläche als Bühne. Von hier aus agiert dann eine Art Conférencier mit Mikrofon. Es werden Reden gehalten, manchmal Diashows oder andere Beiträge wie bspw. von den Kindern einstudierte Tänze gezeigt.

Wie im Vorfeld einer Kermes, so sind auch in den Tagen nach dem Wochenende der Veranstaltung deren Spuren noch im Gemeindezentrum zu sehen. Die Menge an Dingen wie die riesigen Töpfe und Pfannen, die nicht verlosten Tombolapreise, die nicht verkaufte Second-Hand-Kleidung an den Kleidungsstangen, die es in den Räumen des Gemeindezentrums zu verstauen gilt, verdeutlicht noch einmal sehr eindrucksvoll den immensen Aufwand, den es für die Aktiven der Gemeinde bedeutet, ein solches Fest auszutragen.

Frauen

Marko Perels

Die Beteiligung von Frauen in den Gemeindezentren wird im folgenden Kapitel insbesondere aus sozialräumlicher Perspektive betrachtet. Auch wenn der Fokus auf die bauliche Entwicklung die Männer der Gemeinde und ihre Schilderungen der Anfangszeiten in den Vordergrund rückt, so wird in vielen Fällen klar, dass diese Entwicklungen ohne die Frauen der Gemeinde so nicht stattgefunden hätten. Ein männliches Vorstandsmitglied drückt sich im Gruppengespräch mit mehreren Vertreterinnen der Gemeinde so aus:

> „In den Vordergrund drücken sich meistens – muss ich ehrlich zugeben – da drücken wir Männer uns nach vorne. Aber im Hintergrund- (zustimmende Äußerungen der anwesenden Frauen) haben immer die Frauen das Sagen."

Weiterhin meint er, dass ohne die Unterstützung der Frauen das Gemeindezentrum innerhalb von zwei Monaten geschlossen werden müsste. Diese Position, die wir in den Moscheegemeinden immer wieder hören, schmeichelt sicher situativ den anwesenden Frauen. Über die Betrachtung der verschiedenen Gemeinden hinweg scheint sie jedoch einige Berechtigung zu haben. In vielen Gemeindezentren haben sich Räumlichkeiten für die Aktivitäten der Frauen entwickelt. In anderen wird um diese Flächen gerungen. Tendenziell sind Bereiche für Frauenarbeit ähnlich wie Jugendbereiche in Entwicklung begriffen. Dabei werden alte Gewohnheiten und neue Ansprüche verhandelt. Eine wichtige Grundlage sind hierbei die baulichen Gegebenheiten, die Möglichkeiten bieten können oder Grenzen setzen. Der folgende Text versucht, einige Schlaglichter auf die geschlechterbezogene Dynamik der Gemeindeentwicklung zu werfen.

Prozess der Berücksichtigung und
Etablierung von Frauen

Immer wieder hören wir, dass frühe und temporäre Standorte der Moscheegemeinden klein und unzureichend gewesen seien. Ältere Frauen erzählen uns, dass dort nur die Männer hingegangen seien. Früher habe es überhaupt keine Beteiligung der Frauen an Vorstandsarbeit und Entscheidungen gegeben. Sie hätten kein Rederecht gehabt. Aber unter allgemeinem Gelächter der anwesenden Frauen betont eine: „Aber das hat sich jetzt geändert!" Eine andere fügt an: „Jetzt gibt es die Frauen. Früher hat es das nicht gegeben."
    Mittlerweile gibt es in vielen Moscheegemeinden Frauen in Vorstandsverantwortung. Dies ist teilweise in den Satzungen der Vereine festgeschrieben. Tatsächlich jedoch stehen diese Frauen in unserer Forschung selten im Vordergrund. Es gibt wenige Gemeinden, in denen gerade Frauen die Verantwortung für Öffentlichkeitsarbeit haben und unsere ersten Ansprechpartnerinnen werden. In manchen Fällen führt uns jedoch der Zufall zu den engagierten Frauen und macht dabei auch ihre Eingebundenheit in die Organisation deutlich; so in folgendem Beispiel: Der mit uns verabredete Vorsitzende hat sich stark verspätet, aber währenddessen nimmt sich eine türkischsprachige ältere Frau unserer an. Sie macht Vorbereitungen in der Küche für einen Frauenkreis. Kurzerhand wählt sie eine Nummer im Mobiltelefon, drückt es uns ans Ohr, um gleich darauf zu verschwinden. Am anderen Ende meldet sich eine Mittdreißigerin, die Vorsitzende der Frauenabteilung. Sie war bisher nicht an unseren Kontakten zur Gemeinde beteiligt, kümmert sich gerade um ihre kleinen Kinder und ergreift jetzt die Initiative. Sie beklagt ein wenig, dass sie bisher von dem Vorsitzenden der Gemeinde nicht eingebunden worden sei – zeigt sich dabei aber mit ihm solidarisch.
    In anderen Gemeinden wird die Beteiligung der Frauen auf der Vorstandsebene als Notwendigkeit erkannt. Ein Vorstandsmitglied kritisiert sie in seiner Gemeinde generell als unzureichend. Er schildert die Problematik, dass die Frauen keine eigenen Räume hätten, um sich ungestört zu treffen.

Üblich sei hingegen, dass sie Speisen für Feierlichkeiten zubereiten und den Verkauf bei Gemeindefesten machen würden – aber das sei als Beteiligungsmöglichkeit zu wenig. Selbst Gebet und Koranrezitation sieht er nicht als ausreichend an.

> „Es ist zu wenig für diese Frauen. [...] Das wichtigste Standbein sind die Frauen. Nicht die Männer. Die Männer kommen nur zum Gebet und gehen. Die Frauen leisten in der Gemeinde viel mehr. Finanziell und auch ideell. Und das muss sich auch ändern, weil man muss auch den Frauen viel mehr anbieten können. Nicht nur irgendwie einen Raum zum Beten und Koran rezitieren."

In dieser Gemeinde ist die Erweiterung der Möglichkeiten für Frauen noch mitten im Prozess. Im Gebäude konkurrieren dabei verschiedene Nutzungen und es wird als voll ausgelastet beschrieben. Ein exklusiver Bereich für die Frauen fehlt noch. Aber es gibt das Bewusstsein, dass hier Veränderungen nötig seien.

Die Küche

Das Motiv der Küchenarbeit der Frauen begegnet uns im Feld immer wieder und hat eine lange Geschichte. Schon in Bezug auf die ersten Männergebetsorte wird berichtet, dass die Frauen für Gäste und besondere Feierlichkeiten Speisen vorbereitet hätten. Damals hätten sie dies zu Hause getan. Mittlerweile sehen wir in vielen räumlich komplexen Gemeindezentren professionell ausgestattete Großküchen, die teilweise wichtige Orte für Frauen sind. Die allzu kurzschlüssige Verbindung von Frauen mit Küchentätigkeit täuscht dabei über einen Einfluss hinweg, der sich aus dieser Position ergibt: Für Feierlichkeiten, aber auch zum Freitagsgebet werden Speisen hergestellt, deren Verkauf wesentlich zur Finanzierung der Gemeinden beiträgt. → Finanzierung 2 – Unterhaltungskosten, Mitgliedsbeiträge, Spenden und Sparen, S. 61 So wird auch im informellen Teil des bereits zitierten Gruppengespräches klar, dass hier schon wieder die nächste Unterstützungsleistung für die Gemeinde geplant wird: Wochenweise organisieren verschiedene Frauengruppen in wechselnden „Schichten" die Zubereitung der Speisen. Chatgruppen spielen bei dieser Organisation eine wesentliche Rolle.

Dass Frauen ganz froh sind, in der Küche unter sich zu sein, und die gemeinsame Herstellung von Speisen ein lebendiger und mit Spaß verbundener Prozess ist, stellt sich uns als Eindruck ein. Gleichzeitig wird in diesem Gespräch deutlich, dass in der Küche mehr geschieht als nur Kochen: Der Mann betont: „Die Jugend ist unser Rückgrat. Die Frauengruppe – egal ob es jetzt unsere älteren Frauen oder die nachrückende Frauengruppe ist – das ist unser Gehirn. Weil ohne diese-" – an dieser Stelle fällt ihm eine der anwesenden Frauen ins Wort und sagt: „Küche". Allgemeines Auflachen. Um dann anzufügen, dass „die Küche [...] das Gehirn" der Moscheegemeinde sei. Die Frauen erklären diese Verbindung von Planen und Küchenarbeit:

> „Das ist unser Reich und da fühlen wir uns wirklich sehr gut- weil man kann viele Sachen gestalten. [...] Man macht ja viele Pläne oder viele ähm Projekte und da macht man das schon gerne da. Weil diese kleine Ideen kommen oft – öfter mal da und dann gehen diese Ideen dann weiter, entwickeln sich und dann auf einmal nach manchmal ganz kurzer Zeit, manchmal nicht so ganz kurzer Zeit (schmunzelnd) ist das schon gemacht. Und deswegen ist auch diese Großküche wirklich ein wunderbarer Ort fürs Denken, fürs Reden, auch fürs Arbeiten (lacht)."

Die Frauen dieser Gemeinde sind aktiv und integrieren dabei verschiedene Generationen. Ebenso wird im Gespräch jedoch deutlich, dass sie sich bessere Räume wünschen. Gerade für die älteren Frauen ist der Zugang über das Treppenhaus mittlerweile beschwerlich geworden.

Nach Geschlecht segregierte und gemischte Räume

Geschlechterverhältnisse stehen im öffentlichen Diskurs über den Islam und Moscheegemeinden sehr weit oben auf der Agenda. Beim Tag der offenen Moschee am 3. Oktober bemerkt der Referent einer Moscheegemeinde, dass nahezu sämtliche Rückfragen der Gäste zu dieser Frage gestellt würden. Er bedauert, dass er nicht wirklich über andere Dimensionen sprechen kann. In den Gemeinden selbst erscheint uns die Thematik je nach Gemeindekultur unterschiedlich behandelt zu werden. Bisweilen wird das Thema von Frauen schon antizipiert – ohne dass wir diesbezüglich eine Frage stellen, wird ein Rechtfertigungsdiskurs geführt. Angenommene Unterstellungen werden zurückgewiesen. Die Frauen positionieren sich zu einer dominant geführten öffentlichen Debatte über geschlechtsbezogene Ungleichheit im Islam.

  In vielen Fällen ist sichtbar, dass Räumlichkeiten nach Geschlecht getrennt sind. Oft gibt es einen Frauengebetsraum, im Idealfall mit eigenem Zugang und eigenen Waschgelegenheiten für die rituelle Waschung. Diese Räume können im Alltagsbetrieb je nach Raumlage aber schnell für das Gebet der Herren umgewidmet werden. Beobachtbar ist eine Trennung der Geschlechter bisweilen ebenso bei Vorträgen und anderen Veranstaltungen. Da sehen wir z. B. eine Sitzordnung entlang eines Mittelgangs: auf der einen Seite die Frauen mit Kindern, auf der anderen die Männer und älteren Jugendlichen. Auf der Bühne sehen wir v. a. Männer. Frauen bilden eher das Publikum. Dies bleibt nicht unthematisiert. Ein Gesprächspartner und Moscheegemeindevorstand erinnert die Kritik der Nachbarn: Zu einer Veranstaltung mit der Nachbarschaft in Folge der Anschläge vom 11. September 2001 waren überhaupt keine Frauen der Gemeinde anwesend, während die kirchenverbundene christliche Nachbarschaft gemischtgeschlechtlich gekommen sei. Er begründet das mit den räumlichen Verhältnissen. Aufgrund der Platzverhältnisse sei es nicht möglich gewesen, ihre Frauen miteinzuladen. Gleichwohl hat er diese Problemanzeige bei dem ansonsten erfolgreich empfundenen Austausch registriert. Die Gemeinden erscheinen uns hier in Bewegung.

  Uns begegnen Positionen, die sensibel Bewegung in diese Verhältnisse bringen wollen. So findet eine aktive Frauenvorsitzende manche Trennung alleine schon aus organisatorischen Gründen praktisch – wieso sollten die Frauen mit ihren Kindern noch die Abläufe in den Zugängen beim Freitagsgebet verkomplizieren, wo doch etliche Männer zurück zu ihrer Arbeitsstelle hetzen. → Gebetsraum, S. 204 Andererseits klagen eben diese Frauen eine Reformnotwendigkeit ein. Es gibt Strukturen, mit denen sie unzufrieden sind und an deren Änderung sie arbeiten. So meint eine, dass sie selbst aus einer „konservative[n] Familie" stamme und dennoch nicht verstehe, dass sich Frauen vor den Männern genierten. Ihr ist wichtig, dass sich Frauen und Männer, aber z. B. auch Imame, auf Augenhöhe begegnen – so erlebe sie das auch in ihrer Familie und im Freundeskreis. Sie sieht darin einen Aspekt des Islams, der von manchen Frauen falsch verstanden werde. Es würden falsche Tabus fortgeschrieben. Ein Anstoß für Veränderungen ist zum Beispiel die Nutzung der Teestube. → Teestube, S. 406 Viele Frauen würden sich nicht trauen, sich dort hineinzusetzen. Die Teestube scheint dominiert von den älteren Männern der Gemeinde. Eine Frau schildert einen Änderungsprozess, den sie den Herren dort zumutet. Sie trifft sich regelmäßig mit Frauengruppen in der Gemeinde:

„Ja das war, als ich vor zwei Jahren hier ankam. Ich habe draußen gewartet. Weil es für die Männer ungewohnt war, dass eine Frau [in die Teestube] reinkam, und die haben so geguckt, ne. Und irgendwann habe ich mich aus Protest da reingesetzt, und so hat das angefangen (lachend) – dass sie sich langsam daran gewöhnt haben. Und jetzt, glaube ich, dominieren wir am Wochenende hier."

Die Veränderungsprozesse, die hier angestoßen werden, finden sich auch auf der Ebene des angebotenen Programms wieder: Frauen gestalten und bieten verschiedene Beratungsangebote an – in dieser Gemeinde in Zusammenarbeit mit zivilgesellschaftlichen Initiativen der Stadt. Damit tragen sie zu einer weiteren Öffnung der Gemeinde bei, die im Stadtteil wahrnehmbarer geworden ist.

Komplexität des Alltags –
ein Frühstück

Wir haben sporadisch an Aktivitäten teilgenommen, die gezielt und in räumlicher Trennung an Frauen gerichtet waren. Die folgende verdichtete Beschreibung einer Frühstücksveranstaltung zeigt exemplarisch die Komplexität im Alltag solcher Veranstaltungen.

Wir nehmen in einer Gemeinde an einem monatlich veranstalteten Hayır Kahvaltısı (Wohltätigkeitsfrühstück) teil. Anwesend sind etwa sechzig bis siebzig Frauen. Gegen einen geringen Kostenbeitrag gibt es ein Buffet, dessen Speisen teilweise mitgebracht, zum Großteil in der Großküche des Gemeindezentrums hergestellt wurden. Es werden alle Komponenten eines türkischen Frühstücksbuffets geboten, auch einige regionale Besonderheiten. Die Verköstigung und die Buffetbeiträge sind ein wichtiges Thema bei den Gesprächen und in den Interaktionen. Mal geht es um Rezepte, mal geht es lautstark darum, wer denn noch Weinblätter habe. Für das anstehende Gemeindefest will eine Gruppe gefüllte Weinblätter herstellen. In der Situation des Frühstücks erscheinen die Frauen uns zunächst als zuständig für die Verköstigung anderer. Im Nebenraum sitzen die Männer der Gemeinde und essen von den Speisen, um die sich die Frauen gekümmert haben. Das Frühstück ist zudem mit finanziellen Einnahmen verbunden, weil alle Beteiligten eine Spende für die Speisen entrichten sollen.

Bezüglich der Geschlechtertrennung in den Räumlichkeiten machen die Frauen angesichts des männlichen Ethnografen einfach eine Ausnahme. Zwar ermahnt der Vorsitzende den Ethnografen im Vorbeigehen noch, dass er ja dann rüberkommen solle, zu den Männern. Daraufhin intervenieren jedoch sofort anwesende Frauen, er solle mal schön hier bei seiner Kollegin bleiben. Dort bleibt er dann auch und wird ganz unaufgeregt in die Gespräche am Tisch integriert.

Die versammelte Gruppe der Frauen kommt aus einem größeren Einzugsbereich. Wir hören, dass einige gar nicht regelmäßig zu dieser Gemeinde kommen, weil sie zu weit weg sei. Insofern ist das Frühstück ein Anlass zum Wiedersehen. In vielen Kleingruppen wird gesessen und sich lebhaft unterhalten, während Kinder durch die Reihen toben und Babys begutachtet werden. Gesellschaftliche und politische Themen, die den Raum der Gemeinde erweitern, ergeben sich an unserem Tisch. Eines dieser Themen wird laut mit allen Anwesenden kommuniziert. Eine kommunalpolitisch aktive Frau äußert ihren Ärger über das in der Stadt drohende Verbot des Burkinis im Schwimmbad. Verschiedene Reaktions- und Lösungsmöglichkeiten werden besprochen und letztlich wird eine Unterschriftenliste aufgesetzt, mit der die Frauen Gelegenheit haben, ihren Protest zu äußern. Diese politische Intervention verbindet sich an unserem Tisch mit heißen Debatten über gesellschaftliche Verhältnisse quer durch Deutschland und die Türkei.

Deutlich wird bei dieser Beschreibung, wie sich verschiedene geschlechterbezogene Aspekte verweben: Einerseits spielt die Zubereitung von Speisen, als typischerweise Frauen zugeschriebene Aktivität, eine zentrale Rolle. Hier erscheinen die Frauen als Dienstleisterinnen der Gemeinde. Gleichzeitig geht es jedoch auch um politische Fragen und die Mitgestaltung des größeren Gemeinwesens. Hier vertreten Frauen ihre Interessen nach außen.

Gebetsraum

Marko Perels[1]

[1] Mit Zuarbeit von Chantal Munsch und Kathrin Herz.

Der Gebetsraum ist die zentrale Räumlichkeit in den Gebäuden der Moscheegemeinden. Besonders zu den Freitagsgebeten lässt sich regelmäßig eine hohe Auslastung des Gebetssaals beobachten. Je nachdem, ob gewöhnlicher Wochentag, Wochenende oder religiöser Feiertag ist, und in Abhängigkeit von der Tageszeit, sehen wir in diesem Raum eine ganze Bandbreite von dezidiert religiösen bis hin zu profanen Nutzungen durch Gemeindemitglieder unterschiedlichen Alters. Der folgende Text verdichtet die Eindrücke, die wir bei Raumbegehungen und bei der Teilnahme am Gebet gewinnen. Beschrieben werden die Einrichtung dieses Raumes, die verschiedenen Dynamiken rund um das Freitagsgebet sowie die unterschiedlichen Nutzungsweisen durch verschiedene Gruppen.

Einrichtung

Im Gebetsraum wird ein besonderer Aufwand für die Einrichtung und Ausstattung betrieben: Das Licht, die Materialität und Farbigkeit der Dinge geben diesem Raum eine besondere Atmosphäre. Wenn in der Annäherung aus dem Stadtraum unter Umständen nur schwer zu erkennen ist, dass sich hier eine Moscheegemeinde niedergelassen hat, wirkt der Gebetsraum selbst meist als starker Kontrast: Spätestens hier wird klar, welche Nutzung das Gebäude hat. → (K)eine „richtige Moschee"?, S. 113
     Alle von uns besuchten Gemeindezentren verfügen im Gebetsraum über eine Mihrap (Gebetsnische), die nach Mekka ausgerichtet die Richtung des Gebets anzeigt. Rechts von ihr befindet sich die Minbar (Kanzel für das Freitags- und Festtagsgebet): ein Aufbau mit kleinem Treppenaufgang. Meist sehen wir links der Gebetsnische noch eine Kürsü, eine weitere Kanzel für andere Ansprachen wie Verkündungen im Vorfeld des eigentlichen Freitagsgebets. Oft im hinteren Teil des Raumes befindet sich ein abgetrennter, meist leicht erhöhter Bereich, der Müezzinlik für den rituellen Gesang. In manchen Gemeinden erklingt von hier der per Lautsprechern übertragene Ezan (Gebetsruf). Dieser Platz und die verwendete Mikrofontechnik kann aber auch ganz unscheinbar im Raum, z. B. neben einer Säule, platziert sein.
     Gerade bei den erwähnten Einbauten bemerken wir, dass die Moscheegemeinden großen Wert darauf legen, eine besondere Ästhetik und Qualität zu realisieren. In mehreren Fällen wurden hier eigens Handwerksmeister aus der Türkei engagiert. Einige wurden gebucht, weil ihre Leistungen Gründungsmitgliedern der deutsch-türkischen Moscheegemeinden in der Türkei aufgefallen sind. So wie teilweise die Teppiche sind in einigen Gemeinden auch ornamentierte Fliesen Importe aus der Türkei. → Gebetsteppich, S. 214 Geradezu klassisch erscheint uns Keramik aus der dafür berühmtesten türkischen Stadt Kütahya, auf die wir mehrfach hingewiesen werden.
     Einige Gemeindevertreter betonen auch die indirekte Beleuchtung, die sie im Gebetsraum realisierten, z. B. durch Oberlichter oder durch geschickt eingebaute Beleuchtungskörper. Als Vorbild erwähnen sie die Lichtsituation, die durch eine Kuppel entsteht. Wieder andere erwähnen voller Stolz das von ihnen eigens für diesen Raum formulierte Farbkonzept, das sich im Gebetsteppich und in den Wandfliesen widerspiegelt. Ein weiteres häufiges Ausstattungselement von Gebetsräumen sind hölzerne Bekleidungen der Wände. Sie schaffen begehrte Sitzplätze: Beim Warten auf das gemeinsame Gebet, beim Lesen oder in Diskussionszirkeln bieten sich hier Gelegenheiten für bequemes Anlehnen, ohne an der Wand einen kalten Rücken zu bekommen. → Wandverkleidung, S. 432
     Der große und prächtig ausgestattete Gebetsraum wird in den von uns untersuchten Moscheezentren in umgenutzten Gebäuden von Männern genutzt. Als Ideal wird uns immer wieder erklärt, dass Frauen getrennt von den Männern, aber im gleichen Raum auf einer Empore beten sollen. Aufgrund der Lage in den umgenutzten Baukörpern ist das jedoch sehr häufig nicht zu realisieren. Dies führt zur räumlichen Trennung und Doppelung der Gebets-

Gebetsraum

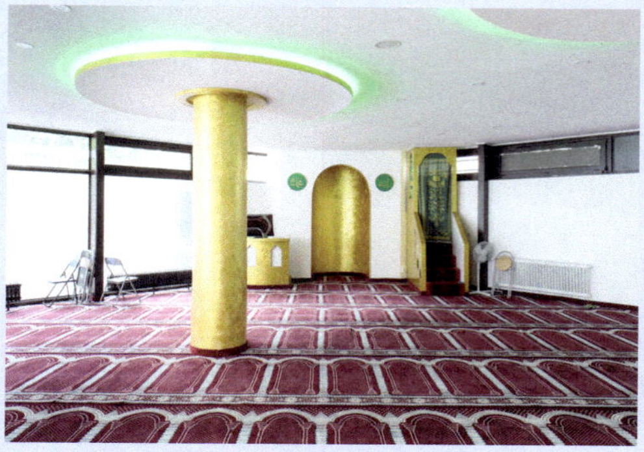

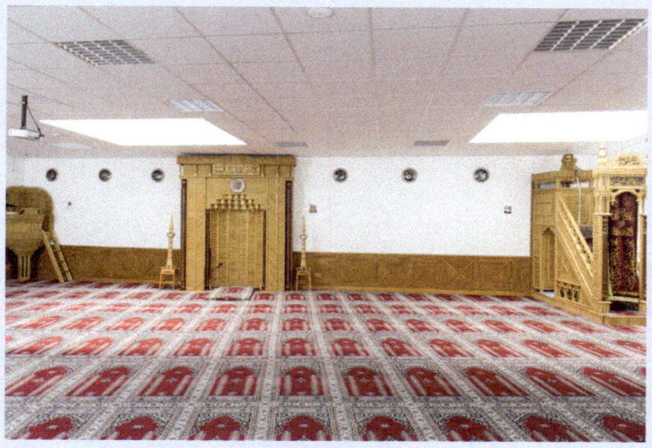

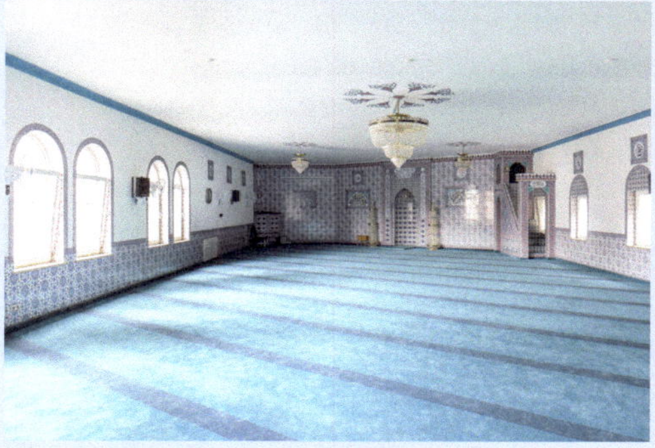

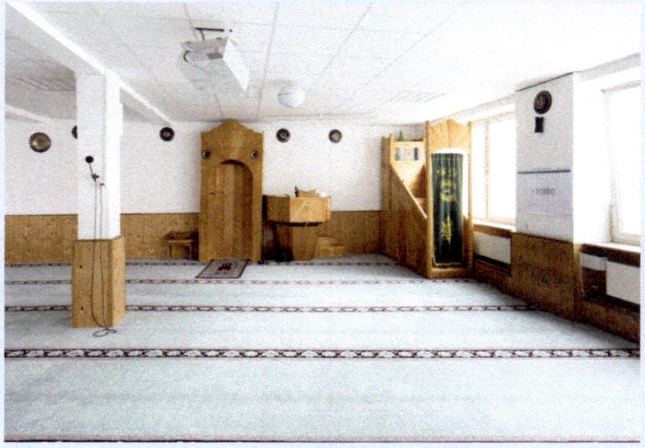

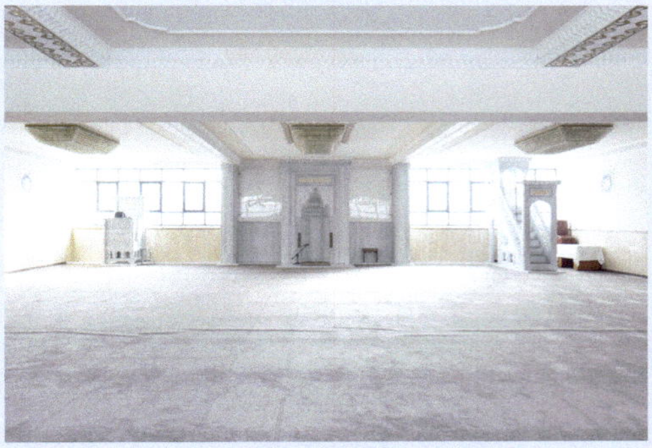

[2] Vgl. Khoury, Adel Theodor (2000): Das Pflichtgebet. In: Peter Heine, Adel Theodor Khoury & Janbernd Oebbecke (Hrsg.): Handbuch Recht und Kultur des Islam in der deutschen Gesellschaft. Gütersloh: Gütersloher Verlagshaus, S. 75–92 und ders. ebd.: Das Fasten, S. 107–110.

räume: So verfügt ein deutsch-türkisches Gemeindezentrum in der Regel über mindestens zwei Gebetsräume – über den der Männer und über den der Frauen. Diese können ganz unterschiedlich zueinander positioniert sein: Mal nebeneinander und nur durch einen Vorhang oder eine Schiebetür geteilt, → Faltwände, Garagentore, (Schiebe-)Türen & Vorhänge, S. 138 mal durch mehrere Stockwerke getrennt. Fast überall verbinden Lautsprecherübertragungen der Liturgie die genutzten Räume miteinander und oft sogar sonstige Flächen und Flure. Manchmal wird zum Freitagsgebet der Frauengebetsraum auch von den Männern genutzt. Dies wird mit dem Argument begründet, dass dieses gemeinschaftliche Gebet für Männer Pflicht sei, für die Frauen jedoch nicht. Beschrieben wird im Folgenden primär der Gebetsraum der Männer. Dass Männer und Frauen getrennt beten, scheint bei unseren Gesprächspartner_innen unumstritten.

Raumdynamiken zum Freitagsgebet

Das muslimische Gemeindeleben unterliegt einem spezifischen zeitlichen Rhythmus. Tägliche Gebetszeiten und jährliche Festtage orientieren sich am Sonnenstand und am Mondkalender.[2] Über die Gebetszeiten geben moderne Smartphone-Apps genauso Auskunft wie typische Abreißkalender, in denen regional unterschiedliche Gebetszeiten für bestimmte Großstädte in Listen zusammengefasst sind. → Gebetszeitenanzeiger, S. 220 Das Freitagsgebet liegt in der Mittagszeit. Weil es als Pflichtgebet für die Männer gesehen wird, versuchen viele Berufstätige an diesem Gebet teilzunehmen. In der Diaspora wie auch in der Türkei seit 1935 fällt das Gebet auf einen Werktag und so ergibt sich die Notwendigkeit, es mit dem Berufsalltag abzustimmen. Die anderen täglichen Gebete können in einem gewissen Zeitkorridor zwischen den Gebeten nachgeholt werden, wenngleich das gemeinsame Gebet als verdienstvoller gilt. Jenseits des Freitagsgebets treffen wir innerhalb der Woche oft auf leere Gemeinderäume. Es sind meist nur einige Senioren anwesend. Das Freitagsgebet liefert somit ein allwöchentliches Kontrastprogramm in der Nutzung des Gebetsraumes, ähnlich wie die Nutzungen zum Unterricht am Wochenende.

Annäherung an den Gebetsraum

Der Höhepunkt der islamischen Woche macht sich zunächst im umgebenden Stadtraum bemerkbar. Männer allen Alters bewegen sich zu Fuß und per öffentlichem Nahverkehr zur Moschee. → Fotoessay Kommen und Gehen, S. 118 Ebenso gibt es einen automobilen Auflauf, der, je nach Verhältnis zur Nachbarschaft und Anzahl von Parkplätzen, zum Diskussionspunkt werden kann. Die Stellflächen der Gemeinden sind alle belegt. Falls vorhanden, werden benachbarte Parkflächen von großen Supermärkten genutzt. Spätkommende fahren auf und ab auf der Suche nach einer Lücke. Etliche Moscheegemeinden im Stadtraum sind als solche baulich gar nicht weiter auffällig, allein das Verkehrsaufkommen am Freitag um die Mittagszeit gibt einen Hinweis darauf, dass hier eine bestimmte Veranstaltung stattfindet.

Zeitlich versetzter Beginn

Bereits vor dem Beginn des eigentlichen Freitagsgebets gibt es eine längere Ansprache des Imams (Gebetsleiter). Während dieser Ansprache befinden sich viele Menschen noch in anderen Räumen. Mit Lautsprechern wird die Stimme des Imams in Teestuben, Aufenthaltsräume und Korridore übertragen. Sie klingt bereits im Hintergrund aus den Lautsprechern während sich die Menschen langsam versammeln. Teilweise wird sie wenig beachtet, weil die Gemeindemitglieder noch in Gespräche vertieft sind oder sich mit ihren Mobiltelefonen beschäftigen. In ähnlicher Weise wie diese Ansprache wird auch der täglich fünfmalige Gebetsruf übertragen. Nur bei sehr wenigen Moscheegemeinden darf er nach außen erklingen, im Inneren der Gebäude hingegen ist er meist überall zu hören.

Insgesamt beobachten wir individuell unterschiedliche Zeitlichkeiten beim Freitagsgebet. Einige Personen wirken entspannt und sind sehr früh da, andere kommen auf den letzten Drücker angerannt.

Für viele der Kommenden führt der Weg vor dem Gebet zunächst noch zur rituellen Waschung in das Abdesthane. → Abdesthane, S. 122 Aufgrund der Auslastung der Waschräume werden Ausweichmöglichkeiten, z. B. in benachbarten oder der Gemeinde verbundenen Geschäften, von den dort Beschäftigten genutzt. Nicht nur im Waschbereich ergeben sich Wartezeiten, auch die Übergänge an den Schuhregalen vom Schuhbereich zum schuhfreien Teppichbereich werden oft zum Nadelöhr. → Schuhregal, S. 352 Ist die Fläche des Gebetsraumes begrenzt beziehungsweise verteilen sich die Gebetsflächen im Haus über mehrere Räume, so ist für Spätkommende oft unklar, in welchem Raum sie noch einen Platz finden können. Je nach Auslastung werden zusätzliche Räume kurzzeitig als Gebetsflächen umfunktioniert. → Ein Raum im Wandel – temporäre Umcodierung zum Gebetsraum, S. 91 → Fotoessay Ein Flur wird zum Gebetsraum, S. 264 → Fotoessay Ein temporärer Gebetsraum, S. 402 So ist es keine Seltenheit, dass Gebetsflächen in vielen Fällen über verschiedene Bereiche und Etagen des Gemeindezentrums verteilt sind. Bisweilen muss daher erst ergründet werden, wo noch Platz ist. Bei großer Raumnot muss im Ausnahmefall auch mal die untergelegte Jacke als saubere Gebetsfläche ausreichen.

Gebetsablauf und Synchronität

Beim Gebet sehen wir feststehende Bewegungsrituale des Niederkniens, Niederwerfens und Aufstehens, die zunächst in individuellem Tempo und später gemeinschaftlich synchron durchgeführt werden. Im ersten Teil sind die Gläubigen über den Gebetsraum verteilt, um dann später aufzurücken und die Reihen zu schließen. Gerade die erste Phase scheint uns von einer stärkeren Profanität im Raum gekennzeichnet zu sein. Während Spätkommende noch ihre Gebetsformen vollziehen, warten andere, die diese schon absolvierten, manchmal leise unterhaltend oder mit Smartphone in der Hand, auf den Beginn des Gemeinschaftsgebets. Mit dem Wechsel zum Gemeinschaftsgebet wird eine Synchronität realisiert, die vom Vorbeter angeleitet ist. Wenn es eine Empore im Gebetsraum gibt, so sehen wir kundschaftende Personen, die nach unten spähen und so die oben Betenden sychronisierend anleiten. Sind keine Blickbeziehungen zwischen den Gebetsflächen möglich, z. B. wenn in verschiedenen Räumen gebetet wird, dann kann es sein, dass eine Person die Rolle der Vorbeter_in übernimmt und dass die Lautsprecherübertragung die synchronisierende Wirkung entfaltet.

Körperliche Nähe und Anstrengung

Islamische Glaubenspraxis erscheint aus der Perspektive christlich Sozialisierter durch eine spezifische Körperlichkeit geprägt. Diese beobachten wir schon bei der rituellen Waschung im gefüllten Abdesthane und anschließend in den eng geschlossenen Reihen des Gemeinschaftsgebets – wo die Gläubigen Schulter an Schulter stehen. Spätestens im Ritual des Niederwerfens wird uns die Bedeutung von Reinlichkeit klar, denn die Abstände zum nächsten Fuß und der nächsten Hinterpartie sind regelmäßig klein. Variantenreich sind hingegen die Bekleidungsstile, die je nach Hosensitz und Sockenwahl eine besondere Nähe herstellen können und die doch nicht dazu beitragen sollten, die Umgebenden vom Gebet abzulenken. Mit dieser körperlichen Nähe begründet uns die

Vorsitzende einer Frauenabteilung den Sinn der Geschlechtertrennung beim Gebet. Nicht zuletzt erscheint das Gebetsritual in seiner Bewegungsform und Körperlichkeit anstrengend. Das wird besonders deutlich im Blick auf anwesende Ältere und Kranke und in gewisser Weise auch bei Eltern in Begleitung kleiner Kinder.

Alte und Kranke im Gebet

Das Niederknien, Aufstehen und Niederwerfen im Rahmen des Rituals stellt je nach Gesundheitszustand eine Herausforderung dar. Alte und Kranke nehmen deswegen eine besondere Position im Gebetsablauf ein. Wir sehen, dass sie sich eher an die Ränder der Reihen setzen und noch öfter ganz nach hinten, wo für gebrechliche Personen auch gleich Hocker und andere Sitzgelegenheiten bereitstehen. Selbst wenn die Beteiligung am Gebet durch die Sitzposition eine etwas andere ist, so sind doch die Mühen einer möglichst maximalen Teilnahme deutlich. Wir sehen Betende, die mit schmerzverzerrtem Gesicht austesten, wie weit sie sich noch der kollektiv vollzogenen Gebetsform annähern können. In vielen Fällen ist das Knien und Niederwerfen bereits ausgeschlossen, aber das Aufstehen und Hinsetzen ersetzt dann andere Bewegungen und wird im Takt mit den anderen Betenden probiert. Oder aber ein Verletzter stellt fest, dass sein Aufschließen in eine Gebetsreihe doch verfrüht war. Dem Ritual zu folgen, verursacht so große Schmerzen, dass er dann schließlich doch zu den anderen Personen mit Handicap nach hinten geht. Auf dieser Hinterbühne gibt es eine eigene Form von Gemeinschaft, wenn auch hier versucht wird, die Reihen zu schließen und alle für den gemeinschaftlichen Gebetsteil zusammen zu bringen – und sei es auf Hockern, Stühlen oder nebeneinander auf einer klappbaren Bank.

Kinder und Jugendliche

Immer wieder können wir auch Kinder bei den Gebeten beobachten. Vor allem bei den Frauen, aber auch bei den Männern. Zum einen scheint die Teilnahme am Gebet für junge Kinder Teil einer Initiation. Kleine Jungs eifern ihren Vätern nach. Sie wissen offenbar nicht um den ganz genauen Ablauf des Rituals, werfen sich dafür aber mit umso mehr Inbrunst zu Boden – um sich vielleicht auch erstmal ganz auszustrecken. In anderen Fällen ist die Gebetsteilnahme offenbar am Platz sitzend dann doch zu langweilig für die Kinder. Gerade wenn die Gläubigen sich in geschlossenen Reihen versammeln, ergeben sich optimale Gänge zwischen den Betenden, die zum Toben und Rennen genutzt werden. Dann sehen wir z. B. stoische Väter, die konzentriert die Bewegungsabläufe vollziehen, während ihr gelangweilter Schützling an der Seite verzweifelt Aufmerksamkeit verlangt oder durch die Reihen tobt. Gleichwohl zurückhaltend aufgrund der eher feierlichen und stillen Atmosphäre zuppelt er an seinem Begleiter und muss sich doch gedulden, bis der rituelle Ablauf wirklich beendet ist. → Kinder, S. 286

Im Übergang zum Erwachsenenalter ergeben sich neue Beteiligungsmöglichkeiten. Ein Teil der Glaubenspraxis besteht in der singenden Rezitation religiöser Texte: Hier scheint in einigen Gemeinden ein wichtiger Modus für die Beteiligung der Jungen zu liegen. Sie singen im Gebetsraum liturgische Gesänge. In einem Fall wird uns stolz berichtet, dass ein Junge der Gemeinde immer freiwillig aus seiner nebenan gelegenen Schule komme, um diese Aufgabe wahrzunehmen. Die fünf täglichen Gebete bieten einige Gelegenheit, diese Aufgabe zu erfüllen. Sie auszuführen, exponiert und findet zugleich die Anerkennung der Anwesenden.

Gebetsende

Die beschriebene Ungleichzeitigkeit in der Ankunft der Gläubigen findet ihre Fortsetzung in sehr unterschiedlich eiligen Bedürfnissen des Aufbruchs. Während einige noch die Gelegenheit für ein Gespräch im Gebetsraum nutzen und andere noch in ihr Gebet vertieft sind, springen manche sofort nach dem formalen Ende des Gebets auf und streben dem Ausgang zu. Für einige Gläubige gilt es, bestimmte Raumpolitiken zu wahren. So erklärt uns ein Gesprächspartner, dass es bestimmte Regeln gebe, sich unter Betenden zu bewegen – denn für einige, die Gebetsformen nachholen oder noch in Gebetshaltung verharren, ist das Gebet wahrnehmbar noch nicht abgeschlossen. Der direkte Raum vor ihnen, das Feld, in das sie sich hineinknien oder niederwerfen, solle möglichst nicht durchschritten werden, so die Erklärung. Sichtbarer Ausweis dieser Raumpraktiken sind in manchen Gemeinden mobile Absperrbaken, die die Betenden als Signale vor sich stellen können. Verrichtet jemand sein oder ihr Gebet nachholend zu einem anderen Zeitpunkt, wird hiermit klar signalisiert, dass das Gebetsfeld respektiert werden soll. Rücksichtsvolle Aufbrechende warten dann, bis eine Person, die auf ihrem Weg betet, ihre Gebetsform vollendet. Das kann, je nach den räumlichen Gegebenheiten des Raumes zu einer Wartezeit führen, z. B. dann, wenn der Gebetsraum schmal und verwinkelt ist und die Betenden nicht umlaufen werden können. An einem Ort haben wir Absperrbänder, wie wir diese bspw. von Flughäfen kennen, beobachtet. Hiermit regulieren die Moscheegemeinden bereits an den Eingangsportalen des Gebetsraums das gleichmäßige Füllen beziehungsweise spätere Entleeren des Raumes.

Ähnliche Wartezeiten ergeben sich im Übergang aus dem Teppichbereich, wo die zuvor zurückgelassenen Schuhe wieder angezogen werden. Schuhlöffel liegen bereit, um möglichst schnell in die Schuhe hineinzuschlüpfen und auch schon den nächsten Schritt hinaus zu tun – und damit Platz in der räumlichen Enge des Bereichs um das Schuhregal zu machen. Die Schuhe werden im Zweifel draußen gebunden. Manche Ältere und Kinder müssen beim Anziehen der Schuhe gestützt werden oder brauchen eine Hilfestellung, was wiederum den Ablauf verlangsamt. Insbesondere für Erwerbstätige, die gerade so zum Gebet gehetzt sind und die jetzt möglichst schnell wieder aufbrechen wollen, können diese Umstände eine Herausforderung oder auch ein Ärgernis sein . Zudem sind sie ein Grund für schnelles Aufspringen nach dem Gebet. Eine ältere Muslimin sieht in diesen Umständen eine Begründung für die Trennung der Gebetsräume und Zugänge zwischen Frauen mit Kindern und Männern.

Ein Raum zum Lernen, Spielen und Schlafen

Gebetsräume werden auch jenseits der Gebetszeiten genutzt. → Was findet hier statt? Die Überlagerung von Funktionen, Praktiken und Bedeutungen in Räumen, S. 81 Wir beobachten, dass in ihnen Unterricht stattfindet, bei dem z. B. Senioren Koranrezitation üben und dabei vom Imam angeleitet werden. Oder aber am Wochenende sitzen hier Kinder und Jugendliche, die an Rahle, kleinen Lesepulten, in die religiösen Schriften eingewiesen werden – die dann bei den Mädchen auch schon mal in knallrosa Kunstleder eingeschlagen sein können. → Koran, Gebetsketten und Rahle, S. 290 Einen besonderen Höhepunkt erhalten diese religiösen Bildungsangebote im Gebetsraum nicht zuletzt bei Wettbewerben zum Gelernten. Beim Wettstreit zwischen Nachbar- oder Verbandsgemeinden wird der Gebetsraum zu einer Arena des Rezitations- und Bildungswettbewerbs umfunktioniert, wie auf entsprechenden Dokumentationen gemeindeeigener Internetpräsenzen sichtbar wird. Dann gibt es Tische, an denen eine Jury Platz nimmt wie auch Bereiche für Zuschauer_innen, die verfolgen, wie sich der Nachwuchs schlägt.

Für Kinder bietet der Gebetsraum eine wunderbare Gelegenheit zum Toben. Das kann in der Unterrichtspause sein, aber auch bei einem Gemeindefest, wenn regnerisches Wetter die Außenflächen zum Spielen unattraktiv werden lässt. Die Räume bieten meist größere Flächen, die weitestgehend frei von Möbeln und zudem noch weich mit Teppich ausgelegt sind. Einige Gemeindezentren üben hier eine große Toleranz gegenüber spielfreudigen Kindern und Jugendlichen, gerade wenn es andere Flächen zum Austoben nicht gibt.
In einer Moscheegemeinde hat ein Jugendvorstand explizit die Hoffnung, dass mit dem geplanten Anbau eine kleine Fläche zum Indoor-Fußballspielen entstehen könne – die Gemeinde hat keine geeigneten Freiflächen. Fußball hätten die kleineren Kinder regelmäßig im Gebetsraum gespielt, erzählt er schmunzelnd, und ergänzt, dass der Vorstand dies nun habe unterbinden müssen, weil diverse Male das Mikrofon kaputt geschossen worden sei.

  Im Alltagsbetrieb so mancher Moscheegemeinde, insbesondere in Großstädten, fällt uns je nach Lage schließlich die Nutzung des Gebetsraumes als Ruheraum auf. Dann betreten wir Gebetsräume, in denen im Zentrum der Stadt nicht nur Gemeindemitglieder, sondern auch offenbar marginalisierte Personen einen Platz zum Ausruhen finden. Schlafende liegen vor der Wand am Rand des Raumes, neben sich ihren Rucksack oder eine Plastiktüte, und nutzen die Zeit zwischen den Gebeten für eine Ruhepause. In anderen Moscheegemeinden wird genau aus diesem Grund der Gebetsraum dann doch verschlossen und der Zugang begrenzt.

Gebetsteppich

Kathrin Herz

[1] Vgl. Watt, Montgomery W. & Welch, Alford T. (1980): Der Islam, 1.: Mohammed und die Frühzeit – Islamisches Recht – religiöses Leben. Stuttgart: Kohlhammer, S. 294.

[2] Kraft, Sabine (2002): Islamische Sakralarchitektur in Deutschland. Eine Untersuchung ausgewählter Moschee-Neubauten. Münster: LIT Verlag, S. 39.

[3] Alboğa, Bekir (1995): Die Moschee: Das Haus der sozialen Zusammenkunft, der Ort des Friedens, der Andacht und des Segens. In: Reiner Albert & Talat Karmann (Hrsg.): Die neue Moschee in Mannheim. Ihre Einrichtung und ihre Ziele. Mannheim: S. 22.

Dieses Kapitel widmet sich dem Gebetsteppich. Dem Teppich werden in der Moschee im Wesentlichen zwei Aufgaben zugeschrieben: Mit dem Teppich soll Reinheit gewährleistet werden und er soll die Betenden in Richtung Mekka positionieren. Als historischer Ursprung des Gebetsteppichs wird in der Literatur eine aus den Blättern einer Palme geflochtene Matte beschrieben, die der Prophet Mohammed genutzt haben soll, um sein Gebet zu verrichten. Historischen Aufzeichnungen zufolge wurde es zur Praxis, Moscheen mit solchen Matten auszulegen. Als diese durch Teppiche ersetzt wurden, galt dies bei konservativen Autoritäten als „ketzerische Neuerung".[1] Anstatt mit vielen einzelnen aufwendigeren oder einfacheren Teppichen sind die von uns besuchten Gebetsräume mit Meterware ausgelegt – was nicht heißt, dass es sich hierbei um preiswerte Massenware handelt. Uns werden Beträge im Bereich mehrerer zehntausend Euro genannt, die es koste, den Teppich zu erneuern. In einer Gemeinde hören wir die stolze Schilderung einiger Damen, die, um den neuen Teppich in ihrem Raum zu finanzieren, selbstzubereitete Speisen gegen Spenden darboten.

Die Richtung muss stimmen

Muslim_innen in der ganzen Welt beten in Richtung der Kâbe (Kaaba) in Mekka. Die Kibla (Gebetsrichtung) wird durch die Mihrap (Gebetsnische) angezeigt. Der Teppich folgt der Gebetsrichtung – insofern zeigt auch er diese an. Hieraus resultiert eine Verortung des Betenden auf unterschiedlichen Ebenen: Der Gebetsteppich positioniert den Körper der einzelnen Gläubigen während des Gebets im Raum – neben der Gebetsrichtung zeigt dieser den Betenden ihren individuellen Bereich zur Praktizierung des religiösen Rituals an. Gleichzeitig setzt der Teppich die Gläubigen auch in Position zu den anderen Gläubigen im Raum und verortet sie darüber hinaus innerhalb des spirituellen Raums der Gemeinschaft aller Muslim_innen weltweit. Die Architektin Sabine Kraft formuliert in diesem Kontext: „Die Orientierung nach Mekka [...] übt auch eine einende Wirkung auf die globale Gemeinschaft der Muslime, die Umma, aus"[2] und zitiert den Islamwissenschaftler Bekir Alboğa, der schreibt: „Wenn man sich vorstellt, dass wir uns auf einer Erde bewegen und im Zentrum dieser Erde das Gotteshaus steht, so entsteht eine weltweite Einheit: alle Muslime wenden sich zum gemeinsamen Ort. Dabei entsteht eine konzentrische wellen- und spiralförmige weltweite Einheit. Wo auch immer man ist, ein Gläubiger muss sich darum bemühen, die Gebetsrichtung genau festzustellen, damit man sich auf einer dieser Wellen befindet. Das führt dazu, dass man sich imaginär mit allen Gläubigen spirituell verbindet."[3]

     Das Zitat verweist auf die Wichtigkeit der Feststellung der genauen Gebetsrichtung, denn der Winkel zur Kâbe in Mekka variiert je nach geografischer Lage des Standorts des Gebetsraumes. Spezielle Applikationen – abrufbar über mobile Telefongeräte oder Tabletcomputer – können den Winkel präzise berechnen und anzeigen. Für einige Gottesdienstbesucher_innen scheint es – zum Leidwesen der Vorstände – eine Art Sport geworden zu sein, diesbezügliche Diskrepanzen aufzuzeigen. Dabei sei doch eine gewisse Toleranz in der Abweichung des Winkels erlaubt, erklären uns die Vorstände.

Einteilung: Felder vs. Linien

Im Feld begegnet uns kaum ein Teppichdekor zweimal – es scheint eine große Vielfalt unterschiedlicher Farbigkeiten und Ornamente zu geben. Zwei Typen an Teppichdesigns lassen sich grundsätzlich unterscheiden: solche mit Feldern und solche ohne. Felder definieren den Platz für den einzelnen Betenden und stellen in der Regel von Säulen oder Bögen getragene Gebetsnischen dar. In ihrer Kleinteiligkeit erinnern sie an die Addition einzelner Teppiche. Sind in die Teppiche keine Felder eingeknüpft, so sind breite Linien eingewebt. Die

Gebetsteppich

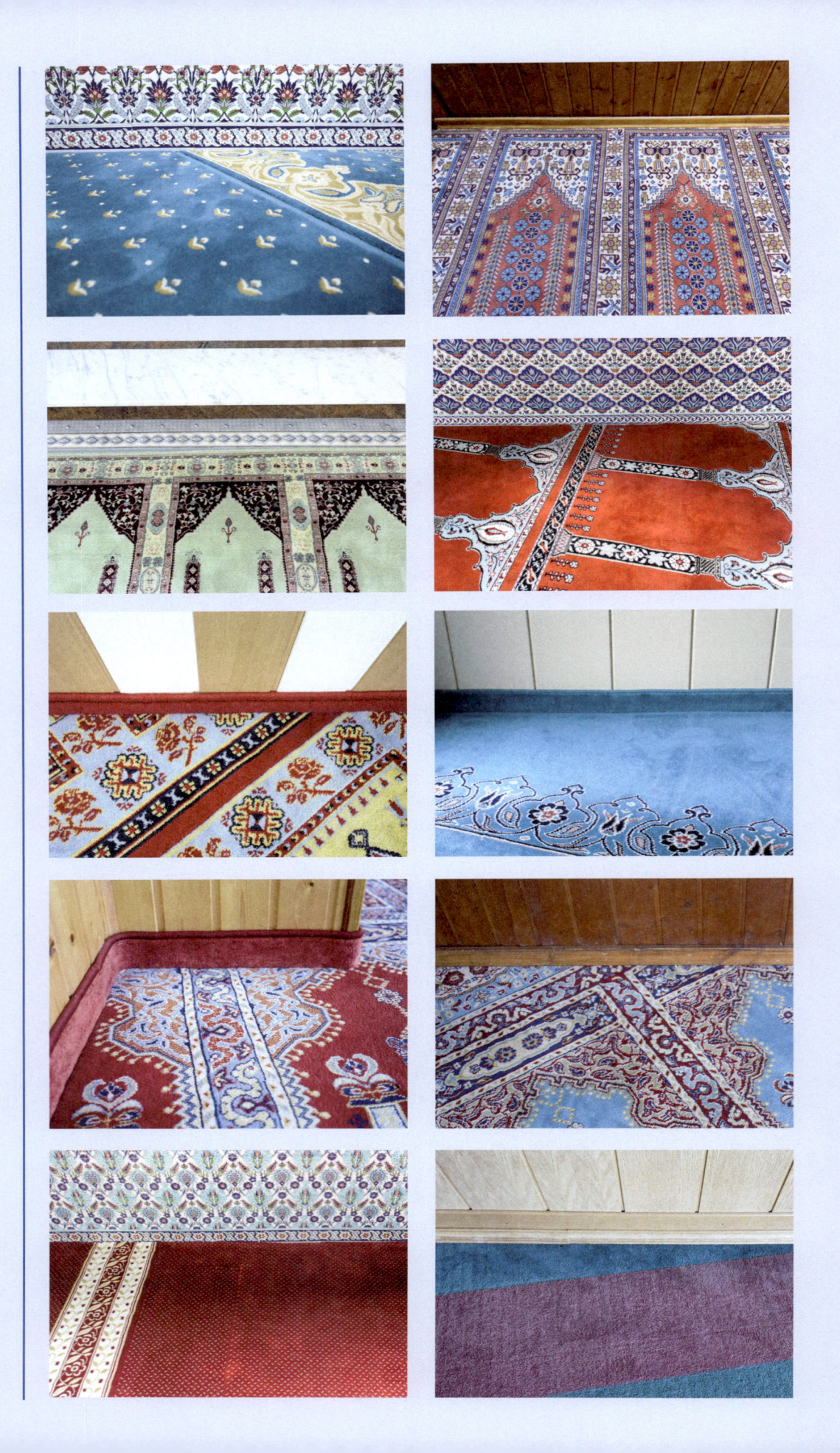

216–217

Fläche des Betenden spannt sich zwischen zwei Linien auf. Weder die Größe der Felder noch der Abstand zwischen den Linien scheinen genormt zu sein, was im Vergleich der Teppiche auffällt. Es scheint nicht nur Geschmackssache zu sein, ob bei einer Erneuerung der neue Teppich mit Feldern oder mit Streifen ausgewählt wird – der Auswahl liegen auch pragmatische Kriterien zugrunde: Ohne die Felder kann der Gebetssaal mehr Gläubige aufnehmen, denn mit Feldern steht jeder an seinem Platz, dann klappt das Aufrücken nicht, und nicht alle Betenden passen in den Raum, hören wir. Während des Gebets schließen die Betenden die Reihen, indem sie aufrücken und Schulter an Schulter stehen. Bei einer Führung durch einen Betsaal erläutert uns ein Gesprächspartner die einzelnen Bestandteile des Raumes. In Zusammenhang mit dem Teppich erklärt er auch das Aufrücken: „Wir reihen uns eben auf – so dicht wie möglich, man soll sich ja auch nicht einquetschen, aber so dicht wie möglich dann beieinanderstehen."

Außerhalb der Gebetszeiten scheint der Teppich jedoch nicht mehr als ein angenehmer Bodenbelag zu sein – häufig beobachten wir, wie im Raum Anwesende vereinzelt oder in Grüppchen darauf in bequemer Position, meist mit dem Rücken an die Wände gelehnt, sitzen. Die Einteilung, ob in Felder oder Linien, scheint keine Rolle für die Positionierung des Körpers im Raum zu spielen: Die Menschen sitzen, gehen, stehen auf dem Teppich, ohne diesen zu beachten. Erst im Zusammenhang mit dem Gebet erlangt der Teppich als „Richtungsanzeiger" und damit die Felder oder Linien eine positionierende Bedeutung und Wirkung.

Verlegen des Teppichs

Das Verlegen des Teppichs birgt eine besondere Schwierigkeit, wenn die Wände des Gebetsraumes nicht parallel zur Gebetsrichtung sind. Das ist in den von uns analysierten Häusern oft der Fall, da es sich um Gebäude handelt, die mit einem anderen Nutzungszweck und nicht als Moschee errichtet wurden. Stimmen die Wände mit der Gebetsrichtung nicht überein, so ist das Zuschneiden der meist sperrigen Teppichbahnen eine aufwendige und komplizierte Maßarbeit, denn der Bodenbelag muss sowohl mit der Geometrie des Hauses als auch mit Gebetsrichtung in Einklang gebracht werden. Dass die Gebetsräume vielerorts nicht nach Mekka orientiert sind, erklärt auch die ‚Resträume' – angeschnittene Gebetsfelder, die sich zwischen Teppich und Wänden ergeben und auf denen nicht gebetet werden kann.

In den meisten Fällen engagieren die Moscheevereine spezialisierte Firmen, die das Verlegen erledigen. In einem Interview hören wir vom Aufwand des Verlegens verbunden mit all dem Zuschneiden und Einpassen, das hier vor dem Hintergrund großen Zeitdrucks stattfinden musste, denn der Teppich wurde zu spät angeliefert und eine Kermes (Frühlingsfest), gekoppelt an den Tag der offenen Moschee[4], war angekündigt – der Termin war kommuniziert, Verabredungen wurden getroffen, Flyer gedruckt. Damit die Moscheegemeinde den bekanntgegebenen Termin einhalten konnte und obwohl eine Firma beauftragt wurde, packten viele Mitglieder beim Verlegen mit an, als der Teppich wenige Tage vor der Veranstaltung geliefert wurde. Die letzten zwei, drei Tage vor dem Termin arbeiteten sie gemeinsam bis in die frühen Morgenstunden. Der Vorgang erhält eine kollektive Bedeutung, die über die handwerkliche Leistung hinauszugehen scheint.

[4] Dieser Tag findet seit 1997 alljährlich am 3. Oktober statt.

Pflege, Gerüche, Brandlast …

Aus Gründen der Reinheit wird der Teppich nicht mit Schuhen betreten. Erste Hinweise darauf, dass die Schuhe auszuziehen sind, sind das Schuhregal oder der Wechsel des Bodenbelags, der gelegentlich mit einem kleinen Höhenunterschied von wenigen Zentimetern verbunden ist. → Schuhregal, S. 352
Aushänge, die in den meisten Fällen kurz vor den Gebetsräumen angebracht sind, erinnern daran, aber auch die Menschen selbst – fast bei jedem Besuch eines Gebetsraumes, der in Begleitung stattfindet, wird die Ethnografin darauf hingewiesen, dass die Schuhe nun auszuziehen seien. → Aushänge, S. 126
In vielen Gemeindezentren ist es verpönt, den Teppich barfuß zu begehen. Nicht alle Gläubigen halten sich jedoch daran. Fallen Barfußgänger auf, so werden ihnen vorwurfsvoll, genervte Blicke zugeworfen, wie die Ethnografin beobachten kann. Im Interview berichtet ein Vorstandsmitglied: „Manche Brüder kommen wieder ohne Socken in die Moschee, da flippen wir halt aus so, ne. Das geht gar nicht! Und wenn du hier halt jemanden siehst und das Interessante ist halt (…) wir haben auf jeden Fall einen Zettel dort: Bitte nicht ohne Socken rein. Was aber auch passiert, ist in der Vergangenheit."

     Sein Ton klingt genervt, das Anliegen ist ihm ernst, Zettel sind ausgehängt und trotzdem steht er diesem Verhalten hilflos gegenüber – was er letztendlich, wie sein Lachen zeigt, mit Humor nimmt. Seine Sorge um den Teppich ist verständlich, denn ganz sicher ist vermutlich er als Vorstandsvorsitzender derjenige, der die Reinigung des Teppichs veranlassen, vielleicht auch selbst durchführen muss. Die Reinigung erfolge obligatorisch mehrmals im Jahr. Auch die deutsche Luftfeuchtigkeit mache den Teppichen zu schaffen, hören wir. So importierte eine Gemeinde nicht den „original türkischen Teppich", sondern ließ sich in der Türkei einen Teppich mit erhöhtem Kunstfaseranteil anfertigen, angepasst an das deutsche Klima soll dieser keine Gerüche bilden. Eine andere Gemeinde wiederrum führte den Teppich aus den USA ein, denn angeblich soll es nur dort feuerfeste Teppiche mit Gebetsfeldern geben.

Der Raumwandler

An mehreren Orten beobachten oder hören wir, wie u. a. mittels des Artefakts Teppich Räume, die nicht explizit als Gebetsräume ausgewiesen sind, zu Gebetsorten werden können. Hierbei handelt es sich vielerorts um nutzungsneutrale Innen- oder Außenräume, auch um Flure oder Teestuben, die die vorhandenen Gebetsräume temporär erweitern. Sind solche zeitweiligen Satelliten des Gebetsraums notwendig, werden hierfür in der Regel immer dieselben Räumlichkeiten innerhalb des jeweiligen Gemeindezentrums aktiviert. Die dazu erforderlichen Teppiche werden unweit des betreffenden Raumes in Rollen und nur für diesen Einsatzzweck vorgehalten. → Fotoessay Ein Flur wird zum Gebetsraum, S. 264 → Fotoessay Ein temporärer Gebetsraum, S. 402

     Teilnehmende Beobachtungen und Schilderungen in informellen Gesprächen zeugen von einer Routine seitens der Moscheegemeinde – sowohl die Herstellung dieser Räume betreffend als auch im Wissen darum, anlässlich welcher religiöser Festtage diese Zusatzflächen benötigt werden. Die mobilen Gebetsteppiche machen den Raum flexibel für eine variable Zahl von Betenden und verdeutlichen den Anspruch der Moscheevereine, allen Gläubigen einen Platz auf dem Teppich ihres Gemeindezentrums bereitzustellen.
→ Ein Raum im Wandel – temporäre Umcodierung zu Gebetsräumen, S. 91

Gebetszeiten-anzeiger

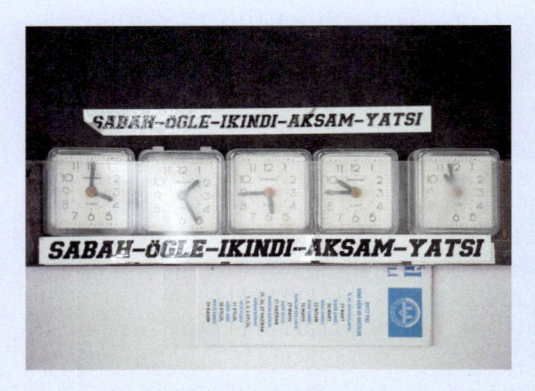

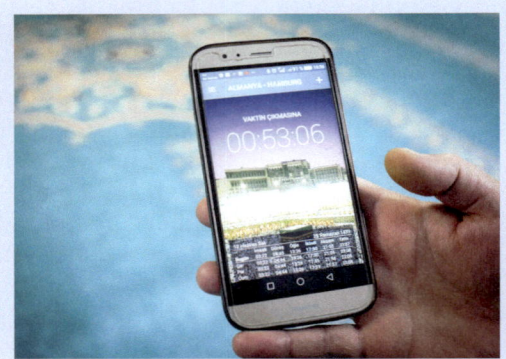

Elemente der Moschee

220–221

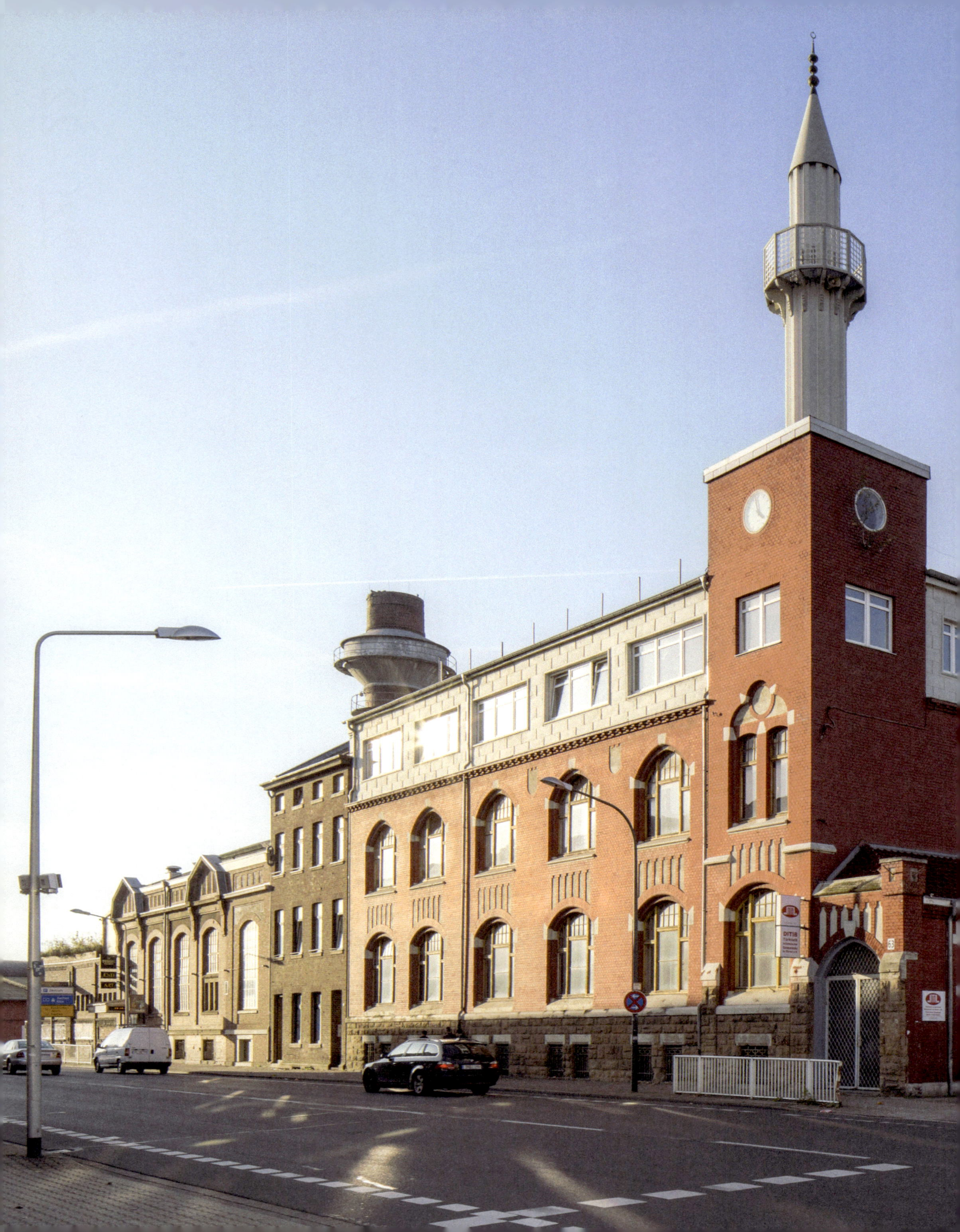
DITIB

Fallanalyse
Fatih Camii, Düren

222–223

Kathrin Herz

Kontext

Die Bahnlinie schneidet die nordrhein-westfälische Stadt Düren in zwei Teile. So liegt das Gemeindezentrum im Stadtteil Düren-Nord zwar nah zum Bahnhof unweit der Innenstadt und doch abgekapselt vom Stadtzentrum. In dem angrenzenden einstigen Produktionsgebäude mit Schlot befindet sich seit den 1980er Jahren ein Kulturklub, gegenüber auf der anderen Straßenseite ist eine Fabrik. Produziert wird dort in modernen Hallen. Diese stehen hinter den alten Fabrikfassaden, die aus der Zeit stammen, als man Paläste für die Arbeiter_innen baute. Aus der gleichen Zeit stammt das Haus der Gemeinde, das als repräsentatives Verwaltungsgebäude vom Architekten Emil Gustav Börstinghaus konzipiert, Schaltzentrale einer weitläufigen Fabrik war. Nach Einstellung der Produktion und einer kurzen Phase der Zwischennutzung wurde das Gebäude im Jahr 1981 von der Moscheegemeinde erworben. Jahre später erfolgte der Zukauf des angrenzenden, mit diversen Gebäuden bebauten Areals. Die Moschee heißt Fatih Camii, der Verein „Türkisch Islamische Gemeinde zu Düren e.V." wurde 1977 gegründet und ist dem Dachverband „Türkisch-Islamische Union der Anstalt für Religion e.V." (DITIB) angegliedert.

    Heute ist Düren mit ca. 90.000 Einwohner_innen eine große Mittelstadt. Bedeutsamen wirtschaftlichen Aufschwung erlebte die Stadt, die seit dem späten Mittelalter durch Textilgewerbe, Papierherstellung und Metallverarbeitung geprägt war, Mitte des 19. Jahrhundert mit Einbindung in die Eisenbahnstrecke, die Aachen und Köln verbindet. Um 1900 lebten rund 27.000 Menschen in Düren, von denen kurz vor dem 1. Weltkrieg etwa 50 Millionäre waren, sodass die Stadt als „Millionärsstadt" bekannt war. Im 2. Weltkrieg wurde der Stadtkern mit der historischen Bausubstanz bei Luftangriffen zerstört und ist durch den Wiederaufbau in den 1950er und 1960er Jahren geprägt. Der Bereich Düren-Nord, in dem sich die Fatih Moschee befindet, weist nach wie vor viel historische Bausubstanz der Gründerzeit auf. In der Regel handelt es sich dabei um Wohngebäude, meist Dreifensterhäuser. Da dieser abgelegene Bereich, vom Volksmund „henge de Bahn" (hinter der Bahn) genannt, nach Kriegsende vernachlässigt wurde, siedelten sich hier zunächst viele sogenannte „Gastarbeiter_innen" an, die hier preiswerten Wohnraum fanden. Über die Jahre erlebte der Stadtteil eine hohe Fluktuation an Bewohner_innen und die Bausubstanz zeichnete sich durch Vernachlässigung und Sanierungsstau aus. Dies war einer der Gründe, weshalb die Stadt Düren im Zeitraum von 2007 bis 2015 mit dem „Stadtteilprojekt Soziale Stadt Nord-Düren" am Bund-Länder-Programm „Soziale Stadt" partizipierte.

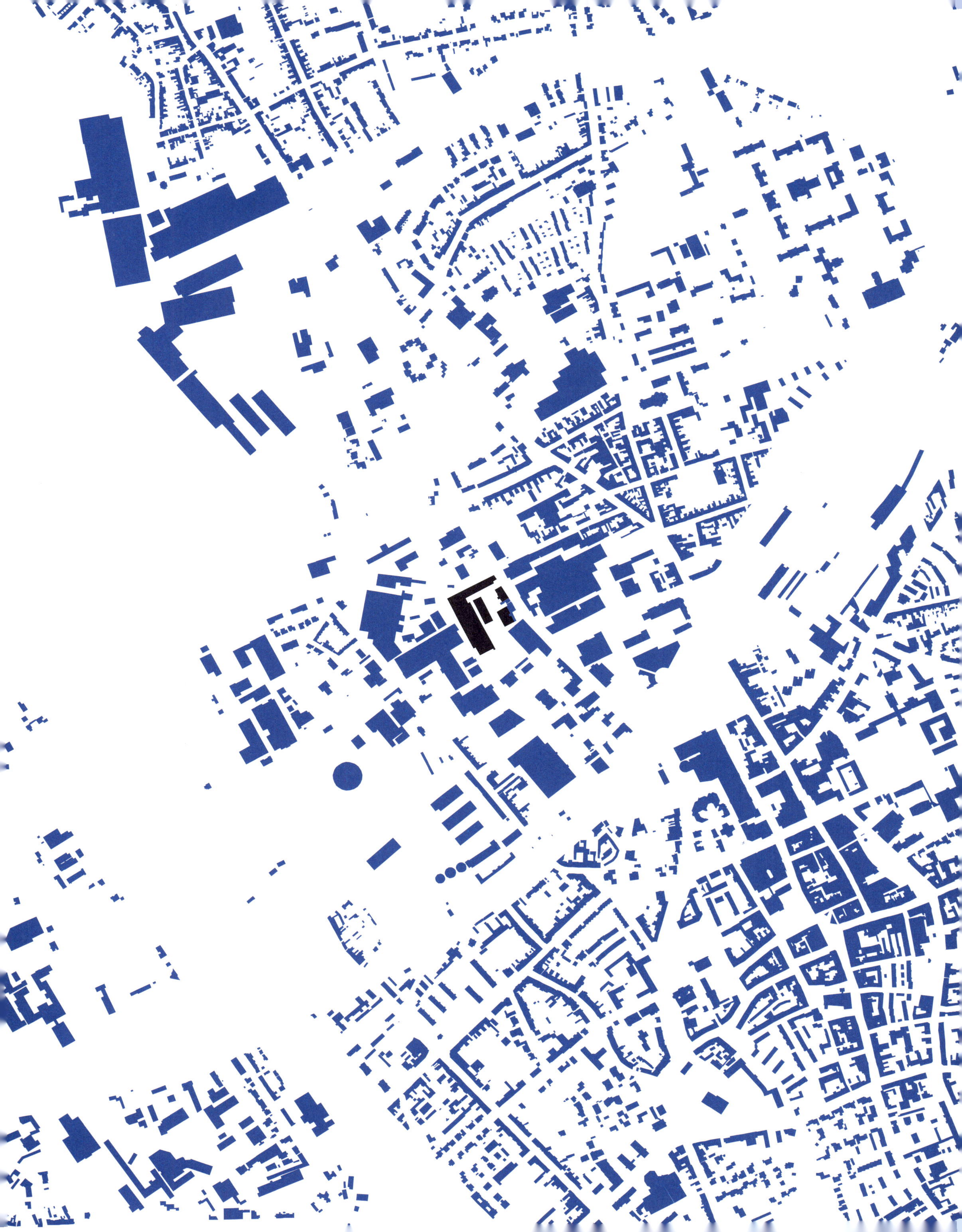

Das Besondere:
Ein großes Erbe mit viel Potenzial

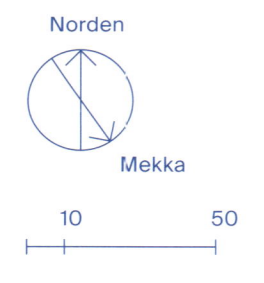

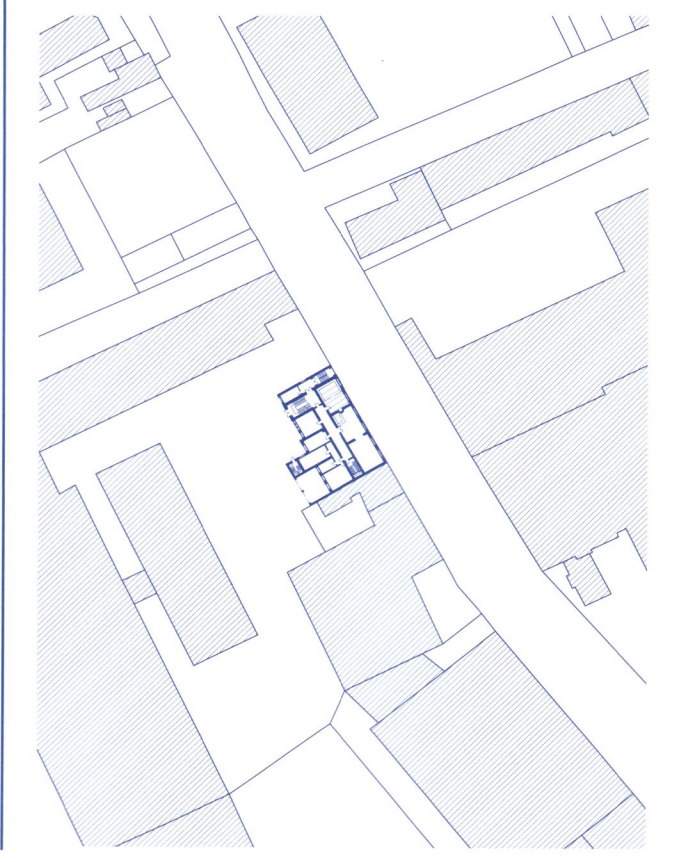

Norden

Mekka

10   50

Fallanalyse
Fatih Camii,
Düren

Die Fatih Camii ist ein Beispiel für die Umnutzung eines gründerzeitlichen Industriedenkmals zum Gemeindezentrum. Mit großen Rundbogenfenstern in Eichenholzrahmen, aufwendigen Reliefs und Ornamenten sowie Natursteinmauerwerk im Sockelbereich zeugt die Fassade des Baukörpers aus dem Jahr 1906 vom Repräsentationsanspruch des einstigen Firmensitzes. Gleichzeitig gibt das Minarett auf dem Uhrenturm die gegenwärtige Nutzung als Gemeindezentrum preis. Im Zusammenhang mit dem Genehmigungsprozess des Minaretts entstand im Jahr 1992 folgende bemerkenswerte Stellungnahme des Rheinischen Amtes für Denkmalpflege an die Untere Denkmalbehörde der Stadt Düren: „Der grazile Baukörper [das Minarett] beeinträchtigt in keiner Weise das Erscheinungsbild der Anlage, sondern er akzentuiert vielmehr den um 1930 reduzierten Turmaufsatz [...]. Überdies verrät der zeitgemäße Turmaufsatz die tatsächliche Nutzung der ehemaligen Fabrikanlage, er dokumentiert die soziale und kulturelle Situation der Stadt Düren in dieser Epoche und wird in der Zukunft ein baugeschichtliches Zeugnis sein für den Umgang einer westdeutschen Industriestadt mit den Mitbürgern aus anderen fremden Kulturkreisen." Im Jahr 1995 erfolgte der Zukauf weiterer Gebäude und Freiflächen in unmittelbarer Nähe, die ebenfalls Teil des Werksgeländes der früheren Fabrik waren. Das ausgedehnte, in weiten Teilen seit Beginn der 1990er Jahren denkmalgeschützte Areal ist nicht nur ein großes baukulturelles Erbe, das die Gemeinde seit Beginn der 1980er Jahren bewahrt, sondern bietet auch Potenzial und notwendige Flächenreserve zur Realisierung geplanter wohlfahrtstaatlicher Einrichtungen – einer Herausforderung, der sich die Gemeinde zukünftig stellen will.

Baugeschichte

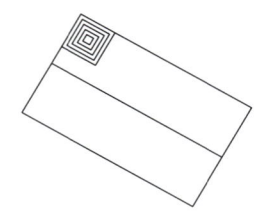

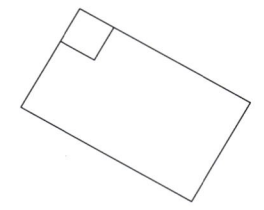

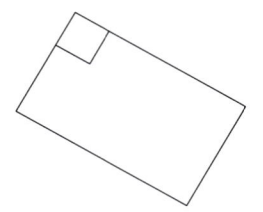

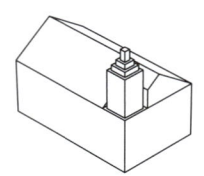

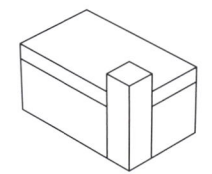

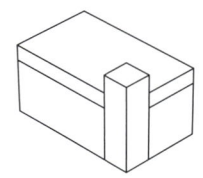

1906

Nutzung:
Verwaltungsgebäude

Maßnahme:
Errichtung eines Verwaltungsgebäudes

1931

Nutzung:
Verwaltungsgebäude

Maßnahme:
Zerstörung des Uhrenturms und des Mansarddachs mit Gauben durch Brand, Ersetzung des Mansarddachs mit Gauben durch ein Flachdach

1979

Nutzung:
Spielklub

Maßnahme:
Nutzungsänderung des Verwaltungsgebäudes zum Spielklub

Fallanalyse
Fatih Camii,
Düren

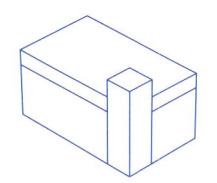

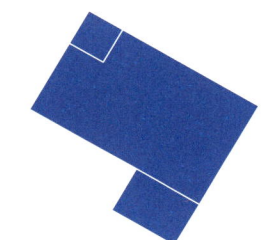

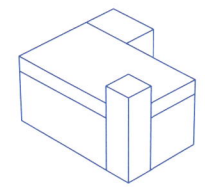

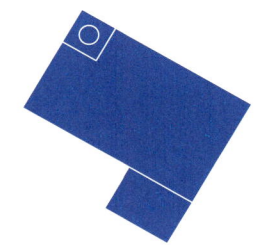

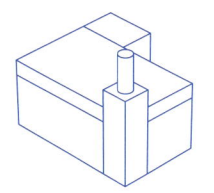

1980

Nutzung:
Gemeindezentrum

Maßnahme:
Nutzungsänderung des Spielclubs zum Gemeindezentrum, Kauf (1981)

1992

Nutzung:
Gemeindezentrum

Maßnahme:
Einrichtung eines Anbaus

1994

Nutzung:
Gemeindezentrum

Maßnahme:
Errichtung eines Minaretts auf dem bestehenden Uhrenturm

Baugeschichte: Vor dem Einzug der Moscheegemeinde

Die im Jahr 1885 als „Dürener Phosphor-bronce-Fabrik und Metallgießerei Hupertz et Banning" (später Dürener Metallwerke AG) gegründete Firma ging 1976 unter dem Namen „Busch-Jaeger-Dürener Metallwerke AG" in Konkurs. Bis zu Beginn des 2. Weltkriegs war der Betrieb Marktführer in der Entwicklung von Leichtmetalllegierungen. Das sogenannte Duralumin kam insbesondere bei Zeppelinen, U-Booten und dergleichen zum Einsatz. Bei einem Brand im Jahr 1931 wurden das Mansarddach und der Uhrenturm des Verwaltungsgebäudes zerstört. Das einst geneigte Dach wurde als Flachdach wiederhergestellt. Auf den Wiederaufbau des Turmaufsatzes wurde verzichtet. Nach dem Konkurs der Firma wurde das Gebäude für kurze Zeit als Spielklub zwischengenutzt. In die Bausubstanz eingreifende Umbaumaßen waren hierfür nicht notwendig. Seit 1980 nutzt der „Verein für türkische und islamische Kultur e.V." das Gebäude als Gemeindezentrum, welches es am 1. Januar 1981 erwarb.

Baugeschichte: Bauliche Veränderungen durch die Moscheegemeinde

1992 erweiterte die Gemeinde das einstige Verwaltungsgebäude um einen Anbau im rückwärtigen Gebäudeteil zum Hof hin. Mittels Durchbrüchen gelang die Verbindung zum Altbau. Durch die Maßnahme wurden vorhandene Räume vergrößert. Diese werden seither als Frauengebetsraum und Unterrichtsräume genutzt.

Im Jahr 1994 erfolgte die Errichtung eines Minaretts auf dem bestehenden Stumpf des Uhrenturmes. Macht das Minarett die Gemeinde sichtbar, so wird sie durch den seit 1985 öffentlichen Gebetsruf über Lautsprecher bis in die Innenstadt hörbar.

Funktionen:
Immenses Flächenpotenzial

Aufgrund des Zukaufs weiterer Gebäude in den 1990er Jahren verfügt die Gemeinde über ein großes Areal mit viel Flächenpotenzial – hierdurch zeichnet sich die Fatih Camii aus. Alle Gebäude gruppieren sich um einen Hof. Dieser dient der Erschließung. Das Gemeindezentrum ist Teil eines Ensembles und bündelt viele Funktionen: Im Hochparterre befinden sich Teestube, Buchladen, Unterrichtsräume, Büro der Imame und ein Gebetsraum, der weniger beschwerlich zugänglich ist als der im 2. Obergeschoss. Im 1. Obergeschoss sind das Büro der Vorstände, Kindergarten, Besprechungsraum, Unterrichtsräume sowie der Frauengebetsraum. Im 2. Obergeschoss liegen der Gebetsraum der Herren und daran angrenzende Unterrichtsräume. Dem Betsaal vorgeschaltet ist ein Büro für den Imam. Von diesem erfolgt über eine Art Dachluke der Zugang auf das Dach und ins Minarett.

Ergänzt wird die bereits vorhandene Vielfalt an Funktionen durch die Nutzungen in den einstigen Produktionshallen, die teilweise vermietet sind, teils von der Gemeinde selbst genutzt werden. Neben einem Gemeindesaal befinden sich in den ehemaligen Werkshallen u. a. ein Supermarkt sowie das Quartier des Vereins „SG Türkischer Sportverein Düren". Gegenwärtig beschäftigt sich die Gemeinde mit der Umnutzung einer leerstehenden denkmalgeschützten Halle zu einem Ort für Konferenzen und Veranstaltungen, der vermietet werden kann. Auch viele Überlegungen zu wohlfahrtsstaatlichen Einrichtungen wie der Schaffung von Wohnraum für Alte werden gemacht – gute Chancen auf Realisierung bietet das großflächige Areal allemal.

Funktionen und Nutzungen

Gebetsraum (Herren)

Gebetsraum (Damen)

Besprechungsraum

Unterrichtsraum

Kindergarten

Gebetsraum (barrierefrei)

Teestube

Fallanalyse
Fatih Camii,
Düren

232 – 233

Zudem auf dem Areal: u. a. Supermarkt, Lagerflächen, Gemeindesaal, Vereinsheim

Küche

Büro

Waschbereich

Buchhandlung

Grundrisse: Verwaltungsbau trifft Moschee

Dem linear gerichteten Grundriss ist die Errichtung des Bauwerkes als Verwaltungsbau unschwer anzusehen. Konzipiert als klassischer Zweihüfter gehen rechts und links vom zentralen Flur Räume ab. Die eingeschossige Pförtnerloge ist dem Hauptvolumen vorgelagert und hat als Entrée fungiert. Wurde das Gebäude in der Ursprungsnutzung von der Straße aus erschlossen, so nutzt die Gemeinde heute den Zugang durch den Hof. In diesem kreuzen sich die Wege. Der Freiraum ist Parkplatz und kommunikativer Verteilerraum zwischen den einzelnen Gebäuden. Alle Eingänge orientieren sich zum Hof – vom Charakter eines privaten Werkhofs ist nichts mehr zu spüren. Bauliche Eingriffe in die Zonierung und Anordnung der Innenräume des ehemaligen Verwaltungsgebäudes waren seitens der Moscheegemeinde kaum nötig, sodass die Innenräume weitestgehend in ihren originalen historischen Grundflächen erhalten sind. Der große Raum im Erdgeschoss mit Holzvertäfelung und Kamin, heute die Teestube, war einst Besprechungszimmer. Die Raumschaltung, abgehend vom Treppenhaus im 1. Obergeschoss, verweist auf das einstige Direktorenzimmer mit Vorzimmer. Heute wird der Raum vom Moscheevorstand als Büro und Besprechungszimmer genutzt. Auch hier sind die originalen hölzernen Wandverkleidungen und Einbaumöbel noch erhalten. Im Vorzimmer waren diese beschädigt und wurden von der Gemeinde rekonstruiert. Die Logik der Reihung mehrerer Räume in Folge löst sich im 2. Obergeschoss auf. Ein Brand zerstörte in den 1930er Jahren das Mansarddach. Anstelle der Rekonstruktion eines schrägen Daches erfolgte damals der Ausbau als Flachdach. Dieser große Raum wird als Gebetsraum der Herren genutzt. Ein weiterer ‚Bruch' in der einstigen Gebäudelogik ist der Anbau, der sich in den Hof stülpt und den die Gemeinde Anfang der 1990er Jahre vornahm. Durchbrüche verbinden Alt- und Anbau, wodurch die Gemeinde mehr Raum für den Gebetsraum der Frauen sowie Unterrichtsräume gewann. Die Durchbrüche sind insbesondere im Frauengebetsraum im 1. Obergeschoss ablesbar.

Wie die Außenansicht zeugt auch der Innenraum vom repräsentativen Charakter des Hauses. Neben der teilweise im Original vorhandenen Materialität äußert sich dieser in den Raumproportionen und der Großzügigkeit der Räume – sowohl in den Nutzräumen als auch in den Erschließungsflächen.

Ebene 2

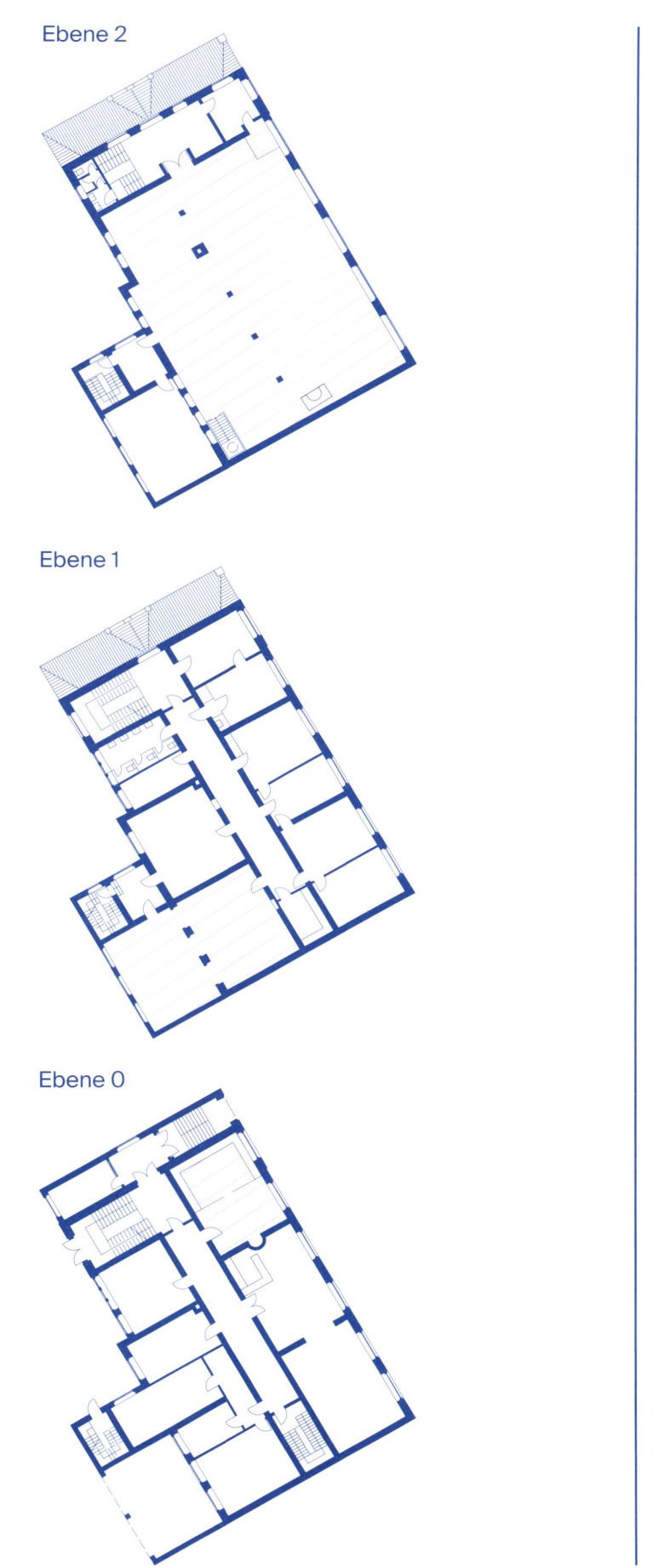

Ebene 1

Ebene 0

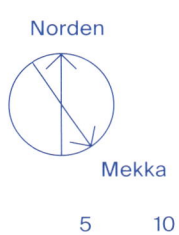

Norden

Mekka

5 10

234–235

DİTİB EITORF
MERKEZ CAMİİ
ZENTRALE MOSCHEE
EITORF
DİTİB Türkisch-Islamische
Gemeinde zu Eitorf e.V.

REISEBÜRO

Fallanalyse
Eitorf Merkez Camii /
Zentrale Moschee Eitorf

236–237

Kathrin Herz

Kontext

Die Kleinstadt Eitorf liegt im Rhein-Sieg-Kreis in Nordrhein-Westfalen. Hier hat sich im Mai 1978 der Moscheeverein „Islamischer Kulturverein e.V." gegründet, sein heutiger Vereinsname, der auf dem Schild über dem Eingang zu lesen ist, lautet „Eitorf Türkisch Islamischer Kultur Verein e.V.". Die Moscheegemeinde gehört dem Dachverband „Türkisch-Islamische Union der Anstalt für Religion e.V." (DITIB) an. Das einstige Dorf, dessen Bewohner_innen von Land- und Viehwirtschaft lebten, erfuhr Mitte des 19. Jahrhunderts einen Aufschwung und hat sich heute mit knapp 19.000 Einwohner_innen zur Kleinstadt entwickelt, die im Landschaftsraum einer Siegaue liegt. Maßgeblich für die Entwicklung Eitorfs war der Anschluss an die Siegtalstraße und an die Eisenbahnstrecke, die Gießen mit Deutz (Köln) verbindet. Damit war insbesondere die Anbindung an die nahegelegenen Rheinstädte Köln und Bonn gewährleistet und die Industrialisierung erhielt Einzug. Noch heute ist das Mittelzentrum Heimat von Fabriken aus den Branchen Automobil- und Schienenfahrzeugtechnik, Feuerwerksartikel, Arzneimittel etc. Als Verkehrsknotenpunkt und Industrieort wurde Eitorf im 2. Weltkrieg stark von Bomben zerstört. So ist der Stadtkern maßgeblich vom Wiederaufbau der 1950er und 1960er Jahre gezeichnet. In 300 Metern Distanz zum Marktplatz liegt die Zentralmoschee Eitorf, die sich seit 1979 in ihren Räumen in der Siegstraße Nr. 30–32 befindet. Sein Arbeitsweg führte einen jungen Mann tagein, tagaus an einem Hof mit dem leerstehenden Gebäude vorbei. Ein paar Tische der gegenüberliegenden Bäckerei standen dort. Irgendwann im Jahr 1979 hielt er, so wird uns erzählt, auf Rat eines Kollegen an, und fragte, ob er das Gebäude für den Moscheeverein mieten könnte – einen Monat später konnte der Pachtvertrag unterzeichnet werden. Was so leicht klingt, war ein steiniger Weg: 1978 bat der Moscheeverein, der bislang keinen Gebetsort hatte, in einem Schreiben die Stadt Eitorf um Hilfe: „Da es uns bisher leider nicht möglich war, geeignete Räumlichkeiten anzumieten, bitten wir die Stadt Eitorf, uns bei deren Beschaffung behilflich zu sein. Der Verein ist willens, die Räumlichkeiten auch selbst zu renovieren und eine angemessene Miete zu zahlen. Wir hoffen, daß uns die Stadt Eitorf bei der Beschaffung behilflich sein wird." Auch der Betriebsratsvorsitzende einer Eitorfer Firma bat den Bürgermeister um Hilfe. Im Jahr 1979 holte dieses Unternehmen ein Angebot für den „Neubau einer Moschee für mohamedanische Mitarbeiter" bei einer Fertighaus-Firma ein. Die Zeichnung zeigt einen eingeschossigen Solitär mit den Abmessungen 14,6 Meter mal 10,3 Meter. Das Raumprogramm besteht aus einem Betraum, erschlossen über einem kurzen Flur, der zu beiden Seiten jeweils von einem Schuh- und einen Sanitärraum flankiert wird. Über den Standort des geplanten Gebäudes ist nichts bekannt; auch nicht über den weiteren Verlauf des Vorgangs. Vermutlich kam die Angelegenheit zum Stoppen, als die Moscheegemeinde im Jahr 1981 die Räume in der Siegstraße kaufen konnte – womit auch notwendige Eingriffe in die Bausubstanz möglich waren.

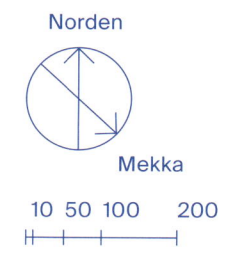

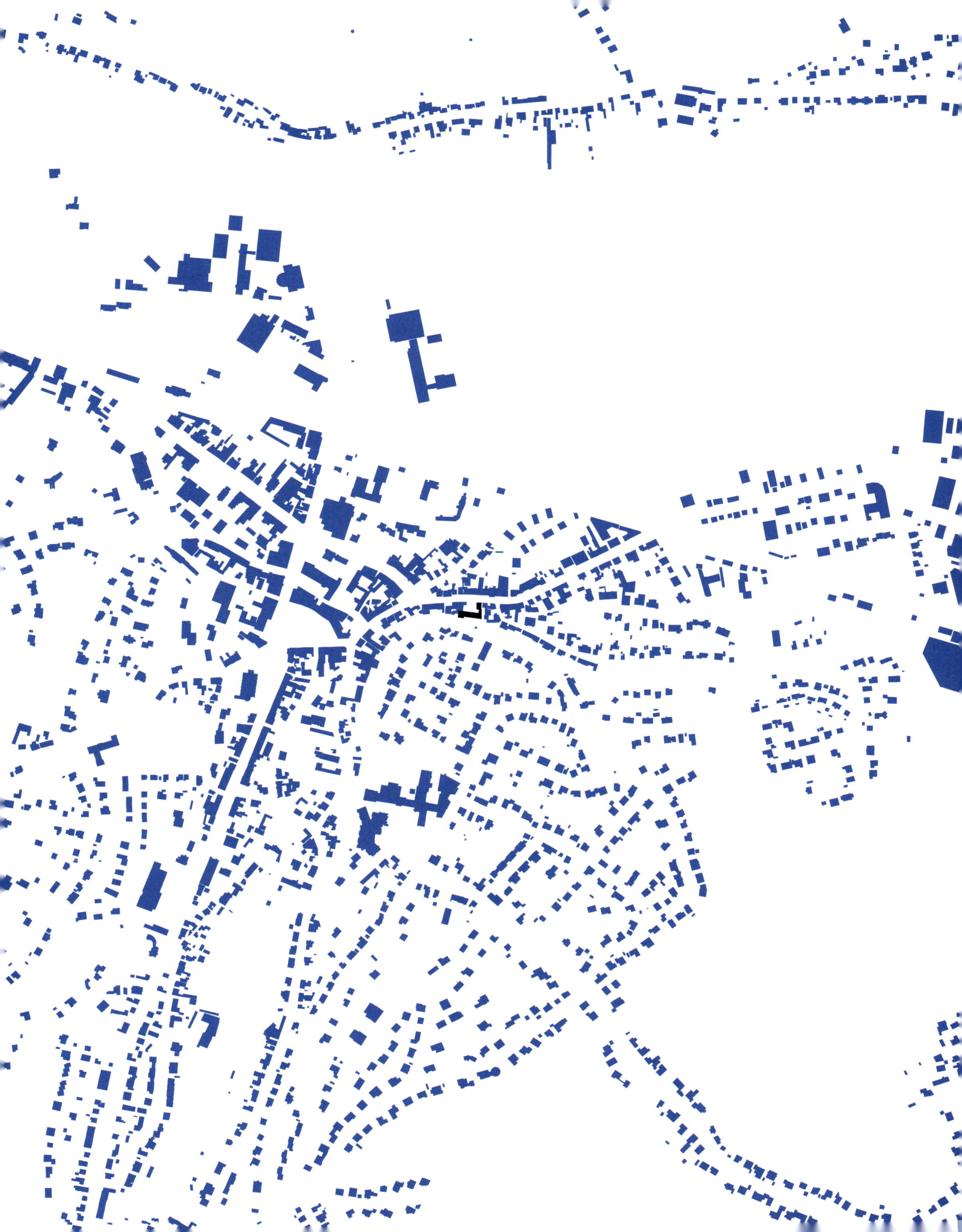

Das Besondere:
Der Hof zur Straße

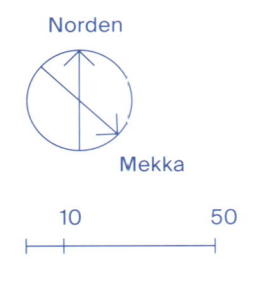

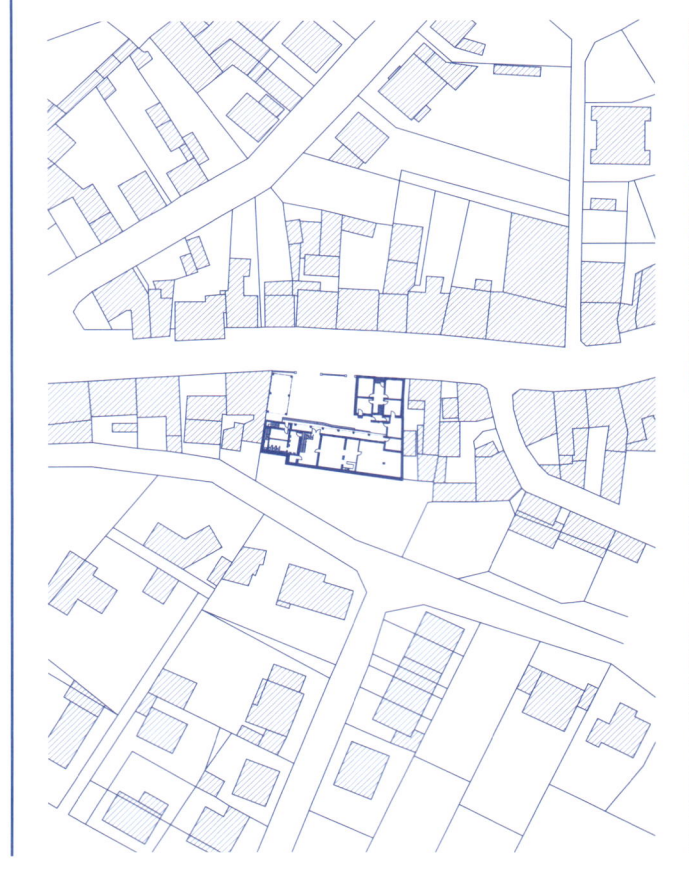

Norden

Mekka

10 50

Fallanalyse
Eitorf Merkez Camii /
Zentrale Moschee Eitorf

Das U-förmige Gebäudeensemble, bestehend aus einem Wohnhaus an der Straße, einem von der Straße zurückspringenden Gemeindehaus und einem offenen Carport, das sich an der Brandwand des Nachbargrundstücks orientiert, bildet einen Hof aus. Dieser Hofraum öffnet sich zur Siegstraße. Damit erweitert sich das Gebäude über den Hof in den Straßenraum. Ganz deutlich wird die Partizipation am öffentlichen Raum, wenn die Gemeinde einmal im Jahr ihr Moscheefest feiert. Dann ist die Siegstraße für den motorisierten Verkehr gesperrt und die Gemeinde bespielt den Straßenraum mit Zelten, einer Hüpfburg und Sitzgelegenheiten. Vis-à-vis der Zentralmoschee Eitorf und im Gebäude nebenan haben sich gastronomische Einrichtungen etabliert, die Getränke, türkische Backwaren und warme Gerichte verkaufen. Meist werden die Speisen im Hof des Gemeindezentrums an den Tischen unter dem offenen Arkadengang verzehrt. Auch im weiteren Umkreis der Merkez Camii finden sich etliche Unternehmen, die von Eitorfer_innen mit Türkeibezug gegründet wurden.

Baugeschichte

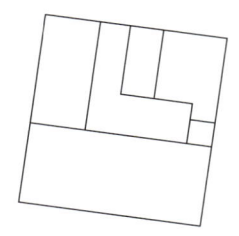

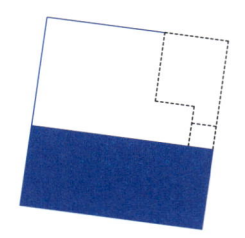

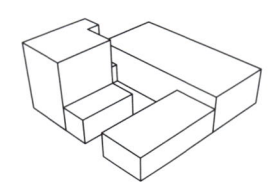

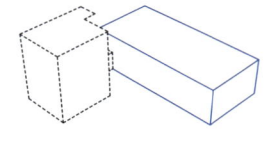

vor 1979

Nutzung:
Wohnhaus und
Lagergebäude

Maßnahme:
Errichtung eines
Wohnhauses und
Lagergebäudes

1979

Nutzung:
Wohnhaus und
Gemeindezentrum

Maßnahme:
Nutzungsänderung
und Umbau des
Lagergebäudes zum
Gemeindezentrum,
Kauf (1981)

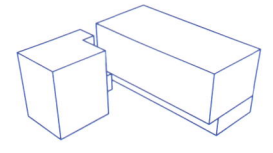

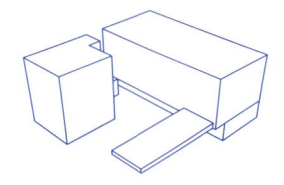

1999

Nutzung:
Gemeindezentrum

Maßnahme:
Umbau und Aufstockung (zwischenzeitlich auch Nutzungsänderung des Wohnhauses zum Gemeindezentrum)

2015

Nutzung:
Gemeindezentrum

Maßnahme:
Errichtung einer Carportanlage

Baugeschichte: Vor dem Einzug der Moscheegemeinde

Die heute von der Moscheegemeinde genutzten Gebäude wurden zuvor als Wohnhaus und als Lagergebäude eines Lebensmittelgroßhandels errichtet. Da ein Besuch des Bauaktenarchivs nicht möglich war, kann die Baugeschichte nicht rekonstruiert werden beziehungsweise bleibt in großen Teilen lückenhaft.

Baugeschichte: Bauliche Veränderungen durch die Moscheegemeinde

Im rückwärtigen Teil des Grundstückes im Hang stehend befand sich das Lagergebäude eines Lebensmittelgroßhandels. Den Abschluss zur Straße bildet ein Wohnhaus, an welches seitlich ein eingeschossiger Büroanbau angedockt war. Daneben stand eine eingeschossige, kleine Mehrzweckhalle, die sich aus dem Lagergebäude entwickelte. Somit war der Hofraum deutlich schmaler als heute. An der östlichen Grundstückflanke waren Wohnhaus und Lagergebäude durch eine eingeschossige Waschküche miteinander verbunden. Wann die Mehrzweckhalle und der Büroanbau abgerissen wurden, ist nicht bekannt – es erfolgte vor dem Einzug der Gemeinde im Jahr 1979. Zunächst wurde das Gebäude aufwendig entrümpelt, vorhandene Fließbänder wurden entfernt und mit einfachen

Mitteln wurde der Innenraum dem neuen Zweck angepasst. Nach nur zwei Jahren der Anmietung erwarb der Verein das Grundstück mit den Baukörpern. Im Wohnhaus befinden

sich seitdem Wohn- und Unterrichtsräume. Das einstige Lagergebäude wurde im Jahr 1999 umfassend umgebaut: Das 1. Obergeschoss und der Dachstuhl wurden abgetragen, auf die verbliebenen Mauern des Erdgeschosses wurden zwei auskragende Vollgeschosse und ein neuer Dachstuhl aufgesetzt. Mit diesem Eingriff erhöhte sich die Grundfläche um ein Geschoss, der Gebetsraum, in dem zuvor 12 Stützen standen, wurde stützenfrei und der überdachte Außenraum im Erdgeschoss entstand. Im Zusammenhang mit der Aufstockung wurde auch das steile Gelände an der Grundstücksrückseite modelliert: zum einen, um die Rettungswege zu gewährleisten, und zum anderen, um die Belichtungssituation des Gebäudes zu optimieren. 2015 errichtete die Gemeinde eine Carportanlage im Hof. Gegenwärtig finden Umbauarbeiten am Abdesthane statt: Der Raum dient der rituellen Waschung und wird grundliegend saniert und neugestaltet.

Funktionen: Netzwerk mit der Nachbarschaft

Das Gemeindezentrum ist kompakt organisiert. Im Umfeld der Gemeinde haben sich Läden und Dienstleister etabliert, sodass die Moschee selbst keinerlei kommerzielle Nutzungen beheimatet. Die Bäckerei gegenüber wirkt als erweiterte (Tee-)Küche des Gemeindezentrums. So spannt sich ein Netzwerk an funktionalen Beziehungen und Synergien mit der Nachbarschaft auf. Eine zentrale Rolle darin hat der Hof. Ein Großteil des Alltags spielt sich dort ab: Hier verabredet man sich, sitzt, trinkt, isst, tobt oder spielt. Schutz vor Sonne und Regen bieten das Carport und der Arkadengang, sodass der Hof zu jeder Jahreszeit aktiviert ist.

Eine funktionale Ergänzung zum Standort in der Siegstraße stellt das Sportlerheim dar, das die Gemeinde 2003 u. a. für ihren „FC Gençlerbirliği Eitorf" am Sportplatz in der Brückenstraße errichtete.

Funktionen und Nutzungen

Kindergarten

Freizeitraum

Büro

Konferenzraum

Teestube

Freisitz unter Arkadengang

Fallanalyse
Eitorf Merkez Camii /
Zentrale Moschee Eitorf

246–247

Gebetsräum(e) (Herren und Damen)

Unterrichtsräume

Küche

Büro (Imam)

Waschbereich (in Herstellung)

Wohnungen

Carportanlage

Grundrisse: Genug Platz

Die Räume der Merkez Camii sind über zwei Gebäude verteilt: Das einstige Wohnhaus hält neben Wohnraum auch Unterrichtsräume vor. Das Haupthaus ist auf drei Ebenen organisiert und deutlich komplexer: Im Erdgeschoss befinden sich das Jugendlokal, die Teestube mit Teeküche, zudem die geschlechtergetrennten Zugänge zu den Gebetsräumen – mit angegliedertem Abdesthane. Da das Gebäude in stark geneigter Topografie steht, wird die untere Etage ausschließlich von der Hofseite belichtet (der rückwärtige Gebäudeteil steckt im Hang). Die Situation ändert sich in den oberen Etagen – mittels Abgrabungen und dem Auffangen des Hanges sind die Räume beidseitig mit Tageslicht versorgt. Die Gebetsräume nehmen die gesamte Länge und Breite des 1. Obergeschosses ein. Durch eine Tür kann eine Verbindung zwischen Damen- und Herrenbereich hergestellt werden. Hinter der schräg im Raum stehenden Gebetswand liegt ein Zimmer, das dem Imam zur Gebetsvorbereitung dient – der Zugang erfolgt unter der Kanzel. Das 2. Obergeschoss dient der Bildung: An der Stirnseite ist über die gesamte Breite des Gebäudes ein großer Raum angeordnet, der für Versammlungen, Konferenzen oder den Unterricht genutzt werden kann. Darüber hinaus befinden sich auf dieser Etage ein Kindergarten, ein Unterrichtsraum, eine Teeküche und das Büro der Vorstände.

Ebene 2

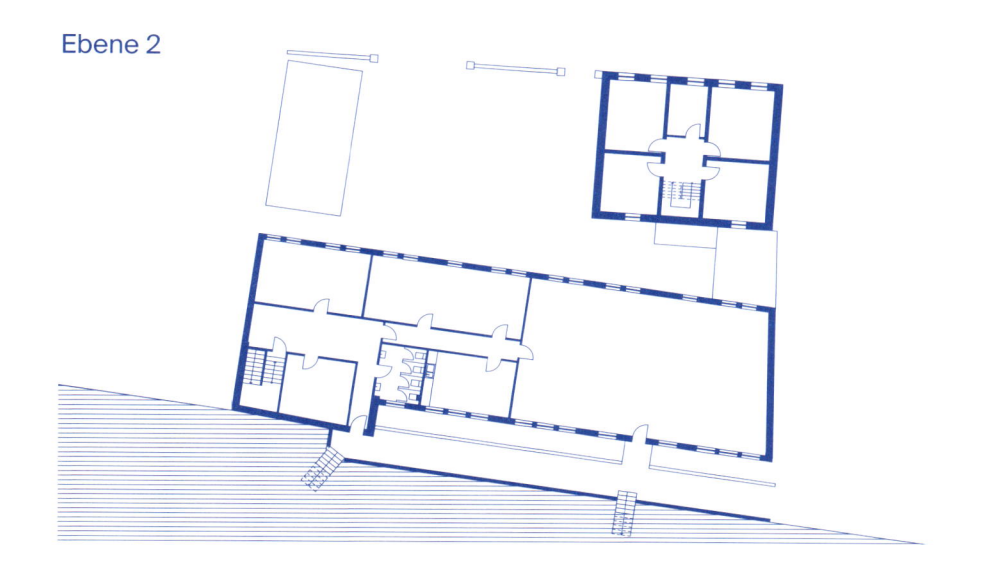

Ebene 1

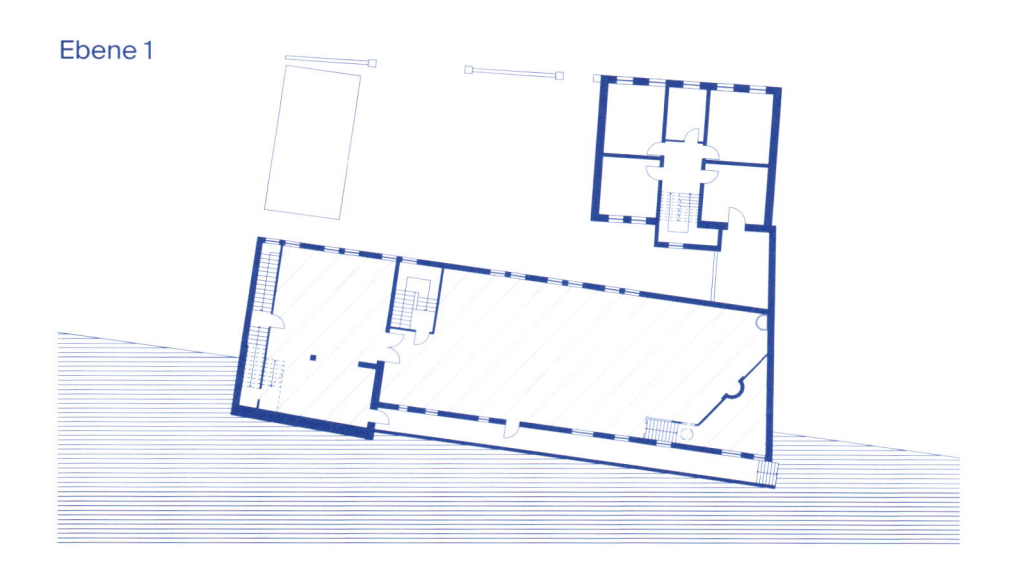

Ebene 0

248–249

Norden

Mekka

5   10

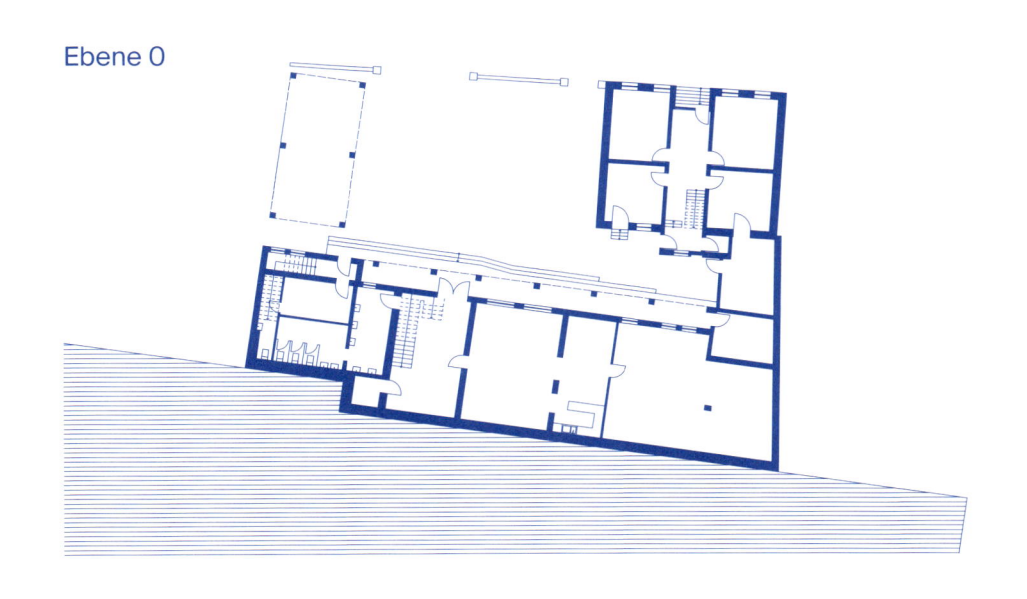

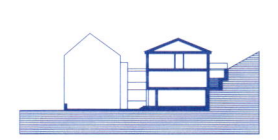

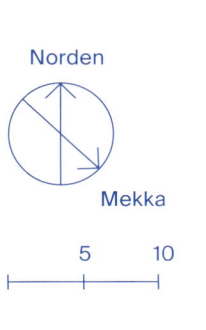

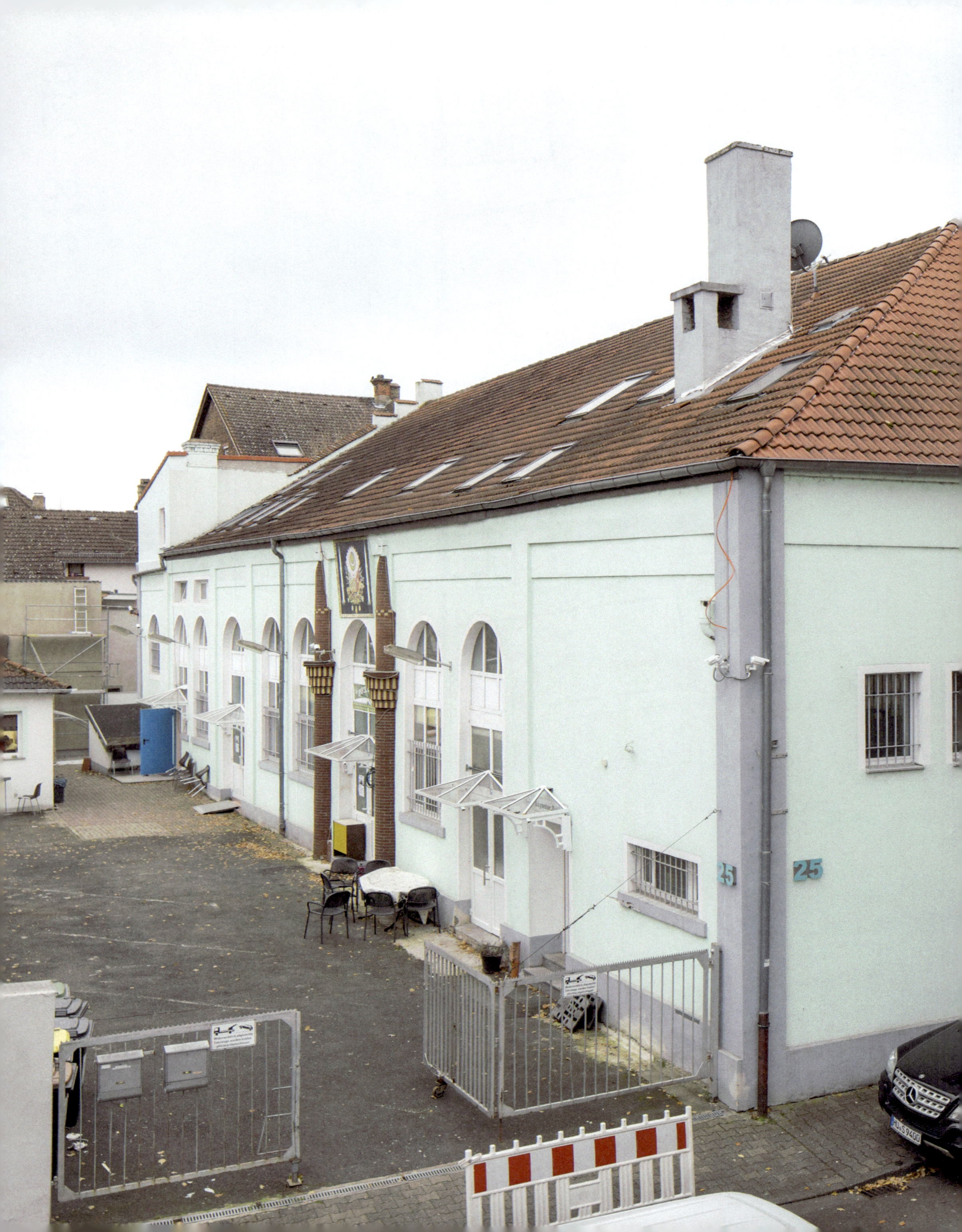
25
25

Fallanalyse
Eyüp Sultan Camii,
Frankfurt am Main

Kathrin Herz

Kontext

Der Verein „Türkisch-Islamisches Kultur- und Erziehungszentrum Dergah Union e.V." (heute „Türkische Kultur Gemeinde Fechenheim e.V.") wurde im Jahr 1998 gegründet und ist damit ein Beispiel einer späten Neugründung. Ein Gründungsmitglied erzählt uns, wie die Gemeinde zu ihrem Standort kam: Ein maßgebliches Ziel der Gründung sei es gewesen, den Kindern und Heranwachsenden einen Ort der Bildung in ihrem Wohnumfeld, dem Frankfurter Stadtteil Fechenheim, zu geben. Bislang mussten sie, um den Unterricht aufzusuchen, von ihren Eltern in Gemeindezentren in anderen Stadtteilen gefahren werden, denn Fechenheim ist schlecht an den ÖPNV angebunden und die Wege sind weit. Als der Pfarrer einer nahgelegenen katholischen Kirche von der Suche nach einem geeigneten Raum für ein muslimisches Gotteshaus im Stadtteil erfuhr, schlug er der jungen Gemeinde vor, ‚seine' Kirche als Ort für Freitagsgebete zu nutzen. Doch diese wollte nicht nur einen Gebetsort, sondern auch einen dauerhaften Treffpunkt einrichten – dafür erschien das leerstehende Gebäude in der Mittelseestraße Nr. 25 perfekt; es sollte angemietet werden. Der damalige Eigentümer bestand allerdings auf einen Verkauf und so wurden einige Mitglieder der jungen Moscheegemeinde ungeplant zur Eigentümergemeinschaft des einstigen Tanzsaales.

Das Gebäude liegt im kleinstädtisch anmutenden Teil von Frankfurt-Fechenheim, das aus einem Fischerdorf hervorging. Die aufgelockerte Blockrandstruktur lässt immer wieder Blicke in Gärten oder Höfe zu. Somit wirkt der Stadtraum sehr durchgrünt und ist reich an altem Baumbestand. Knapp 200 Meter Luftlinie sind es von der Eyüp Sultan Camii bis zum Promenadenfußweg am Main. Dazwischen liegt die Geschäftsstraße Alt-Fechenheim, die das lineare Zentrum des Stadtteils bildet. Um im Stadtteil akzeptiert zu werden, musste der junge Moscheeverein einiges an Überzeugungsarbeit leisten und ist regelmäßig auf städtischen Veranstaltungen, wie auf dem Fischerfest, dem Linnefest oder dem Weihnachtsmarkt mit Ständen präsent. Einem Dachverband gehört die Gemeinde der Eyüp Sultan Camii nicht an. Nach erfolgreicher Bewerbung nahm die Moschee als eine von fünf hessischen Moscheegemeinden an dem von Bund, Land und Europäischem Integrationsfonds geförderten Modellprojekt „Unsere Moscheen in der Mitte unserer Stadt", welches von der „Türkisch-Deutschen Gesundheitsstiftung e.V." betreut wurde, teil. Das Ziel des Projektes, das von 2012 bis 2014 stattfand, war, Moscheevereine, lokale Netzwerke und kommunale Gremien besser zu vernetzen.[1]

[1] Zu den Ergebnissen des Projektes vgl. http://www.tdgstiftung.de/wp-content/uploads/2019/02/handbuch_moscheen_fertig28-05-2015.pdf [abgerufen am 08.05.2019].

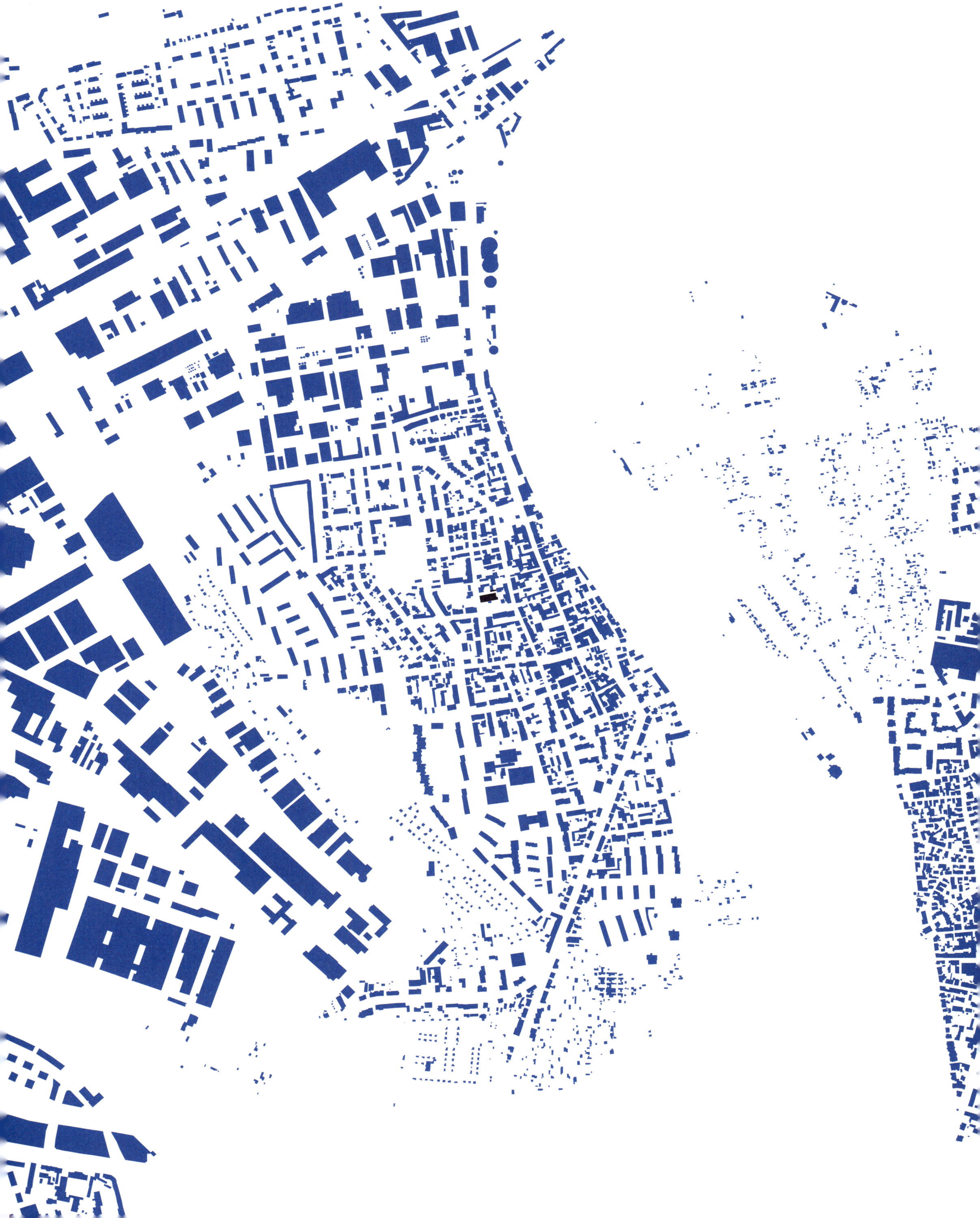

Das Besondere: Optimierung eines Innenraumes

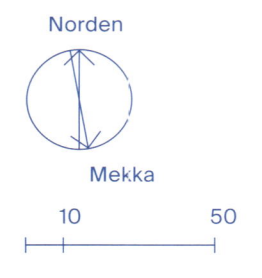

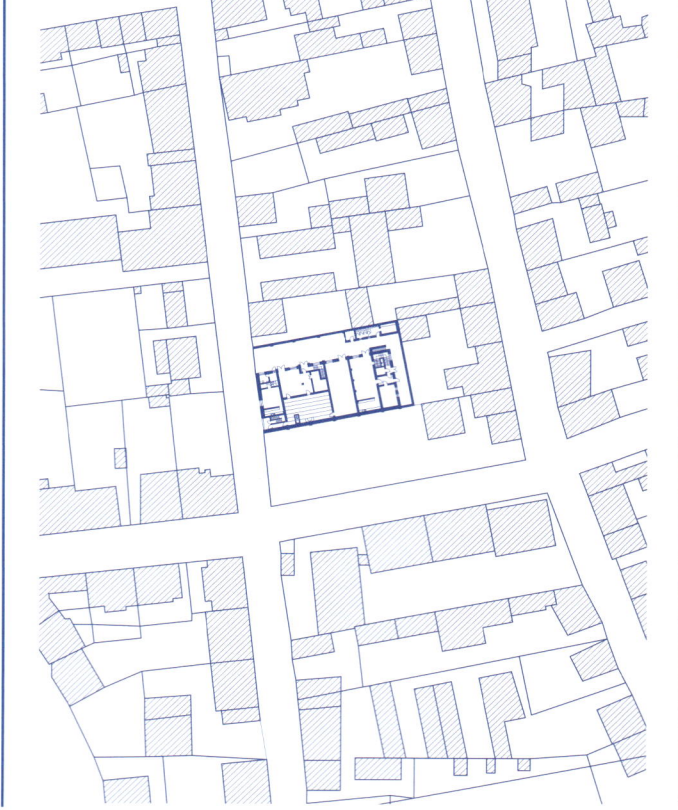

Norden

Mekka

10 50

Fallanalyse
Eyüp Sultan Camii,
Frankfurt am Main

Von außen wirkte das Gebäude optimal, doch der Versuch, das seit Jahren leerstehende Gebäude anzumieten, scheiterte daran, dass der Eigentümer das komplette Areal, das sich von der Mittelseestraße bis zur Baumertstraße zieht und mit mehreren Gebäuden versehen ist, veräußern (und nicht vermieten) wollte. Nach der Besichtigung des Innenraums war klar, dass die Gemeinde den einstigen Saal kaufen wollte – der Erwerb des ganzen Anwesens hätte allerdings die finanziellen Möglichkeiten überschritten und kam nicht in Frage. Glücklicherweise willigte der Verkäufer in die Trennung der Parzelle ein, so entstanden zwei Grundstücke, die mit einer Mauer voneinander getrennt sind. Ursprünglich als Tanzsaal genutzt, fand die Gemeinde einen hohen, stützenfreien Innenraum vor. Das Gebäude bot ideale Bedingungen für die Umnutzung zum Gemeindezentrum: Es lag zentral im Stadtteil, ausreichend Platz für das Raumprogramm des Moscheevereins war vorhanden und die Außenwände waren sogar nach Mekka ausgerichtet. Durch das Einziehen einer Geschossdecke in den leeren Bauch des Saalraums hat der Verein ein neues Geschoss erschaffen und damit die Nutzfläche des Baukörpers erhöht. Auf der neuen Ebene liegen nun die Gebetsräume. Der Gebetsraum der Herren überrascht mit seinem Raumvolumen und ist der größte und höchste Raum innerhalb des Gemeindezentrums. Durch die Raumproportionen, dem nach oben fast ganz offenen Dachstuhl mit der sichtbaren historischen Stahlkonstruktion und dem Licht, das durch Öffnungen im Dach einfällt, entsteht eine besondere Atmosphäre.

Baugeschichte

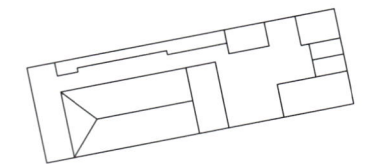

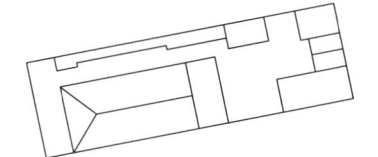

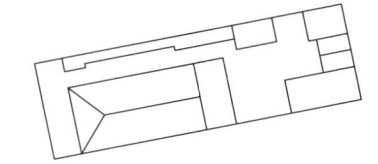

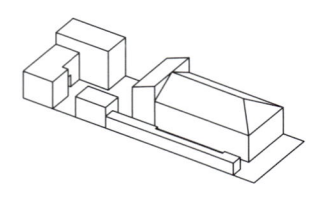

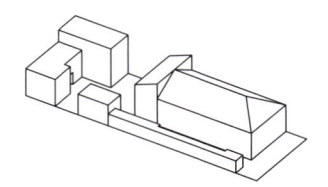

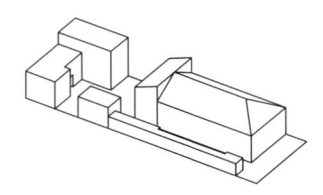

vor 1938

Nutzung:
Tanzsaal

Maßnahme:
Errichtung eines
Saalgebäudes

1967

Nutzung:
Büro-, Lager- und
Produktionsfläche

Maßnahme:
Nutzungsänderung
und Umbau des
Tanzsaals einschließlich
der Nebenräume
sowie der Kegelbahn
zu Büro-, Lager-
und Produktionsräumen

zwischenzeitlich

Nutzung:
Leerstand

Fallanalyse
Eyüp Sultan Camii,
Frankfurt am Main

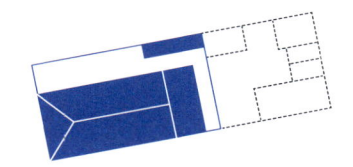

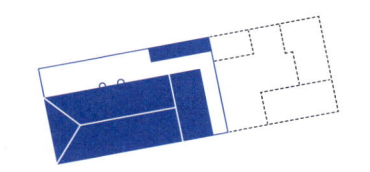

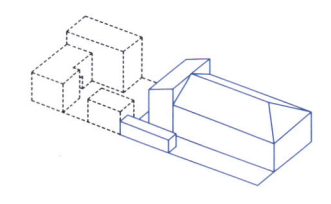

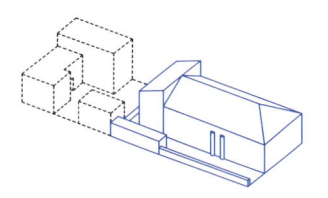

1998

Nutzung:
Gemeindezentrum

Maßnahme:
Grundstücksteilung, Kauf, Nutzungsänderung und Umbau der Büro-, Lager- und Produktionsräume zum Gemeindezentrum

2010 – 2018

Nutzung:
Gemeindezentrum

Maßnahme:
diverse Umbauarbeiten, Anbringung von Minarettattrappen

Baugeschichte: Vor dem Einzug der Moscheegemeinde

Das Gebäude war Teil eines Ensembles auf einem langgestreckten Grundstück, das ausschließlich von der Baumertstraße erschlossen wurde. Den straßenseitigen Abschluss bildeten zwei Häuser, die als Wirtshaus, Laden und zu Wohnzwecken genutzt wurden. Eine Durchfahrt führte in den rückwärtigen Grundstückteil, in dem sich neben dem großen Tanzsaal, dem Kaiser-Friedrich-Saal auch eine Kegelbahn und zwei weitere Gebäude befanden, die für Lagerzwecke benutzt wurden. Vermutlich diente der Hof zwischen den Gebäuden als eine Art Biergarten. Während des 2. Weltkrieges war die Nutzung des Kellers unter dem Saal als öffentlicher Luftschutzraum (für 55 Personen) vorbehalten. Nach dem Krieg konnte der drohende Einsturz des Daches durch den Wiederaufbau einer zerstörten Gebäudeaußenwand abgewendet werden. Kurze Zeit später wurde der Tanzsaal für gelegentliche Theateraufführungen umgebaut – u. a. wurde dieser Saal vom Fechenheimer Karnevalverein „Die Schwarze Elf" für Veranstaltungen genutzt. Mit der Nutzungsänderung des Saalraumes als Produktionsstätte im Jahr 1967 – von nun an wurde das Gebäude für das Verbinden von Kunststoffen genutzt – gingen diverse Auflagen wie das Verschließen der Empore zum Saal einher. Der einstige Bühnenraum und die Kegelbahn im Hof dienten als Lagerfläche, letztere ebenfalls als Aufenthaltsraum der Arbeiter_innen. Ab 1988 stand das Gebäude vermutlich leer. Zwischenzeitlich wurde die Mittelseestraße angelegt. Hiermit war die Erschließung gesichert und das Grundstück konnte beim Verkauf an die Moscheegemeinde im Jahr 1998 geteilt werden.

Baugeschichte: Bauliche Veränderungen durch die Moscheegemeinde

Vor Beginn der Umbauarbeiten traf sich der Verein mit mehreren Architekt_innen, um zu überlegen, wie das Gebäude am besten umgenutzt werden könnte. Erst dann begann der sukzessive und kontinuierliche Umbauprozess, d.h. das Ausbauen von Räumen sowie Neuordnen von Nutzungen und Funktionen. Ein Grund für die lange Dauer der Bauarbeiten war das Engagement der Gemeindemitglieder, die einen größten Teil der Arbeiten in Eigenleistung verrichteten. Dies erfolgte dann nach Feierabend, am Wochenende oder im Urlaub. Im Jahr 1998 bezog die Gemeinde den einstigen „Kaiser-Friedrich-Saal", der durch die Vornutzung als Produktionsgebäude bereits verändert war. Auf dem Grundstück steht zudem das schmale Gebäude der zwischenzeitlich rückgebauten Kegelbahn, in dem sich heute Friseursalon und Abdesthane, der Raum für die rituelle Waschung, befinden. Wichtigster baulicher Schritt war das Einziehen einer

Geschossdecke in das große Volumen des einstigen Saales. Im Zuge von dessen Fertigstellung ‚wanderten' die Gebetsräume, die zunächst provisorisch im Erdgeschoss untergebracht waren, nach oben, während unten Raumkapazitäten frei wurden. Bis auf das Anbringen von Minaretten (aus Styropor) zur Akzentuierung des Eingangs, der in den Gebetsraum führt, wurden kaum Veränderungen an der Kubatur des Baukörpers vorgenommen. In der Vermutung, keine Genehmigung für den Bau eines Minaretts zu erhalten, dachte sich die Gemeinde diese besondere Lösung aus und erhielt viel Lob dafür. Gegenwärtig wird der westliche, bis dahin nicht genutzte Dachboden als Wohnraum ausgebaut. Das soll nach nunmehr zwei Jahrzehnten die letzte Umbaumaßnahme der Moscheegemeinde sein, dann sind alle verfügbaren Flächen innerhalb des Bauwerkes aktiviert.

Funktionen: Die Gemeinde in der Gemeinde

Aufgrund des Einziehens der Geschossdecke verfügt die Eyüp Sultan Camii über ein Angebot an großzügig dimensionierten Räumen. Die Teestube und der Gemeindesaal bieten Raum für gesellige oder feierliche Anlässe aller Nutzer_innengruppen und können in den Freiraum des vorgelagerten Hofes erweitert werden. Einzelne Nutzer_innengruppen innerhalb des Moscheevereins verfügen über jeweils eigene Räumlichkeiten – wobei auch hier die Grenzen oft fließend sind. Im Dachgeschoss gibt es eine Wohnung für den Imam, eine weitere wird in Kürze fertiggestellt sein. Läden und Geschäfte gibt es in diesem Gemeindezentrum nicht. Eine funktionale Besonderheit ist, dass die Gemeinde der Eyüp Sultan Camii einen Raum an eine bosnische Moscheegemeinde vermietet, die das Haus ebenfalls als Gemeindezentrum nutzt und sich darin einen eigenen Gebetsraum einrichtete.

Funktionen und Nutzungen

Teestube

Gemeindesaal

Wohnungen (in Herstellung)

Unterrichtsräume (in Herstellung)

Berber

Büro

Fallanalyse
Eyüp Sultan Camii,
Frankfurt am Main

Gebetsraum (Herren)

Gebetsraum (Damen)

Frauenraum mit Küche

Wohnung

Waschbereich

Räume der bosnischen Gemeinde

Grundrisse: Abgeschlossene Bereiche und interne Verbindungen

Die Eyüp Sultan Moschee besteht aus zwei Gebäuden, die parallel zueinander stehen, die jeweilige Grundstücksgrenze in Teilen markieren und zwischen denen sich ein Hofraum ausbildet, der sich mit seiner schmalen Seite zur Mittelseestraße öffnet. Der kleine, eingeschossige Baukörper springt von der Straßenflucht zurück und beherbergt einen Friseursalon und das Abdesthane – beide Räume werden separat mit Türen, die direkt in den Hof führen, erschlossen. Ebenfalls mit direktem Zugang vom Hof begehbar befinden sich im Erdgeschoss des großen Baukörpers Büro, Teestube, Gemeindesaal, Gebetsraum, die bosnische Gemeinde und der Eingang in den Frauenbereich. Im 1. Obergeschoss sind an zentraler Position die Gebetsräume situiert. Auf gleicher Höhe liegt die einst als Empore des Tanzsaales fungierende Fläche, die in Schulungsräume unterteilt ist. Ein halbes Geschoss tiefer, am anderen Ende des Baukörpers im Bereich des ehemaligen Bühnenraums ist der Aufenthaltsraum der Damen. Das Dachgeschoss darüber wurde zur Wohnung für den Imam ausgebaut – der Zugang in diese liegt an der Mittelseestraße (und nicht im Hof). Gegenwärtig wird auch der gegenüberliegende Dachraum über den Klassenräumen umgebaut – hier soll ebenfalls Wohnraum entstehen. Alle Nutzungsbereiche haben eigene Eingänge vom Hof – hierdurch hat das Betreten der Räume etwas sehr Unmittelbares, das sich dann noch verstärkt, wenn die Räume einseitig belichtet sind. Manche der Eingangstüren führen in nur einen Raum, hinter anderen entfalten sich Folgen von Räumen, die in der Regel einer bestimmten Nutzer_innengruppe zugeordnet sind. Ein Beispiel einer solchen räumlichen Bündelung ist der Frauenbereich, der sich mit Vorraum, Sozialraum und Gebetsraum sogar über mehrere Geschosse entwickelt. Gleichzeitig gibt es interne Verbindungen zwischen den Nutzungsbereichen. So führen Türen vom Gebetsraum der Damen in den der Herren, von dort gelangt man in die Schulungsräume und von hier über Treppen nach unten in die Teestube, das Büro oder in den Hof.

Fallanalyse
Eyüp Sultan Camii,
Frankfurt am Main

Ebene 2

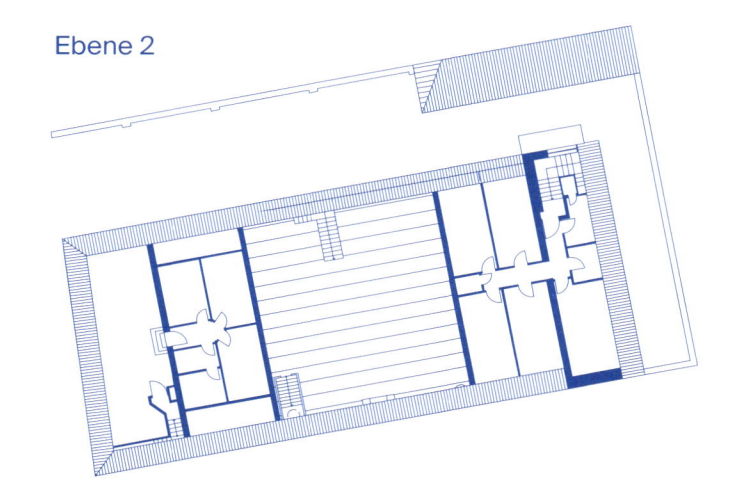

Ebene 1

Ebene 0

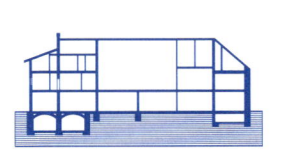

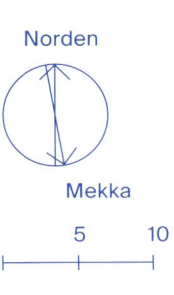

262–263

Norden

Mekka

5   10

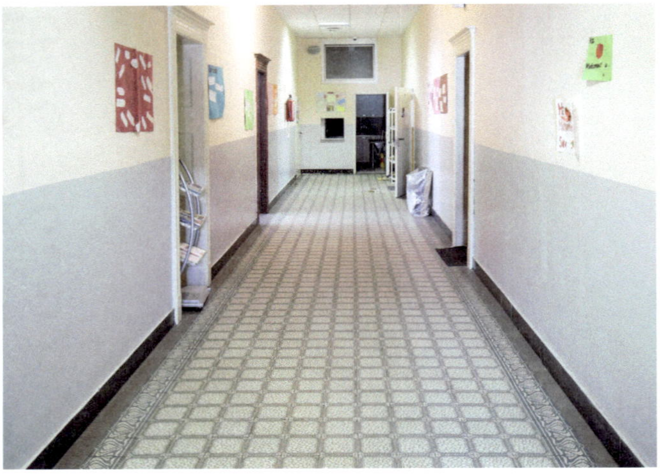
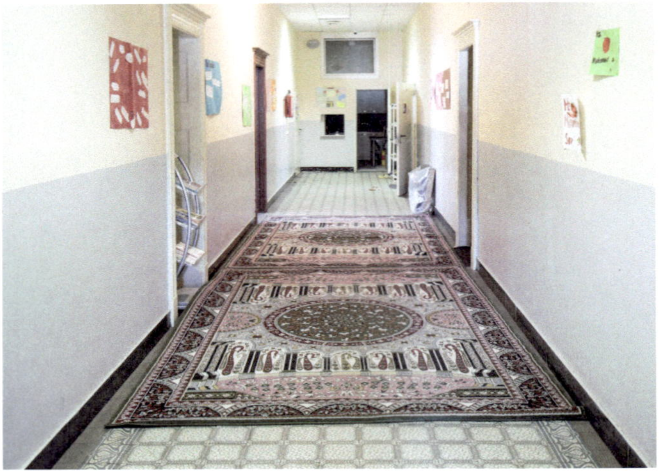
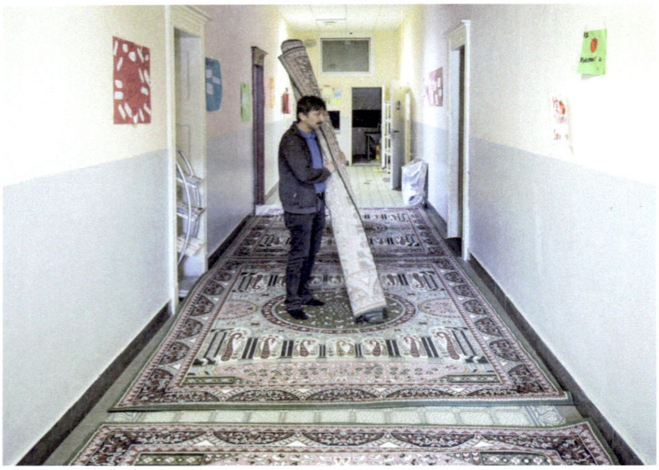
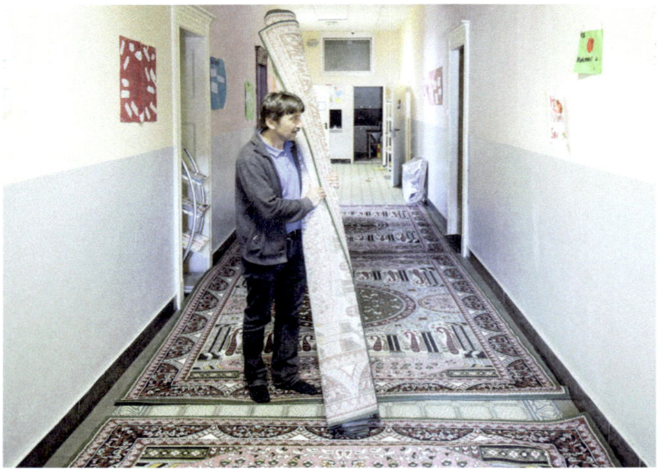
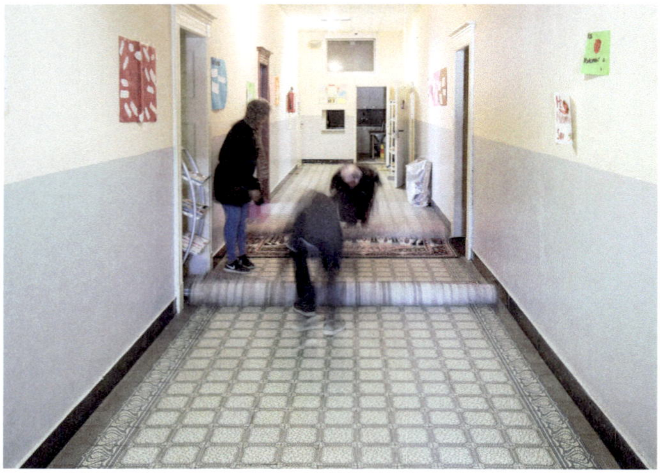
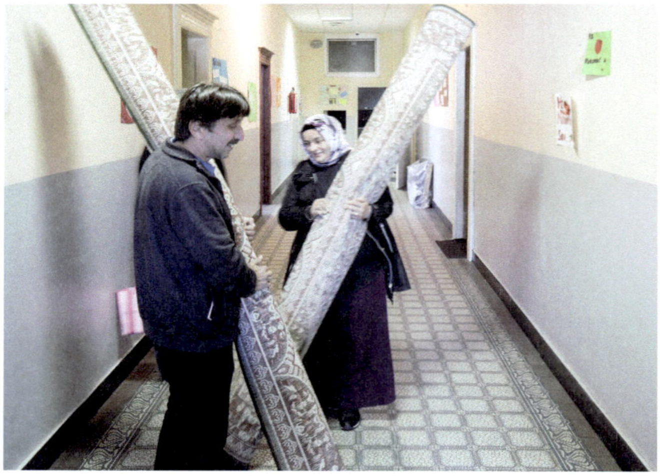

Fotoessay
Ein Flur wird
zum Gebetsraum

264–265

Geschäfte

Elemente der Moschee

266–267

1
Vgl. Beinhauer-Köhler, Bärbel (2010): Von der unsichtbaren zur sichtbaren Religion. Räume muslimischer Glaubenspraxis in der Bundesrepublik. In: Zeithistorische Forschungen 7 (3): 408–430, S. 412.

2
Vgl. Schmitt, Thomas (2003): Moscheen in Deutschland: Konflikte um ihre Errichtung und Nutzung. Flensburg: Deutsche Akademie für Landeskunde, S. 77.

3
Die Begriffe beziehen sich auf die Anordnung von bebautem Raum zum Hof. Die Kategorien offen – geschlossen – gestreckt orientieren sich an der Einteilung von Platzformen nach Hans-Joachim Aminde. Vgl. Aminde, Hans-Joachim (1994): Auf die Plätze ... Zur Gestalt und zur Funktion städtischer Plätze heute. In: Hans-Joachim Aminde (Hrsg.): Plätze in der Stadt. Ostfildern-Ruid: Gerd Hatje, S. 44–69.

geschlossen

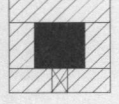

halboffen

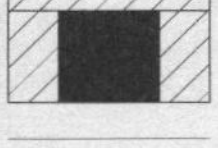

gestreckt

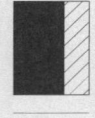

Höfe

Kathrin Herz

geschlossen

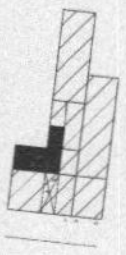

Kuba Moschee 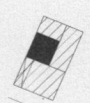 · Ayasofya Moschee · Yeni Moschee · Fatih Moschee · Ensar Moschee

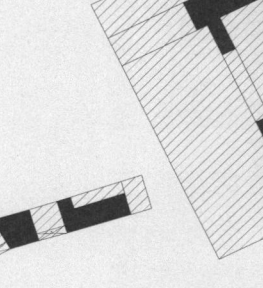

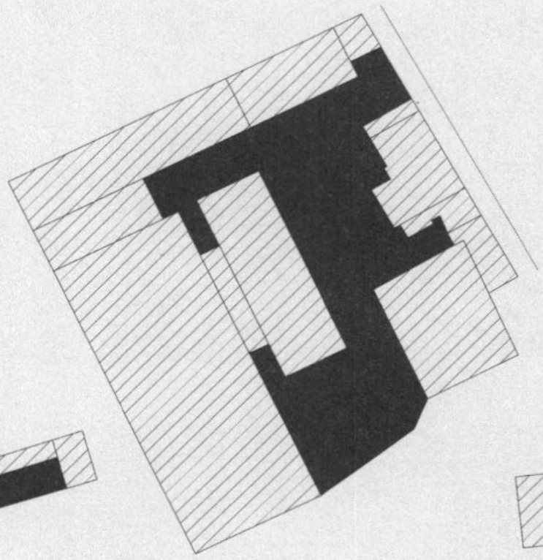

halboffen

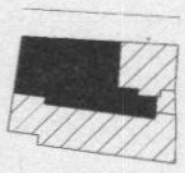

Merkez Moschee 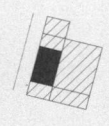 · Mevlana Moschee 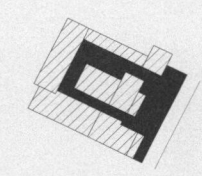 · Mescid-i Aksa Moschee

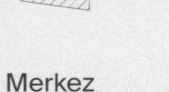

gestreckt

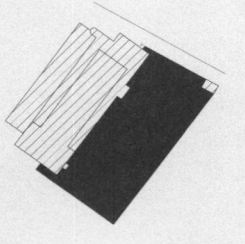

Ulu Moschee 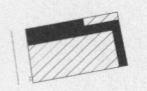 · Sultan Eyüp Moschee

Muslimische Gemeindezentren, wie wir sie in dieser Studie untersuchen, werden in der Umgangssprache und der Literatur häufig als sogenannte „Hinterhofmoscheen" bezeichnet. Dieser Begriff ist in mehrfacher Hinsicht abwertend und unscharf[1] – in banalster Weise auch deshalb, weil die wenigsten Gemeindezentren in Hinterhöfen liegen.[2] Vorliegendes Kapitel widmet sich den Höfen, welche in ähnlicher Weise wie die Gebäude einen Wandel hinsichtlich ihrer Funktion und Bedeutung erfuhren. Als Höfe definiert dieser Text ganz oder teilweise von baulichen Strukturen umschlossene Freiräume, die einem Gebäude(-komplex) zugeordnet sind.

Die zeichnerische Analyse der Gemeindezentren zeigt unterschiedliche Formen der Freiraumtypologie Hof auf und damit auch einhergehende unterschiedliche Lagebeziehungen zwischen dem Hof und dem Gebäude, und somit auch zwischen dem Gebäude und dem öffentlichen Raum. Die Beschreibung der Hofräume in ihren gegenwärtigen materiellen und sozialen Dimensionen verweist auf eine Diversität an Nutzungen und Nutzer_innen. Hierin liegt die besondere Qualität der Hofräume, die, in allen untersuchten Fällen, den Innenraum der Gemeindezentren nicht nur nach außen erweitern, sondern diesen darüber hinaus zum Teil um zusätzliche Funktionen ergänzen.

Ausgangslage – Form, Nutzung und Lagebeziehung

Bebaute und nicht-bebaute Räume bedingen sich unmittelbar. Dies zeigt sich darin, dass Freiräume wie Höfe in die spezifischen Strukturmerkmale von Gebäuden eingeschrieben sind: Klöster, Mietskasernen, Hofhäuser oder Bauernhöfe sind nur einige der Gebäudetypologien, die Höfe voraussetzen. Diese Höfe können zu allen Seiten baulich umschlossen und damit abgeschirmt von der Straße oder baulichen Strukturen vorgelagert und somit direkt an der Straße situiert sein. Sie können umbaut oder bebaut sein und sich mit ihrer langen oder kurzen Seite zur Straße orientieren – es gibt viele Varianten und Kombinationen von Hofformen und Lagebeziehungen zwischen einer Baustruktur und öffentlichem Raum. Ursächlich für die Position eines Hofes – vor, neben, im oder hinter einem Gebäude(-komplex) – ist im Wesentlichen der Zweck des Hofes. Stellt er als Freiraum zwischen zwei Gebäuden den Luftaustausch und sozialräumlichen Abstand sicher und vermeidet den Brandüberschlag? Gewährleistet er als eingeschnittener Lichthof die Belichtung eines Gebäudes? Dient er der Kontemplation? Der Regeneration? Der Repräsentation? Ist er Arbeitsfläche? Rangierfläche? Deutlich wird: Der Zweck und die bauliche Anlage des Hofes stehen in enger Relation zum Zweck und zur Funktion des ihm zugeordneten Gebäudes.

Die Abbildung auf der gegenüberliegenden Seite zeigt die untersuchten Hofräume einiger der von uns besuchten Gemeindezentren. Materielle Raumdimensionen fokussierend macht die vergleichende Betrachtung der Zeichnungen unterschiedliche Hofgrößen und -ausprägungen sichtbar: Drei grundsätzliche Typen von Hofformen lassen sich identifizieren: geschlossene, halboffene, gestreckte.[3]

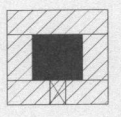

Geschlossene Höfe: Säle unter freiem Himmel

Die Baustruktur rahmt den geschlossenen Hof nahezu komplett ein und kapselt ihn weitestgehend vom öffentlichen Straßenraum ab. Dieser Hoftyp wirkt durch die Gebäude, die ihn umgrenzen, räumlich geschlossen und weckt daher die Assoziation eines Saales ohne Decke. Je nach Verhältnis der Hoffläche zu den Hofwänden und deren Perforierung mutet der Hofraum mehr oder weniger privat und introvertiert an. Typische Beispiele des geschlossenen Hofes sind die Innenhöfe, sogenannte Kreuzgänge von Klöstern oder die eingestülpten Atrien, über welche Hofhäuser belichtet werden.

Nachfolgende Situationen geschlossener Höfe zeigt unsere Untersuchung:

> Die Höfe der Kuba Moschee[4] in Köln und der Ayasofya Moschee in Kassel bilden sich zwischen der straßenabschließenden Bebauung und den an der rückwärtigen Grundstücksgrenze orientierten baulichen Strukturen aus. Damit trennen diese das ehemalige Wohn- und Geschäftshaus räumlich von der Nebenbebauung, welche der Produktion und/oder Lagerung diente. Die Situation folgt der Logik der städtebaulichen Typologie des Baublocks, welche als charakteristisch für viele der mitteleuropäischen Städte gilt.

> Der Hof der Yeni Moschee in Berlin ist ein klassischer Hinterhof, der sich aus der Abfolge eines Kanons von Bebauung mit dazwischenliegenden Freiräumen ergibt. Die auf diese Weise entstandenen Höfe dienen als sozialräumliche Abstandsflächen, gleichermaßen den Belangen der Hygiene und des Brandschutzes und sind kennzeichnend für die Typologie der Berliner Mietskaserne.

> Als einstiger Werkhof, den die Produktionshallen und das Verwaltungsgebäude der ehemaligen Fabrik abseits der Straße formten, bildet der Hof der Fatih Moschee in Düren die nicht-bebaute Mitte des baulichen Ensembles aus.

> Als Tiefhof liegt der Freiraum der Ensar Moschee in Berlin unterhalb des Straßenniveaus. Der Hof dient der Erschließung und Belichtung einer einstigen Ladenpassage im Untergeschoss und steht in optischer Verbindung zu den oberen Etagen des Gebäudekomplexes, dessen Bestandteil er ist.

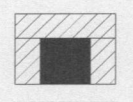

Halboffene Höfe: (Freilicht-)Bühnen

Der halboffene Hof ist meist zu drei Seiten mit Gebäuden flankiert und bildet nach vorne zur Straße eine taschenartige Aufweitung in den öffentlichen Raum aus. Damit spannen sich Sichtbeziehungen zwischen dem Hof und der Baustruktur, die ihn ausbildet, mit der Umgebung auf. In ihrer Struktur erinnern solche Höfe an Bühnenräume. Ein typischer Vertreter halboffener Höfe ist der bäuerliche Dreiseithof. Bei diesem Gehöfttyp gruppieren sich Wohnhaus, Scheune und Stallungen entlang dreier Grundstücksgrenzen, der so entstandene Hofraum ist Erschließungs- und Arbeitsfläche, die nach vorne zur Straße offen ist beziehungsweise mit einem Hoftor abschließt. Die bauliche Anlage des Schlosses in Versailles steigert den Typus des halboffenen Hofes, indem sie ihn als sich verjüngende Hofabfolge zweimal hintereinanderschaltet. Die räumliche Dramaturgie fokussiert auf das Schlafzimmer des Königs, hinter dem der berühmte Spiegelsaal liegt. Inszeniert wird das höfische Leben, in dessen (Macht-)Zentrum der Monarch alleine steht.

Nachfolgende Situationen halboffener Höfe zeigt unsere Untersuchung:

> Zwischen einem Nachbargebäude und einem ehemaligen Wohnhaus spannt sich der Hofraum der vom Straßenraum zurückspringenden Merkez Moschee in Eitorf auf. Über diesen Hof wurde das Gebäude, welches einst der Lagerung diente, erschlossen und mit Waren beschickt.

> Der sich zur Straße öffnende Hof der Mevlana Moschee in Offenbach, fungierte vor Einzug der Moscheegemeinde als Präsentations- und Erschließungsfläche einer Autowerkstatt mit angegliedertem Autoverkauf.

Eine Sonderform stellt der halboffene bebaute Hof dar. Diese Kategorie zeichnet sich durch ein breites Spektrum an Formen aus, je nach Anzahl und Anordnung der Baukörper, die den Hof besetzen. Je nach Verhältnis von bebautem zu nicht-bebautem Raum kann die Wirkung solcher Freiräume sowohl offen und einladend als auch geschlossen und intim anmuten.

Nachfolgende Situation halboffener bebauter Höfe zeigt unsere Untersuchung:

> Die einstigen Werkstatt- und Garagengebäude gruppieren sich entlang von drei Grundstücksseiten und formen einen Hof, der zusätzlich mit einem Gebäudekomplex bebaut ist. So bildet sich zwischen den baulichen Strukturen der U-förmige Hof der Hamburger Mescid-i Aksa Moschee aus, der einst Erschließungsfläche der parkenden Autos war.

Gestreckte Höfe: Flankierende Räume

Der gestreckte Hof stellt einen Freiraum dar, der einem oder mehreren aneinandergereihten Gebäuden vorgelagert ist und sich mit seiner schmalen Seite zum Straßenraum öffnet. Das bäuerliche Gehöft des Streckhofes ist ein typischer Vertreter dieser Hofform: In linearer Anordnung grenzen Wohnhaus, Stall und Scheune aneinander; ihnen über die komplette Länge vorgeschaltet ist ein Hof, welcher der Erschließung, Belichtung und Bedienung der Baustruktur dient.

Nachfolgende Situationen gestreckter Höfe zeigt unsere Untersuchung:

> Dem Baukörper der einstigen Großbäckerei ist hofseitig eine Laderampe vorgelagert – diese führt zu vielen Toren. Über diese großen Öffnungen wurde das Gebäude, in dem sich heute die Stuttgarter Ulu Moschee befindet, einst beschickt beziehungsweise entladen. Der Hof war Anlieferungsfläche.

> Einst war der Hof der Sultan Eyüp Moschee in Frankfurt am Main zu zwei Grundstücksseiten von den beiden parallelen Gebäuden des ehemaligen Tanzsaales und der Kegelbahn gerahmt. Große Öffnungen in der Fassade des Tanzsaales führten in diesen Freiraum, der später – nach dem Bau einer Straße und der Grundstücksteilung – primär der Gebäudeerschließung diente. Seit dem Rückbau der Kegelbahn ist der Hof in weiten Teilen nur noch einseitig baulich gefasst.

4
Alle Gemeindezentren werden in diesem Kapitel aus Gründen der Einfachheit ggf. abweichend von ihrer Selbstbezeichnung als Moschee bezeichnet. Die Anonymisierung der Zentren wird insofern obsolet, da die Beschreibung der Räume aufgrund ihrer spezifischen Merkmale eindeutig den jeweiligen Orten zugeordnet werden kann.

Höfe der Moscheen – Erschließung

Eine wesentliche Funktion, die Höfen im Allgemeinen zukommt, ist die Erschließung: Sie ermöglichen den Zugang in den Gebäude(-komplex), von welchen sie maßgebend geformt sind. Diese Rolle der untersuchten Höfe ist infolge der Umnutzung der Gebäude zur Moschee nicht verloren gegangen.

Orte des Ankommens

In fast allen analysierten Fällen sind die Höfe die Orte des Ankommens – sie markieren eine Schwelle vom öffentlichen Straßenraum in den im juristischen Sinne privaten (Innen-)Raum der Moscheegemeinden. Unterschiede, so die empirischen Befunde, zeigen sich in der Intensität der Schwelle: Besonders niederschwellig zugänglich wirken Gebäude, die mit halboffenen Höfen an den Straßenraum angrenzen. Deutlich introvertierter – hinsichtlich ihrer Lage in Bezug zum öffentlichen Raum – wirken jene Gemeindezentren, die in geschlossenen Höfen liegen: Während sich der Hof der Mevlana Moschee in Offenbach direkt zum Straßenraum öffnet, so ist das Gebäude der Berliner Yeni Moschee erst nach dem Passieren der Durchgänge unter dem Vorder- und Mittelhaus sowie des dazwischenliegenden Hofraumes einsehbar – von der Straße sieht man es nicht. Um auf die Moschee im rückwärtigen Bereich aufmerksam zu machen, brachte die Moscheegemeinde am Vorderhaus ein Schild an, welches den Besucher_innen den Weg in den zweiten Hof weist. → Schilder, S. 346

Viele der in diesem Text beschriebenen Moscheen sind – gemäß der strukturellen Logik der Gebäude, in welchen sie beheimatet sind, – ausschließlich über einen Hof erreichbar. Es gibt allerdings auch Situationen, wo die Moscheegemeinden in das Erschließungsprinzip ihrer Gebäude eingreifen: Dann ‚drehen' sie den Zugang zum Gebäude und betreten es vom Hof – obwohl es konzipiert ist, um von der Straße aus erschlossen zu werden.

Ein Beispiel für einen ‚gedrehten Zugang' ist die Ayasofya Moschee in Kassel: Um in die Räumlichkeiten der Gemeinde zu gelangen, erfolgt der Zugang nicht von der Straße, sondern über den rückwärtigen Hof. Ursächlich für diesen Umstand ist die Notwendigkeit der Teilfinanzierung des Gemeindezentrums durch die Vermietung von Flächen. → Finanzierung 3 – Geschäfte und Vermietungen, S. 65 Damit das vermietete Geschäft erfolgreich sein kann, muss es gut sichtbar für seine Kundschaft an der Straße liegen. Die Konsequenz ist, dass die Räume der Gemeinde nicht vorne an der Straße situiert sind, sondern im rückwärtigen Grundstücksbereich beziehungsweise in den oberen Etagen, die – im Fall der Kasseler Moschee – allesamt über den Hof abseits der Straße erschlossen werden. → Funktionen anordnen: Geschäfte nach vorne, S. 107

Auch die Fatih Moschee in Düren ist ein Beispiel für eine Änderung des ursprünglichen Erschließungsprinzips durch die neuen Nutzer_innen: Der einstige Firmensitz, der die Moschee beherbergt, steht direkt an der Straße. Von dort wurde das Gebäude einst über ein repräsentativ angelegtes Pfortengebäude erschlossen. Heute nutzen die Gemeindemitglieder den Zugang über den früheren Werkhof und erschließen das Gebäude von hinten durch einen Nebeneingang – den Eingang von der Straße haben sie stillgelegt. Im Zusammenspiel mit der Nutzungsänderung, die auch die einstigen, ausschließlich über den Hof zugänglichen Produktionshallen erfahren haben, und der Nutzung des Hofraumes als Parkplatz für die Autos der Moscheebesucher_innen erscheint diese Maßnahme unter pragmatischen Aspekten nachvollziehbar.

Orte des Verteilens

Je nach Kubatur und interner Organisation des Gebäudes oder des baulichen Ensembles kann der Hof als Verteiler zwischen einzelnen Räumen oder Gebäuden fungieren. So auch am o. g. Dürener Beispiel, wo der Hof Sportlerheim, Lagerhallen, Gemeindesaal, Supermarkt und Gemeindezentrum einerseits räumlich voneinander trennt, andererseits als zentraler Knotenpunkt zwischen den unterschiedlichen Funktionsbereichen und Nutzer_innen eine verbindende Position einnimmt. Hier kreuzen sich die Wege. Ein weiteres Beispiel für den Hof als Verteiler ist die Hamburger Mescid-i Aksa Moschee, die sich aus mehreren Baukörpern geringer Tiefe addiert. Dies führt dazu, dass nahezu jeder Raum, indem er über eine eigene Tür vom Hof erschlossen wird, einem Gebäude gleicht. Um von einem Raum zum anderen zu gelangen, müssen die Nutzer_innen fast immer über den Hof gehen. Dies belebt den Hof und das Ensemble hat in gewisser Weise die Anmutung einer kleinen Stadt.

Höfe der Moscheen – Programm

Der Hofraum ist in seiner Form und Funktion vom dazugehörigen Gebäude(-ensemble) geprägt. Der sich zur Straße hin öffnende Hof der Offenbacher Moschee beispielsweise wird durch die drei Gebäude des einstigen KFZ-Betriebes gebildet. Genutzt wurde der Hof nicht nur als Zugang in die einzelnen Gebäude, sondern auch zur Präsentation von Autos, die zum Verkauf standen. Infolge der obsoleten Funktion als Autowerkstatt verlor nicht nur der Gebäudekomplex, sondern auch der Hof seinen Nutzungszweck. Von Interesse ist nun, wie die Moscheegemeinden die vorgefundenen Höfe mit ihren unterschiedlichen räumlichen Qualitäten (um-)nutzen.

Programmierte und nicht-programmierte Bereiche

Die untersuchten Höfe können hinsichtlich ihrer Ausstattung in programmierte und nicht-programmierte Flächen unterschieden werden. Den kleinsten Anteil, bezogen auf die Gesamtfläche des Hofes, nehmen programmierte Bereiche ein – Aufstellflächen für Autos und Fahrräder, Sitzgelegenheiten, Bäume, Beete, Fahnenmasten etc. Eine Ausnahme stellt der Hof der Ulu Moschee in Stuttgart dar, denn dieser ist komplett als Parkplatz programmiert.

Oft erweitern die programmierten Hofbereiche die spezifischen Funktionen der Innenräume in den Außenraum hinein. Grenzen im Erdgeschoss gelegene Teestuben mit an Höfe an, so sind diesen in der Regel Sitzbereiche vorgelagert. Bisweilen sind diese witterungsgeschützt, sodass der Aufenthalt im Freiraum zu (fast) jeder Jahreszeit möglich scheint. → Teestube, S. 406
Wie die Teestube dinglich mit Sitzmöbeln, erhöhten Podesten, Umfassungen, Pflanzkübeln nach außen erweitert wird, so eignen sich auch die Betreiber_innen der Geschäfte Bereiche des Hofes an: Obst und Gemüse werden auf weit ausladenden Tischen vor dem Lebensmittelmarkt präsentiert, vor dem Friseursalon stehen eine kleine Bank für die wartende Kundschaft und ein Wäscheständer zum Trocknen nasser Handtücher in der Sonne und vor der Kantine gibt es ein Zelt mit langen Tischen und vielen Stühlen, die zum Verzehr von Tee und Speisen einladen.

Den größten Anteil der Gesamthoffläche stellen allerdings jene Flächen dar, die nicht für einen bestimmten Zweck programmiert sind. Auf diesen befestigen Freiräumen beobachten wir Kinder, wie sie in einer Unterrichtspause Fangen spielen, sich kabbeln oder mit ihren kleinen Rädern umherflitzen. Nach dem Freitagsgebet stehen hier Männer in geselliger Runde, einige trinken Tee und essen, jemand baut einen Tisch auf und es werden die neuen Kalender mit den Gebetszeiten verteilt. Manchmal hält sich auch niemand im Hof auf. Gelegentlich kommt es vor, dass auf den nicht-programmierten Flächen Ge-

5
Korn, Lorenz (2012): Die Moschee. Architektur und religiöses Leben. München: C.H.Beck, S. 21–23; Watt, Montgomery W. & Welch, Alford T. (1980): Der Islam, 1.: Mohammed und die Frühzeit – Islamisches Recht – religiöses Leben Stuttgart: Kohlhammer, S. 291; Kraft, Sabine (2002): Islamische Sakralarchitektur in Deutschland. Eine Untersuchung ausgewählter Moschee-Neubauten. Münster: LIT Verlag, S. 24.

6
Watt & Welch (1980), S. 291.

7
Kraft (2002), S. 24.

8
Beinhauer-Köhler, Bärbel & Leggewie, Claus (2009): Moscheen in Deutschland. Religiöse Heimat und gesellschaftliche Herausforderung. München: C.H.Beck, S. 45.

genstände stehen, die den Raum vorübergehend besetzen. Dies können z.B. anliefernde Autos, Container für Bauschutt, Zelte oder Imbissstände sein. Letztgenannte kommen anlässlich von Feiertagen und Festen zum Einsatz. → Feste, S. 192 → Fotoessay Ramadanabend im Gemeindezentrum, S. 334 → Nutzungsneutrale Räume, S. 90 Wenn viele Mitglieder des Vereins und deren Gäste zusammenkommen, werden die Höfe zu Festplätzen, Außenrestaurants und -küchen. Dann sind auch diese freien Flächen – temporär – möbliert und programmiert. Eine temporäre Programmierung der Höfe kann auch dann beobachtet werden, wenn die vorhandenen Gebetsräume im Gebäude zeitweise nicht ausreichen. Dann vollziehen diejenigen Gläubigen, die keinen Platz im Innenraum finden, ihr Gebet im Außenraum. Die Türen und Fenster des Gebetsraumes, der in einem solchen Fall auf Hofniveau liegt, sind dann geöffnet, sodass die Gemeinde das Gebet synchron ausüben kann. → Ein Raum im Wandel – temporäre Umcodierung zum Gebetsraum, S. 91 → Fotoessay Ein temporärer Gebetsraum, S. 402

Die vielfältig beobachteten Nutzungsweisen der Höfe erinnern an die Erzählungen über den Hof Mohammeds, der seinem Wohnhaus vorgelagert und mit einer Mauer umgrenzt war und als erste Moschee betrachtet wird.[5] Beschrieben wird die Prophetenmoschee in Medina als ein Ort, der diverse Funktionen innehatte, „wo man sich miteinander unterhielt, plauderte, klatschte"[6]; so gilt der Moscheehof als „ein Ort privater und gemeinschaftlicher Gebete sowie politischer Versammlungen und Verhandlungen, theologische Lehrstätte und Gerichtsort, Wohnung von obdachlosen Gläubigen, sogar [als] Hospital"[7] oder Militärlager[8] soll dieser zeitweise gedient haben.

Räumliche Erweiterung und funktionale
Ergänzung der Innenräume

Deutlich wird, sowohl die programmierten wie auch die nicht-programmierten Freiräume erweitern die Innenräume. Sie sind daher eine Ergänzung der bestehenden Flächen und verfügen über die spezifischen atmosphärischen Qualitäten des Freiraumes. So kann es sich die Kundschaft aussuchen, ob sie im Innen- oder Außenraum Tee trinken oder auf einen freien Frisierstuhl warten möchte. Insbesondere die nicht-programmierten, nutzungsneutralen Freiräume stellen an vielen besuchten Orten notwendige Flächenpotenziale dar, die die Innenräume der Gemeindezentren teilweise auch um (neue) Funktionen ergänzen, da sie temporär – mal mit mehr, mal mit weniger Gegenständen – zum Spielzimmer, Festsaal oder Gebetsraum unter freiem Himmel programmiert werden können. So bieten die programmfreien Flächen der Höfe – zumindest bei entsprechendem Wetter – Raum für unterschiedliche Zwecke, welche die baulichen und funktionalen Möglichkeiten vieler Innenräume der untersuchten Zentren sprengen würden. Damit eröffnen sie einerseits Möglichkeiten, andererseits verhindern sie Zwänge: So muss beispielsweise niemand, der zum Gebet kommt, wegen Raummangels weggeschickt werden, auch die Kermes (Frühlingsfest) oder das Fastenbrechen können am eigenen Gemeindezentrum durchgeführt werden – nicht etwa in angemieteten Räumlichkeiten.

Fazit

Die Höfe entwickeln infolge der Umnutzung der Bauwerke zu muslimischen Gemeindezentren eine Öffentlichkeit, die häufig nicht der Logik ihrer ursprünglichen Anlage entspricht. Wie einst der Baukörper mit seinem speziellen Zweck meistens einer eingeschränkten Nutzer_innengruppe vorbehalten war, so gilt das auch für die dazugehörigen Freiräume. Der Werkhof der Dürener Fabrik würde primär von den dort beschäftigten Arbeiter_innen frequentiert, in ähnlicher Weise waren es in Stuttgart die Fahrer_innen der Transportfahrzeuge und in Kassel die Mitarbeiter_innen der Fahrradreparaturwerkstatt, die den Hof nutzten. Durch die Umnutzung zur Moschee vergrößerte sich der Kreis der Personen deutlich. So erfahren, ähnlich wie die Gebäude, auch die Höfe einen Bedeutungswandel.

In gewisser Weise haben die untersuchten Höfe, so wie sie gegenwärtig genutzt werden, weniger den Charakter eines privaten Hofes als den eines öffentlichen Platzes: Wie Plätze allen Stadtbewohner_innen gehören, so sind die Höfe der Gemeindezentren Besitz aller Mitglieder der Moscheegemeinschaft, die sich diese auf vielfältige Art und Weise aneignen. Je nach Uhrzeit und Jahreszeit, ob Wochentag, Wochenende oder Feiertag kann auf den Höfen ein anderes Setting und eine andere, mehr oder weniger intensive Bespielung vorgefunden werden.

Die Höfe sind nicht nur Transiträume, die rasch passiert werden, um in die Gemeindezentren zu gelangen, vielmehr sind sie die außenliegenden Entrées der Moscheen, wo sich die Wege zwischen den Räumen kreuzen und Sitzmöglichkeiten zum Verweilen einladen. Mal sind sie Oasen der Ruhe vor dem Hintergrund der Lärmkulisse der Großstadt, mal Fenster in die Stadt. Je nach der Form der Höfe und der Beziehung zur Baustruktur spannen sich Blickbeziehungen in den Stadtraum auf. Doch es sind nicht nur Blickbeziehungen: An einigen untersuchten Orten spannt sich über die Höfe ein funktionales Netzwerk zwischen den Moscheen und der Umgebung auf. → Multifunktionale Cluster, S. 83 Einmal im Jahr – wenn die Gemeinde ihre Kermes feiert – erweitert sich die Moschee in Eitorf sogar über den Hof in den Straßenraum, der dann für den motorisierten Verkehr gesperrt ist.

Zusammenfasst wird deutlich: Die Höfe stellen sowohl im Alltag der Gemeinden als auch anlässlich besonderer Ereignisse eine räumliche und funktionale Ergänzung zu den im Innenraum vorhandenen Flächen dar. Als Freiräume verfügen sie über spezifische Qualitäten, so sind Höfe generell niederschwelliger zugänglich als Gebäude. Die Höfe, die wir analysierten, sind offen zugängliche Räume – auch wenn einige der Höfe hinsichtlich ihrer formgebenden Eigenschaften geschlossen sind und daher als privat oder introvertiert wahrgenommen werden: Wir finden keine Schilder, die das Betreten verbieten, oder gar verschlossene Hoftore.

Imame

Marko Perels

[1] Einen Überblick zur Thematik liefern Borchard, Michael & Ceylan, Rauf (Hrsg.) (2011): Imame und Frauen in Moscheen im Integrationsprozess. Gemeindepädagogische Perspektiven. Osnabrück: V&R unipress und Ceylan, Rauf (2010): Die Prediger des Islam. Imame – wer sie sind und was sie wirklich wollen. Bonn: Lizenzausgabe der BpB.

[2] Das türkische Wort „Hoca" lässt sich mit Lehrer_in übersetzen. Im Bereich der Moscheen wird es meist synonym zum Begriff „Imam" verwendet und auch in der Bedeutung des Religionslehrers genutzt.

Bei unseren Besuchen und Recherchen treffen wir in den Gemeindezentren immer wieder auf Imame. Bei Spontanbesuchen und vorher nicht gelungenen Verabredungen sind tagsüber oft sie die ersten Repräsentanten der Gemeinde. In vielen Fällen stellen die Moscheegemeinden den Imamen Wohnraum, der ihren Dienst für die täglichen fünf Gebetszeiten durch die unmittelbare Nähe erleichtert. Trotz ihrer Präsenz sind Imame für unser Forschungsprojekt nicht die primären oder dauerhaften Ansprechpartner. Während die Moscheegemeinde in vielen Fällen schon lange vor Ort und durch lebendige Erfahrungen mit ihrem Gebäude verbunden ist, trifft das auf Imame in der Regel nicht zu. Der größte Teil von ihnen ist nur befristet vor Ort, als über Dachverbände vermittelte Theologen, die als türkische Staatsbürger gleichsam einen Auslandsdienst leisten. Der folgende Text gibt einen Überblick über die Bedeutung der Imame und die Problematik der Gemeinden, geeignetes religiöses Personal zu finden.[1]

Personalentwicklung und -akquise

Historisch betrachtet erscheinen die frühen Gemeindezentren als Initiativen von Laien. Laien können das Gebet leiten, haben aber keine Ausbildung, um die religiöse Leitung einer Gemeinde zu übernehmen. Zur religiösen Leitung gehören u. a. die Verantwortung für Unterricht für Gemeindemitglieder, Seelsorge, aber auch die Freitagspredigt. Ein Zeitzeuge und Arbeitsmigrant erzählt uns, dass damals einfach der Kollege mit den besten Religionskenntnissen die Anleitung des Gebets übernommen hätte. Mit dem Nachzug und der Gründung von Familien sowie der damit verbundenen Differenzierung der Mitglieder wandelten sich die Bedürfnisse in den Moscheegemeinden. Die Aufgaben für die religiöse Leitung wurden komplexer. Benötigt werden nun über den Koranunterricht hinaus auch die Begleitung von Gesprächskreisen und Angeboten für Jugendliche, Frauen und Männer aller Altersgruppen sowie Beratung in familiären Angelegenheiten.

Beispielhaft betont ein Gesprächspartner das Bedürfnis seiner Gemeinde nach türkischsprachigem Personal:

> „Wir haben gesagt, wir wollen einen türkischen Imam oder jemand, der Türkisch redet, weil wir ein türkischer Kulturverein sind. Unsere Gemeinde besteht zu 95 % aus Türken, viele sind älter und können auch kein Deutsch."

Eine solche sowohl religiöse als auch türkischsprachige Kompetenz war für diese Gemeinde auf dem deutschen Arbeitsmarkt jedoch nicht zu finden. Eine vielfach berichtete und teilweise heute noch praktizierte Lösung sind Imame als Pendelmigranten. Bei ihnen handelt es sich zumeist um pensionierte Imame aus der Türkei. Diese verfügten als ehemalige Staatsbeamte über einen „grünen Pass", der ihnen die Auseinandersetzung mit dem deutschen Visaregime erspare, berichtet ein Vorstandsmitglied. Allerdings dürften sie nur für drei Monate kommen, und so habe man in der ersten Zeit eine Rotation über fünfzehn bis zwanzig Hodschas[2] gehabt.

Die heute übliche Lösung für dieses Problem ist die Organisation durch Dachverbände. Sie versorgen die Gemeinden mit ausgebildeten Theologen, die allerdings, z. B. im Falle der DITIB, einer befristeten Anstellung von meist vier bis fünf Jahren unterliegen. Diese staatlich angestellten türkischen Fachkräfte adressieren allerdings eher die türkischsprachige und türkeibezogene Gemeinde, teilweise zum Leidwesen der jüngeren Generation. Diese hat zunehmend Probleme, den türkischen Predigten und Kursen zu folgen und ihre Lebenswelt ist entfernter von derjenigen des Gastimams. Trotz dieser Sprachbarrieren sind diese türkischen Fachkräfte offenbar attraktiv, da sie selbst in Gemeinden zu finden sind, die nicht über diesen Dachverband organisiert sind.

[3] So werden Personen bezeichnet, die den Koran auswendig rezitieren können.

Diese Moscheegemeinden berichten dann von schlechteren Konditionen: Oft seien die Verträge kürzer, die Gemeinden müssten mehr zuzahlen oder die Gehälter der Imame sogar ganz übernehmen. Dass für die Unterkunft gesorgt wird, ist verbreitete Praxis. Viele Gemeindezentren verfügen über Wohnbereiche für den Imam und seine Familie.

In den Gemeinden treffen wir professionelle Auslandsimame, die uns von ihrem internationalen Familienleben berichten. Einer erzählt von seinem Dienst in anderen türkischsprachigen Ländern und seinen Kindern, die in der Türkei leben. Ein anderer gibt uns ein Beispiel über Verbindungen unter den türkischen Auslandsimamen in Deutschland. Er hat mit einem Kollegen die Gemeinde getauscht, weil dessen Kinder am Ort zu große Probleme hatten und sich überhaupt nicht wohlfühlten.

Im Dilemma über die Türkeibezogenheit und Türkischsprachigkeit der Fachkräfte wird uns mehrfach ein neues Modell präsentiert. Mithilfe der Dachverbände werden junge, in Deutschland sozialisierte Gemeindemitglieder zu einem Theologiestudium in die Türkei geschickt. Ziel ist es, sie hinterher für den Dienst in ihren früheren Gemeinden zu gewinnen und somit optimal ausgebildete Fachkräfte für einen deutsch-türkischen Islam zu haben. Als anderes Modell werden die mittlerweile in Deutschland angebotenen Studiengänge zu Islamischer Theologie in den Gemeinden erwähnt. In einem Gespräch mit einem jüngeren und einem älteren Imam äußern beide insofern Skepsis, als dass sie diese Studiengänge nur als Ergänzungsangebot sehen. Diese würden die nötigen Qualifikationen und die arabische Sprache nicht ausreichend vermitteln. Der ältere Imam betont seine eigene Ausbildung: Neben einer frühen langjährigen Sozialisation in der Gemeinde sei ein mehrjähriges Studium an einer arabischen Universität Bedingung für seine Qualifikation gewesen. In der Gemeinde selbst hätten qualifizierte Imame, einer davon Hafız[3], ihn auf seinem Bildungsweg vorangebracht. Für seine Gemeindetätigkeit beschreibt er die Fähigkeit zur theologischen Arbeit mit arabischen und türkischen Quellen als wichtige Kompetenz.

Verlässliche Prediger und ihre Relevanz für die Gebäude der Gemeinden

Imame sind zweifellos die religiösen Autoritäten vor Ort in den Moscheegemeinden. Ob sie aber in umfassendem Sinne Autoritäten für das gesamte, komplexe Leben der Moscheegemeinden und ihrer Bauten sind, muss bezweifelt werden. Strukturell ist ihre Stellung aufgrund der temporären Beschäftigungsverhältnisse eher schwach. Ihnen gegenüber stehen Gemeindemitglieder, die über lange Jahre mit den Entwicklungen ihrer Gemeinde und vor Ort verbunden sind. Imame kommen und gehen – aber die Gemeinde bleibt. Eine Bemerkung im Nebensatz eines unserer Gastgeber im Blick auf den neuen Imam der Moscheegemeinde mag da bezeichnend sein: Das sei „der Neue", sagt er mit etwas skeptischem Blick und fügt hinzu, dass der sich aber erst noch bewähren müsse.

Gerade in Zeiten religiös gerahmter extremistischer Bewegungen bekommen Imame und ihre Verkündung eine besondere Relevanz. Eine religiöse Ausbildung, auf die man sich verlassen könne, wird nicht nur von Eltern als wichtig betont, die ihre Kinder zum Religionsunterricht schicken und verhindern wollen, dass sie islamistischer Indoktrination zum Opfer fallen. Die vertrauenswürdige Ausbildung der Imame ist ebenso bedeutsam für das Bild der Gemeinden in der Öffentlichkeit. In einem uns berichteten Fall knüpft ein Vermieter die Zusage zur temporären Vermietung eines Saales für den Fastenmonat Ramadan an die Bedingung, dass diese Gemeinde dann über einen festen Imam verfügen müsse. Hier wird also eine gewisse Kontrolle über die Verkündung gewünscht – in einem städtischen Umfeld, in dem es Probleme mit neo-salafistischen Strömungen gegeben hat.

Für die Moscheegemeinden, die über eigene Räumlichkeiten verfügen, sind diese Fragen besonders bedeutsam. Sie versuchen, informelle und deswegen schlecht zu kontrollierende, religiöse Zirkel zu unterbinden, die sich in Kleingruppen rund um das Gebet in ihren Gemeinderäumen ergeben können. Dagegen setzen sie ihr eigenes offizielles Angebot. Für dieses Angebot tragen wiederum neben den religiös aktiven Laien in den Gemeinden die Imame besondere Verantwortung. Ein junger Gesprächspartner betont die Relevanz der Moscheegemeinden in diesem Kontext als „geschützten Raum". Für ihn sind sie verlässlich, weil sie – im Gegensatz zu populären neo-salafistischen Bewegungen – räumlich institutionalisiert sind. Insofern betrachtet er vor allem Bewegungen außerhalb der Gemeinden mit Skepsis. Dass Eigentum in diesem Sinne verpflichtet, bringt er prägnant auf den Punkt: Im Gebäude einer Moscheegemeinde sei man „juristisch leicht angreifbar", was für ihn Verpflichtung und Qualitätsgarantie gleichermaßen ist. Denn im Zweifelsfall können Moscheevereine verboten und ihr Vermögen eingezogen werden (VereinsG §§ 3–9). Die Auswahl eines verlässlichen Imams bekommt vor diesem Hintergrund eine ganz besondere Bedeutung.

Jugend

Marko Perels

Beim Besuch der verschiedenen Gemeinden steht die Entwicklung der Jugendbereiche in Gesprächen oft sehr weit oben auf der Agenda. Der Jugend gilt in den vornehmlich betrachteten Ballungsräumen der Städte einige Sorge und so sollen ihr sinnvolle Angebote als Alternative zur ‚Straße' gemacht werden. Gleichzeitig bringt die Jugend neue Potenziale und Impulse für die Gemeindearbeit. Wie alle anderen Gruppen benötigen auch die Jugendlichen Räumlichkeiten. Der Beteiligung junger Gemeindemitglieder an der Raumentwicklung scheint eine größere Bedeutung zuzukommen als bei anderen Nutzer_innengruppen. Denn mit der gebotenen Möglichkeit, sich Räume aneignen und sie wunschgemäß gestalten zu können, verbindet sich die Hoffnung, einen zufriedenen Nachwuchs längerfristig an die Gemeinde binden zu können – und hierauf sind alle Gemeinden angewiesen.

Jugendphase und Gefährdungen

Biografisch schildern Vorstandsverantwortliche, die mittlerweile Familien gegründet haben oder gar schon Senioren sind, mehrfach eine Latenzphase ihrer Religiosität in der eigenen Jugendzeit. Ein jüngeres Vorstandsmitglied beschreibt diese Phase im Gespräch als „typisch jugendliche Reaktion". Er selbst sei damals einige Jahre nicht in die Moscheegemeinde gekommen. Ein anderer erklärt den Zusammenhang mit der Pubertät und dem Aufkommen ganz anderer Interessen. Ein Dritter hofft, dass die zuvor seinem Sohn vermittelte religiöse Bildung eine Saat gelegt hätte, an die dieser später wieder anknüpfen könne. Gegenwärtig komme er fast gar nicht in die Moscheegemeinde. Gemeinsam ist diesen Schilderungen der Wunsch, dass die Gemeinde auch in der Jugendphase möglichst attraktiv sein soll.

Ziel ist ein Gemeindezentrum, das mit den Angeboten ‚auf der Straße' konkurrieren kann. Eine wichtige Begründung für die Angebote an die Jugendlichen sind die von Befragten in ihrem Umfeld beobachten Gefährdungen durch Drogen, Gewalt und Kriminalität. Idealtypisch äußert eine interviewte Frau diesen Zusammenhang:

> „Und ich werde im Freundeskreis meines Kindes persönlich Zeuge davon, dass einige ins Stocken geraten. Solche die Drogen konsumieren, spielautomatensüchtig sind. Oder Alkohol konsumieren. Also den Alkohol nicht nur ab und an zum Vergnügen konsumieren […] Und natürlich befinden sich darunter auch Kinder von muslimischen Familien. […] Wie kommt es nun dazu? Also es gibt Gründe, warum diese Kinder so abrutschen. Einer der Gründe dafür ist es, dass diese Kinder solche Unterhaltung benötigen, z.B. Billard spielen, und dann, was weiß ich, [Spielekonsole] spielen usw. usf. Aber in den Umgebungen, wo sie das finden, gibt es auch andere Sachen. Das heißt also, wenn die Moschee zu einem sozialen Ort wird, dann kann das Kind diese Bedürfnisse zumindest hier befriedigen – also ohne die anderen schlechten Angewohnheiten zu bekommen. Und in diesem Sinne haben wir den Wunsch, einiges zu machen."

Anhand dieser Passage zeigt sich exemplarisch eine Gemeindepolitik der Öffnung. Die Moschee soll nicht nur religiöser, sondern auch „soziale[r] Ort" sein. Die Wandlungen in der Gemeinde werden immer wieder anhand des Billardtischs und der Spielekonsole thematisiert. Es gab Zeiten, in denen diese Gegenstände im Moscheezentrum undenkbar oder zumindest stark debattiert waren. Man sei hier doch kein Kahvehane (türkisches Kaffee- beziehungsweise Teehaus mit ausgeprägter Spielkultur), hätten empörte Ältere angesichts der Anschaffung dieser Vergnügungsmittel geklagt. Die Zeiten haben sich gewandelt. So hören wir von jungen Gemeindemitgliedern, wie sehr sie diese Spielemöglichkeiten in jüngeren Jahren in der Gemeinde zu schätzen gewusst haben.

Genauso wird uns von „Visionäre[n]" erzählt, die diese Öffnung in den Gemeinden durchgesetzt hätten. So habe ein Imam („einer der größten Visionäre und Mitbegründer unseres Dachverbandes") sich damals eindeutig positioniert und angesichts des Billardtischs gesagt: „Ich bin der erste, der spielt." Unterdessen, so hören wir, müsse die Jugend gar mit den Alten am Billardtisch um einen Platz streiten. Die neuste Spielekonsole gehört schon fast zum Standardrepertoire, wenn es um die Jugendräume geht.

Neben dem Abgleiten in Suchtproblematiken und Kriminalität wird immer wieder ein religiös begründeter Extremismus als Gefahr thematisiert. Es wird deutlich, dass dieses Problem konkret in den Gemeinden auftaucht und Reaktionen nötig macht. Hier wird uns gegenüber gerade auch von der jüngeren Generation die Notwendigkeit eines präventiven Angebotes, z. B. über ‚richtige' religiöse Bildung, verbalisiert.

Ein junger Vater in Vorstandsverantwortung sorgt sich um seinen Sohn beziehungsweise seine Kinder:

> „Was mein Vater mir beigebracht hat. Wie kann ich ihnen [den Kindern] die Religion näherbringen, dass er [der Sohn] auch die Religion versteht, dass er nicht, wenn irgendjemand dazu kommt, sich eben irgendeiner Gruppe anschließt. Viele haben diesen Gedankengang gehabt hier in [unserem] Stadtteil. [...] Und dann, natürlich hast du auch Angst irgendwann. Ey, auch du [selbst] bist auf der sicheren Seite, aber was passiert mit den Kindern, mit den Jugendlichen, die du kennst. Auf einmal hörst du, der ist in Syrien und kämpft für den und den."

Der Mann sieht sich – wie viele andere – in seiner Vorstandsverantwortung in der Pflicht, ein Angebot zur Religionsvermittlung zu machen, das präventive Kräfte gegen extremistische Einflussnahmen entfalten kann. Aufgrund seiner durch den Vater vermittelten religiösen Bildung sieht er sich selbst „auf der sicheren Seite" und wünscht sich selbiges für seine Kinder. Ähnlich berichtet ein ehemaliges Mitglied des Jugendvorstandes von Erfahrungen mit extremistisch argumentierenden Personen. Bei diesen sieht er einen „massiven Denkfehler [...] in der islamischen [...] theologischen Sichtweise" und beklagt, dass man trotzdem „permanent angequatscht" werde. Die Moscheegemeinde ist für ihn ein Ort, um sich diesem Streit auf einer sicheren Grundlage zu stellen. Dabei betont er seine ernsthafte Beschäftigung mit religiösen und ethischen Fragen, die er einer „Gehirnwäsche" und „auswendig gelernte[n] Argumente[n] von irgendjemandem" entgegenhält.

Die Grundlage für die Einbindung der Jugendlichen in die Moscheegemeinde bildet somit eine Zeitdiagnose der Gefährdungen, aber auch ein Rückblick der Älteren auf ihre eigene Jugendzeit, in der sie wenig Interesse an der Gemeinde hatten. Die für die Jugend gedachten Aktivitäten werden dabei nicht nur von erwachsenen Vereinsverantwortlichen zu realisieren versucht. Auch die junge Gemeinde zeigt sich engagiert – die Jugendlichen sind längst nicht nur Objekt von Präventionsgedanken, sondern beteiligen sich am Kampf gegen extremistisches Gedankengut. Diese Mischung von Adressierung der Jugend durch Angebote der Erwachsenen und ihrer Einbindung in Verantwortung sowie Mitgestaltung lässt sich in vielen verschiedenen Moscheegemeinden beobachten.

Praktische Aneignung von Jugendräumen

Ähnlich wie in Jugendzentren gibt es in vielen Moscheegemeinden die Möglichkeit für die Jugend, sich praktisch mitbauend und renovierend eigene Räume zu schaffen. Einerseits ist die nötige ehrenamtliche Hilfe angesichts der üblichen finanziellen Zwängen der Gemeinden, andererseits wird damit unter Umständen eine besondere Bindung realisiert. Diese kann entstehen, wenn die Jugend eingeladen ist, sichtbare Spuren in ‚ihrer' Moscheegemeinde zu hinterlassen und Räume nach ihrem Gusto herzurichten.

Eine typische Einrichtung, auf die wir öfter stoßen, ist eine Şark Köşesi (orientalische Sitzecke). Die Idee ist dabei eine besondere Raumqualität zu realisieren und es wird mehrfach mit der atmosphärischen Wirkung argumentiert.

> „Die orientalische Sitzecke, Şark Köşesi [...] da bist du mit allen beisammen, hast du alle im Blickfeld, sie haben dich im Blickfeld. Er kann dir was rüberschmeißen, du schmeißt ihm was rüber – also Antworten, sage ich mal so. Und da geht die Diskussion auch mal heiß her. Und das ist halt cool, weil du hast halt nochmal einen Ort wirklich da, wo du, wo du wirklich frei- frei werden kannst, von den Gedanken, die du dir da zusammengezettelt hast im Kopf. Du kannst es gerne mit anderen Leuten teilen. Und ich finde, die Şark Köşesi- so das ist perfekt dafür. Du bist trotzdem ein bißchen abgeschieden so. Es erinnert mich auch manchmal wieder an den Diwan vom Sultan."

Der junge Gesprächspartner in dieser Passage ist in der Jugendarbeit der Gemeinde aktiv. Der geschaffene Raum ist für ihn als ein besonderer Ort in relativer Abgeschiedenheit besonders geeignet, Debatten und Streitgespräche zu führen. Es geht um Attraktivität der Räumlichkeiten für die Jugend. Man habe die „Jugendabteilung ein bisschen beleben" wollen und wollte sie „attraktiver" machen, erzählt er weiter. Ein Altersgenosse, mittlerweile Architekt, habe den ersten Plan gemacht. Die Jugendabteilung hätte erstmal die Kosten vorgestreckt und einen Teil aus der eigenen Tasche beigesteuert. Nach der Baumaßnahme wurde dann die Eröffnung des Raumes mit einer Spendensammlung gefeiert. Oft bietet die Einrichtung einer solchen Ecke somit einen Anlass für eine Beteiligung der Jugend an der baulichen Gestaltung des Gemeindezentrums.

In einigen Gemeindezentren wird das Bauliche jedoch letztlich für die Jugend realisiert, wobei sie in Planungen nach ihren Bedürfnissen gefragt wird. In anderen uns berichteten Fällen sind die Jugendlichen aktiv beteiligt und können sich praktisch renovierend betätigen. So erzählt uns ein junger Mann davon, dass sie Räume „fast schon beschlagnahmt" hätten, und spricht von selbst durchgeführten Spachtelarbeiten, vom Malern und Teppichverlegen. Diese Räume seien der Jugend „fast schon heilig", bilanziert er die offenbar gelungene Form von Einarbeitung in die Gemeindesubstanz. Die besondere Qualität des Raumes sieht er darin, dass er ein „Rückzugsort" für die Jugend sei.

Dass diese Art von Beteiligung und Raumproduktion auch von anderen in Anspruch genommen wird, erfährt derselbe junge Mann bei einer gemeinsamen Begehung des Gebäudes. Seit der Renovierung ist einige Zeit vergangen und seine Wege haben ihn von dieser Gemeinde wieder etwas weggeführt. Jetzt muss er feststellen, dass Teile seiner damaligen Raumgestaltung schon wieder überschrieben sind und der Jugendbereich wieder Baustellencharakter hat. Erste Ausrufe des Erstaunens relativiert er uns gegenüber schließlich damit, dass er eigentlich doch ganz froh sei, dass hier etwas passiere.

Dieses gemeinsame Erlebnis illustriert gut die Wandelbarkeit der Gemeinden. Wo es eben noch geboten war, ohne Schuhe und auf Socken zu laufen, ist jetzt wieder eine Baustelle. Frühere bauliche Lösungen werden wieder überschrieben, haben sich womöglich als unzureichend erwiesen oder müssen neuen Bedürfnissen weichen. In dieser Dynamik gibt es immer wieder Möglichkeiten der Beteiligung, auch für die Jugend.

Räume der Bildung und Sprache

Im Gespräch über die junge Gemeinde wird immer wieder der Bildungsaspekt hervorgehoben. Angesprochen sind sowohl weltliche, schul- und studienbezogene als auch religionsbezogene Bildungsangebote. Nicht zuletzt spielt türkischer Spracherwerb in vielen Gemeinden als Orten der deutsch-türkischen Migrationsgesellschaft eine Rolle. → Unterricht, S. 418

Die soziale Zusammensetzung der Gemeinden verändert sich im Zeitverlauf. Nach Frauen und Kindern sind nun Schüler_innen und Studierende neue Gruppen in den Moscheegemeinden. Wenn wir im Rahmen unseres universitären Projektes in die Gemeinden kommen, wird in Nachfragen nach unseren Bildungsbiografien auch die der eigenen Kinder zum Thema. Männer und Frauen, die selbst von Erwerbsbiografien als Arbeiter_innen berichten, erzählen stolz von ihren Kindern, die bereits Universitätsdiplome in der Tasche haben, wenn sie nicht gar promovierten. Über ihre Erfolge in Schule und Studium scheint das Bildungsthema in den Gemeinden stärker geworden zu sein. Studierende sind Vorbild und Ansporn zugleich in vielen Gemeinden wurde umfassender Nachhilfeunterricht eingeführt. Eine Öffnung der Gemeinden ist insofern zu beobachten, als es nicht nur um religionsbezogene Bildung geht, sondern schulbezogene Hilfen breit nachgefragt und auch mit Stolz beworben werden. In mancher von uns besuchten Gemeinde wird betont, der Nachhilfeunterricht sei so attraktiv, dass es Wartelisten gebe. In anderen werden Fehlzeiten im Flur öffentlich markiert – schließlich sollten die Unwilligen den Wartenden doch nicht die Plätze wegnehmen. Attraktiv ist das Angebot auch wegen der geringen Kosten. Ein Vorstand meint, das Angebot sei „eher von Mitgliedern für Mitglieder" gedacht – es stehe kein kommerzieller Aspekt im Vordergrund. Ebenso hören wir jedoch, dass dieser Nachhilfeunterricht erfolgreichen Studierenden aus der Gemeinde ein Zubrot ermöglicht – davon hätten beide Seiten etwas. Studierende bringen somit neue Kompetenzen in die Moscheevereine. Ein Mitglied des Jugendvorstands berichtet davon, wie ihn die ältere Generation nach Kontakten zu Akademiker_innen frage, die entlang ihrer professionellen Fachbildungen in bestimmten Angelegenheit weiterhelfen könnten (z. B. bauliche, rechtliche Expertise). Er betont die „emotionale Bindung" dieser jungen Erwachsenen zu den Moscheegemeinden generell und ihr Bedürfnis, dort „etwas Gutes zu tun".

Neben diesen weltlichen gibt es in allen Gemeinden religionsbezogene Bildungsangebote. Der Erwerb arabischer Sprachkenntnisse und die Koranlektüre sind Schwerpunkte. Religiöse Bildung spielt auch bei der Außendarstellung eine Rolle: Mehrfach sehen wir gerahmte Auszeichnungen über den Erfolg im Wettbewerb (z. B. İlahi (Gebetsrufgesang), Koranrezitation) zwischen Gemeinden und ihren Schüler_innen, die zum Stolz der jeweiligen Gewinner_innen öffentlich ausgestellt werden. Wir hören, dass eine Gemeinde sogar einen „Europameister" in Koranrezitation hervorgebracht hätte, was gleichsam ein besonderer Ausweis über die erfolgreiche Bildungsmöglichkeit in der Gemeinde darstellt. Eine Mutter erzählt uns von einem anstehenden europaweiten Wettbewerb, zu dem auch in der Gemeinde vorbereitete Jugendliche fahren würden. Tausende Menschen würden erwartet. Die Anreise wird mit Bussen organisiert, es sei eine „Riesenveranstaltung". Die religiöse Bildung richtet sich jedoch nicht nur an Kinder und Jugendliche. Wir erleben in den Gemeinden ebenso, dass Gruppen von Müttern oder auch Senioren, gemeinsam mit dem Imam zusammensitzen und Rezitationen üben.

Außer schulischen und religiösen Angeboten gibt es schließlich auch Sprachkurse. Neben der Vermittlung von Arabischkenntnissen (als Sprache des Koran) wird in einigen der von uns besuchten deutsch-türkischen Gemeindezentren ebenso die türkische Sprache unterrichtet. Sie ist in den allermeisten Fällen die übliche Verkehrssprache in den Gemeinden. In vielen Familien ist sie zumindest eine zusätzliche Sprache, die mit der erweiterten Familie gesprochen wird. Die Moscheegemeinden bieten hier einen Ort, um diese Sprachkenntnisse zu entwickeln und zu pflegen. Eine Mutter spricht von den wenigen Türkischstunden, die ihr Sohn im schulischen Rahmen genossen habe, und fügt in Bezug auf die Moscheegemeinde an:

> „Wir versuchen ja unseren Kindern auch die Muttersprache noch mitzugeben, dass das nicht verloren geht. Sprache ist halt wichtig, gerade Muttersprache. Wir versuchen wirklich in den meisten Gemeinden, dass die Kinder Türkisch reden. Weil sie reden ja nur Deutsch jetzt, durch die Schule, zu Hause. Dass die halt diese Übung haben. Und das- also bei meinen Kindern nachher, das ist mit der Muttersprache wirklich viel besser geworden."

Die hier zitierte Mutter spricht selbst fließend Deutsch und ist in der Gemeinde als Vorstandsmitglied für Öffentlichkeitsarbeit zuständig. Ihr liegt die bilinguale Kompetenz ihrer Kinder am Herzen, für die sie in der Moscheegemeinde einen Ort der Praxis gefunden hat. Bezüglich der Rolle der türkischen Sprache sind die Gemeinden jedoch im Umbruch. Die (hoch-)schulbezogenen Angebote sind klar in deutscher Sprache gehalten, während die religiöse Verkündung allein aufgrund der Vielzahl türkisch sozialisierter Imame auf Türkisch stattfindet – in seltener erlebten Fällen gibt es zum Freitagsgebet nachgeschobene Zusammenfassungen auf Deutsch. Für viele jüngere Gemeindemitglieder ist mit türkischer Sprache, insbesondere in ihrer religionsbezogenen Ausprägung, eine Grenze des Verständnisses erreicht. Ihre Türkischkenntnisse genügen nicht den Anforderungen. Dazu wird mehrfach Handlungsbedarf angemerkt. Gefordert wird u. a. bessere und mehr Literatur zu religiösen Fragen in deutscher Sprache. Insgesamt sind die Gemeindezentren durch Mehrsprachigkeit geprägt. Viele Gläubige bemühen sich, ihre Arabischkenntnisse zu entwickeln. Gleichzeitig bieten Moscheegemeinden einen Raum für die Pflege der türkischen Sprache, der so in der deutsch- und türkischsprachigen Migrationsgesellschaft nicht oft geboten wird.

Kinder

Chantal Munsch[1]

---

[1] Ich danke Kathrin Herz und Marko Perels für ihre umfangreichen und genauen Beobachtungsprotokolle. Auf deren Auswertung beruht der folgende Text.

[2] Eigene Übersetzung.

Wenn über die Gründungsgeschichte von Gemeindezentren erzählt wird, dann spielt der Bedarf nach Bildungsangeboten für Kinder eine wichtige Rolle. Es gab Bedarf nach einem Ort, an dem Kindern Wissen über den Koran und die türkische Sprache vermittelt werden sollte. →Anfangszeit, S. 51 Auch heute erzählen Eltern, wie wichtig ihnen solche Bildungsangebote sind: Ihre Kinder sollen eine gute islamische Bildung erhalten. Dies dokumentiert sich räumlich und im Programm der Gemeinden. Die Zentren sind mit vielen Schulungsräumen ausgestattet und insbesondere an den Wochenenden finden Korankurse, Sprachkurse aber auch individueller Nachhilfeunterricht für Kinder statt. Dass die Kinder zur Moschee gehören, zeigt sich ebenfalls an vielen kleinen Dingen: den angebotenen Süßigkeiten (die auch Erwachsenen schmecken), den aufgehängten Kinderzeichnungen, manchmal auch an den kleinen Waschbecken und Toilettenschüsseln in den Sanitärräumen oder dem angebotenen „Kinderdöner" im Restaurant.

    Bei den Besuchen im Feld entdecken die beiden Ethnograf_innen jedoch noch eine ganz andere Beteiligung von Kindern in den Gemeindezentren, die wir so nicht erwartet hatten. Deutlich wird dies z. B. bei einem Fest, als der Ethnograf sich ein ruhiges und trockenes Plätzchen sucht, um seine Notizen zu schreiben. Draußen regnet es in Strömen. Im Gebetsraum, so denkt er, ist es ruhig. An der Türschwelle jedoch wird er eines Besseren belehrt: Drei Jungen haben einen Parcours mit Klappstühlen aufgebaut, die mal hingestellt, mal hingelegt werden. Mit einem Handy stoppen sie die Zeit. Es geht darum, möglichst schnell einen bestimmten Ablauf zu absolvieren: durch die Stühle hindurch zu krabbeln, sie zu umrunden und über sie zu springen. Auch die beiden Säulen im Raum spielen als zu querende Achterkombination eine Rolle. Der Ablauf ist etwas kompliziert und wird immer wieder verändert. Es wird viel gelacht.

    Einige Zeit später erlebt die Ethnografin eine ganz ähnliche Szene, als sie sich mit dem Fotografen in einer Moschee aufhält. Sie hört lautes Poltern und will neugierig nachschauen, was denn da los ist. Sie entdeckt eine Gruppe von acht Mädchen, die im Gebetsraum ausgelassen Fangen spielen und dabei ziemlich wild kreischen. Sie haben gerade Pause vom Koranunterricht, erzählen sie. Die Kinder, so wird in beiden Beispielen deutlich, spielen ausgelassen. Der Gebetsraum scheint dafür perfekt, weil er viel Platz bietet, ohne störende Tische und Stühle. Die hinzukommenden fremden Erwachsenen scheinen sie nicht zu stören. Die Kinder machen nicht den Eindruck, sich irgendwie ertappt zu fühlen – ganz im Gegenteil: Ganz unbefangen fragen sie den Ethnografen im ersten Beispiel, ob er nicht noch andere Ideen für ihren Parcours habe und lachen mit ihm gemeinsam. Ihre Interaktion scheint zu signalisieren, dass dieses Spiel an diesem Ort etwas ganz Normales ist.

    Auch draußen auf dem Gelände der Moscheegemeinden beobachten wir immer wieder spielende Kinder. In zwei Moscheen sehen wir Schilder, die ganz explizit auf Türkisch darauf hinweisen: „In unserer Moschee genießen die Kinder alle Freiheiten! Die Kinder sollen laufen, spielen, lachen. Bitte lasst uns nicht ärgerlich auf sie sein!".[2] Ein Vorsitzender erklärt, er habe dieses Schild aufgehängt. Es sei ihm sehr wichtig, dass die Moschee ein schöner Ort für Kinder sei und dass sie gerne kommen würden. Gleichzeitig zeigt uns dieses Schild, dass es wohl doch Menschen gibt, die sich über die Kinder ärgern.

In einem Gruppeninterview mit drei Frauen und drei Männern betont eine Mutter, die auch im Vorstand ist:

> „Meine Kinder können hier ungestört spielen […]. Auch unsere Gemeinde sagt nichts und das ist wirklich eine, wie soll ich sagen, eine Paradiesecke für uns. Weil die Kinder können ja ohne ‚warum hast du das gemacht, warum hast du dies gemacht' ohne das zu haben, können wir frei bewegen. Und unsere Imams sagen auch nicht so viel. Unsere Vorsitzenden sagen nichts. Es ist so, die fühlen sich hier wie in ihrer Heimat, wie zu Hause. Die wissen, dass sie hierhin gehören und das ist sehr viel wert."

Dass die Mutter die Moscheegemeinde als „Paradiesecke" für sich und ihre Kinder darstellt, begründet sie v. a. damit, dass diese frei spielen dürfen, ohne ständig ermahnt zu werden. In ähnlicher Weise wie der Vorstandsvorsitzende spricht sie sich dabei gegen regulierende Ermahnungen von Erwachsenen aus. Dabei können wir durchaus beobachten, dass das Toben der Kinder mit Aktivitäten der Erwachsenen konfligiert. So unterbrechen die Kinder in einer Pause ihres Koranunterrichts z. B. einen Gesprächskreis ihrer Mütter, als sie auf den Müttern herumkrabbeln, aber das scheint diese nicht besonders zu stören. → Multifunktionale Räume, S. 88 Bei anderen Veranstaltungen jedoch können wir durchaus auch sehen, wie Kinder ermahnt werden. So hört der Ethnograf z. B. mehrere „Pssssts" bei einer Koranrezitation.

Besonders erstaunt uns das Spielen der Kinder beim Gebet: Während die Erwachsenen ganz in ihr Gebet versunken scheinen, beobachten die Ethnograf_innen immer mal wieder ein paar Kinder, die munter herumrennen. So beschreibt der Ethnograf beim Gebet folgende Szene:

> Wieder sind Kinder anwesend. Nicht so viele, unter den etwa 150 bis 180 Herren sind es vielleicht zehn. Sie sind sehr unterschiedlich aktiv. Ein kleiner Junge sitzt in der Reihe und ist engagiert dabei, mitzubeten. Wenn er sich niederwirft, dann richtig. Fast legt er sich ganz hin. Während die Herren auf den Knien bleiben und man über eine Landschaft von Po und Rückenpartien schaut, toben einige Kinder rum. Ein kleines Mädchen jagt einen kleinen Jungen, ich höre laute entzückte Aufschreie. Sie spielen Verstecken rund um den Vater, der umkreist wird. Aber er ist an dieser Stelle im Gebet versunken und reagiert überhaupt nicht. Später sind die Reihen dann geschlossen und es gibt prima Wege, die man entlang rennen kann, z.B. während die Herren alle auf den Knien sind. Ein kleines Mädchen macht das. Einmal denke ich, sie schreitet diese ganzen Männer gerade ab, als wäre sie auf einem Laufsteg. Dabei beachtet sie die gar nicht sonderlich, sondern schaut eher rum und sucht ihren Spielpartner bzw. die beiden schleichen um sich herum. Aber es sind im Verhältnis wenige Kinder, die toben, die anderen sind eher disziplinierter bei ihren Vätern, viele auch bei ihren Müttern im Frauengebetsraum.

Ein Vorstandsvorsitzender erklärt, das Toben der Kinder im Gebetsraum sei völlig in seinem Interesse. Sie sollen sich wohlfühlen. Er unterstreicht seine Meinung, indem er uns eine Geschichte vom Propheten Mohammed und seinen Enkelkindern erzählt, die während des Gebetes zu ihm kamen. Er nahm sie auf den Rücken und betete weiter. Ziel des Gebetes sei, so hören wir, sich so zu konzentrieren, dass man nichts anderes mehr wahrnehme.

Insgesamt, so wird deutlich, hören wir von Erwachsenen nur sehr selten Kritik, aber sehr viel Verständnis für das Spielen und Toben der Kinder. Manche beginnen ihre Erzählung auch, indem sie die guten Erinnerungen an ihre eigenen Kindertage in der Moschee schildern. Dabei gibt es auch hier neue Entwicklungen: In einigen Gemeinden werden uns neue „Kindergärten" vorgestellt. In diesen ‚kindgerecht' mit kleinen bunten Stühlen, Tischchen und Bastelsachen eingerichteten Räumen werden die Kleinen insbesondere am Wochenende betreut. Es stellt sich die Frage, wie sich diese neuen Kinderräume auf die räumliche Aneignung der Kinder in den Moscheezentren auswirken werden. Dass sie in Zukunft nur noch in den speziellen Kinderräumen toben dürfen, scheint angesichts der explizit proklamierten ‚Tobefreundlichkeit' kaum zu befürchten.

Die Moschee erscheint uns zusammenfassend als ein Ort, an dem Kinder nicht nur die türkische Sprache und den Koran lernen (und dabei durchaus still sitzen) – sondern auch als ein Ort, an dem sie sehr ausgelassen spielen dürfen. Diese Beobachtungen fallen uns besonders im Gebetsraum auf, weil sie sich von den Erfahrungen unterscheiden, die manche von uns als Kinder in katholischen und evangelischen Kirchen gemacht haben, wo wir lange still sitzen mussten. Spannend wäre eine vergleichende Studie über die Art und Weise, wie sich Kinder den Raum unterschiedlicher Religionsgesellschaften aneignen können.

Koran, Gebetsketten & Rahle

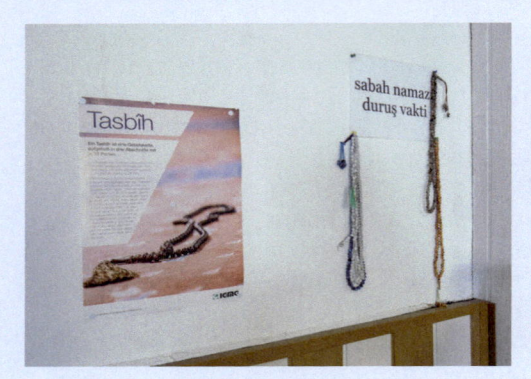

Elemente der Moschee

290–291

بسم الله الرحمن الرحيم

Heute habe Ich für euch eure Religion vollendet,
Meine Gnade an euch erfüllt und den Islam zur
gegeben.

LINDENBAZAR

Fallanalyse
Centrum Moschee, Hamburg

292–293

[1] Koch, Marion & Reinig, Joachim (2013): Moscheen und Gebetsräume in Hamburg. Untersuchung der räumlichen Situation. Hamburg, S. 58.

[2] ebd.

Fallanalyse Centrum Moschee, Hamburg

Kathrin Herz

Kontext

Der damalige Verein „Gesellschaft der türkischen Arbeiter in Hamburg und Umgebung zur Gründung und Erhaltung einer Moschee e.V." bezog im Jahr 1977[1] den ursprünglich als Kur- und Badeanstalt errichteten Baukörper in der Böckmannstraße Nr. 40 im Hamburger Stadtteil St. Georg. Der Verein wurde 1964 gegründet und hat eine beeindruckende Migrationsgeschichte vorzuweisen, die von einem Wohnzimmer im Karolinenviertel über ein Hofgebäude am Hansaplatz, einem Kellerraum unter einer Tankstelle am Steindamm bis zu einem Hinterhofgebäude in der Böckmannstraße reicht.[2] Seit Anfang der 1990er Jahre heißt der Verein „Islamische Gemeinde Hamburg – Centrum Moschee e.V.". Im Laufe der Jahrzehnte ist das Gemeindezentrum baulich zu einem komplexen Cluster herangewachsen, in dem sich auch die Zentrale des Dachverbandes „Bündnis der Islamischen Gemeinden in Norddeutschland e.V." (BIG) befindet, dessen Gründungsmitglied die Gemeinde ist. Zudem ist die Centrum Moschee kooperierendes Mitglied des Dachverbandes „Islamische Gemeinschaft Millî Görüş e.V." (IGMG). Damit gehen überregionale Aufgaben einher, sodass die Bedeutung weit über den Standort hinausgeht. Die zentrale Lage in der Innenstadt unweit des Hamburger Hauptbahnhofes sorgt für gute Anbindung und Erreichbarkeit.

Seit Jahrzehnten befindet sich die Gemeinde vor Ort und ist stabile Anlaufstelle in einem Stadtteil, der sich vom unbeliebten Wohnstandort nach dem Krieg in den 1960ern in ein multikulturelles Quartier verwandelt hat. Gegenwärtig werden Kriminalität, Prostitution und Drogen weniger und Gentrifizierungsprozesse gehen längst vonstatten, sodass ein Nebeneinander von luxussanierten Wohnungen und Obdachlosigkeit im Stadtteil zu beobachten ist. Im räumlichen Umfeld der Centrum Moschee gibt es weitere Moscheen (zu Hochzeiten waren es angeblich 16 Gebetsräume). Auch für deren Ansiedlung spielten sicherlich die Zentralität des Standorts und die räumliche Nähe zum Bahnhof eine nicht unerhebliche Rolle. Eine migrantische Dienstleistungs- und Einzelhandelsstruktur hat sich im Bereich des Steindamms und in dessen Nebenstraßen etabliert. Diese profitiert auch von den Besucher_innen der Moscheen, die meist nicht im Stadtteil wohnen und den Moscheeaufenthalt oftmals mit einem Restaurantbesuch oder einem Einkauf im Quartier verbinden. Auch innerhalb dieser Gewerbestruktur zeichnen sich Verdrängungsprozesse ab: Die ansteigenden Mieten zwingen kleine Läden zur Aufgabe, die neuen Geschäfte sind dann teurer und gehobener in ihrer Ausstattung.

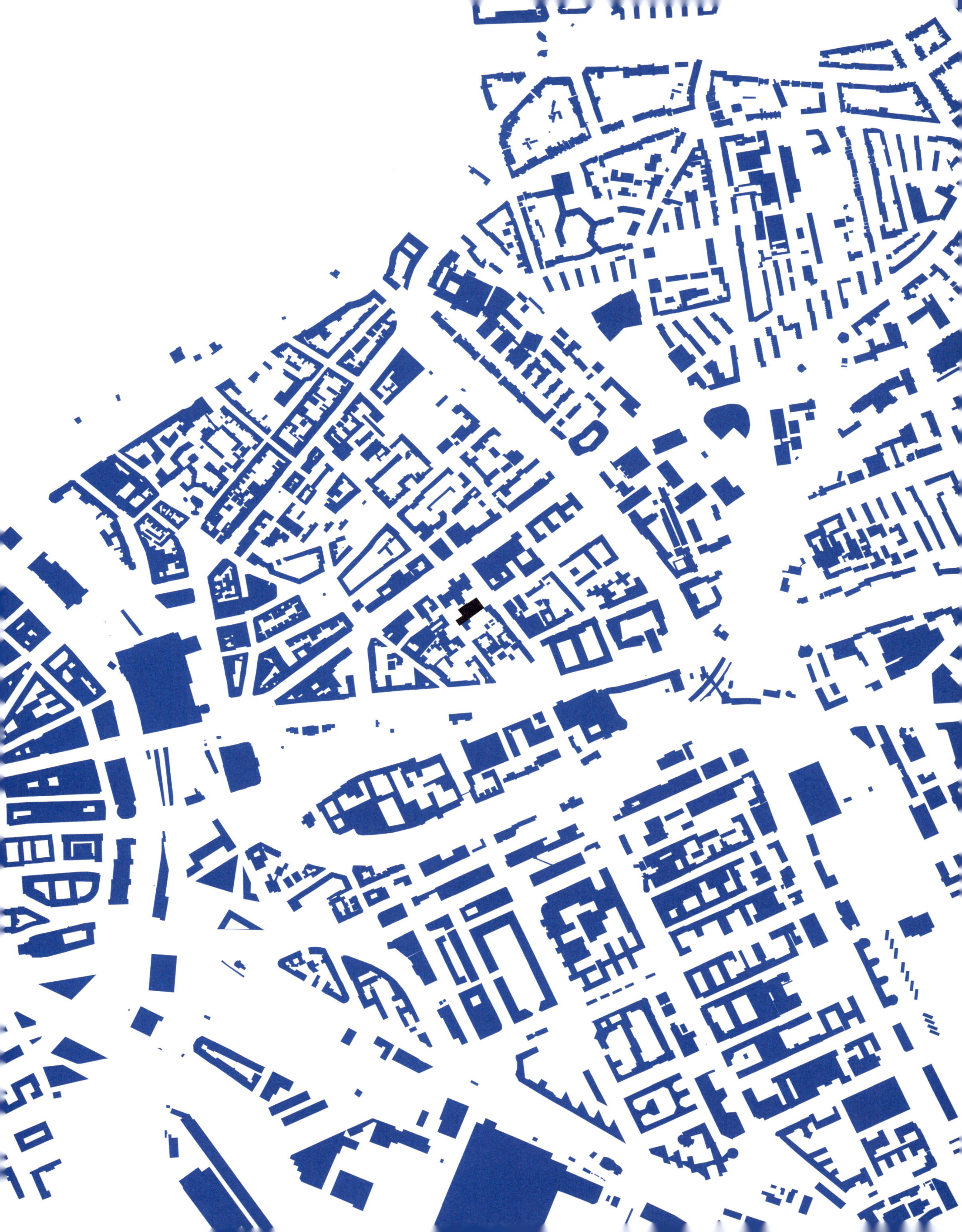

Das Besondere: Überlagerung von Spuren

Der Gebäudekomplex der Centrum Moschee zeichnet sich durch einen (heute) respektvollen Umgang mit der historischen Bausubstanz der Kur- und Badeanstalt aus und steht seit 2013 unter Denkmalschutz. Bemerkenswert ist das Verzahnen durch die Überlagerung der Spuren, die aus der Verbindung von alter und neuer Nutzung resultieren. Von außen ist die Straßenfassade weitestgehend im Zustand von 1910 erhalten. Das war nicht immer so: In einem frühen Stadium wurde die Fassade grau angestrichen und die 12 kleinen Skulpturen, die Tiere zeigen und unter den Fenstern im 2. und 3. Obergeschoss angebracht sind, aufgrund der Auslegung des islamischen Abbildungsverbotes teilweise zerstört. Heute befinden sich die plastischen Darstellungen verborgen in Kästen, die an der Fassade angebracht sind. In ihrer Farbigkeit sind diese sehr gut mit den Backsteinen, von denen die graue Farbe längst entfernt wurde, abge-

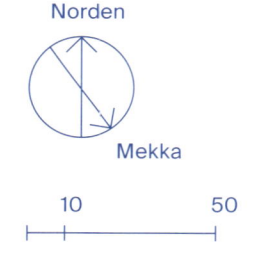

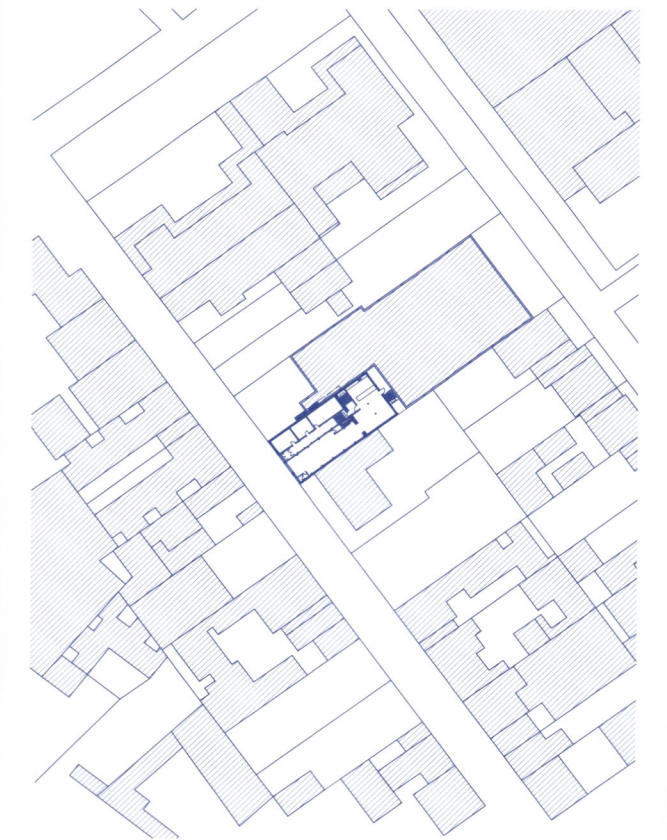

Fallanalyse
Centrum Moschee,
Hamburg

stimmt, sodass man sie kaum als neue Zutat erkennt. An den Brandwänden verweisen ein großflächiges Wandgemälde sowie ein Relief auf die jetzige Nutzung – beide zeigen eine Moschee als Zentralkuppelraum. Im Innenraum wird insbesondere im Restaurant im Erdgeschoss sowie in den Gebetsräumen im 1. und 2. Obergeschoss die Verbindung von Altbau und Anbau durch die langen Raumachsen ersichtlich, die sich über die komplette Hauslänge ziehen. Die Originalfliesen der Gründerzeit harmonieren mit den Ornamenten und Farbtönen, die mit dem Islam verbunden werden und in denen die Gemeinde den Innenraum ergänzend gestaltet hat. Dies zeigt sich vor allem im Eingangsbereich sowie im Treppenhaus des Altbaus. Auch Handläufe und Treppengeländer sind noch im Originalzustand vorhanden, so auch die massiven, schweren Türen und ihre Rahmen. Einen Bruch gibt es im Korridor im Erdgeschoss: Die hellen Fliesen wirken fremd mit ihrem Glanzgrad, Farbton und Format. Wie ein Pflaster auf einer Wunde, so kleben sie dort, wo einst der Fahrstuhl war. Zum Bedauern der heute Alten wurde der Lift von ihnen selbst in jungen Jahren entfernt. Sie rechneten in den 1970er Jahren nicht damit, mit und in dem Gebäude alt zu werden – ein Provisorium hat sich verfestigt.

Baugeschichte

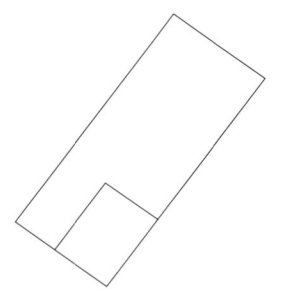

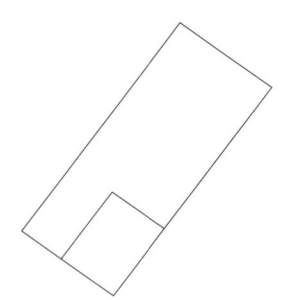

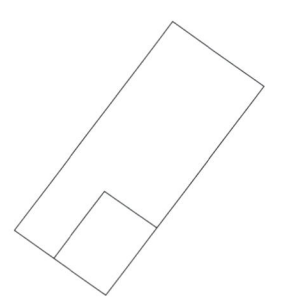

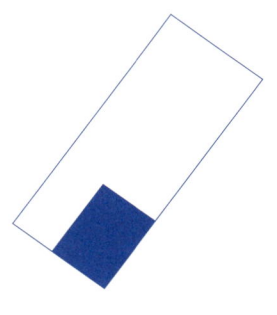

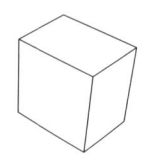

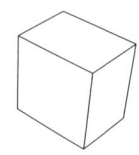

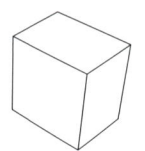

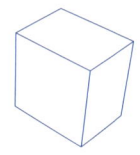

1910

Nutzung:
Kur- und Badeanstalt

Maßnahme:
Errichtung einer Kur- und Badeanstalt

1944

Nutzung:
Notunterkunft

Maßnahme:
Beseitigung von Fliegerschäden, Einrichtung von Notunterkünften im 1. Obergeschoss

1950

Nutzung:
Kur- und Badeanstalt

Maßnahme:
Wiederherstellung der Baderäume im 1. Obergeschoss

1977

Nutzung:
Gemeindezentrum

Maßnahme:
Kauf, Nutzungsänderung und Umbau der Kur- und Badeanstalt zum Gemeindezentrum

Fallanalyse
Centrum Moschee, Hamburg

298–299

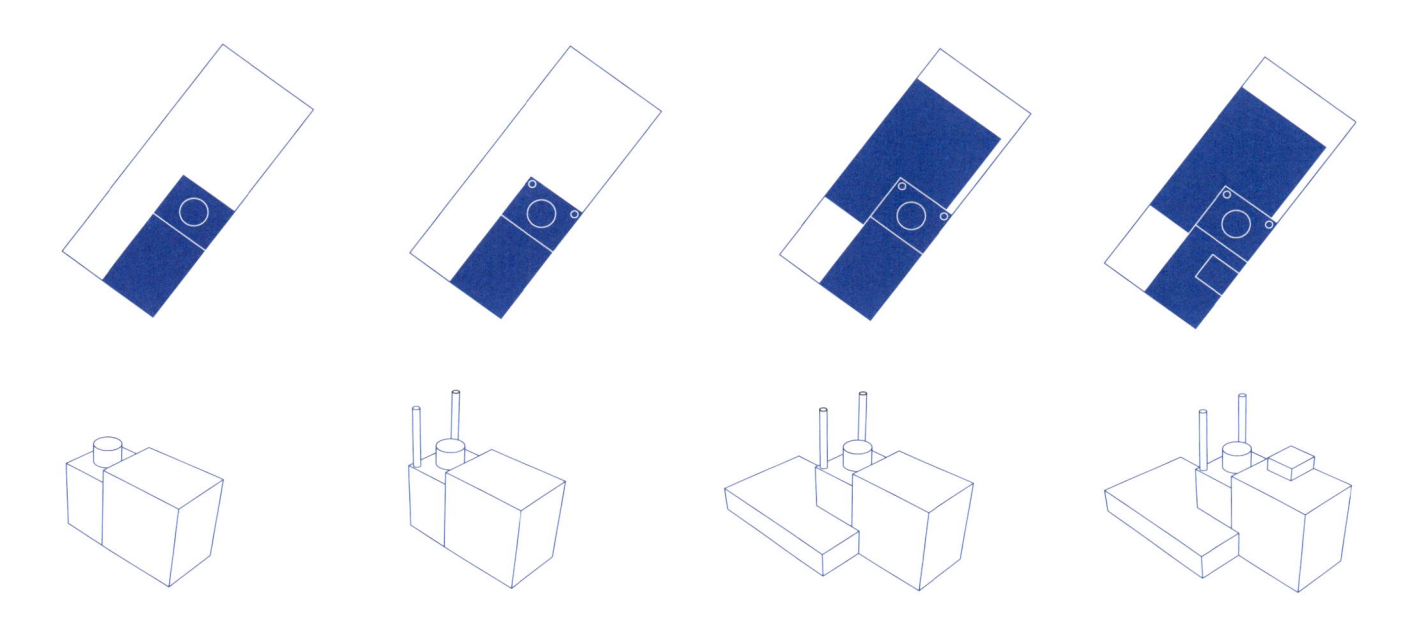

1990

Nutzung:
Gemeindezentrum

Maßnahme:
Errichtung eines Anbaus

1992

Nutzung:
Gemeindezentrum

Maßnahme:
Errichtung von Minaretten

1999

Nutzung:
Gemeindezentrum

Maßnahme:
Errichtung eines Supermarkts

2016

Nutzung:
Gemeindezentrum

Maßnahme:
Errichtung eines Taubenschlags

Baugeschichte: Vor dem Einzug der Moscheegemeinde

Das Gebäude wurde im Jahr 1910 als Kur- und Badeanstalt vom Architekten Carl Feindt errichtet. Nach einem Fliegerschaden im Jahr 1943 erfolgten im Jahr 1944 die Beseitigung der Schäden und die Einrichtung von Notunterkünften. Ab 1950 wurden die Baderäume im 1. Obergeschoss wiederhergestellt. Wann der Kur- und Badebetrieb im Hammonia-Bad eingestellt wurde, geht auch aus Bauakten nicht hervor. Die Vermutung einer Zwischennutzung liegt nahe, doch auch hier fehlen Informationen. 1977 erwarb der Moscheeverein das Gebäude. Seitdem wird es als Gemeindezentrum genutzt.

Baugeschichte: Bauliche Veränderungen durch die Moscheegemeinde

Die ersten Arbeiten konzentrierten sich auf den Innenraum: Zunächst wurde das Gebäude entkernt – alle nicht tragenden Wände und zellenartigen Einbauten, die für den Badebetrieb notwendig waren, wurden abgebrochen. Anfang der 1990er Jahre wurde der Altbau des einstigen „Hammonia-Bads" um einen Neubau mit Kuppel ergänzt – dieser steht an der Stelle des alten Kesselhauses. Darunter verläuft eine U-Bahn, was den Bau besonders aufwendig und kostenintensiv machte. Zwei Jahre später wurden auf dem Flachdach des Anbaus zwei 20 Meter hohe Minarette errichtet. Die Minarette wurden auf der ältesten Hamburger Werft Sietas aus Stahl angefertigt, zum größten Teil in Eigenleistung der dort angestellten Mitarbeiter. Da es baurechtlich kein konstruktives Vergleichsobjekt gab, wurden die Minarette wie Schiffschornsteine berechnet. Das heißt, sie sind statisch überdimensioniert. Die Annäherungen an den Schiffsbau gingen so weit, dass sie auf Seetauglichkeit geprüft und seewasserfest beschichtet sind – im 4. Stock! Der auffällige Farbanstrich mit grünen und weißen Hexagonen ist das Resultat eines Kunstprojekts des Künstlers Boran Burchhardt, der sich die Minarette übrigens jederzeit für Ausstellungszwecke ausleihen darf. Während der fünfwöchigen Zeit des Anstreichens war die Gemeinde ohne Minarett.[3] Im Jahr 1999 wurde auf dem angrenzenden Grundstück ein Supermarkt, der sogenannte „Lindenbazar" errichtet – dieser kann sowohl von der Böckmannstraße als auch von der Lindenstraße erschlossen werden.

Der türkische Supermarkt befand sich zuvor im Erdgeschoss des Altbaus. Durch seinen Auszug konnte das Restaurant erweitert werden. Seit 2016 beheimatet die Dachfläche des Altbaus einen Taubenschlag.

Funktionen: Vielfältige Mischung auf engem Raum

Da der Gebäudekomplex nicht nur Gemeindezentrum der Centrum Moschee, sondern zugleich Zentrale des Dachverbands ist, ist das Haus eine Anlaufstelle mit regionalem Einzugsgebiet: Laut Erzählungen definierte sich die Centrum Moschee zu keiner Zeit als Stadtteilmoschee, sondern verstand sich als Einrichtung für das ganze Stadtgebiet Hamburgs und dessen Umland. Dies, das Alter der Gemeinde und die innerstädtische Lage im Bahnhofsumfeld sind ursächlich für die Funktionsvielfalt des Moscheeclusters. Das Erdgeschoss beherbergt Funktionen mit einem hohen Grad an Öffentlichkeit – wie der Friseursalon, mehrere Beratungsstellen des Dachverbandes, die Buchhandlung und das Restaurant mit angegliedertem Teelokal. Im 1. und 2. Obergeschoss befinden sich die Gebetsräume und jeweils ein Büroraum. Im 3. und 4. Obergeschoss sind die Räume der Verwaltung des Dachverbandes sowie die Schulungs- und Unterrichtsräume der Gemeinde angeordnet (früher befand sich dort auch ein Wohnheim für Gemeindeangehörige). Der Raum unter der Kuppel ist ein kleiner Konferenzraum, der auch für Unterrichtszwecke genutzt wird. Als im Jahr 2016 ein Tierschutzverband im Stadtteil eine Unterkunft für Tauben suchte, stellte die Moscheegemeinde ihr Dach zur Verfügung.

Seitdem ziert ein Taubenschlag die Dachfläche der einstigen Kur- und Badeanstalt. Unmittelbar an das Ensemble aus Alt- und Neubau grenzt der Supermarkt an. Gegenüber in der Böckmannstraße hat die Gemeinde zusätzliche Räume angemietet – hier befinden sich u. a. die Jugendabteilung und ein Bestattungsinstitut. Gerne hätte man mehr Raum – für den Unterricht oder für zukünftige wohlfahrtliche Zwecke. Bauliche Vergrößerungen auf den bestehenden Flächen sind nicht mehr möglich; ggf. ist zu prüfen, ob der eingeschossige Supermarkt aufgestockt werden könnte. Um die Raumnot zu entzerren, ist die räumliche Trennung von Dachverbandszentrale und Moschee als eine Möglichkeit angedacht – die Centrum Moschee würde dann zu einer Stadtteilmoschee werden. Die Mieteinnahmen, die der Moscheeverein durch die Geschäfte wie den Friseursalon oder den Lindenbazar erzielt, wurden vor kurzem von der Gemeinde auf den Dachverband übertragen. Dies geschah, um die Gemeinde der Centrum Moschee, die von der räumlichen Nähe zum Dachverband profitiert, im Vergleich zu den anderen Gemeinden des Dachverbandes nicht zu bevorzugen. Im Umkehrschluss hat der Dachverband den Moscheeverein entschuldet.

3
Vgl. hierzu z. B. Burchhardt, Boran (2012): Darf ich mal Ihr Minarett anmalen? In: Institut für Auslandsbeziehungen e.V. (Hrsg.): Kubus oder Kuppel. Moscheen. Perspektiven einer Bauaufgabe. Tübingen/Berlin: Ernst Wasmuth, S. 118-121 oder http://www.minare.de/index.htm [abgerufen am 07.05.2019].

Funktionen und Nutzungen

Gebetsraum (Herren)

Gebetsraum (Damen)

Verwaltung Regionalverband

Buchhandlung

Waschbereich

Restaurant mit (Groß-)Küche

Sozialberatung und Versicherung

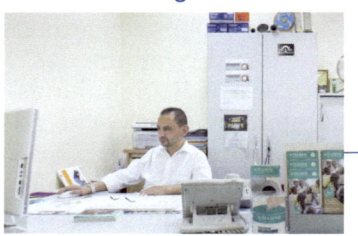

Fallanalyse Centrum Moschee, Hamburg

302–303

Seminarraum

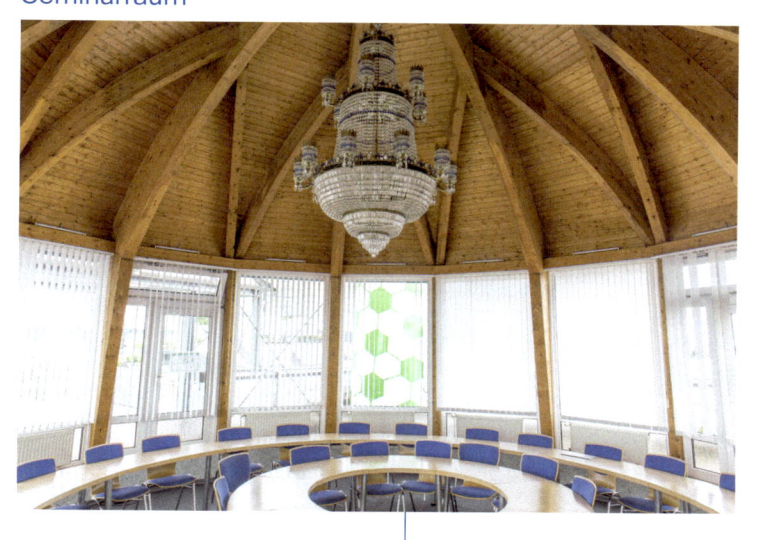

Taubenschlag

Unterrichtsräume

Teestube

Berber

Supermarkt
mit Reisebüro

Grundrisse:
Lange Raumachsen

Große Säle mit zellenartigen Einbauten zum Liegen während der Massagen oder zum Ruhen bestimmten die Grundrisse der einstigen Kur- und Badeanstalt. Diese weitläufigen Räume im 1. und 2. Obergeschoss dienen heute als Gebetsräume. Anfang der 1990er Jahre wurde der Altbau um einen Neubau ergänzt. Durchbrüche verbinden die beiden Gebäude physisch – lange Raumachsen und große zusammenhängende Flächen auf einem Geschoss sind die Folge. Die Verbindung der beiden Gebäude erfolgte im Bereich der Treppenhäuser, die orthogonal zueinander liegen. Zwischen den Treppenhäusern gibt es lediglich im Erdgeschoss eine direkte Verbindung.

Der Grundriss im Erdgeschoss ist in seiner Zonierung nahezu identisch mit dem von 1910. Der große L-förmige Raum verbindet die beiden Gebäudeteile und beheimatet Restaurant und Teelokal. Ab dem 3. Obergeschoss treten anstelle der großen Räume kleinere. Dies ist den Nutzungszwecken als Büro- beziehungsweise Unterrichtsräume geschuldet. Der Zugang zu den Minaretten und der Kuppel erfolgt aus dem Treppenhaus des Altbaus über das Flachdach des Anbaus.

Ebene 3

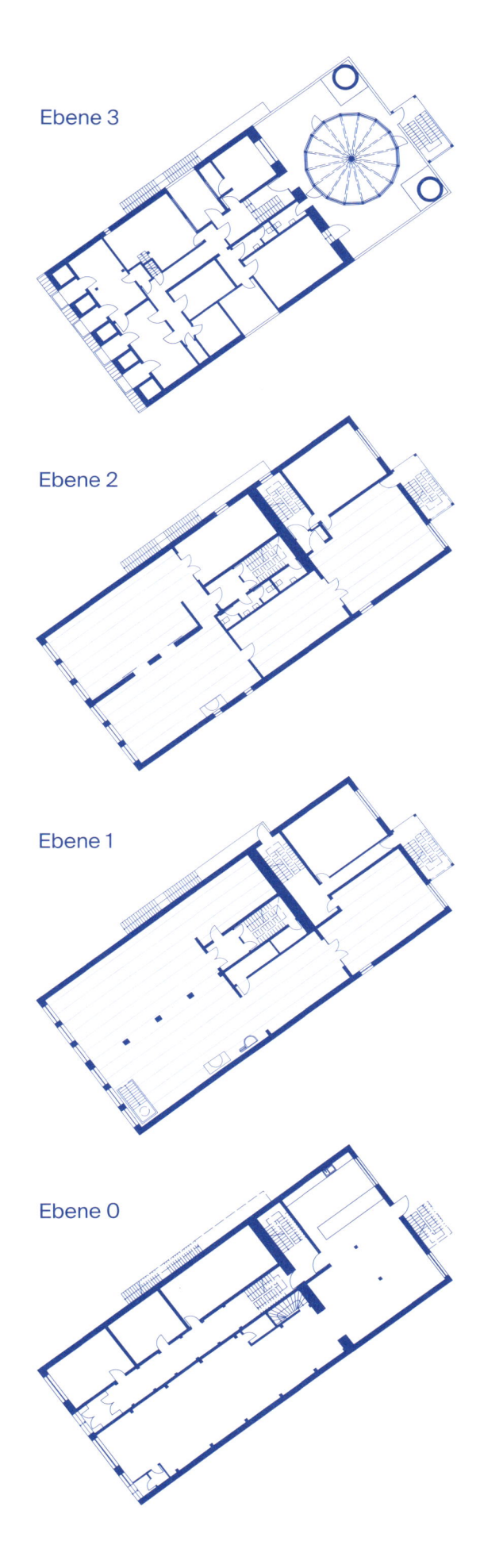

Ebene 2

Ebene 1

Ebene 0

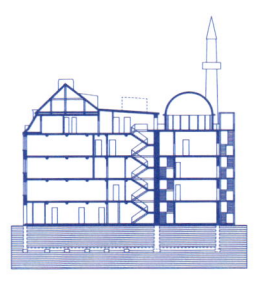

304–305

Norden

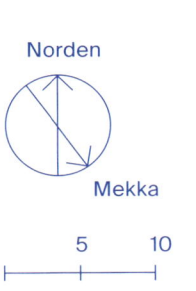

Mekka

5 10

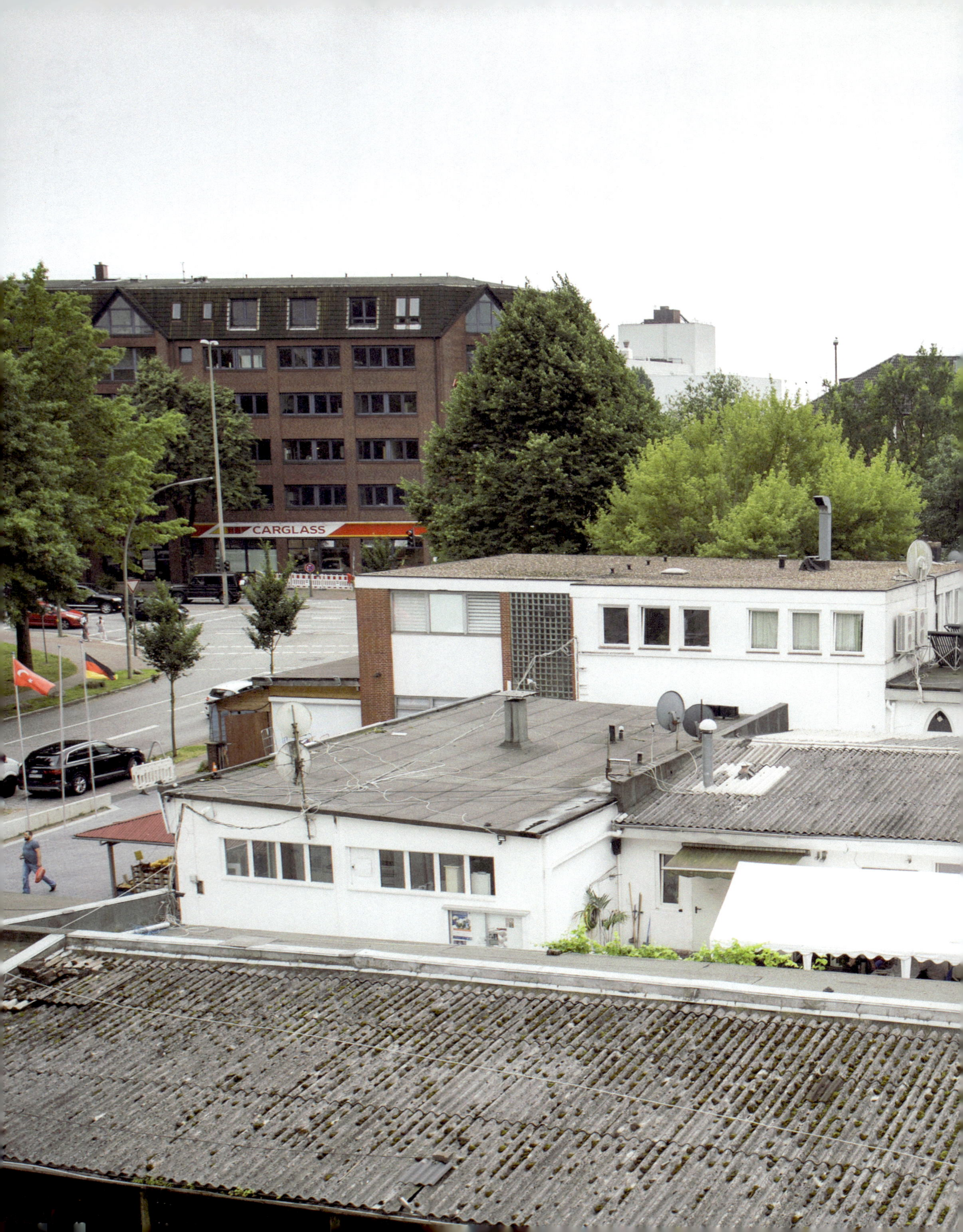
CARGLASS

Fallanalyse
Mescid-i Aksa Camii /
Moschee, Hamburg

Kathrin Herz

Kontext

Im Hamburger Stadtteil Hamm befindet sich die Mescid-i Aksa Moschee. Sie liegt in einem Wohngebiet der Nachkriegszeit mit drei- bis viergeschossigen Zeilen und parkähnlichem Baumbestand unweit einer viel befahrenen Hauptstraße, entlang derer sich hauptsächlich gewerbliche Strukturen reihen. Das ursprüngliche Programm des Bauensembles sah die Nutzungen Tankstelle, Garagen, Werkstatt und Büro vor. Im Jahr 1986 wurde das Cluster von der Moscheegemeinde bezogen.[1] Sie gilt als älteste Gemeinde des Dachverbands „Türkisch-Islamische Union der Anstalt für Religion e.V." (DITIB) in Hamburg und wird aufgrund ihrer Zentrumsfunktion auch Merkez Camii genannt. Ihr Vereinsname lautet „DITIB-Türkisch Islamische Gemeinde zu Hamburg-Hamm e.V.". Auf dem Grundstück befinden sich zudem das Büro des türkischen Religionsattachés sowie Büros der DITIB-Landesverbände Hamburg und Schleswig-Holstein.

Der Stadtteil Hamm, einst Landsitz Hamburger Kaufmannsfamilien, wurde im 2. Weltkrieg zu großen Teilen zerstört und ist heute durch Nachkriegsarchitektur gekennzeichnet und in seiner Bau- und Nutzungsstruktur homogen: Der Bereich südlich der Moschee zwischen Effestraße und Bille, in dem Mittel- und Südkanal verlaufen, ist durch solitäre Baukörper und Gewerbestrukturen geprägt, in welche vereinzelt Wohngebäude eingestreut sind. Nördlich des Gemeindezentrums bildet sich entlang der Hammer Landstraße eine natürliche Hangkante aus. Mit der Topografie ändert sich die Bau- und Nutzungsstruktur: Stadtbildprägende Kirchen und damit verbundene kirchliche Einrichtungen sowie Villen und Einfamilienhäuser gruppieren sich um den öffentlichen Hammer Park, bevor sich die Stadtstruktur in Baublöcken fortsetzt.

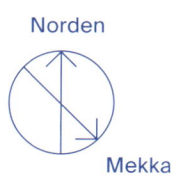

---

[1] Koch, Marion & Reinig, Joachim (2013): Moscheen und Gebetsräume in Hamburg. Untersuchung der räumlichen Situation. Hamburg, S. 74.

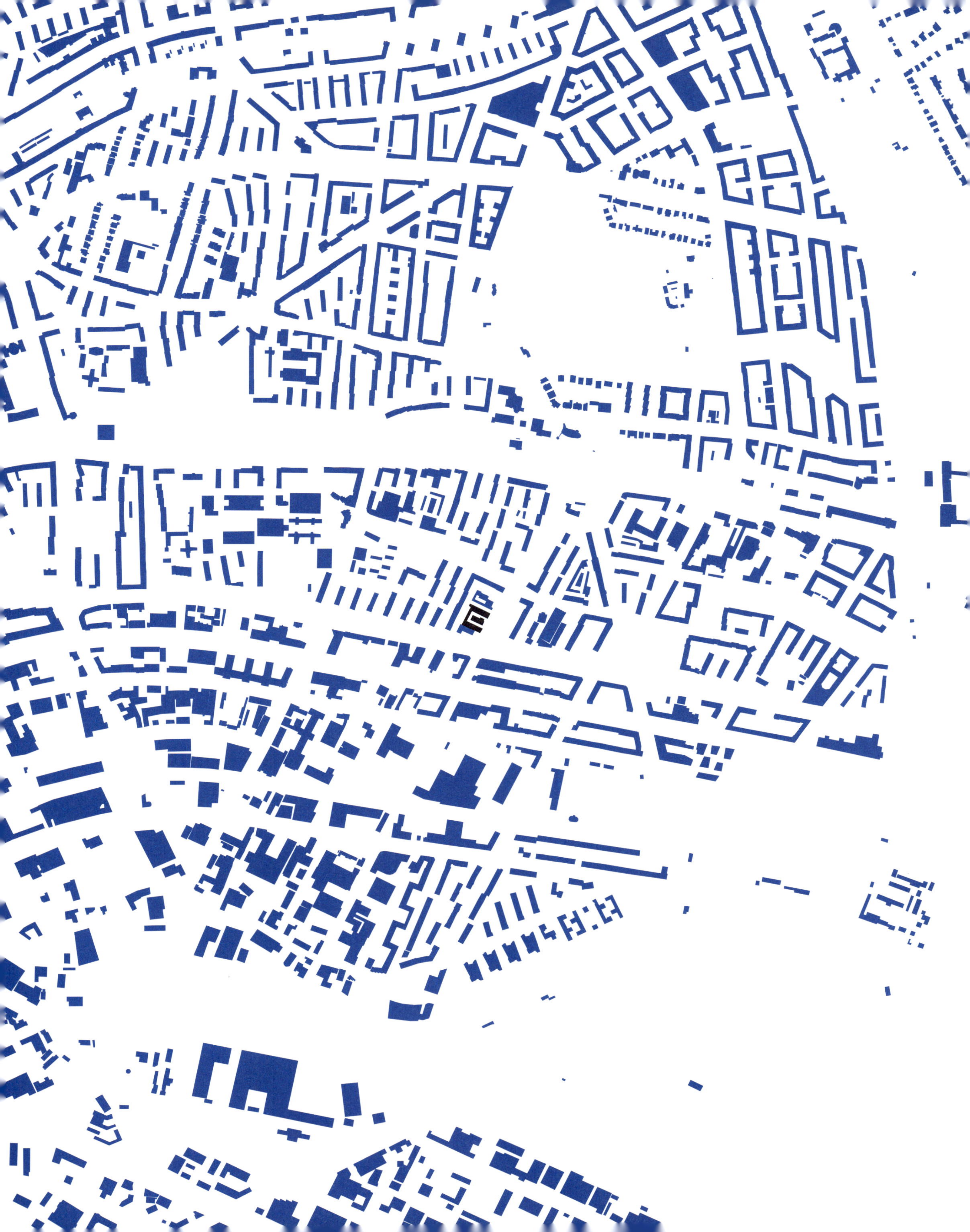

Das Besondere:
Haus als Stadt

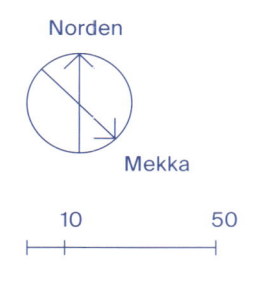

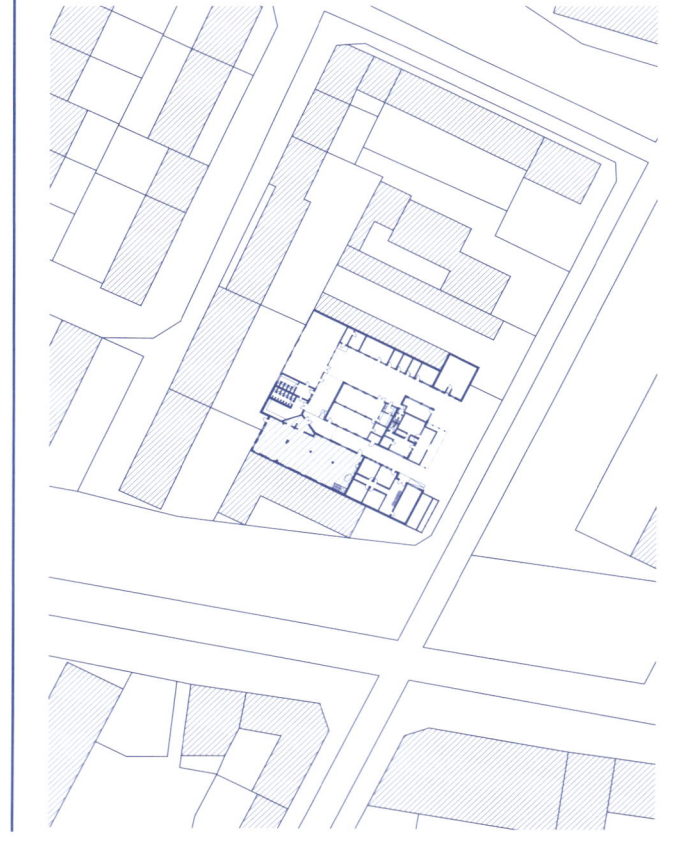

Norden

Mekka

10 50

Fallanalyse
Mescid-i Aksa Camii/
Moschee, Hamburg

Vor- und Rücksprünge, unterschiedliche Gebäudehöhen und Fassadengliederungen machen die einzelnen Baukörper, aus denen sich das Ensemble addiert, ablesbar. Die Baustruktur gruppiert sich um einen U-förmigen Hofraum. Von diesem Hof geht eine Vielzahl an Türen ab. Sie führen direkt in einzelne Funktionsbereiche – nahezu jeder Raum hat einen Zugang in den Hof. Raumfolgen oder Flure im Inneren der Gebäude gibt es kaum. Der Hof wird zur kommunikativen Erschließungszone – hier kreuzen sich alle Wege. Gleichzeitig bietet der Außenraum Gelegenheit zum Aufenthalt bei jedem Wetter: Im Bereich des Eingangs zum Gebetsraum ist der Hof dauerhaft überdacht, vor der Kantine steht in den Sommermonaten ein Zelt. Auch die Ladenbesitzer_innen eignen sich den Außenraum an: Vor dem Supermarkt werden in Auslagen Obst und Gemüse präsentiert, vor dem Handyladen verweist ein Schild auf die aktuellen Angebote, der Friseurmeister trocknet die Handtücher auf dem Wäscheständer vor der Tür – auf der Bank vor seinem Laden sitzt wartende Kundschaft ...

Die additive Baustruktur, die Vielfalt unterschiedlicher Funktionen, die Schaufenster der Läden, deren Auslagen vor der Tür, vor allem aber die unmittelbare Teilnahme aller Nutzungen und Nutzer_innen am Hofraum bedingt durch die vielen (Haus-)Türen geben dem Gemeindezentrum einen städtischen Charakter: Das Ensemble wirkt wie eine Stadt.

Baugeschichte

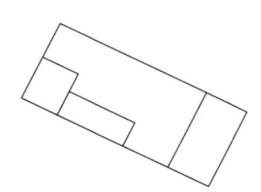

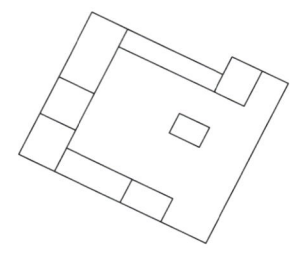

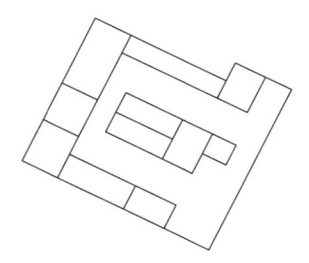

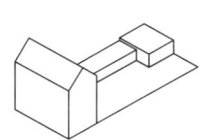

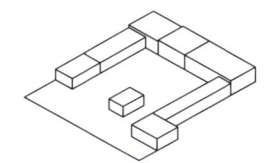

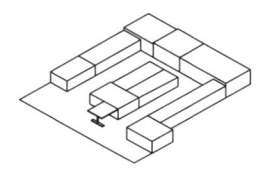

1929

Nutzung:
Wohnhaus und Garage

Maßnahme:
Umbau eines Pferdestalls zu einem Garagengebäude

1947–1951

Nutzung:
Garagen, Werkstatt und Tankstelle

Maßnahme:
Erweiterung der Garagen- und Werkstattgebäude, Verlegung der Tankstelle und Errichtung eines Kontorgebäudes

1959

Nutzung:
Garagen, Werkstatt und Tankstelle

Maßnahme:
Umbau des Kontorgebäudes, Errichtung von Garagen

Fallanalyse
Mescid-i Aksa Camii /
Moschee, Hamburg

312–313

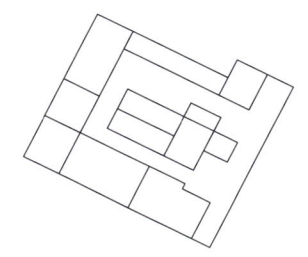

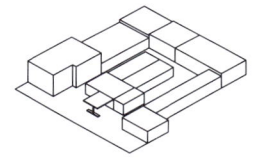

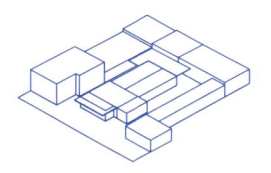

1972

Nutzung:
Garagen, Werkstatt und Tankstelle

Maßnahme:
Errichtung einer Halle, Errichtung eines Bürogebäudes

1986

Nutzung:
Gemeindezentrum

Maßnahme:
Nutzungsänderung und Umbau der Garagen, Werkstattgebäude und Tankstelle zum Gemeindezentrum, Kauf

Baugeschichte: Vor dem Einzug der Moscheegemeinde

Im Jahr 1929 wurde der Pferdestall im rückwärtigen Grundstücksbereich zum Garagengebäude umgebaut. Ein historischer Lageplan bildet im vorderen Bereich ein stattliches Mehrfamilienhaus ab. Im Folgenden ist die Bauakte lückenhaft. Archivierte Pläne der Nachkriegszeit zeigen das Fehlen des Wohnhauses, an dessen Stelle das Wort „Trümmer" zu lesen ist, die Vergrößerung der Parzelle sowie die Erweiterung der bestehenden Garagen- und Werkstattgebäude.

Ende der 1940er, Anfang der 1950er Jahre bildete sich die heutige, charakteristische U-Form des Ensembles aus, die seither nach Innen verdichtet wurde. Etwa zeitgleich wurde die seit den 1930er Jahren vorne, direkt am Bürgersteig stehende Tanksäule entfernt und auf dem Grundstück in vergrößerter Form neukonzipiert. Ende der 1950er Jahre erfolgte der Baugenehmigungsbescheid für eine Modernisierung großer Teile des Ensembles – diese sah den Umbau des Kontorgebäudes vor, das ein Vordach enthielt und im rückwärtigen Teil um den Neubau weiterer Garagen ergänzt wurde. Zu Beginn der 1970er Jahre wurde ein Teil der an der südlichen Grundstücksgrenze gelegenen Baustruktur abgetragen und durch ein zweigeschossiges Bürogebäude mit angegliederter Kfz-Halle ersetzt, womit die bauliche Kubatur des Ensembles das heutige Erscheinungsbild erhielt.

Baugeschichte: Bauliche Veränderungen durch die Moscheegemeinde

Bis auf das Anbringen von zwei Vordächern und einer Photovoltaikanlage auf der Dachfläche über dem Gebetsraum griff die Moscheegemeinde nicht in die vorhandene Geometrie der Baukörper ein. Arbeiten an der Außenhülle wie beispielsweise das Neuabdichten von Dächern oder Anstriche der Fassade zielen primär auf den Erhalt der Bausubstanz ab, die aufgrund von Errichtungszeit und -zweck nicht die beste ist. Im Innenraum wurden im Laufe der Zeit diverse Umbauarbeiten vorgenommen. Die heutige Einteilung und Nutzung der Räume geht im Wesentlichen auf Planungen zurück, die Anfang der 2000er Jahre erstellt wurden. Die Realisierung erfolgte in mehreren Bauabschnitten.

Funktionen:
Alles auf einer Ebene

Beeindruckend in ihrer Kleinteiligkeit und Diversität ist die Mischung an Funktionen, die vom Lebensmittelladen über das Reisebüro, den Handyladen, den Friseur, den Gemeindesaal, Büros, die Teestube, den Kindergarten, den Gebetsraum etc. bis hin zu Wohnräumen für den Imam reicht. Im räumlichen Mittelpunkt des Ensembles liegt die Teestube mit angegliederter Kantine – wie Satelliten umkreisen sie die anderen Funktionen.

  Lebendig und städtisch wirkt das Ensemble besonders dadurch, dass jede Funktionseinheit eine eigene ‚Haustür' abgehend vom U-förmigen Hof hat. Der Hof wird zu einer Art Flur, von dem alle Türen abgehen, der mal breiter, mal schmaler ist und der zusätzlich Raum für Aneignung und Aufenthalt bietet. Diese Qualität resultiert aus einer Not, denn ein im Jahr 1984 nachträglich auf das Areal der damaligen Tankstelle gelegter Bebauungsplan reguliert die Grundflächenzahl: Im Falle eines Abrisses von Gebäuden wäre die vorhandene Anzahl an Quadratmetern auf einer Fläche nicht mehr herstellbar. Errichtet werden müsste ein Baukörper von deutlich geringerer Grundfläche. Mit der Anordnung der Nutzungen und Räume übereinander in mehreren Geschossen und nicht mehr auf einer Ebene ginge vermutlich der kommunikative Charakter des Hauses verloren – damit auch die Niederschwelligkeit und barrierefreie Zugänglichkeit für alle.

Funktionen und Nutzungen

Gebetsräum(e) (Herren und Damen)

Teestube / Kantine mit Küche

Frauenraum

Supermarkt

Reisebüro

Fallanalyse
Mescid-i Aksa Camii /
Moschee, Hamburg

316–317

Waschbereich

Mehrzweckraum

Verwaltung Regionalverband

Unterrichtsräume

Kindergarten

Jugendraum

Büro

Wohnung

Berber

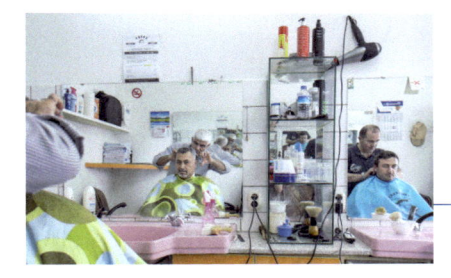

Handyshop

Grundrisse:
Große Räume, kleine Räume und der Hof als Verteiler

Mehrere additiv zusammengesetzte Baukörper bilden das U-förmige Ensemble. Jeder der sieben Baukörper hat seine eigene Logik, resultierend aus dem Ursprungszweck seiner Errichtung. Gebäudevor- und rücksprünge und unterschiedliche Wanddicken machen auch im Grundriss lesbar, dass dem Cluster keine restriktive Planung zugrunde lag, sondern dass dieser je nach Bedarf und Zwängen der damaligen Nutzung sukzessive gewachsen ist. So gibt es beispielsweise sehr schmale, aber lange Gebäudeteile mit vielen kleinen Räumen – ehemals waren dies Garagen, heute sind dort Ladenlokale. Daneben gibt es große Flächen – einst als Werkstätten genutzt, dienen sie heute als Mehrzweckraum und Gebetsraum. Der Gebetsraum ist der größte Raum im Gemeindezentrum. Frauen und Männer beten in einem Raum voneinander getrennt durch einen Vorhang.

Fallanalyse
Mescid-i Aksa Camii /
Moschee, Hamburg

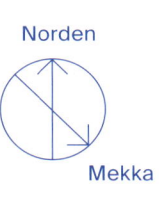

Ebene 0

Norden

Mekka

5　10

STEILSHOOP CAMİİ
STEILSHOOPER MOSCHEE

Fallanalyse
Steilshoop Camii /
Steilshooper Moschee, Hamburg

320–321

Kathrin Herz

Kontext

Die Gemeinde befindet sich in der Großwohnsiedlung Steilshoop im Hamburger Bezirk Wandsbek. Die Siedlung entstand von 1969 bis 1975 auf dem Areal einer einstigen Kleingartenkolonie unter dem Leitbild „Urbanität durch Dichte" und galt als Labor für Stadtentwicklung. Die symmetrische Trabantenstadt für 20.000 Einwohner_innnen setzt sich aus 20 Wohnblöcken mit weitläufigen, begrünten Innenhöfen zusammen. V-förmig in der städtebaulichen Gesamtkonfiguration liegen sich immer zwei Blöcke gegenüber, die sich in Stufen bis zu 14 Geschossen emporheben. Verbunden sind die Wohnbauten über eine nicht-motorisierte Mittelachse. Entlang dieser Wegeverbindung sind unter Rückbesinnung auf die „gute alte Ladenstraße" in den Erdgeschossen der Blöcke teilweise Läden angeordnet. Eine Besonderheit sind die am ersten Abschnitt entlang der westlichen Mittelachse gelegenen eingeschossigen, fast gläsernen Pavillons, die hier den Läden gegenüberliegen. In solch einem Pavillon befindet sich seit 2016 die Steilshooper Moschee. 2017 erfolgte die zusätzliche Anmietung des gegenüberliegenden Ladenlokals. Der junge Verein „Muslimische Gemeinde Steilshoop e.V." ist keinem Dachverband zugehörig und wurde Anfang der 2000er Jahren mit dem Ziel gegründet, eine Moschee vor Ort im Stadtteil zu haben, denn hier wohnen die meisten Gemeindemitglieder, die zuvor Gebetshäuser in anderen Stadtteilen aufsuchen mussten. Die Wege in die Hamburger Innenstadt oder in andere Stadtteile sind aufgrund der fehlenden Anbindung ans U-Bahn- oder S-Bahnnetz lang. Der Name des Gemeindezentrums ist Programm und ein eindeutiges Bekenntnis zum Stadtteil, innerhalb dessen der Moscheeverein hervorragend vernetzt ist.

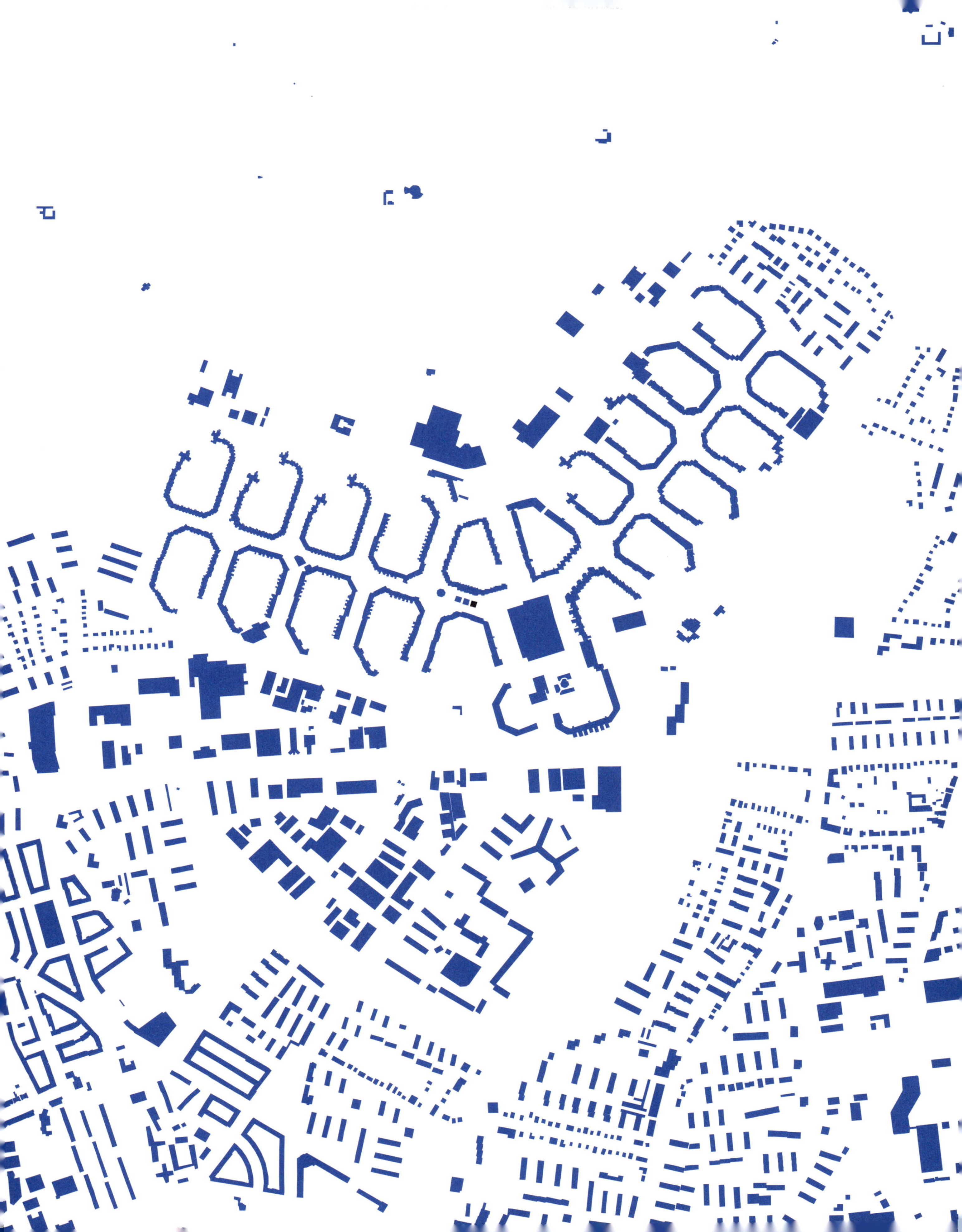

Das Besondere:
Stärkung der
Erdgeschosszone

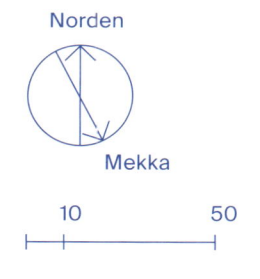

Norden
Mekka
10 50

Fallanalyse
Steilshoop Camii /
Steilshooper Moschee,
Hamburg

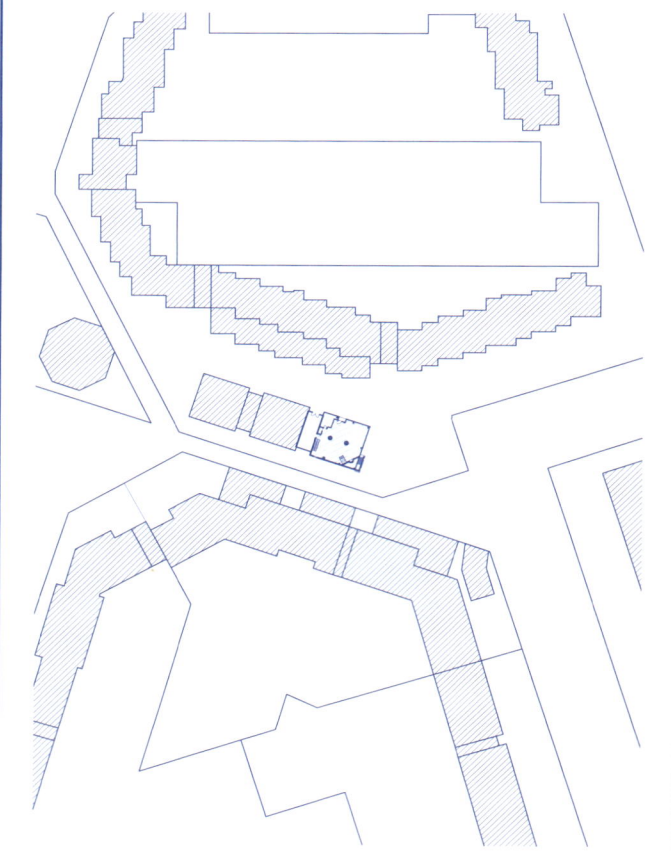

Der jetzige Standort der Steilshooper Moschee liegt ca. 300 Meter Luftlinie entfernt von ihrer alten Position im Stadtteil. Dort befand sich die Gemeinde mehr als zehn Jahre zur Untermiete in einem Ladenlokal, das über einem Festsaal im 1. Obergeschoss eines Geschäftshauses liegt. Im Vergleich dazu ist die Gemeinde am neuen Standort sichtbar und in jeglicher Hinsicht barrierefrei zugänglich. Der angemietete Pavillon liegt zentral im Stadtteil. Durch ihn wird die Einbindung und Vernetzung der Gemeinde in den Stadtteil auch räumlich wahrnehmbar. Mit dem Umzug trägt die Gemeinde zudem aktiv zur Revitalisierung der wirtschaftlich geschwächten Erdgeschosszone im Stadtteil bei. Im Jahr 2017 erfolgte die Anmietung des vis-à-vis liegenden Ladenlokals – die junge Gemeinde hat sich etabliert, wächst und erweitert ihr Raum- und Funktionsangebot.

Baugeschichte

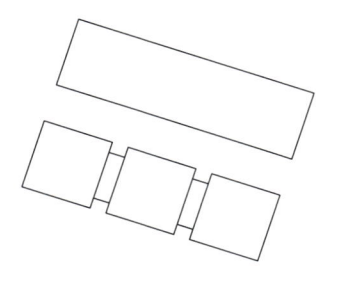

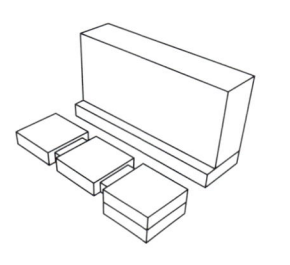

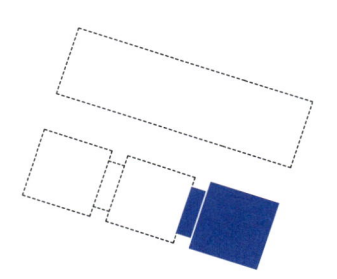

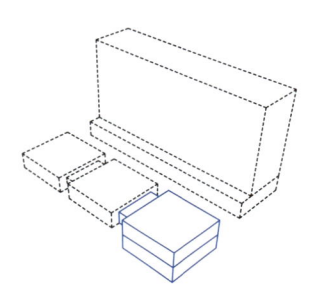

zwischen 1969 und 1975

Nutzung:
Ladenlokal

Maßnahme:
Errichtung von Pavillons
als Ladenlokale

2016

Nutzung:
Gemeindezentrum

Maßnahme:
Nutzungsänderung und
Umbau des Ladenlokals
zum Gemeindezentrum

Fallanalyse
Steilshoop Camii /
Steilshooper Moschee,
Hamburg

326–327

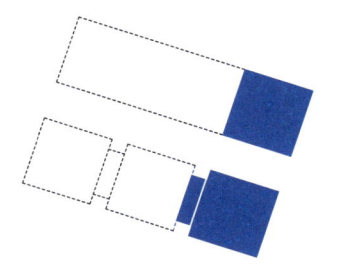

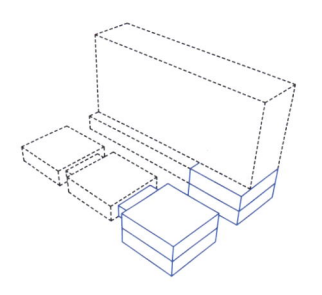

in Planung

Nutzung:
Gemeindezentrum

Maßnahme:
Nutzungsänderung und
Umbau des gegenüber-
liegenden Ladenlokals
zur Erweiterung

Baugeschichte: Vor dem Einzug der Moscheegemeinde

Das heute von der Moscheegemeinde genutzte Gebäude wurde als Verkaufsraum errichtet – zuletzt nutzte eine Apotheke den Pavillon. Das junge Baualter des Gebäudes und dessen äußeres Erscheinungsbild deuten auf keine gravierenden Veränderungen am Baukörper hin. Daher wurde auf die Einsicht in die Bauakte verzichtet.

Baugeschichte: Bauliche Veränderungen durch die Moscheegemeinde

Mit dem Einzug des Moscheevereins in das einstige Ladenlokal, das sich im Eigentum einer Wohnungsbaugesellschaft befindet, waren Eingriffe in die Bausubstanz verbunden, die von der Gemeinde mit Unterstützung eines Architekten und einer Baufirma geplant, organisiert und finanziert wurden. Das Erdgeschoss des Pavillons bestand aus mehreren Räumen, deren Wände entfernt wurden, sodass ein großer Raum – der Betsaal – entstand. Dieser ist besonders aufwendig ausgestattet und wird dominiert von der golden ausgekleideten Gebetsnische, die sehr plastisch und organisch im sonst klaren Raum wirkt. Passend dazu wurde das Design von Predigt- und Vorlesekanzel abgestimmt. Die beiden Stützen, die im Raum stehen, sind eigentlich von schlankem Querschnitt, wurden jedoch in ihrem Radius vergrößert und ebenfalls golden umhüllt. Grüne Leuchtbänder umkreisen die Säulen mit Abstand und sorgen ergänzend für atmosphärische Beleuchtung im Raum, durch dessen mit opaker Folie beklebte Glasscheiben das natürliche Tageslicht tief einfällt.

Funktionen: Temporäre Aktivierung des Außenraums

Die zur Verfügung stehende Fläche des Pavillons ist begrenzt: Mit den Gebetsräumen, die zugleich Unterrichtsräume sind, einem Büro, das sich der Imam mit den Vorstandsmitgliedern teilt, sowie einer Küche ist der kompakte Baukörper gefüllt. Mit der Anmietung der gegenüberliegenden Räumlichkeiten sollen – nach entsprechenden Umbauarbeiten – vor allem Unterrichtsräume für Kinder und Jugendliche, aber auch ein Friseursalon, ein Restaurant und eine Teestube entstehen. Einen Raum für gesellige Anlässe und Zusammenkünfte der Gemeindemitglieder gibt es gegenwärtig nicht. So bespielt die Gemeinde temporär den öffentlichen (Frei-)Raum vor ihrem Gebäude. Dieser ist als Fußgängerbereich frei von motorisiertem Verkehr und wird in der Erdgeschosszone beidseitig von Ladenlokalen flankiert – entsprechend breit ist die Flanierzone dimensioniert. Hier werden im Rahmen des Freitagsgebets vor der Steilshoop Camii Bänke und Tische aufgebaut, an denen Tee und Sesamkringel gereicht werden. Bei größeren Festen und schlechtem Wetter werden temporär Zelte errichtet. Mit den Aktivitäten im öffentlichen Raum gibt die Gemeinde nicht nur Einblick in ihr Gemeindeleben, sondern trägt auch zur Belebung des Außenraums der Siedlung bei.

Funktionen und Nutzungen

Büro

Waschbereich

Küche

Fallanalyse
Steilshoop Camii /
Steilshooper Moschee,
Hamburg

Gebetsraum (Herren)

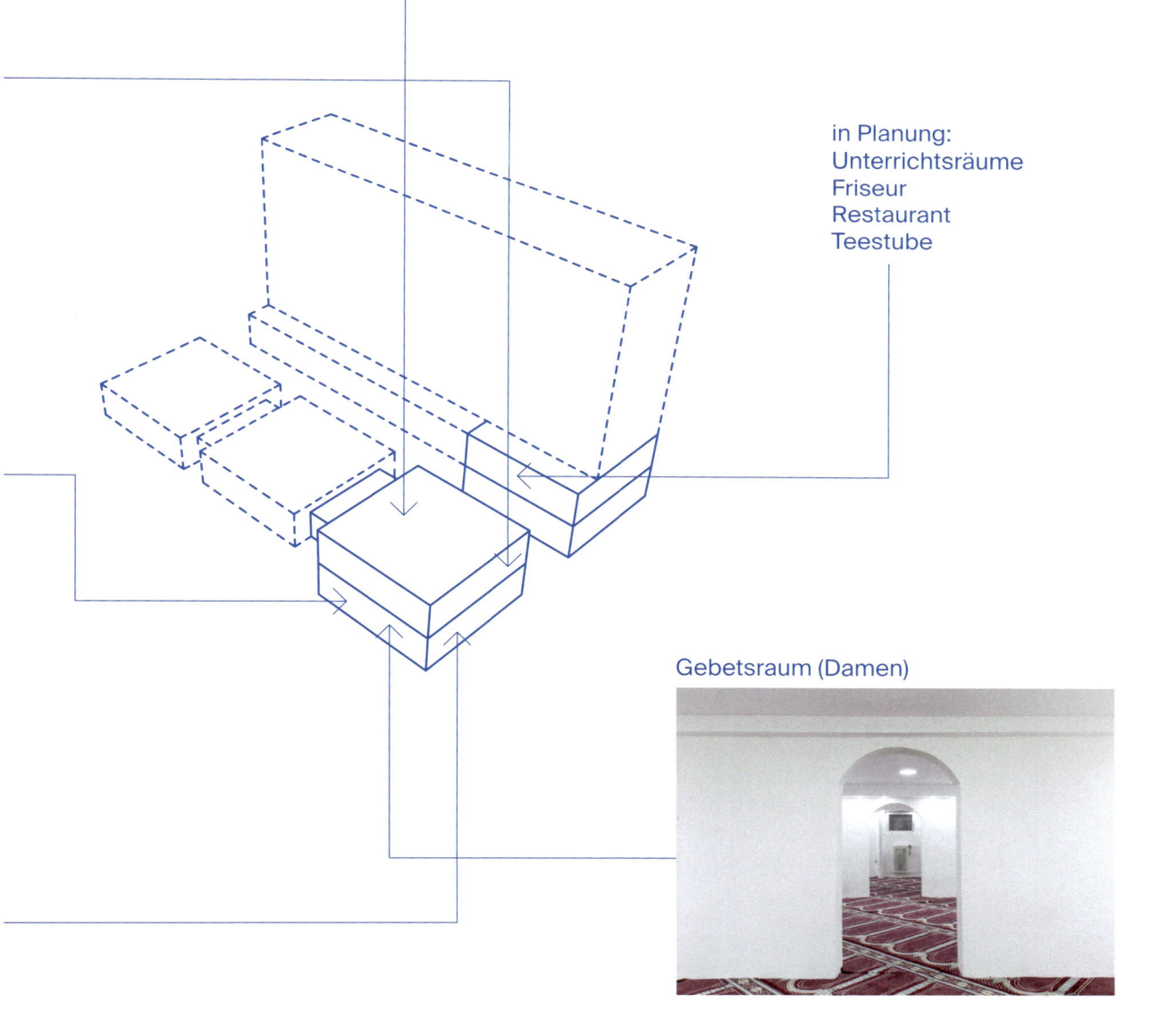

in Planung:
Unterrichtsräume
Friseur
Restaurant
Teestube

Gebetsraum (Damen)

Grundrisse:
Ein großer Raum oben, kleine Räume unten

Der Pavillon der Gemeinde ist einer von drei baulich identischen Gebäuden, die jeweils durch kleine, zurückspringende Baukörper miteinander verbunden sind. Dieser eingehauste Bereich zwischen der Steilshooper Moschee und dem benachbarten Pavillon dient als Entrée und Schmutzschleuse zugleich – er ist weder Innen- noch Außenraum. Unmittelbar nach dem Passieren der Schmutzschleuse steht man im Gebetsraum. Dieser nimmt – mit Ausnahme des kleinen Büros – die komplette Grundfläche des Pavillons ein. Im Untergeschoss befinden sich, belichtet über Lichtschächte, weitere Gebetsflächen – diese gehen als Raumabfolge ineinander über. Den Gebetsräumen im Kellergeschoss vorgeschaltet ist das Abdesthane, der Bereich der rituellen Waschung. Daneben gibt es eine Küche. Das Untergeschoss ist über eine Treppe mit dem darüberliegenden Gebetsraum verbunden. Zudem gibt es eine Treppe, die in den Außenraum führt.

Fallanalyse
Steilshoop Camii /
Steilshooper Moschee,
Hamburg

332–333

Ebene 0

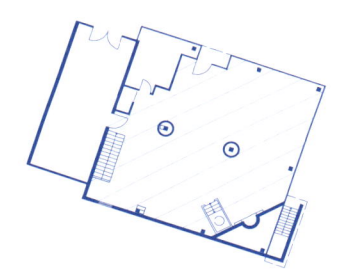

Ebene -1

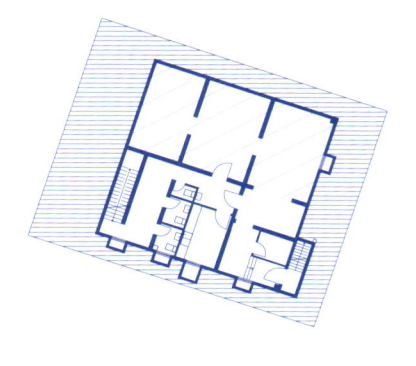

Norden

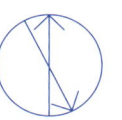

Mekka

5 10

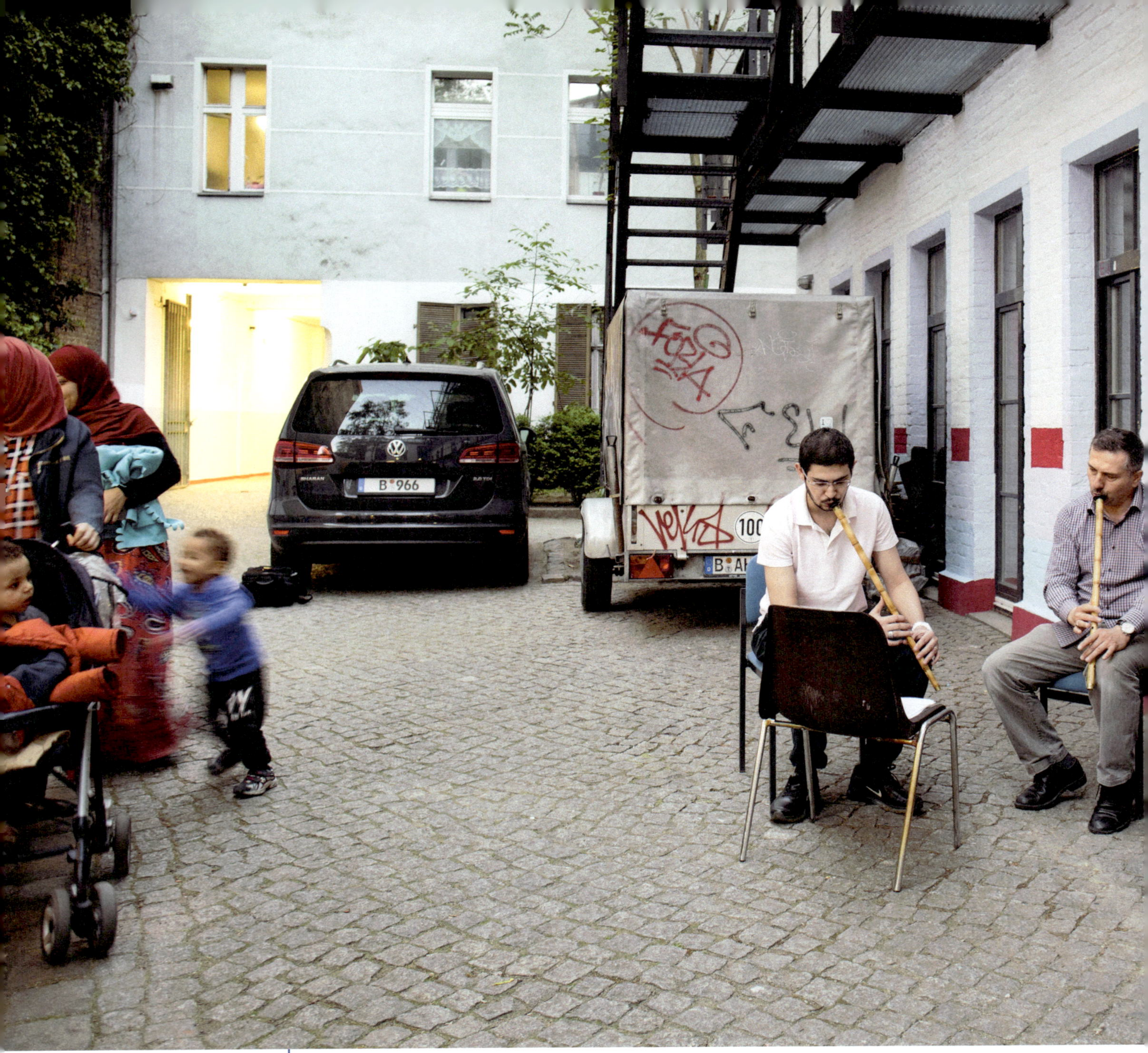
B 966
100

Fotoessay
Ramadanabend im
Gemeindezentrum

Fotoessay
Ramadanabend
im Gemeindezentrum

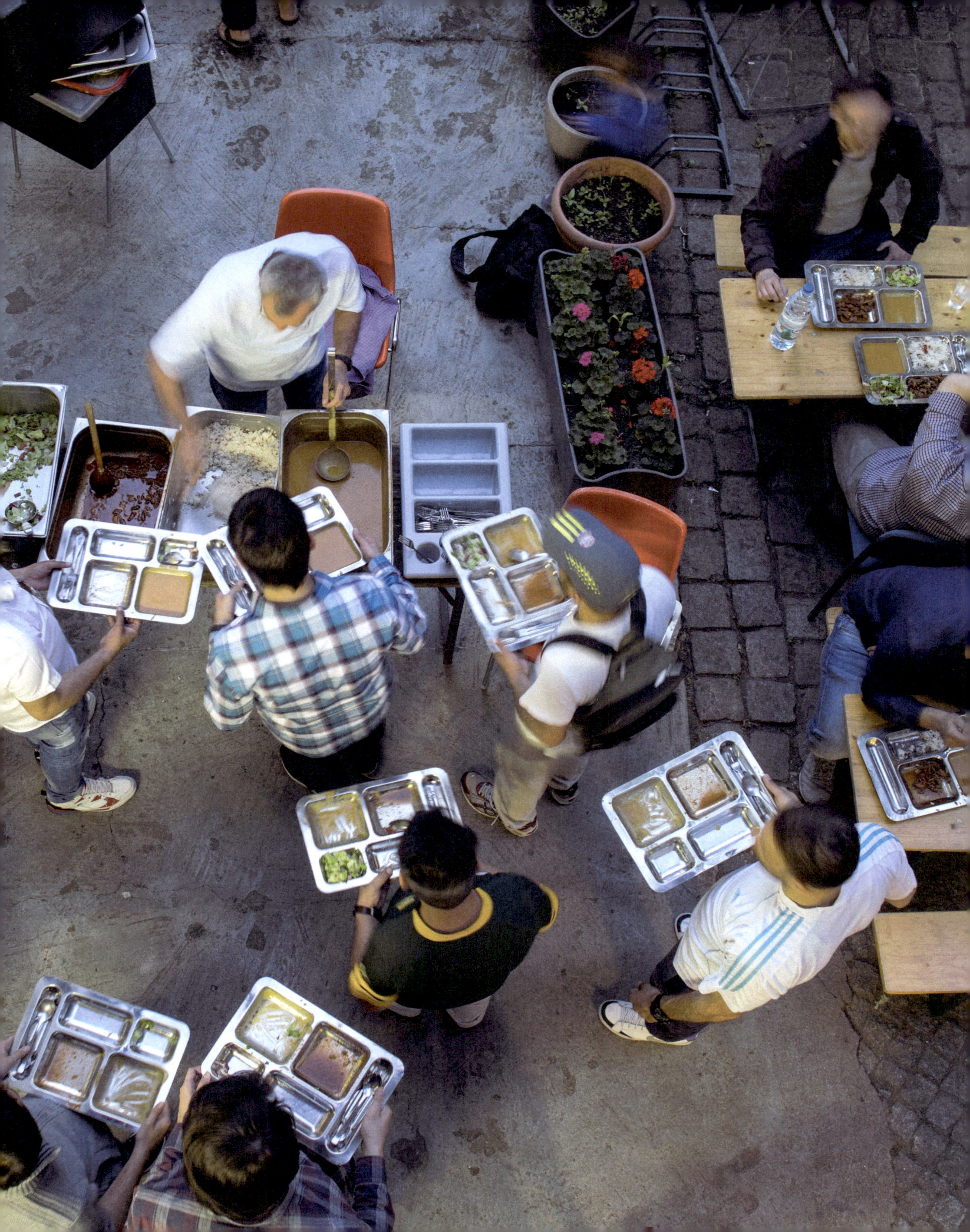

Fotoessay
Ramadanabend
im Gemeindezentrum

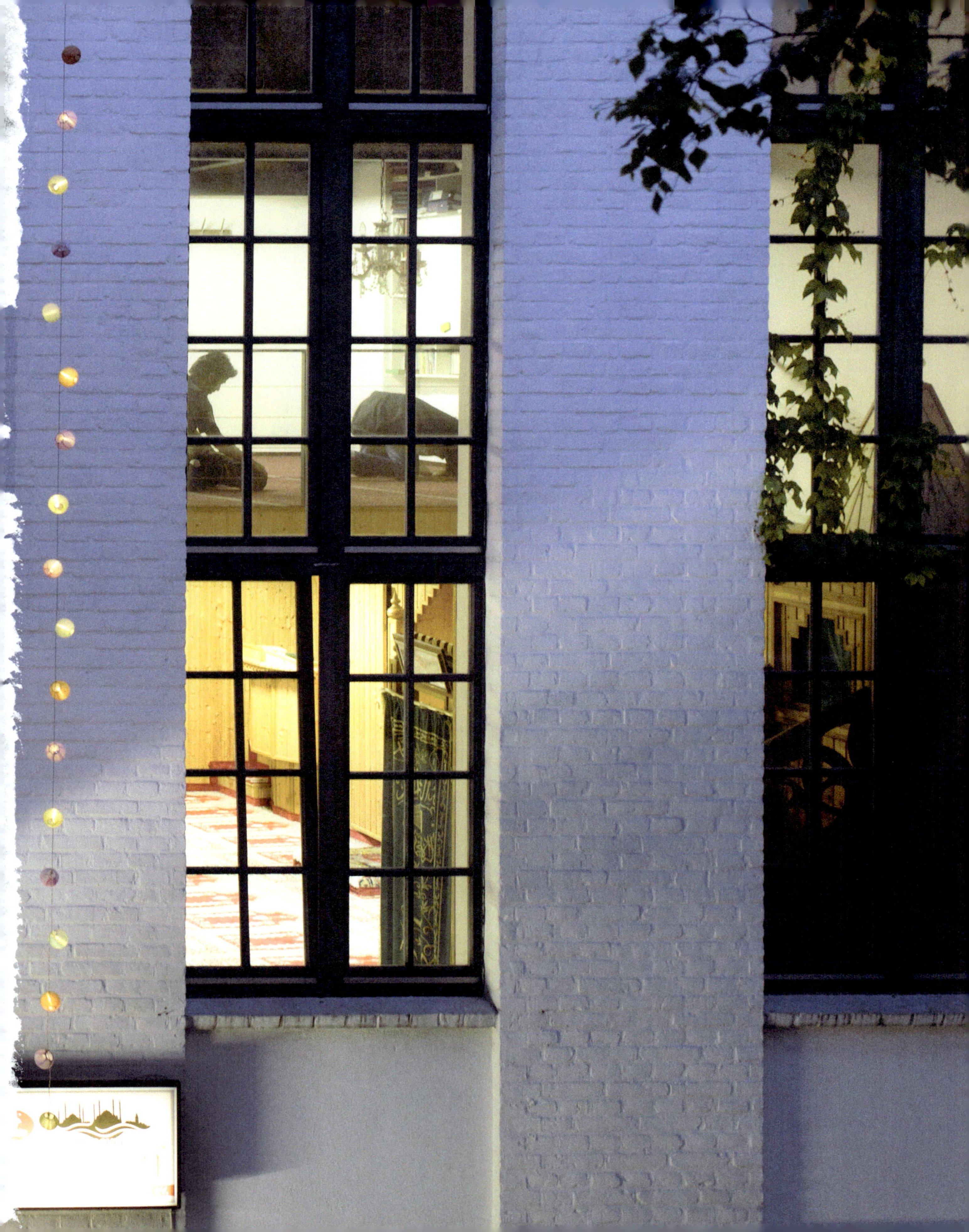

Fotoessay
Ramadanabend
im Gemeindezentrum

340–341

Minarett

Kathrin Herz

[1] Dass das Minarett den Standort von Moscheen anzeige und insbesondere dem Reise- und Karawanenverkehr als Orientierungshilfe diente, ist bei Korn zu lesen. Vgl. Korn, Lorenz (2012): Die Moschee. Architektur und religiöses Leben. München: C.H.Beck, S. 42. Außen an den Minaretten aufgehängte Lampen illuminierten das Bauteil (ebd, S. 18). Auch hier lesen wir die Ableitung des Wortes „Minarett" von „Manāra", was „Leuchtturm" bedeutet (ebd., S. 42) – dieser soll zunächst zur Form der Minarette inspiriert haben. Dazu auch Beinhauer-Köhler, Bärbel & Leggewie, Claus (2009): Moscheen in Deutschland. Religiöse Heimat und gesellschaftliche Herausforderung. München: C.H.Beck, S. 49. Beinhauer-Köhler arbeitet einen Funktionswandel des Minaretts heraus: vom Wachturm über die Plattform des Gebetsrufes zu heute allein repräsentativen Zwecken. Ursächlich für Letzteres sei der Großstadtlärm, der dazu führe, dass der Gebetsruf über Lautsprecher, die an den Minaretten befestigt sind, ausgesendet werde (ebd., S. 50). Ein Überblick über die Funktionen und Symbolgeschichte des Minaretts mit seinen verschiedenen und teilweise völlig gegensätzlichen Bedeutungen, die es annehmen kann, findet sich bei Schmitt. Siehe Schmitt, Thomas (2013): Moschee-Konflikte und deutsche Gesellschaft. In: Dirk Halm & Hendrik Meyer (Hrsg.): Islam und die deutsche Gesellschaft. Wiesbaden: Springer VS: 145–166, S. 157–158.

In der Literatur wird die Funktion des Minaretts als (Leucht-)Turm, der mit seiner Fernwirkung als eine praktische Orientierungshilfe dient und auf die Moschee hinweist, erklärt. Es diene außerdem als Standort des Muezzins, der zum Gebet ruft.[1] An den untersuchten Moscheen finden wir jedoch selten Minarette. Stattdessen verweisen Schilder auf die Präsenz der Moscheegemeinde am Ort und Lautsprecher verbreiten den Gebetsruf, der von einem Mahfili (einer erhöhten Plattform) im Gebetsraum ausgerufen wird. Selten ist dieser außen hörbar. Liegt die Zukunft des Minaretts also in Schild und Lautsprecher? Zumindest scheinen diese Gegenstände in den von uns untersuchten Gemeindezentren in umgenutzten Gebäuden die Aufgaben des Minaretts zu übernehmen. Dennoch scheint die Vorstellung, dass Minarette zu einer Moschee dazugehören, in gewisser Weise präsent zu sein, wie aus den Gesprächen im Feld und den Interviews hervorgeht. → (K)eine „richtige Moschee"?, S. 113

Das gezeichnete, gemalte oder
fotografierte Minarett

Hinweise darauf, dass für viele Gemeindemitglieder Minarett und Moschee zusammengehören, geben uns zunächst die Illustrationen und Abbildungen, die wir in den Gemeindezentren finden: Sie zeigen mehrheitlich einen quaderförmigen Baukörper mit einer Kuppel, die sich aus dem Gebäude entwickelt und von Minaretten flankiert ist. Dieses Motiv sehen wir wiederholt auf den Schildern, die an den Fassaden der Gemeindezentren angebracht sind. Neben dem Namen der Moschee ist dort u. a. häufig eine solche stilisierte Darstellung einer Moschee abgebildet. Das gezeichnete und gemalte Minarett ist ebenso Bestandteil der Wandbilder, die häufig die seitlichen Brandwände oder Fassaden der besuchten Gemeindezentren zieren, aber auch in den Innenräumen zu finden sind. → Wandbilder, S. 428 Darstellungen dieser Art finden wir außerdem auch als vorgedruckte Schablonen – mit bunten Holzstiften malen Kinder sie aus. In Teestuben, Gebetsräumen usw. sehen wir schließlich vielerorts Fotos existierender Moscheen – allesamt mit Minaretten. Manchmal, wenn die Gemeinde Umbau- oder Neubaupläne hat, finden wir Minarette auch auf den fotorealistischen Darstellungen, die an Anschlagbrettern aushängen.

Sichtbarkeit im Stadtbild

„Wir gehören zur Stadt"

Das Minarett als baulicher Bestandteil von Moscheen in Deutschland ist selten. Ist ein solches vorhanden, wird dies von unseren Gesprächspartner_innen als Zeichen der Zugehörigkeit zur Stadtgesellschaft und Gleichberechtigung gewertet. Sie zeigen Stolz und Rührung beim Anblick der eigenen Moschee im Stadtbild. In einem Interview schildert eine Frau, wie sie in den Abendstunden aus weiter Ferne und großer Höhe über die Stadt blicke. Schnell entdecke sie die Moschee mit dem angestrahlten Minarett. Der Anblick berührt sie: „Ich war fast am Weinen, was für ein schönes Bild." An einem anderen Ort wird das Minarett zur touristischen Attraktion: „Leute kommen ja wirklich hierher, um diese Moschee zu fotografieren [...]. Wenn sie vorne an der Straße stehen, können sie mit einem Foto das Minarett und den Kirchturm sehen – und das ist doch was Besonderes." Die Moschee mit ihrem Minarett gehört für unseren zweiten Gesprächspartner genauso selbstverständlich zum Stadtbild wie die christliche Kirche mit dem Kirchturm. Dass das Minarett genauso sichtbar ist wie die Symbole der anderen Glaubensgemeinschaften, erscheint wichtig, wenn es um Zugehörigkeit und Anerkennung geht. In ähnlicher Weise zeigt sich das bei einer anderen Moscheegemeinde am Beispiel eines Kalenders, den der Bürgermeister ihrer Stadt verteilt. Motive sind u. a. die kirchlichen Gebäude der Stadt – auch ihre Moschee ist dort abgebildet. „Das ist auch ein Zeichen von der Stadt an uns, dass wir anerkannt sind", sagen sie.

„Ich finde zum Beispiel Minarette
so ein bisschen überbewertet"

Die Überlegungen zweier Mitglieder anderer Moscheegemeinden drehen sich darum, ob zukünftig überhaupt noch Minarette notwendig oder ob diese nicht durch Schilder ersetzbar seien. Auch sie diskutieren Aspekte von Sichtbarkeit und Auffindbarkeit.

Unser junger Gesprächspartner denkt darüber nach, wo in den beiden Moscheen, die er besucht, seine Lieblingsorte sind. In einer Moschee – einem Neubau mit Kuppel und Minarett – sei neben dem Minarett sein Lieblingsplatz. Über das Sinnieren kommt er darauf zu sprechen, dass seine eigentliche Heimatgemeinde, die sich in einem umgenutzten Baukörper befindet, kein Minarett habe. Dass ein solches an diesem Ort aufgrund der Lage auch keinen Sinn mache, weil es nicht sichtbar wäre, lautet seine städtebaulich begründete Argumentation. An der anderen von ihm zuvor erwähnten Moschee hingegen machen die Minarette Sinn, denn da seien sie schon von Weitem zu sehen. In Bezug auf seine Gemeinde wie auch insgesamt auf Gemeinden in umgenutzten Gebäuden erklärt er, dass es immer noch Moscheegemeinden gebe, die Minarette nachträglich errichten. Das scheint ihn zu verwundern. Abschließend sagt er: „Ich finde zum Beispiel Minarette so ein bisschen überbewertet."

Ein anderer Interviewpartner, ein junger Vater, hat die Zukunftsvision einer großen Moschee, die durch die Generation seiner Tochter, die noch im Kleinkindalter ist, realisiert werden soll. Diesen Wunsch nach einer neuen Moschee entwickelt er nicht am Gegenstand des Neubaus, sondern ein unweit der jetzigen Moschee gelegenes, (noch) anderweitig genutztes Gebäude sei Schauplatz dieser „richtig geilen Moschee". Laut denkt er über die selbst aufgeworfene Frage nach, ob eine solche Moschee in Zukunft überhaupt noch Minarett und Kuppel brauche. Er kommt zu dem Schluss, dass ein großes Schild vermutlich auch ausreichen würde. Ein Schild an der Fassade mit dem Namen der Moschee scheint ihm zufolge das Nicht-Vorhandensein des Bauelementes Minarett, das typischerweise mit dem Baukörper einer Moscheegemeinde assoziiert wird, ersetzen zu können. → Schilder, S. 346 → die ‚dekorierte Moschee', S. 111

Eine Angelegenheit zwischen
Do-it-yourself, Gesetzen und Kunst

An drei der fünfzehn Gemeindezentren, die wir baulich dokumentiert haben, begegnen uns Minarette als dinglich-plastische Bestandteile am Gebäudeäußeren. Diese drei Minarette sehen nicht nur ganz unterschiedlich aus. Die Analyse zeigt auch, dass sie jeweils als Ergebnis sehr spezifischer lokaler Aushandlungs- und Vermittlungsprozesse entstanden sind. Einerseits verdeutlichen diese den Aufwand, der mit der Errichtung eines Minaretts verbunden ist, anderseits verweisen sie auf die vielfältigen Lesarten, die zeigen, wie die unterschiedlichen an den Prozessen beteiligten Akteur_innen Minarette wahrnehmen und welche Bedeutungen sie ihnen verleihen.

Eine besondere Geschichte haben insbesondere die Minarette der Centrum Moschee in Hamburg. Anfang der 1990er Jahre errichtete die Gemeinde zwei Minarette auf dem Dach des Anbaus. Die abnehmbaren Minarette wurden auf einer Werft und zum größten Teil in Eigenleistung einiger dort angestellter Gemeindemitglieder angefertigt. Da es kein Vergleichsobjekt gab, wurden die stählernen Minarette wie Schiffsschornsteine berechnet, auf Seetauglichkeit geprüft und seewasserfest beschichtet. Seit dem Spätsommer 2009 sind die Minarette auffällig mit einem Muster aus weißen und grünen Sechsecken bemalt. Hierfür wurden die Minarette für einige Wochen abgenommen und gemeinsam mit Jugendlichen der Gemeinde angestrichen. Dies geht auf eine Kunstinstallation des Künstlers Boran Burchhardt zurück, dem es gelang, sowohl die Moscheegemeinde als auch Politik und Behörden von dem Vorhaben zu überzeugen.[2] Seine Intention war es, einen spielerischen, ironischen Umgang mit religiösen Zeichen aufzuzeigen – „lachen urteilt schneller als das Vorurteil" schreibt er.[3] Der Künstler habe die Erlaubnis der Gemeinde, sich die Minarette zu Ausstellungzwecken ausleihen zu dürfen. Sollte sich ein Käufer finden, so dürfe er die Türme als Kunstwerke sogar verkaufen – allerdings müsse er dann für gleichwertigen Ersatz sorgen.

    Am Dürener Gebäude der Fatih Moschee vervollständigt ein Minarett den zerstörten Uhrenturm einer einstigen Fabrik und wird in der (langen) Genehmigungsphase in behördlichen Stellungnahmen zum baugeschichtlichen Zeugnis „für den Umgang einer westdeutschen Industriestadt mit den Mitbürgern aus anderen fremden Kulturkreisen"[4] erklärt. Als Kontrast dazu finden wir an der Eyüp Sultan Moschee in Frankfurt-Fechenheim zwei aus Hartschaum angefertigte Minarettattrappen, die an der Fassade angebracht wurden. Sie sollen den Eingang in den Gebetsraum betonen. Zudem ersetzen sie das eigentlich von der Gemeinde gewünschte Minarett, auf das verzichtet wurde, da die Genehmigung freistehender Minarette nicht möglich schien.

Stille Minarette, laute Minarette und Lautsprecher

Zwei der oben beschriebenen Minarette sind Beispiele für sogenannte ‚leise Minarette', von denen nicht zum Gebet gerufen werden darf – eines hingegen ruft laut aus. Dass Moscheegemeinden in den Stadtraum hinein zum Gebet rufen dürfen, ist sehr selten.[5] Um uns gegenüber zu verdeutlichen, wie besonders diese Erlaubnis ist, vergleicht sich eine Gemeinde, die ausrufen darf, mit einem prominenten Neubau, bei dem der Ezan (Gebetsruf) nicht laut ertönen dürfe. Gemeinden, die lautsprecherverstärkt zum Gebet rufen dürfen, empfinden dies als Glück. Sie erzählen von Aushandlungsprozessen, die sich um die Lautstärke und um die beiden Gebete am frühen Morgen beziehungsweise am späten Abend und damit um die Einhaltung der Nachtruhe drehen. „Ganz am Anfang wurde das fünfmal verkündet und da war der Pegel ein bisschen höhergestellt, aber nach und nach hat man sich dann geeinigt. Es ist uns erlaubt, aber wir sagen okay, damit wir die [Stadtname] Bevölkerung, die Mitbürger nicht belästigen. Nur dreimal, das, selbst das, reicht ja. Nach innen können wir ja verkündigen." Dass für den äußeren Gebetsruf nicht zwangsweise ein Minarett notwendig ist, sehen wir in einer anderen Gemeinde – hier sind Lautsprecher auf das Dach montiert. Seit Jahrzehnten ruft die Gemeinde auf diese Weise zum Gebet. Nun möchte sie im Zuge von Umbauplänen auch ein Minarett bauen. Werden alle Gemeindemitglieder davon zu überzeugen sein, werden Politik und Behörden es genehmigen, und wenn ja, wird der Lautsprecher dann auf das Minarett umziehen oder wird es ein stiller Turm werden?

2
Burchhardt, Boran (2012): Darf ich mal Ihr Minarett anmalen? In: Institut für Auslandsbeziehungen e.V. (Hrsg.): Kubus oder Kuppel. Moscheen. Perspektiven einer Bauaufgabe. Tübingen, Berlin: Ernst Wasmuth, S. 118–121.

3
Ebd., S. 118.

4
Auszug eines Schreibens aus der Bauakte.

5
Zum rechtlichen Rahmen der Zulässigkeit des Gebetsrufs verweisen wir exemplarisch auf Schoppengerd, Johanna (2008): Moscheebauten in Deutschland. Rahmenbedingungen, Fallbeispielanalyse, Handlungsempfehlungen für die kommunale Ebene. Dortmund: Institut für Raumplanung, S. 67–69. Eine Auflistung einiger Moscheegemeinden, die den Gebetsruf durchführen dürfen, findet sich in Spuler-Stegemann, Ursula (1998): Muslime in Deutschland. Nebeneinander oder Miteinander. Freiburg im Breisgau: Herder, S. 153–156.

Schilder

Kathrin Herz

[1] Viele Namen der Gemeindezentren beziehen sich auf berühmte muslimische Persönlichkeiten, Prophetengefährten, osmanische Sultane, religiöse Ereignisse oder bedeutende Bauten. Vgl. hierzu Spuler-Stegeman, Ursula (1998): Muslime in Deutschland. Nebeneinander oder Miteinander? Freiburg im Breisgau: Herder, S. 153–156. „Merkez Camii" erscheint uns als gängiger Moscheename. Uns wird erklärt, dass Merkez „Zentrum" bedeute, und dass es sich bei einer Merkez Moschee um die erste beziehungsweise älteste Moschee in der jeweiligen Stadt handle. Seltener finden wir ein Gemeindezentrum, dessen Namensbestandteil die Stadt beziehungsweise der Stadtteil, in dem es steht, ist. Ist dies der Fall, dann wird das in Gesprächen stark gemacht und darauf verwiesen, dass ein anderer Name, z. B. Istanbul Moschee, den man zunächst im Sinn gehabt habe, für diesen spezifischen Ort recht unsinnig erscheine. Explizit betont wird dann einerseits die Zugehörigkeit zur Stadt oder zum Stadtteil und andererseits die ethnische Heterogenität, aus der sich die Gemeindemitglieder zusammensetzen.

In allen Gemeindezentren gibt es Schilder – diese lassen sich in zwei grundlegende Arten einteilen: in solche, die den Namen der Moschee anzeigen und daher außerhalb des Gebäudes angebracht sind, und solche, die auf die Nutzung einzelner Räume verweisen und im Innenraum angeordnet sind. Während erstere primär der Auffindbarkeit der Moscheegemeinde dienen, sind letztere in der Regel Teil eines Leit- und Orientierungssystems, welches sich durch das gesamte Gebäude ziehen kann.

Außen / Das Schild der Moschee

Die Schilder im Außenraum mit dem Moscheenamen sind entweder direkt am Bauwerk angebracht oder diesem vorgelagert: Die Tafeln hängen über oder seitlich der Eingangstür an der Fassade – bei eingeschossigen Bauten sind sie häufig an der Attika des Gebäudes angebracht. Falls dem Gebäude Freiräume (z. B. Höfe) und/oder bauliche Strukturen (z. B. Zäune oder gar Vorderhäuser) vorgelagert sind und das Gemeindezentrum folglich nicht unmittelbar an den öffentlichen Raum angrenzt, so stehen oftmals vorne an der Straße Schilder, die auf die Moschee im rückwärtigen Bereich verweisen. Diese Schilder sind Teil jener Artefakte, welche die Gemeinden anbringen, um die Moschee im umgenutzten Baukörper sichtbar zu machen. → die ‚dekorierte Moschee', S. 111 Auf den Schildern lesen wir beispielsweise: „YENÍ CAMÍÍ (MOSCHEE). Türkisch-Islamische Gemeinde zu Neukölln e.V.", „EYÜP SULTAN CAMÍÍ", „KUBA Camii/Moschee. (Telefonnummer und Homepage)", „DÍTÍB – Türkisch Islamische Gemeinde zu Siegen e.V. Selimiye Moschee/Selimiye Camii. Gegründet 31.01.1977. (Homepage, E-Mail-Adresse und Telefonnummer)" oder „STEILSHOOP CAMÍÍ STEILSHOOPER MOSCHEE".
    Alle Schilder nennen den Namen des Gemeindezentrums, der meist in Kombination beider Sprachen angegeben wird – entweder zuerst türkisch, dann deutsch oder umgekehrt.[1] Häufig lesen wir auf den Schildern auch den Namen des Vereines und des Dachverbandes. Seltener sind Kontaktdaten und das Gründungsdatum des Moscheevereins gelistet. Die Schilder sind individuell gestaltet und operieren mit verschiedenen Schriftgrößen, -schnitten und -farben, um Informationen unterschiedlich zu betonen. Die textlichen Inhalte sind zum Teil um Logos der Dachverbände, Illustrationen von Moscheen im osmanischen Stil oder Embleme wie Deutschland- und Türkeiflaggen ergänzt.

Eine Schwierigkeit besteht darin, dieses spezifische Schild nicht zu übersehen. Einerseits kann dies rasch passieren, da das Schild der Moscheegemeinde vielfach mit den Schildern und Werbetafeln von Geschäftsleuten konkurriert. → Multifunktionale Cluster, S. 83 Anderseits erfordert das Verstehen des Schildinhaltes Kenntnis über die Bedeutung des türkischen Wortes Cami, das synonym zum deutschen Wort Moschee verwendet wird. Können wir diese Schilder ‚lesen', so wissen wir, zu welchem Zweck das Gebäude genutzt wird, nämlich als Moschee, wir erfahren den spezifischen Namen der Moschee, z. B. Selimiye Moschee, und den des Vereines, der diese betreibt, z. B. DÍTÍB – Türkisch Islamische Gemeinde zu Siegen e.V. Oft ergänzt um Kontaktdaten kann das Schild – auch ganz im wörtlichen Sinne – als Visitenkarte des Gemeindezentrums begriffen werden.

Schilder

DİTİB - Türkisch Islamische Gemeinde zu Siegen e.V.
Selimiye Moschee / Selimiye Camii
Gegründet 31.01.1977
www.ditib-siegen.de info@ditib-siegen.de Tel. 0271-87723

DİTİB EITORF
MERKEZ CAMİİ
ZENTRALE MOSCHEE
EITORF
DİTİB Türkisch-Islamische
Gemeinde zu Eitorf e.V.

AYASOFYA CAMİİ
IGMG
Islamische Gemeinschaft Milli Görüş

348–349

Innen / Die Schilder in der Moschee

Die Schilder im Haus sind in der Regel nicht zu übersehen – sie sind schnell nach dem Betreten eines Gebäudes zu entdecken. So erscheinen sie etwa in Form einer Infotafel, die Überblick über alle Räume gibt, als Abfolge, die zu einem spezifischen Raum, in der Regel zum Gebetsraum führt, oder als Etikett, das unmittelbar vor allen Räumen an deren Türen hängt.

Im Eingangsbereich eines Gemeindezentrums finden wir eine große Tafel. Sie listet nahezu alle Räume des Gebäudes auf und benennt die ihnen zugewiesene Funktion in türkischer und deutscher Sprache. Noch bevor wir die Räume sehen, haben wir einen ungefähren Überblick darüber, wie viele Räume es gibt und für welchen Nutzungszweck sie eingerichtet sind. Die Tafel gibt zudem Auskunft über die Positionen der Räume im Gebäude, ob sie im Alt- oder Neubau liegen, welcher Treppenaufgang, ob A oder B, zu ihnen führt und auf welcher der vielen Etagen sie liegen. Schilder im gleichen Design erkennen wir auf dem Weg zum ersten Treppenhaus wieder. Sie sind über den Türen angebracht. So lesen wir über einem Raum:

„ERKEKLER MESCÍDÍ
– GEBETSRAUM FÜR HERREN".

Am Fuß der Treppe hängt wieder eine Tafel, die im Vergleich zu der im Eingangsbereich stark ‚ausgedünnt' wirkt – hier sind nur noch die Räume, die über diesen Treppenaufgang erreichbar sind, aufgelistet.

Ein derart aufwendiges Leit- und Orientierungssystem finden wir selten. An einem anderen Ort hat die Jugendabteilung Ähnliches geplant, erinnern wir uns. Üblich hingegen erscheinen uns die Beschriftung der Türen und ein Leitsystem bezogen auf den Gebetsraum. Dieser kann sich, auch in Folge der Umnutzung, im Erdgeschoss gleichermaßen wie in einer der oberen Etagen des Bauwerkes befinden. → Einpassung eines spezifischen Programms in unterschiedliche Gebäudestrukturen, S. 106 Je nach dessen Lage im Gebäude gibt es unter Umständen eine Kaskade von Schildern wie „Gebetsraum →". Diese holen die Besucher_innen am Eingangsbereich ab und leiten sie durch das Gebäude zum Gebetssaal. Durch die Schilder zum Gebetsraum wird deutlich, dass nicht alle Personen, die diesen Raum aufsuchen, Gemeindemitglieder sind. Der Betsaal ist regelmäßig Ziel von Ortsfremden: Gläubige von außerhalb, die am Gebet teilnehmen möchten, Schulklassen, die zu einer Moscheeführung kommen, Anwohner_innen, die die Gemeinde anlässlich des Tages der offenen Moschee besuchen etc.

Auf den Schildern, die über oder neben den Türen, die in den Raum führen, angebracht sind, lesen wir z. B. „Gebetsraum für Damen", „kindermoschee", „[Moscheename] Jugend", „Buchgeschäft" etc. Neben der dezidierten Raumnutzung, beispielsweise „Gebetsraum", lesen wir aus dem Schild, ob beziehungsweise welcher Nutzer_innengruppe der Raum zugeteilt ist, beispielsweise den „Damen". Bei einem Zweitbesuch eines Gemeindezentrums entdecken wir Schilder mit Raumbezeichnungen, die es bei der vorherigen Begehung nicht gab. Der neue Vorstandsvorsitzende habe sie aufhängen lassen, erfahren wir. In diesem Gemeindezentrum sind es große Schilder, die auch aus der Ferne gut lesbar sind. Sie sind alle unterschiedlich gestaltet – damit stehen sie im Kontrast zum Corporate Design, welches die o. g. Gemeinde für ihre Schilder entwickelt hat und stringent anwendet. Es macht den Eindruck, als sei jedes Schild in seiner Gestaltung der spezifischen Nutzer_innengruppe des Raumes angepasst. Am deutlichsten zeigt sich das am Schild der „kindermoschee": Alle Buchstaben sind kleingeschrieben, jeder Buchstabe ist mehrfach bunt ausgemalt und allesamt sind sie bauchig-rund – womit das Schild insgesamt sehr verspielt wirkt. Wie wichtig es dem Vorstandsvorsitzenden ist, dass die „Kleinen" einen eigenen Raum haben, in dem sie „spielen und toben" können, findet in diesem Schild bereits seinen visuellen Ausdruck. Er spricht es zudem aus, als wir gemeinsam vor dem Raum der Kleinkinderbetreuung stehen.

Die Schilder an diesem Ort sind große, sichtbare Gesten, die über das Benennen und Auffinden einer Raumfunktion hinauszugehen scheinen. Es wirkt, als seien mit diesen aufwendig gestalteten, individualisierten Schildern einerseits die Funktionen der Räume, anderseits aber insbesondere die Nutzer_innen, die das Zugriffsrecht auf diese Räume haben sollen, zumindest für eine gewisse Zeit festgeschrieben.
  Abermals anders erscheinen uns im Vergleich dazu die kleinen Türschildchen, die wir in manch anderen Moscheezentren sehen. Wir kennen sie von Bürogebäuden und auch an unseren Arbeitsplätzen befinden sich solche. Hier ändert sich allerdings in der Regel nicht die Funktion der Räume, sie werden Büros bleiben, stattdessen werden die Personen, die sie benutzen dürfen, häufig ausgetauscht. Dieses standardisierte System mit der Herstellerbezeichnung „Wechselbeschriftungssystem" ermöglicht eine einfache, schnelle und kostengünstige Anpassung. Noch einfacher und vielleicht auch provisorisch sind nur noch an die Türen geklebte Klarsichtfolien mit eingesteckten Zetteln, die wir bei einigen unserer Begehungen vorfinden.

Zusammenfassung

Deutlich wird, nicht nur von außen bekommt das Gebäude eine Art ‚Visitenkarte' angeheftet, sondern auch einzelne innenliegende Räume werden mit einer Art ‚Etikett' beschriftet. Dahinter steckt ein Bedürfnis nach Auffindbarkeit ebenso wie nach der Herstellung einer Ordnung: Festgeschrieben wird sowohl ein Zustand der Raumnutzung als auch die Raumzuordnung an bestimmte Personen. Vor dem Hintergrund unserer Beobachtungen, dass es in vielen Gemeindezentren zu wenig Raum gibt, alle Nutzer_innengruppen Ansprüche an eigene Räume geltend machen und die Nutzung von Räumen oft geändert wird, erhalten vor allem die Schilder im Innenraum ihre besondere Bedeutung.

Schuhregal

Elemente der Moschee

352–353

Sicherheit

Marko Perels

Das Thema Sicherheit begegnet uns bei den Besuchen der Moscheezentren immer wieder, insbesondere beim Versuch, Zugang zu diesem Forschungsfeld zu bekommen. Es geht dabei um eingeworfene Fensterscheiben, beschmierte Fassaden bis hin zu Brandanschlägen. Auch diskursiv sind Moscheevereine mit Verdächtigungen und Vorwürfen konfrontiert, die ein Gesprächspartner bei spontanem Erstbesuch durch uns mit der Aussage zusammenfasst: „Wir stehen unter Beschuss." Insofern ist nachvollziehbar, dass wir auf Vorsichtsmaßnahmen und Misstrauen stoßen. Genauso begegnet uns aber auch eine herzliche Offenheit und Kooperationsbereitschaft. Dieses Spannungsverhältnis wird im Folgenden genauer beschrieben.

Kameraüberwachung und offene Tür

Selbst bei den kleinsten Moscheegemeinden finden wir häufig Überwachungskameras an den Außenseiten und gelegentlich auch im Inneren der Gebäude. Diese sind eine solche Selbstverständlichkeit, dass sie in den Gesprächen vor Ort kaum zum Thema werden. Bei prominenten Gebäuden wie der zentralen Verwaltung und Moschee eines Dachverbandes fallen uns die schiere Vielzahl von Kameras und zusätzliches Sicherheitspersonal jedoch auf, sodass wir zwangsläufig darüber ins Gespräch kommen. Dies sei ein besonderer Ort, sagt unsere Gesprächspartnerin, der besondere Befürchtungen mit sich bringe. „Wenn irgendwann etwas hier passiert, dann richtig."

Im Zugang zu den meisten Gemeindezentren kontrastiert die Präsenz der Kameraüberwachung und damit einer antizipierten Gefahr hingegen regelmäßig mit weit offenstehenden Türen. Nein, hineinzugehen sei kein Problem, die Tür stehe offen, heißt es dann, wenn wir uns bei Erstbesuchen unsicher zeigen – wenn wir denn überhaupt eine Person antreffen. Viele Moscheegemeinden praktizieren tagtäglich eine Politik der offenen Tür, damit die Gläubigen flexiblen Zugang zum Gebetsraum haben, um ihre bis zu fünf Gebete verrichten zu können. Jenseits der eher abstrakt Sicherheit suggerierenden Kameraüberwachungen bieten die Nutzungsweisen der Gemeinde Schutz: Wenn es eine gut besuchte Teestube gibt, in der auch zwischen den Gebeten Menschen beim Tee sitzen, oder ein Geschäft wie der Herrenfriseur lange Öffnungszeiten hat, dann sind Leute vor Ort, die ein Auge auf den Publikumsverkehr haben. Sie registrieren fremde und suchende Blicke.

Wie offen und unreguliert der Zugang zum Gebäude einer Moscheegemeinde sein kann, haben wir z. B. in der Stadt Dresden erlebt. Im Rahmen eines spontanen Erkundungsbesuches wurde dort ein Gemeindezentrum besucht. Die hier protokollierte Suchbewegung im Zugang beschreibt eine Erfahrung, die wir oft gemacht haben:

> „Kameraüberwachung auf den Längsseiten. [...] Ich schaue rechts und schaue links, und entscheide mich, den von der Hauptstraße abgewandten Eingang zu nehmen. Das Tor steht offen, ich gehe in einen Innenhof. Hier ist noch ein Innengebäude, vorne sieht es nach Wohnhaus aus. [...] Der Eingang zum Gebetsraum führt scheinbar über den Aufenthaltsraum und ich blicke hinein. Die Tür steht sperrangelweit offen, aber kein Mensch. Es gibt einen Aufgang zum Wohnhaus, mit zwei Parteien, aber dort ist die Tür verschlossen. Der zweite Eingang allerdings ist wieder offen. Keiner zu sehen. Ich gehe dann wieder zurück zu dem Aufenthaltsraum und rufe ein Hallo hinein. Nichts. Dann gehe ich zurück zu der anderen offenen Tür und rufe. Deutsch und Türkisch. Drei Jungs kommen mir entgegen. Ich frage, ob jemand in der Moschee sei, Vorstand oder so, sage, dass ich von der Universität komme."

Es ist ein Wochenende im Ramadan, der Moscheekomplex wirkt zum Zeitpunkt verlassen. Dennoch stehen viele Türen offen. Es riecht irgendwoher nach Essen – das abendliche Fastenbrechen wird vorbereitet. Vermittelt durch die drei Jungs kommt es zu einem Gespräch mit dem Imam der Gemeinde und einem Vater. Beide berichten über die Moscheegemeinde. Der Imam und seine Familie wohnen in dem Gebäude. Uns wird diese Erfahrung besonders im Gedächtnis bleiben, da wenige Monate später ein Anschlag auf den Moscheekomplex verübt wird. Drei Rohrbomben werden durch einen Anhänger der islamfeindlichen PEGIDA[1] und Rechtsterroristen platziert, von denen zwei nicht detonieren. Selbst wenn der tatsächliche Schaden aufgrund der Fehlfunktionen gering bleibt, so besteht doch große Gefahr für Anwesende und Ersthelfer_innen.[2] Dieses drastische Beispiel verdeutlicht die Gefährdung deutsch-türkischer Moscheegemeinden.

Bei unserer Suche nach geeigneten Gemeindezentren für die vorliegende Studie hören wir mehrfach von Erfahrungen mit Anschlägen. In einem Gemeindezentrum brennt infolge eines Anschlags der angeschlossene Buchladen aus. In einer anderen von uns besuchten Moscheegemeinde wird ein Brandanschlag auf den Gebetsraum im Forschungszeitraum verübt und bleibt nur aus glücklichen Umständen verhältnismäßig folgenlos. Der Vorsitzende einer weiteren Gemeinde erzählt, dass viele Scheiben in der großen Glasfront des Gemeindezentrums und eines dazugehörigen Geschäfts eingeworfen wurden. Er klagt über den Schaden, der mehrere tausend Euro betragen habe – und macht damit den Aufwand deutlich, den es für die Moscheegemeinden bedeutet, ihre gefährdeten Objekte zu versichern.[3] Diese Erfahrungen passen jedoch nur bedingt mit unbekümmerten Praxen des Alltags zusammen, die wir regelmäßig beobachten. Sie sind meist unbeeindruckt von diesen möglichen Gefahren.

Öffentlichkeit als Risiko

Beim Zugang zum Forschungsfeld wird deutlich, dass auch die Öffentlichkeit ein Risiko bedeutet, die mit der vorliegenden Buchpublikation hergestellt wird. Wir können dabei wenigstens drei verschiedene Arten der Gefährdung unterscheiden.

Eine Gefährdung ist das oben beschriebene Risiko von Anschlägen. Das wird in der ethnografischen Notiz über ein Telefongespräch mit einem Vorstandsvorsitzenden sehr deutlich:

> „Jegliche Detailinformation über die Moschee sei ‚kein Vorteil' für die Gemeinde. Auf den alten Standort habe es einen Anschlag gegeben, jemand hatte an der Gasleitung manipuliert, glücklicherweise hätten Jugendliche ihn beobachtet und er sei dann erwischt worden. […] Der Vorstandsvorsitzende hat Angst um seine Gemeinde. Was, wenn die Leute dann wüssten, wo alles genau liegt. […] Die Geschichte mit den Gasleitungen greift er zwei- bis dreimal auf."

Aufgrund dieser Sicherheitsbedenken sagt die Gemeinde die Teilnahme am Buchprojekt ab.

Ein zweites Risiko sehen unsere Gesprächspartner_innen darin, dass ein solches Buch jenseits von möglichen Anschlägen die Aufmerksamkeit von Menschen auf das Gemeindezentrum lenkt, von denen man froh ist, dass sie gar nicht so viel wissen. Im ethnografierten Gesprächseindruck liest sich das folgendermaßen:

> „Es gebe immer nur Ärger, wenn die Medien irgendwie Berichterstattung machen würden. Das generiere Aufmerksamkeit und es melden sich daraufhin komische Leute. Briefe kommen, am Telefon wird man beleidigt. Vielleicht sind es nicht die Leute direkt hier, aber selbst aus zehn Kilometer Entfernung kämen sie dann hier an. Ohne Bericht-

---

[1] Das Kürzel steht für die Selbstbezeichnung „Patriotische Europäer gegen die Islamisierung des Abendlandes", eine temporär bundesweite wenigstens rechtspopulistische Bewegung mit Ausgangspunkt in Dresden. Vgl. ZEIT ONLINE vom 05.02.2018: Angeklagter gesteht Anschlag auf Moschee https://www.zeit.de/gesellschaft/zeitgeschehen/2018-02/dresden-anschlag-moschee-icc-gestaendnis-angeklagter [abgerufen am 08.08.2018].

[2] Vgl. Sächsische Zeitung vom 09.02.2018: Bombe war auch für Ersthelfer gefährlich. http://www.sz-online.de/nachrichten/bombe-war-auch-fuer-ersthelfer-gefaehrlich-3875772.html [abgerufen am 08.08.2018].

[3] Eine Bilanz und Einordnungsversuche zu „Moscheeübergriffen" liefert der Dachverband DITIB (2017). Hier wird eine starke Zunahme von Angriffen festgestellt, die in zeitlichem Zusammenhang mit Aktivitäten von HoGeSa (sogenannte „Hooligans gegen Salafisten") und der folgend stark an Dynamik gewinnenden, islamfeindlichen PEGIDA-Bewegung gesehen (ebd., 2017, 32 f.). Andere Täter_innengruppen werden im Feld der PKK- und YPG-Sympathisanten verortet (Vgl. ebd.). Vgl: Paffrath, Ulrich (2017): Moscheeübergriffe in Deutschland. Herausgegeben vom DITIB Bundesverband. Köln: ditibverlag. https://www.ditib.de/media/Image/duyuru/Bericht_Moscheeu_Deutschland.pdf [abgerufen am 10.08.2018]. Erst seit dem Jahr 2017 erfassen Polizeibehörden von Bund und Ländern Angriffe gegen Muslim_innen gesondert. Vgl. Pauli, Ralf: Zahlen des Innenministeriums. Täglich drei Angriffe auf Muslime. In: die tageszeitung vom 04.03.2018. http://www.taz.de/!5486105/ [abgerufen am 12.12.2018].

> erstattung hätten sie womöglich gar nicht mitbekommen, dass hier eine Moschee sei. Mit den Nachbarn hatten sie richtig Ärger. Die wollen die Moschee hier nicht haben. Es gab am Anfang Vermittlungsversuche, Einladungen. Doch die Besucher_innen seien mit Kameras etc. gekommen, nur um die Bilder dann an das Bauamt zu schicken und der Gemeinde so Ärger zu machen."

Hier wird deutlich, dass die Offenheit, mit der diese Gemeinde der skeptischen Nachbarschaft zu begegnen versuchte, mit Risiken behaftet ist. Die Suche nach formalen Mängeln ist eine klassische Möglichkeit für Gegner_innen der Moscheegemeinde, dieser zu schaden.

Während diese Gemeinde negative Erfahrungen mit ihr schlecht gesonnenen Menschen machte, erzählen andere von aufmerksamen Nachbar_innen, die Anschläge verhinderten. Dritte wiederum ärgern sich über Vertreter_innen aus Politik, Kirche und Verbänden, die sich nach einem Anschlag nicht mal erkundigt hätten, wie es der Moscheegemeinde gehe. Die Erfahrungen mit der Stadtgesellschaft im Kontext von Anschlägen sind somit recht unterschiedlich. Im dritten Fall gibt es ein ausgeprägtes Misstrauen gegenüber Medienschaffenden und ihren Arbeitsmethoden – gerade wenn es um kontroverse politische Themen geht. Dass diese Themen vor dem Hintergrund der eigenen Moscheegemeinde verhandelt werden, ist eine in der Gemeinden gemachte Erfahrung und ein Ärgernis. Bei unseren Zugangsversuchen zum Feld wird uns manchmal von Kontakten mit Medien erzählt, deren Berichte als starke Verzerrung empfunden werden, sodass die Zusammenarbeit im Nachhinein bereut wird:

> „Als wir über die Form der Forschung sprechen, kommen wir auch auf Interviews. Da habe er [der Vorstandsvorsitzende] schlechte Erfahrungen gemacht. Die Medienvertreter oder Forschenden meinten, sie wollten über die Gemeinde sprechen, doch dann stellten sie plötzlich ganz andere Fragen. Wollten über den Militärputsch in der Türkei reden oder sonstige politische Themen."

Im Forschungszeitraum gibt es eine ganze Reihe von Ereignissen in deutsch-türkischen Zusammenhängen, die nicht folgenlos für die Forschungsbeziehungen bleiben. Vom Putschversuch in der Türkei im Juli 2016, der anschließenden ‚Säuberungspolitik' gegen mutmaßliche Anhänger_innen der Gülen-Bewegung, der Verurteilung des Genozids an den Armenier_innen durch den deutschen Bundestag bis hin zum aufgeheizten Wahlkampf zum türkischen Verfassungsreferendum und Präsidialsystem 2017 gibt es viele Anlässe, die für Aufregung sorgen. Diese Ereignisse führen zu einer verstärkten medialen Präsenz in den Moscheegemeinden und mehrfach hören wir von Vorstandsmitglieder, die ihre Politik der offenen Tür im Nachhinein bereuen. Man sei ganz offen gewesen, habe sich dann aber über den Beitrag geärgert, der aus Gemeindeperspektive völlig den Rahmen verdreht habe. Zugespitzt bringt das ein junges Gemeindemitglied in einem Telefongespräch auf den Punkt, das wir paraphrasierend dokumentieren:

> „Er ist sehr pessimistisch. Immer würde alles verdreht und am Ende hätten die Moscheegemeinden und Muslime den Schaden. Entweder so ein Buch [wie die vorliegende Studie] bringe überhaupt nichts oder es richte nur Schaden an. […] Man sei hier im Hinterhof und das Beste wäre, wenn die Leute überhaupt nichts von der Gemeinde mitbekommen würden."

Der Versuch einer Kontaktaufnahme zu dieser Gemeinde endet mit diesem Telefonat, das als Absage verstanden wird. Interessant ist die Bewertung der Lage der eigenen Gemeinde „im Hinterhof". Die sogenannte „Hinterhofmoschee" wird hier von einem Stigma zu einem Garanten für ungestörte Glaubenspraxis in Verhältnissen der Diskriminierung.

Wenn es ausreichend Gelegenheit für eine wirkliche, persönliche Begegnung und genügend Zeit zur Vorstellung gibt, bleiben die erlebten Absagen für eine Teilnahme an der Forschung die Ausnahme. Sowohl bei der Entscheidung zur Teilnahme als auch bei den Absagen müssen wir von einem ganzen Konglomerat von Erfahrungen und Deutungsmustern ausgehen, die wirksam werden. Die Mischung macht das Ergebnis und so können die hier vorgestellten Dimensionen nur idealtypische Zuspitzungen sein. Denn wie die zusätzliche Belastung eines ehrenamtlichen Engagements durch das Forschungsprojekt die hier aufgezählten Sicherheitsbedenken konturiert, womöglich verstärkt und damit auch (arbeits-)entlastend für besonders relevant erklärt, ist ein weiterer Einflussfaktor, der nur schwer zu bemessen ist. Die grundlegende Aussage, die der junge Mann im Telefongespräch betont – dass die Lage „im Hinterhof" ein Schutz sei und man die Aufmerksamkeit gar nicht wolle – wird uns gegenüber weit überwiegend anders beantwortet. Sicherheitsbedenken stehen gegen das Bedürfnis zurück, das Forschungsprojekt als Chance zur Präsentation des eigenen Standpunkts und der eigenen Geschichte zu begreifen. Das Bewusstsein zu dieser – offenbar bisweilen mutigen – Öffentlichkeitsarbeit ist dabei Gegenstand sorgfältiger Abwägungen.

Teemaschine

Kathrin Herz

Eine Maschine zur Teezubereitung befindet sich in jedem Gemeindezentrum: Entweder handelt es sich hierbei um einen Çaydanlık (aus zwei Teekannen bestehendem Kochgeschirr) oder um eine Çay Kazanı (Teemaschine). Çaydanlık und Çay Kazanı stehen in der Regel in der Teestube, genauer in der Teeküche – die offen oder abgetrennt von dieser sein kann. Bei geselligen Anlässen, Feiertagen und gutem Wetter stehen diese auch mal draußen im Hof – es handelt sich im Rahmen der Reichweite ihrer Stromkabel um bewegliche Artefakte.
→ Teestube, S. 406

Zwei übereinanderstehende Kannen bilden den Çaydanlık. Die untere Kanne dient dem Aufkochen des Wassers. In der oberen Kanne befinden sich die gewaschenen, noch feuchten Teeblätter. Da die obere Kanne die untere schließt, wird durch die Wärmeübertragung der Tee aufgeschlossen (oxidiert). Kocht das Wasser in der unteren Kanne, so wird es in die obere Kanne gegossen. Nach kurzer Ziehzeit entsteht ein kräftiger Teesud. Die Çay Kazanı ist eine Art großer Wasserbehälter, in dem Wasser auf einer konstanten Temperatur gehalten wird. Oben auf seinem Korpus sind Herdplatten angeordnet, hierauf befinden sich Teekannen. Diese enthalten das starke Teekonzentrat. Beide Aufgüsse – sowohl das aus dem Çaydanlık als auch das aus der Çay Kazanı – werden vor dem Servieren mit heißem Wasser verdünnt. Die Stärke des Tees kann somit individuell von Glas zu Glas bestimmt werden und changiert in ihrer Farbigkeit vom intensiven Kastanienbraun bis zu einem schwachen Rotbraun.

Bedient werden Çaydanlık und Çay Kazanı von fachkundigem Personal, das den Tee an den Platz serviert. Tee ist der gegenständliche Ausdruck von Gastfreundlichkeit, so findet für uns kaum ein Besuch ohne Tee statt. Bestellen müssen wir den Tee nicht – meist kommt er wie von Zauberhand und steht ganz plötzlich vor uns auf dem Tisch. Auch im Ramadan, wenn unsere Gegenüber fasten, bekommen wir ganz selbstverständlich Tee gereicht. So macht es Sinn, die Maschine(n) zur Teezubereitung aus der Perspektive des Gastes zu beschreiben – nachfolgender Protokollauszug entstand im Anschluss an einen Feldbesuch:

> Herr Kaymaz, der Vorstandsvorsitzende, bietet uns Tee an. Das Haus ist heute weitestgehend leer – die Teestube auch. Es ist ein Donnerstagnachmittag, Sommerferien, und wir sind am Stadtrand einer Kleinstadt. Verwaist steht die blitzblanke, glänzende Çay Kazanı kostbar wie ein Schmuckstück hinter den gläsernen Wänden, die die Teeküche von der Teestube abtrennen – fast wie ein gläsernes Schatzkästchen. Zielstrebig geht Herr Kaymaz zu einem Automaten, der sich vis-à-vis der Teeküche ebenfalls in der Teestube befindet. Er wirft Münzen ein und zieht Getränke für uns. Anstatt des tulpenförmigen Glases, in dem der heiße Tee üblicherweise serviert wird, halte ich nun einen schwarzbraunen Plastikbecher mit Rillen in den Händen. Kein aromatisch-würziger Duft von Tee zieht mir in die Nase. Kein klirrendes, helles Geräusch der Metalllöffel am Glas, das beim Einrühren des Zuckers entsteht. Im Becher ist Kaffee.

Das Beschriebene ist keine Seltenheit, denn die Prozedur der Zubereitung ist zeitaufwendig und erfordert Erfahrung. Nicht jeder kann einen schmackhaften Tee zubereiten, klärt Herr Kaymaz mich auf. Hinzukommen die Sommerferien, der Wochentag und die Kleinstadtlage – hier scheint es heute keinen Bedarf an Tee zu geben.

So haben die traditionellen Maschinen zur Teezubereitung Konkurrenz bekommen. Ihre Konkurrenten sind Teebeutel, loses Instant-Teegranulat in Plastikdosen und der Heißgetränkeautomat. Meist stehen diese in unmittelbar räumlicher Nähe zu Çaydanlık und Çay Kazanı. Werden Çaydanlık und Çay Kazanı als Symbol für Qualität, das Ritualhafte, die Langsamkeit begriffen, so verkörpern Beutel, Instantgranulat und Automat Zeitersparnis und Schnelligkeit. Im Gegensatz zum Çaydanlık und Çay Kazanı kann und darf jeder den Automaten selbst bedienen – nur wir als Gäste, wir werden bedient.

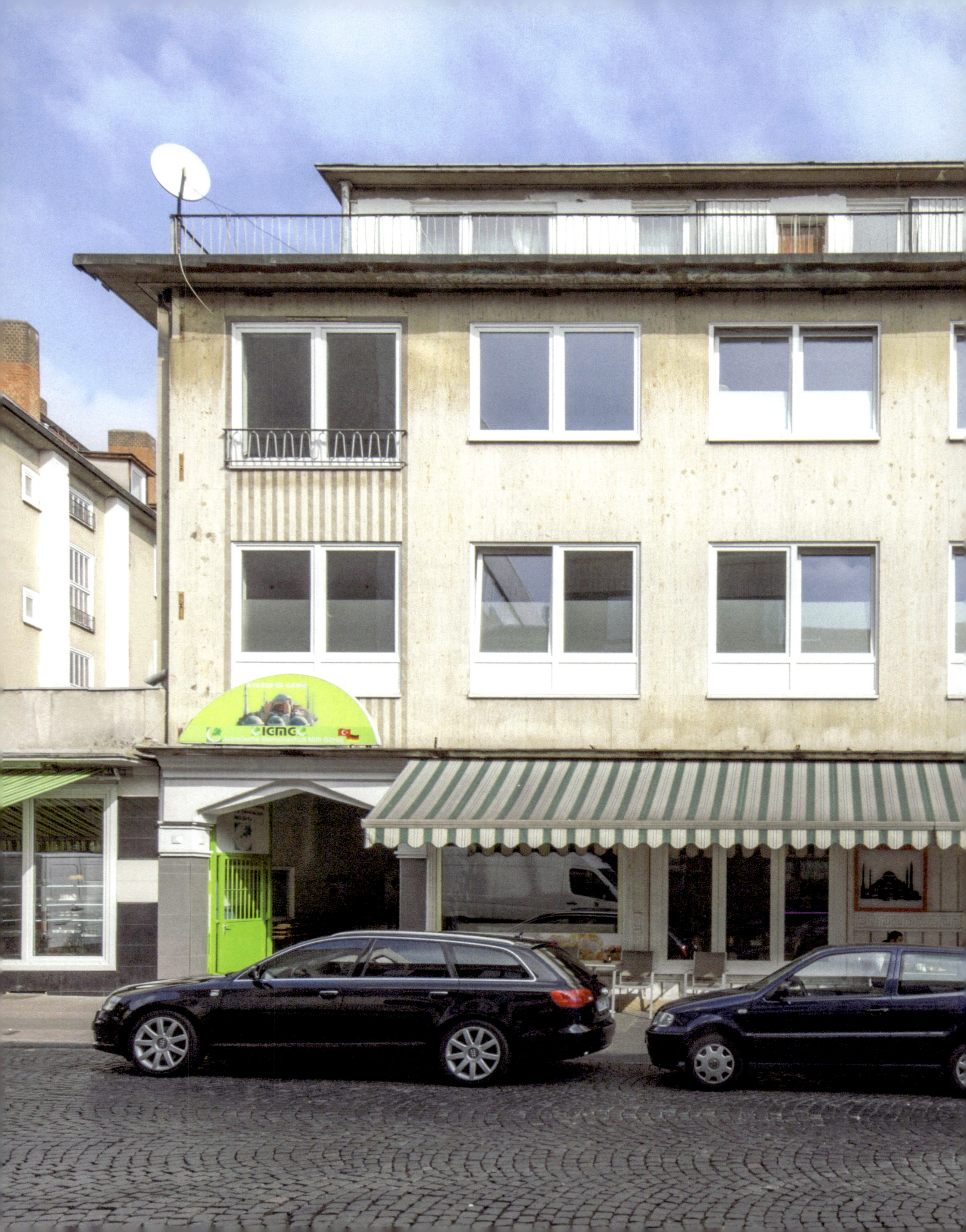
ICMG

Fallanalyse
Ayasofya Camii, Kassel

362–363

Kathrin Herz

Kontext

Schwerindustrie, Maschinen- und Fahrzeugbau sowie Rüstungsindustrie prägten Mitte des 19. Jahrhunderts die einstige Residenzstadt Kassel. Entsprechend stark wurde die nordhessische Stadt im 2. Weltkrieg zerstört, sodass im heutigen Stadtbild insbesondere Bauten der 1950er und 1960er Jahre dominieren. Im Zuge des Wiederaufbaus, der unter dem Leitbild der autogerechten Stadt erfolgte, wurden um die Innenstadt neue Verkehrswege angelegt. Unweit solch einer Achse, der Kurt-Schumacher-Straße, in einem Gebiet, das sich zwischen Innenstadt und Universität aufspannt, liegt die Ayasofya Camii, die dem Dachverband „Islamische Gemeinschaft Millî Görüş e.V." (IGMG) angehört. Seit 1986 befindet sich der heutige Verein „Islamische Gemeinschaft – Ortsverein Kassel e.V." in der Jägerstraße Nr. 14. Das kriegszerstörte Gebäude wurde ab 1951 sukzessive als Geschäftshaus wiederaufgebaut und ist Teil einer geschlossenen Blockrandbebauung aus Wohn- und Geschäftshäusern. Die Zusammensetzung des Angebots an Waren, Dienstleistungen und Gastronomie in der Straße ist multikulturell orientiert.

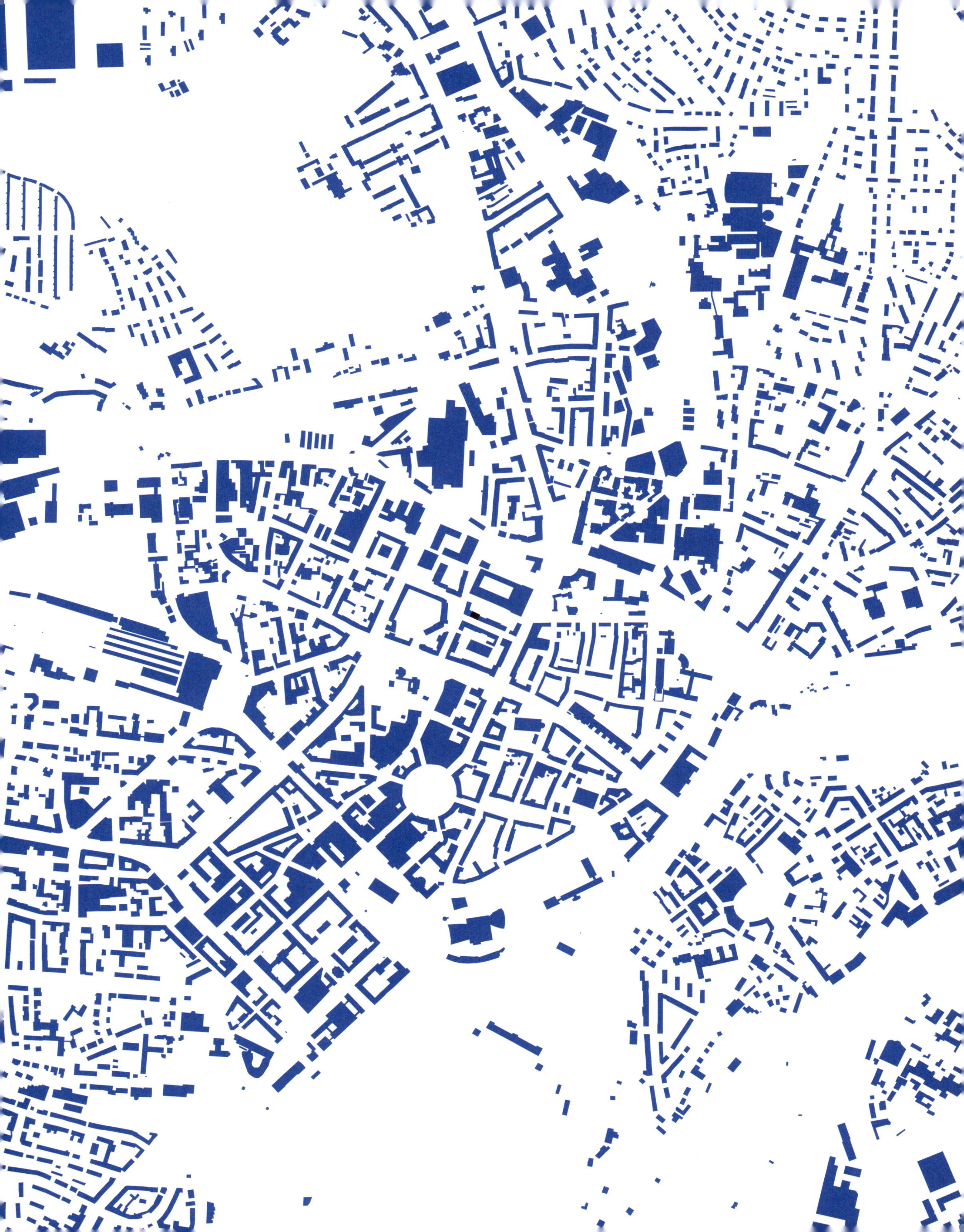

Das Besondere:
Filigrane Leichtigkeit

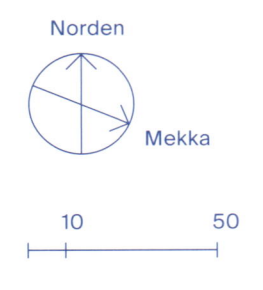

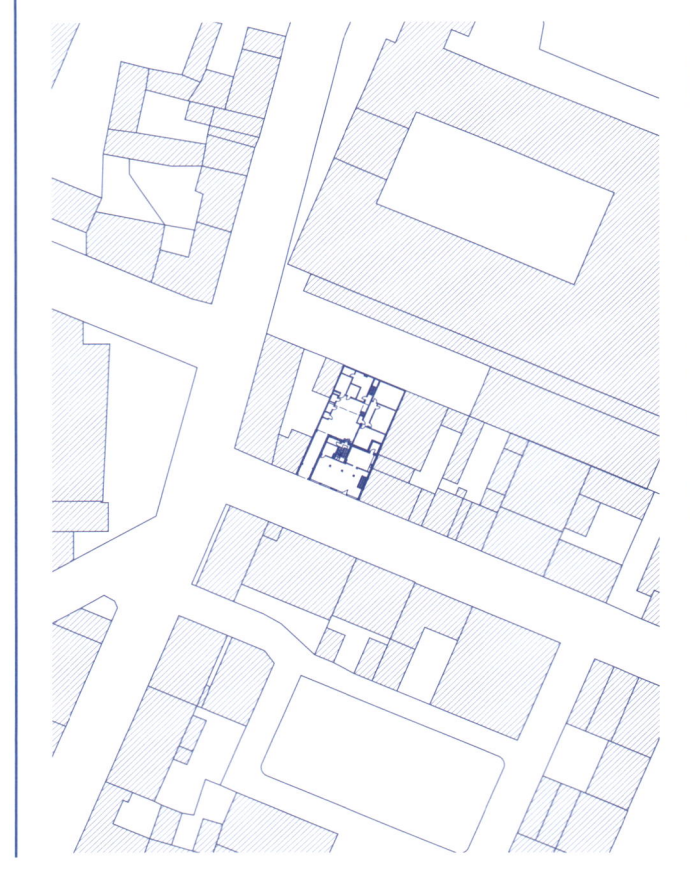

Norden
Mekka

10   50

Fallanalyse
Ayasofya Camii,
Kassel

Die Moscheegemeinde erwarb mit dem Wohn- und Handelshaus auch ein Stück Nachkriegsarchitektur, welche die Kasseler Stadtlandschaft in weiten Teilen kennzeichnet. Durch behutsame Eingriffe gelang es, die funktionale Bescheidenheit und filigrane Leichtigkeit der Architektur der 1950er Jahre zu erhalten. Neben der horizontalen Gliederung der Fassade, dem (angedeuteten) Flugdach und dem zurückspringenden Staffelgeschoss sind noch immer viele Originalelemente vorhanden, wie beispielsweise die helle Natursteinverkleidung oder die filigrane Absturzsicherung an der Fassade.

Baugeschichte

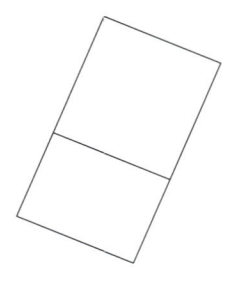

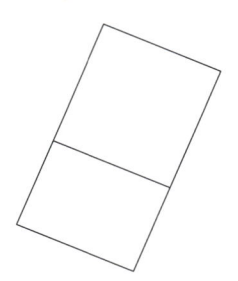

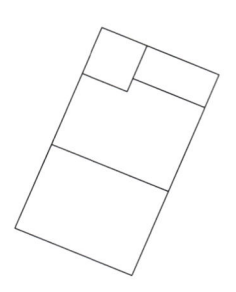

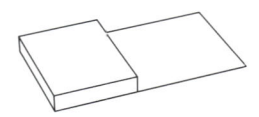

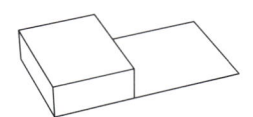

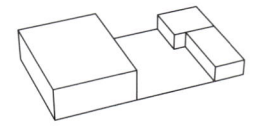

1951

Nutzung:
Geschäftshaus

Maßnahme:
Wiederaufbau des Erdgeschosses

1952

Nutzung:
Geschäftshaus

Maßnahme:
Wiederaufbau des 1. Obergeschosses

1953

Nutzung:
Lager und Garage

Maßnahme:
Errichtung einer Fertigbaracke und einer Garage

368–369

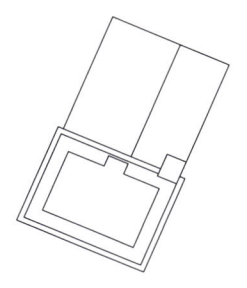

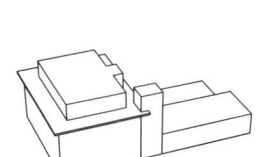

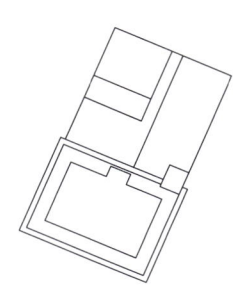

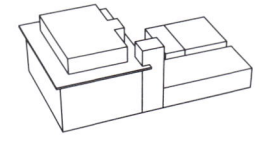

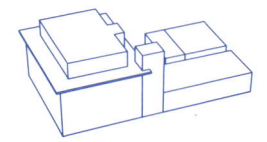

1956

Nutzung:
Geschäftshaus

Maßnahme:
Wiederaufbau des 2. Obergeschosses sowie des Dachgeschosses, Errichtung eines Seitenanbaus und Anbau eines Personen- und Lastenaufzugs

1975

Nutzung:
Geschäftshaus

Maßnahme:
Nachträgliche Genehmigung des bestehenden Hofgebäudes

1986

Nutzung:
Gemeindezentrum

Maßnahme:
Nutzungsänderung und Umbau des Geschäftshauses zum Gemeindezentrum, Kauf

Baugeschichte: Vor dem Einzug der Moscheegemeinde

Wie die Nachbargebäude war auch das Gebäude Jägerstraße Nr. 14 zu 95 Prozent kriegszerstört. Auf dem bestehenden, noch intakten Kellermauerwerk wurde im Jahr 1951 im 1. Bauabschnitt ein eingeschossiger Geschäftsbau wieder errichtet. Dieser wurde seitdem als „Möbelhaus Fritz Hankel" betrieben. In einem späteren Bauabschnitt sollte dieses um drei Vollgeschosse mit jeweils drei Wohnungen aufgestockt werden. Im Jahr 1952 erfolgte die Bauerlaubnis für den 2. Bauabschnitt, der die Errichtung des 1. Obergeschosses als Ausstellungsmöglichkeit für Möbel vorsah. Um zusätzlichen Lager- und Abstellraum für Möbel zu gewinnen, wurde die rückwärtige Grundstücksgrenze mit einer Fertigbaracke (einer ehemaligen Reichsarbeitsdienst-Baracke) bebaut, die um einen Garagenanbau ergänzt wurde. Im Zuge der Aufstockung des Gebäudes im Jahr 1956 um das 2. Obergeschoss und das Dachgeschoss erfolgte auch der Anbau des Seitengebäudes sowie eines Liftes. Das Seitengebäude flankierte den Hof über die gesamte Länge, sodass die Fertigbaracke im Zusammenhang mit den Bauarbeiten des 3. Bauabschnittes abgerissen wurde. Später, wann genau geht aus den Bauakten nicht hervor, wurde wieder ein Nebengebäude im Hof errichtet. Dieses wurde von der Neckermann Versand KGaA renoviert und als Zweiradwerkstatt nachträglich genehmigt. Von 1970 bis 1985 war die Neckermann Versand KGaA Mieterin des kompletten Ensembles. Das Gebäude wurde als Ausstellungsraum verwendet und vom Technischen Kundendienst des Unternehmens als Zentralreparaturannahme und Instandsetzungsbetrieb mit dazugehöriger Verwaltung genutzt.

Baugeschichte: Bauliche Veränderungen durch die Moscheegemeinde

Im Jahr 1986 erfolgten die Nutzungsänderung und der Umbau des bestehenden Geschäftshauses in das Gemeindezentrum. Seit der Errichtung des 2. Obergeschosses und des Dachaufbaus im Jahr 1956 hat sich die Kubatur des Hauptbaukörpers nicht mehr verändert. Die Gemeinde nahm lediglich Umbauarbeiten im Inneren vor. Die offenen Grundrisse der einstigen Ausstellungsflächen boten ideale Voraussetzungen für den neuen Nutzungszweck und die damit einhergehende Neuzonierung der Räume.

Funktionen: ‚Öffentliche' Nutzung der Erdgeschossflächen

Zunächst bezog ein auf türkische Lebensmittel spezialisierter Supermarkt das Erdgeschoss des Gemeindezentrums. Da die Verkaufsfläche zu klein wurde, zog dieser ins Nachbargebäude um. Im Jahr 1989 erfolgte die Umnutzung des Erdgeschosses zu einem Restaurant für türkische Spezialitäten. Gegenwärtig nutzt eine Bäckerei mit Cafébetrieb das Erdgeschoss. Damit ist nach wie vor die ‚öffentliche' Nutzung des Erdgeschosses gewährleistet. An der Stelle der Ausstellungs- und Verkaufsräume im 1. und 2. Obergeschoss befinden sich heute der Gebetsraum und die Teestube. Das Staffelgeschoss dient dem Imam als Wohnung. Im Seitengebäude befinden sich im Untergeschoss die erst kürzlich umgestalteten und aufwendig sanierten Räume der Frauen und im Hochparterre die Unterrichtsräume. Das Nebengebäude im Hof ist an einen türkischen Imbiss vermietet. Ein vorgelagerter Freisitz dient dem Verzehr von Speisen im Hof.

Funktionen und Nutzungen

Besprechungsraum

Imbiss

Teestube

Gebetsraum (Herren)

Bäckerei

Waschbereich (Herren)

Fallanalyse
Ayasofya Camii,
Kassel

Unterrichtsräume

Kindergarten

Büro

Waschbereich (Damen)

Wohnungen

Gebetsraum (Damen)

Jugendraum

Grundrisse:
Der Hof als Entrée und Nutzungseinheiten mit eigenem Zugang

Die vier Seiten des Grundstückes sind durch die Bebauung völlig geschlossen, somit bildet sich ein Hof aus, der vom öffentlichen Straßenraum mittels eines Durchgangs unter dem Haus zugänglich ist. Die Räume des Vereins werden über die rückwärtige Grundstücksseite erschlossen. Einen Kontrast dazu stellt die Bäckerei mit Cafébetrieb im Erdgeschoss dar; hier erfolgt der Zugang direkt von der Straße. Der Hof wirkt aufgrund seiner Lage abseits des öffentlichen Straßenraums introvertiert und privat – die Räumlichkeiten sind aber im Wesentlichen für alle offen. Die Zonierung der Nutzungen innerhalb der Gebäude ist etagenweise geordnet und klar strukturiert. So sind etwa alle Unterrichtsräume gebündelt im Hochparterre des Seitengebäudes. In der Regel hat jede Nutzungseinheit einen getrennten Zugang, der vom Hof abgeht. Dies fördert die Klarheit der Grundrisse und Orientierung im Haus. Der Hof kann als Entrée im Außenraum bezeichnet werden, denn von hier gelangt man in die Räume und hier kreuzen sich die Wege.

Ebene 3

Ebene 2

Ebene 1

Ebene 0

Ebene -1

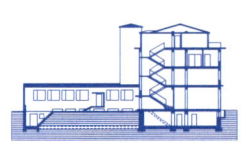

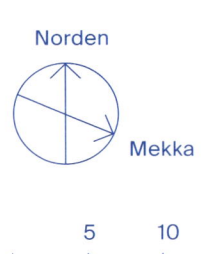

374–375

Norden

Mekka

5 10

KUBA
Camii / Moschee
Tel.: 0221 / 85 78 58   www.kubacami.de   Kalk Kuba Camii

Fallanalyse
Kuba Camii / Moschee, Köln

376–377

Kathrin Herz

Kontext

Die Kuba Camii, die dem Dachverband „Islamische Gemeinschaft Millî Görüş e.V." (IGMG) angehört, besteht aus zwei aneinandergrenzenden Gebäuden und ist unweit der Kalker Hauptstraße, einer belebten Geschäftsstraße gelegen. Es handelt sich um einen innerstädtischen Standort mit guter ÖPNV-Anbindung im rechtsrheinischen Stadtteil Köln-Kalk. Die meisten Gemeindemitglieder des Moscheevereins „Islamische Gemeinschaft – Ortsverein Kalk e.V." wohnen in fußläufiger Distanz zum Gemeindehaus, das sich seit den 1980er Jahren in der Vorsterstraße befindet und entsprechend gut in die lokalen sozialen Netzwerke des Stadtteils eingebunden ist. Benannt ist die Straße nach dem Gründer, Julius Vorster, der einstigen Chemischen Fabrik Kalk, die sich unweit befand und an deren Stelle heute u. a. ein weitläufiges Einkaufszentrum und das neue Kölner Polizeipräsidium erstellt worden ist. In der Gründerzeit entwickelte sich der einstige Wallfahrtsort zum Industrie- und Arbeiterstadtteil – insbesondere die chemische und die metallverarbeitende Industrie siedelten sich in Kalk an. Im 2. Weltkrieg ist die Baustruktur des Stadtteils weitgehend zerstört worden. Der seit den 1970er Jahren einsetzende Strukturwandel und die damit verbundenen Werksschließungen machen den Stadtteil zum sogenannten Stadtteil mit besonderem Entwicklungsbedarf, der sich heute mehr und mehr zum Wohn- und Verwaltungsstandort entwickelt.

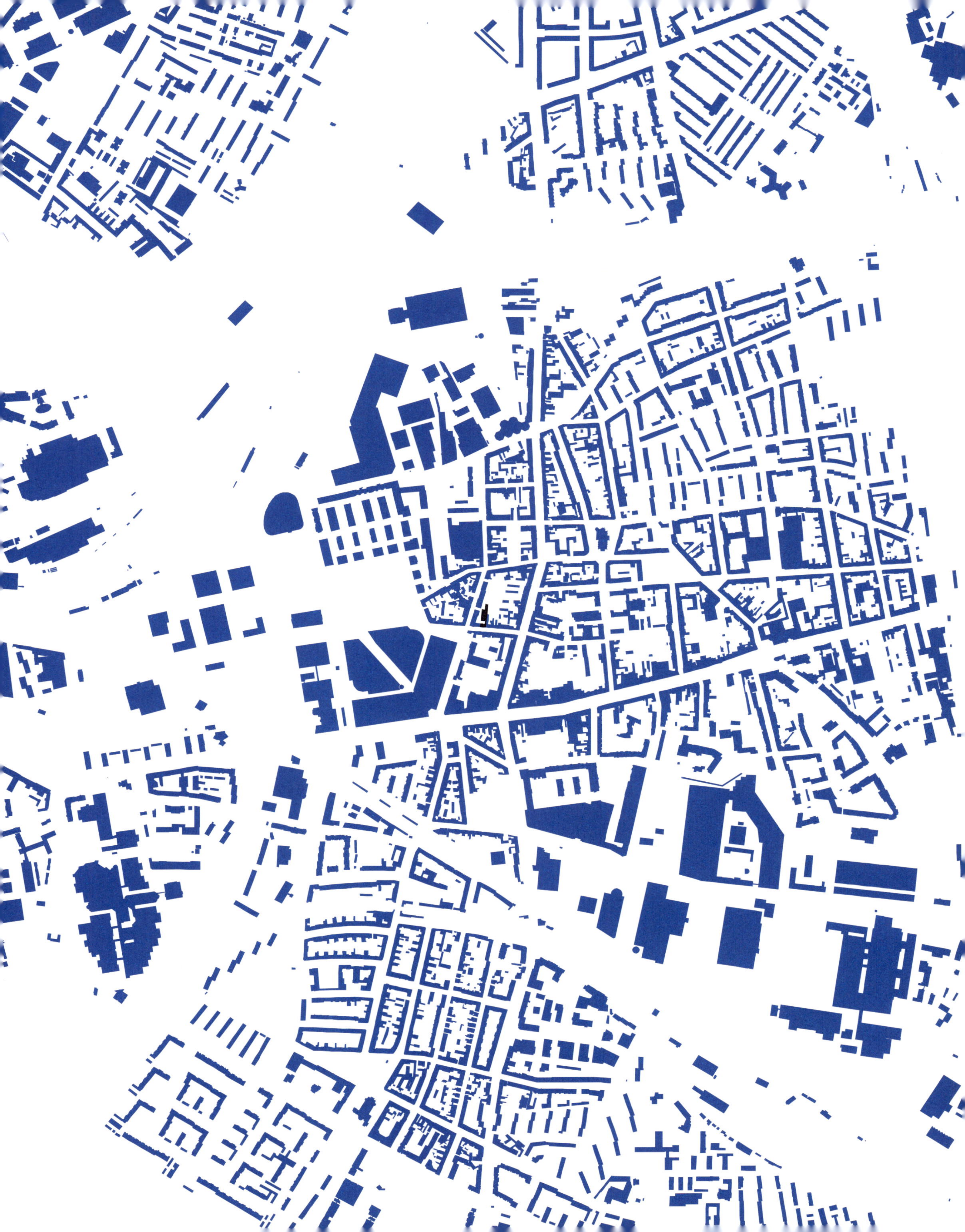

Das Besondere:
Moschee op Kölsch

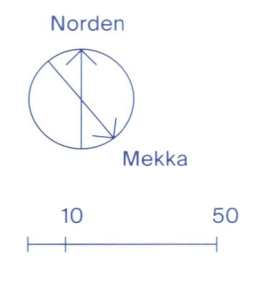

Norden / Mekka

10 50

Fallanalyse
Kuba Camii / Moschee,
Köln

Die Straße und die Gebäude sind geprägt durch die Kleinteiligkeit der gründerzeitlichen Baustruktur sowie deren Überformung und schlichte Nachkriegsbauten der 1950er und 1960er Jahre. Das räumliche Umfeld ist somit ein Beispiel par excellence für den Maßstab und das eklektische Erscheinungsbild eines Kölner Veedels (Viertels) und die beiden Gebäude des Gemeindezentrums fügen sich tadellos in dieses ein. Die existierenden Räumlichkeiten wurden von den Gemeindemitgliedern nach dem Vorbild der traditionellen Moschee interpretiert. Gemäß diesem lautet die Raumabfolge: Hof – Brunnen beziehungsweise Waschraum – Gebetsraum. Gleichzeitig passt die vorgefundene bauliche Situation zu den Anforderungen, die der Koran für eine Moschee definiert: Abgrenzung nach außen, rituelle Reinheit und Ausrichtung nach Mekka. Der Durchgang unter dem Wohnheim markiert einen deutlichen Übergang vom öffentlichen Straßenraum in den privaten Hof. Dieser erfüllt das Kriterium des kontemplativen Ortes. Im geschützten Innenhof befindet sich in einem Seitenbau das Abdesthane, der Waschraum für die rituelle Waschung. Nach der Waschung tritt man erneut in den Außenraum des Hofes, dieser leitet zum Gebetsraum, der sich an der rückwärtigen Grundstücksseite befindet.

Baugeschichte

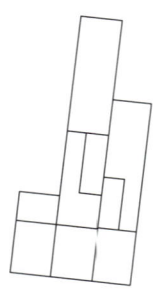

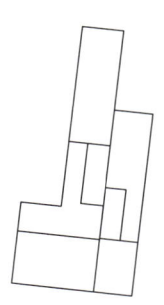

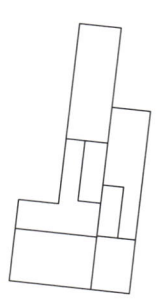

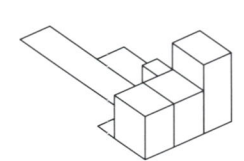

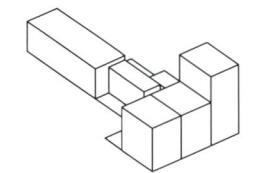

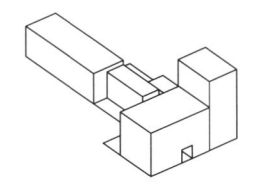

1948

Nutzung:
Wohn- und Geschäftshäuser

Maßnahme:
Instandsetzung der Schaufensteranlage (Nr. 45)

1950–1951

Nutzung:
Wohn- und Geschäftshäuser

Maßnahme:
Wiederaufbau des Werkstattgebäudes (Nr. 43)

1954

Nutzung:
Wohn- und Geschäftshäuser

Maßnahme:
Wiederaufbau des Wohn- und Geschäftshauses (Nr. 41–43)

Fallanalyse
Kuba Camii / Moschee,
Köln

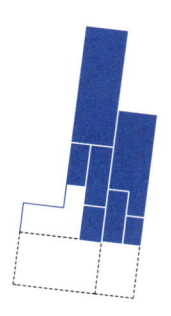

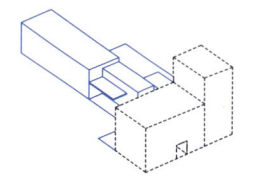

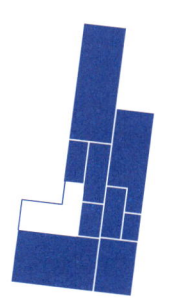

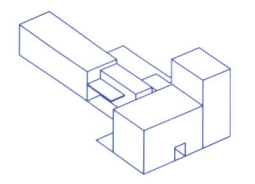

Mitte 1980er Jahre

Nutzung:
diverse Nutzungen und
Gemeindezentrum

Maßnahme:
Nutzungsänderung und
Umbau der Werkstatt-
und Lagerräume zum
Gemeindezentrum
(Nr. 41–43 und Nr. 45)

zwischenzeitlich

Nutzung:
Gemeindezentrum

Maßnahme:
Kauf (Nr. 41–43 und Nr. 45)

Baugeschichte: Vor dem Einzug der Moscheegemeinde

Die Baugeschichte der drei aneinandergrenzenden Grundstücke kann anhand der Aktenlage nur lückenhaft nachgezeichnet werden, da Bauakten von Gebäuden, die vor 1948 errichtet wurden, nicht mehr existieren. Es kann davon ausgegangen werden, dass die Gebäude kriegsbedingt zerstört waren. Die Vorsterstraße ist im Wesentlichen dominiert von überformten und wiederaufgebauten Dreifensterhäusern. Dieser Haustyp ist charakteristisch für das Rheinland. Bei den Häusern Vorsterstraße Nr. 41 und 43 handelte es sich vermutlich um zwei Dreifensterhäuser. Nach dem Krieg gelang es der Besitzerin von Haus Nr. 43, auch das Haus Nr. 41 zu erwerben. So wurden die vormals zwei Häuser in den 1950er Jahren als ein zweistöckiges Mehrfamilienhaus wiederaufgebaut. Die im rückwärtigen Teil des Grundstückes gelegene Schreinerwerkstatt wurde ebenfalls wieder errichtet. Das Haus Nr. 45 ist ein schlicht überformtes Dreifensterhaus, dessen Erdgeschoss ehemals eine Bäckerei beheimatete. Der Verkaufsraum und das Lager der Bäckerei wurden in den 1980er Jahren vermutlich als Büro und Aufenthaltsraum von einem Fußballklub benutzt. Die einstige Schreinereiwerkstatt und der Seitenbau, der diese mit dem Mehrfamilienhaus Nr. 41–43 verbindet, werden seit 1985 als Gebetshaus genutzt. Im Erdgeschoss des Vorderhauses befand sich zu diesem Zeitpunkt ein Kiosk, später eine Verkaufsstelle mit Schank- und Speisewirtschaft.

Baugeschichte: Bauliche Veränderungen durch die Moscheegemeinde

1985 bezog die Moscheegemeinde die Räumlichkeiten im Hof der Vorsterstraße Nr. 41–43, die als Schreinereiwerkstatt errichtet und als Lagerraum und Café zwischengenutzt wurden. Die Umbauarbeiten konzentrierten sich zunächst auf den Innenraum. Im Jahr 1987 wurde ein Notausgang, der baurechtlich notwendige 2. Rettungsweg, aus dem Gebetsraum auf das benachbarte Grundstück angelegt. Die Eigentümerin, die Chemische Fabrik Kalk, tolerierte diesen zwar, stimmte der Eintragung einer Baulast allerdings – in Hinblick auf eine Wertminderung bei einem baldigen Verkauf des Grundstücks – nicht zu. Die Stadt Köln duldete die unkonventionelle Lösung der Moscheegemeinde mit einer Sondererlaubnis und ist zwischenzeitlich selbst Eigentümerin der im Blockinneren gelegenen Fläche. Diese wurde in den Jahren 1989 bis 1994 unter Zuhilfenahme von Städtebauförderungsmitteln in eine städtische Freianlage umgestaltet – u.a. wurden Mietergärten angelegt. Durch die Anmietung einiger Kleingartenparzellen durch einzelne Gemeindemitglieder der Kuba Camii ist der Rettungsweg über das fremde Grundstück weiterhin geduldet. Eine Öffnung in der Gebäudeabschlusswand zur Herstellung einer Verbindungstür zwischen den benachbarten Gebäuden, um Männermoschee mit Frauenmoschee zu verbinden, wurde 2007 von der Stadt Köln als unzulässig befunden. Heute stoßen die Nutzer_innen mit ihrer Bausubstanz, die seit jeher einen Instandhaltungs- und Sanierungstau aufweist, an ihre Grenzen. Die Suche nach einer Ausweichmöglichkeit blieb erfolglos. Die Gemeinde möchte ihren Standort im Viertel nicht verlassen. Daher stellte der Moscheeverein im Jahr 2013 eine Voranfrage zum Umbau und zur Erweiterung des bestehenden Hauses: Nach Wunsch der Gemeinde sollen die Vorderhäuser mit ihrer Wohnfunktion erhalten bleiben, der rückwärtige Bereich, die zu Gemeindezwecken genutzten Räumlichkeiten, sollen durch einen zweigeschossigen Neubau ersetzt werden.

Funktionen: Das Schaufenster zum Jugendraum

Der baurechtlich nicht mögliche Durchbruch der Außenmauern führt zur fehlenden Verbindung zwischen den beiden Gebäuden und damit zur völligen Trennung von Frauen- und Männerbereich. Beide Häuser funktionieren jedoch in keiner Weise autark voneinander: Um gewisse Funktionen nutzen zu können, muss man zwischen den Gebäuden wechseln – der Weg führt immer über den öffentlichen Straßenraum. Insofern ist es naheliegend, dass vorne zur Straße hin die von beiden Geschlechtern gleichermaßen frequentierten Räume liegen, nämlich das Büro und der Jugendraum, der zugleich Unterrichtsraum der Frauen ist. Anstelle der sonst oft üblichen Präsentation von Backwaren oder den Auslagen eines Kioskes erhalten Passant_innen nun Einblicke in den Alltag eines Gemeindezentrums.

Funktionen und Nutzungen

Kleingärten

Unterrichtsraum

Gebetsraum (Herren) und Unterrichtsraum

Teestube

Waschbereich

Fallanalyse
Kuba Camii / Moschee,
Köln

Gebetsraum (Damen),
Unterrichtsraum und Kindergarten

Küche

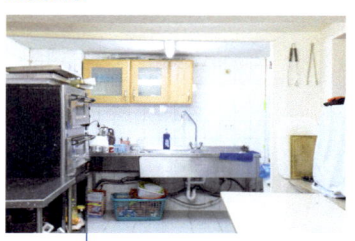

Unterrichtsräume

Jugendraum und
Unterrichtsraum

Büro

Wohnungen

Grundrisse: Räume fehlen – insbesondere ein großer

Beide Häuser der Kuba Camii sind ähnlich organisiert: nach vorne hin zur Straße orientieren sich im Erdgeschoss die Ladenlokale, die als Büro und Jugendraum fungieren. Ab dem 1. Obergeschoss befinden sich Wohnungen, die von der Gemeinde teilweise als Klassenzimmer genutzt werden. Die Gebetsräume liegen in den rückwärtigen Anbauten, die einst als Werkstätten und Lagerräume konzipiert wurden. Der Gemeinde fehlt ein großer zusammenhängender (Mehrzweck-)Raum, in dem sich die komplette Gemeinde begegnen kann. Auch ihre Kermesveranstaltungen (Frühlingsfeste) kann die Gemeinde nicht in den eigenen Räumlichen durchführen – stattdessen werden für Feierlichkeiten städtische Gebäude im Umfeld angemietet. Ein weiteres Beispiel für die Raumnot ist der multifunktional programmierte Frauenraum, der Gebetsraum, Unterrichtsraum und Kindergarten zugleich ist.

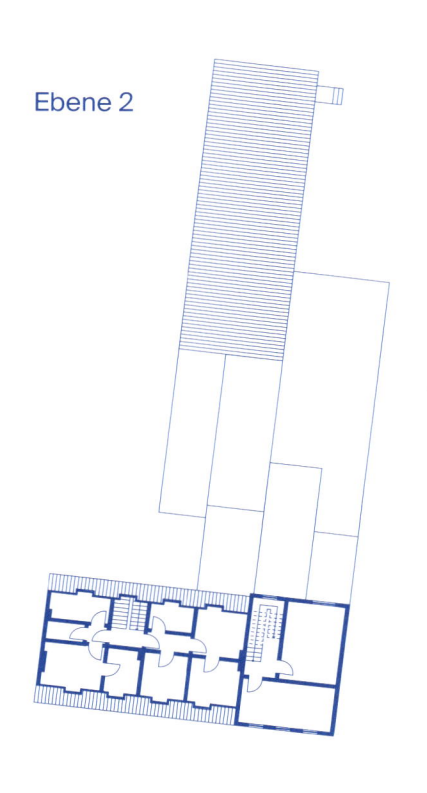

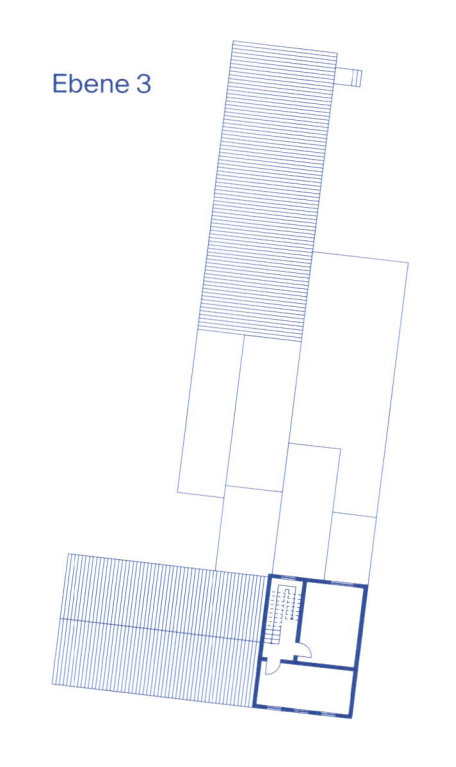

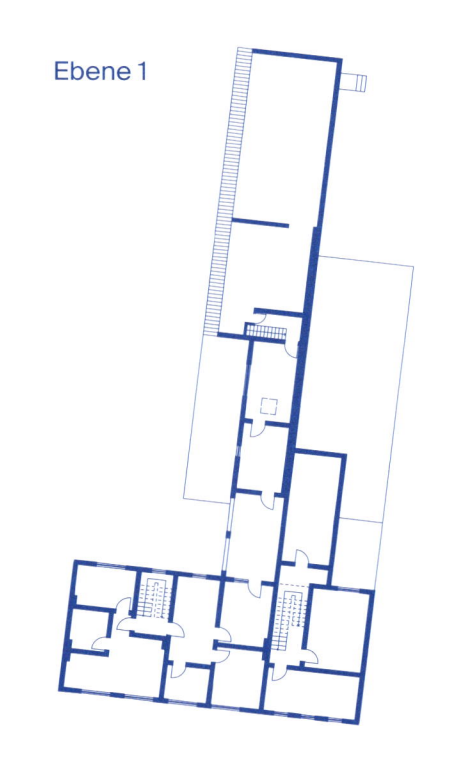

Ebene 2

Ebene 3

Ebene 0

Ebene 1

388–389

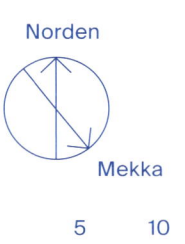

Norden

Mekka

5　10

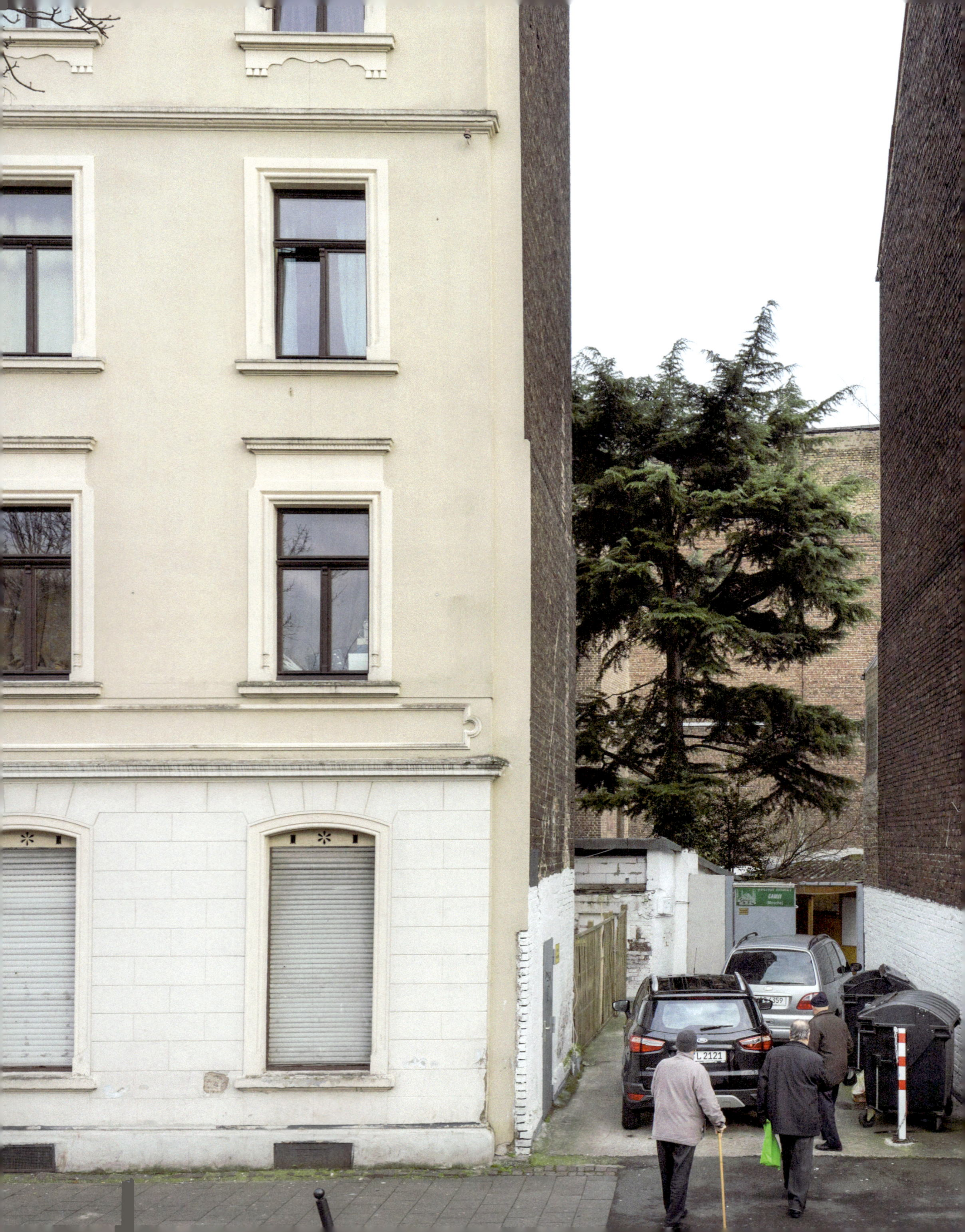

Fallanalyse
Sultan Ahmet Camii
(Moschee), Köln

Kathrin Herz

Kontext

Die sich nicht explizit einem Dachverband zugehörig fühlende Sultan Ahmet Camii befindet sich im rechtsrheinischen Stadtteil Köln-Mülheim. In den 1960er Jahren ließen sich hier sogenannte „Gastarbeiter_innen" aus der Türkei nieder, denn der Stadtteil bot sowohl Arbeit als auch kostengünstigen Wohnraum in meist sanierungsbedürftiger Altbausubstanz. Die Baustruktur im Umfeld der Moschee wirkt wie ein Flickenteppich – Quartiere gründerzeitlicher Blockrandstrukturen wechseln sich ab mit großen Solitären diverser Baualtersklassen, dazwischen vereinzelt Zeilen der Nachkriegszeit. Ähnlich durchmischt ist die Nutzungsstruktur, die sich durch ein lebendiges Nebeneinander von Wohnen, Dienstleistung, Gastronomie und Produktion auszeichnet. Die Moschee befindet sich in Verlängerung der Keupstraße. Durch ein Nagelbomben-Attentat im Jahr 2004, das dem Nationalsozialistischen Untergrund (NSU) zugeordnet werden konnte, erlangte die Straße bundesweit traurige Bekanntheit. Seit den 1970er Jahren, mit dem Schritt einiger Anwohner_innen in die Selbstständigkeit und der Gründung eigener Geschäfte etablierte sich die Keupstraße zum Zentrum türkischen und kurdischen Geschäftslebens. Als „Klein-Istanbul" bezeichnet, ist eine Einkaufsstraße mit überregionalem Einzugsgebiet herangewachsen, deren entsprechend vielfältiges Angebot sich aus Einzelhandel, Dienstleistungen und Gastronomie zusammensetzt: Bäckereien, Konditoreien, Friseursalons und Änderungsschneidereien dienen primär Bedürfnissen des täglichen Bedarfs, daneben gibt es ein sehr spezialisiertes Angebot an Waren und Dienstleistungen – so etwa in den Bereichen Musik, Haushaltswaren oder Hochzeit. Die Geschäfte setzen sich in der angrenzenden Bergisch Gladbacher Straße fort; hier ist das Gemeindezentrum des „Sultan Ahmet Camii e.V." beheimatet – unweit davon ist eine Brauerei angesiedelt, die man je nach Windrichtung riecht, gegenüber befindet sich ein Friedhof. Das Gemeindezentrum liegt auf einem Grundstück, das weit in das Blockinnere hineinreicht und nach vorne, zur Straße hin mit einem Eckhaus bebaut ist. Erschlossen wird das kleine Bauwerk, das sich von der Straßenflucht zurückspringend im rückwärtigen Teil eines Baublockes entwickelt, über die Montanusstraße. Ein Gemeindemitglied fand vor Jahren ein kleines Blechschild mit der Nummer 76 und brachte dies am Gebäude an, so wird uns erzählt – diese informelle Adresse konnte sich seitdem etablieren und garantiert Auffindbarkeit und Sichtbarkeit für Briefträger_innen und ortsfremde Besucher_innen.

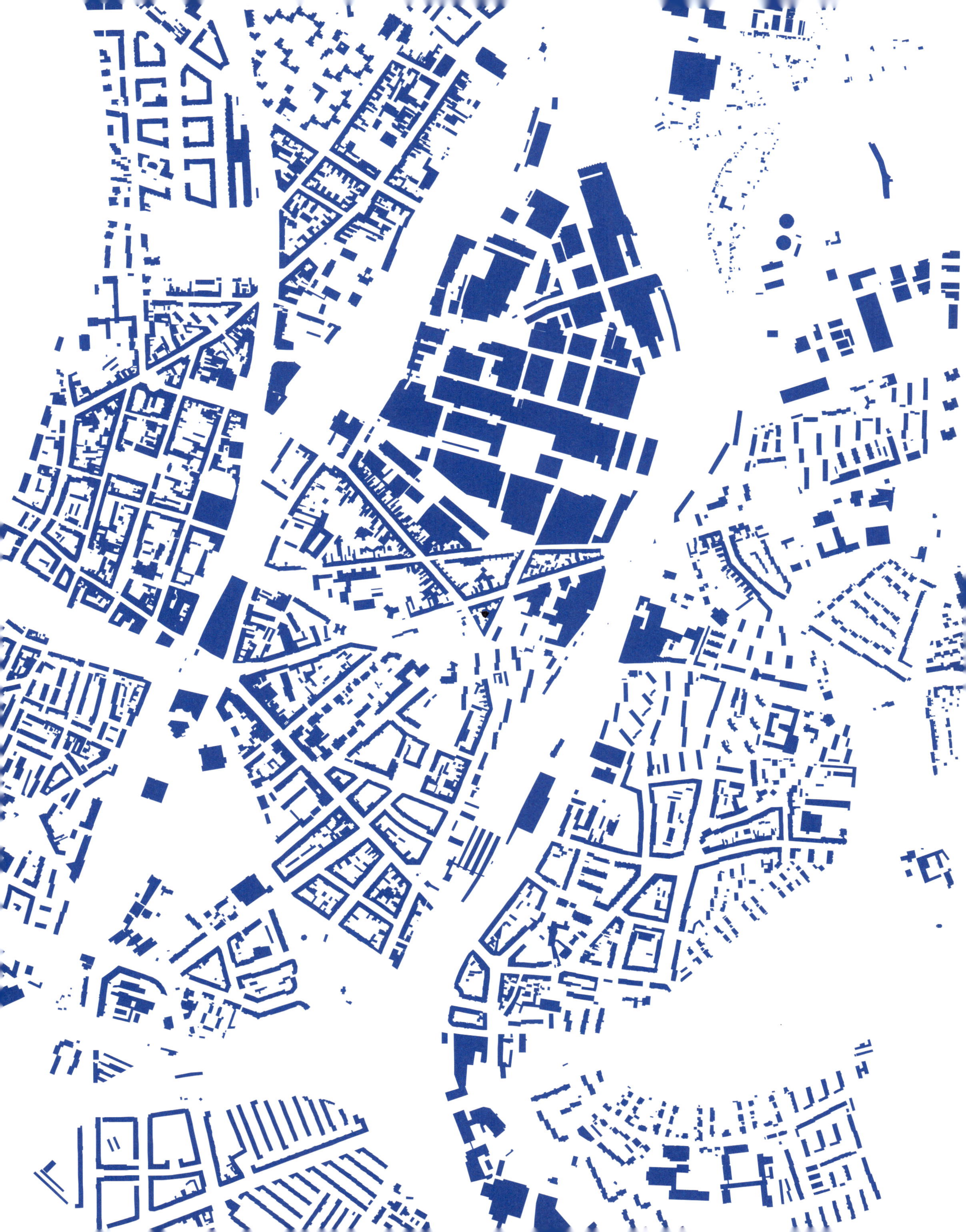

Das Besondere:
Die älteste Moschee Kölns

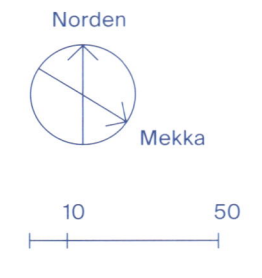

Norden

Mekka

10   50

Fallanalyse
Sultan Ahmet Camii
(Moschee), Köln

Lange Zeit galt die Sultan Ahmet Camii als zweitälteste Moschee Kölns. Laut Auskunft von Zeitzeugen sei sie jedoch inzwischen die älteste, denn im Jahr 2015 musste die vermutlich älteste Moschee Deutschlands, die von sogenannten „Gastarbeiter_innen" gegründet wurde, schließen – ihr Mietverhältnis wurde gekündigt. Die Barbarossa-Moschee aus dem Jahr 1965 befand sich linksrheinisch in der Kyffhäuser Straße unweit des Barbarossaplatzes.[1] Während ihre Räumlichkeiten nicht mehr existieren, sind Mihrap, die nach Mekka ausgerichtete Gebetsnische, sowie die Predigt- und Vorlesekanzel nun im Inventar des Kölnischen Stadtmuseums zu besichtigen.

Die Situierung als Ausläuferin der Keupstraße sowie ihr (Bau-)Alter machen die Sultan Ahmet Camii zum besonderen Ort und Zeugnis der Einwanderungsgeschichte. Von außen wirkt sie unscheinbar, zurückgesetzt von der Straße, rechts und links die emporragenden steinernen Brandwände der Nachbarhäuser, davor der geteerte Hof mit den Müllcontainern. Im Inneren jedoch entwickelt sich ein Kontrast: Die Fußböden sind nahezu vollständig mit Teppichen ausgelegt, während Wände und Decken mit Holz verkleidet sind – die Räume wirken warm und intim. Fast fühlt es sich an, als sei man im Bauch eines Schiffes. Die Patina der nachgedunkelten Holzverschalung und das Funkeln der Kronleuchter bewirken eine Feierlichkeit, die sich am eindrucksvollsten im Betraum wiederfindet. Eine einfache handwerkliche Lösung gibt dem Raum zusätzlich Raffinesse: Mit einer Art Fensterladen, der passgenau in die Wand eingearbeitet ist, können Betraum und Teestube miteinander verbunden werden – dies ist dann erforderlich, wenn beispielsweise an Feiertagen das Aufkommen an Gläubigen besonders groß ist.

1 Zur „Barbarossa-Moschee" vgl. z. B. https://www.deutschlandfunk.de/muslime-in-deutschland-die-hinterhofmoschee-ist-besser-als.886.de.html?dram:article_id=338618 [abgerufen am 07.05.2019].

Baugeschichte: Vor dem Einzug der Moscheegemeinde

Das heute von der Moscheegemeinde genutzte Gebäude wurde als Autowerkstatt errichtet. Da von gravierenden Veränderungen am Baukörper – aufgrund dessen äußeren Erscheinungsbildes – nicht auszugehen ist, wurde auf einen Besuch des Bauaktenarchivs verzichtet.

Baugeschichte: Bauliche Veränderungen durch die Moscheegemeinde

Die einstige Autowerkstatt wurde in den 1970er Jahren von den Gemeindemitgliedern zur Moschee umgebaut und ist vermutlich seit 1974 in Betrieb. Seitdem wurden keine wesentlichen Umbauarbeiten mehr vorgenommen und die Gemeinde ist mit der Instandhaltung der Bausubstanz herausgefordert. Der Moscheeverein ist Mieterin der Räumlichkeiten und nach wie vor stolz auf den Jahrzehnte zurückliegenden Umbau, der aus eigenen Mitteln finanziert und komplett in Eigenleistung bewältigt wurde. Das Grundstück wechselte bereits mehrfach die Eigentümer_innen. Den Vereinsmitgliedern selbst fehlen die Mittel, um das Grundstück, auf dem sich die Moschee befindet, zu den Preisvorstellungen des aktuellen Eigentümers zu kaufen. So ist die Zukunft der wohl ältesten Moschee Kölns unklar – was Investitionen in Sanierungsmaßnahmen hemmt.

Funktionen: Vernetzung im Stadtraum

Die räumliche Situation der Sultan Ahmet Camii ist beengt und schränkt das Funktionsangebot, das sich auf Hof, Friseursalon, Waschgelegenheit, Gebetsraum und Teestube begrenzt, entsprechend ein. Im fußläufigen Umfeld befinden sich diverse Angebote an Dienstleistungen, Einzelhandel und Gastronomie, sodass man von einer gewissen funktionalen Verwobenheit in den Stadtraum beziehungsweise von Synergieeffekten zwischen dem Umfeld und dem Moscheebesuch ausgehen kann. Gleichwohl fehlen Räume für die einzelnen Nutzer_innengruppen, die es innerhalb der Gemeinde gibt. So können sich nicht alle zeitgleich in ihrem Haus treffen: Wenn sich etwa die Jugendabteilung wöchentlich versammelt, ziehen sich die Alten taktvoll zurück. Manche von ihnen suchen dann die benachbarte Moschee auf. Diese befindet sich keine 25 Meter entfernt in einem rückwärtigen Hof am Ende der Keupstraße. Die enge Beziehung zwischen den beiden Moscheevereinen äußert sich auch darin, dass die Frauen die Nachbarmoschee aufsuchen. Zeitweise hatte der „Sultan Ahmet Camii e.V." eine eigene Frauenmoschee. Nach einem Grundstücksverkauf wurde das Mietverhältnis beendet und das Gebäude abgerissen.

Funktionen und Nutzungen

Waschbereich

Freisitz im Hof

Berber

Fallanalyse
Sultan Ahmet Camii
(Moschee), Köln

Teeküche

Teestube

Gebetsraum (Herren) und Unterrichtsraum

398–399

Grundrisse:
Im Blockinneren

Das Gebetshaus ist auf einem Eckgrundstück situiert, das sich tief in das Baublockinnere hineinzieht. Nach vorne schließt ein viergeschossiges Wohn- und Geschäftshaus aus der Gründerzeit, mit dem die Parzelle bebaut ist, teilweise den Straßenraum. Daneben befindet sich ein ähnliches Gebäude vermutlich aus der Nachkriegszeit. Dazwischen bildet sich eine Baulücke aus – hier liegt nach hinten versetzt die Sultan Ahmet Camii. Nach vorne zur Straße öffnet sich ein Hof. Dieser führt in einen zweiten umbauten Hofraum, der teilweise überdeckt und mit Sitzgelegenheiten bespielt zum Freisitz wird.

Am Ende des Hofes gelangt man in den kleinen Eingangsbereich der Moschee. Dieser wird auf der einen Seite von einem Schuhregal, auf der anderen Seite vom übersichtlichen Friseursalon flankiert. Der Flur weitet sich auf und beherbergt das Abdesthane, das der rituellen Waschung dient, dem gegenüber liegt der größte Raum des Bauwerks: der Betsaal. Den räumlichen Abschluss bildet die Teestube. Dieser zugeordnet sind kleine Nebenräume (Teeküche, Sanitäranlagen- und Lagerraum). Eine Treppe erschließt einen weiteren Raum im 1. Obergeschoss.

Fallanalyse
Sultan Ahmet Camii
(Moschee), Köln

Ebene 1

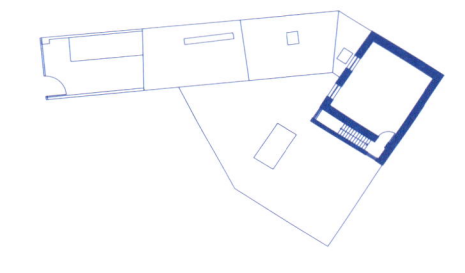

Ebene 0

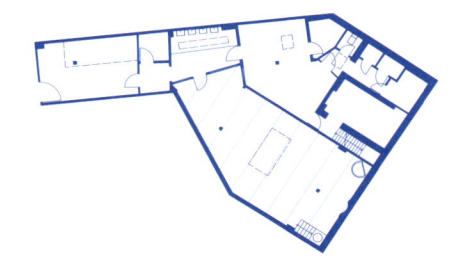

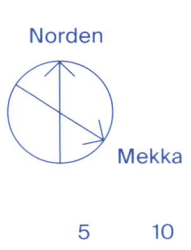

Norden
Mekka

5 10

400–401

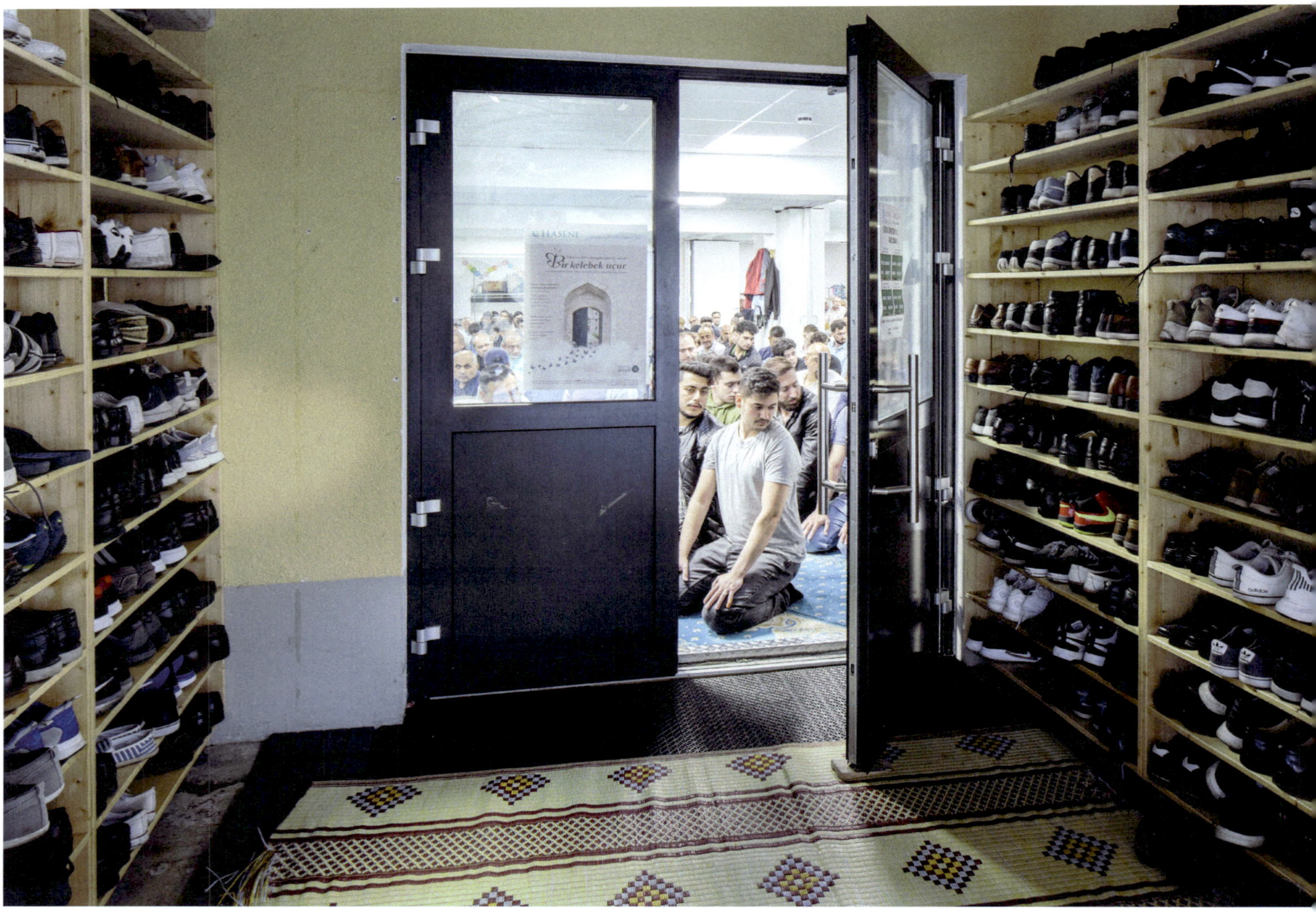
HASENE
Bir kelebek uçur

Fotoessay
Ein temporärer Gebetsraum

Fotoessay
Ein temporärer
Gebetsraum

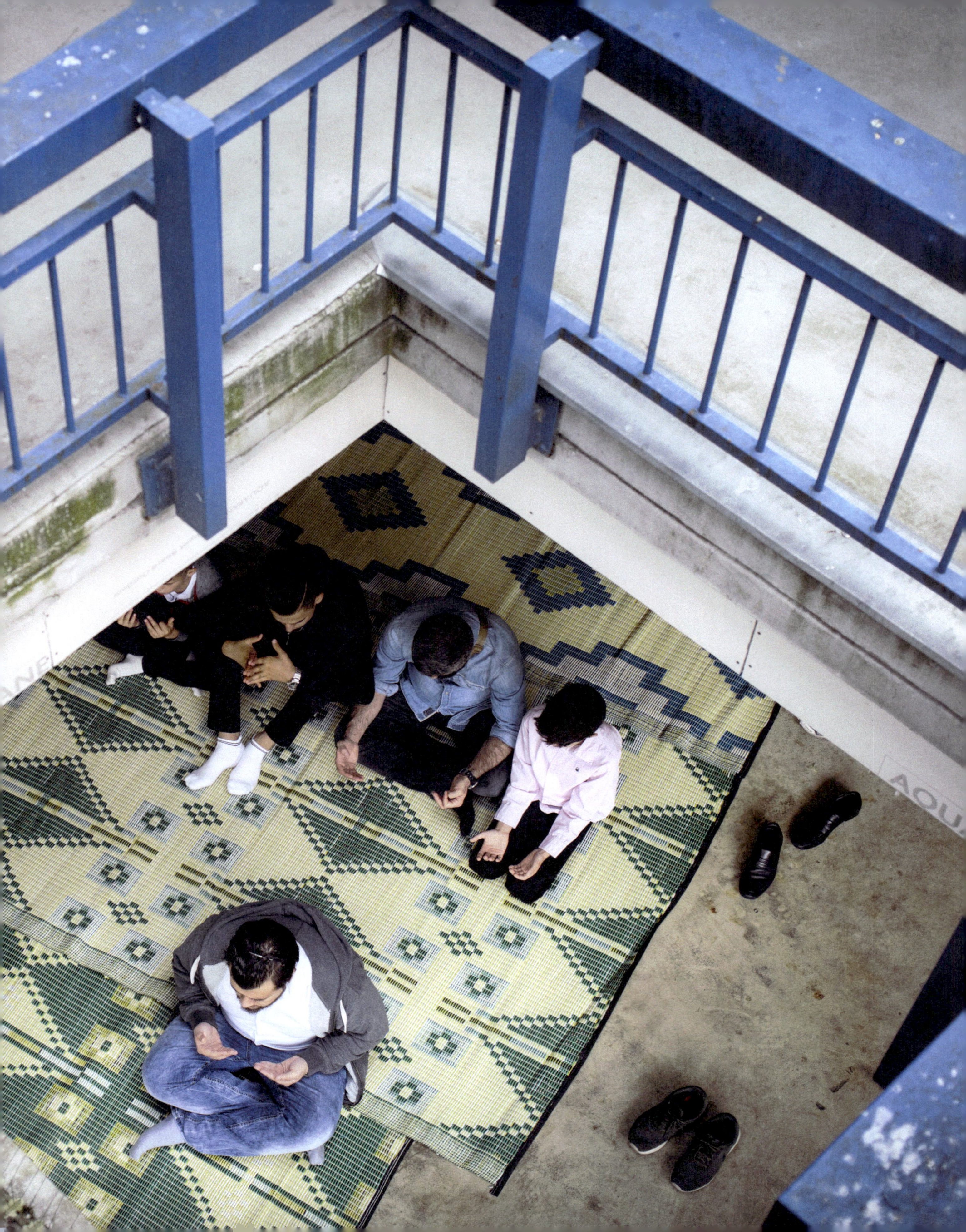

Teestube

Kathrin Herz

1
Ich danke Marko Perels für eine Zusammenstellung seiner Feldprotokolle zu diesem Thema.

2
Da wir in den Teestuben vorwiegend betagtere Männer antrafen, entscheiden wir uns hier für die männliche Schreibweise.

Viele der ersten Begegnungen mit den Moscheegemeinden führten uns in die Teestuben.[1] Oft wurden wir nach vorheriger, meist telefonischer Verabredung von den Ansprechpartner_innen in die Teestuben eingeladen. Wenn im Vorfeld keine Terminvereinbarung möglich war, so suchten wir diese Räume eigeninitiativ ohne Termin auf und gaben uns dort als Forscher_innen zu erkennen.

Einer der Gründe, weshalb die ersten Wege in die Teestuben führten, ist, dass in den Teestuben meistens jemand da ist, auch dann, wenn die anderen Räume des Gemeindezentrums menschenleer sind. In der Regel werden die Teestuben im Alltag von den Senioren[2] der Vereine besucht – die, als Zeitzeugen, gut Auskunft über die Gründung und das aktuelle Geschehen geben können. Daher war die Teestube eine gute Anlaufstelle für unser Forschungsanliegen.

Teestuben, so unser Eindruck, sind im Gemeindealltag das kulinarische Zentrum der Moschee. Neben Tee, an den ein sehr hoher qualitativer Anspruch gestellt wird, gibt es Knabbereien, manchmal sogar kleinere warme Speisen. In diesen Räumen scheint sich in besonderem Maße die Gastfreundschaft und die Verantwortlichkeit für die Einladung seitens unserer Gastgeber_innen auszudrücken – kaum dass wir saßen, stand ein Glas mit dampfenden Tees vor uns auf dem Tisch. Gelegentlich kam dazu auch der ein oder andere Teller mit Muffins, Baklava (Süßgebäck) oder Nüssen.

Wir lernten Teestuben als vielfältige Räume von Moscheen kennen. Ihre Vielfalt drückt sich auf mehreren Ebenen aus – in den materiellen Eigenschaften und atmosphärischen Raumqualitäten, den Menschen, die den Tee zubereiten und denen, die ihn trinken, sowie in den Bedeutungen: Teestuben scheinen besondere Räume in den Moscheen zu sein, deren Relevanz über das Trinken von Tee weit hinausgeht. Hier kann man eine gute Zeit haben – fernsehen, lesen, plaudern oder schweigen. Gleichermaßen wie in den Teestuben eine besondere Gastfreundschaft ihren Ausdruck findet, sind es Räume, in denen Geschlechterverhältnisse genauso wie die Beziehungen zwischen Generationen verhandelt werden.

Zwischen Vereinsheim, Wohnzimmer und Café

Wenn wir die materiellen Dimensionen der Teestuben wie die Einrichtung, das Warensortiment oder die Lage dieser Räume innerhalb der Moscheekomplexe betrachten, dann wird das Unterschiedliche, aber auch das über die besuchten Orte hinweg Typische der Teestuben sichtbar. Das Spektrum der Einrichtung dieser Räume erstreckt sich von auf dem Fußboden liegenden Sitzkissen vor niedrigen Tischen über schwere, hölzerne Sofas, die mit bunten Teppichen ausgelegt sind und durch ihre Anordnung séparéeartige Sitzgruppen ausbilden, zu metallenen Stapelstühlen mit Polstern in kräftigen Farben, die um schlichte Bürotische stehen, bis hin zu rustikalen Stühlen und Tischen aus Massivholz, die an Wirtshäuser erinnern. Die Wände der Teestuben sind mal weiß verputzt, mal tapeziert oder holzvertäfelt. Manchmal sind sie im unteren Bereich bis zur Oberkante der Stuhllehne farbig getüncht oder mit Holzpaneelen verkleidet, während der Bereich darüber anders gestaltet, z. B. mit Wandbildern bemalt, ist. Die Räume sind typischerweise gleichmäßig ausgeleuchtet – häufig zu sehen sind abgehängte Decken mit bündig eingelassenen Beleuchtungselementen oder unter der Decke befestige Beleuchtungskörper, meist Neonröhren. Die Fußböden sind entweder gefliest oder mit Teppichen ausgekleidet. Sind die Teestuben mit Teppichen ausgelegt, so werden sie ohne Schuhe betreten – dies ist in den Gemeindezentren der Fall, wo nicht nur die Gebetsräume schuhfrei begangen werden, sondern ein Großteil der Räume. Bereits die Ausstattung der Teestuben verdeutlicht somit: Kein Raum gleicht dem anderen.

Die atmosphärischen Qualitäten der besuchten Teestuben changieren von Ort zu Ort: Viele der Teestuben sind einfach, schlicht und zweckmäßig gestaltet – und wirken, vor allem wenn sich niemand darin aufhält, anonym. Sie erinnern an Aufenthalts- oder Pausenräume. Dann gibt es einfach ausgebaute Räume, deren angesetzte Patina und Spuren des Gebrauchs auf den lange zurückliegenden Ausbau und die rege Nutzung verweisen. In ihrer Materialität wirken sie ein bisschen wie aus der Zeit gefallen, erscheinen dabei aber sehr wohnlich – manche erinnern an private Wohnzimmer oder Vereinsheime. Andere wiederum unterscheiden sich kaum von den Cafés außerhalb der Gemeindezentren.

     Doch trotz unterschiedlicher atmosphärischer Raumqualitäten und damit verbundenen Assoziationen finden wir in allen Teestuben auch Dinge, die sich gleichen. Solche sind eine türkische Flagge, ein großer Flachbildfernseher, eine Wanduhr, die die Gebetszeiten anzeigt, ebenso wie die auf den Tischen stehenden tulpenförmigen Teegläser und die Behältnisse jedweder Art, die zur Aufbewahrung von Zucker dienen. Hinter einer Theke, die es in den meisten Fällen gibt, befindet sich die Çay Kazanı, die Maschine zur Teezubereitung, die in keiner Moschee fehlen darf. → Teemaschine, S. 360 Diese Gegenstände scheinen neben den wie auch immer gestalteten Sitzgelegenheiten, Wänden, Fußböden oder Beleuchtungselementen ganz selbstverständlich zum Inventar einer Teestube zu gehören.

     Daneben gibt es Gegenstände, die nur an manchen der besuchten Teestuben anzutreffen und daher nicht für alle Gemeindezentren typisch sind. Solche können ein Kiosk mit vielen gut gefüllten Regalen, ein Schreibtisch mit Drehstuhl und Drucker, eine Ecke für den Friseur, ein Billardtisch, eine Spielekonsole, ein Regal mit Büchern, eine Vitrine für den Buchverkauf, Zeitungen, eine deutsche Flagge, Tischdecken, Aushänge an einer Pinnwand, Porträts von Staatsführern, ein auf Holz aufgezogenes Südseepuzzle oder ein Katzenhaus mit Kratzbaum sein. Einige dieser Arrangements oder einzelne Dinge verweisen darauf, dass die Teestuben nicht selten multifunktional genutzt werden. So können diese Räume neben dem Teelokal z. B. ebenfalls den Berber oder das Büro des Vorstands beherbergen. → Multifunktionale Räume, S. 88
→ Berber, S. 130

Aus unseren Beobachtungsprotokollen, Fotografien und Skizzen ergeben sich – neben der bereits beschriebenen Ausstattung der Räume – wesentliche Unterschiede zwischen den Teestuben. So unterscheiden sich diese hinsichtlich ihrer Lage innerhalb des Gebäudes und ihrer Zugänglichkeit aus dem öffentlichen Raum, ihrem Getränkeangebot und Warensortiment und der Geschlechterzusammensetzung. Diese Unterschiede scheinen in Relation dazu zu stehen, ob der Moscheeverein die Teestube selbst betreibt oder diese an eine Mieter_in vergeben wurde, die das Lokal bewirtschaftet.

     Im Folgenden wollen wir beide Betriebsmodelle grob vergleichen: Die vermieteten Teestuben grenzen in der Regel unmittelbar an den Außenraum an, d.h. sie werden mit einem eigenen Zugang von der Straße erschlossen und haben außen an der Gebäudefassade mitunter auch ein eigenes (Werbe-)Schild, das auf sie verweist. → Schilder, S. 346 Durch ihre Position im Gebäude wirken sie öffentlicher als jene Teestuben, die sich am Ende eines Flures oder gar in einem der oberen Geschosse der Moschee befinden.

     Sind die Teestuben als Geschäft vermietet, so bieten sie ein reichhaltiges Sortiment an Getränken. Nicht selten sind ihnen auch Kantinen angeschlossen, die Tagesgerichte und eine Auswahl an Speisen bereithalten. Der

Übergang zwischen Teestube und Restaurant erscheint dann fließend – beides kann im gleichen Raum stattfinden. In kleineren Teestuben gibt es primär Tee und gekühlte Getränke, manchmal auch abgepackte Snacks. In den vermieteten Teestuben gibt es Aushänge mit Preisen, in den kleinen Teestuben hingegen nicht. Stattdessen finden wir an diesen Orten oft ein Schild über der Theke, welches besagt, dass der Verkauf nur an Mitglieder erfolge. Tee kann dann zum Selbstkostenpreis beziehungsweise gegen eine kleine Spende getrunken werden – während die Geschäfte anders wirtschaften müssen. Wird die Teestube größer, so erscheint die Öffnung über Geschlechtergrenzen hinweg wahrscheinlicher. Durch sogenannte „Familienbereiche" wird dennoch eine Art Trennung angeboten. Diese Zonen sind durch Schilder gekennzeichnet; manchmal sind sie auch räumlich durch Pflanzen oder hölzerne Gitter mit einer mehr oder weniger starken Sichtschutzwirkung abgeschirmt.

     Je öffentlicher die Teestuben sind, desto mehr zeigt sich dies in der Ausstattung, die deutlich anonymer wirkt, da persönliche Gegenstände fehlen. Dinge, die wir in den kleineren Teestuben finden, sind Pokale, hinter Glas gerahmte Ergebnisse des letzten Kalligrafiekurses, Urkunden oder Aushänge wie beispielsweise eine Collage mit Namen und Porträtfotos verstorbener Gemeindemitglieder oder Spendenaufrufe, um die alternative Krebsbehandlung eines Mitglieds zu finanzieren. Meistens ist auch jemand da, der zu diesen Dingen eine Geschichte erzählen kann.

Sind die größeren Lokale im Rahmen ihrer Geschäftszeiten immer offen, unterliegen die kleineren stärker dem Rhythmus des Gebetes. Sie sind in der Regel während des Gebetes geschlossen. Folgende Beobachtung beschreibt, wie eine Teestube im Anschluss an ein Gebet wieder aktiviert wird. Die Ethnograf_innen erreichen das Gemeindezentrum während des Gebetes. Sie sind verabredet. Zur ihrer Überraschung ist die Teestube, die sie bis dahin immer geöffnet erlebten, abgeschlossen und verwaist. Es ist ein kalter, feuchter Wintertag. Während sie vor der Teestube warten, begegnet ihnen eine ihnen bekannte Kursleiterin. Sie schließt den beiden die Teestube auf, sodass sie im Warmen auf ihren Gesprächspartner warten können. Während sie in der leeren Teestube sitzen, beobachten sie, wie diese sich schlagartig füllt: Noch vor Ende der Gebetszeit kommt ein Mann in den Raum und positioniert sich umgehend hinter der Theke. Denn sofort nach Gebetsende startet der Verkauf von Tee, Getränken aus dem Kühlschrank, Süßigkeiten aus den Regalen etc. Ruckzuck hat sich eine Menschentraube vor der Theke gebildet und die während der Gebetszeit leere Teestube ist voller Menschen.

     Zuweilen ist eine Teeküche aber auch länger verwaist. Dies kann in kleineren Gemeinden, z. B. an einem Wochentag in den Sommerferien, möglich sein. Sind weder Gäste noch Teekoch[3] gegenwärtig, dann gibt es auch keinen Tee aus der Çay Kazanı – für diesen Fall haben viele Moscheegemeinden einen Automaten, der heiße Getränke auf Knopfdruck liefert. → Teemaschine, S. 360
Deutlich wird, insbesondere die kleineren, selbstbetriebenen Teestuben sind stark von Rhythmen geprägt: Sie können gähnend leer sein oder brechend voll. Der Übergang von einer zur anderen Situation kann sich, wie unsere Beobachtungen zeigen, sehr rasch ändern.

[3] An einem der besuchten Orte hat diese Funktion eine Frau inne, sonst sind es immer Männer, die den Tee zubereiten und servieren. Wir entscheiden uns daher, in diesem Text durchgehend die männliche Form zu verwenden und nicht von der Teeköch_in zu schreiben.

Die Mini-Teestube

Nicht alle besuchten Orte verfügen über eine Teestube. So kann es gelegentlich vorkommen, dass es in kleineren Gemeindezentren schlicht und einfach keinen Raum für eine solche gibt, während andere Gemeinden eine solche religiös begründet ablehnen. Mit Getränken, Wasserkocher und Sofa entsteht dann als Minimallösung eine Art ‚Mini-Teestube' im Büro.

Die Teestube im Außenraum – Erweiterung oder Pop-Up

Teestuben finden wir nicht nur in als solche eingerichteten Innenräumen von Moscheen, sondern typischerweise auch in den zu den Gebäuden gehörenden Außenräumen. Unsere Untersuchung zeigt diesbezüglich zwei unterschiedliche Ausprägungen: Zum einen Teestuben, die sich vom Innenraum um den Außenraum erweitern, und zum anderen temporäre, flüchtige Teestuben, die – im Außenraum – für eine gewisse Zeit existieren und dann wieder verschwinden.

   Erstere Form scheint typisch, wenn eine Teestube im Erdgeschoss liegt und direkt an einen Hof angrenzt – dann sind dieser häufig Aufenthaltsmöglichkeiten vorgelagert. Diese Sitzgelegenheiten erweitern die vorhandene Teestube räumlich nach außen und können von unterschiedlicher Materialität sein: eine Art Bretterverschlag mit selbst gezimmerten Möbeln, ein zu allen Seiten offenes Zelt mit Plastikstühlen, Bistrotische zu kleinen Sitzgruppen unter dem Gebäudevorsprung arrangiert oder eine lose Ansammlung von Stühlen ganz unterschiedlicher Art. Die Bereiche im Außenraum sind nicht autark von den Teestuben im Innenraum – denn der Tee wird drinnen zubereitet. Sind die Teeräume im Außenraum geplant, dann wird der Tee den Gästen draußen serviert. Sind sie nicht intendiert, dann werden sie von den Gästen selbst temporär hergestellt, indem sie ihre Teegläser raustragen und die Höfe bei milden Temperaturen zu Teestuben machen. → Höfe, S. 268

Die zweite Form der Freiluftteestube kann als ‚Pop-Up' bezeichnet werden – genauso schnell wie sie aufgebaut ist, ist sie auch schon wieder verschwunden. Das heißt, sie stellt einen temporären Raum dar, der mit ein paar Gegenständen und Handgriffen routiniert aufgebaut, für kurze Zeit betrieben und im Anschluss wieder eingeräumt wird und keinerlei Spuren am materiellen Raum hinterlässt.

Zum Einsatz kommen solche Arrangements bei Festen oder freitags nach dem Mittagsgebet – immer dann, wenn in der Moschee reges Treiben herrscht und der als Teestube dezidierte Innenraum nicht für alle Anwesenden ausreichen würde. Gelegentlich fungiert diese Art der Teestube auch als provisorische Lösung, z. B. dann, wenn die Bauarbeiten an der Teestube noch nicht abgeschlossen sind oder sich diese in Sanierung befindet. In der Regel hat die ‚Pop-Up-Teestube' keine Verbindung zur Teestube im Innenraum des Gemeindezentrums, sondern funktioniert autark von dieser.

Um eine solche herzustellen, wird ein Tisch aufgebaut. Die Teemaschine und die Gläser werden nach draußen getragen. Neben Tee stehen oft auch Wasser, frisches Gebäck, getrocknete Früchte oder Süßigkeiten zur Auswahl. Im Gegensatz zur Teestube im Innenraum bedient man sich selbst. Eine kleine Kiste für Spenden steht bereit. Sitzgelegenheiten gibt es wenige, sodass die meisten Anwesenden in Grüppchen zusammenstehen. Diese sind dynamisch und ändern sich in ihrer Zusammensetzung – einer geht, andere kommen hinzu, viele Hände werden geschüttelt, sodass die Situation recht lebhaft wirkt. Was wir in solchen Situationen beobachten können, ist Teil jener besonderen Momente im Gemeindeleben – ein Gesprächspartner nennt es „Freitagsgefühl". Wir beobachten das, was uns in vielen Gesprächen geschildert wird und weshalb man zum Teil sehr lange Wege und größere Umstände auf sich nimmt, um eine bestimmte Moschee aufzusuchen: Das Zusammenkommen einer Community. Man kennt sich zum Teil jahrelang, ist vertraut. Unter den Anwesenden sind (ehemalige) Nachbarn, Bekannte, Familienmitglieder – manche davon sind hochbetagt, andere im Kleinkindalter. Konnten wir im Vorfeld Einzelne in Eile hetzend sehen, um noch rechtzeitig während des Gebetes den Gebetsraum zu erreichen, so scheint nun, trotz aller Lebendigkeit, die aufgrund der Freude über das Wiedersehen über der Situation liegt, auch eine Ruhe und Feierlichkeit hergestellt zu sein. Es ist ein Zusammenbleiben über das gemeinschaftliche Gebet hinaus, in dem eben auch dem Glas Tee eine feste Rolle zukommt.

Das mobile Teeglas

In den größeren Gemeindezentren konnten wir mehrfach eine Art hausinternen Teelieferservice beobachten. Dabei wird der Tee aus der Teestube mit Tabletts vom Teekoch durch das Gebäude getragen. Von den Teestuben beliefert werden z. B. die Büro- und Verwaltungsräume, die sich im Gemeindezentrum befinden – eine Teebestellung aus diesen Räumen erfolgt telefonisch. Auch wir kamen mehrmals in den Genuss eines solchen Services. Auch in die Räume angegliederter Restaurants, sollte dort der Tee ausgegangen sein, wird geliefert. Einmal beim Fotografieren eines Gebetsraums für das vorliegende Buch wurde uns sogar Tee in den Gebetsraum gebracht. Das erscheint sehr exklusiv und keine Alltagspraktik zu sein.

4
Auf die Dominanz der Männer in diesem Raum verweist u. a. Schmitt, Thomas (2013): Moschee-Konflikte und deutsche Gesellschaft. In: Dirk Halm & Hendrik Meyer (Hrsg.): Islam und die deutsche Gesellschaft. Wiesbaden: Springer VS: 145–166, S. 147–148.

Eine andere Form des mobilen Teeglases bieten gewissermaßen outgesourcte Teestuben. Cafés, Bäckereien oder Imbisse, die außerhalb der Moschee liegen und nicht vom Moscheeverein selbst betrieben werden, können diese Rolle innehaben. Dieses Phänomen beobachten wir, wenn die eigene Teeküche (noch) geschlossen ist oder das Lokal außerhalb des Moscheezentrums ein größeres Angebot vorhält, indem es z. B. auch warme Speisen verkauft. Auf diese Art spannen sich funktional-räumliche Netzwerke zwischen dem Gemeindezentrum und den gastronomischen Einrichtungen im engeren Moscheeumfeld auf. Konsumiert werden die außerhalb der Moschee erworbenen Getränke und Speisen entweder vor Ort oder die getätigten Einkäufe werden von den Gästen selbst zum Gemeindezentrum getragen, um sie dort zu verzehren.

Die Gäste

Im Alltag scheint die Teestube ein Männerort zu sein: Bei unseren zahlreichen Besuchen der Gemeindezentren treffen wir in diesen Räumen auch am häufigsten Männer.[4] Meist handelt es sich um die Gruppe der Älteren, die sich dort aufhält. Sie trinken Tee, lauschen schweigend der Nachrichtensprecherin eines TV-Senders oder unterhalten sich angeregt. Wenn wir genauer hinschauen, z. B. auch an den Wochenenden, sehen wir jedoch, dass die Teestube ein Raum ist, den sich viele Nutzer_innen und -gruppen teilen.
Wenn auch selten, erleben wir die Teestube auch als Frauenort – etwa, wenn dort an den Wochenenden Veranstaltungen stattfinden, die sich explizit an Mütter wenden. Doch das scheinen Ausnahmen zu sein. Der Aufenthalt von Frauen in den Teestuben in der Gegenwart von Männern scheint keine Selbstverständlichkeit zu sein. Vereinzelt hören wir weibliche Stimmen, die die Teestube zum Raum beider Geschlechter machen möchten. Aus Protest setze sie sich rein, halte den Blicken der Männer stand und hoffe auf Nachahmerinnen, sagt eine der vielen engagierten Frauen, die wir in den Gemeinden

treffen. → Frauen, S. 198 In den eher öffentlicheren, caféähnlichen Teestuben, wo Frauen und Kinder im Raum sind, scheint die Geschlechtersegregation hingegen aufgehoben.

Eine weitere Gruppe, die wir in Teestuben beobachten, sind Geflüchtete. Dies ist in den größeren Teestuben der Fall, die zentral in urbanen Ballungsräumen liegen. Die jungen Männer sitzen an den Tischen, vor ihnen stehen keine Teegläser – sie konsumieren nicht. Sie werden nicht weggeschickt, sondern dürfen bleiben – auch hierin zeigt sich die Integrationsarbeit, die Moscheegemeinden über die religiösen Belange hinaus im Zusammenhang mit Geflüchteten leisten und für welche sie zur Anlaufstelle geworden sind.

Nicht selten ist die Teestube Raum mehrerer Generationen. Diese teilen sich den Raum entweder zeitgleich oder nutzen ihn zu versetzten Zeiten. Erste Verweise darauf, dass sich der Raum an unterschiedliche Generationen wendet, geben die Ausstattung und Dinge im Raum. Der Kiosk und dessen gut gefüllte Regale mit Süßigkeiten und Kühlschränke mit Getränken sind selbstverständlich nicht nur Ziel der Kinder. Doch oft erleben wir die Kleinen genau in diesem Bereich der Teestube, so z. B. während eines Interviews, dessen Kulisse die Teestube ist: Ein kleiner Junge betritt den Raum. Er solle sich selbst bedienen, denn es sei gerade schlecht, sagt unser Interviewpartner, der sich nebenbei – zumindest an diesem Nachmittag – um die Teestube kümmert. Der Junge nimmt sich eine Limonade. Dann kommt er zum Tisch und hat 20 Cent in der Hand. Das würde nicht reichen, meint unser Gesprächspartner. Das mache der immer so, sagt er zum Interviewer. Zum Jungen sagt er, er solle das Getränk zurückstellen und sich etwas anderes nehmen. Dieser nimmt sich dann eine Süßigkeit und verlässt den Raum.

Auch für die männlichen Jugendlichen, für die aufgrund räumlicher Gegebenheiten nicht in jedem Gemeindezentrum ein eigener Jugendraum eingerichtet werden kann, sind Teestuben relevante Orte. Zeugnis davon geben insbesondere der Billardtisch und die Spielekonsole, die gelegentlich in Teestuben stehen. Oft hören wir, dass man der Jugend Anreize bieten müsse, damit sie das Gemeindezentrum besuche – dieses wird als Gegenmodell zur als gefährlich wahrgenommenen „Straße" geschildert. Dies scheint auch der Grund zu sein, weshalb schon die damals noch Jugendlichen der zweiten Generation die zunächst skeptische Gründergeneration vom Erwerb eines Billardtisches überzeugen konnten. Doch heute kämen sie nur selten am Billardtisch zum Zuge, klagen sie – es scheint, als hätten sich die Älteren diesen ganz einverleibt. Was früher für die Jugend der Billardtisch war, scheint für die heutige Jugend die Spielekonsole zu sein.

Dass die Jugend keinen abgetrennten Bereich habe, also nicht unter sich sein könne, finden nicht alle gut. → Jugend, S. 280 In einer Gemeinde hören wir, dass ein Abend in der Woche ausschließlich für die Jugendlichen reserviert sei – die Älteren würden dann fernbleiben und die Teestube den Jüngeren überlassen. Ein ähnliches Zeitmodell erleben wir an einem anderen Ort, z. B. dann, wenn die Teestube zum Seminarraum für spezifische Veranstaltungen wie das Elterncafé genutzt wird – dann sind die Frauen unter sich und die Männer meiden zu dieser Zeit den Raum. Für sie gibt es dann keine Teestube. Tee gibt es auch dann nicht, wenn die Teestube zum temporären Gebetsort wird. Während die Nutzer_innengruppe die gleiche bleibt, wird die Raumnutzung zeitweilig geändert: Die, die zuvor Tee tranken, beten nun im Raum.

Der Teebetrieb ist für die Zeit des Gebets komplett eingestellt und für die Dauer des Gebetes gibt es keine Teestube in der Moschee. → Ein Raum im Wandel – temporäre Umcodierung zum Gebetsraum, S. 91

Der Teekoch

Die Teestube unterliegt in der Regel der besonderen Obhut eines Teekoches. Im Feld finden wir eine große Bandbreite an sehr unterschiedlichen Menschen vor, die dieses Amt besetzen: In den vermieteten Lokalen sehen wir stolze Çaycılar (Teeköche) und Garsonlar (Kellner), die sich in weißen Kitteln passioniert der Zubereitung und dem Servieren von Tee und Mokka widmen. In den von den Moscheevereinen selbst organisierten Teestuben übernehmen Frührentner oder Vorstandsmitglieder für eine gewisse Dauer diese Aufgabe – sie tragen keine Kittel und kredenzen ebenfalls vorzüglichen Tee. Häufig sehen wir bei wiederholten Besuchen wechselnde Gesichter hinter der Theke. So kann es sein, dass unterschiedliche Personen kurzeitig die Tätigkeit hinter der Theke aufnehmen. An einem Ort beobachten wir regelmäßig zwei Vorstandsmitglieder, die gemeinsam diese Aufgabe übernehmen.

An anderen Orten ist unser Eindruck, dass das Amt des Teekoches auf Personen übertragen wird, um die man sich in besonderer Weise kümmern möchte. So hören wir die Geschichte eines Frührentners, der Probleme mit Alkohol und Glücksspielen gehabt habe. Seine Frau habe diesbezüglich bei der Moschee Hilfe gesucht. Ein Mitglied des Vorstandes habe den Mann daraufhin in seine Obhut genommen und ihn über verschiedene Aufgaben in das Gemeindeleben eingebunden. Deutlich wird in der Schilderung, dass der betagte Mann früher nicht viel mit dieser Moschee zu tun hatte – jetzt sei er einer der zuverlässigsten Kontakte vor Ort, der neben Hausmeistertätigkeiten eben auch die Position des Teekoches übernimmt. Damit ist er beschäftigt und arbeitet die Kosten für eine Wallfahrt nach Mekka ab – die Gemeinde finanzierte ihm diese.

An wiederum einem anderen Ort wird uns berichtet, dass der Mann, der den Tee kocht, der Erste sei, der die Moschee in der Früh betrete – er sperre das Haus auf, mache Licht und setze den Tee auf. Ein junger Mann, auf dessen Arbeitsweg die Moschee liegt, sagt uns, wenn er morgens jemals von außen sehen würde, dass im Gebäude kein Licht brenne, so würde er sich Sorgen machen und vermuten, der ältere Herr sei ernsthaft erkrankt – in diesem Fall würde er zu ihm nach Hause fahren und nachsehen.

Die Aufgabe des Teekochens scheint sich in kleineren Moscheegemeinden häufig mit anderen Tätigkeiten zu überlagern: Wie oben beschrieben ist der Teekoch nicht selten Hausmeister, Concierge und gelegentlich auch Putzkraft in einer Person. Die Kontrolle des Teekoches geht über den ihm anvertrauten Raum der Teestube hinaus. So erfahren wir in einem kleineren Gemeindezentrum, dass die Türen des Gebetsraumes zwischen den Gebeten aus Sicherheitsgründen verschlossen werden. Noch ist die Teestube nicht eingerichtet, doch sobald die Baumaßnahme abgeschlossen ist, werde man jemanden einstellen, der Tee kocht und den ganzen Tag hier ist – dann könne auch der Betsaal offen bleiben, was der Gemeinde ein großes Anliegen zu sein scheint. So ermöglicht der Teekoch, dass auch außerhalb des Gebetes Menschen in den Gebetsraum kommen können, um zu beten, zu studieren, zu entspannen oder zu spielen. → Sicherheit, S. 354

Der alternativlose Ort – „Wo soll ich denn sonst hin?"

Die Bedeutung dieses Raumes geht über das Trinken von Tee hinaus. Hier sei immer jemand und man könne gute Gespräche führen, erfahren wir. So überrascht es nicht, dass an einem Ort die Teestube nicht als Çay Salonu (Teestube), Çay Hane (Teehaus) oder Çay Evi (Teehaus), sondern als Sohbet Odası, als Gesprächsraum ausgeschildert ist. In den Teestuben werden Sorgen um den erwachsenen, todkranken Sohn geteilt, genauso wie man sich Witze erzählt und gemeinsam lacht. Neben den Gesprächen hat das Wissen darum, dass man in den Teestuben Ansprechpartner finden und Hilfe bekommen kann, eine große Bedeutung. Das ist z. B. dann wichtig, wenn behördliche Formulare ausgefüllt werden müssen. Waren dies in den Anfangstagen beispielsweise Unterlagen im Zusammenhang mit dem Familiennachzug, so fallen heutzutage oft die Stichworte Rente und schlechte Sprachkenntnisse.

Das Fernsehgerät gehört gewissermaßen zu diesem Raum wie der Tee – es scheint ständig zu laufen, mal mehr, mal weniger im Hintergrund. Zu sehen sind etwa Nachrichten, Telenovelas, sportliche Ereignisse wie die Fußballspiele der Süper Lig (Spielklasse) oder der Europameisterschaft – fast ausschließlich laufen türkische Sender. Dies scheint Tradition zu haben, die sich darin begründet, dass früher im deutschen Fernsehprogramm keine oder kaum türkische Sender empfangen werden konnten. Die Moscheen hatten eine besondere Stellung, da es dort oftmals die einzigen Satellitenanlagen weit und breit gab und damit eine exklusive Verbindung in die Heimat war. So konnte man sich in den Moscheen über politische und sportliche Ereignisse in der Türkei auf dem Laufenden halten. Diese exklusive Stellung als Informationsquelle büßte die Moschee zwar längst ein, dennoch spielt das gemeinsame Fernsehen in den Gemeindezentren nach wie vor eine gewisse Rolle.

Insbesondere im Alltag von Ruheständlern wird das Gemeindezentrum, vor allem die Teestube, zunehmend bedeutsamer. Einer unserer betagteren Interviewpartner schildert das Gemeindezentrum als alternativloser Ort. „Wo soll ich denn sonst hin?", fragt er. Zwischen den Gebeten hält er sich in der Teestube auf. Er arbeite nicht mehr, Alkohol trinke er auch keinen, insofern scheide die Kneipe vorne an der Ecke für ihn aus. In einer anderen Teestube treffen wir zwischen den Senioren einen Pensionär, der uns auffällt, da er alleine in der Teestube zurückbleibt, als die anderen Männer den Raum verlassen, um zum Gebet zu gehen. Er bezeichnet sich als „gebürtiger Muslim", der als junger Student nach Deutschland kam, am „anderen Leben" Gefallen gefunden habe und auch gerne mal Alkohol trinke. Ob er glaube, oder besser, ob er glauben solle, habe er noch nicht mit sich geklärt. Ins Gebet gehe er daher nicht, aber den Mitgliedsbeitrag bezahle er ganz selbstverständlich. Er kommt hierher, trinkt Tee, liest Zeitung, unterhält sich – auch Tipps für seine Urlaubsreise in die Türkei bekam er hier.

Teestube

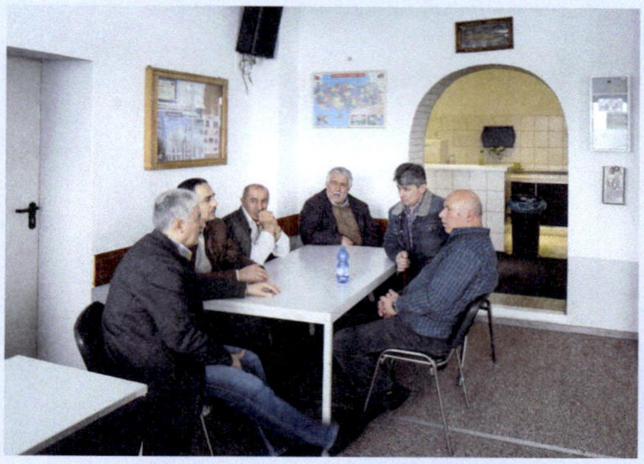

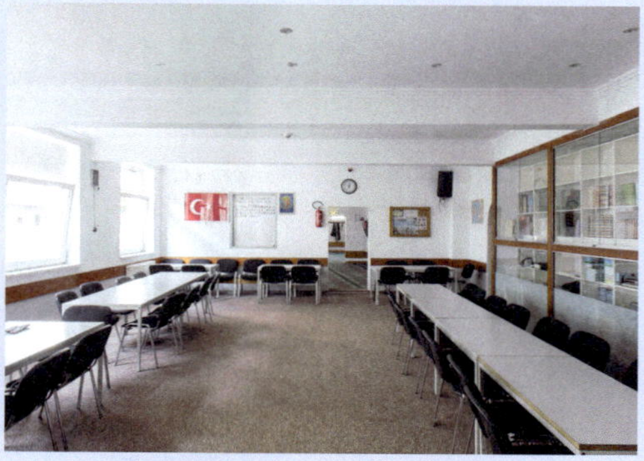

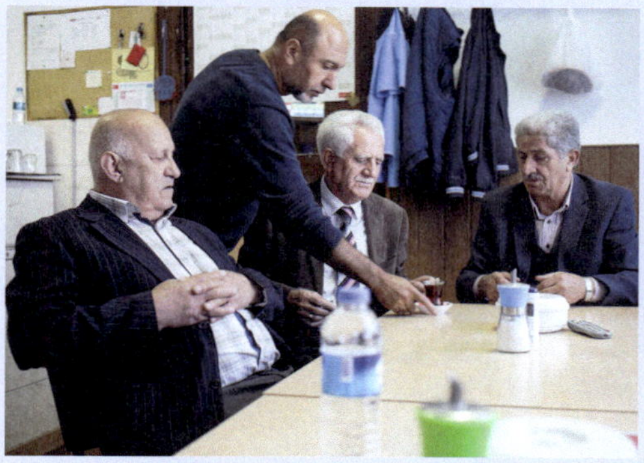

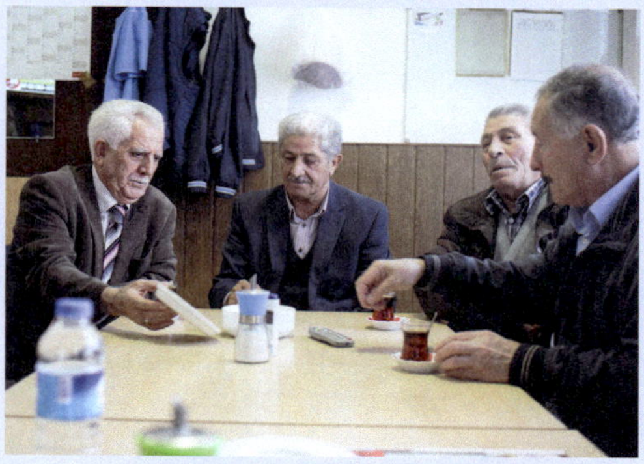

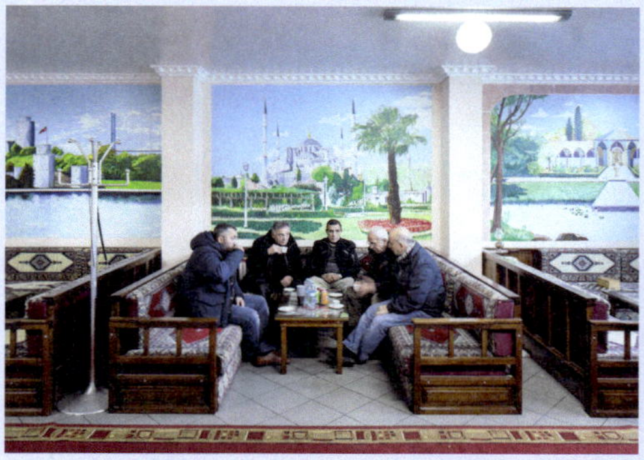

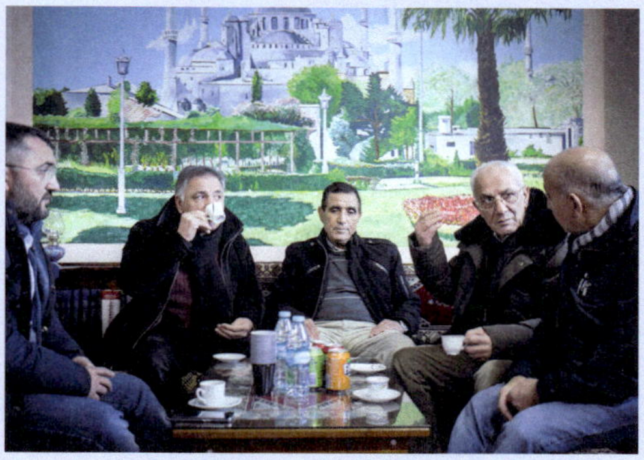

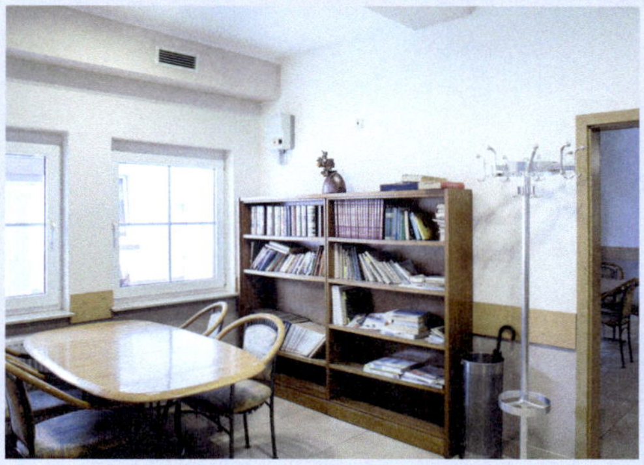

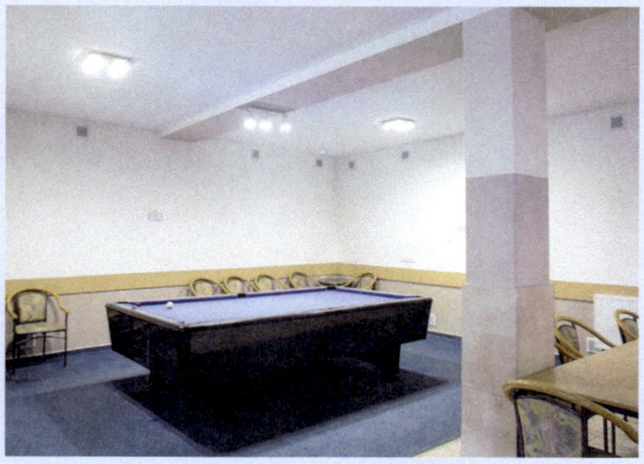

Unterricht

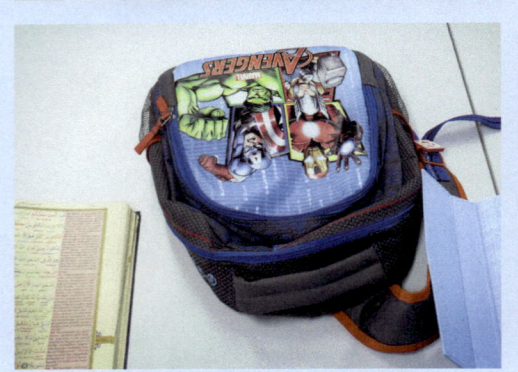

Elemente der Moschee

418–419

Vorstand

Marko Perels

[1] In einzelnen Gemeinden treffen wir jedoch auch Frauen in Vorstandsverantwortung. Manchmal hören wir, dass laut Satzung eine Frau im Vorstand sein müsse Vgl. auch Schrode, Paula (2011): Zur Rolle muslimischer Frauen in den Gemeinden. In: Michael Borchard & Rauf Ceylan (Hrsg.): Imame und Frauen in Moscheen im Integrationsprozess. Gemeindepädagogische Perspektiven. Osnabrück: V&R unipress, S. 91–94; Abdel-Rahman, Annett (2011): Die Partizipation von Frauen in Vorständen der Moscheegemeinden – eine Bestandsaufnahme. In: Michael Borchard & Rauf Ceylan (Hrsg.): Imame und Frauen in Moscheen im Integrationsprozess. Gemeindepädagogische Perspektiven. Osnabrück: V&R unipress, S. 95–104. Den Wandel der Geschlechterrollen beschreiben wir im Kapitel „Frauen". → Frauen, S. 198

Die Vorstandsmitglieder der Moscheevereine sind für uns zentrale Ansprechpartner, um Zugang zu den Moscheegemeinden zu bekommen, und oft Garanten für ein offenes Gespräch über die Entwicklungsgeschichten der Gemeinden. Sie knüpfen für uns wertvolle Kontakte und vermitteln uns weiter, sodass wir ein möglichst umfassendes Bild entwickeln können. Selbst wenn die Fragestellung dieser Studie einen starken Bezug zum Gebäude und seiner Historie hat, so wird im Forschungsprozess ebenso die Organisation der Gemeinden deutlich. Wer fühlt sich für ein solches Forschungsprojekt verantwortlich? Wer ist an einer Abstimmung darüber beteiligt? An wen werden die Anliegen des Projektes delegiert und was wird besonders betont, wenn die Gemeinde vorgestellt wird? Im Forschungsprozess geraten verschiedene Vorstands- und Organisationskulturen mit ihrer Dynamik in den Blick. In Gesprächen mit verantwortlichen Personen werden der Organisationsaufwand und die Komplexität der Leitung von Moscheegemeinden oft thematisiert. Es ist eine ehrenamtliche Tätigkeit, die oft mit hoher Motivation geleistet wird.

Kontaktaufnahme –
Team und Alleinverantwortliche

Bei den Erstkontakten zu den Moscheegemeinden suchen wir zunächst einen möglichst direkten Weg zu den Vorstandsverantwortlichen. Nicht immer können wir telefonisch jemanden erreichen. Teilweise ist es nötig, ohne vorherige Terminvereinbarung persönlich vor Ort zu erscheinen, um überhaupt weiterzukommen. Dies ist wesentlich darin begründet, dass die Verantwortlichen sich fast ausschließlich ehrenamtlich engagieren. Je nach Gemeinde und eigener Berufstätigkeit gibt es viel zu tun – das Anliegen unseres Forschungsprojektes ist dann eine zusätzliche Belastung.

     Wie mit uns umgegangen wird, zeigt etwas über die Aufgabenverteilung und die Entscheidungsstrukturen in den Gemeinden. In einigen Fällen bedarf es der Zustimmung des jeweiligen Dachverbandes. Erst nachdem sich die Gemeinde dort rückversichert, öffnen sich die Türen richtig. In anderen Fällen scheinen einzelne Vorstandsvorsitzende eine so zentrale Position zu haben, dass an ihnen überhaupt kein Weg vorbeiführt – selbst wenn das bedeutet, zwei Monate zu warten, bis die entsprechende Person von einem Aufenthalt in der Türkei zurückkehrt. In wieder anderen Fällen wird klar, dass Verantwortlichkeiten breiter verteilt sind. Hier gibt es dann mehrere Ansprechpartner – wobei die rein männliche Schreibweise der Positionen in diesem Textteil unseren Erfahrungen entspricht. In den Vorständen und in der Repräsentation der Gemeinden erleben wir zunächst meist Männer in der Verantwortung.[1] Mit der Delegation unserer Anfrage im Rahmen der Kontaktaufnahme ist unter Umständen eine breitere Beteiligung von Gemeindemitgliedern verbunden. In mehreren Fällen werden wir an den Jugendvorstand verwiesen, der uns für alle Fragen Rede und Antwort stehen soll. Zum einen wird damit seine Rolle als Prüfer und Ansprechpartner für das Forschungsprojekt gestärkt, ihm werden hier Kompetenzen zuerkannt. Zum anderen fungieren hier Personen mit weniger Verantwortung als eine Art Vorzimmer, das evaluiert und Funktionen eines Gatekeepers innehat. Diese Rolle kann lustvoll ausgefüllt oder als zusätzliche Belastung empfunden werden. Um die Erlaubnis zu bekommen, über die Gemeinde zu forschen, führt jedoch letztlich kein Weg am Vorstandsentscheid vorbei, selbst wenn das für seine Mitglieder Arbeit und Zeitaufwand bedeutet.

     Wir bemerken einen Unterschied darin, ob ein Leitungsteam oder nur ein einzelner Akteur an der Spitze der Gemeinde steht. Manche Vorstandsmitglieder betonen gerade die Attraktivität eines Teams. Das sei wesentlich für ihre Entscheidung gewesen, sich überhaupt für die Gemeinde zu engagieren. Als Kontrast dazu beschreibt ein Gesprächspartner die Vergangenheit des Gemeindevorstands. Damals habe es Einzelpersonen gegeben, die jeweils alleine die ganze Moschee geführt hätten. Für ihn selbst heutzutage sei das Aufgabenspektrum mittlerweile so komplex, dass er sich eine Leitung anders als arbeitsteilig gar nicht mehr vorstellen könne. In diesem Fall wirkt es so, als habe die Öffnung der Vorstandsverantwortung die Attraktivität der Moscheegemeinde erst wieder erhöht:

> „Deswegen war ich sehr oft weit weg- das heißt, nur dabei gewesen, aber wollte keine Aufgaben übernehmen. […] Vorher der Vorstand, ich sag mal es gibt- man kann vieles besser machen. Und da denkt man, es wird mal Zeit, dass man irgendwie was macht. Und zum Schluss hat man mir gesagt: ‚Willst du mitmachen?' Und ich habe gesagt: ‚Mit der Truppe, Ja!'"

Die in Bezug auf die Vergangenheit geäußerte Unzufriedenheit an der Organisation bezieht sich im weiteren Interviewverlauf ebenso auf die damals unzulänglichen Raumverhältnisse und eingeschränkten Angebote. So mag die Motivation der aktuell eigenen Beteiligung einerseits in der Überwindung temporär gemieteter Zwischenlösungen begründet sein, denen im Eigentumsbau nun neue Möglichkeiten gegenüberstehen. Andererseits veränderte sich offenbar auch etwas in der Organisationskultur, das eine Beteiligung an Vorstandsarbeit jetzt attraktiver erscheinen lässt.

Komplexes Aufgabenfeld – das ehrenamtliche Management einer Moscheegemeinde

Die Anforderungen an die Vorstandstätigkeit sind vielfältig und abhängig von der einzelnen Moscheegemeinde. Unterschiedliche Finanzierungsfragen ergeben sich je nach Struktur des Gebäudeensembles mit Einkünften aus Vermietungen oder Geschäften. Je nach Zustand der baulichen Substanz muss der Vorstand Entscheidungen über Renovierungsmaßnahmen und Spendenakquise treffen und abstimmen. Hinzu kommen administrativer Aufwand, Büroarbeiten und die Organisation des Gemeindelebens. Feierlichkeiten, Kurse, soziale und religiöse Angebote müssen koordiniert werden. → Feste, S. 192 → Unterricht, S. 418 → Fotoessay Ramadanabend im Gemeindezentrum, S. 335 → Kermes im Stadtraum, S. 482 Auch die Repräsentation der Gemeinde in der Öffentlichkeit, wie sie z. B. in der Begegnung mit unserem Forschungsprojekt notwendig wird, gehört zu den Aufgaben des Vorstandes. Bei unseren Ansprechpartnern gibt es einen großen Anteil von Arbeitern und Personen, die im Berufsleben keine administrativen Aufgaben bearbeiten – in den Gemeinden allerdings übernehmen sie Verantwortung. Einer arbeitet als Taxifahrer, ein anderer als Facharbeiter im Schichtdienst, insbesondere bei den Älteren haben wenige höhere schulische Abschlüsse. Ihr Engagement ist in vielen Fällen bemerkenswert. Oft bekommen wir den Eindruck, dass die Vorstandstätigkeit mit einem hohen zeitlichen Aufwand einhergeht, der ehrenamtlich neben Erwerbsarbeit geleistet wird. Mehrfach wird angesprochen, dass dieses Ehrenamt einen an die Grenze des persönlichen Leistbaren bringe. Ein Vorstandsvorsitzender, der seine Probleme mit der deutschen Sprache beklagt, stöhnt über die Büroarbeit, die er neben den ganzen anderen Aufgaben auch noch zu bewältigen habe. Nach einer Aufzählung der vielen baubezogenen Eigenleistungen und sozialen Aktivitäten, die sie im Gemeinderahmen organisiert hätten, meint er:

> „Für uns ist auch wichtig, dass wir das alles ehrenamtlich machen. Immer müssen wir allem hinterherrennen. Da kommt ein Brief – ich muss ihn beantworten. Hier kommt eine Mail – ich muss sie beantworten. Weil- ich arbeite im Schichtdienst. Die anderen Kollegen arbeiten auch alle im Schichtdienst. Wenn wir wenigstens mal einen professionellen Mitarbeiter für ein Stückchen einstellen könnten. Dann wäre vieles besser. Aber das ist momentan nicht möglich. Also, das ist für fast jede Moschee, ist es genau das Gleiche."

Diese Aussage erklärt uns auch unsere Erfahrungen bei der Kontaktaufnahme mit den Gemeinden. In vielen Fällen erfordert es einige Hartnäckigkeit, die richtigen Ansprechpartner zu finden und zu sprechen – und so hat die Aussage hier auch eine entschuldigende Note. Letztlich sitzen wir anlässlich eines Interviews zusammen, aber dieses ist eingezwängt in viele andere Termine.

Management baulicher Entwicklungen

Vorstandsmitglieder sind oft auch auf den Baustellen zur Erweiterung oder Renovierung der Gebäude aktiv. → Baustelle, S. 128 Sie müssen die Entscheidung fällen, ob überhaupt etwas unternommen wird und wenn ja, was genau. Sie müssen die Kosten im Auge behalten und sich im Zweifelsfall nach geeigneten Finanzierungsmöglichkeiten umsehen. Was der Moscheegemeinde hier zuzumuten ist und wo Grenzen erreicht sind, wird mehrfach Thema. Ein Vorstandsmitglied meint zum Abschluss einer längeren und gemeindeintern durchaus umstrittenen Bauphase:

> „Wir haben die Nase voll sozusagen- jetzt von irgendwelchen Bauarbeiten. (lachend). Es zieht sich ja auch vieles. Man muss immer den Firmen hinterherlaufen und sagen: ‚Komm, mach mal endlich deine Arbeit.' Es gibt nun mal wenige jetzt, und viele haben einfach viel zu tun."

Diese Gemeinde wird von Firmen unterstützt, die ihr nahestehen, aber auch Mitglieder übernehmen Arbeiten in Bereichen, in denen sie Kompetenzen mitbringen oder angelernt werden können. Die letzte Baustelle hat weit über ein Jahr gedauert und dem Vorstand kommt die Aufgabe zu, sie am Laufen zu halten und die Gemeindemitglieder und Bauarbeiter zu motivieren.
In manchen Gemeinden stellt sich zudem die Frage nach der Motivation, wenn viele Gemeindemitglieder in Gedanken schon bei einem möglichen Neubau sind. Warum solle man hier noch in die alte Substanz investieren? In diesem Sinn berichtet ein anderer Vorstand, wie sehr ihm das gegenwärtige Bauwerk am Herzen liege:

> „Als ich zum Vorstand gewählt worden bin, habe ich auch gesehen, eigentlich müssen wir irgendwann eine neue Moschee bauen. Aber ich habe auch eingesehen, dass das nicht so leicht ist. Und je mehr wir dafür Zeit verwenden- Weil, es hieß dann oder heißt dann, wenn hier mal was kaputtgeht: ‚Ach, brauchen wir nicht zu machen. Wir wollen sowieso eine neue Moschee bauen.' Aber ich habe eingesehen, dass das noch lange dauert, dass das der Fall sein wird, dass wir eine neue Moschee bauen können. Also müssen wir zusehen, dieses Objekt, was wir zurzeit an der Hand haben, auf den Beinen zu halten."

Der Gesprächspartner beschreibt eine Abwägung von Interessen, bei der er dem Erhalt der Moschee Priorität einräumt. An anderer Stelle betont er, dass er nicht wolle, dass Leute kämen und sagten: „Diese Moschee ist ja Schrott. Die ist ja überall kaputt." Gleichwohl gibt es Stimmen in seiner Gemeinde, die den Aufwand der Instandhaltung gar nicht mehr betreiben wollen. Damit ist der Vorstand gezwungen, Personen zu finden, die ihn bei seinen Vorhaben unterstützen. Schließlich geht es auch um die Akquise der notwendigen Spenden. Mehrfach bekommen wir den Eindruck, dass die früher übliche Kultur des Selbermachens zusehends durch die Inanspruchnahme professioneller Firmen abgelöst wird. Begründet wird dies mit Verbindlichkeiten und Qualitätsansprüchen, für die letztlich auch die Vorstände die Verantwortung übernehmen müssen. Und so meint ein Vorstandsmitglied:

> „Am besten gleich Professionelle holen und eine Firma beauftragen und bezahlen. Weißt du, dann hast du auch deine Ruhe, und er [der

Auftragnehmer] hat seine Ruhe, falls etwas reklamiert werden soll. Dann ist er auch bereit hierher zu kommen, weil du ihn schon bezahlt hast. Und deswegen- ich mag das nicht so mit umsonst machen lassen."

Er macht deutlich, dass er bei einem formal vergebenen Auftrag klarer verhandeln kann. Jedoch sind viele Moscheegemeinden weiterhin auf die Eigenleistungen und Unterstützungen aus ihrer Mitgliedschaft angewiesen, die von den Vorstandsvorsitzenden koordiniert werden müssen.

Vielfältige Engagementmöglichkeiten

Eine wichtige Motivation für ein Engagement im Vorstand ist die Möglichkeit, eigene Vorstellungen einzubringen – nicht nur in die bauliche Gestaltung, sondern auch in die religiösen und sozialen Angelegenheiten der Moscheegemeinde. Eine umfassendere Würdigung aller Aktivitäten kann hier nicht geleistet werden. Ein paar Schlaglichter sollen hier aber auf sie geworfen werden, um eine Einschätzung dieser Art von ehrenamtlichem Engagement zwischen Last und Lust zu erlauben.

Wir hören davon, dass Vorstandsmitglieder auch in ihrer religiösen Kompetenz gefragt sein können und diese einbringen. Selbst wenn es sich hier in fast allen Fällen um religiöse Laien und nicht um studierte Imame handelt, haben die meisten doch eine fundierte religiöse Bildung erhalten. Ein engagierter Vorstandsvorsitzender berichtet von der Rufumleitung des Telefons der Gemeinde auf sein Handy. Der Notfall, in dem doch immer jemand zu erreichen sein müsse, stellt sich dann auch ein. Die Kinder eines Muslims, der auf dem Sterbebett liegt, suchen mitten in der Nacht jemanden, der aus dem Koran lesen könne. Da der Imam der Gemeinde nicht zu erreichen ist, fährt der Vorsitzende kurzerhand selber hin. Ein derart umfassend wahrgenommenes Engagement mit vielen Verantwortlichkeiten hat Auswirkungen auf das Familienleben. Und so berichtet derselbe Mann leicht schmunzelnd davon, dass er schon versuche, seine Frau und Kinder für Aktivitäten in der Gemeinde zu begeistern, die ihn so in Anspruch nimmt – damit sie sich als Familie zwischen Erwerbsarbeit und Moschee mehr sehen würden.

Es scheint häufiger der Fall zu sein, dass Vorstandsverantwortung zur Aufgabe für die ganze Familie wird. In einem anderen Gespräch wird klar, dass die Ehefrau des Vorstandsmitgliedes ohnehin in der Gemeinde engagiert ist. Beide unterstützen den Imam und unterrichten am Wochenende als sogenannte Hilfslehrer_innen. Dabei verbindet der taxifahrende Mann sein Metier mit den Gemeindeaktivitäten. Wir warten auf ihn, während er seine Frau nach Hause bringt, und erfahren, dass er solcherlei Fahrdienste auch für externe Kursleiter_innen übernimmt. Sein Anliegen ist es, ein breites Angebot für Gemeindemitglieder bereitzustellen. Von Ebru-Malerei bis zum Ney-Flötenkurs realisiert er viele Ideen, die ihm für eine attraktive Gemeinde besonders am Herzen liegen.

Über ihre Vorstandstätigkeit sind die Vorstandsmitglieder außerdem in regionale und überregionale Netzwerke eingebunden. In ihren Erzählungen erwähnen sie immer wieder Dachverbände und übergeordnete Strukturen, wie Spendenwerke und Wohlfahrtsorganisationen. Die Verbände bieten Seminare, die für Gemeindeleitung qualifizieren und sie konstituieren ein Netzwerk von Gemeindevorständen. Spendenwerke, die beispielsweise Kampagnen zum Opferfest organisieren, bieten eine eigene Erlebniswelt. Mehrfach wird erzählt, wie Vorstände, aber auch einfache Gemeindemitglieder sozusagen als Abgesandte ihrer Gemeinde an entsprechenden Kampagnen vor Ort teilnehmen, womit z. B. Reisen nach Afrika verbunden sein können. Das Wissen um den Verbleib der gesammelten Spenden wird auf diese Weise direkt in die Gemeinden zurückgebracht. Ähnliches gilt für die große und kleine Wallfahrt, die auf übergeordneter Ebene organisiert und insbesondere von engagierten Mitgliedern wie Vorständen als Erlebnis geschildert werden.

Damit bieten sich in der Moscheegemeinde vor Ort ganz verschiedene Möglichkeiten für Engagement, das über die einzelne Gemeinde hinausweist. Die Anforderungen sind vielfältig und die Gelegenheiten, einem besonderen Interesse oder einer bestimmten Fähigkeit nachzugehen, sind es ebenso. Erwerbsarbeit und Familie begrenzen jedoch die Zeit, die für dieses Engagement zur Verfügung steht.

Der Nachwuchs

Wesentlich für das Fortbestehen der Moscheegemeinden ist die Einbindung des Nachwuchses in die Vorstandstätigkeit. Auch wenn die Entwicklungen nicht eindeutig sind, so beobachten wir doch in einigen Gemeinden, wie eine jüngere Generation, oft die Söhne von Moscheevereinsgründern, zu Akteuren im Vorstand werden.

An einem Beispiel wird klar, wie ein solcher Wechsel in eine verantwortungsvolle Position gelingen kann. Ein ehemaliger Jugendvorstand beschreibt im Interview die Entwicklung, die ihn in seine heutige Position im Vorstand brachte. Wesentlich war dabei die Anerkennung, welche die Jugendabteilung für ihre Beteiligung an einem Gemeindefest erhielt:

> „In der Organisation waren nur Jugendliche, also das waren vollständig Jugendliche. Und die Besucher, die gekommen sind, waren geflasht davon, was die Jugendlichen auf die Beine gestellt haben. Da hat man uns wahrgenommen. Ab da hat man gesagt: ‚Ey, mit den Jugendlichen ist nicht mehr zu scherzen.'"

Der Erfolg der Jugendlichen bestand darin, in Verbindung mit erwirtschafteten Spenden und einem positiven Image, neue Gruppen in das Gemeindezentrum geführt zu haben. In der Folge wurde der Jugendliche zum Jugendvorstand erkoren. Für ihn kam diese Entwicklung ohne Wahl überraschend, aber die Herausforderung wurde gerne angenommen:

> „Normalerweise müssen wir auch gewählt werden. Und ich hatte gar kein Team oder so, und die meinten: ‚Du bist jetzt Jugendvorstand.' ‚Okay, äh, seit wann?!', meinte ich so aus Gag und er meinte: ‚Du bist seit zwei Tagen Jugendvorstand.' Ich so: ‚Ich habe aber gar kein Team, kein Nichts.' Er sagte dann noch: ‚Bastel' dir irgendwie ein Team zusammen.' – Gesagt, getan. Ich habe dann rumgefragt, ob jemand Interesse hat. Es sind hier mittlerweile viele Jugendliche unterwegs, die möchten für die islamische Community oder für Moscheen gerne ehrenamtlich tätig sein. Damit sie vor allem sich Kompetenzen aneignen können, die sie quasi durch die Universität oder durch die Schule eingetrichtert bekommen, aber nicht anwenden können."

Die etwas überraschend bekleidete Verantwortungsposition wird wie beim eingangs zitierten Vorstandsmitglied auch in diesem Bericht mit der Notwendigkeit von Teamwork verbunden. Alleine und ohne gemeinsam geteilte Verantwortung ist die Position des Jugendvorstands nicht vorstellbar. Im weiteren Interview wird die Beteiligungsbereitschaft der jungen Generation auch mit der Dankbarkeit für die Leistungen der älteren Gründergeneration begründet. Ein weiterer Grund seien die Bildungserfahrungen, welche die neue Generation mit ihrem Engagement erwerben könne. Insgesamt wird deutlich, dass dieser junge Erwachsene die Moscheegemeinde als einen Ort erlebt, den seine Generation mit ihren Kompetenzen mitgestalten kann.

Einen derart engagierten Nachwuchs erleben wir jedoch nicht in allen Gemeinden. Die geschilderten Aufgaben der Vorstände sind komplex und können auch eine Last sein – gerade dann, wenn nicht genug Unterstützung bereitsteht. Exemplarisch wird die Belastung in den Aussagen eines Vorstandsvorsitzenden deutlich, der die Gemeinde als „Erbe von meinem Vater" wahrnimmt und sich deswegen engagiert. Er lernte die Gemeinde als Kind kennen und trauert vergangenen Zeiten nach: „Das war damals viel lebendiger als jetzt. Ich vermisse die Zeiten auch." Es gebe keine Jugendlichen, die in der Gemeinde Verantwortung übernähmen und die in den Vorstand nachrücken könnten. Vorstandsarbeit wird in diesem Fall zum Vermächtnis, dem sich nicht ohne Weiteres entzogen werden kann:

> „Wenn ich sehe, dass keiner kandidiert, dann werde ich nicht zusehen, dass die Moschee ohne Vorstand bleibt. Dann mache ich weiter."

Selbst in dieser Gemeinde wird trotz aller Klagen in den Schilderungen des Vorsitzenden auch Lob deutlich. Die Mitglieder seien bereit und würden helfen, wenn es konkrete Aufgaben zu erledigen gebe. Der Vorsitzende erfährt also in seinem Engagement für den Erhalt des bestehenden Gebäudes Unterstützung in Form von Spenden und praktischen Beiträgen. Diese scheinen seine Position zu stärken und ihm Anerkennung zu vermitteln. Mit der Übernahme offizieller Vorstandsverantwortung hingegen scheint es zu hapern.

Deutlich wird, dass es im Alltag der Gemeinde viele Gelegenheiten gibt, in denen die Mitglieder dem Vorstand über aktives Engagement den Rücken stärken können. Neben der Übernahme von Aufgaben, praktischer Unterstützung oder gar an Posten geknüpfter formaler Vereinsverantwortung, zeigt sich der Zusammenhalt von Moscheegemeinden im Prozess der Vorstandswahlen. Hier können die Mitglieder über hohe Wahlbeteiligung und entsprechende Stimmvergabe starke Mandate erteilen und Legitimation zusprechen.

Wandbilder

Kathrin Herz

Wandbilder, die Moscheen darstellen, finden wir gelegentlich an den Fassaden der Gemeindezentren. Sie sind appliziert auf fensterlose Stirnseiten, geschlossene Wandflächen, zwischen Fensteröffnungen oder Brandwänden. Aufgrund ihrer Größe sind diese Illustrationen in der Regel schon aus einiger Distanz gut zu erkennen und damit häufig sehr präsent im Straßenraum. Wandbilder sind Teil jener – von uns als ‚Dekorationen' bezeichneten – Artefakte, mit denen Moscheevereine u. a. die Moschee im umgenutzten Baukörper sichtbar machen. → die ‚dekorierte Moschee', S. 111

Ähnliche Darstellungen, allerdings in deutlich kleinerem Maßstab finden wir ebenso in den Innenräumen der Gemeindezentren. Diese Bilder zieren beispielsweise als aufgeklebte Folie oder gemaltes ‚Original' die Wände von Teestuben als Ausmalschablonen vervielfältigt auf DIN-A4-Blättern hängen sie in den Räumen der Kinder etc. In Ergänzung dazu finden wir sehr häufig großformatige, professionelle Fotografien von Moscheen vor. Sie hängen z. B. im Gebetsraum, in der Teestube oder im Büro. Der vorliegende Text fokussiert sich jedoch auf die von außen sichtbaren Wandbilder und vernachlässigt die Darstellungen im Innenraum.

Was ist dargestellt?

Die gemalten Bilder zeigen ausschließlich Moscheen in der architektonischen Formensprache osmanischer Zentralbauten. Bei diesen ist der Gebetssaal von einer Kuppel überwölbt und wird von mehreren Minaretten flankiert. Offensichtlich ist: An ganz unterschiedlichen Orten entsteht das gleiche Bild, was uns letztlich wieder mit der Frage nach der Form der Moschee konfrontiert. → (K)eine „richtige Moschee", S. 113 Konkrete, real existierende Vorbilder der Wandbilder scheinen die Moscheen des Architekten Sinan zu sein, die sich wie beispielsweise die Selimiye Moschee in Edirne oder die Süleymaniye Moschee in Istanbul durch einen Zentralkuppelraum charakterisieren lassen. Manchmal sind die von uns besuchten Gemeindezentren nach diesen bekannten Moscheen oder deren Erbauer, dann als „Mimar Sinan Camii", benannt. Dies kann als eine Art Hommage und Wertschätzung jener spezifischen Architektur verstanden werden.

Zwei Situationen / zwei Lesarten

Ein großes Wandbild zeigt eine Moschee in einem Landschaftsraum. Die Moschee, die sich am rechten Bildrand befindet, ist eingebettet in eine waldähnliche Umgebung, die im Hintergrund zu einer schroffen Bergformation anschwillt und sich im Vordergrund alsbald zu einem Gewässer öffnet. Von der Moschee führt ein Steg über das Ufer hinein ins Wasser. Ein kleines Boot hat dort festgemacht. Im Hintergrund nähern sich drei Segelschiffe, über denen zwei Möwen am bewegten Himmel kreisen. Der Kontrast zwischen der auf dem Wandbild dargestellten Szenerie und der Moschee, auf die ich blicke, ist groß. Sie liegt in einer Stadt, nicht in einer Landschaft, vor ihr ein Hof, eine Straße, kein Ufer, kein Steg, kein Meer. Auch die Architektursprache der beiden Gebäude zeigt keinerlei Verwandtschaft. Auf einen Blick sehe ich zwei Moscheen – eine gemalte und eine dingliche. Unwillkürlich drängt sich die Frage auf: Was ist die Beziehung zwischen den beiden?

An einem anderen Gemeindezentrum bietet uns ein jüngerer Gesprächspartner für ein ähnliches Gemälde eine Lesart an: Das sei das Bild, das die erste Generation im Kopf hatte. Dieser Gedanke komme ihm beim Anblick des Gemäldes und mache ihn jedes Mal rührselig, sagt er, als wir in der Abenddämmerung stehend das Wandbild der Gemeinde betrachten. Daher findet dieses Gemeindemitglied, dass es Zeit sei, dass dieses Wandbild endlich entfernt werde. Wird das auf dem Wandgemälde dargestellte Gebäude als Bild und das Gemeindezentrum als dessen Abbild begriffen, wie unser Gesprächspartner dies offenkundig tut, so wird in der Frage nach der Relation wie im o. g. Beispiel erneut die Differenz sichtbar: Die architektonische Formensprache zwischen dem Bild Moschee und dem Ort Moschee, an dem wir stehen, ist ein starker Kontrast. Das Bild der Moschee scheint für dieses Gemeindemitglied ein anderes zu sein, als es noch für die Gründer_innen war; damit wird das Wandbild zum Symbol, das einen Ort repräsentiert, der mit dem konkreten Ort scheinbar nichts gemein hat. Folglich ist der junge Mann nicht traurig, dass es bald entfernt wird. Sieht er das Wandbild als eine Metapher nicht erfüllter Sehnsüchte und ist er daher gerührt? Wir wissen es nicht. Eine Lesart, die wir ergänzen, liegt in der kreativen Leistung, die sich darin begründet, die oft anonyme Architektur der Gemeindezentren mit der Architektur von Sinan, der als Meister osmanischer Baukunst gilt, zu imaginieren und diese ganz selbstbewusst auf den Baukörper zu applizieren. Das ist eine starke Vision! Würde diese konkrete Malerei im abstrakten Sinne verstanden, würde dann nicht offensichtlich werden, dass es der ersten Generation gelungen ist, ihrer Religion ein selbstbewusstes Gehäuse zu geben?

Ausblick

Ein Wandbild der etwas anderen Art ist gegenwärtig an einem anderen Gemeindezentrum in Planung. Ein bekannter Künstler soll engagiert werden, um ein Graffito auf die Fassade des Gebäudes zu sprayen. Damit möchten die Vorstandsmitglieder die Moschee noch mehr in das Stadtbild, das ihrer Meinung nach durch Graffiti geprägt sei, einbetten und gleichzeitig die Fassade etwas aufpeppen, wie sie sagen. Für welches Motiv wird sich diese Gemeinde entscheiden?

Wandverkleidung

Kathrin Herz

Die Wandverkleidung erscheint als typisches Element des Gebetsraums.
→ Gebetsraum, S. 204 Sie bekleidet eine vorhandene Oberfläche und ist nicht konstruktiv wirksam. Als oberflächenbekleidende Schicht kann die Wandverkleidung Unebenheiten der darunterliegenden Wand ausgleichen, sodass eine ebene, homogene Oberfläche entsteht. Grundsätzlich finden wir in den Gemeindezentren zwei Arten der Wandverkleidung vor: entweder die ‚hölzerne' oder die ‚steinerne'. In der Regel wird sie bis zu einer Höhe von ca. 1,20 Meter eingebaut – oftmals scheinen sich die Gemeinden an der Unterkante der Fenster zu orientieren. Seltener nimmt die Wandverkleidung auch die ganze Höhe des Raumes ein, gelegentlich sind sogar die Decken beplankt. Die Wandflächen über den Verkleidungen sind in der Regel weiß getüncht und bisweilen mit Kaligrafie bemalt. Die Ausstattungsgegenstände beziehungsweise Einbauten des Gebetsraumes, wie beispielsweise die Kanzel oder Gebetsnische, sind meist im gleichen Material wie die Wandverkleidung. In den Gebetsräumen, deren Gestaltung die Gemeinden ein besonderes Augenmerk zukommen lassen, kommt der Wandverkleidung eine wichtige Rolle zu, welche sich in materielle und symbolische Komponenten differenzieren lässt.

Arten der Wandverkleidung

Die beiden vorgefundenen Arten der Wandverkleidung unterscheiden sich hinsichtlich ihrer Materialität, womit in diesem Fall auch unterschiedliche Verarbeitungstechniken, Materialeigenschaften und Kosten verbunden sind. Bei der ‚hölzernen' Vertäfelung handelt es sich meist um Holzbretter aus Nadelbäumen wie beispielsweise Fichte, die mittels einer Steckverbindung verbunden werden. Eine Seite des Brettes hat eine Nut, die andere eine Feder, sodass die Bretter relativ einfach ineinandergesteckt werden können und auch Nicht-Handwerker innerhalb kurzer Zeit große flächenhafte Erfolge erzielen. Die Profilhölzer werden auf einer Unterkonstruktion auf Latten montiert. Beziehbar ist dieses System beispielsweise in jedem Baumarkt. Fliesen stellen die ‚steinerne' Wandverkleidung dar. Größtenteils handelt es sich hierbei um aufwendig gebrannte Keramik, seltener um Natursteinplatten. In den meist quadratischen von Blau- und Türkistönen dominierten Kacheln verbinden sich kunstvoll florale Ornamente und Schriftzüge. Die Fliesen werden mit Mörtel auf eine vorhandene Wand aufgetragen. Dies erfordert spezielle handwerkliche Fertigkeiten. Die kunstvollen Fliesen werden zum Teil individuell nach den Wünschen der Moscheegemeinden angefertigt und aus der Türkei importiert.

Materielle Komponente: Sauber sein

Die Oberflächenbekleidung, egal ob Profilhölzer oder Fliesen, schützt die dahinterliegende Wand und stellt eine abriebfeste, robuste Schicht dar. Das ist vor allem deshalb wichtig, da es im Gebetsraum keine Stühle und Bänke gibt und die Menschen daher auf dem Boden sitzen. Die bequemsten und beliebtesten Plätze sind diejenigen entlang der Wände, denn da kann der Rücken an die Wand gelehnt werden – mit der Verkleidung entsteht quasi eine Art große, den Raum umfassende Rückenlehne. In genau dieser Körperhaltung beobachten wir die Menschen im Gebetssaal, wenn sie nicht beten, sondern an Gesprächskreisen teilnehmen, in Unterhaltungen oder den Koran vertieft sind. Da diese Art des Sitzens die Oberfläche der Wände angreift, ist eine wesentliche Funktion der Wandbekleidung, dafür zu sorgen, unempfindlich gegen Abrieb (und auch gegen den ein oder anderen Fußball) zu sein, sodass die Wände des Gebetsraumes stets ordentlich aussehen. → Kinder, S. 286
→ Was findet hier statt? Die Überlagerung von Funktionen, Praktiken und Bedeutungen in Räumen, S. 81

Symbolische Komponente: Schön sein

Neben der materiellen Komponente haben Gegenstände auch immer eine symbolische Komponente.[1] Der Ausstattung und Gestaltung des Gebetsraumes messen die Gemeinden eine große Bedeutung bei: So hören wir, dass dies der Raum mit der längsten Bauzeit sei. Wir erfahren von eigens entwickelten Farb- und Materialkonzepten oder davon, wie einzelne Dinge sorgfältig ausgewählt, transportiert und eingebaut wurden. Dass dieser Raum „schön" wird, erscheint besonders wichtig. Aus der unterschiedlichen Materialität ergeben sich spezifische Eigenschaften und Wahrnehmungen, die den Raum atmosphärisch prägen. Die weiß verputzen Wände werden uns gegenüber im Gespräch als „nicht schön" bezeichnet, sie müssten alsbald mit Holz bekleidet werden. Der restliche Gebetsraum ist bereits weitestgehend mit Kiefernbrettern ausstaffiert, was uns als „warm" beschrieben wird. Weiter erklärt der Vorstandsvorsitzende, dass viele der Gemeindemitglieder aus der Region des Schwarzmeers kämen und sich die dortige Architektur durch viel Holz auszeichne, was nun hier zu übernehmen versucht werde. Über das Material Holz wird folglich auch der Bezug zur Heimat hergestellt. Hierdurch erhält das Material seine symbolische Bedeutung. Ähnliches hören wir über die Fliesen: Diese importieren die Gemeinden in der Regel aus Kütahya – diese Stadt gilt als Hochburg der Keramikkunst. Dass man sich Fliesen von dort holen lasse, wird mit Stolz betont. Doch auch was von dort kommt, wird nicht bedingungslos akzeptiert, so wurden von einer Moscheegemeinde die kostbaren, schon nach Deutschland gesendeten Fliesen nach der Bemusterung zurückgewiesen, da es sich um einen Fehlbrand handelte. Erst als die georderten Kacheln auch dem tatsächlich gewünschten Farbton entsprachen, wurden sie eingebaut. Nun seien alle zufrieden. An einem anderen Ort wird der im Bestandsgebäude in Fensterlaibungen und -gesimsen vorgefundene Naturstein in seiner Materialität und Farbigkeit aufgegriffen und stellt damit gewissermaßen die Vorlage für die Wandverkleidung dar. Auch diese Maßnahme trägt dazu bei, dass die Moscheegemeinde für den Gebetsraum viel Lob erhalte.

1
Vgl. Löw, Martina (2001): Raumsoziologie. Frankfurt am Main: suhrkamp, S. 193.

MEVLANA
RESTAURANT
MEVLANA MOSCHEE
RESTAURANT
Hosgeldiniz
Herzlich Willkommen
İslâm Cemiyeti - Mevlâna Ca
İslamische Gemeinde - Mevlâna Mosch
Offenbach / Main
Sandgasse 41 - 43, 63065 Offenbach/M

Fallanalyse
Mevlana Camii –
Mevlana Moschee, Offenbach

Kathrin Herz

Kontext

Die „Islamische Gemeinde Offenbach am Main e.V.", die dem Dachverband „Islamische Gemeinschaft Millî Görüş e.V." (IGMG) angehört, entwickelte sich aus einem im Jahr 1976 gegründeten Moscheeverein, der sich in zwei Vereine aufspaltete. Mit der Trennung wurde der Gebetsort in der Donaustraße, eine Dreizimmerwohnung, verlassen: Im Jahr 1984 bezog die Gemeinde der Mevlana Camii ihren heutigen Standort in der Sandgasse, der sich aus der Anmietung eines Büroraumes in einem Autohaus entwickelte, der zum Gebetsraum eingerichtet wurde. Die Räumlichkeiten der Gemeinde befinden sich im Nordwesten des sogenannten Mathildenviertels, das östlich von der Innenstadt und im Norden durch den Main begrenzt wird. Dieses ist Ausgangspunkt der Stadtentwicklung Offenbachs, das sich im Laufe von Jahrhunderten vom Fischerdorf am Mainbogen zur immer attraktiver werdenden Wohn- und Dienstleistungsstadt verändert hat. Unweit des Gemeindezentrums befindet sich das Isenburger Schloss, das Zeugnis der einstigen Residenzstadt gibt und in den Campus der Hochschule für Gestaltung (HfG) integriert ist. Offenbach ist die Stadt Deutschlands mit dem höchsten Anteil von Menschen mit ausländischem Pass und mit migrationsbezogener Familiengeschichte und ist seit Langem interkulturell und multiethnisch geprägt. Der Zuwanderung von Hugenotten im 18. Jahrhundert verdankt die damalige Residenzstadt einen wirtschaftlichen Aufschwung; damit waren die Weichen für die spätere Entwicklung der Stadt als Zentrum der Leder- und Chemieindustrie gestellt. Das Mathildenviertel wurde sukzessive zum Arbeiterviertel. Von 2001 bis 2010 war es im Rahmen der Projektfläche „Östliche Innenstadt" Teil des Bund-Länder-Programms „Soziale Stadt". Ziel des Programms ist u. a. die Steigerung der Lebensqualität in Quartieren mit besonderem Entwicklungsbedarf. Mittlerweile hat man die Qualität des Viertels als zentrumsnahen Wohn- und Dienstleistungsort mit guter Anbindung an den ÖPNV und den Landschaftsraum Main erkannt und Gentrifizierungsprozesse sind längst in vollem Gange. Das nähere Umfeld des Gemeindezentrums ist geprägt von einer heterogen, gemischt genutzten Baustruktur, die diverse Baualtersklassen versammelt: das Renaissanceschloss, in dem sich Ateliers der HfG befinden, gründerzeitliche Stadthäuser, großflächige Gewerbebauten nicht bestimmbaren Datums, Schulen der 1960er Jahre, Wohnscheiben der 1970er Jahre oder der City Tower, ein Bürohaus, das 2003 an der Berliner Straße fertiggestellt wurde.

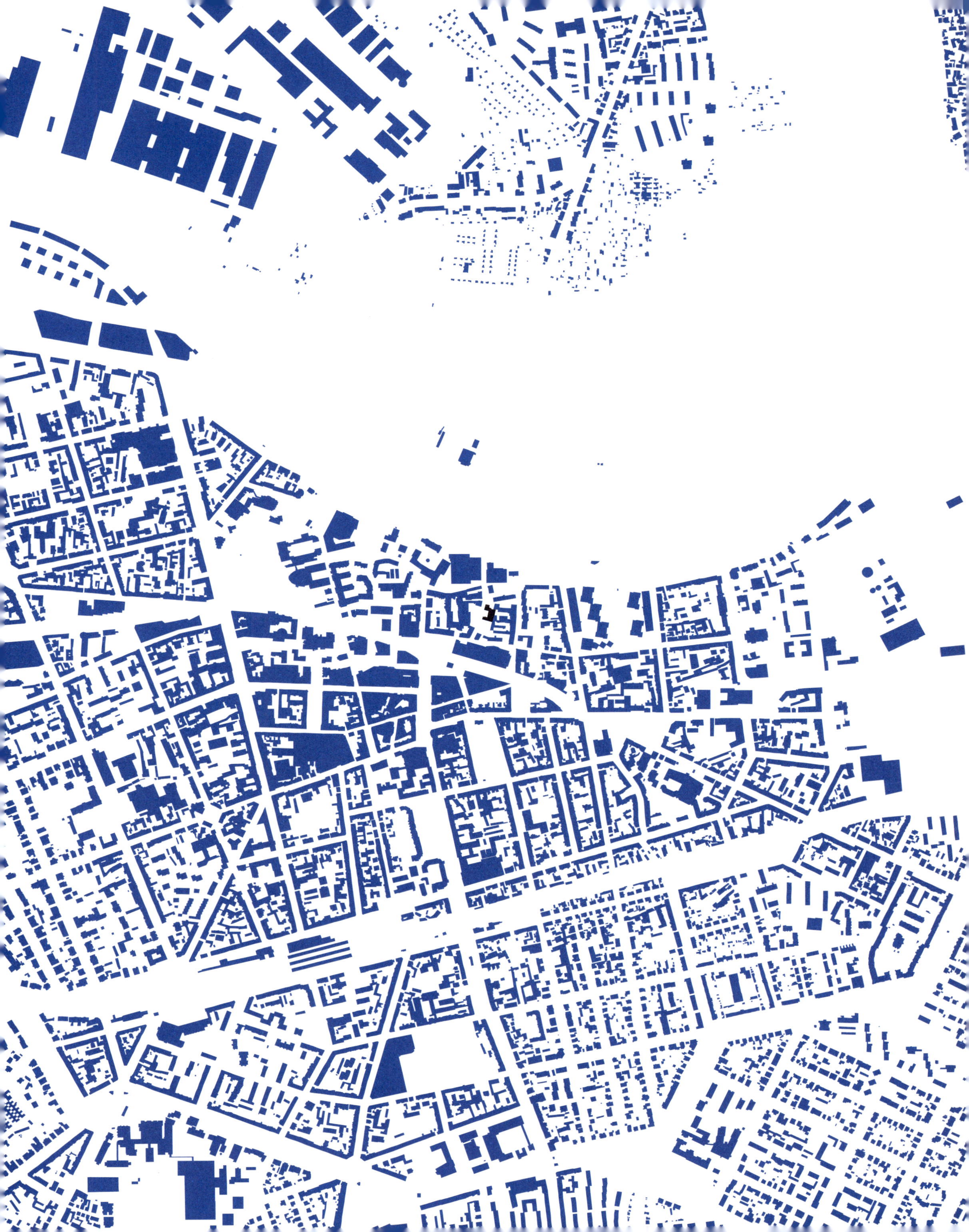

Das Besondere:
Pioniere der Stadtentwicklung

Die Anlage der Berliner Straße, einer mehrspurigen Ost-West-Achse für den motorisierten Verkehr, nach dem Krieg zerstörte die ursprüngliche Stadtstruktur und schnitt die Sandgasse trotz zentraler Lage von der Innenstadt ab. Die endgültige räumliche Abkoppelung vom nahen Stadtzentrum widerfuhr dem Stadtraum mit der Fertigstellung eines mehrgeschossigen Einkaufszentrums mit darüberliegendem Parkhaus Ende der 1970er Jahre – dieses wirkt als Barriere. Der kurz darauf einsetzende Strukturwandel führte zu Stilllegungen von Gewerbestrukturen – innerstädtische Brachen und Leerstand waren die Folge. Die Sandgasse wurde zunehmend unattraktiv und fand keinerlei Beachtung in den Plänen der (formellen) Stadtentwicklung – was ihre Position als Nische verstärkte. Dies wiederum begünstigte, dass sich der damals noch junge, nur 30 Mitglieder zählende Verein der Mevlana Camii am Standort ansiedeln konnte: Für Gebetszwecke wurde zunächst das Büro einer Autowerkstatt angemietet. Im

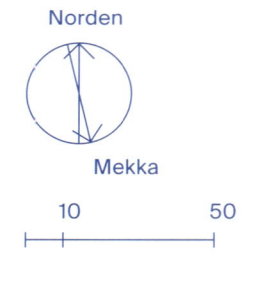

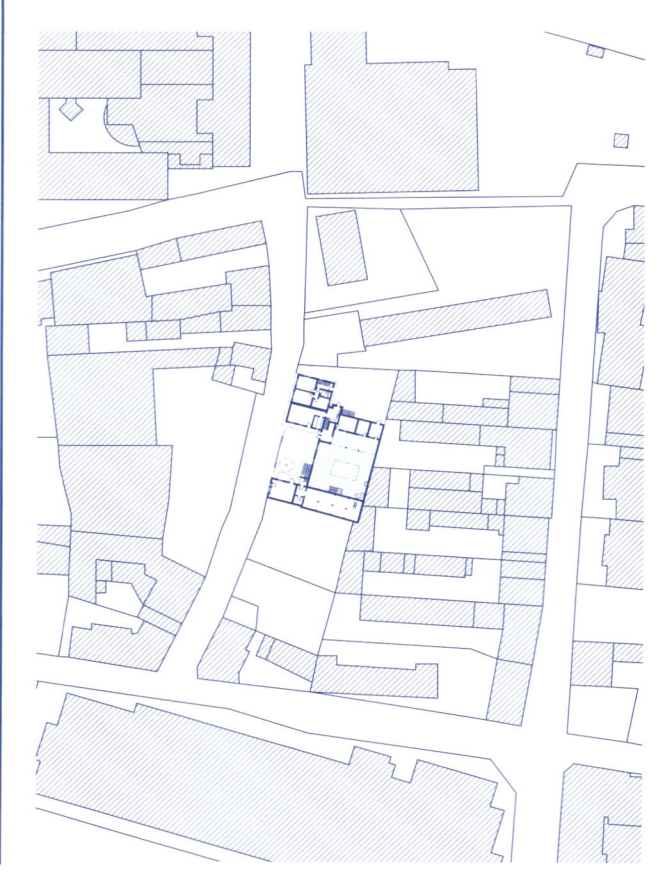

Laufe der Zeit konnte die Gemeinde ihre Mitgliederzahlen und ihre Räumlichkeiten erweitern. Damit geht eine schrittweise Neubelebung des Standorts einher: Die Integration eines Restaurants und eines Lebensmittelladens in die Moschee führten zur Ansiedlung weiterer Betriebe im nahen Umfeld, die sich ohne große Umbauarbeiten in die vorhandenen Baustrukturen einpassen und von den niedrigen Miet- und Kaufpreisen der Immobilien profitieren konnten. So entstanden gegenüber der Mevlana Camii u. a. eine Großbäckerei und ein Supermarkt, die sich beide auf türkische Produkte spezialisierten. Auch in leerstehenden Ladenlokalen im Einkaufszentrum, das die Sandgasse begrenzt, siedelten sich Einzelhändler vieler verschiedenen Nationen mit ihren Unternehmen an. Mittlerweile hat sich ein Cluster ethnischer Ökonomien etabliert und ein lebendiges Quartier hat sich über den Straßenraum spannend entwickelt.

Heute hat die Stadt Offenbach die Attraktivität der Lage – einen Steinwurf vom Main entfernt – erkannt und angeblich gibt es Pläne, die Sandgasse zum Fußgängerbereich umzuwidmen. Auch hier könnte die Gemeinde zukünftig wieder einen wichtigen Impuls setzen: Da zusätzliche Klassenräume und Versammlungsräume benötigt werden, ist der Abriss und Neubau des Gemeindezentrums geplant. Das neue Haus könnte durchaus ein Auftakt für die neue Verbindung von Innenstadt und Mainufer sein.

Baugeschichte

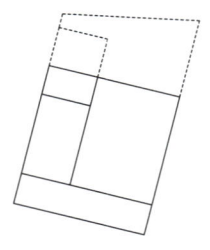

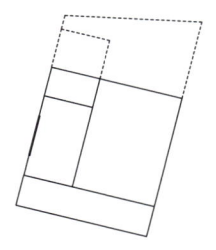

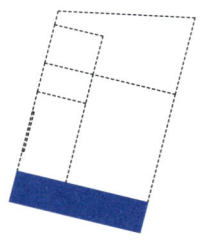

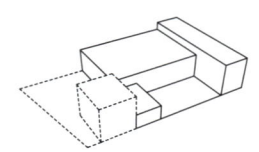

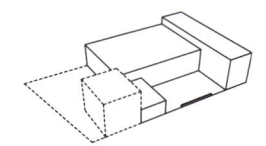

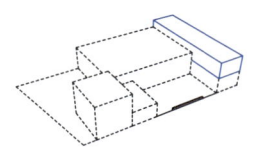

1957

Nutzung:
Schreinerwerkstatt

Maßnahme:
Errichtung einer Schreinereiwerkstatt und eines Anbaus

1968

Nutzung:
Autowerkstatt

Maßnahme:
Nutzungsänderung und Umbau der Schreinereiwerkstatt in eine Autowerkstatt

1984

Nutzung:
Autowerkstatt und Gemeindezentrum

Maßnahme:
Einzug der Moscheegemeinde in das 1. Obergeschoss

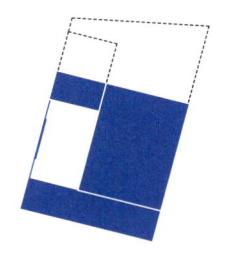

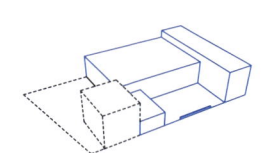

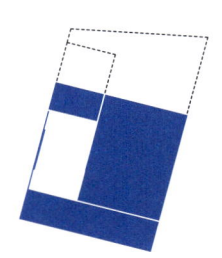

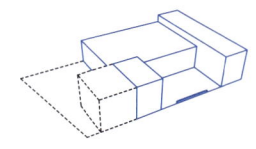

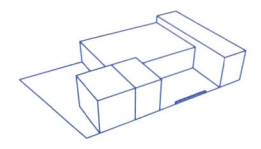

1992

Nutzung:
Gemeindezentrum

Maßnahme:
Kauf, Nutzungsänderung und Umbau der Autowerkstatt zum Gemeindezentrum

1998

Nutzung:
Gemeindezentrum

Maßnahme:
Umbau und Aufstockung eines Nebengebäudes

2002

Nutzung:
Gemeindezentrum

Maßnahme:
Zukauf, Nutzungsänderung und Umbau eines Wohnhauses (Baujahr 1957)

Baugeschichte: Vor dem Einzug der Moscheegemeinde

Die Bauakte beginnt mit dem Umbau einer Scheune zum Wohnhaus im Jahr 1889. Dieses nahm die komplette Breite des Grundstücks ein. Es hatte im Erdgeschoss eine Werkstatt und war zurückgesetzt von der Straße platziert, sodass sich nach vorne ein Hof ausbilden konnte. Ein Anbau begrenzte die südliche Grundstücksflanke. 1886 wurde ein eingeschossiges Kessel- und Maschinenhaus errichtet. Dieses bildete den nördlichen Abschluss des Grundstücks. Der Lageplan von 1890 zeigt, dass sich die drei Gebäude U-förmig um einen Hof gruppierten (sehr ähnlich der heutigen Situation). Das Anwesen wurde von der Firma „Vogler und Würzinger/Offenbacher Fassfabrik", später „Offenbacher Faßfabrik Wilhelm Vogler", betrieben. Der damalige Briefkopf der Firma zeigt das Gebäude deutlich imposanter, als es war. Im Krieg wurde das Gebäudekonglomerat bis auf die Kellerwände zerstört. Die Kellerräume wurden 1948 überdacht, zudem wurde auf dem Grundstück eine offene Lagerhalle zum Trocknen für Sperrholz und Belagplatten errichtet. Vermutlich wurde diese mit der Errichtung einer Lagerhalle im Jahr 1957 entfernt. In diesem Zusammenhang war auch die Errichtung eines Wohnhauses geplant, das sich an dem zeitgleich neu errichteten Wohnhaus auf der angrenzenden Parzelle, in der Sandgasse Nr. 45, orientieren sollte. Dieses wurde jedoch nur eingeschossig in stark veränderter Kubatur und Nutzung errichtet. Ende der 1960er Jahre wurde das Anwesen zur Autowerkstatt umgebaut. Im Jahr 1980 wechselte der Vertragshändler und die Werkstatt wurde von einem anderen Unternehmer geführt. Vermutlich liefen die Geschäfte nicht gut, denn 1982 wurde die Ausstellungsfläche für PKWs zur Kleingaststätte umgebaut. Ab 1984 mietete der Moscheeverein eine Büroetage im 1. Obergeschoss, darunter befand sich ein Kiosk. Vermutlich stand die Werkstatthalle zu diesem Zeitpunkt leer, denn im Jahr 1986 wurde eine Bauvoranfrage zur Nutzungsänderung in ein Theater gestellt. Auch die vorübergehende Einrichtung der Metallwerkstatt der nahegelegenen Berufsschule war angedacht (1987). 1990 wurde noch ein Antrag auf die Anbringung einer Werbefläche mit dem Schriftzug „Autocenter Sandgasse" genehmigt. Im Jahr 1992 erwarb der Moscheeverein die kompletten Räumlichkeiten der Werkstatt.

Baugeschichte:
Bauliche Veränderungen durch die Moscheegemeinde

Die Bauakte zeigt die sukzessive Umnutzung einer Autowerkstatt in ein Gemeindezentrum. Im Jahr 1984 wurde von der Moscheegemeinde zunächst nur eine Büroetage des Autohauses zum Verrichten des Gebets angemietet. Anfang der 1990er Jahre erwarb der Moscheeverein das komplette, aus drei Gebäudeteilen gewachsene Ensemble der Werkstatt. Damit ging ein immenser Gewinn an Flächen einher, die neu strukturiert werden mussten: Seither dient die ehemalige Werkstatthalle als Gebetsraum. Der ehemalige Gebetsraum im 1. Obergeschoss wurde zum Unterrichtsraum und Büro der Vorstände. Insbesondere das eingeschossige einstige Lagergebäude wurde Ende der 1990er Jahre sehr aufwendig umgebaut, aufgestockt und im 1. Obergeschoss mit dem ehemaligen Werkstattgebäude verbunden. Im Erdgeschoss dieses Gebäudeteils befindet sich ein türkisches Restaurant und in den beiden Etagen darüber wurden Unterrichtsräume eingerichtet. Im Zuge der Aufstockung wurde das einstige Lagergebäude gemäß der Forderung aus dem Jahr 1957 an das benachbarte Wohnhaus in der Sandgasse Nr. 45 angepasst. Im Jahr 2002 erwarb der Moscheeverein jenes Nachbarhaus. Mit diesem Ankauf konnten nicht nur ein separater Zugang, der zugleich auch zweiter Rettungsweg ist, zum Gebetsraum der Damen, sondern auch weitere Unterrichtsräume erstellt werden. Im 2003 ausgebauten Dachstuhl wurde eine Wohnung für den Imam eingerichtet.

Funktionen: Funktionsänderung hinterlässt Spuren

Mit dem Kauf des Werkstattensembles und dem zehn Jahre später erfolgten Erwerb des benachbarten Wohnhauses sowie mit allen damit verbundenen Umbauarbeiten hat die Gemeinde ihr Raumprogramm peu à peu erweitert. Dies führte zu Wanderbewegungen der Funktionen innerhalb des Gebäudes, was wiederum Spuren in der Bausubstanz hinterlassen hat und Rückschlüsse auf die vorherige Nutzung der Räume ermöglicht:
So wurden Mitte der 1980er Jahre in dem heute als Teestube genutzten Raum drei Stützen eingezogen. Ursächlich hierfür waren die erhöhten Verkehrslasten, die aus der Einrichtung des Gebetsraums im Geschoss darüber resultierten. Als Büroetage war die Geschossdecke statisch nicht für so viele Menschen dimensioniert. Heute, nachdem der Gebetsraum in die einstige Werkstatthalle ‚gewandert' ist, wären die Stützen vermutlich nicht mehr notwendig, denn der Raum wird nun als Unterrichtsraum und Büro benutzt (und entsprechend geringer sind wieder die Lasteinträge). Noch weitere Spuren lassen sich in diesem Gebäudeteil finden: Da die Gemeinde zunächst nur das 1. Obergeschoss anmietete, wurde eine Wendeltreppe im Innenraum, die Erdgeschoss und Obergeschoss verband, entfernt und stattdessen eine Treppe im Außenraum an das Gebäude angebaut. Diese gewährt einen separaten Zugang und die Unabhängigkeit der Geschosse voneinander. Noch heute erschließt diese Treppe die Räume der oberen Etage. Nachdem die Gemeinde das komplette Areal der Werkstatt kaufte, siedelte sich in der heutigen Teestube ein Lebensmittelladen an, der bis vor wenigen Jahren noch existierte. Zeugnis hiervon geben die Fliesen an der Rückwand – dies war der Bereich der Fleischtheke.

Funktionen und Nutzungen

Unterrichtsräume

Gebetsraum (Damen, von Herren mitgenutzt)

Kindergarten

Unterrichtsräume

Küche

Hof

Imbiss

Fallanalyse
Mevlana Camii –
Mevlana Moschee, Offenbach

Gebetsraum (Herren)

Berber

Wohnungen

Büro

Unterrichtsräume

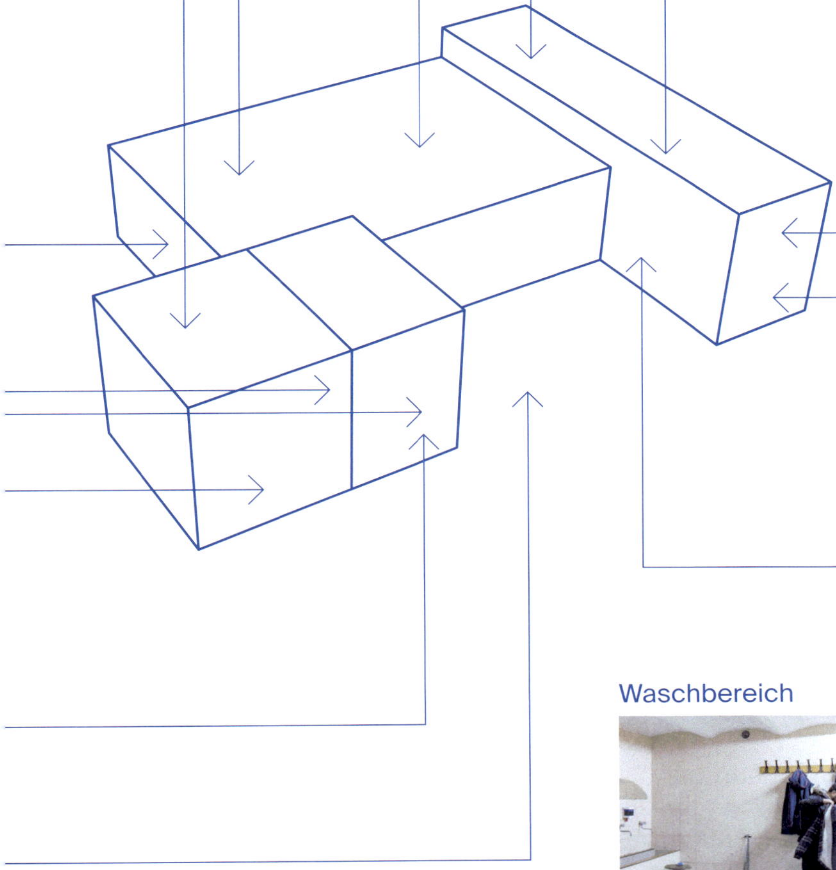

Reisebüro

Teestube

Waschbereich

Grundrisse: Der Gebetsraum in der Autowerkstatt

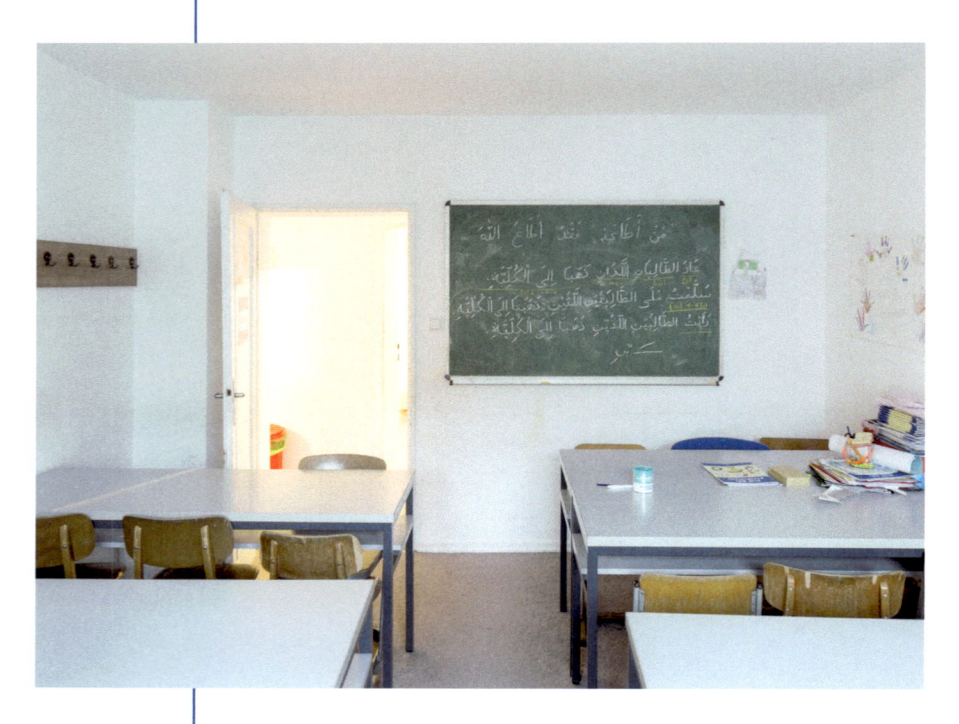

Die U-förmig angeordnete Baustruktur umschließt den Hof, der sich zur Sandgasse orientiert. Mittelpunkt des Clusters ist das eingeschossige Werkstattgebäude, das von der Straßenflucht zurückspringt und den größten Raum der Mevlana Camii bildet. Für eine besondere Lichtstimmung und Atmosphäre in diesem als Gebetsort genutzten Raum sorgen die Deckenhöhe, die Oberlichter und die Fachwerkträger der historischen Tragkonstruktion. Eine Galerie, deren Fenster sich zum darunterliegenden Gebetsraum öffnen lassen, dient den Frauen zum Gebet. So können beide Geschlechter im selben Raum beten. Der Zugang in den Frauenraum kann separat über einen eigenen Eingang aus dem Hof hinter dem zuletzt gekauften angrenzenden Gebäude erfolgen. Über diesen Zugang können auch die Unterrichtsräume, die sich über dem Restaurant befinden, erschlossen werden. Während sich an der Fassadengestaltung die Bemühungen der Gemeinde, die Gebäude zu vereinen, ablesen lassen, so machen die Grundrisse die vier Gebäude, aus denen das Ensemble besteht, ablesbar. Nicht alle Gebäudeteile sind miteinander verbunden: So ist der Anbau, in dem sich im Erdgeschoss die Teestube und ein Reisebüro, im 1. Obergeschoss das Büro der Vorstände, ein Seminarraum und der Friseur befinden, autark. Auch gibt es keinen Durchbruch zu dem im Jahr 2002 erworbenen Gebäude. In diesem sind in den ersten beiden Geschossen Unterrichtsräume und ein Raum für Kleinkinderbetreuung beherbergt. Im Dachgeschoss darüber wohnt der Imam. Dieses Gebäude wird nicht über den Hof, sondern über das rückwärtige Grundstück erschlossen.

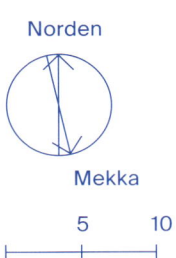

Ebene 2

Ebene 1

Ebene 0

450–451

Norden

Mekka

5   10

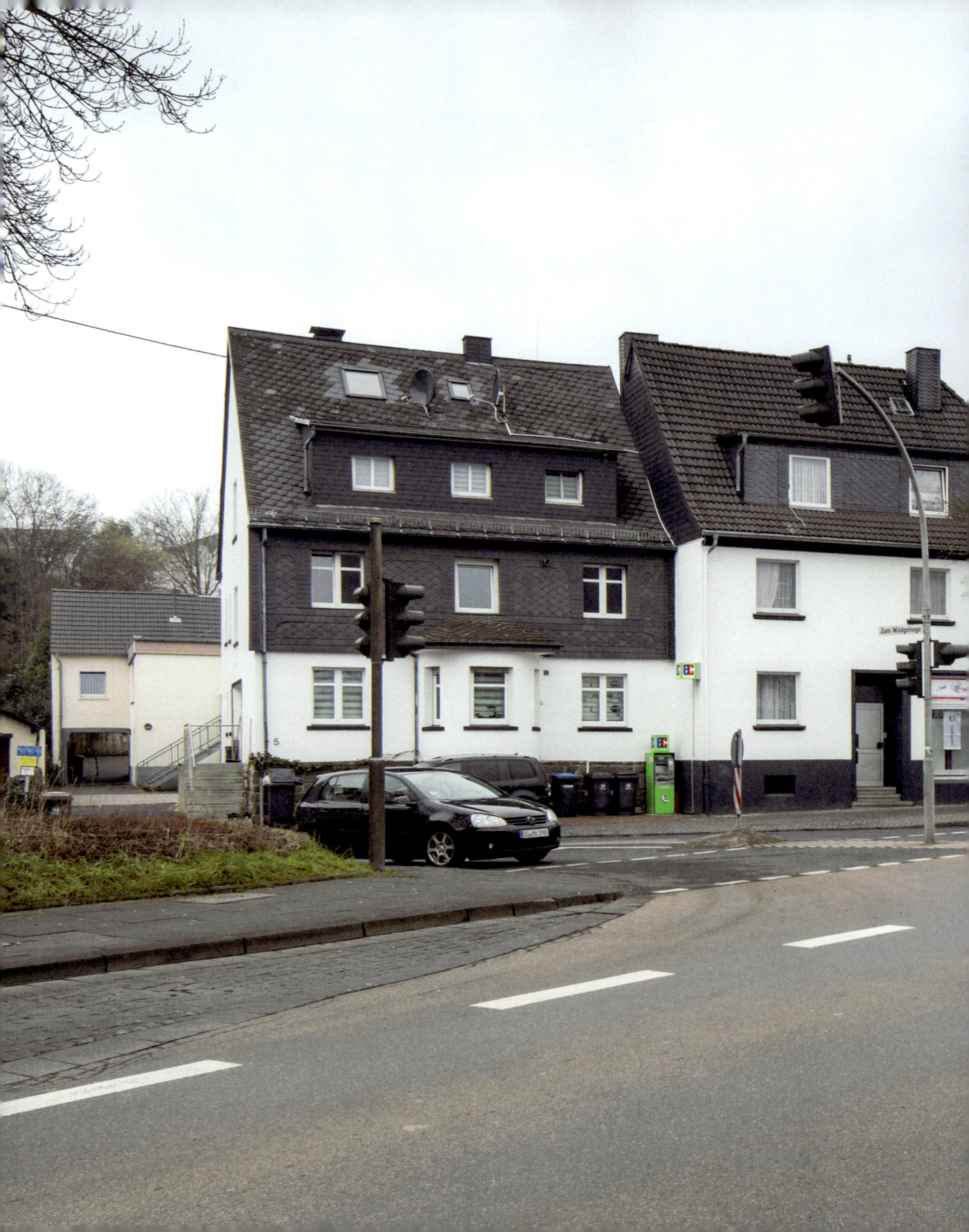
Zum Wildgehege

Fallanalyse
Selimiye Moschee /
Selimiye Camii, Siegen

Kathrin Herz

Kontext

Der Verein „Islamischer Gottesdienst- und Hilfsverein Siegen e.V." wurde im Januar 1977 gegründet. Zunächst traf man sich zum Gebet in einem Aufenthaltsraum im Arbeiterwohnheim. Kurz darauf mietete die Moscheegemeinde eine Wohnung in der Austraße Nr. 56 im Siegener Stadtteil Weidenau an. An Feiertagen fuhr man ins knapp 35 Kilometer entfernte hessische Dillenburg, um dort die Moschee aufzusuchen. Da die angemieteten Räumlichkeiten für die wachsende Gemeinde rasch zu klein wurden, suchte man ein größeres Gebäude. Im Jahr 1980 begannen die Umbauarbeiten am jetzigen Standort im Stadtteil Geisweid, an dem sich die Selimiye Moschee seither fortwährend entwickeln konnte. Beim Finden der Immobilie vermittelte der Pfarrer der nahegelegenen Kirchengemeinde St. Josef – die zuvor selbst über den Kauf des bebauten Grundstücks nachdachte, so erzählte man uns. Anfang der 1980er Jahre trat die Siegener Moscheegemeinde dem 1984 gegründeten Dachverband „Türkisch-Islamische Union der Anstalt für Religion e.V." (DITIB) bei. Der Verein heißt heute „Türkisch Islamische Gemeinde zu Siegen e.V.".

Die meisten Einwohner_innen mit türkischer Nationalität des Oberzentrums Siegens leben im Stadtteil Geisweid, der sich nördlich des Zentrums befindet und mit Nahversorgern, Bildungseinrichtungen, Gebäuden der öffentlichen Verwaltung und einer gewissen Freizeitinfrastruktur den Charakter eines Unterzentrums darstellt. Das Siegerland ist eine der ältesten Montanregionen Europas. Bergbau und Eisenerzverarbeitung wurden noch bis in die 1970er Jahre betrieben und haben Spuren ins Stadtbild eingeschrieben – noch heute gibt es viele stahlverarbeitenden Betriebe. Die Baustruktur des amorphen Stadtkörpers Siegen ist durch die Topografie geprägt. Während sich die kleinvolumige Bebauung, primär Wohngebäude, parallel der Hänge empor treppt, befinden sich in den Tallagen neben den regional und überregional bedeutsamen Verkehrsinfrastrukturlinien und Flüssen die größeren Baukörper wie Industrieanlagen, Baumärkte, Supermärkte etc. In solch einer Tallage befindet sich auch die Selimiye Camii, deren Umfeld von heterogenen Nutzungen und großen Maßstabssprüngen geprägt ist.

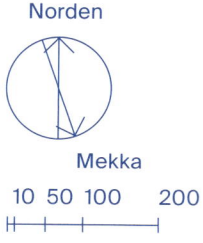

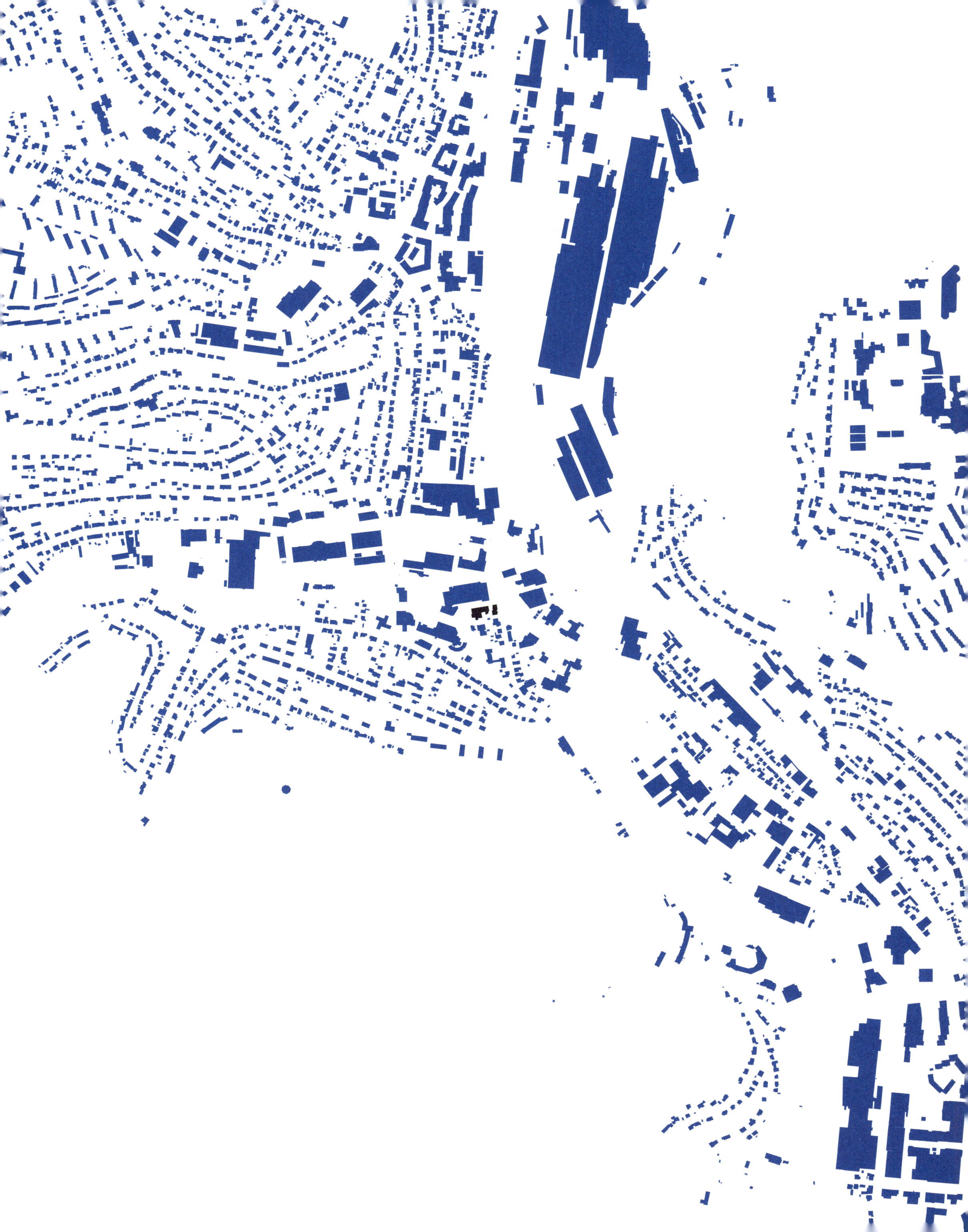

Das Besondere:
Das (mit-)wachsende Haus

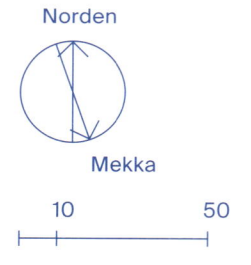

Norden

Mekka

10 50

Fallanalyse
Selimiye Moschee /
Selimiye Camii,
Siegen

Die Baugeschichte der Selimiye Moschee zeigt, dass die Nutzer_innen das Gemeindezentrum stets an ihre räumlichen Bedürfnisse anpassen konnten – so ist mit der Gemeinde auch deren Gebäudebestand gewachsen. Zusätzlich zum Gründungsbau konnten im Laufe der Zeit zwei benachbarte, bereits bebaute Grundstücke erworben werden: Damit kamen weitere dringend benötigte Räume hinzu.

Um das Raumprogramm in die vorhandene und stets wachsende Bausubstanz zu integrieren, waren viele bauliche Maßnahmen erforderlich. Einige davon sind in der Außenbetrachtung sichtbar: so etwa die Fluchttreppe im rückwärtigen Gebäudeteil, die aus dem Gebetsraum und dem Konferenzraum führt, oder die Stützwand, die erforderlich war, um die notwendigen Stellplätze herzustellen. Sie waren notwendig, damit das Gemeindezentrum baurechtlichen Ansprüchen genügen konnte und um somit eine drohende Schließung des Zentrums zu vermeiden.

Auch wenn man vielleicht durch die beiden Wohnhäuser an der Straße, die in ihrer Farbigkeit und Materialität ganz dem traditionellen Stadtbild Siegens entsprechen, das dahinterliegende Gemeindezentrum übersieht, der Gebetsruf macht es hörbar.

Baugeschichte

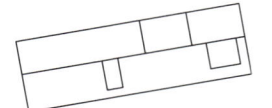

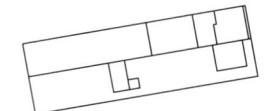

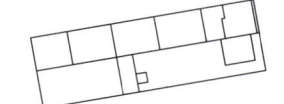

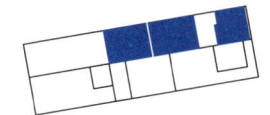

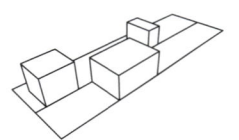

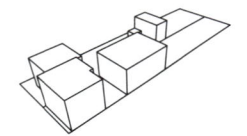

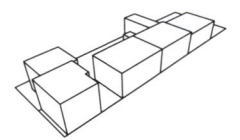

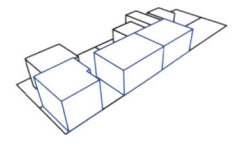

1927–1929

Nutzung:
Schreinereiwerkstatt,
Stallgebäude,
Wohnhaus

Maßnahme:
Errichtung einer
Schreinereiwerkstatt,
Errichtung eines
Stallgebäudes,
Errichtung eines Wohnhauses

1932–1933

Nutzung:
Schreinereiwerkstatt,
Autogarage,
Wohnhaus,
Wohn- und Geschäftshaus

Maßnahme:
Errichtung eines
Wohn- und Geschäftshauses,
Nutzungsänderung
und Teilumbau
des Stallgebäudes
zur Autogarage

1952–1954

Nutzung:
Schreinereiwerkstatt,
Wohnhäuser,
Wohn- und Geschäftshaus

Maßnahme:
Errichtung eines Anbaus
an das einstige Stallgebäude und Umnutzung
zum Wohngebäude,
Erweiterung der Schreinerwerkstatt in zwei
Bauabschnitten

1980

Nutzung:
Gemeindezentrum
Wohnhäuser

Maßnahme:
Grundstücksteilung
(1979),
Kauf,
Nutzungsänderung und
Umbau der Schreinerwerkstatt und des Wohn-
und Geschäftshauses
zum Gemeindezentrum

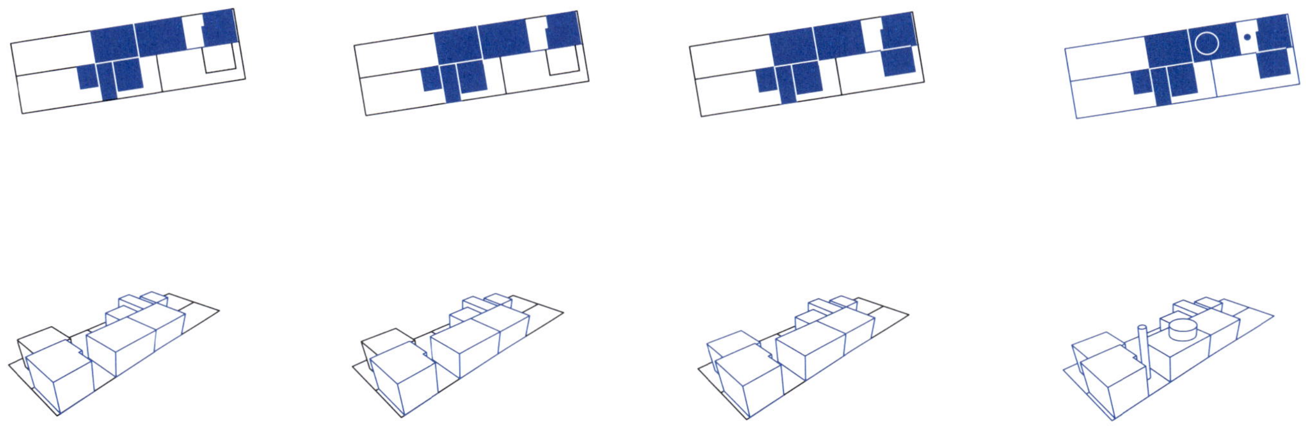

458–459

| 1998 | 2007–2009 | vermutlich 2014 | in Planung |

1998

Nutzung:
Gemeindezentrum
Wohnhaus

Maßnahme:
Zukauf,
Nutzungsänderung
und Umbau des
Wohnhauses zum
Gemeindezentrum

2007–2009

Nutzung:
Gemeindezentrum
Wohnhaus

Maßnahme:
Aufstockung und
Umbau

vermutlich 2014

Nutzung:
Gemeindezentrum

Maßnahme:
Zukauf

in Planung

Nutzung:
Gemeindezentrum

Maßnahme:
Errichtung einer Kuppel
und eines Minaretts

Fallanalyse
Selimiye Moschee /
Selimiye Camii,
Siegen

Baugeschichte: Vor dem Einzug der Moscheegemeinde

Die Selimiye Moschee besteht aus einem Konglomerat aus Gebäuden, die sich ausgehend von zwei Parzellen im Laufe der Zeit entwickelten: Im Jahr 1927 errichteten ein Schreinermeister auf seinem Grundstück eine Schreinerwerkstatt und ein Fuhrunternehmer auf der Nachbarparzelle einen Stall für seine Pferde. Kurz darauf entstanden vorne zur Straße ein Wohnhaus und ein Wohn- und Geschäftshaus mit großem Schaufenster. Diese bauliche Situation hat sich bis heute nicht geändert. Anfang der 1930er Jahre wurde der Stall zur Autogarage umgebaut. Diese wurde zu Beginn der 1950er Jahren erweitert und diente neben gewerblichen nun auch Wohnzwecken. Mitte der 1950er Jahre wurde die Schreinerwerkstatt in zwei Bauabschnitten erweitert und erhielt ihre heutige Größe. 1977 wechselte der einstige Stall seinen Besitzer, ein Anbau wurde ergänzt und das Gebäude wurde zum Wohnhaus umgebaut. Einher mit dem Eigentümerwechsel gingen die Teilung der Parzelle und die Eintragung einer Baulast zur Sicherung der Erschließung des hinteren Grundstücks. Mittlerweile war auf dem Nachbargrundstück der Schreinerbetrieb eingestellt worden und die Werkstatt stand leer. Die Moscheegemeinde kaufte das Ensemble aus Schreinerei, Wohn- und Geschäftshaus und fing im Jahr 1980 mit den ersten Sanierungs- und Umbauarbeiten an. Im Jahr 1987 entstand auf der hinteren Nachbarparzelle ein weiterer Anbau an das Wohnhaus, das hiermit sein heutiges Aussehen erhielt und nach dem Tod des Eigentümers von der Gemeinde im Jahr 1998 erworben wurde. Erneut erfolgten Umbauarbeiten. Zuletzt ging das Wohnhaus auf der vorderen Parzelle in den Besitz der Moscheegemeinde über – damit besitzt sie zwei aneinander angrenzende Grundstücke.

Baugeschichte: Bauliche Veränderungen durch die Moscheegemeinde

Mit dem Kauf der Schreinerwerkstatt und dem Wohn- und Geschäftshaus bezog die Gemeinde ihre eigenen Räumlichkeiten. In der einstigen Schreinerei entstanden Gebets-, Aufenthalts-, Lager- und Ladenräume. Das Wohn- und Geschäftshaus behielt seinen Nutzungszweck und beheimatet im Erdgeschoss ein Reisebüro, in einem der oberen Geschosse wohnt der Imam. Mit dem Zukauf des Nachbarhauses knapp zwei Jahrzehnte später gingen erneut größere Bauarbeiten vonstatten – u. a. wurde ein Durchbruch in das einstige Wohnhaus geschlagen, das nunmehr Konferenz- und Büroräume vorhält. Doch nicht nur die Nutzfläche, sondern auch die Grundstückfläche konnte vergrößert werden. Jetzt konnte die Gemeinde endlich die dringend benötigten Stellplätze auf dem eigenen Grundstück nachweisen. Hierfür musste im rückwärtigen Teil des Grundstückes der Hang abgegraben und mit einer Stützwand abgefangen werden – damit war der Erhalt des Gemeindezentrums garantiert. Im gleichen Jahr wurde auch die Außentreppe angebaut – der baulich notwendige 2. Rettungsweg aus dem Gebets- und Konferenzraum. Im Jahr 2002 wurde ein Gartenhaus mit Freisitz oberhalb der Stützmauer errichtet. Umfangreicher waren jedoch die diversen Änderungen im Innenraum: Aus dem Hausmeisterraum wurde ein Friseurladen, ein Abstellraum wurde zum Büro der Vorstände und ein Büro zum Raum für die rituelle Totenwaschung. Zeitgleich wurde das Konferenzgebäude um eine Etage aufgestockt und umgebaut – dies ermöglichte den Einzug einer Großküche in das Gemeindezentrum. Die letzte bauliche Veränderung der Gemeinde fand im Jahr 2011 statt: Ein neuer Zugang über den Hof zu dem im Keller liegenden Waschraum wurde geschaffen. Genehmigungsauslösende Eingriffe am neu erworbenen Wohnhaus vorne an der Straße wurden nicht getätigt. Seit 2016 gibt es Planungen für die Errichtung einer Kuppel über dem Gebetsraum und eines Minaretts, das im Hof zwischen dem Wohn- und Geschäftshaus und dem Gemeindezentrum platziert werden soll.

Funktionen: Große Vielfalt

Der zentrale Gebetsraum liegt im 1. Obergeschoss; diesem angegliedert ist eine Bibliothek, die von einem im Stadtteil ansässigen Geschäftsmann und weiteren Mitgliedern der Gemeinde initiiert und der Selimiye Moschee gespendet wurde. Im Geschoss darunter, im Hochparterre, befinden sich die Teestube mit direktem Zugang zur Teeküche und zu den Gebetsräumen der Frauen, die zugleich als Unterrichtsräume genutzt werden können. Außerdem ist hier das Büro der Vorstände und ein Zugang führt zum Konferenzbereich, der auf der gleichen Ebene liegt. Dieser wird für Feierlichkeiten, Versammlungen oder Konferenzen der Gemeinde gebraucht und kann auch angemietet werden. Darüber liegt eine professionell eingerichtete Küche – ein Lift transportiert die Speisen nach unten, auch in das Souterrain, wo weitere Seminarräume errichtet worden sind. Zudem befinden sich hier, meist mit separatem Zugang, weitere Räume. Sie dienen als Friseursalon, Raum für rituelle Totenwaschung, Jugendraum und Abdesthane (Raum der rituellen Waschung). Das Reisebüro und die Wohnungen vorne in den Häusern an der Straße komplettieren das Raumprogramm. Bis vor wenigen Jahren wurden große Teile des Souterrains an einen Lebensmittelmarkt vermietet. Diese Räume stehen gegenwärtig leer. Seit neustem beheimatet das Grundstück der Gemeinde einen Geldautomaten.

Fallanalyse
Selimiye Moschee /
Selimiye Camii,
Siegen

Funktionen und Nutzungen

(Groß-)Küche

Büro

Berber

Konferenzraum

Raum für rituelle Totenwaschung

Geldautomat

Gebetsräume (Damen) / Unterrichtsräume

Reisebüro

Fallanalyse
Selimiye Moschee /
Selimiye Camii,
Siegen

Waschbereich

Gartenpavillon
und Gemüsegarten

Gebetsraum (Herren) mit Bibliothek

Jugendraum

Teestube

Wohnungen

Grundrisse: Cluster mehrerer Baukörper

Die Selimiye Camii bildet ein Cluster aus mehreren Baukörpern. Vom Gemeindezentrum abgerückt befinden sich nach vorne zur Straße zwei Wohnhäuser, die ohne seitlichen Grenzabstand zueinander stehen. Im rückwärtigen Teil des Grundstücks liegt das Gemeindezentrum – ein Konglomerat aus fünf aneinander angrenzenden Gebäuden beziehungsweise Gebäudeteilen, die im Hochparterre miteinander verbunden sind. Entstanden ist ein funktional und räumlich komplexes Cluster. Trotz der Bemühungen der Moscheegemeinde, die einzelnen Gebäudeteile durch die Oberflächengestaltung der Fassade optisch zu vereinigen, sind diese ablesbar: Von außen durch die Kubatur(en) – hier gibt es Vor- und Rücksprünge, unterschiedliche Höhen und Dachneigungen. Zum anderen zeigt sich die Komplexität in den Grundrissen, die mitunter etwas verschachtelt wirken. Einen zentralen Eingang, von dem aus alle Räume erschlossen werden könnten, gibt es nicht – stattdessen sind alle Seiten des Clusters als Zugänge aktiviert.

Sie führen in unterschiedliche Funktionsräume und Nutzungsbereiche, die somit autark voneinander aufgesucht werden können. Beispielsweise haben Berber und Reisebüro ihre eigenen Zugänge aus dem Außenraum. Als Haupteingang in die Räumlichkeiten der Gemeinde kann der Zugang im Norden benannt werden – mit Fahnen und einem Schild über der Tür ist dieser auch als solcher markiert. Über diesen Eingang wird der Gebetsraum im 1. Obergeschoss erschlossen, genauso wie zwei Raumfolgen im Hochparterre, die jeweils von der Teestube ausgehen: Quert man die Teestube in ihrer Länge, findet man zwei hintereinanderliegende Räume vor, die je nach Bedarf Frauengebetsräume oder Unterrichtsräume sind. Verlässt man die Teestube seitlich durch einen der beiden Durchbrüche, so gelangt man in einen Vorraum, der zum Konferenzbereich führt – hier befinden sich die Teeküche und das Büro der Vorstände. Sowohl der Konferenzraum als auch die Frauengebetsräume/Unterrichtsräume haben zudem separate Eingänge. Je nach Nutzer_innengruppe, Tageszeit und Anlass werden die Räume unterschiedlich erschlossen.

Die Freiflächen, die das Gebäude umgeben, sind im Wesentlichen den Abstandsflächen und Zufahrten geschuldet. Sie dienen als Durchfahrten und Aufstellfläche für PKWs. Die Fläche unterhalb der Stützmauer wird auch zum Feiern von Kermesveranstaltungen genutzt. Dann werden hier Zelte aufgestellt. Außer dem Gartenpavillon, der oberhalb der Stützmauer errichtet wurde, befindet sich dort in der Schräge auch ein Gemüsegarten, der von einem Mieter der Wohnungen gepflegt wird.

Ebene 2

Ebene 1

Ebene 0

Norden

Mekka

5 10

466–467

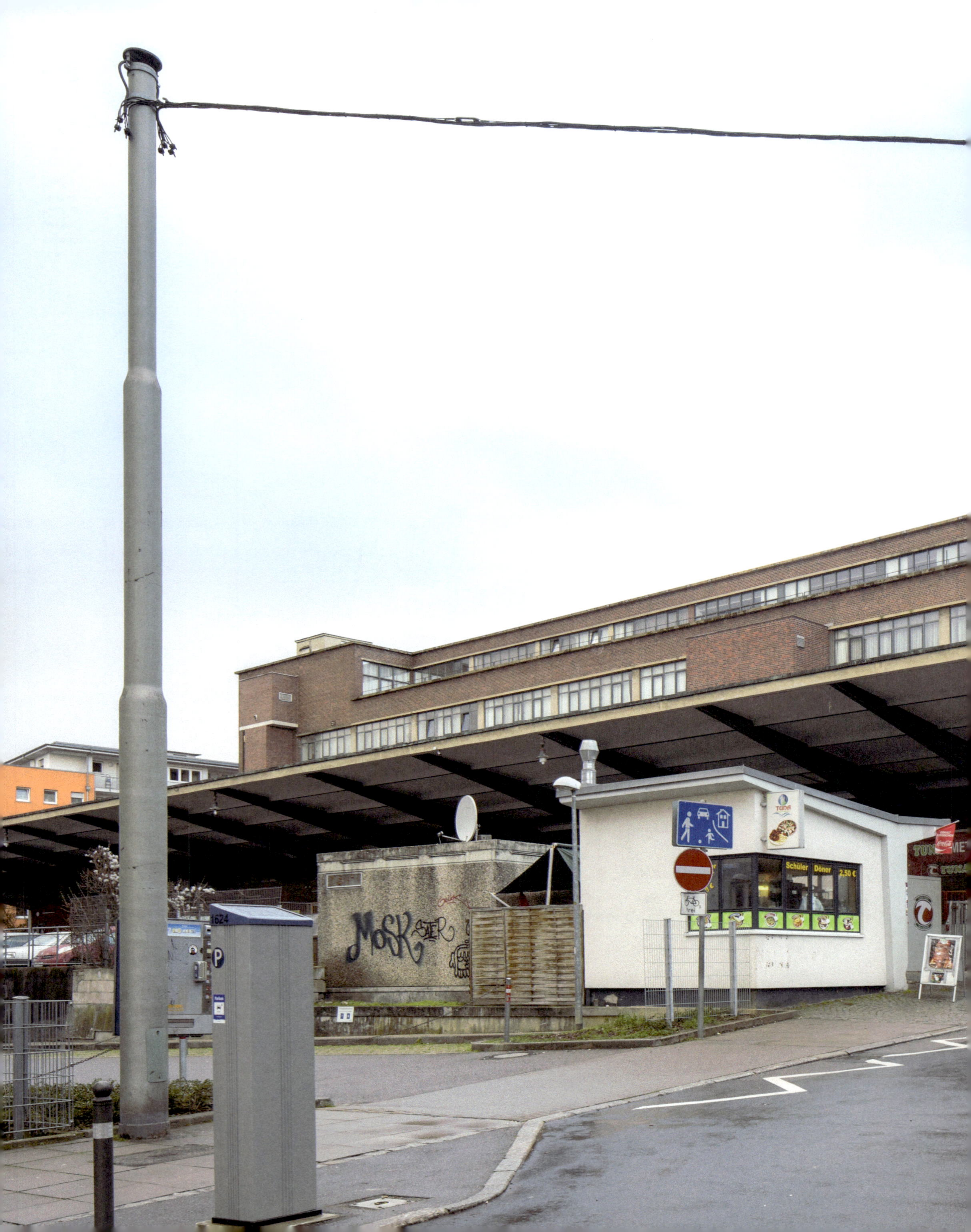
Schüler
Döner
2,50 €
1624
P
frei

Fallanalyse
Ulu Camii, Stuttgart

468–469

[1] Vgl. Kuppinger, Petra (2015): Faithfully Urban: Pious Muslims in a German City. New York, Oxford: Berghahn Books, S. 45.

[2] Vgl. ebd., S. 60.

Kathrin Herz

Kontext

Die Gemeinde der Ulu Camii, die heute dem Dachverband „Verband der Islamischen Kulturzentren" (VIKZ) angehört, hat ihren Ursprung im Verein „Islamische Union Baden-Württemberg". Mit dem Zweck, eine Halle für Ramadanfeierlichkeiten anzumieten, wurde der Moscheeverein im April 1968 gegründet. Erst zu Beginn der 1970er Jahre mietete die Gemeinde dauerhaft Räume an: Der erste Standort der Gemeinde befand sich in einem Gewerbebau in der Immenhofer Straße, der zweite in Räumlichkeiten in der Heusteigstraße über einem Supermarkt. Im Jahr 1981 bezog die Gemeinde als Untermieterin einer Bäckerei das 1. Obergeschoss in der Friedhofstraße 71 in Stuttgart-Nord – einer Großbäckerei aus den 1930er Jahren.

Alle Versuche, der Landeshauptstadt Stuttgart als Eigentümerin des Gebäudes die Immobilie abzukaufen, blieben zunächst erfolglos. So kaufte die Gemeinde in enger Absprache mit der Stadt im Jahr 1999 ein leerstehendes Fabrikgebäude in der Möhringer Straße 159 in Stuttgart-Heslach (Stuttgart-Süd).[1] Bürgerproteste gegen die Moschee in der Nachbarschaft führten zur Gründung der Bürgerinitiative „Pro Heslach" und dem 1. Moscheestreit in Stuttgart. Vier Jahre stand die neu erworbene Immobilie leer, gleichzeitig musste die Miete am alten Standort bezahlt werden. Eine Änderung des Bebauungsplanes machte dann die geplante Umnutzung endgültig unmöglich. 2003 willigte die Stadt schließlich in den Verkauf der Friedhofstraße 71 ein – so konnte die Gemeinde an ihrem Standort bleiben.[2]

Das Grundstück in Heslach wurde der Moscheegemeinde von einer städtischen Wohnungsbaugesellschaft abgekauft. Die Fabrik, die darauf stand, wurde abgerissen. Heute ist das Areal mit Wohnbauten bestückt.

Zwischen Pragfriedhof und dem neuen Europaquartier gelegen, erfuhr der Standort an der Friedhofstraße eine Lageaufwertung. In unmittelbarer Nachbarschaft der Ulu Camii befinden sich Geschosswohnungsbauten unterschiedlicher Baualtersklassen sowie die Pragschule aus dem Jahr 1900. Hinter dem Gebäude verlaufen die Schienen der Gäubahn, darüber treppen sich Wohnbauten in solitärer Stellung den Hang des Stuttgarter Kessels hinauf.

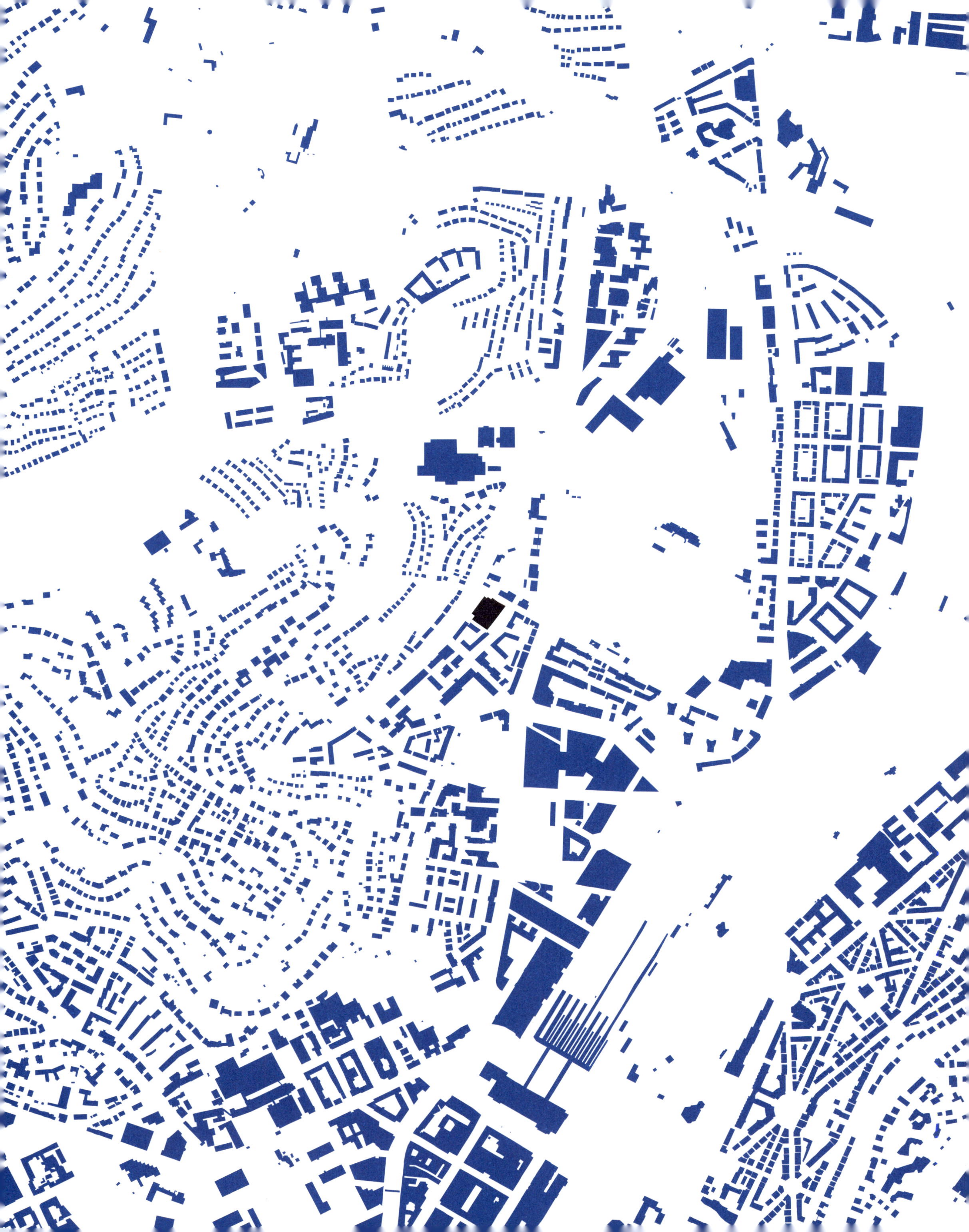

Das Besondere: Architektonische Klarheit bis heute

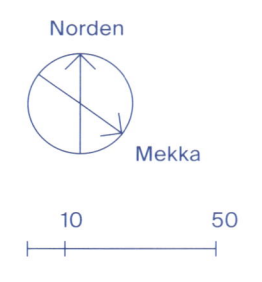

Norden
Mekka
10 50

Fallanalyse
Ulu Camii,
Stuttgart

Die einfache kubistische Form des Baukörpers, die kühne Auskragung des Vordachs über der Laderampe, die horizontale Gliederung der Backsteinfassade durch Fensterbänder und Gesimse und nicht zuletzt die innovative Tragkonstruktion aus Eisenbeton machen das Bauwerk zum baulichen Zeugnis der Neuen Sachlichkeit, in der gesellschaftspolitische und soziale Fortschrittlichkeit ihren architektonischen Ausdruck in betont moderner Architektursprache fanden. Der riesige Schlot und die Laderampe mit den Toren verweisen auf die einstige Nutzung als Produktionsgebäude. Da das Haus seit 1983 denkmalgeschützt ist, sind nur behutsame Eingriffe möglich, sodass die Klarheit im architektonischen Ausdruck bis heute erhalten ist. Der Moscheeverein führt die architektonische Klarheit im Inneren des Hauses fort, so etwa in der Zonierung der neu geschaffenen Raumaufteilung, aber auch durch die Verwendung dauerhafter und zeitloser Materialien wie Industrieparkett. Im Bestandsbau werden vorhandene Materialien und Farben aufgegriffen und in die neue Innenraumgestaltung einbezogen. Die respektvolle Verbindung von altem und neuem Bauzustand in Kombination mit der räumlichen Großzügigkeit unterstreicht den repräsentativen Charakter des Gebäudes und verweist auf die besondere Stellung, die das Stuttgarter Haus als Zentrale des „Landesverbands der islamischen Kulturzentren Baden-Württemberg e.V." innerhalb des Dachverbands einnimmt.

Baugeschichte

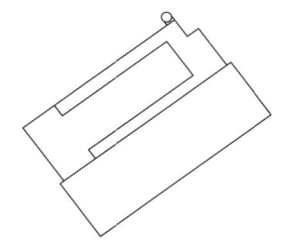

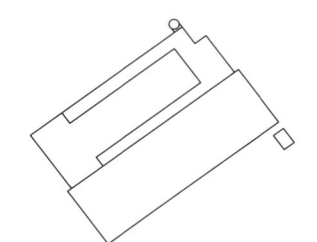

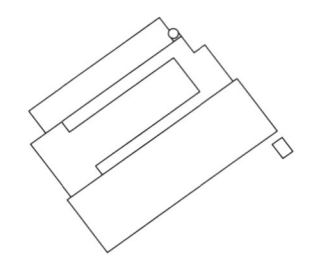

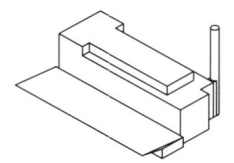

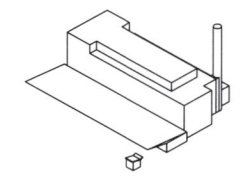

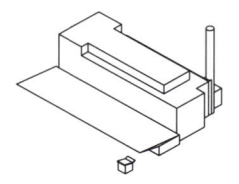

1930–1932

Nutzung:
Großbäckerei

Maßnahme:
Errichtung eines Bäckereigebäudes mit überdecktem Verladehof und Rampen

1956

Nutzung:
Großbäckerei

Maßnahme:
Errichtung eines Pförtnerhauses

1962

Nutzung:
Großbäckerei

Maßnahme:
Erweiterung und Umbau der Großbäckerei

474–475

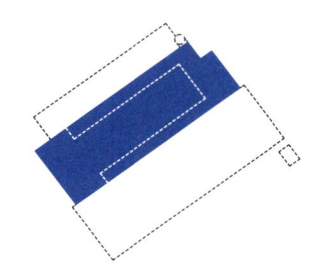

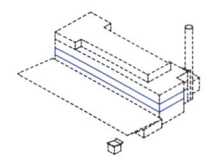

1981

Nutzung:
Bäckerei, Fotoateliers, vermutlich noch weitere Nutzungen und Gemeindezentrum

Maßnahme:
Einzug Moscheegemeinde in das 1. Obergeschoss

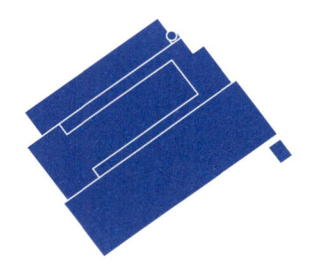

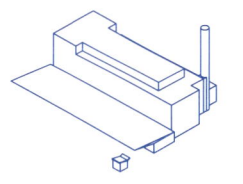

2003

Nutzung:
Gemeindezentrum

Maßnahme:
Kauf, Nutzungsänderung und Umbau der der Großbäckerei zum Gemeindezentrum

[3] Zum Stuttgarter Spar- und Konsumverein vgl. Hasselmann, Erwin (1964): und trug hundertfältige Frucht: ein Jahrhundert konsumgenossenschaftlicher Selbsthilfe in Stuttgart. Stuttgart: Konsumgenossenschaft Stuttgart.

Baugeschichte: Vor dem Einzug der Moscheegemeinde

In den Jahren 1930 bis 1932 ließ der 1864 gegründete Spar- und Konsumverein Stuttgart eGmbH die Großbäckerei vom Architekten Karl Ellsässer errichten. Das Gebäude war Teil eines 11.153 Quadratmeter großen Areals, das die konsumgenossenschaftliche Zentrale darstellte. Die Bäckerei war neben der Kelterei der wichtigste Betrieb des Konsumvereins. Trotz Wirtschaftskrise, sinkender Kaufkraft und zunehmender Arbeitslosigkeit verzeichnete der Verein eine Umsatzsteigerung. Es entstand ein moderner Betrieb mit Vorbildcharakter, der für die steigende Produktion ausgelegt war. Die Nationalsozialisten stoppten die Erfolgsgeschichte jäh und es kam zur Zerschlagung des genossenschaftlichen Vereins. Im Jahr 1946 erfolgte die Neugründung als Konsumgenossenschaft Stuttgart eGmbH. Seitdem wurde die Bäckerei fortwährend modernisiert und im Jahr 1962 umfassend umgebaut und um 20 Prozent der Fläche erweitert: Es entstand eine der größten und modernsten Großbäckereien der Bundesrepublik, die diverse Brot-, Teig- und Konditoreiwaren in ausgezeichneter Qualität und großer Geschwindigkeit herstellte: Durch vollautomatisierte Backstraßen konnten pro Stunde 800 Kilogramm Brot und 18.000 Brötchen fabriziert werden.[3] Das Erdgeschoss diente als Backsaal, in dem mehrere Öfen standen. Im 1. Obergeschoss befanden sich Konditorei, Teigwarenfabrikation, Kneterei und Gärraum. Das Geschoss darüber belegten Mehlboden, Mehlaufbereitung, Trockenraum sowie die geschlechtergetrennten Aufenthaltsräume der Angestellten. Das 3. Obergeschoss beherbergte drei Silos sowie die Wäscherei. Das in den 1950er Jahren erstellte Pförtnerhaus interpretiert das expressive Vordach der Großbäckerei in für die Zeit typischer Manier – gemeinsam bilden die Baukörper ein Ensemble. Diverse Nachfolgeunternehmen führten den Backbetrieb fort – jedoch vermutlich stark reduziert, denn Anfang der 1980er Jahre zogen die Moscheegemeinde in das 1. Obergeschoss und zwei Fotostudios ins 3. Obergeschoss.

Baugeschichte: Bauliche Veränderungen durch die Moscheegemeinde

An der Kubatur des Gebäudes, das seit 1983 unter Denkmalschutz steht, wurden bis auf die kürzlich an der Rückseite des Gebäudes errichtete, notwendige Fluchttreppe keine Veränderungen vorgenommen. Die Umbauarbeiten konzentrierten sich auf die Innenräume der oberen Etagen, die für die Nutzung als Gemeindezentrum neu zoniert und entsprechend umgebaut werden mussten. Da auch während der Umbauarbeiten das Gebet stattfand, ‚wanderte' der Gebetsraum in dieser Zeit durch das Gebäude. Die Umbauarbeiten sind derzeit weitestgehend abgeschlossen, doch noch nicht umfassend abgenommen, sodass noch nicht alle Räume in Benutzung sind.

Gegenwärtig plant die Gemeinde die Neuordnung des Erdgeschosses: Als sie im Jahr 2003 die Immobilie erwarb, befand sich im Erdgeschoss noch eine Bäckerei. Nach deren Insolvenz wurde ein Teil des Erdgeschosses zu einem Supermarkt umgebaut – auch dieser hat zwischenzeitlich das Gebäude verlassen, sodass die Fläche heute größtenteils ungenutzt ist. Hier sollen wieder Einkaufsmöglichkeiten geschaffen werden. Auf der Fläche des gepflasterten Parkplatzes, die dem Gebäude vorgelagert ist, ist der Bau einer Tiefgarage vorgesehen. Auf dem Dach der Garage soll eine begrünte Freifläche und damit ein zusätzliches Angebot des Aufenthaltes im Außenraum entstehen.

Funktionen: Viel Leben im Haus

Eine Besonderheit, die viele Gemeinden des Dachverbands VIKZ kennzeichnet und sich dadurch wieder relativiert, ist das Internat für Schüler. Die Kinder und Jugendlichen besuchen staatliche Schulen im Umfeld und wohnen im Gemeindezentrum, wo sie besonders gefördert werden. Noch ist das Internat der Ulu Camii nicht in Betrieb, da die abschließende Bauabnahme noch aussteht. Eine weitere Besonderheit ist, dass im Haus junge Studenten ihre Ausbildung zum Imam erhalten – auch sie studieren, essen und schlafen im Gemeindezentrum. Mit der Internatsfunktion geht folgendes Raumprogramm einher: Großküche, Speisesäle, Schlafräume, Unterrichts- und Freizeiträume. Neben den Internatsräumen gibt es Empfangsräume für Gäste, weitere Klassenräume, Büros, Sitzungszimmer, Aufenthaltsräume und natürlich Gebetsräume. Großes Entwicklungspotenzial bietet das unsanierte Erdgeschoss: Die Gemeinde veranstaltet hier gegenwärtig und unbeeinträchtigt vom Wetter monatliche Kermesveranstaltungen (Frühlingsfeste). Geplant ist der Umbau in mehrere Verkaufsflächen. Doch die aktuelle Funktionsvielfalt macht die Ulu Camii jetzt schon zum besonders belebten Haus.

Funktionen und Nutzungen

- (Groß-)Küche 
- Waschbereich
- Besprechungsraum
- Speisesaal 
- Freizeitraum (Studierende) 
- Gebetsraum (Herren) 
- Büro 
- Aufenthaltsraum 
- Teeküche

Fallanalyse
Ulu Camii, Stuttgart

Besprechung

Gästeempfangsraum

in Planung:
Lehrerzimmer und
Unterrichtsräume

Gebetsraum (Damen)
und Damenbereich

Schlafräume der
Studierenden

in Planung:
Schlafräume
der Schüler

Berber

Flächenpotenzial

Imbiss

Fleischverkauf

Grundrisse: Praktische Verteilung des Raumprogramms und lineare Erschließung der Räume

Das Gebäude umfasst fünf Etagen: Ein Erdgeschoss, ein Zwischengeschoss und drei Obergeschosse. Die Verteilung des Raumprogramms über die Etagen und die Bündelung von Räumen oblag praktischen Routinen: Der Bereich des Erdgeschosses ist freigehalten für kommerzielle Nutzungen. Im Zwischengeschoss befinden sich Unterrichtsräume für Kinder. Die am meisten frequentierten Räume sind die Gebetsräume. Sie befinden sich im 1. Obergeschoss. Ihnen zugeordnet sind die jeweiligen Räume für die rituelle Waschung sowie Aufenthalts- und Verwaltungsräume. Die an beiden Seiten des Hauses liegenden Eingänge und Treppenhäuser wurden als Frauen- und Herrenzugang wieder aktiviert, sodass es zwei autarke Zugänge in die Räumlichkeiten gibt. Auch die Bäckerei des Spar- und Konsumvereins hatte geschlechter- getrennte Eingänge; allerdings lagen diese umgekehrt zur heutigen Situation. Im 2. Obergeschoss befindet sich neben den Internatsräumen für die männlichen Schüler die Kantine mit den separaten Speisesälen für die Schüler und Studenten. Im 3. Obergeschoss liegen die Schlaf- und Unterrichtsräume der Studierenden und die Empfangsräume für Gäste.

Auf die Freiheit in der Organisation der Grundrisse verweist der Unterzug im stützenfreien Gebetsraum der Herren. Durch die Eisenbetonkonstruktion war es möglich, die Räume der Großbäckerei weitestgehend frei von Stützen oder tragenden Wänden zu halten. Die offenen Grundrisse des einstigen Produktionsgebäudes erlauben größtmögliche Flexibilität in der Gestaltung und Zonierung des 61,7 Meter langen Bauwerks. Die Grundrisse des Gemeindezentrums wurden im Wesentlichen als Zweihüfter organisiert, d. h. von einem Mittelflur gehen beidseitig Räume ab. In die Türen der Räume sind große Oberlichter eingelassen, sodass der Flur ausreichend mit natürlichem Tageslicht versorgt wird – auch die Breite und Programmierung der Mittelzone schwankt je nach Geschoss. Eine Ausnahme zu den einseitig orientierten Räumen bildet der Gebetsraum der Herren – dieser spannt sich über den kompletten Grundriss und macht das Haus in seiner Tiefe von 21,4 Metern räumlich erlebbar.

Ebene 0/1

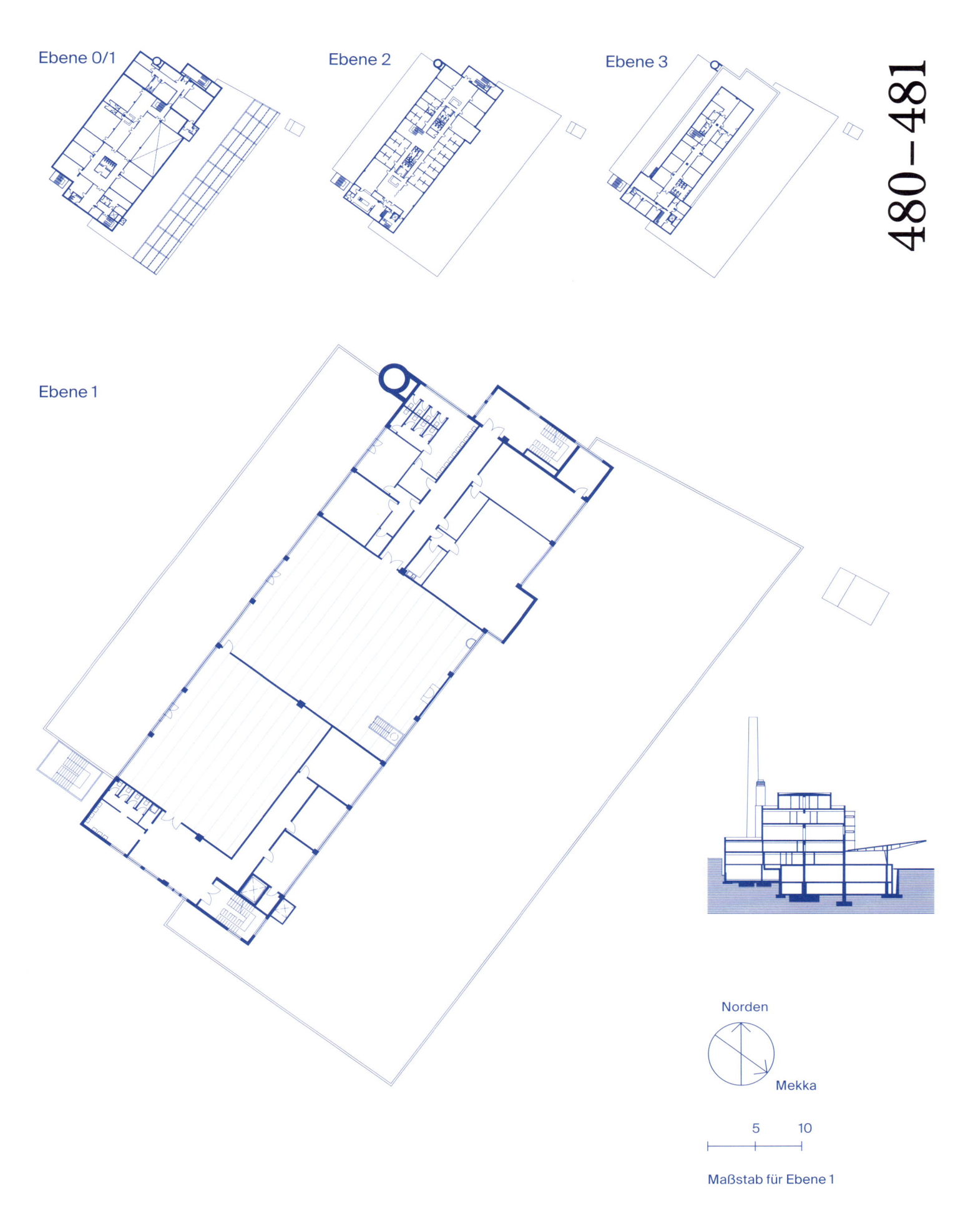

Ebene 2

Ebene 3

480–481

Ebene 1

Norden

Mekka

5　10

Maßstab für Ebene 1

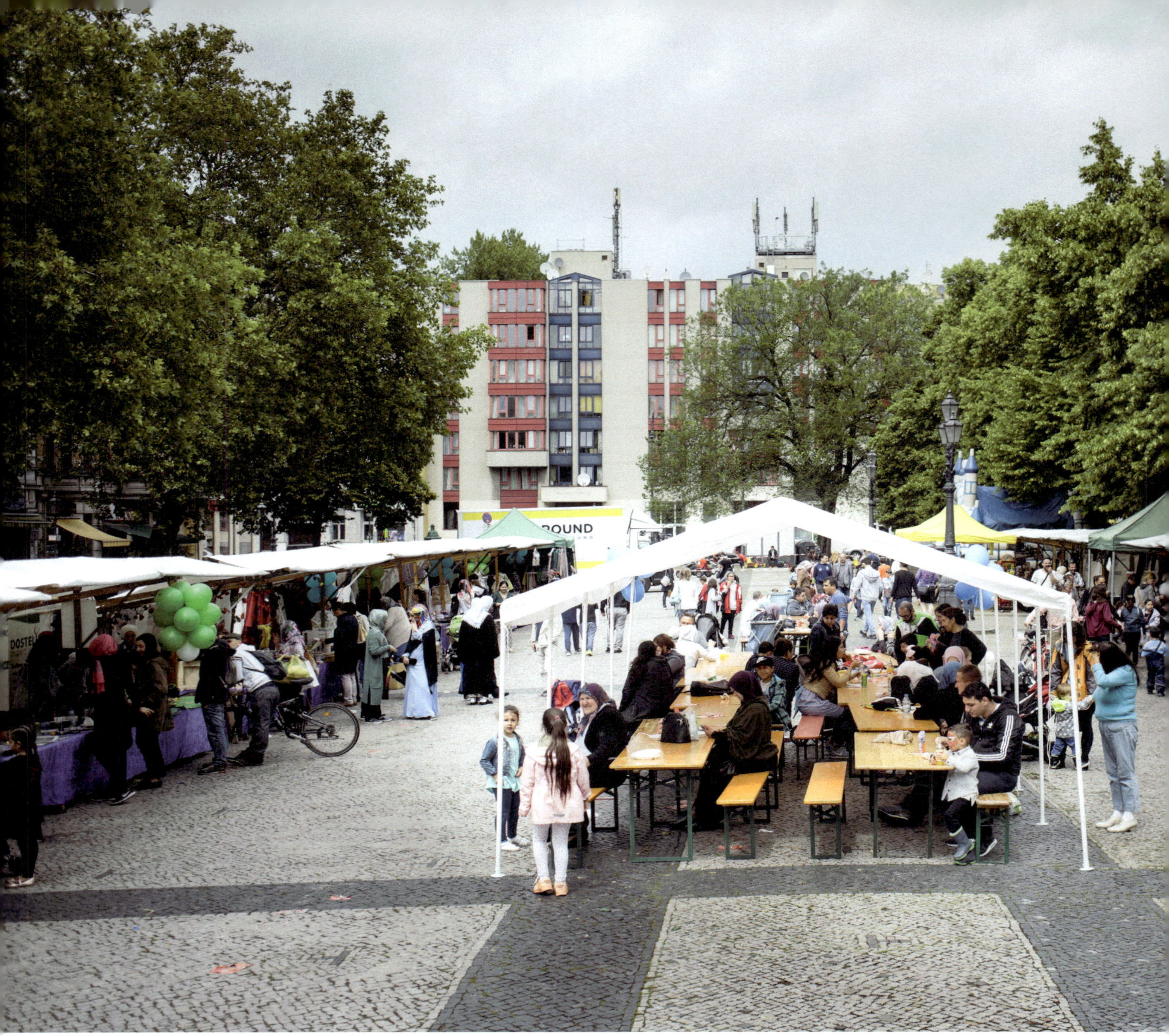

Fotoessay
Kermes
im Stadtraum

482–483

Fotoessay
Kermes
im Stadtraum

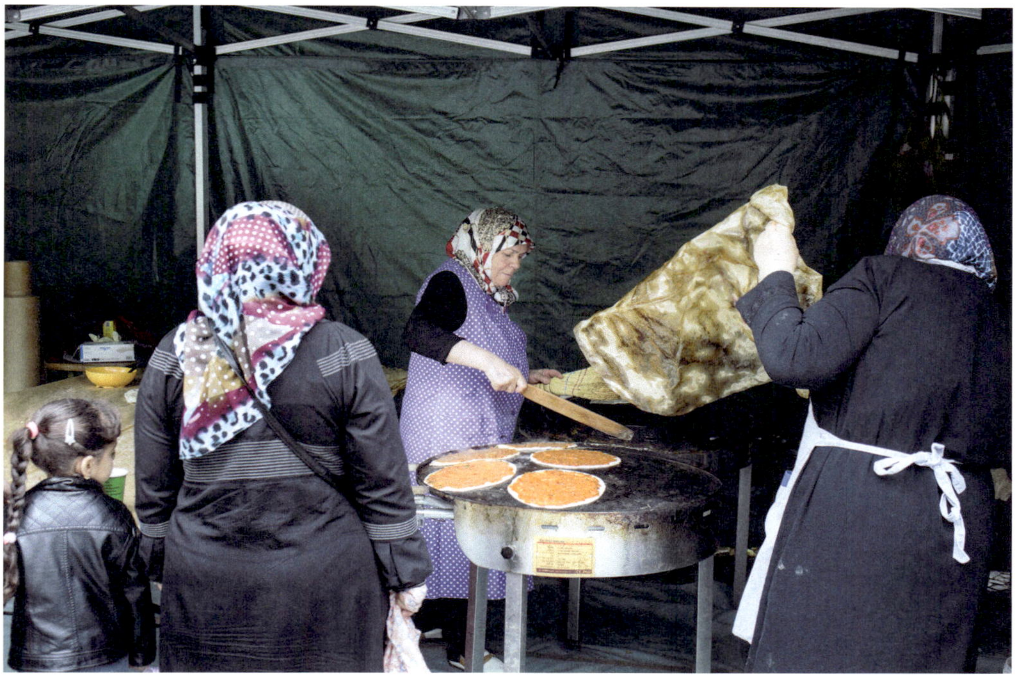

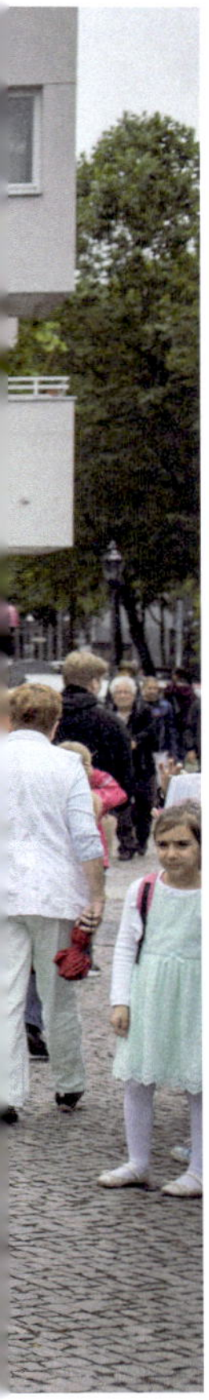

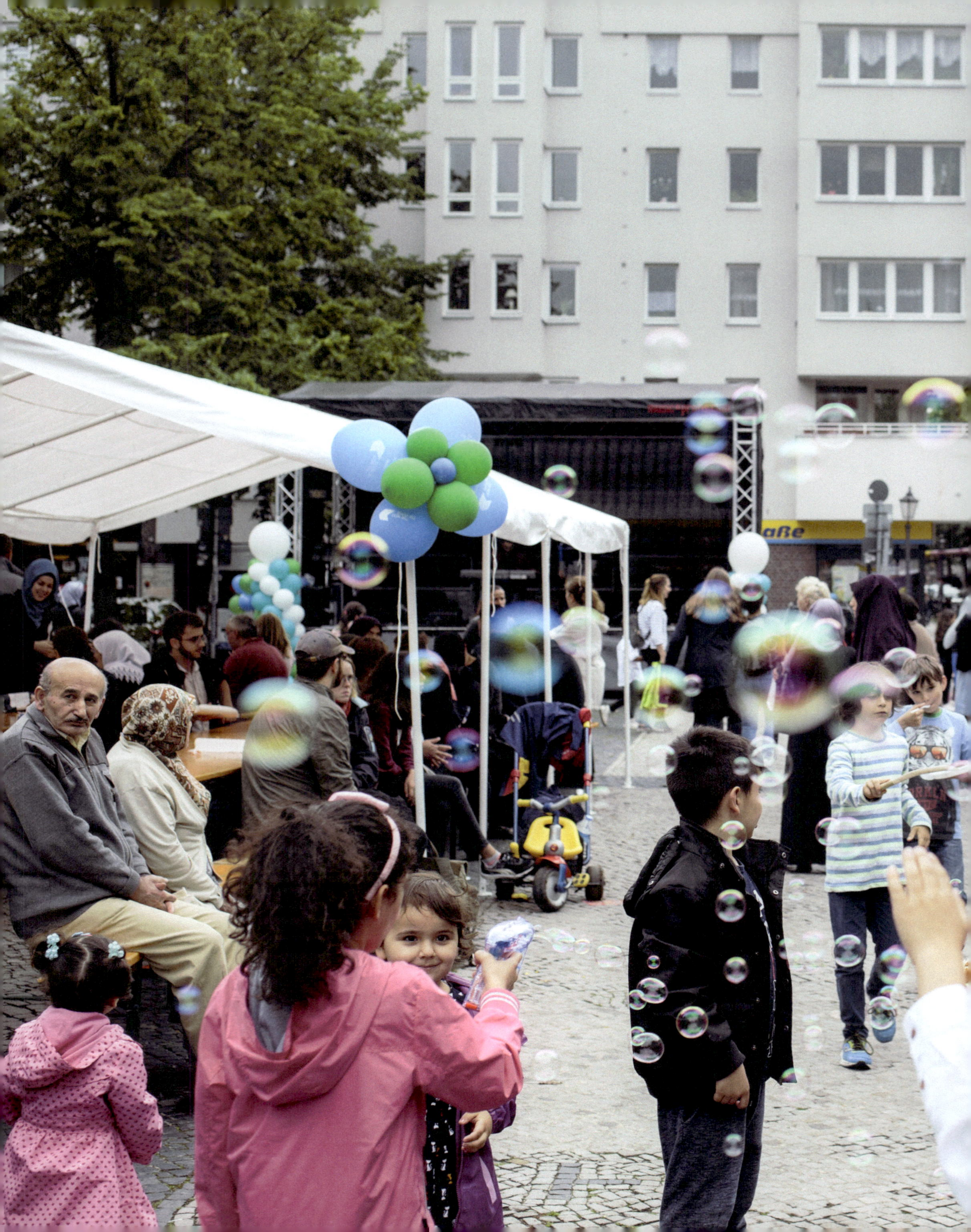

486–487

Fotoessay
Kermes
im Stadtraum

488–489

Abdel-Rahman, Annett (2011):
: Die Partizipation von Frauen in Vorständen der Moscheegemeinden – eine Bestandsaufnahme. In: Michael Borchard & Rauf Ceylan (Hrsg.): Imame und Frauen in Moscheen im Integrationsprozess. Gemeindepädagogische Perspektiven. Osnabrück: V&R unipress, S. 95–104.

Alboğa, Bekir (1995):
: Die Moschee: Das Haus der sozialen Zusammenkunft, der Ort des Friedens, der Andacht und des Segens. In: Reiner Albert & Talat Karmann (Hrsg.): Die neue Moschee in Mannheim. Ihre Einrichtung und ihre Ziele. Mannheim.

Allievi, Stefano (2009):
: Conflicts over mosques in Europe: Policy issues and trends. London: Alliance Publishing Trust.

Aminde, Hans-Joachim (1994):
: Auf die Plätze… Zur Gestalt und zur Funktion städtischer Plätze heute. In: Hans-Joachim Aminde (Hrsg.): Plätze in der Stadt. Ostfildern-Ruid: Gerd Hatje, S. 44–69.

ARCH+ (2009):
: Schwellenatlas 191/192. Aachen: ARCH+.

Aslan, Ednan; Kolb, Jonas & Yıldız, Erol (2017):
: Muslimische Diversität. Ein Kompass zur religiösen Alltagspraxis in Österreich. Wiesbaden: Springer VS.

Bauman, Zygmunt (1995):
: Moderne und Ambivalenz. Das Ende der Eindeutigkeit. Frankfurt am Main: Fischer.

Bayrak, Mehmet & Alkın, Ömer (2018):
: Kritik von Fortschrittsnarrativen im deutsch-türkischen Migrationskontext – Migrationskino und Diasporamoscheen im Integrationsdispositiv. Global Media Journal 8 (1), S. 1–21.

Beilschmidt, Theresa (2015):
: Gelebter Islam. Eine empirische Studie zu DITIB-Moscheegemeinden in Deutschland. Bielefeld: transcript.

Beinhauer-Köhler, Bärbel & Leggewie, Claus (2009):
: Moscheen in Deutschland. Religiöse Heimat und gesellschaftliche Herausforderung. München: C.H.Beck.

Beinhauer-Köhler, Bärbel (2010):
: Von der unsichtbaren zur sichtbaren Religion. Räume muslimischer Glaubenspraxis in der Bundesrepublik. In: Zeithistorische Forschungen 7 (3), S. 408–430.

Berg, Eberhard & Fuchs, Martin (Hrsg.) (1999):
: Kultur, soziale Praxis, Text: die Krise der ethnographischen Repräsentation. Frankfurt am Main: suhrkamp.

Bley, Matthias; Jaspert, Nikolas & Köck, Stefan (Hrsg.) (2015):
: Discourses of Purity in Transcultural Perspective (300–1600). Leiden: Koninklijke Brill NV.

Bora, Tanıl & Erkoçak, Adem (Hrsg.) (2015):
: Bir Berber Bir Berbere. İstanbul: İletişim Yayınları.

Borchard, Michael & Ceylan, Rauf (Hrsg.) (2011):
: Imame und Frauen in Moscheen im Integrationsprozess. Gemeindepädagogische Perspektiven. Osnabrück: V&R unipress.

Breidenstein, Georg; Hirschauer, Stefan; Kalthoff, Herbert & Nieswand, Boris (2013):
: Ethnografie. Die Praxis der Feldforschung. Konstanz und München: UVK Verlagsgesellschaft mit UVK/Lucius.

Burchhardt, Boran (2012):
: Darf ich mal Ihr Minarett anmalen? In: Institut für Auslandsbeziehungen e.V. (Hrsg.): Kubus oder Kuppel. Moscheen. Perspektiven einer Bauaufgabe. Tübingen/Berlin: Ernst Wasmuth, S. 118–121.

Burschel, Peter & Marx, Christoph (Hrsg.) (2011):
: Reinheit. Wien: Böhlau.

Cachola Schmal, Peter; Scheuermann, Anna & Elser, Oliver (Hrsg.) (2016):
: Making Heimat. Germany, Arrival Country. Berlin: Hatje Cantz.

Ceylan, Rauf (2006):
: Ethnische Kolonien. Entstehung, Funktion und Wandel am Beispiel türkischer Moscheen und Cafés. Wiesbaden: VS Verlag für Sozialwissenschaften.

Ceylan, Rauf (2008):
: Islam und Urbanität – Moscheen als multifunktionale Zentren in der Stadtgesellschaft. In: Alexander Häusler (Hrsg.): Rechtspopulismus als „Bürgerbewegung". Kampagnen gegen Islam und Moscheebau und kommunale Gegenstrategien. Wiesbaden: Springer VS, S. 183–197.

Ceylan, Rauf (2010):
: Die Prediger des Islam. Imame – wer sie sind und was sie wirklich wollen. Bonn: Lizenzausgabe der BpB.

Ceylan, Rauf (2012):
: Islam und Stadtgesellschaft. In: Frank Eckardt (Hrsg.): Handbuch Stadtsoziologie. Wiesbaden: Springer VS, S. 711–719.

Ceylan, Rauf (2017):
: Islam und Muslime in Deutschland – Ein Überblick über die zweitgrößte Religionsgemeinschaft. Zeitschrift für Religion, Gesellschaft und Politik, S. 75–88.

Conermann, Stephan (2011):
: Reinheitsvorstellungen im Islam. In: Peter Burschel & Christoph Marx (Hrsg.): Reinheit. Wien: Böhlau.

Deinet, Ulrich (2009):
: „Aneignung" und „Raum" – zentrale Begriffe des sozialräumlichen Konzepts. In: Ulrich Deinet (Hrsg.): Sozialräumliche Jugendarbeit. Wiesbaden: Springer VS, S. 27–57.

Deinet, Ulrich (2010):
: Aneignungsraum. In: Christian Reutlinger, Caroline Fritsche & Eva Ling (Hrsg.): Raumwissenschaftliche Basics. Eine Einführung für die Soziale Arbeit. Wiesbaden: Springer VS, S. 35–43.

Douglas, Mary (1985):
: Reinheit und Gefährdung. Eine Studie zu Vorstellungen von Verunreinigung und Tabu. Berlin: Reimer.

Engelmann, Peter (1990):
: Einleitung. In: ders. (Hrsg.): Postmoderne und Dekonstruktion. Texte französischer Philosophie der Gegenwart. Stuttgart: Reclam.

Erkoçak, Adem (2015):
: Berber Dükkanları: İki kuru lavabo, iki ayna, iki de koltuk. In: Tanıl Bora & Adem Erkoçak (Hrsg.): Bir Berber Bir Berbere. İstanbul: İletişim Yayınları, S. 158–176.

Frank, Manfred (1984):
: Was ist Neostrukturalismus? Frankfurt am Main: suhrkamp.

Goldberg, Andreas; Halm, Dirk & Şen, Faruk (2004):
: Die deutschen Türken. Münster: LIT-Verlag.

Goodwin, Godfrey (1986):
: Külliyye. In: Clifford Edmund Bosworth, Emeri J. van Donzel, Bernard Lewis & Charles Pellat (Hrsg.): Encyclopaedia of Islam. Leiden: Brill.

Guggenheim, Michael (2013):
: Unifying and Decomposing Building Types: How to Analyze the Change of Use of Sacred Buildings. Qualitative Sociology 36, S. 445–464.

Hahn, Achim (2017):
: Architektur und Lebenspraxis. Für eine phänomenologisch-hermeneutische Architekturtheorie. Bielefeld: transcript.

Hall, David D. (1997):
: Introduction. In: ders. (Hrsg.): Lived Religion in America. Toward a history of practice. Princeton: Princeton University Press, S. vii–xiii.

Hall, Stuart (1994):
: Rassismus und kulturelle Identität. Hamburg: Argument-Verlag.

Hall, Stuart (1997/2013):
: The spectacle of the "other". In: Stuart Hall, Jessica Evans & Sean Nixon (Hrsg.): Representation. Los Angeles u.a.: The Open University, S. 215–271.

Hasselmann, Erwin (1964):
: und trug hundertfältige Frucht: ein Jahrhundert konsumgenossenschaftlicher Selbsthilfe in Stuttgart. Stuttgart: Konsumgenossenschaft Stuttgart.

Hegazy, Ossama (2013):
: Towards a Contemporary Mosque: Rethinking the Prophet-Mosque in Medina via Applying Socio-Semiotics. International Journal of Religion & Spirituality in Society, 4 (1), S. 17–24.

Helfferich, Cornelia (2011):
: Die Qualität qualitativer Daten. Manual für die Durchführung qualitativer Interviews. Wiesbaden: Springer VS.

Herbert, Ulrich (2003):
: Geschichte der Ausländerpolitik in Deutschland. München: C.H.Beck.

Herz, Kathrin & Munsch, Chantal (2019):
: Ebenen der Raumaneignung: Die Herstellung von Gemeindezentren türkeistämmiger Muslime in Deutschland. In: Sabine Meier & Kathrin Schlenker (Hrsg.): Raum und Teilhabe. Interdisziplinäre Perspektiven und Annäherungen an Dimensionen der Teilhabe. Opladen, Farmington Hills: Barbara Budrich.

Hock, Klaus & Tosun, Cemal (2014):
: Regeln der Glaubenspraxis: Riten. In: Susanne Heine, Ömer Özsoy, Christoph Schwöbel & Abdullah Takim (Hrsg.): Christen und Muslime im Gespräch. Eine Verständigung über Kernthemen der Theologie. Gütersloh: Gütersloher Verlagshaus, S. 289–311.

Hohage, Christoph (2013):
: Moschee-Konflikte. Wie überzeugungsbasierte Koalitionen lokale Integrationspolitik bestimmen. Wiesbaden: Springer VS.

Hüttermann, Jörg (2006):
: Das Minarett. Zur politischen Kultur des Konfliktes um islamische Symbole. Weinheim: Juventa.

Jamin, Mathilde (1999):
: Fremde Heimat. Zur Geschichte der Arbeitsmigration aus der Türkei. In: Jan Motte, Rainer Ohliger & Anne von Oswald (Hrsg.): 50 Jahre Bundesrepublik – 50 Jahre Einwanderung. Nachkriegsgeschichte als Migrationsgeschichte. Frankfurt am Main, New York: Campus, S. 145–164.

Janecke, Christian (Hrsg.) (2004):
: Haar tragen. Eine kulturwissenschaftliche Annäherung. Wien: Böhlau.

Jeldtoft, Nadia (2011):
: Lived Islam: religious identity with "non-organized" Muslim minorities. Ethnic and Racial Studies, 34 (7), S. 1134–1151.

Jencks, Charles A. (1977):
: The Language of Post-Modern Architecture. New York: Rizzoli.

Kamleithner, Christa (2011):
: Lesbarkeit. Zur Einführung. In: Susanne Hauser, Christa Kamleithner & Roland Meyer (Hrsg.): Architekturwissen. Grundlagentexte aus den Kulturwissenschaften. Zur Ästhetik des sozialen Raumes. Bielefeld: transcript, S. 248–257.

Kara, Şenda (2006):
: Leitbilder und Handlungsgrundlagen des modernen Städtebaus in der Türkei. Von der osmanischen zur türkischen Stadt. Schriften der Habitat Unit Fakultät VII Architektur Umwelt Gesellschaft Technische Universität Berlin. Herausgegeben von Peter Herrle. Band 6. Berlin: LIT Verlag.

Keßner, Iris (2004):
: Christen und Muslime – Nachbarn in Deutschland: ein Beitrag zu einer interkulturellen Hermeneutik. Gütersloh: Gütersloher Verlagshaus.

Khoury, Adel Theodor (2000):
: Das Pflichtgebet. In: Peter Heine, Adel Theodor Khoury & Janbernd Oebbecke (Hrsg.): Handbuch Recht und Kultur des Islam in der deutschen Gesellschaft. Gütersloh: Gütersloher Verlagshaus, S. 75–92.

Khoury, Adel Theodor (2000):
: Das Fasten. In: Peter Heine; Adel Theodor Khoury & Janbernd Oebbecke (Hrsg.): Handbuch Recht und Kultur des Islam in der deutschen Gesellschaft. Gütersloh: Gütersloher Verlagshaus, S. 107–110.

Koch, Marion & Reinig, Joachim (2013):
: Moscheen und Gebetsräume in Hamburg. Untersuchung der räumlichen Situation. Hamburg.

Koolhaas, Rem (2014):
:   Toilets. Band 11 der Serie Elements. Venedig: Marsilio.

Koolhaas, Rem (2018):
:   Elements of Architecture. Köln: Taschen.

Korn, Lorenz (2012):
:   Die Moschee. Architektur und religiöses Leben. München: C.H.Beck.

Kraft, Sabine (2002):
:   Islamische Sakralarchitektur in Deutschland. Eine Untersuchung ausgewählter Moschee-Neubauten. Münster: LIT Verlag.

Krauskopf, Bernd (1997):
:   Die Eisenbahn in Betzdorf und das Bahnbetriebswerk Betzdorf. Freiburg im Breisgau: Ek-Verlag.

Kühl, Jana (2016):
:   Walking Interviews als Methode zur Erhebung alltäglicher Raumproduktionen. Europa Regional, 23.2015 (2), S. 35–48.

Kuppinger, Petra (2015):
:   Faithfully Urban: Pious Muslims in a German City. New York, Oxford: Berghahn Books.

Kuppinger, Petra (2018):
:   Informal Place-Making: Mosques, Muslims, and Urban Innovation in Germany. In: Mahyar Arefi & Conrad Kickert (Hrsg.): The Palgrave Handbook of Bottom-Up Urbanism. Cham: Palgrave Macmillan, S. 149–162.

Kusenbach, Margarethe (2008):
:   Mitgehen als Methode. Der «Go-Along» in der phänomenologischen Forschungspraxis. In: Jürgen Raab, Michaela Pfadenhauer, Peter Stegmaier, Jochen Dreher & Bernt Schnettler (Hrsg.): Phänomenologie und Soziologie. Theoretische Positionen, aktuelle Problemfelder und empirische Umsetzungen. Wiesbaden: Springer VS, S. 349–358.

Leggewie, Claus; Joost, Angela & Rech, Stefan (2002):
:   Der Weg zur Moschee: Eine Handreichung für die Praxis. Herausgegeben von der Herbert-Quandt-Stiftung. Bad Homburg v. d. Höhe: Herbert-Quandt-Stiftung.

Lemmen, Thomas (2017):
:   Muslimische Organisationen in Deutschland. Entstehung, Entwicklungen und Herausforderungen. In: Peter Antes & Rauf Ceylan (Hrsg.): Muslime in Deutschland. Historische Bestandsaufnahme, aktuelle Entwicklungen und zukünftige Forschungsfragen. Wiesbaden: Springer VS, S. 309–325.

Löw, Martina (2001):
:   Raumsoziologie. Frankfurt am Main: suhrkamp.

McGuire, Meredith B. (2008):
:   Lived Religion. Faith and Practice in Everyday Life. Oxford: Oxford University Press.

McLoughlin, Seán (1998):
:   The mosque-centre, community-mosque: multi-functions, funding and the reconstruction of Islam in Bradford. Scottish Journal of Religious Studies, 19 (2), S. 211–227.

Müller, Andreas & Müller, Anna-Lisa (2018):
:   Raumbezogene Handlungen und die Wahrnehmung der städtischen Umwelt. Der Virtual Urban Walk 3D. In: Jeannine Wintzer (Hrsg.): Sozialraum erforschen: Qualitative Methoden in der Geographie. Berlin: Springer Spektrum, S. 135–150.

Orsi, Robert (1997):
:   Everyday Miracles: the Study of Lived Religion. In: David D. Hall (Hrsg.): Lived Religion in America. Toward a history of practice. Princeton: Princeton University Press, S. 3–21.

Özaloğlu, Serpil & Gürel, Meltem Ö. (2011):
:   Designing Mosques for Secular Congregations: Transformations of the Mosque as a Social Space in Turkey. Journal of Architectural and Planning Research, 28 (4), S. 336–358.

Paffrath, Ulrich (2017):
:   Moscheeübergriffe in Deutschland. DITIB Bundesverband (Hrsg.). Köln: ditibverlag. https://www.ditib.de/media/Image/duyuru/Bericht_Moscheeu_Deutschland.pdf [abgerufen am 10.08.2018].

Pauli, Ralf:
:   Zahlen des Innenministeriums. Täglich drei Angriffe auf Muslime. In: die tageszeitung vom 04.03.2018. http://www.taz.de/!5486105/ [abgerufen am 12.12.2018].

Reckwitz, Andreas (2003):
:   Grundelemente einer Theorie sozialer Praktiken. Eine sozialtheoretische Perspektive. Zeitschrift für Soziologie, 32 (4), S. 282–301.

Rohe, Mathias (2018):
:   Der Islam in Deutschland. Eine Bestandsaufnahme. München: C.H.Beck.

Ruby, Andreas (2010):
:   Wir Diskursingenieure. In: HORIZONTE. Zeitschrift für Architekturdiskurs 2, S. 9–18.

Said, Edward W. (1994):
:   Culture and Imperialism. London: Vintage.

Schmitt, Thomas (2003):
:   Moscheen in Deutschland: Konflikte um ihre Errichtung und Nutzung. Flensburg: Deutsche Akademie für Landeskunde.

Schmitt, Thomas (2013):
:   Moschee-Konflikte und deutsche Gesellschaft. In: Dirk Halm & Hendrik Meyer (Hrsg.): Islam und die deutsche Gesellschaft. Wiesbaden: Springer VS, S. 145–166.

Schneekloth Lynda H.; Bruce, Ellen Marie (1989):
:   Building Typologies: An Inquiry. In: Graeme Hardie, Robin Moore & Henry Sanoff (Hrsg.): Changing Paradigms. Washington D.C.: Environmental Design Research Association, S. 124–131.

Schoppengerd, Johanna (2008):
:   Moscheebauten in Deutschland. Rahmenbedingungen, Fallbeispielanalyse, Handlungsempfehlungen für die kommunale Ebene. Dortmund: Institut für Raumplanung.

Schrode, Paula (2011):
 Zur Rolle muslimischer Frauen in den Gemeinden. In: Michael Borchard & Rauf Ceylan (Hrsg.): Imame und Frauen in Moscheen im Integrationsprozess. Gemeindepädagogische Perspektiven. Osnabrück: V&R unipress, S. 91–94.

Schrode, Paula (2012):
 Practices and Meanings of Purity and Worship among Young Sunni Muslims in Germany. In: Petra Rösch & Udo Simon (Hrsg.): How Purity Is Made. Wiesbaden: Harrassowitz, S. 309–332.

Schröteler-von Brandt, Hildegard (2008):
 Stadtbau- und Stadtplanungsgeschichte. Eine Einführung. Stuttgart: Kohlhammer.

Schubert, Uwe (1989):
 Bramfeld/Steilshoop im Wandel. Hamburg: Medien-Verlag Schubert.

Soytürk, Arif; Serter, Ali; Kurt, Mustafa; Özdemir, Osman; Akkurt, İsmail; Özkan, İsmail; Topal, Mustafa; İnan, Ahmet & Karakurt, Osman (1997):
 Yurtdışı Camiler Albümü. Herausgegeben von Diyanet İşleri Başkanlığı Dış İlişkiler Daire Başkanlığı. Ankara.

Spuler-Stegeman, Ursula (1998):
 Muslime in Deutschland. Nebeneinander oder Miteinander? Freiburg im Breisgau: Herder, S. 153–156.

Steets, Silke (2015):
 Der sinnhafte Aufbau der gebauten Welt: Eine Architektursoziologie. Berlin: suhrkamp.

Straßburger, Gabriele; Unbehaun, Horst & Yalçın-Heckmann, Lale (2005):
 Die türkischen Kolonien in Bamberg und Colmar – Ein deutsch-französischer Vergleich sozialer Netzwerke von Migranten im interkulturellen Kontext https://www.researchgate.net/publication/283057549_Die_turkischen_Kolonien_in_Bamberg_und_Colmar_-_Ein_deutsch-franzosischer_Vergleich_sozialer_Netzwerke_von_Migranten_im_interkulturellen_Kontext [abgerufen am 07.03.2019].

Strauss, Anselm L. (1994):
 Grundlagen qualitativer Sozialforschung. München: Wilhelm Fink.

Türkisch-Islamische Union der Anstalt für Religion e.V. (2017):
 Zentralmoschee Köln. Die Innenraumgestaltung. Broschüre zu einer Ausstellung https://www.zentralmoschee-koeln.de/wp-content/uploads/2017/04/Ausstellungsbroschuere_zur_Innenraumgestaltung.pdf [abgerufen am 09.03.2019].

Venturi, Robert (1966):
 Complexity and Contradiction in Architecture. New York: The Museum of Modern Art.

Venturi, Robert; Scott Brown, Denise & Izenour, Steven (1972):
 Learning from Las Vegas: The Forgotten Symbolism of Architectural Form. Cambridge MA: MIT Press.

Watt, Montgomery W. & Welch, Alford T. (1980):
 Der Islam, 1.: Mohammed und die Frühzeit – Islamisches Recht – religiöses LebenStuttgart: Kohlhammer.

Welzbacher, Christian (2008):
 Euroislam-Architektur. Die neuen Moscheen des Abendlandes. Amsterdam: SUN Publishers.

Welzbacher, Christian (2017):
 Europas Moscheen. Islamische Architektur im Aufbruch. Berlin, München: Deutscher Kunstverlag.

Winter, Rainer (2014):
 Ein Plädoyer für kritische Perspektiven in der qualitativen Forschung. In: Günter Mey & Katja Mruck (Hrsg.): Qualitative Forschung. Wiesbaden: Springer VS, S. 117–132.

Wunn, Ina (2007):
 Muslimische Gruppierungen in Deutschland. Stuttgart: Kohlhammer.

Wüstenrot Stiftung (Hrsg.) (2017):
 Kirchengebäude und ihre Zukunft. Sanierung – Umbau – Umnutzung. Ludwigsburg: Wüstenrot Stiftung.

Yükleyen, Ahmet (2012):
 Localizing Islam in Europe. Turkish Islamic Communities in Germany and the Netherlands. Syracuse, New York: Syracuse University Press.

Zöllner, Ernst-Helmut & Krüger, Manfred (2011):
 Eisenbahn in Betzdorf – Jahrzehntelang das Rückgrat. Betzdorf: Betzdorfer Geschichte e.V.

S. 80_Nuruosmaniye Külliye
   http://www.tas-istanbul.com/wp-content/uploads/2015/01/nuruosmaniye.1-700x460.jpg [abgerufen am 04.04.2019].

S. 113_Zeichnen Sie eine Moschee!
   Skizzen von Architekturstudierenden der Universität Siegen.

S. 149, 163, 225, 239, 253, 295, 309, 323, 365, 379, 393, 439, 455, 471_Schwarzpläne
   Eigene Darstellung, Kartengrundlage © OpenStreetMap-Mitwirkende (Lizenz: https://www.openstreetmap.org/copyright).

S. 150, 164, 226, 240, 254, 296, 310, 324, 366, 380, 394, 440, 456, 472_Lagepläne mit Erdgeschoss-Grundrissen
   Eigene Darstellung, Kartengrundlage © OpenStreetMap-Mitwirkende (Lizenz: https://www.openstreetmap.org/copyright).

S. 159_Grundrisse und Schnitt (Ensar Camii)
   Eigene Darstellung auf digitaler Plangrundlage von Dipl.-Ing. Mehmet Bayram.

S. 177_Schwarzplan Betzdorf
   Eigene Darstellung, Kartengrundlage Liegenschaftskarte RP © LVermGeo.

S. 178_Lageplan mit EG-Grundriss Betzdorf
   Eigene Darstellung, Kartengrundlage Liegenschaftskarte RP © LVermGeo.

S. 182_Blick auf Betzdorf, 1920er Jahre
   Sammlung Hans Hain, aus: Krauskopf, Bernd (1997): Die Eisenbahn in Betzdorf und das Bahnbetriebswerk Betzdorf. Freiburg im Breisgau: Ek-Verlag.

S. 182_Blick auf die Ladestraße
   Sammlung Ernst-Helmut Zöllner, aus: Zöllner, Ernst-Helmut & Krüger, Manfred (2011): Eisenbahn in Betzdorf – Jahrzehntelang das Rückgrat. Betzdorf: Betzdorfer Geschichte e.V., S. 33.

S. 182_Ansichtskarte der Firma Muhl & CO. K.G.
   Urheber_in unbekannt, aus: http://www.ak190x.de/Shop/052dShop/5240Cm.jpg [abgerufen am 27.03.2018].

S. 230_Dürener Metallwerke, 1957
   Urheber_in unbekannt, aus: Stadt- und Kreisarchiv Düren.

S. 244_Eitorf Merkez Camii/Zentrale Moschee Eitorf, ca. 1990er Jahre
   Urheber_in unbekannt, aus: Soytürk, Arif; Serter, Ali; Kurt, Mustafa; Özdemir, Osman; Akkurt, İsmail; Özkan, İsmail; Topal, Mustafa; İnan, Ahmet & Karakurt, Osman (1997): Yurtdışı Camiler Albümü. Herausgegeben von Diyanet İşleri Başkanlığı Dış İlişkiler Daire Başkanlığı. Ankara: S. 214.

S. 263_Grundrisse und Schnitt (Eyüp Sultan Camii)
   Eigene Darstellung auf digitaler Plangrundlage von Dipl.-Ing. Christopher Pierre Hefele.

S. 300_Transport der Minarette, 1992
   Urheber: Fritz Schuermann.

S. 323_Steilshoop, Kleingartensiedlung
   Urheber_in unbekannt, aus: Schubert, Uwe (1989): Bramfeld/Steilshoop im Wandel. Hamburg: Medien-Verlag Schubert, S.112.

S. 323_Steilshoop, Großwohnsiedlung, 1976
   Urheber_in unbekannt, aus: Schubert, Uwe (1989): Bramfeld/Steilshoop im Wandel. Hamburg: Medien-Verlag Schubert, S.113.

S. 328_Gropius-Apotheke
   Urheber_in unbekannt, aus: Stadtteilarchiv Bramfeld e.V. im Brakula.

S. 333_Grundrisse (Steilshoop Camii/Steilshooper Moschee)
   Eigene Darstellung auf Plangrundlage von Dipl.-Ing. Abdullah Öğreten.

S. 375_Grundrisse und Schnitt (Ayasofya Camii)
   Eigene Darstellung auf digitaler Plangrundlage von Dipl.-Ing. Bekir Kızılkaya.

S. 444_Gebäude in der Sandgasse, 1987
   Urheber_in unbekannt, aus: Bauaktenarchiv Offenbach am Main.

S. 460_Postkarte „Gruß aus Geisweid"
   Urheber_in unbekannt.

S. 460_Schreinerwerkstatt, 1950er Jahre
   Urheber_in unbekannt, aus: Bauaktenarchiv Siegen.

S. 476_Großbäckerei (Außenaufnahme)
   Urheber: Otto Benner, aus: Hasselmann, Erwin (1964): und trug hundertfältige Frucht: ein Jahrhundert konsumgenossenschaftlicher Selbsthilfe in Stuttgart. Stuttgart: Konsumgenossenschaft Stuttgart, S. 157.

S. 476_Großbäckerei (Innenaufnahme)
   Urheber: Otto Benner, aus: Hasselmann, Erwin (1964): und trug hundertfältige Frucht: ein Jahrhundert konsumgenossenschaftlicher Selbsthilfe in Stuttgart. Stuttgart: Konsumgenossenschaft Stuttgart, S.153.

S. 481_Grundrisse und Schnitt (Ulu Camii)
   Eigene Darstellung auf digitaler Plangrundlage von m³ architekten.

Alle abgedruckten Fotografien, die nicht entsprechend gekennzeichnet sind, stammen von Espen Eichhöfer.

Alle abgebildeten Zeichnungen wurden von Kathrin Herz und ihrem Zeichenteam (siehe Impressum) bearbeitet. Zur Verfügung stehende digitale Vorlagen sind ausgewiesen.

Kathrin Herz ist Architektin und Stadtplanerin. Ihre Arbeitsschwerpunkte sind vernakulare Architektur, informelle Räume, temporäre Räume und räumlich-strukturelle Transformationen.

Chantal Munsch, Prof. Dr., ist Sozialpädagogin. Ihre Arbeitsschwerpunkte sind Differenzierungen in der Migrationsgesellschaft, Partizipation, bürgerschaftliches Engagement, erzieherische Hilfen und ethnografische Forschung.

Marko Perels ist Soziologe und Sozialpsychologe. Seine Arbeitsschwerpunkte sind Prekarisierung und Subjektivierung, Migration, deutsch-türkische Kulturzusammenhänge, Qualitative Sozialforschung und Politische Psychologie.

Die Forschung wurde in Kooperation der Wüstenrot Stiftung und der Fakultät II, Bildung · Architektur · Künste der Universität Siegen durchgeführt.

Dokumentation der Ergebnisse aus einem gemeinsamen Forschungsprojekt der Universität Siegen und der Wüstenrot Stiftung

Leitung des Forschungsprojekts
Stefan Krämer und Chantal Munsch

Buchkonzeption
Kathrin Herz und Chantal Munsch

Texte
Kathrin Herz, Chantal Munsch und Marko Perels

Fotografien
Espen Eichhöfer / OSTKREUZ

Konzeptionelle Fotoauswahl
Kathrin Herz und Chantal Munsch

Zeichnungen
Ayşem Akbaş, Daniel Benthaus, Jan Furche und Kathrin Herz

Lektorat
Naima Brüggenthies und Aleksandra Müller

Gestaltung und Satz
Panatom Corporate Communication

Druck
Offizin Scheufele Druck und Medien GmbH + Co. KG, Stuttgart

Bindung
Josef Spinner Großbuchbinderei GmbH, Ottersweier

Herausgegeben von der
Wüstenrot Stiftung
Hohenzollernstraße 45, 71630 Ludwigsburg

© 2019 Wüstenrot Stiftung, Ludwigsburg

Alle Rechte vorbehalten. All rights reserved.
ISBN 978-3-96075-002-4

Nachdruck und Vervielfältigung, Einspeicherung und Verarbeitung in elektronischen Systemen, auch auszugsweise, nur mit schriftlicher Genehmigung des Herausgebers

Die Publikation ist kostenfrei erhältlich auf
www.wuestenrot-stiftung.de